JUnit IN ACTION ³판

TDD를 위한 테스트 원칙, 도구 및 활용

JUnit in Action, Third Edition

© INSIGHT Press 2024

Authorized translation of the English edition ©2020 Manning Publications.

This translation is published and sold by permission of Manning Publications, the owner of all rights to publish and sell the same.

JUnit in Action 3판: TDD를 위한 테스트 원칙, 도구 및 활용

초판 1쇄 발행 2024년 5월 28일 **지은이** 커털린 투도세 **옮긴이** 이동준 **펴낸이** 한기성 **펴낸곳** (주)도서출판인사이트 **편집** 정수진 **영업마케팅** 김진불 **제작·관리** 이유현 **용지** 유피에스 **출력·인쇄** 예림인쇄 **제본** 예림원색 **등록번호** 제2002-000049호 **등록일자** 2002년 2월 19일 **주소** 서울시 마포구 연남로5길 19-5 **전화** 02-322-5143 **팩스** 02-3143-5579 **ISBN** 978-89-6626-440-7 책값은 뒤표지에 있습니다. 잘못 만들어진 책은 바꾸어 드립니다. 이 책의 정오표는 https://blog.insightbook.co.kr에서 확인하실 수 있습니다.

프로그래밍 인사이트

JUnit
IN ACTION 3판

TDD를 위한 테스트 원칙, 도구 및 활용

커털린 투도세 지음 | 이동준 옮김

인사이트

이 책의 집필을 가능하게 해 준 가족, 친구, 동료, 스승, 학생 들께 바칩니다.

— **커털린 투도세**

차례

1부   JUnit   **1**

1장   JUnit 시작하기   **3**

2장   JUnit 핵심 살펴보기   **19**

3장   JUnit 아키텍처   **57**

4장   JUnit 4에서 JUnit 5로 전환하기   **77**

7장   스텁을 활용한 거친 테스트   **149**

8장   모의 객체로 테스트하기   **167**

18장   REST API 테스트하기   **417**

19장   데이터베이스 애플리케이션 테스트   **443**

5부   **JUnit 5를 사용한 개발 방법론**   **485**

20장   JUnit 5를 사용한 TDD   **487**

21장　JUnit 5를 사용한 BDD　　　　　　　　　521

22장　JUnit 5로 테스트 피라미드 전략 구현하기　　565

옮긴이의 말

《JUnit in Action》은 담고 있는 이론이 풍성하고 말하고자 하는 바가 분명한 책입니다. 특히 독자가 다양한 예제를 통해 배운 내용을 실무에 적용해 볼 수 있도록 구성되어 있다는 점이 큰 강점입니다. 이 책은 이론을 설명한 뒤 예제를 들어 내용을 하나씩 부연하는 구성을 취하고 있으며, 설명하고자 하는 맥락이 흩어지지 않도록 코드 조각이 아닌 거의 온전한 예제를 수록했습니다. 우리말 번역서와 함께 한글화한 소스 코드를 *https://github.com/devkunst/junit-in-action-third-edition-kr*에 업로드해 두었습니다. 이 소스 코드와 함께 자습한다면 책의 묘미를 더욱 깊이 있게 느낄 수 있고, 누구나 JUnit을 자유롭게 활용할 수 있으리라 생각합니다. 더 나아가 JUnit을 공부하면서 좋은 코드와 좋은 설계가 무엇인지까지 생각해 볼 수 있을 것입니다.

책을 번역하면서 적확한 단어를 고르는 데에 많은 고민을 할 수밖에 없었습니다. 가능하면 원어를 살리는 방향으로 번역하되, 읽으면서 부담이 되지 않도록 최대한 적정선을 지키고자 노력했습니다. 그리고 맞춤법이나 조어법에는 맞지 않더라도 개념을 정의하는 용어는 최대한 개발자 언중(言衆)이 많이 사용하는 것처럼 보이는 단어를 골랐습니다. 이제는 JUnit과 그 관련 기술이 우리나라 개발자들에게 익히 그리고 널리 알려진 기술이 되어 새로운 용어를 만들어 낼 필요는 없었습니다. 다만, 그럼에도 아직 많이 쓰이지 않거나 원어 그대로 쓰이는 단어는 원어를 사용하되 초출 시 한글 발음을 괄호 안에 병기하였습니다.

원서의 소스 코드를 OpenJDK 1.8, IntelliJ IDEA 2023.01, Eclipse 2022-09, Netbeans 13(2022-03) 버전으로 실습하여 검토했고, 번역을 하는 중에 개선된 일부 내용에 대해서는 화면 캡처를 다시 해 그림을 변경했습니다(13장). HtmlUnit과 Selenium을 활용하여 실제 웹 페이지를 테스트하는 부분에서는 최대한 버전 변경을 하지 않는 쪽으로 소스 코드를 일부 수정하였고, 지원 종료된 인터넷 익스플로러를 마이크로소프트 엣지로 수정했습니다(15장). TDD(test-driven development, 테스트 주도 개발)와 관련해서 디스플레이 네임을 한글로 번역하고 그림을 변경했습니다(20장). BDD(behavior-driven development, 행위 주도 개발)와 관련해서 자연어를 프로그래밍 언어로 치환하는 부분이 있는데, 독자의 편의를 위해 원서의 소스 코드를 한글로 번역하였고 그림을 변경했습니다(21장, 22장 일부). 참고로 이 책에서는 TDS(Tested Data System)라는 가상 회사와 소속 개발자들을 가정하여 논지를 전개합니다. 이러한 전개 방식은 독자가 실무 상황을 떠올리고 상상하는 데 도움을 줍니다. 그러나 기술적인 내용을 설명하는 데 있어 가상 회사의 상황과 외국 이름이 독자에게 불편함만 줄 뿐이라고 생각되는 이야기는 빼고 번역했습니다. 예제의 내용과 직접적인 관련이 없다고 생각했기 때문입니다. 그 외 책을 번역하기 위해 참고한 서적들은 독자에게 도움이 되길 바라는 마음으로 적극적으로 역주에 달아 두었습니다.

이 책이 출판되는 데에는 정말 많은 분들이 도움을 주셨습니다. 어려운 결정해 주신 인사이트 출판사 한기성 대표님, 개성이 선명한 번역자를 데리고 훌륭한 책을 만들어 주신 정수진 편집자님께 진심으로 감사드립니다. 책의 문장이 정확한 의미를 담아낼 수 있었던 것은 베타 리더인 김보성, 노준, 이재원, 정종은 님의 특별한 피드백 덕분입니다. 그럼에도 틀린 내용이 발견된다면 인사이트 출판사나 역자의 이메일(devkunst@naver.com)로 수정을 요청해 주시기 바랍니다.

제 오랜 노력이 독자 여러분의 독서 경험을 유익하고 즐겁게 만드는 데 도움이 되기를 바랍니다.

여러분의 손끝에서 확신에 찬 커밋이 더 늘어나길, 퇴근길이 더욱 즐겁고 편안해지길 희망합니다.

읽어 주셔서 감사합니다.

— 이동준

머리말

필자는 거의 25년 동안 IT 업계에서 일할 수 있는 행운을 누렸다. C++과 델파이 (Delphi)로 프로그래밍을 시작하며 학창 시절과 IT 경력 초반기를 보냈다. 십대 때 는 수학에서 시작해 컴퓨터 과학으로 학문적 관심을 넓혔고, 이후로도 두 분야 모 두 끊임없이 연구해 왔다. 처음으로 자바에 관심을 가지기 시작한 때는 2000년이 다. 그 당시 자바는 아직 발전하는 단계였지만 많은 사람이 자바의 눈부신 미래를 예견하고 있었다. 필자는 온라인 게임을 개발하는 팀의 일원으로서 활동하고 있었 는데, 자바 애플릿(Java Applet)을 주로 사용했다. 애플릿이 굉장히 인기 있던 시기 였다. 우리 팀은 개발보다 테스트에 더 많은 시간을 할애했는데, 테스트는 보통 수 동으로 이루어졌다. 팀원들과 원격으로 함께 일하면서 코너 케이스(corner case)[1] 를 찾아내기 위해 분주했던 기억이 생생하다. 그때에는 비교적 초창기 단계에 있던 JUnit이나 TDD에 대해 알거나 듣지 못했다.

2004년 이후로는 업무의 90% 정도를 자바로 처리했다. 당시 자바는 새로운 시대 를 열어 젖히는 여명 같은 것이었지만, 리팩터링(refactoring), 단위 테스트(unit test), TDD와 같은 것들이 내게는 어느새 일상이 되어 있었다. 요즘은 자동화된 테스트 가 없는 프로젝트는 상상할 수가 없다. 필자가 근무하는 회사인 럭소프트(Luxoft) 에서도 자동화된 테스트는 필수다. 동료 개발자들은 현재 작업에서 자동화된 테 스트를 어떻게 수행할지, 클라이언트의 기대치는 어느 정도인지, 코드 커버리지를 측정하는 방법이나 높일 방법은 무엇인지, 어떻게 테스트 품질을 분석할 수 있는 지 등을 논한다. 이러한 대화의 중심에 단위 테스트나 TDD가 있는 것은 물론이고, BDD도 꾸준히 주제로 오른다. 이제 단위 테스트, 통합 테스트, 시스템 테스트, 인 수 테스트로 견고하게 이루어진 테스트 피라미드 없이 시장의 필요를 만족시키는 제품을 만들어 내는 것은 상상할 수 없게 되었다.

---

1 (옮긴이) 발견하기 힘들고 여러 변수가 맞물려 있어 해결하기 어려운 케이스를 말한다.

플루럴사이트(Pluralsight)에서 자동화 테스트에 관한 세 가지 교육 과정을 개발하고 난 뒤, 매닝 출판사에서 이 책의 집필을 제안받았다. 2판이 이미 베스트셀러였기에 처음부터 시작하는 수고로움은 덜 수 있었다. 하지만 JUnit 4를 활용한 2판은 2010년에 쓰였다. IT 업계에서 10년이란 한 세기나 다름없지 않은가! 3판은 JUnit 5을 바탕으로 하며, 최신 기술과 개발 방법론을 반영하여 상당히 많은 부분이 다시 쓰였다. 단위 테스트와 JUnit은 초기와 비교하면 정말 많이 발전했다. JUnit 4에서 JUnit 5로의 전환은 개념은 간단하지만 세심한 고려와 계획이 필요한 일이다. 이 책에서는 JUnit 5의 활용 방법을 풍부한 사례와 함께 소개한다. 독자 여러분이 실무에서 새로운 상황에 직면했을 때, 무엇을 해야 할지 결정하는 데 이 책의 내용이 도움이 되기를 바란다.

감사의 말

편집팀은 훌륭한 책을 만드는 데 큰 도움을 주었다. 앞으로도 이런 기회가 있기를 소망한다.

수년 동안 물심양면으로 지원해 주신 교수님과 동료 들, 대면 또는 비대면 학습 과정에 참여해 준 학생들에게 감사하다. 이 모든 분들이 최고 수준의 작업을 할 수 있게 도와주고, 또 개선할 수 있도록 자극을 주며 지원해 주었다. 3판을 출판하는 데 좋은 기초가 된 훌륭한 책을 만들어 준 전판의 공동 저자 피터 타치브(Petar Tahchiev), 펠리페 레미(Felipe Leme), 빈센트 마솔(Vincent Massol), 게리 그레고리(Gary Gregory)에게 다시 한번 감사를 표한다. 언젠가 직접 만나볼 수 있기를 희망한다. JUnit 5를 함께 연구하는 동료 블라디미르 손킨(Vladimir Sonkin)에게도 특히 감사하다.

편집 총괄 Mike Stephens, 프로젝트 편집자 Deirdre Hiam, 개발 편집자 Katie Sposato Johnson, 검토 편집자 Mihaela Batinic, 기술 개발 편집자 John Guthrie, 기술 검증 담당자 David Cabrero, 시니어 기술 개발 편집자 Al Scherer, 교열 전문가 Tiffany Taylor, 교정 전문가 Katie Tennant를 비롯해 매닝 출판사 직원들에게도 감사의 말을 전한다.

이 책에 많은 베타 리더가 참여했다. Andy Keffalas, Becky Huett, Burk Hufnagel, Conor Redmond, David Cabrero Souto, Ernesto Arroyo, Ferdinando Santacroce, Gaurav Tuli, Greg Wright, Gualtiero Testa, Gustavo Filipe Ramos Gomes, Hilde Van Gysel, Ivo Alexandre, Costa Alves Angélico, Jean-François Morin, Joseph Tingsanchali, Junilu Lacar, Karthikeyarajan Rajendran, Kelum Prabath Senanayake, Kent R. Spillner, Kevin Orr, Paulo Cesar, Dias Lima, Robert Trausmuth, Robert Wenner, Sau Fai Fong, Shawn Ritchie, Sidharth Masaldaan, Simeon Leyzerzon, Srihari Sridharan, Thorsten P. Weber, Vittorio Marino, Vladimír Orany, Zorodzayi Mukuya 님이 더 나은 책을 만드는 데 큰 도움이 되었다는 사실을 여기에 적어 둔다. 이 책이 더 좋아진 것은 베타 리더의 제안 덕분이다.

이 책에 대하여

이 책은 JUnit 5의 새로운 기능 및 JUnit 5와 함께 사용할 수 있는 도구를 소개한다. 또한 개발자들이 끔찍한 디버깅 지옥에서 벗어나 안정적인 애플리케이션을 만들고 개발 속도를 크게 높이는 방법을 서술했다.

먼저 JUnit을 누가 배워야 하며, 배운다면 무엇을, 왜 배워야 하는지, 어떻게 활용해야 하는지에 초점을 두어 설명한다. 처음 몇 장을 읽어 보면 JUnit 5의 기능과 강력한 성능을 이해할 수 있을 것이다. 그다음에는 JUnit 5를 효과적으로 사용하는 방법에 관해 파고든다. JUnit 4를 JUnit 5로 전환하는 방법을 알아보고, 테스트 전략이나 다양한 도구와 함께 사용하는 방법도 살펴본다. JUnit을 모던 프레임워크와 함께 사용하는 방법은 물론, TDD나 BDD 같은 최신 개발 방법론을 실천하는 데 JUnit 5를 사용하는 방법도 소개한다.

이 책의 독자

이 책은 자바로 어느 정도 소스 코드를 짤 수 있고, 안정적이고 유연한 애플리케이션을 개발하는 방법을 배우는 데 관심이 있는 애플리케이션 개발자를 대상으로 한다. 이 책을 읽고 이해하기 위해서는 자바에 관한 최소한의 사전 지식이 필요하며, 객체 지향 프로그래밍에 익숙하면 도움이 된다. 책의 예제는 Maven(메이븐)을 사용하므로 Maven에 관한 지식이 있거나 Maven 프로젝트를 빌드해 본 경험이 있으면 좋다. 책에서는 IntelliJ IDEA를 활용해 예제의 결과를 보여 주므로 독자 역시 IntelliJ IDEA나 다른 IDE(integrated development environment, 통합 개발 환경)를 활용해 자바 프로그램을 열어 편집하고 실행할 수 있어야 한다. 일부 장에서는 스프링(Spring), 하이버네이트(Hibernate), REST API, 자카르타 EE(Jakarta EE)와 같은 기술에 관한 기초 지식이 필요하다.

이 책의 구성

이 책은 크게 5부로 나뉘며 22개 장과 부록으로 구성되어 있다. 1부에서는 JUnit 5의 핵심을 간추린다.

- 1장에서는 테스트의 개념, 즉 책을 이해하는 데 필요한 지식을 간략하게 정리한다. 실제 코드를 보면서 간단한 테스트를 어떻게 작성하고 실행하는지, 결과가 어떻게 나오는지 눈으로 직접 확인할 수 있다.
- 2장에서는 JUnit에 대해 자세하게 설명한다. JUnit 5의 기능을 알아보고 실무에 쓸 만한 코드를 살펴본다.
- 3장에서는 JUnit 아키텍처를 설명한다.
- 4장에서는 JUnit 4에서 JUnit 5로 어떻게 전환하는지 논의한다.
- 5장에서는 테스트 전반에 대해 살펴본다. 다양한 종류의 테스트 방법을 알아보며 이를 언제 적용하는지 설명한다. 또한 여러 수준의 테스트와 테스트를 실행하기 위해 가장 적절한 상황을 설명한다.

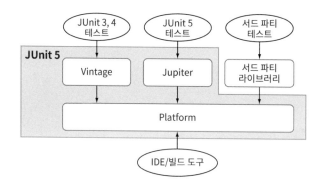

2부에서는 다양한 테스트 전략을 제시한다.

- 6장에서는 테스트 품질에 관해 설명한다. 코드 커버리지, TDD, BDD, 돌연변이 테스트(mutation testing)의 개념을 소개한다.
- 7장에서는 테스트를 주변 환경으로부터 격리하고 빈틈없이 만드는 방법인 스텁(stub)에 대해 알아본다.
- 8장에서는 스텁에 비견할 만한 모의 객체(mock object)를 설명하고, 모의 객체를 어떻게 구성하고 사용하는지 설명한다.
- 9장에서는 컨테이너를 활용한 테스트를 설명한다. 9장은 7, 8장의 내용과 달리 조금 이색적이다.

3부에서는 JUnit 5와 다른 도구를 함께 사용하는 방법을 알아본다.

- 10장에서는 Maven이 무엇인지 소개하며 Maven을 JUnit 5와 함께 어떻게 사용할 수 있는지 알아본다.
- 11장에서는 10장과 비슷한 개념을 설명하되 Gradle(그래들)을 활용한다.
- 12장에서는 최근 가장 인기 있는 IDE인 IntelliJ IDEA, Eclipse(이클립스), Net-Beans(넷빈즈)로 JUnit 5를 사용하는 방법을 알아보고 세 IDE의 장단점을 비교해 본다.
- 13장은 지속적 통합을 위한 도구인 젠킨스(Jenkins)에 관해 설명한다. 익스트림 프로그래머가 적극 추천하는 젠킨스는 코드 저장소를 관리하고 빌드를 자동화하는 데 도움이 된다.

4부에서는 JUnit 5를 최신 프레임워크와 함께 어떻게 활용할 수 있는지 알아본다.

- 15장에서는 HtmlUnit과 Selenium(셀레늄)을 소개한다. HtmlUnit과 Selenium을 사용하여 프레젠테이션 계층을 테스트하는 방법을 알아본다.
- 16장과 17장에서는 오늘날 가장 많이 쓰이는 웹 개발 프레임워크 중 하나인 스프링을 테스트하는 방법을 집중적으로 다룬다. 스프링은 자바를 위한 오픈 소스 애플리케이션 프레임워크이자 제어의 역전(inversion of control, IoC)이 적용된 컨테이너라고 할 수 있다. 즉시 구동할 수 있는 애플리케이션을 만들기 위한 원칙인 설정보다 관습(convention over configuration)을 비롯해 스프링과 스프링 부트에 대해 알아본다.
- 18장에서는 RESTful 애플리케이션을 테스트하는 방법을 알아본다. REST(representational state transfer)는 GET, PUT, PATCH, POST, DELETE 등의 HTTP 동사를 활용해서 IT 자원을 관리하는 소프트웨어 아키텍처 스타일을 말하며, 18장에서 자세히 다룬다.
- 19장에서는 JDBC, 스프링, 하이버네이트를 비롯하여 데이터베이스 애플리케이션을 테스트하는 방법을 알아본다.

5부에서는 최신 소프트웨어 개발 방법론에 JUnit 5가 어떻게 적용될 수 있는지 알아본다.

- 20장에서는 오늘날 인기 있는 개발 방법론 중 하나인 TDD를 적용하여 애플리케이션을 개발한다.

- 21장에서는 BDD를 적용하여 애플리케이션을 개발한다. 비즈니스 요구 사항에 집중하는 애플리케이션을 만드는 방법을 설명하며, BDD를 실천함으로써 단순히 작업을 올바르게 수행(do things right)할 뿐 아니라, 비즈니스 관점에서 올바른 결과를 내놓는(do the right thing) 애플리케이션을 만들어 볼 것이다.

- 22장에서는 JUnit 5를 활용해 테스트 피라미드 전략을 구축한다. 테스트 피라미드의 저수준을 이루는 단위 테스트부터 통합 테스트, 시스템 테스트, 인수 테스트까지 고수준으로 올라가며 각 테스트 단계를 여러 방법으로 구현해 본다.

일반적으로는 1장부터 22장까지 순차적으로 읽어 나가기를 권장한다. 그러나 1부에서 설명한 핵심 내용을 이미 이해하고 있는 독자라면, 현업에서 마주하고 있는 문제와 관련한 부분을 찾아 읽어도 좋다.

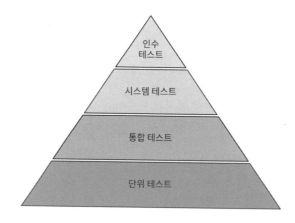

이 책의 코드

이 책에는 짧은 코드 조각보다는 최대한 전체 코드를 수록하고자 했다. 거의 모든 예제에는 번호가 매겨져 있으며 그에 맞는 설명이 있다. 일부 예제에서는 유사한 예제와의 비교를 위하여 프라임 문자(′)를 따로 추가하였으니, 번호 위에 프라임 문자가 표시되어 있다면 다른 예제와 비교하면서 책을 읽기 바란다. *https://github.com/ctudose/junit-in-action-third-edition*에서 전체 소스 코드를 내려받을 수 있다. 한국어판 전체 소스 코드는 *https://github.com/devkunst/junit-in-action-third-edition-kr*에서 확인할 수 있다.

liveBook 포럼

이 책을 구입한 독자는 매닝에서 운영하는 liveBook 포럼에 무료로 참여할 수 있다. 책에 관한 의견을 말하고 기술적인 질문을 하며 저자와 다른 참여자에게서 도움을 받을 수도 있다. liveBook 포럼은 *https://livebook.manning.com/#!/book/junit-in-action-third-edition/discussion*으로 접속하기 바란다. liveBook 포럼의 자세한 이용 규칙은 *https://livebook.manning.com/#!/discussion*에서 확인할 수 있다.

매닝은 독자를 위해 독자와 저자, 독자와 독자 사이에 의미 있는 대화가 일어날 수 있는 공간을 제공하고자 노력한다. 책의 저자가 포럼에 참여해야만 하는 의무는 없으며, 포럼은 순전히 자발적으로(그리고 무료로) 운영된다. 책에 대한 저자들의 관심이 사그라들지 않도록 도전적인 질문을 해 보기 바란다. 책이 절판되지 않는 한, 이 책의 포럼과 이전 토론 기록은 매닝 웹 사이트에서 확인할 수 있다.

이 책의 표지

이 책의 표지 그림의 제목은 〈왈락 부인〉(Dame Walaque)이다. 표지 그림은 프랑스의 자크 그라세 드 생소뵈르(Jacques Grasset de Saint-Sauveur, 1757-1810)가 1797년에 출판한 《Costumes de Différents Pays》라는 의상 모음집에서 가져왔다. 각각의 그림은 손으로 일일이 섬세하게 그리고 채색한 것이다. 생소뵈르의 다채로운 컬렉션을 보고 있으면 불과 이백여 년 전만 해도 세계의 도시와 지역이 문화적으로 얼마나 다채로웠는지 생생하게 떠올릴 수 있다. 당시만 해도 사람들은 서로 다른 언어와 이색적인 방언을 사용했다. 도시나 시골 어디에서든, 사람들의 옷차림만으로도 그들이 어디에 살고 직업이나 삶의 수준이 어떠한지 알 수 있었다.

의복 문화가 바뀌면서 그 옛날 풍부했던 지역별 다양성은 사라졌다. 이제 다른 도시, 지역, 국가는 말할 것도 없고 다른 대륙에 있는 사람들이라도 의복을 가지고 구별한다는 것은 불가능해졌다. 아마도 우리는 문화의 다양성을 더욱 변화무쌍한 개인 생활, 즉 더욱 다양하고 빠른 속도로 변화하는 기술 생활과 바꾸어 온 것으로 보인다.

컴퓨터 서적의 개성 또한 점차 사라져가는 이 시기에, 매닝은 이백 년 전의 사람들이 영위했던 다채로운 삶을 보여 주는 생소뵈르의 그림을 표지에 실어 IT 업계의 창의와 혁신을 기리고자 한다.

제1부

JUnit

이 책을 펼친 여러분을 환영한다. JUnit은 1995년 말 켄트 벡(Kent Beck)과 에릭 감마(Erich Gamma)가 만들었다. JUnit은 출시 이후 인기가 서서히 높아지더니, 이제는 자바 애플리케이션을 단위 테스트(unit test)하기 위한 사실상의 표준이 되었다.

이 책은 세 번째 판이다. 초판은 2003년에 빈센트 마솔(Vincent Massol)과 테드 허스테드(Ted Husted)가 JUnit 3을 기준으로 집필했으며, 베스트셀러였다. 2판은 2010년에 피터 타치브(Petar Tahchiev), 펠리페 레미(Felipe Leme), 빈센트 마솔, 게리 그레고리(Gary Gregory)가 JUnit 4를 기준으로 집필했으며, 역시 베스트셀러가 되었다.

3판에서는 JUnit 5를 다루며 JUnit 5에 추가된 여러 기능을 소개한다. 또한 실용적인 테스트를 위해서 여러 가지 흥미로운 세부 내용과 기법들, 예를 들자면 JUnit 아키텍처, 테스트 품질, 모의 객체, IDE 사용, JUnit 5 extension, 계층별 테스트, TDD(test-driven development, 테스트 주도 개발), BDD(behavior-driven development, 행위 주도 개발) 등에 초점을 두었다.

1부에서는 JUnit의 핵심 개념을 살펴본다. 1장에서는 테스트의 개념을 설명하고 앞으로의 긴 여정을 위해 필요한 기본 지식을 간략하게 정리한다. 간단한 코드를 살펴보면서 어떻게 테스트를 작성하고 실행하는지, 결과는 어떻게 나오는지 직접 확인할 수 있다. 2장에서는 JUnit의 세부 사항을 들여다보고 실제 코드와 함께 JUnit 5의 기능을 알아본다. 3장에서는 JUnit 아키텍처를 살펴보고, 4장에서는 JUnit 4에서 JUnit 5로 전환하기 위한 준비와 실제 전환 절차를 설명한다. 5장에서는 테스트 전반을 살펴보고 다양한 종류의 테스트 방법과 적용 시나리오를 알아본다. 또한 다양한 수준의 테스트와 이러한 테스트를 실행하기 위해 가장 좋은 상황은 언제인지도 살펴본다.

1장

JUnit 시작하기

> ☑ **1장에서 다루는 내용**
>
> - JUnit 소개하기
> - JUnit 설치하기
> - 첫 번째 JUnit 테스트 만들기
> - 테스트 실행하기

소프트웨어 개발에서 이토록 짧은 코드가
이토록 많은 사람에게 이토록 큰 도움을 준 적은 없었다.

— 마틴 파울러(Martin Fowler)

모든 코드는 테스트가 필요하다. 개발자가 개발을 시작할 때 가장 먼저 하는 일은 인수 테스트(acceptance test) 실행이다. 우리는 코딩하고 컴파일하며 실행한다. 우리가 프로그램을 실행할 때, 동시에 소스 코드를 테스트한다. 이때의 테스트는 그저 단순히 버튼을 클릭하여 예상한 메뉴가 표시되는지 확인하거나 결괏값이 예상한 값과 맞는지 비교하는 것 등이다. 그럼에도 우리는 매일 코딩하고 컴파일하고 실행하고 테스트한다.

테스트를 하다 보면 처음 몇 번은 문제를 발견하는 경우가 많다. 그래서 앞서 말한 과정, 즉 코딩하고 컴파일하고 실행하고 테스트하는 행동을 반복한다.

개발자 대부분은 데이터 생성, 조회, 수정, 삭제와 같이 비공식적인 테스트를 위한 패턴을 빠르게 만들어 사용한다. 작은 테스트 묶음을 수동으로 실행하는 것은 충분히 쉬운 일이므로, 우리는 테스트 묶음을 반복적으로 실행할 수 있다.

일부 개발자는 이런 반복적인 테스트(repetitive test) 작업을 좋아하기도 한다. 때

3

로는 이런 단순 노동이 복잡하게 이어지는 생각과 코딩 사이에서 잠깐의 휴식이 될
수도 있다. 마우스를 이용한 테스트가 성공적으로 수행되었을 때 성취감을 느낄 수
도 있다(유레카! 오류를 찾았다!).

그러나 반복적인 테스트 작업을 싫어하는 개발자도 있다. 이들은 테스트를 일일
이 손으로 실행하기보다는 자동으로 실행하는 프로그램을 만들고 싶어 한다. 수동
으로 하는 테스트와 자동화한 테스트 간에는 큰 차이가 있다.

테스트를 자동화하는 방법에 관해 관심이 없었다면 이 책을 통해 테스트 자동화
의 첫발을 내딛어보자. 이 책은 테스트를 얼마나 쉽게 만들 수 있는지, 테스트 자동
화가 개발 주기에 대단히 효과적이며 심지어는 그 자체로도 얼마나 재미있는 일인
지 알려준다.

이미 테스트에 중독된(test-infected)[1] 사람에게도 이 책은 업무에 충분히 적용할 만
하다. 1부에서 핵심적인 내용을 다루고 2~5부에서 복잡하고 실무적인 예제를 살펴
본 다음, 마지막으로 테스트 피라미드를 통해 애플리케이션을 다각도로 검증한다.

1.1 프로그램이 제대로 동작하는지 증명하기

어떤 개발자는 자동화된 테스트를 만드는 것이 개발 과정에 반드시 포함되어야 한
다고 생각한다. 전체적인 테스트를 통과해야 해당 컴포넌트가 제대로 동작한다는
것을 증명할 수 있기 때문이다. 실제로 켄트 벡과 에릭 감마는 단위 테스트가 자체
프레임워크를 가져야 할 정도로 중요하다고 생각했다. 1997년에 켄트 벡과 에릭 감
마는 장거리 비행을 하던 중 JUnit이라는 간단하지만 효과적인 단위 테스트 프레임
워크를 만들었다. 에릭은 켄트가 자바를 배우길 바랐고, 자신은 켄트가 예전에 스
몰토크(Smalltalk)을 위해 만든 SUnit 테스트 프레임워크에 관해 더 많이 알고 싶어
했는데, 장거리 비행은 둘 모두를 해 볼 수 있는 기회가 되었다.

> **Aa 프레임워크(framework)**
>
> 여러 애플리케이션에 적용할 수 있고 재사용 가능한 공통 구조를 제공하는 반완성 애플리케이
> 션.[2] 개발자는 애플리케이션을 프레임워크에 통합하고 개별적인 요구 사항에 만족할 수 있도록

---

1 '테스트 중독'은 에릭 감마와 켄트 벡이 만든 말이다. *Test—Infected, Programmers Love Writing Tests*, Java
   Report 3(7), 37-50, 1998.
2 Ralph Johnson and Brian Foote, *Designing Reusable Classes*, Journal of Object-Oriented Programming 1
   (2): 22-35, 1988; *www.laputan.org/drc/drc.html*

이를 확장한다. 프레임워크는 단순한 유틸리티 클래스의 모음이 아니고 짜임새 있는 구조를 제공한다는 점에서 다른 도구와 구분된다. 프레임워크는 기본 스켈레톤을 제공하며, 애플리케이션은 자체 기능을 스켈레톤에 추가한다. 개발자가 작성한 코드는 프레임워크가 알아서 적절히 호출해 준다. 프레임워크를 사용하는 개발자는 전체적인 설계의 좋고 나쁨을 고민하지 않고 비즈니스 로직을 구현하는 데 집중할 수 있다.

에릭 감마와 켄트 벡의 이름을 이미 알고 있었다면 그만한 이유가 있다. 에릭 감마는 이미 고전의 반열에 오른 《GOF의 디자인 패턴》(프로텍미디어, 2015)을 쓴 'Gang of Four'라고도 불리는 저자 넷 중 한 명이고, 켄트 벡은 익스트림 프로그래밍(Extreme Programming)[3]이라는 놀라운 작업으로 유명하기 때문이다.

JUnit은 자바로 단위 테스트를 하기 위한 사실상 표준으로 빠르게 자리 잡았다. 현재 JUnit 5(*https://junit.org*)는 깃허브(GitHub)에 소스가 올라가 있는 오픈 소스 소프트웨어이며 Eclipse 공용 허가서(Eclipse Public License, EPL)를 가지고 있다. 그리고 xUnit으로 알려진 일반적인 테스트 모델은 많은 언어의 표준 테스트 프레임워크가 되는 과정에 있다. xUnit은 ASP, C++, C#, Eiffel(에펠), 델파이(Delphi), 펄(Perl), PHP, 파이썬(Python), Rebol(레볼), 스몰토크(Smalltalk), 비주얼 베이직(Visual Basic)에 적용되어 있다.

물론 JUnit 팀이 소프트웨어 테스트나 단위 테스트라는 개념을 처음 발명한 것은 아니다. 본래 단위 테스트라는 용어는 작업의 작은 단위(클래스 또는 메서드)가 수행하는 동작을 확인하는 테스트를 말했으나, 시간이 지나면서 점차 넓은 의미로 사용되었다. 예를 들어 IEEE(Institute of Electrical and Electronics Engineers, 전기전자공학자협회)는 단위 테스트를 '개별 하드웨어나 소프트웨어 단위 또는 관련 단위 그룹의 테스트'로 정의했다.[4]

이 책에서는 단위 테스트를 좁은 의미로 사용하여 단일한 단위를 다른 단위와 격리시켜 검사하는 테스트로 정의했다. 개발자가 자신의 코드에 적용하기 위해 사용하는, 작고 점진적으로 발전하는 테스트 정도로 이해하면 충분하다. 때로는 단위 테스트를 품질 보증이나 고객 테스트와 구분하기 위해 '개발자 테스트'라고도 한다.[5]

---

3 *www.extremeprogramming.org* 참고
4 《IEEE Standard Computer Dictionary: A Compilation of IEEE Standard Computer Glossaries》(IEEE, 1990)
5 *http://c2.com/cgi/wiki?ProgrammerTest* 참고

이 책의 관점에서 바라본 단위 테스트에 대한 일반적인 설명은 '예상되는 입력 범위 내에서의 각 입력에 대해 메서드가 예상되는 값을 반환하는지 확인한다' 정도로 이해할 수 있다. 이는 인터페이스를 통해 메서드의 동작을 테스트하는 것으로 귀결된다. 과연 x를 입력했을 때 y를 반환하는가? 만약 입력에 x가 아닌 z를 넣었을 때 적절한 예외가 발생하는가?

> **Aa 단위 테스트**
>
> 개별적인 작업 단위의 동작을 검사하는 테스트. 작업 단위는 다른 작업의 완료에 직접적으로 의존하지 않는다. 자바 애플리케이션에서 개별 작업 단위는 (항상 그런 것은 아니지만) 단일 메서드인 경우가 많다. 반면 통합 테스트와 인수 테스트는 다양한 컴포넌트가 제대로 상호작용하는지 검사한다.

단위 테스트는 주로 메서드가 API 계약 조건(API contract)을 잘 따르고 있는지 검사한다. 계약서가 특정 조건 아래에서 재화나 서비스를 교환하기로 협의한 내용을 문서로 남긴 것이라면, API 계약은 메서드의 시그니처를 통해 이루어지는 공식적인 합의라고 볼 수 있다. 메서드는 메서드를 호출한 함수가 특정 참조 또는 원시 값을 전달했을 때 적절한 참조 또는 원시 값을 반환해야 한다. 메서드가 API 계약을 이행할 수 없다면 테스트에서 예외가 발생해야 하며 이때 메서드는 계약을 위반했다고 할 수 있다.

> **Aa API 계약**
>
> 메서드 호출자와 피호출자 간의 공식 계약으로 API(application programming interface)를 이해하는 관점을 말한다. 단위 테스트는 테스트 대상 메서드가 수행해야 하는 동작을 예시함으로써 API 계약을 정의하는 데 도움을 준다. API 계약의 개념은 프로그래밍 언어 Eiffel이 대중화시킨, 계약에 의한 설계(design by contract) 관행에서 비롯했다.[6]

이 장에서는 간단한 클래스에 대한 단위 테스트를 밑바닥부터 만들어 본다. 처음에는 런타임에 필요한 최소한의 프레임워크만 가지고 어떻게 테스트가 만들어지는지 알아본다. 그다음 JUnit을 사용하여 좋은 도구 덕분에 개발자의 삶이 얼마나 편해질 수 있는지 확인해 보자.

---

6 *http://archive.eiffel.com/doc/manuals/technology/contract*

1.2 밑바닥부터 시작하기

첫 번째 프로젝트에서는 주어진 두 개의 수를 더하는 매우 간단한 Calculator 클래스를 만들어 본다. 아래 예제에 제시된 계산기 프로그램은 API만을 제공할 뿐 유저 인터페이스를 제공하지는 않는다. 기능을 테스트하기 위해 먼저 순수한 자바로 테스트를 만든 다음에 JUnit 5를 사용해 보자.

예제 1.1 Calculator 클래스

```java
public class Calculator {
  public double add(double number1, double number2) {
    return number1 + number2;
  }
}
```

API 문서는 따로 없지만 Calculator 클래스의 add 메서드가 두 개의 double 타입 파라미터를 가져와서 double 타입의 합을 반환하는 것은 쉽게 알 수 있다. 컴파일하는 데 문제는 없었지만 런타임에도 올바르게 작동하는지는 재차 확인해 봐야 한다. 단위 테스트의 핵심 원칙은 "프로그램 기능에는 자동화된 테스트가 수반되어야 한다"이다.[7] add 메서드는 계산기 프로그램의 주요 기능이다. 결국 방금 코드는 계산기의 주요 기능을 구현한 것인데 해당 구현이 제대로 작동하는지 증명할 수 있는 자동화된 테스트가 누락된 것이다.

> ### 📦 add 메서드는 실패하기에는 너무 간명하다
>
> 현재 add 메서드는 굉장히 간명하게 구현되어 있어 일상적인 계산은 거의 틀리지 않을 것이다. add 메서드가 사소한 유틸리티 메서드라면 직접 테스트하지 않아도 무방하다. add 메서드가 실패하면 add 메서드를 사용한 메서드의 테스트도 실패할 것이기 때문이다. 그럴 경우 add 메서드는 간접적으로 테스트할 수밖에 없지만 그럼에도 테스트가 안 되는 것은 아니다. 계산기 프로그램에서 add는 단순히 메서드일 뿐만 아니라 프로그램 기능이기도 하다. 프로그램이 제대로 동작한다는 확신을 가지려면 개발자 대부분은 아무리 간단한 기능이라도 자동화된 테스트가 있어야 한다고 생각한다. 자동화된 기능 테스트나 인수 테스트가 있어야 프로그램 기능이 잘 동작한다는 사실을 증명할 수 있기 때문이다. 소프트웨어 테스트에 관한 일반적인 내용이 궁금하다면 5장을 참고하기 바란다.

---

7 Kent Beck, *Extreme Programming Explained: Embrace Change*, Addison-Wesley, 1999

그러나 이 시점에서 테스트를 해 보기에는 문제가 있다. 당장 double 타입 값 두 개를 입력할 수 있는 유저 인터페이스도 없다. 대신 double 타입 값 두 개를 입력받은 다음 계산 결과를 출력하는 프로그램을 만들 수는 있다. 물론 이런 경우에는 숫자와 그 결과를 일일이 입력하는 개발자의 능력도 테스트 대상이 되는데, 사실 이게 생각보다 귀찮은 일이다. 숫자를 더하는 기능이 실제로 두 double 타입 값을 더하고 정확한 합계를 반환하는지 알고 싶을 뿐이다. 개발자가 숫자를 제대로 입력했는지 안 했는지는 테스트하고 싶지 않다!

한편으로 개발자가 본인의 작업을 테스트하는 데까지 들이는 노력을 생각한다면, 테스트는 반복적으로 실행되어야 하므로 그 노력 또한 (문서로 남든 자동화가 되었든) 보존되어야 한다. 그래서 add(double, double) 메서드를 작성한 순간 해당 메서드가 제대로 동작한다는 것을 알 수 있어야 한다. 더욱 중요한 것은 애플리케이션의 다른 기능을 추가할 때 또는 이후에 애플리케이션을 수정할 때마다 해당 메서드가 여전히 잘 작동하는지 알 수 있어야 한다. 결국 이러한 요구 사항을 모두 만족하려면 add 메서드에 대한 간단한 테스트 프로그램을 작성해야 한다.

테스트 프로그램으로 이미 알고 있는 값을 메서드에 전달하고 그 결과가 예상과 일치하는지 확인할 수 있다. 기능의 수정이나 추가가 발생했을 때도 해당 테스트 프로그램을 다시 실행하여 메서드가 여전히 잘 작동하는지 확인할 수도 있다. 그러면 가장 단순한 테스트 프로그램은 어떻게 만들 수 있는가? 다음 CalculatorTest를 보자.

예제 1.2 Calculator 클래스를 간단하게 테스트할 수 있는 CalculatorTest

```java
public class CalculatorTest {
  public static void main(String[] args) {
    Calculator calculator = new Calculator();
    double result = calculator.add(10, 50);
    if (result != 60) {
      System.out.println("Bad result: " + result);
    }
  }
}
```

CalculatorTest는 간단하다. Calculator 객체를 생성한 다음 10과 50을 파라미터로 전달한 결과가 60인지 확인하면 된다. 결과가 예상한 것과 다르다면 표준 출력(콘솔)으로 에러 메시지를 띄운다.

지금 이 소스 코드를 컴파일하고 실행한다면 테스트가 군말 없이 동작하는 것을 확인할 수 있다. 그러나 만약 해당 테스트가 실패하도록 소스 코드를 변경하면 어떨까? 그렇다면 에러 메시지를 주의 깊게 살펴보아야 한다. 개발자가 따로 값을 입력할 필요는 없지만, 오류 메시지는 사람이 눈으로 확인해야 하는 것이다. 그러면 다시, 코드를 테스트하는 것이 아니라 코드를 테스트하는 개발자의 능력을 테스트하는 것이 된다!

자바에서 오류를 알려 주는 일반적인 방법은 예외(exception)를 던지는 것이다. 테스트가 실패하면 이를 알려주기 위해 예외를 던지게 하자.

한편 Calcuator 클래스는 아직 작성하지 않은 다른 메서드(예를 들어 subtract 또는 multiply)도 테스트해야 한다. 프로그램을 모듈식으로 설계하면 예외를 더 쉽게 캐치하고 처리할 수 있다. 나중에 테스트 프로그램을 확장하기도 더 쉬울 것이다. 다음 예제는 조금 더 발전한 CalculatorTest를 보여 준다.

예제 1.3 조금 더 발전한 CalculatorTest

```java
public class CalculatorTest {

  private int nbErrors = 0;

  public void testAdd() {
    Calculator calculator = new Calculator();
    double result = calculator.add(10, 50);          ①
    if (result != 60) {
      throw new IllegalStateException("Bad result: " + result);
    }
  }

  public static void main(String[] args) {
    CalculatorTest test = new CalculatorTest();
    try {
      test.testAdd();
    } catch (Throwable e) {
      test.nbErrors++;                      ②
      e.printStackTrace();
    }
    if (test.nbErrors > 0) {
      throw new IllegalStateException("There were " + test.nbErrors +
                                      " error(s)");
    }
  }
}
```

①에서 테스트 로직을 testAdd 메서드로 옮긴 것을 볼 수 있다. 이제 테스트가 수행하는 작업에만 문제를 한정할 수 있으며 main 메서드를 유지 보수하기 쉽게 만들면

서도 나중에 더 많은 단위 테스트를 추가할 수 있다. ②에서 오류가 발생할 때 스택 추적(stack trace)을 출력하도록 main 메서드를 변경한다. 그런 다음 오류가 있는 경우 예외를 던진다.

이렇게 간단한 계산기 애플리케이션과 테스트 코드를 살펴보았다. 작은 클래스를 테스트하는 데에도 테스트를 실행하고 그 결과를 관리하기 위해 만든 스켈레톤의 도움을 받았다는 것을 느낄 수 있었다. 그러나 애플리케이션이 복잡해지고 테스트가 애플리케이션에 점차적으로 개입하게 되면, 이렇게 사용자 정의 테스트 프레임워크를 계속 만들어 나가고 보수하는 일이 개발자에게 부담이 될 수 있다.

이제 다시 처음으로 돌아가서 단위 테스트 프레임워크를 일반적으로 언제 사용하는지 살펴보자.

1.2.1 단위 테스트 프레임워크 이해하기

단위 테스트에는 프레임워크가 따라야 하는 몇 가지 모범 사례(best practice)가 있다. 예제 1.3이 보여준 CalculatorTest의 개선 사항은 (필자의 경험에 비추어 볼 때) 모든 단위 테스트 프레임워크가 따라야 하는 세 가지 규칙을 반영하고 있다.

- 단위 테스트는 다른 단위 테스트와 독립적으로 실행되어야 한다.
- 프레임워크는 각 단위 테스트의 오류를 파악하여 알려 주어야 한다.
- 어떤 테스트를 실행할지 쉽게 정의할 수 있어야 한다.

예제 1.3은 세 가지 규칙을 거의 따르는 편이지만 아직 부족한 면이 있다. 예를 들어 각 단위 테스트가 정말로 독립적이라면 서로 다른 클래스 인스턴스에서 실행될 수 있어야 한다.

1.2.2 단위 테스트 추가하기

앞선 예제에서 try~catch 문을 main 메서드에 작성하고 새로운 메서드를 추가하는 방식으로 새로운 단위 테스트를 추가할 수 있었다. 이는 분명 한 단계 발전한 것이다. 그러나 실무에서 사용할 수준의 단위 테스트는 아니다. 경험적으로 너무 큰 범위의 try~catch 문은 보통 유지 보수 시 문제가 된다. 단위 테스트를 만드는 절차를 빼먹기도 쉬울뿐더러 빼먹었는지도 모를 것이다!

새로운 테스트 코드를 추가하고 계속 작업을 하면 좋겠지만, 프로그램이 어떤 테스트를 실행해야 하는지 어떻게 알 수 있을까? 테스트를 등록하는 절차가 필요해 보인다. 테스트를 등록하는 메서드를 만들면 실행이 되어야 하는 테스트의 리스트를 알려 줄 수 있을 것이다.

이 과정에서 자바의 리플렉션(reflection)을 사용할 수 있다. 리플렉션을 활용해서 test라는 단어로 시작하는 메서드같이 특정 명명 규칙을 따르는 메서드를 실행하도록 프로그래밍할 수 있다.

테스트를 쉽게 추가할 수 있어야 한다는 점은 (앞서 언급한 단위 테스트 프레임워크가 지켜야 할 세 가지 규칙 외에도) 눈여겨보아야 할 중요한 원칙이기도 하다. 테스트를 쉽게 추가할 수 있도록 해 주는 코드는 (등록을 하든 리플렉션을 사용하든) 구현하기 쉽지 않겠지만, 그만큼의 가치가 있을 것이다. 사전에 정말 많은 작업을 해야 하겠지만, 새로운 테스트를 추가할 때마다 혜택을 볼 수 있을 것이다.

다행히도 이 문제에 대해서는 JUnit 팀이 해결 방안을 제시했다. JUnit은 이미 테스트를 발견하는 방법을 지원한다. 테스트마다 각각의 클래스 인스턴스와 클래스 로더 인스턴스를 사용하고, 테스트마다 각각의 오류를 보고하게 만들어 놨다. JUnit 팀은 프레임워크를 설계할 때 세 가지 구체적인 목표를 정의했다.

- 프레임워크는 유용한 테스트를 작성하는 데 도움이 되어야 한다.
- 프레임워크는 시간이 지나도 그 가치를 유지하는 테스트를 만드는 데 도움이 되어야 한다.
- 프레임워크는 코드를 재사용하여 테스트를 작성하는 비용을 낮추는 데 도움이 되어야 한다.

이 목표에 대해서는 2장에서 더 논의할 예정이다.

다음으로 JUnit을 설치하는 방법을 알아보자.

1.3 JUnit 설치하기

JUnit을 사용하여 애플리케이션을 테스트하고 싶다면 먼저 JUnit 의존성을 이해해야 한다. 이 책은 집필 당시 최신 버전인 JUnit 5를 사용한다. JUnit 5는 모듈 아키텍처를 가지고 있으며 JUnit 4와 다르게 jar 파일을 클래스패스에 추가하지 않는다. 그리고 JUnit 5부터는 모놀리식(monolithic) 아키텍처를 따르지 않는다(3장 참고). 또한 자바 5(Java 5)에 애노테이션이 도입되면서 JUnit도 애노테이션을 사용하는 방향으로 바뀌고 있다. JUnit 5는 애노테이션 기반으로 동작하는데, 이전 버전에서는 모든 테스트 클래스가 기본 클래스를 상속해야 하고 모든 테스트 메서드가 반드시 메서드명에 접두사 test를 써야 했던 것과는 다르다.

 JUnit 4에 익숙하다면 JUnit 5에 새로 추가된 기능이 무엇인지, 왜 JUnit 5로 전환해야 하고 어떻게 전환해야 하는지 궁금할 것이다. JUnit 5는 다음 세대의 JUnit이 어떻게 변화할지를 보여 주는 역할도 한다. 이 책에서는 자바 8(Java 8)에서 새로 추가된 기능을 사용하고, 모듈과 계층을 만들어 테스트를 빌드한다. 그 결과 테스트는 이해하기 쉽고 유지 보수하기도 편리하며 확장하기도 어렵지 않게 되었다. 4장에서는 JUnit 4에서 JUnit 5로 전환하는 방법을 다루며 JUnit 5를 이용하면 어떤 장점이 있는지를 주로 살펴본다. 앞으로 보겠지만 작은 단위에서부터 하나씩 전환해 나갈 수 있다.

JUnit 5 의존성을 효율적으로 관리하기 위해 빌드 도구 사용을 추천한다. 이 책에서는 인기 있는 빌드 도구인 Maven(메이븐)을 사용한다. 참고로 10장에서 Maven을 활용한 JUnit 테스트를 다룬다. 여기서는 Maven에 관한 기본적인 사항으로 pom.xml 파일로 프로젝트를 구성할 수 있다는 것, mvn clean install 명령을 실행하는 것, 그리고 이 명령이 어떤 작용을 하는지를 이해하면 충분하다.

 *https://maven.apache.org*에서 Maven을 다운로드할 수 있다. 이 책을 집필할 당시 Maven의 최신 버전은 3.6.3이다.

pom.xml 파일에 추가한 의존성은 다음 예제에서 볼 수 있다. 처음에는 junit-jupiter-api와 junit-jupiter-engine만 있으면 된다.

예제 1.4 pom.xml 파일에 추가한 JUnit 5 의존성

```
<dependency>
  <groupId>org.junit.jupiter</groupId>
  <artifactId>junit-jupiter-api</artifactId>
  <version>5.6.0</version>
  <scope>test</scope>
</dependency>
<dependency>
  <groupId>org.junit.jupiter</groupId>
  <artifactId>junit-jupiter-engine</artifactId>
  <version>5.6.0</version>
  <scope>test</scope>
</dependency>
```

명령 프롬프트에서 테스트를 실행하기 위해 pom.xml 파일에 Maven Surefire 플러그인과 관련 구성을 추가한다. Maven Surefire 플러그인을 사용하기 위해 필요한 내용은 아래와 같다.

예제 1.5 pom.xml 파일에 추가한 Maven Surefire 플러그인

```xml
<build>
  <plugins>
    <plugin>
      <artifactId>maven-surefire-plugin</artifactId>
      <version>2.22.2</version>
    </plugin>
  </plugins>
</build>
```

참고로 사람들이 일반적으로 쉽게 접하는 OS(operating system, 운영체제)가 윈도우(Windows)라는 점을 고려하여, 이 책의 예제를 윈도우 10에서 실행했다는 점을 미리 일러둔다. 시스템 경로, 환경 변수, 명령 프롬프트 같은 개념들은 다른 OS에도 존재한다. 만약 윈도우 이외의 OS에서 예제를 실행한다면 비슷한 내용을 공식 문서에서 금방 찾을 수 있을 것이다.

윈도우에서 테스트를 실행하기 위해서는 Maven의 bin 폴더를 환경 변수에 추가해야 한다(그림 1.1). 그리고 윈도우에서 자바를 설치한 폴더를 인식할 수 있게 JAVA_HOME 시스템 변수를 설정해야 한다(그림 1.2). 참고로 JUnit 5는 자바 8 버전 이상을 요구한다.

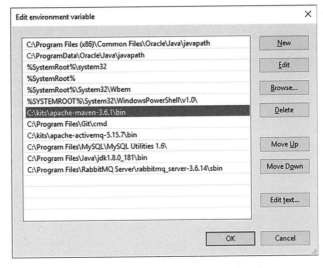

그림 1.1 환경 변수에 Maven의 bin 폴더를 등록한 모습

Edit System Variable
Variable name:
JAVA_HOME
Variable value:
C:\Program Files\Java\jdk1.8.0_181
Browse Directory...
Browse File...
OK
Cancel

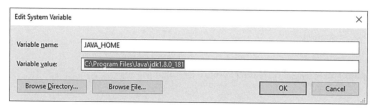

그림 1.2 JAVA_HOME 시스템 변수를 설정한 모습

그림 1.3과 같은 결과를 보려면 1장의 소스 코드가 사전에 준비되어 있어야 한다. 프로젝트 폴더(pom.xml 파일이 있는 폴더)에서 명령 프롬프트를 열고 다음 명령을 실행한다.

```
mvn clean install
```

이 명령은 자바 소스 코드를 가져와서 컴파일하고, 테스트하고, 실행 가능한 자바 프로그램(이 경우에는 jar 파일)으로 변환한다. 그림 1.3은 테스트 결과를 보여 준다.

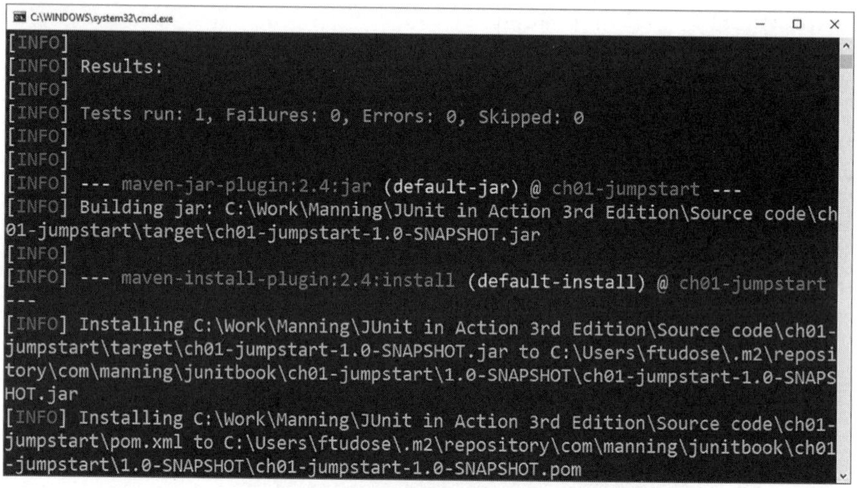

C:\WINDOWS\system32\cmd.exe
[INFO]
[INFO] Results:
[INFO]
[INFO] Tests run: 1, Failures: 0, Errors: 0, Skipped: 0
[INFO]
[INFO]
[INFO] --- maven-jar-plugin:2.4:jar (default-jar) @ ch01-jumpstart ---
[INFO] Building jar: C:\Work\Manning\JUnit in Action 3rd Edition\Source code\ch01-jumpstart\target\ch01-jumpstart-1.0-SNAPSHOT.jar
[INFO]
[INFO] --- maven-install-plugin:2.4:install (default-install) @ ch01-jumpstart ---
[INFO] Installing C:\Work\Manning\JUnit in Action 3rd Edition\Source code\ch01-jumpstart\target\ch01-jumpstart-1.0-SNAPSHOT.jar to C:\Users\ftudose\.m2\repository\com\manning\junitbook\ch01-jumpstart\1.0-SNAPSHOT\ch01-jumpstart-1.0-SNAPSHOT.jar
[INFO] Installing C:\Work\Manning\JUnit in Action 3rd Edition\Source code\ch01-jumpstart\pom.xml to C:\Users\ftudose\.m2\repository\com\manning\junitbook\ch01-jumpstart\1.0-SNAPSHOT\ch01-jumpstart-1.0-SNAPSHOT.pom

그림 1.3 Maven과 명령 프롬프트를 이용해서 JUnit 테스트를 실행한 결과

이 책의 3부에서 Maven과 Gradle(그래들)을 이용해 테스트를 수행하는 방법을 자세히 설명한다.

1.4 JUnit을 활용하여 테스트하기

JUnit에는 테스트를 쉽게 작성하고 실행할 수 있는 여러 가지 기능이 있다. 이 책 전체에서 다음 내용을 익힐 것이다.

- 부수 효과(side effect)를 방지할 목적으로 단위 테스트 각각에 대해 별도로 만들어진 테스트 클래스 인스턴스와 클래스 로더
- 자원 초기화나 자원 정리에 자주 쓰는 JUnit 애노테이션: JUnit 5의 @BeforeEach, @BeforeAll, @AfterEach, @AfterAll과 이에 대응하는 @Before, @BeforeClass, @After, @AfterClass 애노테이션(JUnit 4까지 사용)
- 테스트 결과를 쉽게 확인할 수 있는 다양한 단언문 메서드
- Maven이나 Gradle처럼 널리 사용하는 빌드 도구와 IntelliJ IDEA, Eclipse, NetBeans 등 인기 있는 IDE(integrated development environments, 통합 개발 환경)와의 통합

다음 예제는 JUnit으로 구현한 Calculator 테스트 코드다. 코드가 어떻게 바뀌었는지 보자.

예제 1.6 JUnit으로 구현한 CalculatorTest

```
import static org.junit.jupiter.api.Assertions.assertEquals;
import org.junit.jupiter.api.Test;

public class CalculatorTest {   ①

  @Test   ②
  public void testAdd() {
    Calculator calculator = new Calculator();   ③
    double result = calculator.add(10, 50);   ④
    assertEquals(60, result, 0);   ⑤
  }
}
```

Maven을 활용해 이 테스트를 실행하면 그림 1.3과 유사한 결과를 볼 수 있다. 테스트가 매우 간단해졌다. ①에서 테스트 클래스를 정의한다. 클래스명에 'Test'라는 접미사를 붙이는 것이 테스트를 작성하는 일반적인 관행이다. JUnit 3에서는 테스트 클래스가 TestCase 클래스를 상속해야 했다. 그러나 이런 요구 사항은 JUnit 4에서 없어졌다. 게다가 JUnit 4까지는 테스트 클래스가 public이어야 했다. JUnit 5부

터 최상위 테스트 클래스는 public 외에도 디폴트 접근 제어자를 지정할 수 있으며 이름도 자유롭게 지을 수 있다.

②에서 @Test 애노테이션을 달아 해당 메서드가 단위 테스트 메서드임을 나타냈다. JUnit 3까지는 testXYZ 패턴에 따라 테스트 메서드의 이름 맨 앞에 'test'라는 접두사를 붙이는 것이 일반적이었지만 이제 그렇게 할 필요가 없다. 어떤 개발자는 'test' 접두사를 떼고 아예 메서드의 내용을 문장으로 설명한 것을 메서드명으로 하기도 한다. 사실 메서드의 이름은 마음대로 지어도 된다. @Test 애노테이션만 달면 JUnit은 해당 메서드를 테스트로 인식한다. 참고로 JUnit 5의 @Test 애노테이션은 org.junit.jupiter.api 패키지에 속하고 JUnit 4의 @Test 애노테이션은 org.junit 패키지에 속한다는 점을 기억하자. 이 책에서는 JUnit 4에서 JUnit 5로 테스트를 전환할 때처럼 특정 버전을 반드시 사용해야 하는 경우를 제외하고는 주로 JUnit 5를 사용한다.

③에서 Calculator 클래스(테스트 대상 객체)의 인스턴스를 생성하여 테스트를 시작한다. ④에서 이전처럼 테스트할 메서드를 호출하고 사전에 정의한 두 값을 파라미터로 전달하여 테스트를 수행한다.

JUnit을 사용해서 빛을 보는 부분은 ⑤다. 테스트 결과를 확인하려면 클래스의 첫 번째 줄에 정적으로 가져온(static import) assertEquals 메서드를 호출한다. Java-doc은 assertEquals 메서드를 다음과 같이 설명한다.

```
/**
 * 음이 아닌 오차 안에서 예상 값과 실제 값이 같다고 단언한다.
 * assertEquals에서 판정한 동등성은 Double.equals(Object)나
 * Double.compare(double, double)의 결과와 일관된다.
 */
public static void assertEquals(double expected, double actual, double delta)
```

예제 1.6에서 다음 세 파라미터를 assertEquals 메서드에 전달한다.

```
expected = 60
actual = result
delta = 0
```

Calculator 클래스에 10과 50을 전달하므로 assertEquals에 합계가 60이 될 것이다 (10과 50은 정수로 소수점 이하가 0이니 두 수를 더할 때 부동 소수점 오류가 없을 것이다. 그리하여 delta에는 0을 전달했다). Calculator 객체를 호출할 때 반환 값

을 result에 저장한다. 따라서 해당 값을 assertEquals에 전달하여 예상 값 60과 비교한다. 예상 값이 실제 값과 같지 않으면 JUnit은 확인되지 않은 예외(unchecked exception)를 던지고 검사는 실패한다.

delta가 0인 경우는 대부분 무시해도 상관없다. delta는 부동 소수점 계산을 포함하여 오차가 생길 수 있는 계산에 자주 쓰인다. delta를 이용해 범위 비교를 할 수 있는데, actual이 expected-delta와 expected+delta 범위 내에 있으면 테스트가 통과된다. delta를 사용하는 assertEquals 메서드는 반올림이나 절사 오류가 있을 수 있는 수학적 계산을 하거나 파일 수정 날짜를 비교할 때 유용하다. 계산의 정밀도는 OS에 따라 다를 수 있다.

예제 1.6 CalculatorTest의 놀라운 점은 코드가 예제 1.2나 예제 1.3의 Calculator Test보다 작성하기 쉽다는 것이다. 또한 JUnit을 이용해 자동으로 테스트를 실행할 수 있다.

명령 프롬프트에서 테스트를 실행하면 그림 1.3과 같이 테스트에 걸리는 시간과 통과하는 테스트 수를 볼 수 있다. 명령 프롬프트 외에도 IDE나 다양한 빌드 도구를 활용해서 테스트를 실행할 수 있다. 간단한 예제로 JUnit과 단위 테스트가 가진 힘을 살펴볼 수 있었다.

버그가 있도록 Calculator 클래스를 수정할 수 있다. 예를 들어 숫자를 더하는 대신 빼 버린다고 하자. 그런 다음 테스트를 실행하고 테스트가 실패했을 때 결과가 어떻게 나오는지 확인할 수 있다.

2장에서는 자주 쓰는 JUnit 애노테이션과 단언문, 주요 테스트(중첩 테스트, 태그 테스트, 반복 테스트, 파라미터를 사용한 테스트, 동적 테스트)를 자세히 알아본다. 또한 단위 테스트를 효율적이고 효과적으로 만들기 위해 JUnit을 어떻게 사용하는지 살펴본다. 앞으로 JUnit 5 기능을 어떻게 사용할 수 있는지, JUnit 4와 JUnit 5의 차이점이 무엇인지 공부해 보자.

정리

1장에서는 다음 내용을 다루었다.

• 코드가 잘 동작하는지 확인하는 데 테스트를 사용해야 하는 이유를 알아보았다. 개발자는 자동화된 단위 테스트를 사용함으로써 새로운 코드가 잘 작동하고 기

존 테스트가 실패하지 않는지를 반복해서 확인할 수 있다.

- JUnit 없이 간단한 단위 테스트를 작성해 보았다.
- 테스트가 추가되고 복잡해지면서 테스트를 작성하고 유지 보수하는 것이 점차 어려워진다는 것을 이해했다.
- 단위 테스트를 더 쉽게 만들고, 수정하고, 실행할 수 있게 해 주는 프레임워크인 JUnit을 알아보았다.
- JUnit을 이용해 간단한 단위 테스트를 만들어 보았다.

J U n i t   I N   A C T I O N   T h i r d   E d i t i o n

2장

JUnit 핵심 살펴보기

☑ **2장에서 다루는 내용**

- JUnit 생애 주기 이해하기
- 핵심 JUnit 테스트 클래스, 메서드, 애노테이션 활용하기
- JUnit 동작 원리 파악하기

실수는 발견의 시작이다.

— 제임스 조이스(James Joyce)

1장에서는 프로그램을 테스트하기 위해 신뢰할 수 있고 반복 가능한 방법이 필요하며, 이를 위해서는 API를 테스트하는 코드를 실행하기 위한 프레임워크를 만들거나 활용해야 한다는 결론을 얻었다. 프로그램이 점점 커지면서 새로운 클래스와 메서드가 계속 추가된다면 새로운 테스트 코드도 그에 맞춰 추가되어야 한다. 클래스들은 때로 누구도 생각하지 못한 방식으로 상호작용할 수 있다는 게 개발자들의 경험칙이므로, 어떤 코드가 변경됐는지와 상관없이 언제든 모든 테스트를 실행할 수 있어야 한다. 그런데 어떻게 여러 테스트를 실행할 수 있을까? 어떤 테스트를 통과했고 실패했는지 어떻게 알 수 있을까?

이 장에서는 JUnit을 이용해 테스트를 실행하고 테스트 결과를 확인하는 방법을 알아본다. 먼저 JUnit의 핵심인 테스트 클래스, 메서드, 애노테이션의 개념을 정리하면서 시작한다. 그리고 JUnit 5의 테스트 작동 원리와 JUnit 생애 주기에 대해 자세히 알아본다.

이 장은 새로운 기능을 어떻게 사용해야 하는지를 주로 소개하는 매닝의 'in Action' 시리즈가 가진 실용적인 기조에 따랐다. 각 테스트 클래스, 메서드, 애노테이션에 관한 종합적인 문서를 확인하고 싶다면 JUnit 5 사용자 가이드[1] 또는 JUnit 5 Java-doc[2]을 참고하기 바란다.

2장부터는 테스트 개발 프로세스를 보여 주기 위해 가상의 존재인 TDS(Tested Data Systems)라는 회사를 상정하여 가상 작업 시나리오를 설정하고 테스트를 진행해 본다.[3] TDS는 자바로 여러 IT 서비스 프로젝트를 수행하는 회사로 가정한다. TDS는 다양한 프레임워크와 빌드 도구를 사용하지만, 시스템의 품질을 담보하기 위해 테스트를 잘해야 한다. 일부 오래된 프로젝트는 JUnit 4로 테스트를 수행하며 최근 착수한 프로젝트에서는 JUnit 5를 사용하기 시작했다. TDS의 개발자들은 JUnit 5가 무엇이고 어떻게 활용하는지 공부한 다음 JUnit 4에서 JUnit 5로 전환하는 프로젝트 노하우를 전파하기로 했다.

2.1 핵심 애노테이션

1장에서 다룬 CalculatorTest는 testAdd 메서드를 가지고 있다.

예제 2.1 1장에서 다룬 CalculatorTest

```
import static org.junit.jupiter.api.Assertions.assertEquals;
import org.junit.jupiter.api.Test;

public class CalculatorTest {

  @Test
  public void testAdd() {
    Calculator calculator = new Calculator();
    double result = calculator.add(10, 50);
    assertEquals(60, result, 0);
  }
}
```

이 예제에서 주요하게 살펴볼 내용은 다음과 같다.

---

[1] *https://junit.org/junit5/docs/current/user-guide*
[2] *https://junit.org/junit5/docs/current/api*
[3] (옮긴이) 이 책에서는 가상 회사인 TDS의 개발자를 예시하여 논지를 전개한다. TDS라는 약어가 나오면 가상 회사라는 점을 인지하기 바란다.

- 테스트 클래스(test class): 클래스, 정적 멤버 클래스, 하나 이상의 테스트 메서드를 포함하는 `@Nested` 애노테이션이 붙은 내부 클래스를 말한다. 테스트 클래스는 추상 클래스일 수 없으며 단일한 생성자를 가지고 있어야 한다. 테스트 클래스의 생성자는 파라미터가 아예 없거나, 런타임에 의존성 주입으로 동적으로 리졸브할 수 있는 파라미터만 사용할 수 있다(의존성 주입은 2.6절에서 자세히 설명한다). 테스트 클래스는 가시성(visibility)을 보장하기 위한 최소 요구 사항으로 디폴트 접근 제어자를 사용할 수 있다. JUnit 4까지 그랬던 것처럼 더는 테스트 클래스를 `public`으로만 선언할 필요가 없다. 여기서는 `CalculatorTest`에 따로 생성자를 선언하지 않았으므로 자바 컴파일러가 기본 생성자를 만든다.
- 테스트 메서드(test method): `@Test`, `@RepeatedTest`, `@ParameterizedTest`, `@TestFactory`, `@TestTemplate` 애노테이션이 붙은 메서드를 말한다.
- 생애 주기 메서드(life cycle method): `@BeforeAll`, `@AfterAll`, `@BeforeEach`, `@AfterEach` 애노테이션이 붙은 메서드를 말한다.

테스트 메서드는 추상 메서드일 수 없으며 반환 값을 가질 수 없다. 곧 테스트 메서드의 반환 타입은 반드시 `void`여야 한다.

참고로 이 책의 깃허브 저장소에 모든 예제의 소스 코드가 있다. 예제 2.1의 테스트에 적절한 클래스, 메서드, 애노테이션을 사용하려면 그에 맞는 의존성을 선언해야 한다. 대부분의 프로젝트는 빌드 도구를 사용하여 관리한다. 1장에서 다룬 Maven을 사용한다. Maven을 활용해서 JUnit 테스트를 실행하는 방법은 10장에서 구체적으로 다룬다.

Maven에서는 기본적인 작업만 수행하면 된다. pom.xml 파일을 이용해 프로젝트를 구성하고 `mvn clean install` 명령을 실행한 다음, 명령이 잘 실행되었는지 살펴보면 된다. 다음 예제는 Maven 설정 파일인 pom.xml에 추가한 JUnit 5 의존성을 보여 준다.

예제 2.2 pom.xml 파일에 추가한 JUnit 5 의존성

```
<dependency>
  <groupId>org.junit.jupiter</groupId>
  <artifactId>junit-jupiter-api</artifactId>   ①
  <version>5.6.0</version>
  <scope>test</scope>
</dependency>
<dependency>
```

```
    <groupId>org.junit.jupiter</groupId>
    <artifactId>junit-jupiter-engine</artifactId>   ②
    <version>5.6.0</version>
    <scope>test</scope>
</dependency>
```

예제 2.2는 JUnit 5를 구동하는 데 필요한 최소한의 의존성이 junit-jupiter-api (①)와 junit-jupiter-engine(②)이라는 것을 보여 준다.

JUnit은 테스트 메서드의 격리성을 보장하고 테스트 코드에서 의도치 않은 부수 효과를 방지하기 위해, @Test 메서드를 호출하기 전에 테스트 클래스 인스턴스를 매번 새로 만든다. 테스트는 실행 순서에 관계없이 동일한 결과를 얻을 수 있어야 하는 것이 당연하기 때문이다. 각 테스트 메서드는 매번 새로 만들어진 테스트 클래스 인스턴스에서 실행되므로 테스트 메서드 간에 인스턴스 변수를 재사용할 수는 없다. 테스트 메서드가 실행될 때마다 테스트 인스턴스가 새로 생성되는 메커니즘은 JUnit 5 및 이전 버전의 JUnit에 공히 적용되었다.

대신 테스트 클래스에 @TestInstance(Lifecycle.PER_CLASS) 애노테이션을 추가하면 JUnit 5는 동일한 테스트 인스턴스를 가지고 클래스에 있는 모든 테스트 메서드를 실행한다. 테스트 클래스 인스턴스가 메서드 단위가 아니라 클래스 단위로 생성되는 것이다.

예제 2.3은 SUTTest 클래스에서 JUnit 5 생애 주기 메서드를 어떻게 사용하는지 보여 준다. TDS의 프로젝트가 SUT(system under test, 테스트 대상 시스템)를 초기화하고, 기본 작업을 수행할 수는 있지만, 추가 작업을 수행할 수는 없는지 검증한다고 하자. 이때 JUnit 5의 생애 주기 메서드는 각 테스트 전후에 테스트 대상 시스템이 초기화되고 종료되게 한다. 테스트 메서드는 시스템이 기본 작업을 수행할 수 있고 추가 작업을 수행할 수는 없는지 검증한다.

예제 2.3 JUnit 5 생애 주기 메서드

```
[...]
class SUTTest {
  private static ResourceForAllTests resourceForAllTests;
  private SUT systemUnderTest;

  @BeforeAll   ①
  static void setUpClass() {
    resourceForAllTests =
        new ResourceForAllTests("테스트를 위한 리소스");
  }
```

```
@AfterAll  ②
static void tearDownClass() {
  resourceForAllTests.close();
}

@BeforeEach  ③
void setUp() {
  systemUnderTest = new SUT("테스트 대상 시스템");
}

@AfterEach  ④
void tearDown() {
  systemUnderTest.close();
}

@Test  ⑤
void testRegularWork() {
  boolean canReceiveRegularWork =
      systemUnderTest.canReceiveRegularWork();
  assertTrue(canReceiveRegularWork);
}

@Test  ⑤
void testAdditionalWork() {
  boolean canReceiveAdditionalWork =
      systemUnderTest.canReceiveAdditionalWork();
  assertFalse(canReceiveAdditionalWork);
}
}
```

예제에서는 테스트의 생애 주기에 대해 다음과 같은 내용을 설명한다.

- @BeforeAll 애노테이션이 붙은 메서드(①)는 전체 테스트가 실행되기 전에 한 번 실행된다. @BeforeAll 애노테이션이 붙은 메서드는 테스트 클래스에 @TestInstance(Lifecycle.PER_CLASS) 애노테이션이 없다면 정적(static)으로 선언해야 한다.
- @BeforeEach 애노테이션이 붙은 메서드(③)는 각 테스트가 실행되기 전에 실행된다. 예제에는 테스트 메서드가 두 개 있으므로 총 두 번 실행된다.
- @Test 애노테이션이 붙은 테스트 메서드 두 개(⑤)는 서로 간에 독립적으로 실행된다.
- @AfterEach 애노테이션이 붙은 메서드(④)는 각 테스트가 실행된 이후에 실행된다. 예제에는 테스트 메서드가 두 개 있으므로 총 두 번 실행된다.

- @AfterAll 애노테이션이 붙은 메서드(②)는 전체 테스트가 실행된 후 한 번 실행된다. @AfterAll 애노테이션이 붙은 메서드는 테스트 클래스에 @TestInstance (Lifecycle.PER_CLASS) 애노테이션이 없다면 정적으로 선언해야 한다.

테스트 클래스를 실행하려면 명령 프롬프트에서 `mvn -Dtest=SUTTest.java clean install` 명령을 실행하면 된다.[4]

2.1.1 @DisplayName

@DisplayName 애노테이션은 테스트 클래스, 테스트 메서드에서 사용할 수 있다. @DisplayName은 TDS의 개발자가 테스트 클래스나 테스트 메서드에 자신만의 디스플레이 네임을 작성하는 데 사용한다. @DisplayName은 IDE나 빌드 도구의 테스트 리포트에서도 보통 적용된다. @DisplayName에는 공백, 특수 문자, 이모지도 사용할 수 있다.

다음 예제는 DisplayNameTest 클래스에서 @DisplayName을 어떻게 사용하는지 보여 준다. 디스플레이 네임은 테스트 목적을 알려 줄 수 있는 완전한 문장 수준으로 적는 것이 일반적이다.

예제 2.4 @DisplayName 애노테이션 사용하기

```
[...]
@DisplayName("Test class showing the @DisplayName annotation.")  ①
class DisplayNameTest {
  private SUT systemUnderTest = new SUT();

  @Test
  @DisplayName("Our system under test says hello.")  ②
  void testHello() {
    assertEquals("Hello", systemUnderTest.hello());
  }

  @Test
  @DisplayName("😄")  ③
  void testTalking() {
    assertEquals("How are you?", systemUnderTest.talk());
  }

  @Test
  void testBye() {
```

---

4 (옮긴이) Maven 설치에 관해서는 부록 A를 참고하기 바란다.

```
        assertEquals("Bye", systemUnderTest.bye());
    }
}
```

위 예제에서 살펴볼 내용은 다음과 같다.

- 전체 테스트 클래스에 적용할 디스플레이 네임을 작성한다(①).
- 일반적인 텍스트로 디스플레이 네임을 작성한다(②).
- 디스플레이 네임에 이모지를 쓸 수도 있다(③).

디스플레이 네임을 따로 명시하지 않은 테스트는 메서드 이름을 표시한다. IntelliJ IDEA에서 테스트를 마우스 오른쪽 버튼으로 클릭한 다음 run 명령으로 테스트를 실행할 수 있다. IntelliJ IDEA에서 테스트를 실행한 결과는 그림 2.1과 같다.

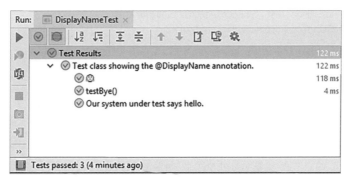

그림 2.1 IntelliJ IDEA에서 DisplayNameTest를 실행한 결과

2.1.2 @Disabled

@Disabled 애노테이션은 테스트 클래스나 테스트 메서드에서 사용할 수 있다. @Disabled를 붙인 테스트 클래스나 테스트 메서드는 비활성화되므로 테스트가 실행되지 않는다. TDS의 개발자는 @Disabled에 테스트를 비활성화한 이유를 구체적으로 설명해 두었으므로 나머지 팀원들은 테스트가 왜 비활성화되었는지 알 수 있다. @Disabled를 클래스 단위에 적용하면 해당 테스트 클래스의 모든 메서드가 비활성화된다. 또한 개발자가 IDE에서 테스트를 실행하면 비활성화된 테스트와 각각의 테스트가 비활성화된 이유를 콘솔에서 확인할 수 있다.

  @Disabled를 사용하는 방법은 아래 DisabledClassTest와 DisabledMethodsTest 클래스에서 살펴볼 수 있다. 예제 2.5와 예제 2.6은 각각 @Disabled 애노테이션을

테스트 클래스와 테스트 메서드에 사용하는 방법을 설명한다.

예제 2.5 테스트 클래스에 @Disabled을 사용한 DisabledClassTest

```
@Disabled("기능 개발 중")  ①
class DisabledClassTest {
  private SUT systemUnderTest = new SUT("테스트 대상 시스템");

  @Test
  void testRegularWork() {
    boolean canReceiveRegularWork =
        systemUnderTest.canReceiveRegularWork();
    assertTrue(canReceiveRegularWork);
  }

  @Test
  void testAdditionalWork() {
    boolean canReceiveAdditionalWork =
        systemUnderTest.canReceiveAdditionalWork();
    assertFalse(canReceiveAdditionalWork);
  }
}
```

여기서는 전체 테스트 클래스가 비활성화되었는데, 그 이유는 ①에서 알 수 있듯이 기능을 개발하고 있기 때문이다. 이렇게 동료 개발자나 나중에 테스트를 다시 볼 자기 자신에게 테스트가 왜 비활성화되었는지를 알려 줄 수 있으므로, @Disabled의 파라미터로 테스트를 비활성화한 이유를 적는 방법은 실무에서 자주 쓰인다.

예제 2.6 테스트 메서드에 @Disabled를 사용한 DisabledMethodsTest

```
class DisabledMethodsTest {
  private SUT systemUnderTest = new SUT("테스트 대상 시스템");

  @Test
  @Disabled  ①
  void testRegularWork() {
    boolean canReceiveRegularWork = systemUnderTest.canReceiveRegularWork();
    assertTrue(canReceiveRegularWork);
  }

  @Test
  @Disabled("기능 개발 중")  ②
  void testAdditionalWork() {
    boolean canReceiveAdditionalWork =
        systemUnderTest.canReceiveAdditionalWork();
```

```
        assertFalse(canReceiveAdditionalWork);
    }
}
```

위 예제에서 확인할 내용은 다음과 같다.

- DisabledMethodsTest 클래스는 두 가지 테스트가 있지만 모두 비활성화되었다.
- 첫 번째 테스트는 비활성화된 이유를 알지 못한다(①).
- 두 번째 테스트는 개발자들이 납득할 만한 이유(기능이 아직 개발 중)를 작성해 두었는데, 이렇게 하는 것이 권장된다(②).

2.2 중첩 테스트

내부 클래스(inner class)는 클래스의 멤버로 선언된 클래스를 말한다. 내부 클래스는 사실상 외부 클래스(outer class)의 일부이므로, 외부 클래스의 프라이빗(private) 인스턴스 변수에 접근할 수 있다. 두 개의 클래스가 지나치게 결합도가 높다면 내부 클래스와 외부 클래스로 만들어 내부 클래스에서 외부 클래스의 모든 인스턴스 변수에 접근할 수 있도록 해 주는 것이 합리적이다. 예를 들어 두 가지 승객 유형이 있는 항공편을 테스트한다고 하자. 항공편과 관련한 행동은 외부 클래스가 담당하고, 두 가지 승객 유형과 관련한 행동은 내부 클래스가 담당하는 것이 테스트 사례가 될 수 있다. 이렇게 하면 승객도 항공편과 상호작용할 수 있다. 중첩 테스트는 개발자가 비즈니스 로직을 잘 따르게 하는 한편, 분명한 테스트 코드를 작성하도록 유도하여 개발자가 테스트 프로세스에 더욱 자연스럽게 적용하도록 만든다.

결합도 관점에서 중첩 테스트는 개발자가 테스트 그룹 간의 관계를 표현하는 데에도 도움이 된다. 참고로 내부 클래스는 해당 패키지 내에서만 접근이 가능하다.

TDS는 다양한 고객을 상대하는데, 고객 정보는 성별, 이름, 성 외에도 가운데 이름(middle name)이나 회원 가입 날짜를 포함할 수 있다. 일부 정보가 누락될 수 있으므로 TDS의 개발자는 빌더 패턴을 사용하여 고객 정보를 생성하고 테스트한다.

다음 예제는 NestedTestsTest 클래스에서 @Nested 애노테이션을 사용하는 방법을 보여 준다. 가령 테스트할 고객의 이름은 'John Michael Smith'이고 회원 가입 날짜는 2019년 4월 21일이다.

예제 2.7 중첩 테스트

```
[...]
public class NestedTestsTest {   ①
  private static final String FIRST_NAME = "John";   ②
  private static final String LAST_NAME = "Smith";

  @Nested
  class BuilderTest {   ③
    private String MIDDLE_NAME = "Michael";

    @Test
    void customerBuilder() throws ParseException {   ④
      SimpleDateFormat simpleDateFormat = new SimpleDateFormat("MM-dd-yyyy");
      Date customerDate = simpleDateFormat.parse("04-21-2019");

      Customer customer = Customer.Builder(
          Gender.MALE, FIRST_NAME, LAST_NAME)
          .withMiddleName(MIDDLE_NAME)                    ⑤
          .withBecomeCustomer(customerDate)
          .build();

      assertAll(() -> {
        assertEquals(Gender.MALE, customer.getGender());
        assertEquals(FIRST_NAME, customer.getFirstName());
        assertEquals(LAST_NAME, customer.getLastName());        ⑥
        assertEquals(MIDDLE_NAME, customer.getMiddleName());
        assertEquals(customerDate, customer.getBecomeCustomer());
      });
    }
  }
}
```

메인 테스트는 NestedTestsTest(①)이며, 중첩 테스트 BuilderTest와 결합되어 있다(③). 먼저 NestedTestsTest는 모든 중첩 테스트에 사용할 고객의 이름과 성을 선언한다(②). 중첩 테스트인 BuilderTest는 빌더 패턴을 활용하여(⑤) Customer 객체를 제대로 생성했는지 검증한다(④). 각 필드의 값이 동등한지 아닌지는 customer Builder 테스트가 끝날 때 확인할 수 있다(⑥).

깃허브 저장소를 통해 제공하는 소스 코드에는 지면에서 다루지 않은 중첩 클래스인 CustomerHashCodeTest도 있으니 참고하기 바란다.

2.3 태그를 사용한 테스트

JUnit 4에 익숙한 독자라면 JUnit 5 태그를 사용한 테스트(tagged test)는 JUnit 4 category를 대체한다고 생각하면 간단하다. 테스트 클래스와 테스트 메서드에 @Tag 애노테이션을 사용할 수 있다. 태그를 사용하면 테스트를 발견하거나 실행할 때 필터를 적용할 수 있다.

예제 2.8은 @Tag("individual")가 지정된 CustomerTest를 보여 주는데, Customer Test는 TDS의 고객 정보가 올바르게 생성되었는지 테스트한다. 예제 2.9는 @Tag("repository")가 지정된 CustomersRepositoryTest를 보여 주는데, Customers RepositoryTest는 리포지터리에 고객 정보가 존재하는지 테스트한다. 실무에서는 테스트를 몇몇 카테고리로 범주화할 때 태그를 사용한다. 비즈니스 로직이나 기타 기준으로 태그를 달아 테스트를 그룹으로 묶을 수 있다(각 테스트 카테고리는 고유한 태그가 있다). 그다음 상황에 맞게 특정 카테고리의 테스트만 수행하거나 대상 태그를 다른 것으로 바꿀 수도 있다.

예제 2.8 @Tag("individual")가 지정된 CustomerTest 클래스

```
@Tag("individual")   ①
public class CustomerTest {
  private String CUSTOMER_NAME = "John Smith";

  @Test
  void testCustomer() {
    Customer customer = new Customer(CUSTOMER_NAME);
    assertEquals("John Smith", customer.getName());
  }
}
```

예제 2.8에는 CustomerTest 클래스에 @Tag("individual") 태그가 적용되었다(①).

예제 2.9 @Tag("repository")가 지정된 CustomersRepositoryTest 클래스

```
@Tag("repository")   ①
public class CustomersRepositoryTest {
  private String CUSTOMER_NAME = "John Smith";
  private CustomersRepository repository = new CustomersRepository();

  @Test
  void testNonExistence() {
    boolean exists = repository.contains("John Smith");
```

```
    assertFalse(exists);
  }

  @Test
  void testCustomerPersistence() {
    repository.persist(new Customer(CUSTOMER_NAME));
    assertTrue(repository.contains("John Smith"));
  }
}
```

마찬가지로 예제 2.9에서는 CustomersRepositoryTest 클래스에 @Tag("repository") 태그가 적용되었다(①). 다음은 태그를 사용한 테스트를 사용하기 위한 Maven pom. xml 파일이다.

예제 2.10 pom.xml 파일

```
<plugin>
  <artifactId>maven-surefire-plugin</artifactId>
  <version>2.22.2</version>
  <!-- <configuration>
    <groups>individual</groups>                            ①
    <excludedGroups>repository</excludedGroups>
  </configuration> -->
</plugin>
```

태그를 활용하는 방법은 다양하다. 그중 하나는 Maven pom.xml 파일을 이용하는 것이다. 예제 2.10의 주석을 풀고(①) mvn clean install 명령을 실행하면 @Tag("repository") 태그가 지정된 테스트는 제외되고, @Tag("individual") 태그가 지정된 테스트만 실행되는 것을 알 수 있다.

또 다른 방법으로는 IntelliJ IDEA에서 테스트를 실행할 때 설정 정보를 입력하는 것인데 [Run]-[Edit Configurations]-[Tags (JUnit 5)]에서 원하는 태그를 특정하는 것이다(그림 2.2). 이는 로컬에서 빠르게 테스트 대상을 변경할 때 적합하다. 자동화

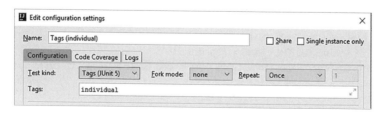

그림 2.2 IntelliJ IDEA에서 대상 태그 지정하기

도구를 사용할 때는 pom.xml 파일을 기준으로 빌드할 것이기 때문에 pom.xml 파일을 변경하는 것이 권장된다.

2.4 단언문

결괏값을 검증하려면 JUnit 5의 Assertions 클래스에서 제공하는 단언문 메서드를 사용해야 한다. 이전 예제에서 봤듯이 Assertions 클래스의 메서드들은 정적으로 가져올 수 있다. 만약 정적으로 가져오는 것이 불편하다면 일반적인 방식으로 JUnit 5의 Assertions 클래스를 가져와서 메서드를 호출할 수도 있다. 표 2.1은 자주 사용하는 단언문 메서드를 나열한 것이다.

단언문 메서드	활용 목적
assertAll	오버로딩이 적용되어 있다. 안에 있는 executable 객체 중 어느 것도 예외를 던지지 않는다고 단언한다. 이때 executable은 org.junit.jupiter.api.function.Executable 타입의 객체다.
assertArrayEquals	오버로딩이 적용되어 있다. 예상 배열과 실제 배열이 동등하다고 단언한다.
assertEquals	오버로딩이 적용되어 있다. 예상 값과 실제 값이 동등하다고 단언한다.
assertX(..., String message)	실패했을 경우 message를 테스트 프레임워크에 전달하는 단언문이다.
assertX(..., Supplier<String> messageSupplier)	실패했을 경우 messageSupplier를 테스트 프레임워크에 전달하는 단언문이다. 실패 메시지는 messageSupplier에서 지연(lazily) 전달된다.

표 2.1 자주 사용하는 JUnit 5 단언문 메서드

JUnit 5는 오버로딩이 적용되어 있는 단언문 메서드를 폭넓게 지원한다. JUnit 4의 단언문 메서드의 기능을 포함하며 일부 메서드는 자바 8 람다식을 지원한다. 참고로 JUnit Jupiter의 모든 단언문은 org.junit.jupiter.api.Assertions 클래스에 있으며 정적 메서드로 선언되어 있다. JUnit 5는 과거에 Hamcrest(햄크레스트) 매처와 함께 사용했던 assertThat 메서드를 더는 지원하지 않는데, 권장하는 방식은 Hamcrest의 MatcherAssert.assertThat를 오버로딩한 메서드를 사용하는 것이다. 이 메서드는 유연하며 자바 8의 정신을 따르고 있다.

> **Aa Hamcrest**
> JUnit으로 소프트웨어 테스트를 만드는 작업을 도와주는 프레임워크. 단언문에 사용자 정의한 매처(hamcrest는 matchers의 철자 순서를 바꿔 만든 말이다)를 이용하여 테스트에서 매치

규칙을 선언적으로 정의할 수 있도록 지원한다. 이 장의 뒷부분에서 Hamcrest의 기능을 설명
한다.

TDS의 프로젝트는 테스트 대상 시스템을 초기화하고 기본 작업을 수행할 수는 있
지만 추가 작업을 수행할 수는 없는지 검증한 다음, 시스템을 종료하는 과정을 테
스트한다. 일부 작업을 실행한 다음 여러 조건을 검증해야 한다. 여기서는 자바 8
에 추가된 람다식도 사용한다. 람다식은 함수를 파라미터로 그리고 코드를 데이터
로 취급할 수 있으며, 람다식을 마치 객체인 것처럼 파라미터에 전달하고 필요한
때에만 사용할 수도 있다.

이 절에서는 Assertions 패키지의 메서드를 어떻게 사용할 수 있는지 알아본다.
예제 2.11은 오버로딩한 assertAll 메서드 중의 일부를 보여 준다. assertAll 메서
드의 첫 번째 파라미터인 heading은 assertAll 메서드 내에서 단언문이 어떤 일을
하는지를 알려 준다. assertAll 메서드의 실패 메시지는 그룹 내의 모든 단언문에
대한 자세한 정보를 제공할 수 있다. 또한 테스트가 무엇을 하는지 분명하게 알려
줄 수 있도록 @DisplayName 애노테이션을 사용한다. 예제 2.11의 목적은 앞서 소개
한 시스템을 검증하는 것이다.

이번에는 executable 객체의 컬렉션을 assertAll 메서드의 파라미터로 사용한다.
이렇게 하면 executable 객체가 예외를 던지지 않는다는 것을 더 간결하고 편리하
게 단언할 수 있다.

예제 2.11 assertAll 메서드

```
class AssertAllTest {
  @Test
  @DisplayName("기본적으로 테스트 대상 시스템은 검증하지 않는다")
  void testSystemNotVerified() {
    SUT systemUnderTest = new SUT("테스트 대상 시스템");

    assertAll("테스트 대상 시스템을 검증하지 않았는지 확인",   ①
        () -> assertEquals("테스트 대상 시스템",
            systemUnderTest.getSystemName()),            ②
        () -> assertFalse(systemUnderTest.isVerified()));  ③
  }

  @Test
  @DisplayName("테스트 대상 시스템을 검증한다")
  void testSystemUnderVerification() {
```

```
        SUT systemUnderTest = new SUT("테스트 대상 시스템");

        systemUnderTest.verify();

        assertAll("테스트 대상 시스템을 검증했는지 확인",   ④
            () -> assertEquals("테스트 대상 시스템",
                systemUnderTest.getSystemName()),        ⑤
            () -> assertTrue(systemUnderTest.isVerified()));   ⑥
    }
}
```

assertAll 메서드의 좋은 점은 일부 단언문이 실패하더라도 모든 단언문을 항상 검증한다는 것이다. 앞의 executable 객체가 실패하더라도 뒤의 객체가 실행된다. JUnit 4에서는 여러 개 assert 메서드 중에 하나가 실패한다면 그 실패로 인해 전체 메서드가 중단되었다.

첫 번째 테스트에서 assertAll 메서드는 executable 객체 중 하나가 예외를 던지는 경우 표시할 메시지를 파라미터로 작성했다(①). 그다음 assertEquals 메서드로 검증할 executable 객체(②)와 assertFalse 메서드로 검증할 executable 객체를 전달한다(③). 단언문 조건은 한눈에 들어올 수 있도록 간결하게 적었다.

두 번째 테스트에서 assertAll 메서드는 executable 객체 중 하나가 예외를 던지는 경우 표시할 메시지를 파라미터로 작성했다(④). 그다음 assertEquals 메서드로 검증할 executable 객체(⑤)와 assertTrue 메서드로 검증할 executable 객체를 전달한다(⑥). 첫 번째 테스트와 마찬가지로 단언문의 조건은 읽기 쉽게 작성되어 있다.

예제 2.12는 단언문에서 Supplier 인터페이스를 어떻게 사용하는지 보여 준다. Supplier<String>을 사용하면 테스트가 성공했을 때 오류 메시지를 만들지 않는다. 이런 식으로 람다식이나 메서드 참조를 사용하여 시스템을 검증하면 성능을 조금 높일 수 있다.

예제 2.12 단언문에 Supplier<String>을 사용한 경우

```
[...]
@Test
@DisplayName("테스트 대상 시스템을 검증한다")
void testSystemUnderVerification() {
  systemUnderTest.verify();
  assertTrue(systemUnderTest.isVerified(),   ①
  () -> "테스트 대상 시스템을 검증했는지 확인");     ②
}
```

```
@Test
@DisplayName("테스트 대상 시스템을 검증하지 않았다")
void testSystemNotUnderVerification() {
  assertFalse(systemUnderTest.isVerified(),        ③
    () -> "테스트 대상 시스템을 검증하지 않았는지 확인");   ④
}

@Test
@DisplayName("현재 테스트 대상 시스템은 작업이 없다")
void testNoJob() {
  assertNull(systemUnderTest.getCurrentJob(),      ⑤
    () -> "테스트 대상 시스템은 현재 작업이 없는지 확인");  ⑥
}
[...]
```

이 예제에서 살펴볼 내용은 다음과 같다.

- assertTrue 메서드를 사용하여 조건이 참인지 검증한다(①). 실패하면 "테스트 대상 시스템을 검증했는지 확인"이 지연 전달된다(②).
- assertFalse 메서드를 사용하여 조건이 거짓인지 검증한다(③). 실패하면 "테스트 대상 시스템을 검증하지 않았는지 확인"이 지연 전달된다(④).
- 객체가 존재하는지는 assertNull 메서드를 가지고 검증할 수 있다(⑤). 실패하면 "테스트 대상 시스템은 현재 작업이 없는지 확인"이 지연 전달된다(⑥).

단언문에서 람다식을 파라미터로 사용할 때의 이점은 지연 전달 덕분에 성능이 향상된다는 데 있다. 즉 테스트가 ①의 조건을 충족하면(성공하면) ②의 람다식이 호출되지 않는다. 예전 스타일로 테스트를 작성했을 때에는 불가능했던 방법이다.

한편 테스트하는 데 약간 시간이 걸리는 경우가 있다고 하자. 아래 예제에서 사용자는 테스트 대상 시스템이 주어진 작업을 빠르게 수행할 것을 기대한다. JUnit 5는 이러한 경우를 위해서도 우아한 솔루션을 제공한다.

이번 예제는 JUnit 4 Timeout rule을 대체하는 assertTimeout, assertTimeoutPreemptively 메서드를 어떻게 사용하는지 보여 준다. assertTimeout, assertTimeoutPreemptively 메서드로 시스템의 성능이 충분한지 확인할 수 있다. 곧 제한 시간 내에 작업을 수행할 수 있는지 검증할 수 있다.

예제 2.13 assertTimeout 메서드 사용하기

```
class AssertTimeoutTest {
  private SUT systemUnderTest = new SUT("테스트 대상 시스템");
```

```
@Test
@DisplayName("작업을 마칠 때까지 기다리는 assertTimeout 메서드")
void testTimeout() throws InterruptedException {
    systemUnderTest.addJob(new Job("Job 1"));
    assertTimeout(ofMillis(500), () -> systemUnderTest.run(200));   ①
}

@Test
@DisplayName("시간이 지나면 작업을 중지시키는 assertTimeoutPreemptively 메서드")
void testTimeoutPreemptively() throws InterruptedException {
    systemUnderTest.addJob(new Job("Job 1"));
    assertTimeoutPreemptively(ofMillis(500),
                              () -> systemUnderTest.run(200));   ②
}
}
```

assertTimeout 메서드는 executable 객체가 작업을 마칠 때까지 기다린다(①). 만약 테스트가 주어진 시간을 초과하면 execution exceeded timeout of 500 ms by 193 ms와 같은 메시지로 테스트가 얼마나 늦어졌는지 알려 준다.

반면 assertTimeoutPreemptively 메서드는 시간이 지나면 executable 객체를 중지시킨다(②). 만약 테스트가 실패한다면 execution timed out after 500 ms와 같이 지정한 시간 안에 테스트가 완료되지 못했다고 알려 준다.

이번에는 예외가 발생할 만한 테스트를 수행한다고 가정해 보자. 테스트는 적절하지 않은 조건에서 실행되거나 적절하지 않은 입력을 받을 수 있는 것이다. 가령 예제의 시스템에서 할당된 Job 객체가 없는데 run 메서드를 실행한다면 예외를 던질 것이다. JUnit 5는 이럴 때도 우아한 솔루션을 제공한다.

예제 2.14는 assertThrows 메서드를 어떻게 사용하는지 보여 주는데 이는 JUnit 4에서 @Test 애노테이션 안에 쓰이는 ExpectedException rule을 대체한다. assertThrows 메서드는 예외가 발생했을 때 Throwable 객체를 반환한다. 개발자는 반환한 Throwable 객체를 단언문으로 검증할 수 있다. 이렇게 하면 시스템에서 할당된 Job 객체가 없을 때 예외를 던지는지 확인할 수 있으므로 테스트 가독성이 좋아진다.

예제 2.14 assertThrows 메서드 사용하기

```
class AssertThrowsTest {
    private SUT systemUnderTest = new SUT("테스트 대상 시스템");

    @Test
    @DisplayName("예외가 발생하는지 검증한다")
    void testExpectedException() {
```

```
    assertThrows(NoJobException.class, systemUnderTest::run);    ①
  }

  @Test
  @DisplayName("예외가 발생하고 예외에 대한 참조가 유지되는지 검증한다")
  void testCatchException() {
    Throwable throwable = assertThrows(NoJobException.class,
                                  () -> systemUnderTest.run(1000));    ②
    assertEquals("테스트 대상 시스템은 현재 작업이 없는지 확인",
                throwable.getMessage());    ③
  }
}
```

이 예제에서 살펴볼 내용은 다음과 같다.

- systemUnderTest에서 run 메서드를 호출했을 때 NoJobException이 발생하는지 검증한다(①).
- systemUnderTest.run(1000) 문장이 NoJobException을 던지는지 검증한다. throwable에 예외에 대한 참조가 유지되었는지도 검증한다(②).
- throwable이 가지고 있는 에러 메시지가 "테스트 대상 시스템은 현재 작업이 없는지 확인"인지 검증한다(③).

2.5 가정문

외부 환경이나 우리가 제어할 수 없는 날짜, 시간대 같은 문제 탓에 테스트가 실패할 수도 있다. 이럴 때 가정문(assumption)을 사용한다면 부적절한 조건에서 테스트가 실행되는 것을 사전에 막을 수 있다.

가정문은 테스트를 수행하는 데 필수인 전제 조건이 충족되었는지를 검증하는 문장이다. 테스트를 계속 진행하는 것이 합리적이지 않을 수 있다고 생각되는 부분에 가정문을 사용할 수 있다. 참고로 테스트 리포트에서 가정문에 의해 중단된 테스트는 실패한 것으로 처리한다.

JUnit 5는 자바 8 람다식과 함께 사용할 수 있는 가정문 메서드를 지원한다. JUnit 5 가정문은 org.junit.jupiter.api.Assumptions 패키지에 속하는 정적 메서드다. message 파라미터는 맨 마지막에 있다.

JUnit 4를 사용해 본 적이 있다면 JUnit 4에서 지원했던 가정문 메서드가 JUnit 5에서 모두 지원되지는 않는다는 점을 참고하기 바란다. 매처가 더는 JUnit의 일부가 아니게 된 것처럼 JUnit 5는 assumeThat 계열의 메서드를 지원하지 않는다. 대신 assumingThat 메서드를 제공하며 이 메서드는 가정이 충족된 경우에만 단언문을 실행한다.

가령 윈도우 OS와 자바 8에서만 실행해야 하는 테스트가 있다고 하자. 이러한 전제 조건을 JUnit 5 가정문에 녹여낼 수 있다. 즉, 가정문이 참인 경우에만 테스트가 실행하게 만들 수 있다. 다음 예제는 가정문을 어떻게 사용해야 하는지 보여 준다. 해당 예제는 윈도우 OS를 위한 것이고 자바 8을 사용할 때만 SUT를 검증한다. 이러한 전제가 충족되지 않으면(가정문이 통과되지 않으면) 테스트를 실행할 수 없다.

예제 2.15 가정문을 활용한 사례

```
class AssumptionsTest {
  private static String EXPECTED_JAVA_VERSION = "1.8";
  private TestsEnvironment environment = new TestsEnvironment(
      new JavaSpecification(
        System.getProperty("java.vm.specification.version")),
      new OperationSystem(
        System.getProperty("os.name"),
        System.getProperty("os.arch"))
      );

  private SUT systemUnderTest = new SUT();

  @BeforeEach
  void setUp() {                                          ①
    assumeTrue(environment.isWindows());
  }

  @Test
  void testNoJobToRun() {
    assumingThat(
        () -> environment.getJavaVersion()
                .equals(EXPECTED_JAVA_VERSION),          ②
        () -> assertFalse(systemUnderTest.hasJobToRun())); ③
  }

  @Test
  void testJobToRun() {
    assumeTrue(environment.isAmd64Architecture());       ④
    systemUnderTest.run(new Job());                      ⑤
    assertTrue(systemUnderTest.hasJobToRun());           ⑥
  }
}
```

이 예제에서 살펴볼 내용은 다음과 같다.

- @BeforeEach 애노테이션이 붙은 메서드는 각 테스트가 실행되기 전에 실행된다. 현재 OS 환경이 윈도우라는 가정을 만족하지 않으면 테스트가 실행되지 않는다 (①).
- 첫 번째 테스트는 현재 자바 버전이 1.8인지 검증한다(②). 자바 버전이 1.8일 때 만 시스템에서 현재 실행 중인 작업이 없음을 검증한다(③).
- 두 번째 테스트는 현재 아키텍처가 사전에 가정한 환경인지 검증한다(④). 아키 텍처가 AMD64인 경우에만 시스템에서 새로운 작업을 수행한다(⑤). 그리고 시 스템에 실행할 작업이 있는지 검증한다(⑥).

2.6 JUnit 5의 의존성 주입

이전 JUnit 버전에서는 생성자나 메서드에 파라미터가 있는 것을 허용하지 않았고 테스트는 반드시 기본 생성자만 사용해야 했다. JUnit 5부터는 생성자와 메서드에 서 파라미터를 가질 수 있도록 허용하지만, 의존성 주입으로 해결해야 한다는 점이 다르다.

ParameterResolver 인터페이스는 런타임에 파라미터를 동적으로 리졸브한다. 생 성자나 메서드의 파라미터는 사전에 등록한 ParameterResolver에 의해 런타임에 리졸브되어야 한다. 사용자는 ParameterResolver 인터페이스를 활용해 어떤 파라 미터든 순서에 상관없이 주입할 수 있다.

현재 JUnit 5에는 세 개의 리졸버가 기본으로 내장되어 있다. 만약 다른 파라미터 리졸버를 사용하려면 @ExtendWith를 가지고 적절한 extension을 적용하여 파라미 터 리졸버를 명시해야 한다. 기본으로 사용하는 파라미터 리졸버 세 개에 대해서는 다음 절에서 설명한다.

2.6.1 TestInfoParameterResolver

TestInfoParameterResolver를 사용하면 테스트 클래스 생성자나 테스트 메서드 에서 TestInfo 객체를 파라미터로 사용할 수 있다. TestInfo는 현재 실행 중인 테 스트나 컨테이너에 관한 정보를 제공하기 위해 사용한다. 즉, @Test, @BeforeEach, @AfterEach, @BeforeAll, @AfterAll 애노테이션이 달린 메서드에서 TestInfo 객체 를 파라미터로 사용할 수 있다. TestInfo는 디스플레이 네임, 테스트 클래스, 테스 트 메서드, 관련 태그에 관한 정보 등 현재 테스트에 대한 정보를 가져온다. 이때 디스플레이 네임은 테스트 클래스명, 테스트 메서드명, @DisplayName 애노테이션에 작성한 사용자 정의 설명 글일 수 있다. 다음은 TestInfo 파라미터를 테스트 클래스 생성자와 테스트 메서드의 파라미터로 활용한 사례이다.

예제 2.16 **TestInfo를 파라미터로 활용한 사례**

```
class TestInfoTest {

  TestInfoTest(TestInfo testInfo) {
    assertEquals("TestInfoTest", testInfo.getDisplayName());   ①
  }

  @BeforeEach
  void setUp(TestInfo testInfo) {
    String displayName = testInfo.getDisplayName();
    assertTrue(displayName.equals("display name of the method")
        || displayName.equals("testGetNameOfTheMethod(TestInfo)"));   ②
  }

  @Test
  void testGetNameOfTheMethod(TestInfo testInfo) {
    assertEquals("testGetNameOfTheMethod(TestInfo)",
              testInfo.getDisplayName());   ③
  }

  @Test
  @DisplayName("display name of the method")
  void testGetNameOfTheMethodWithDisplayNameAnnotation(TestInfo testInfo) {
    assertEquals("display name of the method", testInfo.getDisplayName());   ④
  }
}
```

이 예제에서 살펴볼 내용은 다음과 같다.

- TestInfo 타입의 객체는 테스트 클래스 생성자와 세 개 메서드에서 파라미터로 사용되었다. 테스트 클래스 생성자는 디스플레이 네임이 TestInfoTest인지 검증한다(①). 디스플레이 네임의 기본 값은 메서드명이지만 @DisplayName 애노테이션을 사용하여 사용자 정의할 수도 있다.
- @BeforeEach 애노테이션이 붙은 메서드는 각 테스트가 실행되기 전에 실행된다. TestInfo를 가지고 디스플레이 네임이 예상한 이름인지 검증한다. 여기서 디스플레이 네임은 메서드의 이름이거나 @DisplayName 애노테이션을 사용하여 사용자 정의한 이름이다(②).
- 테스트 메서드에서도 TestInfo 타입의 파라미터를 사용했다. 각 테스트 메서드

는 디스플레이 네임이 예상한 이름인지 검증한다. 첫 번째 테스트는 디스플레이 네임이 메서드 이름이고(③), 두 번째 테스트는 디스플레이 네임이 @Display Name 애노테이션에 사용자 정의한 설명 글이다(④).

- 기본으로 내장되어 있는 TestInfoParameterResolver는 TestInfo 객체를 파라미터로 리졸브하는데, TestInfo 객체는 현재의 컨테이너 또는 테스트에 대응한다. 곧 생성자나 메서드에서 테스트에 관한 정보를 제공하는 데 사용한다.

2.6.2 TestReporterParameterResolver

TestReporterParameterResolver를 사용하면 테스트 클래스 생성자나 테스트 메서드에서 TestReporter 객체를 파라미터로 사용할 수 있다. TestReporter는 함수형 인터페이스(functional interface)이므로 람다식이나 메서드 참조로 사용할 수 있다. TestReporter는 한 개의 추상 메서드 publishEntry와 publishEntry 메서드를 오버로딩한 디폴트 메서드 여러 개를 가진다. TestReporter 타입의 파라미터는 @BeforeEach, @AfterEach, @Test 애노테이션이 달린 테스트 메서드에 주입할 수 있다. TestReporter 객체는 현재 실행되는 테스트에 추가적인 정보를 제공할 때 사용한다. TestReporter를 @Test 메서드의 파라미터로 어떻게 사용하는지 확인해 보자.

예제 2.17 **TestReporter를 파라미터로 활용한 사례**

```java
class TestReporterTest {

  @Test
  void testReportSingleValue(TestReporter testReporter) {
    testReporter.publishEntry("Single value");   ①
  }

  @Test
  void testReportKeyValuePair(TestReporter testReporter) {
    testReporter.publishEntry("Key", "Value");   ②
  }

  @Test
  void testReportMultipleKeyValuePairs(TestReporter testReporter) {
    Map<String, String> values = new HashMap<>();   ③
    values.put("user", "John");
    values.put("password", "secret");              ④
    testReporter.publishEntry(values);   ⑤
  }
}
```

예제 2.17에서는 TestReporter 파라미터를 세 개의 테스트 메서드에 주입했다.

- 첫 번째 메서드에서는 단일한 문자열 값을 출력하는 데 사용했다(①).
- 두 번째 메서드에서는 키-값 쌍을 출력하는 데 사용했다(②).
- 세 번째 메서드에서는 맵을 생성하고(③), 맵에 두 개의 키-값 쌍을 넣은 다음 (④), 생성된 맵을 출력하는 데 사용했다(⑤).
- 이렇게 기본으로 내장된 TestReporterParameterResolver는 테스트 리포트를 만들 때 사용할 수 있는 TestReporter 객체를 파라미터로 리졸브한다.

테스트의 실행 결과는 그림 2.3과 같다.

```
✓ Tests passed: 3 of 3 tests – 88 ms
    "C:\Program Files\Java\jdk1.8.0_181\bin\java" ...
    timestamp = 2019-05-11T22:51:37.086, Key = Value
    timestamp = 2019-05-11T22:51:37.103, password = secret, user = John
    timestamp = 2019-05-11T22:51:37.112, value = Single value
```

그림 2.3 TestReporterTest 실행 결과

2.6.3 RepetitionInfoParameterResolver

RepetitionInfoParameterResolver 리졸버는 @RepeatedTest, @BeforeEach, @After Each 애노테이션이 달린 메서드의 파라미터가 RepetitionInfo 타입일 때 Repetition Info 인스턴스를 리졸브하는 역할을 한다. RepetitionInfo는 @RepeatedTest 애노테이션이 달린 테스트에 대한 현재 반복 인덱스와 총 반복 횟수에 대한 정보를 가지고 있다. 반복 테스트(repeated test)와 예제는 다음 절에서 설명한다.

2.7 반복 테스트

JUnit 5에서는 @RepeatedTest 애노테이션을 사용하여 반복 횟수를 지정한 후 해당 횟수만큼 테스트를 반복할 수 있다. 반복 테스트는 테스트 실행 간에 사전 조건이 변경될 수 있는 환경에서 특히 유용하다. 예를 들자면 동일한 테스트를 두 번 실행하던 중에 성공 여부를 가를 수 있는 데이터가 변했다고 생각해 보자. 이때 데이터의 예기치 못한 변경은 반드시 수정해야만 하는 버그일 수 있다.

  사용자 정의한 디스플레이 네임을 표현하려면 각 반복마다 @RepeatedTest 애노테이션의 name 속성을 사용하여 나타낼 수 있다. 현재 @RepeatedTest 애노테이션이 지원하는 플레이스홀더는 다음과 같다.

- {displayName}: @RepeatedTest 애노테이션이 붙은 메서드의 디스플레이 네임
- {currentRepetition}: 현재 반복 인덱스
- {totalRepetitions}: 총 반복 횟수

예제 2.18은 반복 테스트에 관한 내용이다. 디스플레이 네임 플레이스홀더를 어떻게 사용하는지, RepetitionInfo 파라미터를 어떻게 활용하는지 보여 준다. 첫 번째 반복 테스트는 Calculator 클래스의 add 메서드가 항상 안정적이고 동일한 결과를 가져다 주는지 검증한다. 두 번째 반복 테스트는 컬렉션이 적절한 동작을 수행하는지 검증한다. 각 반복마다 컬렉션에 새로운 요소를 집어 넣고, 동일한 데이터를 여러 번 집어 넣어도 컬렉션이 중복된 요소를 갖고 있지는 않은지 검증한다.

예제 2.18 반복 테스트

```java
public class RepeatedTestsTest {

  private static Set<Integer> integerSet = new HashSet<>();
  private static List<Integer> integerList = new ArrayList<>();

  @RepeatedTest(value = 5, name = "{displayName} —
                repetition {currentRepetition}/{totalRepetitions}")    ①
  @DisplayName("Test add operation")
  void addNumber() {
    Calculator calculator = new Calculator();
    assertEquals(2, calculator.add(1, 1), "1 + 1 should equal 2");
  }

  @RepeatedTest(value = 5,
                name = "the list contains {currentRepetition} elements(s),   ②
                the set contains 1 element")
  void testAddingToCollections(TestReporter testReporter,
                               RepetitionInfo repetitionInfo) {
    integerSet.add(1);
    integerList.add(repetitionInfo.getCurrentRepetition());

    testReporter.publishEntry("Repetition number",
                        String.valueOf(repetitionInfo.             ③
                                  getCurrentRepetition()));
    assertEquals(1, integerSet.size());
    assertEquals(repetitionInfo.getCurrentRepetition(),
                integerList.size());
  }
}
```

이 예제에서 살펴볼 내용은 다음과 같다.

- 첫 번째 테스트는 다섯 번 반복되었다. 각 반복마다 디스플레이 네임, 현재 반복 인덱스, 전체 반복 횟수를 보여 준다(①).
- 두 번째 테스트도 다섯 번 반복되었다. 각 반복마다 리스트의 요소 수(현재 반복 인덱스)를 표시하고 집합(이 경우에는 integerSet)에 항상 하나의 요소만 있는지 검증한다(②).
- 두 번째 테스트가 반복될 때마다 RepetitionInfo가 현재 반복 인덱스를 가지고 있는 것을 알 수 있다(③).

테스트를 실행한 결과는 그림 2.4와 그림 2.5에 있다. 반복 테스트에서 각 반복은 생애 주기 콜백과 extension을 완벽하게 지원하는 일반적인 @Test 애노테이션이 붙은 테스트 메서드와 비슷한 메커니즘으로 동작한다. 이는 예제 2.18의 integerList와 integerSet이 정적으로 선언된 이유이기도 하다.

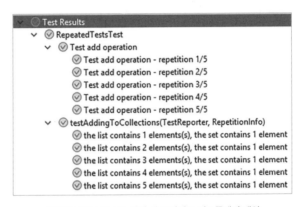

그림 2.4 반복 테스트 실행 시 표시되는 디스플레이 네임

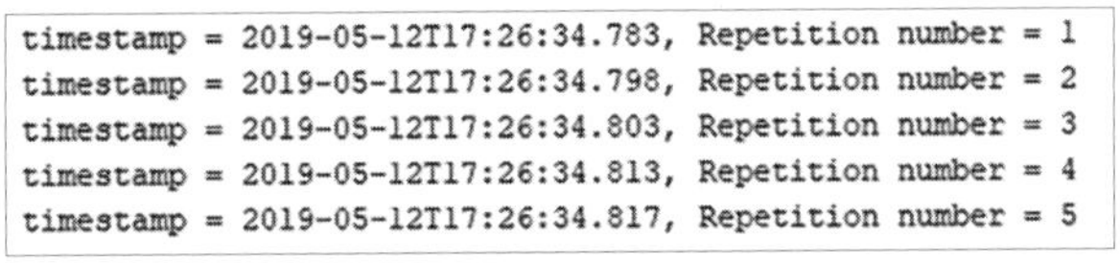

```
timestamp = 2019-05-12T17:26:34.783, Repetition number = 1
timestamp = 2019-05-12T17:26:34.798, Repetition number = 2
timestamp = 2019-05-12T17:26:34.803, Repetition number = 3
timestamp = 2019-05-12T17:26:34.813, Repetition number = 4
timestamp = 2019-05-12T17:26:34.817, Repetition number = 5
```

그림 2.5 두 번째 반복 테스트가 콘솔에 출력하는 메시지

2.8 파라미터를 사용한 테스트

파라미터를 사용한 테스트(parameterized test)는 하나의 테스트를 다양한 파라미터를 가지고 여러 번 실행하게 해 주는 기능이다. 파라미터를 사용한 테스트의 최대 강점은 다양한 입력을 두고 테스트를 실행할 수 있다는 것이다. 파라미터를 사

용한 테스트에는 @ParameterizedTest 애노테이션이 달려 있다. 테스트에 파라미터를 사용하려면 반드시 각 반복에 대한 파라미터를 제공하는 소스를 선언해야 한다. 그러면 데이터가 파라미터로 테스트 메서드에 전달된다.

@ValueSource 애노테이션을 사용하면 문자열 배열을 입력 값으로 지정할 수 있다. 각 테스트 수행마다 문자열 배열로부터 파라미터를 사용한 테스트에 순서대로 입력 데이터를 제공한다. 다음 예제는 파라미터로 제공되는 각 문장의 어절 수를 확인한다.

예제 2.19 @ValueSource 애노테이션 활용 사례

```java
class ParameterizedWithValueSourceTest {
  private WordCounter wordCounter = new WordCounter();

  @ParameterizedTest    ①
  @ValueSource(strings = { "Check three parameters",
              "JUnit in Action" })                        ②
  void testWordsInSentence(String sentence) {
    assertEquals(3, wordCounter.countWords(sentence));
  }
}
```

이 예제에서 살펴볼 내용은 다음과 같다.

- @ParameterizedTest 애노테이션을 사용하여 해당 테스트가 파라미터를 사용한 테스트임을 명시한다(①).
- 테스트 메서드의 파라미터로 전달할 값을 특정한다(②). 테스트 메서드는 @Value Source에 적혀 있는 문자열의 수만큼 총 두 번 실행된다.

@EnumSource를 사용하면 파라미터에 열거형(enum)을 사용할 수 있다. names 속성을 통해 @EnumSource에서 사용하거나 제외할 열거형 인스턴스를 지정할 수 있다. 기본적으로는 열거형의 모든 인스턴스를 대상으로 한다.

다음 예제는 @EnumSource 애노테이션을 사용하여 enum 인스턴스로 제공하는 문장의 어절 수를 확인한다.

예제 2.20 @EnumSource 애노테이션 활용 사례

```java
class ParameterizedWithEnumSourceTest {
  private WordCounter wordCounter = new WordCounter();
```

```java
@ParameterizedTest
@EnumSource(Sentences.class)              ┐①
void testWordsInSentence(Sentences sentence) {
  assertEquals(3, wordCounter.countWords(sentence.value()));
}

@ParameterizedTest
@EnumSource(value = Sentences.class,                          ┐②
            names = { "JUNIT_IN_ACTION", "THREE_PARAMETERS" })
void testSelectedWordsInSentence(Sentences sentence) {
  assertEquals(3, wordCounter.countWords(sentence.value()));
}

@ParameterizedTest
@EnumSource(value = Sentences.class, mode = EXCLUDE,     ┐③
            names = { "THREE_PARAMETERS" })
void testExcludedWordsInSentence(Sentences sentence) {
  assertEquals(3, wordCounter.countWords(sentence.value()));
}

enum Sentences {
  JUNIT_IN_ACTION("JUnit in Action"),
  SOME_PARAMETERS("Check some parameters"),
  THREE_PARAMETERS("Check three parameters");

  private final String sentence;

  Sentences(String sentence) {
    this.sentence = sentence;
  }

  public String value() {
    return sentence;
  }
}
}
```

이 예제에서 살펴볼 내용은 다음과 같다.

- 첫 번째 테스트는 @ParameterizedTest 애노테이션을 달아 파라미터를 사용한 테스트임을 명시한다. 여기서는 @EnumSource의 대상을 Sentences.class 열거형 전체로 잡는다(①). 따라서 이 테스트는 Sentences 열거형의 각 인스턴스(JUNIT_IN_ACTION, SOME_PARAMETERS, THREE_PARAMETERS)에 대해 한 번씩 총 세 번 실행된다.

- 두 번째 테스트도 @ParameterizedTest 애노테이션이 달려 있다. 여기서도 Sentences.class를 사용하는 것은 같지만 대상 인스턴스를 JUNIT_IN_ACTION, THREE_PARAMETERS만으로 한정했다(②). 따라서 이 테스트는 이전 것과 달리 총 두 번 실행된다.
- 세 번째 테스트도 @ParameterizedTest 애노테이션이 달려 있다. @EnumSource가 가리키는 대상을 Sentences.class로 지정한 것은 같지만 이번에는 테스트에 전달할 인스턴스 중 THREE_PARAMETERS를 제외했다(③). 따라서 이 테스트는 JUNIT_IN_ACTION과 SOME_PARAMETERS에 대해 총 두 번 실행된다.

@CsvSource 애노테이션을 사용하여 CSV 형식으로 파라미터를 제공할 수도 있다. 예제 2.21에서는 @CsvSource 애노테이션을 사용하여 파라미터로 제공되는 문장의 어절 수를 확인한다. 이번에는 CSV 형식이라는 점이 앞선 예제와 다르다.

예제 2.21 @CsvSource 애노테이션 활용 사례

```
class ParameterizedWithCsvSourceTest {
  private WordCounter wordCounter = new WordCounter();

  @ParameterizedTest   ①
  @CsvSource({"2, Unit testing", "3, JUnit in Action",
          "4, Write solid Java code" })              ②
  void testWordsInSentence(int expected, String sentence) {
    assertEquals(expected, wordCounter.countWords(sentence));
  }
}
```

이 예제에서 살펴볼 내용은 다음과 같다.

- 테스트는 @ParameterizedTest 애노테이션을 달아 파라미터를 사용한 테스트임을 명시한다(①).
- 테스트에 전달된 파라미터는 @CsvSource 애노테이션에 나열된 CSV 형식의 문자열에서 구문을 분석하여 가져온다(②). 그러므로 이 테스트는 각 CSV 행에 대해 한 번씩 총 세 번 실행된다.
- 각 CSV 행은 구문 분석되어 첫 번째 값은 expected에 할당되고, 두 번째 값은 sentence에 할당된다.

@CsvFileSource 애노테이션을 사용하면 클래스패스에 있는 CSV 파일을 파라미터의 소스로 사용할 수 있다. 이때도 마찬가지로 파라미터를 사용한 테스트는 CSV 파

일의 각 행마다 한 번씩 실행된다. 예제 2.22는 @CsvFileSource 애노테이션을 어떻게 활용하는지 보여 주고, 예제 2.23은 클래스패스에 있는 word_counter.csv 파일의 내용이다. 참고로 src/test/resources 경로를 클래스패스에 자동으로 추가한 것은 Maven의 설정보다 관습(convention over configuration) 원칙 덕분이다. 예제 2.22에서는 파라미터로 제공되는 문장의 어절 수를 확인한다. 이번에는 앞선 예제와 달리 입력 데이터로 CSV 파일을 사용한다.

예제 2.22 @CsvFileSource 애노테이션 활용 사례

```
class ParameterizedWithCsvFileSourceTest {
  private WordCounter wordCounter = new WordCounter();

  @ParameterizedTest
  @CsvFileSource(resources = "/word_counter.csv")          ①
  void testWordsInSentence(int expected, String sentence) {
    assertEquals(expected, wordCounter.countWords(sentence));
  }
}
```

예제 2.23 word_counter.csv 파일

```
2, Unit testing
3, JUnit in Action
4, Write solid Java code
```

이 예제는 @CsvFileSource 애노테이션에 등록된 리소스를 파라미터로 사용하는 테스트다(①). 따라서 이 테스트는 CSV 파일의 행별로 한 번씩 총 세 번 실행된다. CSV 파일의 각 행을 구문 분석하여 첫 번째 값은 expected에 할당하고, 두 번째 값은 sentence에 할당한다.

2.9 동적 테스트

JUnit 5는 런타임에 테스트를 생성할 수 있는 동적 프로그래밍 모델을 도입했다. 개발자가 팩터리 메서드(factory method)를 작성하기만 하면 프레임워크가 런타임에 실행할 테스트를 생성한다. 팩터리 메서드에는 @TestFactory 애노테이션을 달면 된다.

@TestFactory 메서드는 일반적인 테스트가 아니라 테스트를 생성하는 팩터리다. @TestFactory 애노테이션이 달린 메서드가 반환할 수 있는 대상은 다음과 같다.

- DynamicNode(추상 클래스. DynamicContainer나 DynamicTest가 DynamicNode를 상속하였고, 인스턴스화가 가능한 구체 클래스다)
- DynamicNode 객체의 배열
- DynamicNode 객체의 스트림
- DynamicNode 객체의 컬렉션
- DynamicNode 객체의 Iterable
- DynamicNode 객체의 반복자(iterator)

@Test 애노테이션이 붙은 메서드의 요구 사항처럼 @TestFactory 애노테이션이 붙은 메서드 역시 가시성을 위한 최소 요구 사항으로 디폴트 접근 제어자를 사용할 수 있지만 private이거나 정적일 수는 없다. ParameterResolver에 의해 리졸브될 파라미터를 선언할 수는 있다.

DynamicTest 인터페이스는 디스플레이 네임과 Executable로 이루어져 있고 런타임에 생성되는 테스트다. Executable은 자바 8에서 등장한 함수형 인터페이스이므로 동적 테스트는 람다식이나 메서드 참조 방식으로 구현할 수 있다.

동적 테스트는 @Test 애노테이션이 달린 보통의 테스트와 다른 생애 주기를 가지고 있다. @BeforeEach, @AfterEach 애노테이션이 달린 메서드는 @TestFactory 메서드 전체에 대해 실행될 뿐 개별 테스트 각각에 대해서는 실행되지 않는다. 팩터리 메서드 외에 개별 동적 테스트에 대한 생애 주기 콜백은 없다. @BeforeAll, @AfterAll 애노테이션이 동작하는 방식도 동일하다. 전체 테스트를 시작하기 전과 전체 테스트를 끝낸 다음에 실행된다.

예제 2.24는 동적 테스트를 활용하는 방법을 보여 준다. 이번 테스트에서는 숫자 값을 비교하고자 한다. 팩터리 메서드 하나에서 음수, 0, 양수를 체크하는 세 가지 메서드를 생성한다. 여기서는 하나의 테스트 메서드만 구현했지만 런타임에 동적으로 세 개의 테스트를 만들어낼 수 있다는 점을 다시 강조한다.

예제 2.24 @TestFactory 애노테이션 활용 사례

```
class DynamicTestsTest {

    private PositiveNumberPredicate predicate = new PositiveNumberPredicate();

    @BeforeAll
    static void setUpClass() {            ①
        System.out.println("@BeforeAll method");
    }
```

```
@AfterAll
static void tearDownClass() {                   ②
  System.out.println("@AfterAll method");
}

@BeforeEach
void setUp() {                   ③
  System.out.println("@BeforeEach method");
}

@AfterEach
void tearDown() {                   ④
  System.out.println("@AfterEach method");
}

@TestFactory
Iterator<DynamicTest> positiveNumberPredicateTestCases() {          ⑤
  return asList(
    dynamicTest("negative number",
                () -> assertFalse(predicate.check(-1))),      ⑥
    dynamicTest("zero",
                () -> assertFalse(predicate.check(0))),       ⑦
    dynamicTest("positive number",
                () -> assertTrue(predicate.check(1)))         ⑧
  ).iterator();
}
}
```

이 예제에서 살펴볼 내용은 다음과 같다.

- @BeforeAll 애노테이션이 달린 setUpClass 메서드(①)와, @AfterAll 애노테이션이 달린 tearDownClass 메서드(②)는 전체 테스트를 시작하기 전과 전체 테스트를 끝낸 다음에 한 번씩 실행된다.
- @BeforeEach 애노테이션이 달린 setup 메서드(③)와, @AfterEach 애노테이션이 달린 tearDown 메서드(④)는 @TestFactory 애노테이션이 달린 메서드가 실행되기 전후에 실행된다(⑤).
- 팩터리 메서드는 "negative number"(⑥), "zero"(⑦), "positive number"(⑧) 레이블을 달고 있는 세 가지 테스트 메서드를 생성한다.
- 각 테스트는 dynamicTest 메서드의 두 번째 파라미터로 주어지는 Executable 객체가 실행한다.

테스트를 실행한 결과는 그림 2.6과 같다.

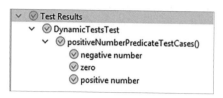

그림 2.6 동적 테스트를 수행한 결과

2.10 Hamcrest 매처 사용하기

필자의 경험에 따르면 개발자들은 단위 테스트의 철학에 금방 매력을 느낀다. 테스트를 작성하는 데 익숙해지고 발생 가능한 실수를 사전에 방지하는 것이 얼마나 기분 좋은 일인지 깨닫는 순간, 단위 테스트 없이 살던 시절에서 멀어진다.

더 많은 단위 테스트와 단언문을 작성하면서 개발자들은 몇몇 단언문이 다루는 내용이 너무 많고 한번에 읽기 어렵다는 것을 느끼게 된다. 예를 들어 가상 회사인 TDS에서는 고객 데이터를 리스트에 저장해 놓고 있으며 개발자들은 "Michael", "John", "Edwin" 등으로 리스트를 채워 놓았다. 그다음엔 예제 2.25에서처럼 "Oliver", "Jack", "Harry"와 같은 고객을 검색한다. 이 테스트는 실패하도록 의도되었으며 단언문이 실패했을 때 어떤 내용을 보여 주는지 알아보기 위해 만들어졌다.

예제 2.25 알아보기 힘든 단언문

```
[...]
public class HamcrestListTest {
  private List<String> values;

  @BeforeEach    ①
  public void setUp() {
    values = new ArrayList<>();
    values.add("John");
    values.add("Michael");
    values.add("Edwin");
  }

  @Test    ②
  @DisplayName("Hamcrest를 사용하지 않은 테스트")
  public void testWithoutHamcrest() {
```

```
        assertEquals(3, values.size());
        assertTrue(values.contains("Oliver")
            || values.contains("Jack")          ③
            || values.contains("Harry"));
    }
}
```

이 장의 앞부분에서 설명한 것과 비슷한 간단한 JUnit 테스트를 구현했다. 이 예제에서 살펴볼 내용은 다음과 같다.

- @BeforeEach가 달린 setUp 메서드는 테스트 데이터를 초기화하는 픽스처(fix-ture) 역할을 한다(①). 그리고 Hamcrest를 사용하지 않은 테스트 메서드 한 개를 만든다(②).
- 테스트 메서드에서는 상대적으로 길고 읽기 부담스러운 단언문을 사용했다(③). 물론 단언문이 문법적으로 별로 어렵지 않다고 느낄 수 있다. 그러나 결론을 한눈에 파악하기는 쉽지 않다.
- 테스트 메서드 안에 있는 복잡한 단언문을 간명하게 만드는 것이 다음 작업의 목표가 될 것이다.

이 문제를 해결하기 위해 TDS의 개발자는 Hamcrest 매처 라이브러리를 사용하여 테스트 표현식을 작성한다. Hamcrest[5]는 유용한 매처를 가진 라이브러리를 말한다. 참고로 매처는 제약(constraint) 또는 술어(predicate)라고도 한다. 현재 Hamcrest는 자바, C++, Objective-C, 파이썬, PHP와 같은 언어에 적용 가능하다.

> 📦 **Hamcrest 라이브러리**
>
> Hamcrest는 테스트 프레임워크는 아니다. 그러나 간명한 매치 규칙을 선언하는 데 도움이 된다. 매치 규칙은 다양한 상황에 쓰이지만 특히 단위 테스트에 유용하게 쓰일 수 있다.

예제 2.26은 예제 2.25와 내용적으로 동일하다. 그러나 이번에는 Hamcrest 라이브러리를 적극적으로 사용했다.

---

5 *https://code.google.com/archive/p/hamcrest*

예제 2.26 Hamcrest를 사용해 간명하게 만든 단언문

```
[...]
import static org.hamcrest.CoreMatchers.anyOf;
import static org.hamcrest.CoreMatchers.equalTo;          ①
import static org.hamcrest.MatcherAssert.assertThat;
import static org.hamcrest.Matchers.*;
[...]

public class HamcrestListTest {
  [...]
  @Test
  @DisplayName("Hamcrest를 사용해서 자세한 실패 정보를 나타내는 테스트")
  public void testListWithHamcrest() {
    assertThat(values, hasSize(3));
    assertThat(values, hasItem(anyOf(equalTo("Oliver"),
           equalTo("Jack"), equalTo("Harry"))));    ②
  }
  [...]
}
```

예제 2.26에서는 매처와 assertThat 관련 메서드를 정적으로 가져온 다음(①), 테스트를 작성했다. 여기서는 매처를 중첩해서 사용했는데(②), 이는 매처의 가장 강력한 기능 중 하나다. Hamcrest는 단언문이 실패했을 때 실패한 내용에 대해 기본 단언문보다 조금 더 읽기 쉽게 설명한다. 물론 단언문을 작성할 때 Hamcrest 매처를 쓸지 말지는 오로지 개발자의 취향 문제다.

이전 두 예제는 모두 고객 리스트에 "Michael", "John", "Edwin"이 들어 있었다. 그 후 "Oliver", "Jack", "Harry"가 존재한다고 단언하므로 테스트는 실패하는 것이 의도되어 있다. Hamcrest를 사용하지 않고 실행한 결과는 그림 2.7과 같으며 Hamcrest를 사용하여 실행한 결과는 그림 2.8에서 확인할 수 있다. 두 그림을 비교하면 알 수 있듯 Hamcrest 매처를 사용한 테스트가 훨씬 더 자세한 정보를 제공한다.

만약 프로젝트에서 Hamcrest 라이브러리를 사용하려면 pom.xml 파일에 관련 의

```
org.opentest4j.AssertionFailedError:
Expected :<true>
Actual   :<false>
 <Click to see difference>

<4 internal calls>
    at com.manning.junitbook.ch02.core.hamcrest.HamcrestListTest.testListWithoutHamcrest(HamcrestListTest.java:53) <19 internal calls>
    at java.util.ArrayList.forEach(ArrayList.java:1257) <9 internal calls>
    at java.util.ArrayList.forEach(ArrayList.java:1257) <21 internal calls>
```

그림 2.7 Hamcrest를 사용하지 않은 테스트 실행 결과

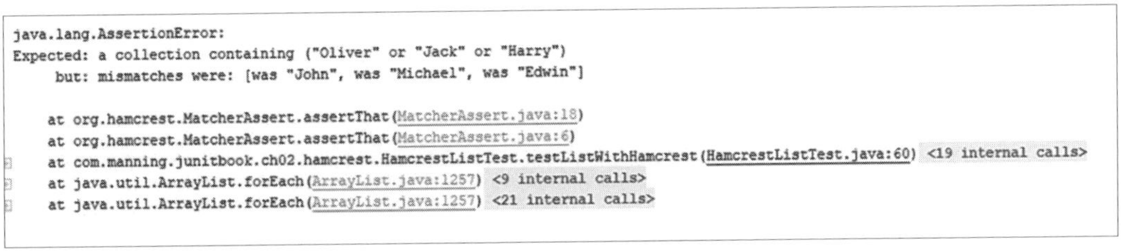

```
java.lang.AssertionError:
Expected: a collection containing ("Oliver" or "Jack" or "Harry")
     but: mismatches were: [was "John", was "Michael", was "Edwin"]

   at org.hamcrest.MatcherAssert.assertThat(MatcherAssert.java:18)
   at org.hamcrest.MatcherAssert.assertThat(MatcherAssert.java:6)
   at com.manning.junitbook.ch02.hamcrest.HamcrestListTest.testListWithHamcrest(HamcrestListTest.java:60) <19 internal calls>
   at java.util.ArrayList.forEach(ArrayList.java:1257) <9 internal calls>
   at java.util.ArrayList.forEach(ArrayList.java:1257) <21 internal calls>
```

그림 2.8 Hamcrest를 사용한 테스트 실행 결과

존성을 추가해야 한다.

예제 2.27 pom.xml 파일에 추가한 Hamcrest 의존성

```
<dependency>
  <groupId>org.hamcrest</groupId>
  <artifactId>hamcrest-library</artifactId>
  <version>2.1</version>
  <scope>test</scope>
</dependency>
```

JUnit 4에서 Hamcrest를 사용하려면 JUnit 4 org.junit.Assert 클래스의 assertThat 메서드를 사용해야 했다. 그러나 이 장의 앞부분에서 설명했듯 JUnit 5는 assert That 메서드를 지원하지 않는다. JUnit 5 사용자 가이드에서는 assertThat 메서드를 지원하지 않게 된 결정에 관해 다음과 같이 설명한다.

> [...] JUnit 5의 org.junit.jupiter.api.Assertions 클래스는 Hamcrest 매처를 사용할 수 있게 해 주는 JUnit 4의 org.junit.Assert 클래스의 assertThat 메서드를 제공하지 않는다. 대신 서드 파티 라이브러리에서 매처에 관해 지원해 주는 기능을 사용할 것을 권장한다.

설명에 따르면 Hamcrest 매처를 사용하려면 이제 JUnit 4의 assertThat 메서드가 아니라 org.hamcrest.MatcherAssert 클래스의 assertThat 메서드를 사용해야 한다. 이전 예제에서 제시한 것처럼 assertThat 메서드에서는 다음과 같이 두세 가지 파라미터를 사용할 수 있다.

- 단언문이 실패했을 때 나타나는 오류 메시지(선택 사항)
- 실제 값 또는 실제 객체
- 예상 값에 대한 Matcher 객체

Matcher 객체를 생성하려면 표 2.2와 같이 `org.hamcrest.Matchers` 클래스에서 제공하는 정적 팩터리 메서드 중 하나를 사용해야 한다.

팩터리 메서드	사용 사례
`anything`	아무것이나 일치하면 될 때 사용한다. 단언문을 더 읽기 쉽게 만들 때 유용하다.
`is`	문장의 가독성을 높이고 싶을 때 사용한다. 일종의 장식 표현이다.
`allOf`	모든 매처 규칙을 만족하는지 확인한다(&& 연산자와 비슷하다).
`anyOf`	하나라도 일치하는 매치 규칙이 있는지 확인한다(|| 연산자와 비슷하다).
`not`	매치 규칙의 의미를 뒤집는다(! 연산자와 비슷하다).
`instanceOf`	객체가 특정 클래스의 인스턴스인지 확인한다.
`sameInstance`	객체 동일성(object identity)을 확인한다.
`nullValue, notNullValue`	null인지 null이 아닌지 확인한다.
`hasProperty`	객체가 특정 속성을 가졌는지 확인한다.
`hasEntry, hasKey, hasValue`	맵이 특정 엔트리, 키, 값을 가졌는지 확인한다.
`hasItem, hasItems`	컬렉션이 특정 요소나 요소들을 가졌는지 확인한다.
`closeTo, GreaterThan, GreaterThanOrEqualTo, lessThan, lessThanOrEqualTo`	주어진 숫자가 가까운지, 큰지, 크거나 같은지, 작은지, 작거나 같은지를 확인한다.
`equalToIgnoringCase`	대소문자를 무시하고 주어진 문자열이 일치하는지 확인한다.
`equalToIgnoringWhiteSpace`	공백을 무시하고 주어진 문자열이 일치하는지 확인한다.
`containsString, startsWith, endsWith`	주어진 문자열이 특정 문자열을 포함하는지, 특정 문자열로 시작하는지, 특정 문자열로 끝나는지를 확인한다.

표 2.2 일반적인 Hamcrest 정적 팩터리 메서드의 사용 사례

모든 메서드가 가독성이 좋고 사용하기도 쉽다. 또한 여러 개의 메서드를 중첩해서 사용할 수 있다는 점도 재차 강조한다.

　　TDS는 고객에게 제공하는 각 서비스에 대해 가격을 다르게 매기고 있다. 다음 예제는 Hamcrest 메서드를 사용하여 고객 정보와 서비스 가격이 적절한지 테스트한다.

예제 2.28 **Hamcrest 메서드를 사용한 사례**

```
public class HamcrestMatchersTest {

    private static String FIRST_NAME = "John";
    private static String LAST_NAME = "Smith";
    private static Customer customer = new Customer(FIRST_NAME, LAST_NAME);
```

```
@Test
@DisplayName("Hamcrest is, anyOf, allOf  매처를 사용한 테스트")
public void testHamcrestIs() {
  int price1 = 1, price2 = 1, price3 = 2;

  assertThat(1, is(price1));
  assertThat(1, anyOf(is(price2), is(price3)));     ①
  assertThat(1, allOf(is(price1), is(price2)));
}

@Test
@DisplayName("nullValue 매처를 사용한 테스트")
void testNull() {
  assertThat(null, nullValue());   ②
}

@Test
@DisplayName("notNullValue 매처를 사용한 테스트")
void testNotNull() {
  assertThat(customer, notNullValue());   ③
}

@Test
@DisplayName("hasProperty 매처를 사용한 테스트")
void checkCorrectCustomerProperties() {
  assertThat(customer, allOf(
      hasProperty("firstName", is(FIRST_NAME)),     ④
      hasProperty("lastName", is(LAST_NAME))
  ));
}

}
```

이 예제에서 살펴볼 내용은 다음과 같다.

- is, anyOf, allOf를 사용했다(①). anyOf, allOf에는 is를 여러 번 중첩했다.
- nullValue 매처를 사용하여 예상 값이 null인지 검증한다(②).
- notNullValue 매처를 사용하여 customer가 null이 아닌지 검증한다(③).
- assertThat 메서드에서 표 2.2에서 제시된 메서드를 사용했다(①, ②, ③, ④).

④에서는 Customer 객체를 생성하고 hasProperty 메서드를 사용하여 customer 변수에 대해 firstName과 lastName 속성이 각각 FIRST_NAME과 LAST_NAME인지 검증했다. allOf 매처를 사용했으므로 매치 규칙을 모두 만족해야 한다.

마지막으로 Hamcrest는 확장성이 매우 뛰어나서 특정 규칙을 확인하는 매처를 작성하기가 쉽다. Matcher 인터페이스와 적절하게 명명된 팩터리 메서드를 사용하면 된다.

3장에서는 JUnit 4와 JUnit 5의 아키텍처를 비교하고 JUnit 5가 JUnit 4와 비교해서 무엇이 달라졌는지를 알아본다.

정리

2장에서는 다음 내용을 다루었다.

- 단언문, 가정문과 관련한 핵심적인 JUnit 5 클래스를 알아보았다.
- JUnit 5에서 제공하는 메서드와 애노테이션을 살펴보았다. 구체적으로는 Assertions 클래스나 Assumsion 클래스의 메서드, @Test, @DisplayName, @Disabled 애노테이션 등을 알아보았다.
- @BeforeEach, @AfterEach, @BeforeAll, @AfterAll 애노테이션을 사용하여 JUnit 5 테스트의 생애 주기를 이해했다.
- @Nested 애노테이션을 사용한 중첩 테스트와 @Tag 애노테이션을 사용한 테스트를 작성했다.
- 테스트 클래스 생성자나 테스트 메서드에서 파라미터를 사용하여 의존성을 주입해 보았다.
- 파라미터 리졸버(TestInfoParameterResolver, TestReporterParameterResolver)를 사용하여 테스트에 파라미터를 적용했다.
- RepetitionInfoParameterResolver를 통해 파라미터를 주입할 목적으로 반복 테스트(@RepeatedTest)를 구현했다.
- 다양한 데이터를 파라미터로 활용할 수 있는 파라미터를 사용한 테스트(@ParameterizedTest)와 런타임에 생성되는 동적 테스트(@TestFactory)를 구현했다.
- Hamcrest 매처를 사용하여 단언문을 간명하게 만들었다.

3장

JUnit 아키텍처

☑ **3장에서 다루는 내용**
- 소프트웨어 아키텍처의 개념과 중요성 이해하기
- JUnit 4와 JUnit 5 아키텍처 비교하기

> 아키텍처는 나중에 변경하기 어렵다. 그래서 가능한 한 작아야 한다.
> — 마틴 파울러(Martin Fowler)

1장에서 JUnit이 무엇인지 어떻게 활용할 수 있는지 간략하게 살펴보았다. 2장에서는 JUnit 핵심 클래스와 메서드를 비롯해 JUnit 5의 다양한 기능을 사용하는 방법도 살펴보았다.

  3장에서는 JUnit의 최신 두 버전인 JUnit 4와 JUnit 5의 아키텍처를 살펴본다. JUnit 4의 아키텍처를 이해하는 데서 시작해 JUnit 5가 어떻게 만들어지게 되었는지, JUnit 5가 JUnit 4의 어떤 단점을 해결해야 했는지 그래서 두 버전 간에 어떤 차이가 생겼는지 등을 살펴본다.

3.1 소프트웨어 아키텍처의 개념과 중요성

소프트웨어 아키텍처(software architecture)란 소프트웨어 시스템의 기본 구조를 말한다. 소프트웨어 시스템은 체계적인 방식으로 만들어야 한다. 소프트웨어 시스템 구조는 소프트웨어 요소, 소프트웨어 요소 간의 관계, 요소와 관계를 이루는 속성들로 구성된다.

소프트웨어 아키텍처는 건축에서의 아키텍처와 비슷하다. 소프트웨어 시스템의 아키텍처는 그림 3.1의 가장 아랫단으로 표현할 수 있는데, 다른 상자들은 이를 기초로 삼아 쌓이기 때문이다. 소프트웨어 아키텍처의 기초를 이루는 요소는 물리적인 아키텍처의 기초만큼이나 이동이나 교체가 어렵다. 바닥을 수정하려면 그 위에 올려진 것을 전부 옮겨야 하기 때문이다.

그림 3.1 시스템의 기초를 이루는 것은 아키텍처다. 바닥에 위치한 상자들이 아키텍처라 할 수 있으며 다른 곳으로 옮기거나 교체하기 매우 어렵다. 중간에 놓인 상자들은 디자인이며 가장 상단에 있는 상자들이 이디엄(idiom)을 나타낸다.

아키텍처에 대한 마틴 파울러의 정의를 따르다 보면 아키텍처 요소를 더 쉽게 교체할 수 있도록 구성해야 한다는 결론에 도달하게 된다. 참고로 JUnit 5의 아키텍처 또한 JUnit 4의 단점을 극복하기 위해 만들어졌다. 아키텍처가 전체 시스템에 미치는 중대한 영향을 이해하기 위해 다음 두 가지 이야기를 읽어 보자.

3.1.1 첫 번째 이야기: 전화번호부

옛날 옛적에 전화번호부를 만들어 출간하는 두 회사가 있었다. 두 회사가 만드는 전화번호부는 모양, 크기, 가격이 같았다.

이런 상황에서는 두 회사 모두 큰 이익을 얻지 못했다. 고객들은 두 제품을 모두 1달러에 구매했다. 전화번호부의 내용 자체는 비슷하기 때문에 손님들은 어떤 전화번호부가 더 좋은지 알 수 없었다. 그러던 어느 날, 이 상황을 타개하기 위해 A 회사가 해결사를 고용했다. 해결사는 잠시 생각한 뒤 대안을 제시했다. "내용은 동일하게 유지하되, 우리 전화번호부를 경쟁사 것보다 작게 만들어 봅시다."

책상 위에 비슷한 크기의 책이 여럿 있다면, 사람들은 그 책들을 모아서 두는 경향이 있다. 그런데 한 권은 크고 얇은데 다른 한 권은 작고 두껍다면, 사람들은 작은 책을 큰 책 위에 올려 두곤 한다(그림 3.2). 이후 A사의 고객들은 맨 위에 놓인 작은 전화번호부만 사용하고 큰 전화번호부는 한 번도 쓰지 않았다는 사실을 깨닫게 되었다. 그렇다면 굳이 큰 책을 사기 위해 1달러를 더 쓸 이유가 없지 않은가? 이것이 JUnit 4와 비교할 때 JUnit 5의 아키텍처가 달라진 점이다. 즉, 작은 것이 더 낫다.

그림 3.2 책의 크기를 변경하는 것은 아키텍처의 변화라 할 수 있으며 이는
대단히 큰 변화다. 보통 작은 물건이 큰 물건보다 사용하기 쉽고 옮기기도 쉽다.

3.1.2 두 번째 이야기: 운동화 제조 업체

한 회사가 생산 비용이 낮은 지역에서 운동화를 제조하기 시작했다. 회사는 생산 원가가 낮아지기를 기대했다. 그러나 운동화 도난 사건이 잦아 예상하지 못한 손실이 매우 컸다. 문제를 해결하기 위해 보안 인력을 더 고용하려 했으나, 인건비는 최종 가격 상승으로 이어질 것이었다. 회사는 추가 비용 없이 손실을 줄일 방법이 필요했다.

운동화 제조 업체의 분석가들은 놀라운 솔루션을 찾았는데, 왼쪽 신발과 오른쪽 신발을 서로 다른 공장에서 생산하는 것이었다(그림 3.3). 결과적으로 운동화 절도는 급격하게 감소했다.

그림 3.3 왼쪽 신발과 오른쪽 신발의 생산 공장을 분리하는 것은 아키텍처의 중요한 변화다.

이 이야기는 모듈화의 장점을 보여 준다. 그리고 JUnit 4에서 JUnit 5로 바뀌면서
JUnit이 모듈화를 추구한 것과 일맥상통한다. 특정한 기능이 필요하다면 이를 구현
한 모듈을 사용하면 된다. 테스트에서도 마찬가지다. 전체 테스트 프레임워크를 불
러오는 대신 특정 모듈만 사용한다면 시간과 메모리를 절약할 수 있다.

3.2 JUnit 4 아키텍처

이 책은 JUnit 5을 기초로 하지만 몇 가지 중요한 이유로 JUnit 4에 대해서도 다룬
다. JUnit 4를 다뤄야 하는 첫 번째 이유는 아직도 수많은 레거시 코드가 JUnit 4를
사용하기 때문이다. JUnit 4에서 JUnit 5로의 전환은 (가능 여부를 떠나서) 즉각적
으로 진행하기 어려우며, 어떤 시스템은 JUnit 4와 JUnit 5를 함께 써야 할 수도 있
다. 참고로 JUnit 5는 JUnit Vintage를 통해 기존 레거시 프로젝트에서 이전 JUnit 4
코드와 함께 작동하도록 설계되었다(JUnit 4에서 JUnit 5로 전환하는 것을 연기하
거나 취소하기에 가장 좋은 시점에 관해서는 4장에서 논한다).

JUnit 4의 단점은 JUnit 5가 등장해야만 하는 이유가 되어 주었다. 이제 JUnit 5가
왜 필요한지를 명확하게 보여 주는 JUnit 4 특성인 모놀리식 아키텍처, runner, rule
을 살펴보자.

3.2.1 JUnit 4 모놀리식 아키텍처

2006년에 출시된 JUnit 4는 단순한 모놀리식 아키텍처를 가지고 있다. JUnit 4의 모
든 기능은 jar 파일 한 개 안에 들어 있다(그림 3.4). 이는 개발자가 JUnit 4를 프로젝
트에서 사용하고자 한다면 클래스패스에 단일 jar 파일만 추가하면 된다는 뜻이다.

그림 3.4 JUnit 4의 모놀리식 아키텍처를 표현한 단일 jar 파일

3.2.2 JUnit 4 runner

JUnit 4 runner는 JUnit 4 추상 클래스 Runner를 상속한 클래스다. JUnit 4 runner 는 JUnit 테스트의 실행을 담당한다. JUnit 4는 단일 jar 파일로 동작이 가능하지만 JUnit 4의 기능을 조금 더 확장해서 사용하는 것이 일반적이다. 즉, 개발자는 테스트 실행 전후에 추가 작업을 수행하는 등 기본 기능에 사용자 정의 기능을 추가할 수 있다.

JUnit 4 runner는 리플렉션을 사용하여 테스트를 확장할 수 있다. 물론 리플렉션 은 캡슐화를 저해한다. 그러나 이 기법은 JUnit 4와 그 이전 버전에서 확장성을 제 공하는 유일한 방법이었고, 이는 JUnit 5가 만들어진 이유 중 하나가 되었다. 물론 한동안 기존 JUnit 4 runner를 소스 코드에 남겨둬야 할 수도 있다. 참고로 JUnit 5 extension이 JUnit 4 runner를 대체할 수 있으며 이는 4장에서 다룬다.

실제로 스프링 프레임워크를 위한 runner를 사용할 수도 있고, Mockito로 객체를 모의할 때 필요한 runner를 사용하는 등 기존에 이미 만들어져 있는 runner를 사용 할 수도 있다. 한편 runner를 사용자 정의해서 사용하는 것도 runner의 원리를 이 해하는 데 도움이 된다. JUnit 4의 추상 클래스인 Runner를 상속받아서 메서드를 재 정의하고 리플렉션을 활용하여 사용자 정의 runner를 만들 수 있다. 비록 이런 방 식은 캡슐화를 저해하지만 JUnit 4에 사용자 정의 기능을 추가하는 거의 유일한 방 법이었다. JUnit 4에서 사용자 정의 runner로 작업할 때의 단점을 이해한다면 JUnit 5 extension의 가능성과 장점을 이해할 수 있을 것이다.

JUnit 4 runner의 사용법을 보기 위해 Calculator 클래스를 다시 한번 살펴보자.

예제 3.1 Calculator 클래스

```
public class Calculator {
  public double add(double number1, double number2) {
    return number1 + number2;
  }
}
```

테스트 묶음을 실행하기 전에 사용자 정의 기능을 추가하여 Calculator 클래스를 사용하는 테스트의 동작을 보강해 보자. 사용자 정의 runner를 만들어 @RunWith 애 노테이션의 파라미터로 사용할 것이다. 이렇게 하면 원래의 JUnit 기능에 사용자 정의 기능을 추가할 수 있다. 다음 예제는 CustomTestRunner를 만드는 방법을 보여 준다.

예제 3.2 CustomTestRunner 클래스

```
public class CustomTestRunner extends Runner {

  private Class<?> testedClass;
  public CustomTestRunner(Class<?> testedClass) {       ①
    this.testedClass = testedClass;
  }

  @Override
  public Description getDescription() {
    return Description.createTestDescription(testedClass,    ②
            this.getClass().getSimpleName() + " description");
  }

  @Override
  public void run(RunNotifier notifier) {
    System.out.println("Running tests with " +
                      this.getClass().getSimpleName() + ": " + testedClass);
    try {
      Object testObject = testedClass.newInstance();   ③
      for (Method method : testedClass.getMethods()) {      ④
        if (method.isAnnotationPresent(Test.class)) {
          notifier.fireTestStarted(Description
                  .createTestDescription(testedClass, method.getName()));   ⑤
          method.invoke(testObject);   ⑥
          notifier.fireTestFinished(Description
                  .createTestDescription(testedClass, method.getName()));   ⑦
        }
      }
    } catch (InstantiationException | IllegalAccessException |
             InvocationTargetException e) {
      throw new RuntimeException(e);
    }
  }
}
```

이 예제에서 살펴볼 내용은 다음과 같다.

- 사용자 정의 runner인 CustomTestRunner 클래스에서는 테스트 대상 클래스에 대
  한 참조를 갖기 위해 멤버 변수 testedClass를 선언했다. testedClass는 생성자
  에서 초기화된다(①).

- 추상 클래스 Runner에서 상속한 getDescription 메서드를 재정의한다. getDescrip
  tion 메서드는 다양한 곳에서 사용할 수 있는 Description 객체를 반환한다(②).

- 추상 클래스 Runner에서 상속한 run 메서드를 재정의한다. run 메서드에서는 testedClass 변수를 인스턴스화한다(③).
- testedClass가 가진 모든 public 메서드를 조회하고 그중에서 @Test 애노테이션 이 달린 메서드를 걸러낸다(④).
- fireTestStarted 메서드를 호출하여 리스너에게 원자적(atomic) 테스트가 곧 시작한다고 알려 준다(⑤).
- 리플렉션을 활용하여 @Test 애노테이션이 달린 메서드를 호출한다(⑥).
- fireTestFinished 메서드를 호출하여 리스너에게 원자적 테스트가 완료됨을 알려 준다(⑦).

이제 사용자 정의한 CustomTestRunner를 @RunWith 애노테이션의 파라미터로 사용하여 CalculatorTest 테스트 클래스에 적용해 보자.

예제 3.3 CalculatorTest 클래스

```java
@RunWith(CustomTestRunner.class)
public class CalculatorTest {

  @Test
  public void testAdd() {
    Calculator calculator = new Calculator();
    double result = calculator.add(10, 50);
    assertEquals(60, result, 0);
  }
}
```

그림 3.5는 CalculatorTest의 실행 결과를 보여 준다. 예제 3.3에서는 JUnit 4에 사용자 정의 기능을 추가하는 방법을 알아보았다. 앞서 언급한 용어로 말하자면 JUnit 4 기능을 확장한 것이다.

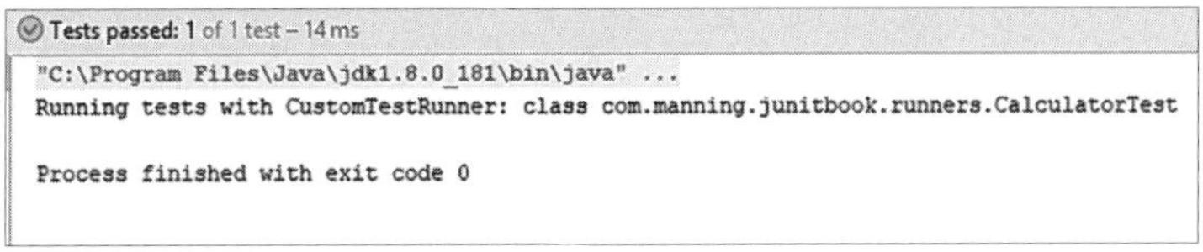

```
✓ Tests passed: 1 of 1 test – 14 ms
"C:\Program Files\Java\jdk1.8.0_181\bin\java" ...
Running tests with CustomTestRunner: class com.manning.junitbook.runners.CalculatorTest

Process finished with exit code 0
```

그림 3.5 사용자 정의 runner를 활용하여 CalculatorTest를 실행한 결과

3.2.3 JUnit 4 rule

JUnit 4 rule은 테스트 메서드 호출을 가로채는(intercept) 컴포넌트다. JUnit 4 rule 을 사용해서 테스트 메서드가 실행되기 전후에 다른 작업을 수행할 수 있다. rule은 JUnit 4에만 적용된다는 점에 주의해야 한다.

실행할 테스트에 동작을 추가하려면 TestRule 인터페이스를 구현한 필드에 @Rule 애노테이션을 사용해야 한다. JUnit 4 rule은 테스트 메서드에서 사용하거나 구성할 수 있는 객체를 만든다는 점에서 테스트를 유연하게 만들 수 있다.

JUnit 5로 전환하는 작업이 그리 간단하지는 않으므로 runner를 활용해서 기존에 적용되어 있는 JUnit 4 rule을 얼마간 유지해야 할지도 모른다. JUnit 5에서는 개발 자가 extension을 구현해야 한다(14장 참고).

다음과 같이 Calculator 클래스에 메서드를 두 개 더 추가한다.

예제 3.4 수정한 Calculator 클래스

```
public class Calculator {

  [...]

  public double sqrt(double x) {
    if (x < 0) {
      throw new IllegalArgumentException("음수의 제곱근을 구할 수 없다");   ②   ①
    }
    return Math.sqrt(x);
  }

  public double divide(double x, double y) {
    if (y == 0) {
      throw new ArithmeticException("0으로 나눌 수 없다");   ④   ③
    }
    return x / y;
  }

}
```

Calculator 클래스의 새로운 비즈니스 로직은 다음과 같다.

- 주어진 수 x의 제곱근을 계산하는 메서드를 선언한다(①). 이때 x가 음수이면 오 류 메시지를 포함한 예외를 던진다(②).
- x를 y로 나누는 메서드를 선언한다(③). 이때 나누는 수 y가 0이면 오류 메시지 를 포함한 예외를 던진다(④).

이번에는 새로 추가한 메서드를 테스트하고 특정 입력에 대해 적절한 예외를 던지는지 테스트해 보자. 다음 예제는 Calculator 클래스의 새로운 기능을 대상으로 테스트를 실행하는 중에 발행하는 오류 메시지가 예상한 바와 같은지 검증한다.

예제 3.5 `RuleExceptionTester` 클래스

```
public class RuleExceptionTester {
  @Rule
  public ExpectedException expectedException = ExpectedException.none();      ①

  private Calculator calculator = new Calculator();   ②

  @Test
  public void expectIllegalArgumentException() {
    expectedException.expect(IllegalArgumentException.class);   ③
    expectedException
      .expectMessage("음수의 제곱근을 구할 수 없다");      ④
    calculator.sqrt(-1);   ⑤
  }

  @Test
  public void expectArithmeticException() {
    expectedException.expect(ArithmeticException.class);   ⑥
    expectedException.expectMessage("0으로 나눌 수 없다");   ⑦
    calculator.divide(1, 0);   ⑧
  }
}
```

이 예제에서 살펴볼 내용은 다음과 같다.

- @Rule 애노테이션이 달린 ExpectedException 타입의 객체를 선언한다. @Rule 애노테이션은 public 인스턴스 필드나 public 인스턴스 메서드에만 붙일 수 있다(①). 팩터리 메서드인 ExpectedException.none()으로 ExpectedException 객체를 쉽게 생성할 수 있다.
- 테스트를 실행할 대상인 Calculator 객체를 초기화한다(②).
- sqrt(-1) 메서드를 호출하면(⑤), ExpectedException 인스턴스에 예외가 만들어지고(③), 오류 메시지가 기록된다(④).
- 한편 divide(1, 0) 메서드를 호출하면(⑧), ExpectedException 인스턴스에 예외가 만들어지고(⑥), 오류 메시지가 기록된다(⑦).

때로는 테스트 관련 정보를 저장하기 위해 파일이나 폴더를 만드는 등 임시 자원을 가지고 작업해야 한다. 이때는 TemporaryFolder rule을 사용하면 테스트가 끝난 후 (테스트 통과 여부에 상관없이) 삭제되는 임시 폴더를 만들 수 있다.

다음 예제는 @Rule 애노테이션이 달린 TemporaryFolder를 활용한 사례를 보여 준다. 여기서는 임시 자원의 존재 여부를 테스트한다.

예제 3.6 RuleTester 클래스

```java
public class RuleTester {
  @Rule
  public TemporaryFolder folder = new TemporaryFolder();    ①
  private static File createdFolder;               ②
  private static File createdFile;

  @Test
  public void testTemporaryFolder() throws IOException {
    createdFolder = folder.newFolder("createdFolder");    ③
    createdFile = folder.newFile("createdFile.txt");
    assertTrue(createdFolder.exists());           ④
    assertTrue(createdFile.exists());
  }

  @AfterClass
  public static void cleanUpAfterAllTestsRan() {
    assertFalse(createdFolder.exists());    ⑤
    assertFalse(createdFile.exists());
  }
}
```

이 예제에서 살펴볼 내용은 다음과 같다.

- @Rule 애노테이션을 단 TemporaryFolder 타입의 객체를 선언하고 초기화한다. 참고로 @Rule 애노테이션은 public 필드나 public 메서드에만 적용할 수 있다 (①).
- 정적 필드 createdFolder와 createdFile을 선언한다(②).
- TemporaryFolder 타입의 필드를 사용해서 사용자명 폴더 아래 /Temp 폴더에 임시 폴더와 파일을 만든다(③).
- 임시 폴더와 임시 파일이 만들어졌는지 검증한다(④).
- 테스트가 모두 끝난 다음에는 임시 자원이 더 이상 존재하지 않는지 확인한다(⑤).

두 개의 JUnit 4 rule(ExpectedException과 TemporaryFolder)이 잘 동작하는 것을
볼 수 있었다.

이번에는 테스트 수행 전후로 유용하게 활용할 수 있는 사용자 정의 rule을 만들
어 보자. 사용자 정의 rule을 가지고 테스트를 실행하기 전에 특정 프로세스를 시작
하고 테스트가 끝난 다음 중지하거나, 테스트를 실행하기 전에 데이터베이스에 커
넥션을 얻고 테스트가 끝난 다음 커넥션을 반납할 수 있다.

JUnit 4 rule을 작성하려면 TestRule 인터페이스를 구현하는 클래스를 만들어
야 하며 이는 예제 3.7에서 확인할 수 있다. TestRule 인터페이스를 구현하려면
Statement 타입 객체를 반환하는 apply(Statement, Description) 메서드를 재정
의해야 한다(예제 3.8). Statement 객체는 JUnit 런타임 내의 테스트를 나타내며
evaluate 메서드로 테스트를 실행할 수 있다. Description 객체는 현재 테스트를
설명하는 데 사용한다(예제 3.9). Description 객체를 가지고 리플렉션으로 테스트
에 관한 정보를 읽어낼 수 있다.

예제 3.7 CustomRule 클래스

```
public class CustomRule implements TestRule {  ①
  private Statement base;
  private Description description;         ]②

  @Override
  public Statement apply(Statement base, Description description) {
    this.base = base;
    this.description = description;                    ]③
    return new CustomStatement(base, description);
  }

}
```

이 예제에서 살펴볼 내용은 다음과 같다.

- TestRule 인터페이스를 구현하는 CustomRule 클래스를 선언한다(①).
- 참조를 유지하기 위해 Statement 객체와 Description 객체를 인스턴스 필드로
  선언한다(②). 해당 필드들을 파라미터로 전달받아 CustomStatement 객체를 반
  환할 수 있는 apply 메서드를 재정의한다(③).

예제 3.8 **CustomStatement 클래스**

```java
public class CustomStatement extends Statement {    ①
  private Statement base;
  private Description description;            ②

  public CustomStatement(Statement base, Description description) {
    this.base = base;
    this.description = description;           ③
  }

  @Override
  public void evaluate() throws Throwable {
    System.out.println(this.getClass().getSimpleName() + " "
        + description.getMethodName() + " has started");
    try {
      base.evaluate();                                              ④
    } finally {
      System.out.println(this.getClass().getSimpleName() + " "
          + description.getMethodName() + " has finished");
    }
  }
}
```

이 예제에서 살펴볼 내용은 다음과 같다.

- Statement 클래스를 상속하는 CustomStatement 클래스를 선언한다(①).
- Statement 객체와 Description 객체에 대한 참조를 유지하기 위해 인스턴스 변수로 선언한다(②). 그리고 ③에서 두 개의 필드를 생성자에서 초기화한다.
- evaluate 메서드를 재정의하고 base.evaluate() 문장을 실행하여 원래의 테스트를 진행한다(④).

예제 3.9 **CustomRuleTester 클래스**

```java
public class CustomRuleTester {

  @Rule
  public CustomRule myRule = new CustomRule();      ①

  @Test
  public void myCustomRuleTest() {            ②
    System.out.println("Call of a test method");
  }
}
```

이번 예제에서는 앞서 정의한 CustomRule을 다음과 같이 사용한다.

- CustomRule 타입 필드를 public으로 선언하고 @Rule 애노테이션을 달았다(①).
- myCustomRuleTest 테스트를 선언하고 그 위에 @Test 애노테이션을 달았다(②).

그림 3.6은 이 테스트를 실행한 결과를 보여 준다. 테스트가 실행되기 전후에 Custom Statement 클래스의 evaluate 메서드가 실행되어 추가적인 메시지를 볼 수 있었고 이는 테스트를 효과적으로 만들어 주었다.

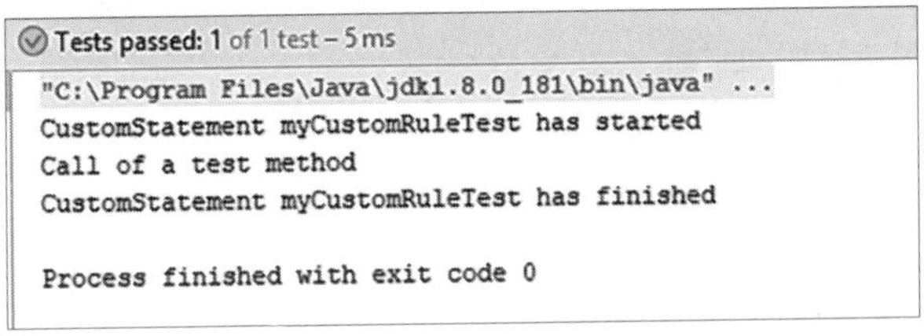

```
Tests passed: 1 of 1 test – 5 ms
"C:\Program Files\Java\jdk1.8.0_181\bin\java" ...
CustomStatement myCustomRuleTest has started
Call of a test method
CustomStatement myCustomRuleTest has finished

Process finished with exit code 0
```

그림 3.6 CustomRuleTester 실행 결과

또 다른 방법으로 CustomRule 타입 필드를 private으로 선언한 다음 @Rule 애노테이션이 붙은 게터(getter) 메서드를 public하게 선언하여 외부로 노출시킬 수도 있다. 이런 방법은 CustomRuleTester2 클래스에 작성되어 있다. 이는 @Rule 애노테이션이 public 인스턴스 필드와 public 인스턴스 메서드에서만 적용 가능하다는 점에도 부합한다.

예제 3.10 CustomRuleTester2 클래스

```java
public class CustomRuleTester2 {

  private CustomRule myRule = new CustomRule();

  @Rule
  public CustomRule getMyRule() {
    return myRule;
  }

  @Test
  public void myCustomRuleTest() {
    System.out.println("Call of a test method");
  }
}
```

CustomRuleTester2를 실행한 결과는 CustomRuleTester를 실행한 결과와 같다(그림 3.6). CustomRuleTester2 또한 CustomStatement 클래스의 evaluate 메서드가 실행되어 테스트 수행 전후에 추가적인 메시지를 출력할 수 있다.

이렇게 자신만의 JUnit 4 rule을 작성하는 것은 테스트 코드에 사용자 정의 작업을 추가해야 할 때 매우 유용하다. JUnit 4 rule의 일반적인 유스 케이스로는 테스트를 실행하기 전에 자원을 할당하고 테스트가 끝난 이후 자원을 반납하는 것, 테스트를 실행하기 전에 특정 프로세스를 시작한 이후 테스트가 끝난 다음에는 프로세스를 끝내는 것, 테스트를 실행하기 전에 데이터베이스 커넥션을 얻고 테스트가 끝난 다음에는 커넥션을 반납하는 것 등이 있다.

이렇게 JUnit 4 runner와 rule을 활용해서 JUnit 4의 모놀리식 아키텍처를 확장할 수 있었다. 사실 JUnit 4 runner와 rule은 여전히 많은 곳에서 쓰인다. 그리고 JUnit 4 runner와 rule을 JUnit 5 extension으로 전환하는 것은 쉬운 일이 아니다. 테스트를 JUnit 4에서 JUnit 5로 전환하더라도 일정 기간은 코드에 runner와 rule을 남겨두어야 할지도 모른다.

JUnit 4 runner와 rule에서 하나 더 살펴볼 예제가 있다. Maven pom.xml 파일에 의존성을 추가하는 것이다.

예제 3.11 pom.xml 파일에 추가한 의존성

```xml
<dependencies>
  <dependency>
    <groupId>org.junit.vintage</groupId>
    <artifactId>junit-vintage-engine</artifactId>
    <version>5.6.0</version>
    <scope>provided</scope>
  </dependency>
</dependencies>
```

위 예제에서 보다시피 JUnit 5에서 JUnit 4를 사용하는 데 필요한 의존성은 junit -vintage-engine이다. JUnit Vintage(3.3.4절에서 설명하는 JUnit 5의 주요 컴포넌트)는 JUnit 5와 이전 버전 간의 호환성을 보장한다. JUnit Vintage를 활용하여 Maven은 JUnit 4 의존성에 추이적으로(transitively) 접근할 수 있다. 기존 테스트를 JUnit 5로 전환하는 것은 지루할뿐더러 시간이 오래 걸릴 수 있다. 그럴 때 JUnit Vintage 의존성을 적용하면 한 프로젝트 안에 JUnit 4와 JUnit 5 테스트가 공존할 수 있게 된다.

3.2.4 JUnit 4 아키텍처의 단점

JUnit 4가 이렇게 단순한데도, 시간이 지나면서 JUnit 4 아키텍처에는 많은 문제가 생기게 되었다. JUnit은 개발자뿐만 아니라 IDE(IntelliJ IDEA, Eclipse, NetBeans 등)나 빌드 도구(Ant, Maven, Gradle 등) 같은 많은 소프트웨어에서도 사용되었다. 아쉽게도 JUnit 4가 가진 모놀리식 아키텍처는 이러한 도구들과의 상호작용을 고려하여 설계된 것은 아니었다. 그런데도 사람들은 이토록 인기 있고, 단순하며, 유용한 JUnit 4를 사용하고 싶어했다.

이런 상황에서 JUnit 4가 제공하는 API는 충분히 유연하지 못했다. 그 결과 JUnit 4를 사용하는 IDE나 빌드 도구와 JUnit 4 간에 지나치게 결합도가 높아지게 되었다 (tightly coupled). JUnit 4의 API가 IDE나 빌드 도구와 적절히 상호작용할 만한 클래스와 메서드를 제공할 수 있도록 설계된 것이 아니기 때문이었다. 이런 상황에서 IDE나 빌드 도구는 때로 JUnit 클래스 내부로 들어가서, 리플렉션으로 필요한 정보를 꺼내 오는 방식으로 JUnit 4와 상호작용할 수밖에 없었다. JUnit의 개발자가 private 변수의 이름을 변경하기로 하면 이런 변경이 리플렉션으로 JUnit에 접근하는 도구에 역으로 영향을 줄 수 있었다. JUnit 4와의 상호작용을 유지하는 것은 어려운 일이었으므로 JUnit 4의 인기와 단순성은 걸림돌이 되었다.

결과적으로 모든 개발자가 똑같은 jar 파일을 사용하고, 빌드 도구와 IDE가 JUnit 4와 밀접하게 결합되었기 때문에 JUnit 4의 인기와 단순성이 되려 JUnit 4의 발전 가능성을 저해하게 되었다. 이러한 문제를 해결하기 위해 새로운 아키텍처와 그에 발맞춘 API가 생겨났고, 3.1절에서 논의한 것처럼 더 작고 모듈화된 JUnit에 대한 요구가 생겨났다. 그리고 이러한 요구는 JUnit 5의 탄생과 맞물렸다.

3.3 JUnit 5 아키텍처

JUnit 5는 하루아침에 만들어지지 않았다. 많은 시간과 노력이 필요했다. 앞서 설명한 JUnit 4의 단점은 JUnit에 개선이 필요하다는 것을 보여 주는 아주 좋은 지표가 되었다. JUnit 5를 설계한 사람들은 이러한 문제를 인지했고 그 결과 하나의 JUnit 4 jar 파일을 여러 개 작은 파일로 쪼개기로 했다.

3.3.1 JUnit 5 모듈성

JUnit 5는 JUnit이 더욱 발전할 수 있도록 모듈식으로 개발할 필요가 있었다. JUnit 5

는 다양한 빌드 도구와 IDE를 사용하는 프로그램적 클라이언트와 상호작용할 수 있도록 설계되어야 했다. 요구되는 사항들은 아래와 같이 논리적으로 분리되었다.

- 개발자가 주로 사용하는 테스트를 작성하기 위한 API
- 테스트를 발견하고 실행하는 데 사용하는 메커니즘
- IDE나 빌드 도구와 쉽게 상호작용하고 테스트를 구동할 수 있는 API

그 결과 JUnit 5 아키텍처는 다음 세 가지 모듈로 나뉘었다(그림 3.7).

- JUnit Platform: JVM(Java virtual machine, 자바 가상 머신) 위에서 테스트 프레임워크를 구동하기 위한 기반이 되는 플랫폼이다. 또한 콘솔, IDE, 빌드 도구에서 테스트를 구동할 수 있는 API도 제공한다.
- JUnit Jupiter: JUnit 5에서 테스트와 extension을 만들 수 있도록 프로그래밍 모델(programming model)과 확장 모델(extension model)을 결합한 것이다. Jupiter라는 이름은 당연히 태양계 행성 중에서 크기로는 가장 크고 순서상으로는 다섯 번째인 목성에서 유래했다.
- JUnit Vintage: JUnit Platform에서 JUnit 3이나 JUnit 4 기반의 테스트를 실행하기 위한 테스트 엔진으로, 하위 호환성(이전 버전과의 호환성)을 보장한다.

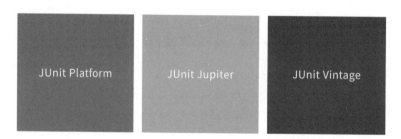

그림 3.7 JUnit 5의 모듈식 아키텍처

3.3.2 JUnit Platform

모듈성 개념을 조금 더 이해하기 위해 JUnit Platform의 아티팩트에 대해 알아보자.

- `junit-platform-commons`: JUnit 안에서 사용하기 위한 JUnit의 내부 공통 라이브러리다. 외부 사용을 권장하지 않는다.
- `junit-platform-console`: 콘솔에서 JUnit Platform의 테스트를 발견하고 실행할 수 있도록 지원한다.

- `junit-platform-console-standalone`: 모든 의존성이 포함되어 있는 실행 가능한 jar 파일이다. 이 아티팩트는 콘솔에서 JUnit Platform을 구동할 수 있는 커맨드 라인 자바 애플리케이션인 콘솔 런처에서 사용한다. 예를 들어 JUnit Vintage나 JUnit Jupiter 테스트를 실행하고 테스트 실행 결과를 콘솔에 출력하는 데 사용할 수 있다.
- `junit-platform-engine`: 테스트 엔진용 public API다.
- `junit-platform-launcher`: 테스트 계획을 구성하고 실행하기 위한 public API로 일반적으로는 IDE나 빌드 도구에서 사용한다.
- `junit-platform-runner`: JUnit 4 환경의 JUnit Platform에서 테스트와 테스트 묶음을 실행하기 위한 runner다.
- `junit-platform-suite-api`: JUnit Platform에서 테스트 묶음을 구성하기 위한 애노테이션을 갖고 있다.
- `junit-platform-surefire-provider`: Maven Surefire를 사용하여 JUnit Platform에서 테스트를 발견하고 실행할 수 있게 한다.
- `junit-platform-gradle-plugin`: Gradle을 사용하여 JUnit Platform에서 테스트를 발견하고 실행할 수 있게 한다.

3.3.3 JUnit Jupiter

JUnit Jupiter는 애노테이션, 클래스, 메서드를 비롯하여 JUnit 5 테스트를 작성하기 위한 프로그래밍 모델과 Extension API를 통해 JUnit 5 extension을 작성하기 위한 확장 모델로 이루어져 있다. Jupiter의 하위 프로젝트에서는 **TestEngine**을 통해 JUnit Platform에서 Jupiter 기반 테스트를 실행한다. JUnit 4에서는 runner나 rule 등 여러 개의 확장 지점이 있었던 반면 JUnit Jupiter의 확장 모델은 하나의 일관된 개념인 Extension API로만 구성되었다. 참고로 **Extension** 자체는 단순한 마커 인터페이스이며, 14장에서 자세히 다룬다.

JUnit Jupiter에 포함된 아티팩트는 다음과 같다.

- `junit-jupiter-api`: JUnit 5 테스트나 extension 작성을 위한 JUnit Jupiter API다.
- `junit-jupiter-engine`: 런타임에만 사용하는 JUnit Jupiter 테스트 엔진 구현체다.
- `junit-jupiter-params`: JUnit Jupiter에서 파라미터를 사용한 테스트를 지원한다.

- junit-jupiter-migrationsupport: JUnit 4에서 JUnit Jupiter로의 전환을 지원하며 JUnit 4 rule을 실행하는 데 사용한다.

3.3.4 JUnit Vintage

JUnit Vintage는 JUnit Platform에서 JUnit 3와 JUnit 4 기반 테스트를 실행하기 위한 TestEngine을 제공한다. JUnit Vintage에 포함된 아티팩트는 junit-vintage-engine 이 유일하다. junit-vintage-engine은 JUnit 3나 JUnit 4로 작성된 테스트를 실행하기 위한 엔진 구현체를 말한다. 물론 JUnit Vintage를 사용하기 위해서는 JUnit 3나 JUnit 4 jar 파일이 필요하다.

junit-vintage-engine은 JUnit 5를 활용한 테스트와 이전 버전의 테스트를 같이 사용하고자 할 때 매우 유용하게 쓰인다. JUnit 5를 사용하여 프로젝트를 진행해야 하지만 예전 버전의 테스트를 여전히 유지해야 할 수도 있다. 이런 상황에서는 JUnit Vintage가 대안이 될 수 있다.

3.3.5 JUnit 5 내부 아키텍처 구성도

JUnit Platform은 JUnit 3, 4, 5 테스트와 서드 파티 테스트를 비롯하여 다양한 종류의 테스트를 실행할 수 있게 해 준다(그림 3.8). jar 파일 수준의 세부 정보는 다음과 같다(그림 3.9).

- 테스트 API는 테스트 엔진을 위한 다양한 기능을 제공하는데 JUnit 5 테스트를 위한 junit-jupiter-api, 레거시 테스트를 위한 junit-4.12, 서드 파티 테스트를 위한 사용자 정의 API가 있다.
- 테스트 엔진은 JUnit Platform의 일부인 junit-platform-engine의 public API를 상속하여 생성한 것이다.
- junit-platform-launcher의 public API는 Maven이나 Gradle 같은 빌드 도구나 IDE가 JUnit Platform 내부의 테스트를 발견할 수 있도록 도와준다.

모듈식 아키텍처 외에도 JUnit 5는 extension 메커니즘을 제공한다. 이 메커니즘은 4장에서 설명한다.

시스템의 아키텍처는 시스템의 기능과 동작을 결정한다. 이 장의 앞부분에서 알아본 JUnit 4 runner와 rule을 다시 한번 떠올려 보자. runner와 rule이 동작하는 방식은 JUnit 4 아키텍처에 의해 결정되었다. JUnit 4와 JUnit 5의 아키텍처를 이해하

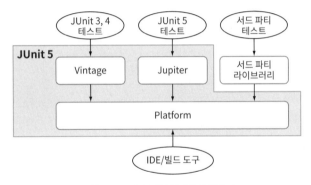

그림 3.8 JUnit 5 내부 아키텍처 구성도

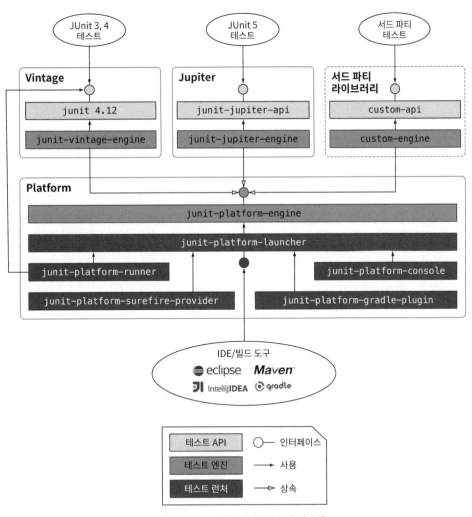

그림 3.9 JUnit 5 내부 아키텍처 구성도(상세)

고 있으면 기능을 실제로 적용할 때, 테스트를 작성할 때, 다른 구현 방법을 분석할 때에 도움이 된다. 결국 단위 테스트를 빠르게 마스터할 수 있게 된다. 4장에서는 JUnit 4에서 JUnit 5로 테스트를 전환하는 방법과 그에 필요한 의존성을 알아본다.

정리

3장에서는 다음 내용을 다루었다.

- 소프트웨어 시스템의 기본적인 구조인 소프트웨어 아키텍처의 개념에 대해 알아보았다. 소프트웨어 시스템 구조는 소프트웨어 요소, 요소 간의 관계, 요소와 관계를 이루는 속성들로 구성된다.
- JUnit 4의 모놀리식 아키텍처를 분석했다. JUnit 4 아키텍처는 단순하지만, IDE나 빌드 도구가 지나치게 결합되어 JUnit 4의 단점을 부각시켰다.
- 모놀리식 아키텍처를 확장할 수 있는 가능성을 보여 준 JUnit 4 runner와 rule을 사용해 보았다. JUnit 4는 여전히 많이 쓰이는데 그 이유는 아직도 JUnit 4를 사용하는 테스트가 많이 남아 있고 JUnit 5로 전환하는 것이 그리 간단하지만은 않기 때문이다.
- JUnit 4 아키텍처와 JUnit 5 아키텍처를 대조해 보았다. JUnit 4와 비교했을 때 JUnit 5 아키텍처는 모듈이 분리되어 있으며 JUnit Platform, JUnit Jupiter, JUnit Vintage로 구성되어 있다.
- JUnit 5 내부 아키텍처 구성도와 구성 요소 간 상호작용에 대해 알아보았다.
- JUnit Platform은 JVM에서 테스트 프레임워크를 구동하기 위한 기반으로 기능했으며 콘솔, IDE, 빌드 도구에서 테스트를 구동하기 위한 API를 제공했다.
- JUnit Jupiter는 JUnit 5 테스트를 작성하기 위한 프로그래밍 모델과 extension을 작성하기 위한 확장 모델로 구성되었다.
- JUnit Vintage는 JUnit Platform에서 JUnit 3와 JUnit 4 기반의 테스트를 실행하기 위한 테스트 엔진으로 이전 버전과의 호환성을 보장하기 위해 사용한다.

4장

JUnit 4에서 JUnit 5로 전환하기

☑ **4장에서 다루는 내용**

- JUnit 4 기반의 프로젝트를 JUnit 5로 전환하는 방법
- 어느 정도 성숙한 프로젝트에서 JUnit 4와 JUnit 5를 동시에 사용하는 방법
- JUnit 4와 JUnit 5의 의존성 비교하기
- JUnit 4와 JUnit 5의 애노테이션 비교하기
- JUnit 4 rule과 JUnit 5 extension 비교하기

세상 무엇도 지속적인 개선 없이는 살아남을 수 없다.

— 찰스 M. 타드로스(Charles M. Tadros)

지금까지는 JUnit과 그 최신 버전인 JUnit 5에 대해 설명했다. 테스트를 효율적으로 구축하는 방법을 이해할 수 있도록 JUnit 5의 핵심 클래스와 메서드를 살펴봤고 구체적인 예제를 다루었다. 소프트웨어 아키텍처의 중요성에 대해서도 개략적으로 알아보았고 JUnit 4와 JUnit 5 사이의 중요한 아키텍처 변경 사항에 대해 살펴봤다.

이 장에서는 가상 회사인 TDS에서 관리하는 프로젝트를 JUnit 4에서 JUnit 5로 전환하는 방법을 다룬다. TDS는 고객 정보를 데이터 저장소에 보관하고 데이터 저장소에서 데이터를 가져온다. TDS는 결제 정보나 여타 비즈니스 흐름을 추적할 필요가 있다.

참고로 JUnit 4와 JUnit 5는 동일한 애플리케이션에서 함께 동작시킬 수 있다. 이는 JUnit 4에서 JUnit 5로 한 번에 전환하는 게 아니라 단계적으로 전환하는 데 특히 유용하다.

4.1 JUnit 4에서 JUnit 5로의 전환 과정

JUnit 5는 새로운 아키텍처를 적용한 새로운 패러다임이다. JUnit 5에는 새로운 패키지, 애노테이션, 메서드, 클래스가 추가되었다. 일부 JUnit 5 기능은 JUnit 4 기능과 유사하지만 JUnit 5에 추가된 기능들은 보통 기존에 없던 신규 기능이다. JUnit Jupiter의 프로그래밍 모델과 확장 모델은 기본적으로 JUnit 4의 rule이나 runner 같은 기능을 지속해서 지원하지 않는다. 그러나 JUnit 5에서 JUnit Jupiter로 전환하기 위해 지금까지 만들어 둔 모든 테스트, 테스트 확장, 사용자 정의를 해 둔 테스트 관련 인프라를 당장 바꿀 필요는 없다.

JUnit은 JUnit Vintage 테스트 엔진을 활용하여 테스트를 JUnit 4에서 JUnit 5로 전환하는 로드맵을 제시한다. 표 4.1에는 이에 가장 중요한 단계를 정리했다. JUnit Vintage 테스트 엔진은 JUnit Platform에서 과거 JUnit 버전 테스트를 실행할 수 있게 해 준다. 참고로 JUnit Jupiter와 관련된 모든 클래스와 애노테이션은 `org.junit.jupiter` 패키지에서 확인할 수 있다. JUnit 4와 관련한 모든 클래스와 애노테이션은 `org.junit` 패키지에 있으니, 클래스패스에 JUnit 5 Jupiter와 JUnit 4가 모두 존재하더라도 충돌이 발생하지는 않는다. 결과적으로 애플리케이션은 새로 작성한 JUnit Jupiter 테스트와 이전에 구현되어 있던 JUnit 4 테스트를 동시에 가질 수 있다. JUnit 5와 JUnit 4는 전환을 완료할 때까지 공존할 수 있으므로 테스트를 전환하는 작업은 작업의 우선순위와 작업 단계에서 마주하게 될 다양한 어려움을 고려하여 신중하게 진행할 수 있다.

주요 단계	설명
의존성을 교체한다.	JUnit 4에서는 하나의 의존성만 있으면 된다. 하지만 JUnit 5에는 목적에 따라 다양한 의존성이 필요할 수 있다. 예를 들어 JUnit 5에서 JUnit 4 테스트를 실행하기 위해서는 Vintage가 필요하다.
JUnit 4 애노테이션을 JUnit 5 애노테이션으로 교체한다.	JUnit 5는 JUnit 4의 애노테이션 중의 일부를 가지고 있다. 그리고 JUnit 5에서 새로 추가된 애노테이션은 신규 기능을 적용하고 더 나은 테스트를 작성하는 데 도움이 된다.
테스트 클래스와 메서드를 교체한다.	JUnit 5에서 사용하는 단언문이나 가정문은 다른 패키지의 다른 클래스로 옮겨졌다.
JUnit 4 rule과 runner를 JUnit 5의 확장 모델로 교체한다.	JUnit 4 rule과 runner를 JUnit 5 확장 모델로 바꾸는 작업에는 일반적으로 다른 단계보다 더 많은 노력이 필요하다. 하지만 JUnit 4와 JUnit 5는 장기간 공존할 수 있으므로 JUnit 4 rule과 runner는 코드에 계속 남아 있어도 상관없고 나중에 바꿔도 괜찮다.

표 4.1 JUnit 4에서 JUnit 5로 전환하는 주요 과정

JUnit 테스트를 개발하고 실행하기 전에 짚고 넘어가야 할 것이 있다.

- JUnit 4는 자바 5 이상을 요구한다.
- JUnit 5는 자바 8 이상을 요구한다.

결과적으로 JUnit 4에서 JUnit 5로 전환하는 작업에는 프로젝트에 사용된 자바 버전을 갱신하는 것을 포함할 수도 있다.

4.2 JUnit 4에서 JUnit 5로 전환하는 데 필요한 의존성

이 절에서는 가상 회사인 TDS의 프로젝트를 JUnit 4에서 JUnit 5로 전환하는 방법을 설명한다. TDS는 프로젝트를 JUnit 5로 전환하기로 결정했는데, 제품을 위한 테스트가 더 많이 필요하고 테스트를 작성에 더 많은 유연성과 명확성이 필요했기 때문이었다. JUnit 5를 사용한다는 것은 곧 디스플레이 네임을 사용한 중첩 테스트나 동적 테스트를 수행할 수 있다는 말과 같다. TDS의 개발자가 JUnit 5의 기능을 활용해서 테스트를 수행하기 위해서는 먼저 의존성을 교체해야 한다.

앞서 살펴보았듯이 JUnit 4는 모놀리식 아키텍처로 되어 있으므로 Maven 설정 파일을 확인해 보면 한 개의 의존성만을 가지고 JUnit 4 테스트를 작성한 것을 알 수 있다.

예제 4.1 pom.xml 파일에 적용되어 있는 기존 JUnit 4 의존성

```xml
<dependencies>
  <dependency>
    <groupId>junit</groupId>
    <artifactId>junit</artifactId>
    <version>4.12</version>
    <scope>test</scope>
  </dependency>
</dependencies>
```

JUnit 5의 주요 의존성 중 하나인 JUnit Vintage는 예제 4.1에 나타난 JUnit 4의 의존성을 대체할 수 있다. TDS의 개발자가 JUnit 4 기반의 프로젝트를 JUnit 5로 전환하는 데 필요한 첫 번째 작업은 바로 사용해야 하는 의존성을 교체하는 것이다.

여기서는 junit-vintage-engine 의존성을 사용한다(예제 4.2). JUnit 5의 junit-vintage-engine은 JUnit 4와의 호환을 제공한다. JUnit 5 Vintage를 활용한다면 Maven은 JUnit 4 의존성에 추이적으로 접근할 수 있다. JUnit 5 Vintage를 적용하

는 것이 TDS의 개발자가 JUnit 4가 적용된 프로젝트를 JUnit 5로 전환하는 첫 번째 단계다. JUnit 4와 JUnit 5 테스트는 전환 과제가 끝날 때까지 프로젝트 내에서 계속 공존할 수 있다.

예제 4.2 **JUnit 4 의존성을 대체하기 위한 JUnit 5 Vintage 의존성**

```xml
<dependencies>
  <dependency>
    <groupId>org.junit.vintage</groupId>
    <artifactId>junit-vintage-engine</artifactId>
    <version>5.6.0</version>
    <scope>test</scope>
  </dependency>
</dependencies>
```

이제 JUnit 4 테스트를 수행해 보자. 그림 4.1과 같이 성공적으로 실행된다. JUnit 4 의존성 대신 JUnit 5 Vintage 의존성으로 대체해도 아무런 문제가 없다.

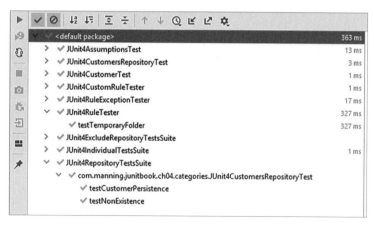

그림 4.1 JUnit 4 의존성을 JUnit 5 Vintage 의존성으로 대체한 후 JUnit 4 테스트를 수행한 결과

TDS의 개발자가 JUnit Vintage 의존성을 적용한 다음 진행해야 하는 전환 작업은 JUnit 4 애노테이션을 JUnit 5 Jupiter 애노테이션으로 교체하는 것이다. 이에 필요 한 의존성은 아래 예제에 나와 있다.

예제 4.3 **JUnit 5 테스트를 작성하기 위한 Jupiter 의존성**

```xml
<dependencies>
  <dependency>
    <groupId>org.junit.jupiter</groupId>
    <artifactId>junit-jupiter-api</artifactId>
```

```
    <version>5.6.0</version>
    <scope>test</scope>
  </dependency>
  <dependency>
    <groupId>org.junit.jupiter</groupId>
    <artifactId>junit-jupiter-engine</artifactId>
    <version>5.6.0</version>
    <scope>test</scope>
  </dependency>
</dependencies>
```

JUnit 5를 사용하여 테스트를 작성하기 위해서는 junit-jupiter-api와 junit-jupiter-engine 의존성을 추가해야 한다. junit-jupiter-api는 (애노테이션, 클래스, 메서드를 포함하여) JUnit Jupiter로 테스트를 작성하기 위한 API를 제공하는 아티팩트다. junit-jupiter-engine은 테스트 엔진을 실행하기 위한 JUnit Jupiter의 핵심적인 아티팩트다.

그 외에도 파라미터를 사용한 테스트를 작성하려면 junit-jupiter-params 의존성이 필요할 수 있다. 만약 JUnit 4에서 JUnit 5로 전환하는 작업이 끝났다면(즉 JUnit 4 테스트가 더 남아 있지 않다면) 예제 4.2의 junit-vintage-engine 의존성을 삭제해도 무방하다.

4.3 JUnit 5 애노테이션, 클래스, 메서드

JUnit 4 의존성을 JUnit 5로 교체한 다음 TDS의 개발자는 테스트 전환 작업을 계속 이어 나간다. 전술하였듯이 JUnit 5는 JUnit 4와 유사한 기능을 제공하는 것 외에도 다양한 기능을 제공한다. TDS의 개발자는 프로젝트에 추가해야 하는 많은 테스트들이 JUnit 5에 적용된 유연성과 명확성을 갖기를 바란다. 그러나 새로운 기능을 추가하는 것보다 먼저 할 일은 이전에 있던 JUnit 4와 동일한 기능부터 전환하는 것이다.

4.3.1 JUnit 4와 JUnit 5에서 비슷하게 사용하는 애노테이션, 클래스, 메서드

표 4.2, 표 4.3, 표 4.4에 JUnit 4와 JUnit 5에서 비슷하게 사용하는 애노테이션, 단언문, 가정문을 정리했다.

JUnit 4	JUnit 5
@BeforeClass, @AfterClass	@BeforeAll, @AfterAll
@Before, @After	@BeforeEach, @AfterEach
@Ignore	@Disabled
@Category	@Tag

표 4.2 애노테이션

JUnit 4	JUnit 5
Assert 클래스를 사용한다.	Assertions 클래스를 사용한다.
단언문 메시지는 첫 번째 파라미터에 적는다.	단언문 메시지는 마지막 파라미터에 적는다.
assertThat 메서드를 사용할 수 있다.	assertThat 메서드를 지원하지 않는다. assertAll과 assertThrows 메서드가 추가되었다.

표 4.3 단언문

JUnit 4	JUnit 5
Assume 클래스를 사용한다.	Assumptions 클래스를 사용한다.
assumeNotNull, assumeNoException 메서드를 사용할 수 있다.	assumeNotNull, assumeNoException 메서드를 사용할 수 없다.

표 4.4 가정문

이제 TDS의 개발자는 소스 코드를 수정하여 JUnit 4에서 JUnit 5로 전환하는 단계를 진행하기로 했다. 다음 절에서는 JUnit 5에 추가된 내용이 무엇인지 명확하게 알기 위해 동일한 예제를 각각 JUnit 4와 JUnit 5로 만들어 본다.

앞에서 살펴본 적 있는 SUT를 비슷하게 따라한 클래스부터 시작해 보자. SUT는 초기화가 가능하고, 기본 작업은 수행할 수 있지만, 추가 작업은 수행할 수 없으며, 시스템을 종료하는 것도 가능하다.

예제 4.4 SUT 클래스

```java
public class SUT {
  private String systemName;

  public SUT(String systemName) {
    this.systemName = systemName;
    System.out.println(systemName + " from class " +
                   getClass().getSimpleName() + " is initializing.");
  }
```

```
public boolean canReceiveRegularWork() {
  System.out.println(systemName + " from class " +
                     getClass().getSimpleName() +
                     " can receive regular work.");
  return true;
}

public boolean canReceiveAdditionalWork() {
  System.out.println(systemName + " from class " +
                     getClass().getSimpleName() +
                     " cannot receive additional work.");
  return false;
}

public void close() {
  System.out.println(systemName + " from class " +
                     getClass().getSimpleName() + " is closing.");
}
}
```

예제 4.5와 예제 4.6은 각각 JUnit 4와 JUnit 5를 사용하여 시스템의 기능을 검증한다. 여기서는 생애 주기 메서드의 메커니즘에 대해서도 살펴본다. SUT는 초기화가 가능하고, 기본 작업은 수행할 수 있지만, 추가 작업을 수행할 수 없으며 시스템을 종료하는 것도 가능한 상황이다. JUnit 4와 JUnit 5의 생애 주기 메서드는 각 테스트의 실행 전후에 시스템이 초기화되고 종료되게 만든다. 테스트 메서드는 테스트 대상 시스템이 기본 작업을 수행할 수 없고, 추가 작업을 수행할 수 있는지 검증한다. 예제 4.5의 애노테이션과 예제 4.6의 애노테이션을 비교해 보자.

예제 4.5 JUnit 4의 기능을 사용한 JUnit4SUTTest 클래스

```
public class JUnit4SUTTest {

  private static ResourceForAllTests resourceForAllTests;
  private SUT systemUnderTest;

  @BeforeClass   ①
  public static void setUpClass() {
    resourceForAllTests =
      new ResourceForAllTests("테스트를 위한 리소스");
  }

  @AfterClass   ②
  public static void tearDownClass() {
    resourceForAllTests.close();
  }
```

```
@Before  ③
public void setUp() {
   systemUnderTest = new SUT("테스트 대상 시스템");
}

@After  ④
public void tearDown() {
   systemUnderTest.close();
}

@Test  ⑤
public void testRegularWork() {
   boolean canReceiveRegularWork =
         systemUnderTest.canReceiveRegularWork();
   assertTrue(canReceiveRegularWork);
}

@Test
public void testAdditionalWork() {
   boolean canReceiveAdditionalWork =
         systemUnderTest.canReceiveAdditionalWork();
   assertFalse(canReceiveAdditionalWork);
}

@Test
@Ignore  ⑥
public void myThirdTest() {
   assertEquals("2 is not equal to 1", 2, 1);
}
}
```

앞서 JUnit 4 의존성을 JUnit Vintage 의존성으로 교체했었다. JUnit4SUTTest를 실행한 결과는 JUnit 4 의존성으로 실행하든 JUnit Vintage 의존성으로 실행하든 동일하다(그림 4.2). 참고로 myThirdTest에는 @Ignore 애노테이션이 적용되어 테스트가 비활성화되었다. 이제 애노테이션, 클래스, 메서드를 전환하는 작업을 수행할 수 있다.

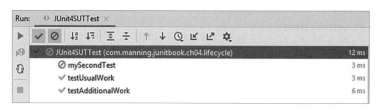

그림 4.2 JUnit 4 의존성과 JUnit Vintage 의존성을 사용하여 IntelliJ IDEA에서 JUnit4SUTTest를 실행한 결과

예제 4.6 **JUnit 5의 기능을 사용한 JUnit5SUTTest 클래스**

```java
class JUnit5SUTTest {
  private static ResourceForAllTests resourceForAllTests;
  private SUT systemUnderTest;

  @BeforeAll  ①′
  static void setUpClass() {
    resourceForAllTests =
      new ResourceForAllTests("테스트를 위한 리소스");
  }

  @AfterAll  ②′
  static void tearDownClass() {
    resourceForAllTests.close();
  }

  @BeforeEach  ③′
  void setUp() {
    systemUnderTest = new SUT("테스트 대상 시스템");
  }

  @AfterEach  ④′
  void tearDown() {
    systemUnderTest.close();
  }

  @Test  ⑤′
  void testRegularWork() {
    boolean canReceiveRegularWork =
        systemUnderTest.canReceiveRegularWork();
    assertTrue(canReceiveRegularWork);
  }

  @Test
  void testAdditionalWork() {
    boolean canReceiveAdditionalWork =
        systemUnderTest.canReceiveAdditionalWork();
    assertFalse(canReceiveAdditionalWork);
  }

  @Test
  @Disabled  ⑥′
  void myThirdTest() {
    assertEquals(2, 1, "2 is not equal to 1");
  }
}
```

JUnit 4와 JUnit 5의 메서드를 비교한 결과는 다음과 같다.

- @BeforeClass(예제 4.5의 ①)와 @BeforeAll(예제 4.6의 ①′) 애노테이션이 달린 메서드는 모든 테스트 메서드가 실행되기 전에 한 번 실행된다. 이때 메서드는 정적이어야 한다. JUnit 4에서는 @BeforeClass가 달린 메서드는 반드시 public 접근 제어자를 사용해야 했다. JUnit 5에서는 @BeforeAll이 달린 메서드라도 테스트 클래스에 @TestInstance(Lifecycle.PER_CLASS) 애노테이션을 추가하면 비정적으로(nonstatic) 선언할 수 있다.

- @AfterClass(예제 4.5의 ②)와 @AfterAll(예제 4.6의 ②′) 애노테이션이 달린 메서드는 모든 테스트 메서드가 실행된 후에 한 번 실행된다. 역시 메서드는 정적이어야 한다. JUnit 4에서는 @AfterClass가 달린 메서드는 반드시 public 접근 제어자를 사용해야 했다. JUnit 5에서는 @AfterAll이 달린 메서드라도 테스트 클래스에 @TestInstance(Lifecycle.PER_CLASS) 애노테이션을 추가하면 비정적으로 선언할 수 있다.

- @Before(예제 4.5의 ③)와 @BeforeEach(예제 4.6의 ③′) 애노테이션이 달린 메서드는 각각의 테스트 전에 실행된다. JUnit 4에서는 @Before가 달린 메서드는 반드시 public 접근 제어자를 사용해야 했다.

- @After(예제 4.5의 ④)와 @AfterEach(예제 4.6의 ④′) 애노테이션이 달린 메서드는 각각의 테스트 후에 실행된다. JUnit 4에서는 @After가 달린 메서드는 반드시 public 접근 제어자를 사용해야 했다.

- @Test(예제 4.5의 ⑤)와 @Test(예제 4.6의 ⑤′) 애노테이션이 달린 메서드는 서로 독립적으로 실행된다. JUnit 4에서 @Test가 달린 메서드는 반드시 public 접근 제어자를 사용해야 했다. 두 애노테이션은 각각 org.junit.Test(JUnit 4)와 org.junit.upiter.api.Test(JUnit 5) 패키지에 속한다.

- 테스트 실행을 비활성화하기 위해 JUnit 4에서는 @Ignore(예제 4.5의 ⑥) 애노테이션을 사용하지만 JUnit 5에서는 @Disabled(예제 4.6의 ⑥′) 애노테이션을 사용한다.

JUnit 5로 넘어오면서 테스트 메서드에 대한 기본 접근 제어 수준이 public에서 디폴트(package-private)로 완화된 것을 알 수 있다. 사실 테스트 메서드는 테스트 클래스가 속한 패키지 내에서만 접근하면 되므로 굳이 public으로 선언할 필요가 없다.

4.3.2 JUnit 4의 @Category와 JUnit 5의 @Tag

TDS의 개발자는 표 4.2, 표 4.3, 표 4.4에 제시된 내용을 테스트 전환 프로세스에 적용한다. 이제 TDS는 고객의 존재 여부는 물론 고객의 정보까지 검증해야 한다고 하자. 테스트를 개별 고객 정보를 다루는 그룹(individual)과 고객 리포지터리를 다루는 그룹(repository) 두 개로 분류해야 한다. 그룹화 작업을 위해 JUnit 4에서 @Category를 사용했다면, JUnit 5에서는 @Tag를 사용해야 한다.

다음 예제는 JUnit 4의 @Category를 사용하기 위해 선언한 두 가지 인터페이스를 보여 준다. 두 인터페이스는 차후 JUnit 4 @Category의 파라미터로 사용한다.

예제 4.7 JUnit 4의 @Category에 사용하기 위해 정의한 인터페이스

```java
public interface IndividualTests {
}
public interface RepositoryTests {
}
```

다음 예제는 @Category(IndividualTests.class) 애노테이션이 달린 메서드를 포함하는 JUnit 4 테스트를 보여 준다. @Category(IndividualTests.class) 애노테이션을 사용하면 테스트 메서드를 특정 카테고리에 포함시킬 수 있다.

예제 4.8 @Category 애노테이션이 달린 테스트 메서드가 있는 JUnit4CustomerTest 클래스

```java
public class JUnit4CustomerTest {
  private String CUSTOMER_NAME = "John Smith";

  @Category(IndividualTests.class)
  @Test
  public void testCustomer() {
    Customer customer = new Customer(CUSTOMER_NAME);
    assertEquals("John Smith", customer.getName());
  }
}
```

다음 예제에서는 @Category(IndividualTests.class, RepositoryTests.class) 애노테이션이 달린 JUnit 4 테스트 클래스를 선언한다. 클래스 수준에서 애노테이션을 추가하면 클래스 안에 있는 테스트 메서드 모두를 특정 카테고리에 포함되는 것으로 만들 수 있다.

예제 4.9 @Category 애노테이션이 달린 JUnit4CustomersRepositoryTest 클래스

```java
@Category({IndividualTests.class, RepositoryTests.class})
public class JUnit4CustomersRepositoryTest {
  private String CUSTOMER_NAME = "John Smith";
  private CustomersRepository repository = new CustomersRepository();

  @Test
  public void testNonExistence() {
    boolean exists = repository.contains(CUSTOMER_NAME);
    assertFalse(exists);
  }

  @Test
  public void testCustomerPersistence() {
    repository.persist(new Customer(CUSTOMER_NAME));
    assertTrue(repository.contains("John Smith"));
  }
}
```

예제 4.10, 예제 4.11, 예제 4.12는 주어진 클래스에서 특정 테스트 카테고리를 포함하거나 제외하는 세 가지 테스트 묶음을 설명한다.

예제 4.10 JUnit4IndividualTestsSuite 클래스

```java
@RunWith(Categories.class)                              ①
@Categories.IncludeCategory(IndividualTests.class)   ②
@Suite.SuiteClasses({ JUnit4CustomerTest.class,
                      JUnit4CustomersRepositoryTest.class })   ③
public class JUnit4IndividualTestsSuite {
}
```

JUnit4IndividualTestsSuite의 예제에서 살펴볼 내용은 다음과 같다.

- @RunWith(Categories.class) 애노테이션을 달아 특정한 runner로 테스트를 실행하도록 지정했다(①).
- @Category(IndividualTests.class) 애노테이션으로 실행할 테스트의 카테고리를 지정했다(②).
- JUnit4CustomerTest, JUnit4CustomersRepositoryTest 클래스에서 해당 애노테이션이 달린 테스트를 찾아 실행한다(③).

결과는 그림 4.3과 같다. 참고로 JUnit4CustomerTest와 JUnit4CustomersRepositoryTest 클래스의 모든 테스트는 @Category(IndividualTests.class) 애노테이션이 붙

어 있으므로, 모든 테스트가 수행되는 것을 확인할 수 있다(③).

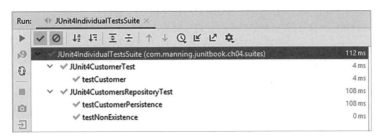

그림 4.3 IntelliJ IDEA에서 JUnit4IndividualTestsSuite를 수행한 결과

예제 4.11 JUnit4RepositoryTestsSuite 클래스

```
@RunWith(Categories.class)                              ①
@Categories.IncludeCategory(RepositoryTests.class)      ②
@Suite.SuiteClasses({ JUnit4CustomerTest.class,
                      JUnit4CustomersRepositoryTest.class })   ③
public class JUnit4RepositoryTestsSuite {
}
```

JUnit4RepositoryTestsSuite의 예제에서 살펴볼 내용은 다음과 같다.

- @RunWith(Categories.class) 애노테이션을 달아 특정한 runner로 테스트를 실행하도록 했다(①).
- @Category(RepositoryTests.class) 애노테이션으로 실행할 테스트의 카테고리를 지정했다(②).
- JUnit4CustomerTest, JUnit4CustomersRepositoryTest 클래스에서 해당 애노테이션이 달린 테스트를 찾아 실행한다(③).

결과는 그림 4.4와 같다. JUnit4CustomersRepositoryTest 클래스에 @Category(RepositoryTests.class) 애노테이션이 달려 있으므로 JUnit4CustomersRepositoryTest 클래스의 테스트 두 개가 실행되는 것을 볼 수 있다.

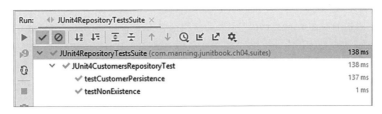

그림 4.4 IntelliJ IDEA에서 JUnit4RepositoryTestsSuite를 수행한 결과

예제 4.12 JUnit4ExcludeRepositoryTestsSuite 클래스

```
@RunWith(Categories.class)                                    ①
@Categories.ExcludeCategory(RepositoryTests.class)   ②
@Suite.SuiteClasses({JUnit4CustomerTest.class,
                     JUnit4CustomersRepositoryTest.class })   ③
public class JUnit4ExcludeRepositoryTestsSuite {
}
```

JUnit4ExcludeRepositoryTestsSuite의 예제에서 살펴볼 내용은 다음과 같다.

- @RunWith(Categories.class) 애노테이션을 달아 특정한 runner로 테스트를 실행하도록 했다(①).
- 제외할 테스트의 카테고리를 @Categories.ExcludeCategory(RepositoryTests. class) 애노테이션으로 지정했다(②).
- JUnit4CustomerTest, JUnit4CustomersRepositoryTest 클래스에서 해당 애노테이션이 달린 테스트를 제외하고 실행한다(③).

결과는 그림 4.5와 같다. JUnit4CustomerTest 클래스에서 하나의 테스트가 실행된다. @Category(RepositoryTests.class) 애노테이션을 가지고 있지 않기 때문이다.

그림 4.5 IntelliJ IDEA에서 JUnit4ExcludeRepositoryTestsSuite를 수행한 결과

JUnit 4 카테고리는 여전히 많이 사용되지만 단점도 있다. 테스트 묶음을 위한 특별한 인터페이스를 만들어야 하며, @Category의 파라미터에 들어갈 마커 인터페이스를 전부 따로 정의해야 한다. 결국 작성해야 할 코드가 너무 많아진다. 이러한 이유로 TDS의 개발자는 JUnit 5 태그를 사용하는 것으로 테스트 코드를 전환하기로 했다. 예제 4.13은 @Tag("individual") 태그를 지정한 JUnit5CustomerTest 클래스를, 예제 4.14는 @Tag("repository") 태그를 지정한 CustomersRepositoryTest 클래스를 보여 준다.

예제 4.13 @Tag("individual") 태그를 지정한 JUnit5CustomerTest 클래스

```java
@Tag("individual")   ①
public class JUnit5CustomerTest {
  private String CUSTOMER_NAME = "John Smith";

  @Test
  void testCustomer() {
    Customer customer = new Customer(CUSTOMER_NAME);
    assertEquals("John Smith", customer.getName());
  }
}
```

@Tag("individual") 애노테이션은 JUnit5CustomerTest 클래스 수준에 적용되었다
(①).

예제 4.14 @Tag("repository") 태그를 지정한 JUnit5CustomersRepositoryTest 클래스

```java
@Tag("repository")   ①
public class JUnit5CustomersRepositoryTest {
  private String CUSTOMER_NAME = "John Smith";
  private CustomersRepository repository = new CustomersRepository();

  @Test
  void testNonExistence() {
    boolean exists = repository.contains("John Smith");
    assertFalse(exists);
  }

  @Test
  void testCustomerPersistence() {
    repository.persist(new Customer(CUSTOMER_NAME));
    assertTrue(repository.contains("John Smith"));
  }
}
```

마찬가지로 @Tag("repository") 애노테이션이 전체 JUnit5CustomersRepository
Test 클래스 수준에 적용되었다(①).

JUnit 4 카테고리를 대체하는 JUnit 5 태그를 사용하기 위해서는 미리 몇 가지 설
정 작업을 해야 한다. 그중 하나는 Maven pom.xml 파일을 수정하는 것이다.

예제 4.15 수정한 Maven pom.xml 파일

```xml
<plugin>
  <artifactId>maven-surefire-plugin</artifactId>
  <version>2.22.2</version>
```

```
<!--
<configuration>
  <groups>individual</groups>
  <excludedGroups>repository</excludedGroups>
</configuration>
-->
</plugin>
```
①

Surefire 플러그인 안에 configuration 태그 부분의 주석을 풀고 mvn clean install 명령을 실행해 보자(①). 또는 IntelliJ IDEA에서 [Run]-[Edit Configuration]을 선택하고 [Tags (JUnit 5)]를 선택하여 실행할 수도 있다(그림 4.6). 그러나 명령 프롬프트에서 테스트를 올바르게 실행할 수 있도록 Maven pom.xml 파일을 수정하는 것을 권장한다.

그림 4.6 IntelliJ IDEA에서 태그를 사용한 테스트를 실행하는 모습

JUnit 5에서는 JUnit 4에서처럼 특별한 인터페이스를 정의할 필요가 없다. 코드 수준에서 대상 테스트 묶음을 지정할 필요가 없다는 뜻이다. 단지 클래스에 태그를 추가한 다음 Maven 설정 파일이나 IDE를 이용해 실행할 태그를 선택하면 된다. 결과적으로 코드 수준에서 작성해야 할 내용이나 변경해야 할 것들이 줄어들었다. 다음으로 TDS의 개발자는 Hamcrest 매처 기능을 JUnit 5로 전환하고자 한다.

4.3.3 Hamcrest 매처 기능 전환하기

JUnit 4와 JUnit 5를 비교하는 작업을 계속하면서, 2장에서 소개한 Hamcrest 매처 기능을 JUnit 5로 전환하는 작업을 해 보자. 이 장에서는 컬렉션을 예로 들어 두 버전을 비교해 본다. 사전에 만들어 놓은 리스트를 가지고 JUnit 4(예제 4.16)와 JUnit 5(예제 4.17)를 사용하여 리스트가 특정 조건을 만족하는지 검증한다.

예제 4.16 **JUnit4HamcrestListTest** 클래스

```
import org.junit.Before;
import org.junit.Test;
```

```
[...]

public class JUnit4HamcrestListTest {

  private List<String> values;

  @Before  ①
  public void setUp() {
    values = new ArrayList<>();
    values.add("Oliver");
    values.add("Jack");
    values.add("Harry");
  }

  @Test  ②
  public void testListWithHamcrest() {
    assertThat(values, hasSize(3));  ③
    assertThat(values, hasItem(anyOf(equalTo("Oliver"), equalTo("Jack"),
              equalTo("Harry"))));                                          ④
    assertThat("리스트의 순서에 맞게 객체를 포함하고 있는지 검증",
              values, contains("Oliver", "Jack", "Harry"));                ⑤
    assertThat("리스트의 순서에 상관없이 객체를 포함하고 있는지 검증",
              values, containsInAnyOrder("Jack", "Harry", "Oliver"));      ⑥
  }
}
```

예제 4.17 **JUnit5HamcrestListTest 클래스**

```
import org.junit.jupiter.api.BeforeEach;
import org.junit.jupiter.api.DisplayName;
import org.junit.jupiter.api.Test;
[...]
public class JUnit5HamcrestListTest {

  private List<String> values;

  @BeforeEach  ①′
  public void setUp() {
    values = new ArrayList<>();
    values.add("Oliver");
    values.add("Jack");
    values.add("Harry");
  }

  @Test  ②′
  @DisplayName("Hamcrest를 사용한 테스트")
  public void testListWithHamcrest() {
    assertThat(values, hasSize(3));  ③′
```

```
        assertThat(values, hasItem(anyOf(equalTo("Oliver"), equalTo("Jack"),
                equalTo("Harry"))));                                            ④′
        assertThat("리스트의 순서에 맞게 객체를 포함하고 있는지 검증",
                values, contains("Oliver", "Jack", "Harry"));                   ⑤′
        assertThat("리스트의 순서에 상관없이 객체를 포함하고 있는지 검증",
                values, containsInAnyOrder("Jack", "Harry", "Oliver"));         ⑥′
    }
}
```

두 예제는 @Before/@BeforeEach와 @DisplayName 애노테이션 정도를 제외하고는 매우 유사하다. JUnit 4에서는 @Test 애노테이션이 org.junit.Test에 속해 있고 JUnit 5에서는 org.junit.jupiter.api.Test에 속해 있으므로 JUnit 4로 가져온 @Test를 점차적으로 JUnit 5로 가져온 @Test로 대체할 수 있다.

이 프로그램은 TDS에서 관리하는 내부 정보로 무엇을 할까?

- 먼저 작업할 리스트를 초기화한다. 로직은 동일하다. @Before(①)와 @BeforeEach(①′) 등의 애노테이션만 다르다.
- 테스트 메서드에는 각각 org.junit.Test(②), org.junit.jupiter.api.Test(②′) 패키지의 @Test 애노테이션이 추가되었다.
- 검증을 위해 JUnit 4에서는 org.junit.Assert.assertThat 메서드를 사용했다 (③). JUnit 5에서는 해당 메서드를 사용할 수 없으므로 org.hamcrest.Matcher Assert.assertThat를 사용했다(③′).
- 매처 라이브러리를 사용할 때는 JUnit 4에서 org.hamcrest.Matchers 클래스의 anyOf, equalTo 메서드를 사용했다면(④), JUnit 5에서는 org.hamcrest.CoreMat chers 클래스의 anyOf, equalTo 메서드를 사용한다(④′).
- 동일한 org.hamcrest.Matchers.contains 메서드를 사용했다(⑤와 ⑤′).
- 동일한 org.hamcrest.Matchers.containsInAnyOrder 메서드를 사용했다(⑥과 ⑥′).

4.3.4 JUnit 4 rule과 JUnit 5의 확장 모델

JUnit 4 rule은 메서드가 실행될 때 호출을 가로채고 메서드 실행 전후에 추가 작업을 수행할 수 있는 JUnit 4 컴포넌트다. JUnit 4 rule 모델과 JUnit 5 확장 모델을 비교하기 위해 Calculator 클래스(예제 4.18)를 다시 살펴보자. TDS의 개발자는 Calcu lator 클래스를 사용하여 SUT를 검증하고 예외를 던질 수 있는 메서드를 테스트하

는 데 관심이 있다. 테스트 코드에서 폭넓게 사용하는 JUnit 4 rule은 ExpectedExcep
tion이며 이는 JUnit 5에서 assertThrows 메서드로 쉽게 대체할 수 있다.

예제 4.18 Calculator 클래스

```
public class Calculator {
  [...]
  public double sqrt(double x) {          ①
    if (x < 0) {
      throw new IllegalArgumentException("음수의 제곱근을 구할 수 없다");  ②
    }
    return Math.sqrt(x);
  }

  public double divide(double x, double y) {   ③
    if (y == 0) {
      throw new ArithmeticException("0으로 나눌 수 없다");   ④
    }
    return x / y;
  }
}
```

Calculator 클래스는 두 군데에서 예외를 던질 수 있다.

- 주어진 수 x의 제곱근을 계산하는 메서드를 선언한다(①). 이때 x가 음수이면 오
  류 메시지를 포함한 예외를 던진다(②).
- x를 y로 나누는 메서드를 선언한다(③). 이때 나누는 수 y가 0이면 오류 메시지
  를 포함한 예외를 던진다(④).

예제 4.19는 Calculator 클래스의 새로운 기능에서 발생할 수 있는 오류 메시지를
JUnit 4로 검증하는 테스트를 보여 준다.

예제 4.19 JUnit4RuleExceptionTester 클래스

```
public class JUnit4RuleExceptionTester {
  @Rule
  public ExpectedException expectedException = ExpectedException.none();  ①

  private Calculator calculator = new Calculator();   ②

  @Test
  public void expectIllegalArgumentException() {
    expectedException.expect(IllegalArgumentException.class);   ③
```

```
        expectedException
            .expectMessage("음수의 제곱근을 구할 수 없다"); ④
        calculator.sqrt(-1);  ⑤
    }

    @Test
    public void expectArithmeticException() {
        expectedException.expect(ArithmeticException.class);  ⑥
        expectedException.expectMessage("0으로 나눌 수 없다");  ⑦
        calculator.divide(1, 0);                            ⑧
    }
}
```

이 예제에서 살펴볼 내용은 다음과 같다.

- @Rule 애노테이션이 달린 ExpectedException 타입의 객체를 선언한다. @Rule 애노테이션은 public 인스턴스 필드나 public 인스턴스 메서드에만 붙일 수 있다 (①). 팩터리 메서드인 ExpectedException.none()으로 ExpectedException 객체를 쉽게 생성할 수 있다.
- 테스트를 실행할 대상인 Calculator 객체를 초기화한다(②).
- expectedException은 음수를 입력해 예외가 발생할 것이 예상되는 sqrt 메서드 (⑤)에서, 예외 타입(③)과 오류 메시지(④)를 정의하게 해 준다.
- expectedException은 나누는 수를 0으로 입력해 예외가 발생할 것이 예상되는 divide 메서드(⑧)에서, 예외 타입(⑥)과 오류 메시지(⑦)를 정의하게 해 준다.

다음 예제는 JUnit 5로 동일한 Calculator 테스트 클래스를 구현한 것인데 JUnit 4 와 비교하여 어떻게 달라졌는지 살펴보자.

예제 4.20 JUnit5ExceptionTester 클래스

```
public class JUnit5ExceptionTester {
    private Calculator calculator = new Calculator();  ①′

    @Test
    public void expectIllegalArgumentException() {
        Throwable throwable = assertThrows(IllegalArgumentException.class,
                                        () -> calculator.sqrt(-1));         ②′
        assertEquals("음수의 제곱근을 구할 수 없다",
                    throwable.getMessage());         ③′
    }
```

```
@Test
public void expectArithmeticException() {
  Throwable throwable = assertThrows(ArithmeticException.class,
                                     () -> calculator.divide(1, 0));  ④′
  assertEquals("0으로 나눌 수 없다", throwable.getMessage());  ⑤′
}
}
```

이 예제에서 살펴볼 내용은 다음과 같다.

- 테스트를 실행할 대상인 Calculator 객체를 초기화한다(①′).
- assertThrow 메서드를 사용해 calculator.sqrt(-1) 문장에서 IllegalArgument Exception을 던진다고 단언하고(②′), 오류 메시지를 검증한다(③′).
- Calculator.divide(1, 0) 문장에서 ArithmeticException을 던진다고 단언하고 (④′), 오류 메시지를 검증한다(⑤′).

JUnit 4로 작성한 테스트 코드보다 JUnit 5로 작성한 테스트 코드가 훨씬 더 간명하다. JUnit 4로는 20줄 정도로 테스트를 구현했지만 JUnit 5로는 13줄만에 구현했다. rule을 따로 초기화하고 관리할 필요도 없다. JUnit 5를 사용하면 assertThrow 메서드만 사용하면 된다.

TDS에서는 다른 JUnit 4 rule인 TemporaryFolder도 전환하려 한다. Temporary Folder rule을 사용하면 테스트 메서드 실행이 완료된 후 (테스트 통과 여부에 상관없이) 삭제되는 임시 파일과 임시 폴더를 만들 수 있었다. TDS에서 만든 테스트는 임시 자원을 많이 사용하므로 이런 테스트를 전환하는 작업은 매우 중요하다. 즉, JUnit 4의 TemporaryFolder rule은 JUnit 5의 @TempDir 애노테이션으로 대체할 수 있다. 다음 예제는 기존 JUnit 4 방식으로 구현한 테스트다.

예제 4.21 JUnit4RuleTester 클래스

```
public class JUnit4RuleTester {
  @Rule
  public TemporaryFolder folder = new TemporaryFolder();  ①

  @Test
  public void testTemporaryFolder() throws IOException {
    File createdFolder = folder.newFolder("createdFolder");
    File createdFile = folder.newFile("createdFile.txt");  ②
```

```
    assertTrue(createdFolder.exists());  ┐
    assertTrue(createdFile.exists());    ┘ ③
  }
}
```

이 예제에서 살펴볼 내용은 다음과 같다.

- @Rule 애노테이션을 단 TemporaryFolder 타입의 객체를 선언하고 초기화했다.
  @Rule 애노테이션은 public 필드나 public 메서드에만 적용할 수 있다(①).
- TemporaryFolder 필드를 보면 사용자 이름 폴더 아래 /Temp 폴더에 임시 폴더
  와 파일을 만드는 것을 알 수 있다(②).
- 임시 폴더와 임시 파일이 만들어졌는지 검증한다(③).

이번에는 동일한 내용을 JUnit 5 방식으로 구현한 테스트를 확인해 보자.

예제 4.22 JUnit5TempDirTester 클래스

```
public class JUnit5TempDirTester {
  @TempDir        ┐
  Path tempDir;   ┘ ①′

  private static Path createdFile;  ②′

  @Test
  public void testTemporaryFolder() throws IOException {
    assertTrue(Files.isDirectory(tempDir));  ③′
    createdFile = Files.createFile(tempDir.resolve("createdFile.txt"));  ┐
    assertTrue(createdFile.toFile().exists());                          ┘ ④′
  }

  @AfterAll
  public static void afterAll() {
    assertFalse(createdFile.toFile().exists());  ⑤′
  }
}
```

이 예제에서 살펴볼 내용은 다음과 같다.

- @TempDir 애노테이션이 붙은 필드 tempDir을 선언한다(①′).
- 정적 변수 createdFile을 선언한다(②′).
- 테스트를 실행하기 전에 임시 디렉터리가 생성되었는지 확인한다(③′).
- 임시 디렉터리 내에 임시 파일이 생성되었는지 확인한다(④′).

- 테스트를 실행한 다음 리소스가 삭제되었는지 확인한다(⑤′). 생성된 임시 폴더
  는 afterAll 메서드가 종료되면 자동으로 삭제된다.

JUnit 5 extension을 활용하면 예제 4.21처럼 굳이 생성자를 이용해 임시 디렉터리
를 직접 만들 필요가 없다. @TempDir 애노테이션으로 임시 디렉터리를 생성할 수
있다.

4.3.5 사용자 정의 rule을 extension으로 전환하기

TDS는 테스트에 JUnit 4 사용자 정의 rule을 사용했다. 사용자 정의 rule은 테스트
실행 전후로 비슷한 작업이 필요한 경우에 유용하다.

JUnit 4를 사용했던 TDS의 개발자는 테스트 실행 전후에 추가적인 작업을 실행
해야 했다. 그래서 TestRule 인터페이스를 구현하는 클래스를 직접 만들었다(예제
4.23, 예제 4.24, 예제 4.25). 구체적으로는 Statement 객체를 반환하는 apply(State
ment, Description) 메서드를 재정의해야 했는데 Statement 객체는 JUnit 런타임
내의 테스트를 나타내며 evaluate 메서드로 테스트를 실행할 수 있다. Description
객체는 테스트를 설명하는 역할을 하는데 리플렉션을 활용해 테스트에 대한 정보
를 읽을 수 있다.

예제 4.23 **CustomRule 클래스**

```
public class CustomRule implements TestRule {   ①
  private Statement base;                     ⎤
  private Description description;             ⎦②

  @Override
  public Statement apply(Statement base, Description description) {
    this.base = base;                                      ⎤
    this.description = description;                         ⎥③
    return new CustomStatement(base, description);          ⎦
  }

}
```

이 예제에서 살펴볼 내용은 다음과 같다.

- TestRule 인터페이스를 구현하는 CustomRule 클래스를 선언한다(①).
- 참조를 유지하기 위해 Statement 객체와 Description 객체를 인스턴스 필드로

선언한다(②). 해당 객체들을 파라미터로 받아서 CustomStatement 객체를 반환할 수 있도록 apply 메서드를 재정의한다(③).

예제 4.24 CustomStatement 클래스

```java
public class CustomStatement extends Statement {   ①
  private Statement base;
  private Description description;              ②

  public CustomStatement(Statement base, Description description) {
    this.base = base;
    this.description = description;            ③
  }

  @Override
  public void evaluate() throws Throwable {
    System.out.println(this.getClass().getSimpleName() + " "
                    + description.getMethodName() + " has started");
    try {
      base.evaluate();                                              ④
    } finally {
      System.out.println(this.getClass().getSimpleName() + " "
                        + description.getMethodName() + " has finished");
    }
  }
}
```

이 예제에서 살펴볼 내용은 다음과 같다.

- Statement 클래스를 상속하는 CustomStatement 클래스를 선언한다(①).
- Statement 객체와 Description 객체에 대한 참조를 유지하기 위해 인스턴스 변수로 선언한다(②). 그리고 ③에서 두 개의 필드를 생성자의 파라미터로 초기화한다.
- evaluate 메서드를 재정의하고 base.evaluate() 문장으로 원래의 테스트를 진행한다(④).

예제 4.25 JUnit4CustomRuleTester 클래스

```java
public class JUnit4CustomRuleTester {

  @Rule
  public CustomRule myRule = new CustomRule();     ①

  @Test
```

```
  public void myCustomRuleTest() {
    System.out.println("Call of a test method");          ②
  }
}
```

이 예제에서는 앞에서 정의한 CustomRule을 사용하여 다음과 같은 일을 한다.

- CustomRule 타입 필드를 public으로 선언하고 @Rule 애노테이션을 달았다(①).
- myCustomRuleTest 테스트를 선언하고 그 위에 @Test 애노테이션을 달았다(②).

테스트 결과는 그림 4.7과 같다. TDS의 개발자가 의도한 것처럼 테스트의 실행 전후로 CustomStatement 클래스의 evaluate 메서드에 작성한 메시지가 콘솔에 출력된다.

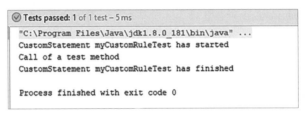

```
⊘ Tests passed: 1 of 1 test – 5 ms
"C:\Program Files\Java\jdk1.8.0_181\bin\java" ...
CustomStatement myCustomRuleTest has started
Call of a test method
CustomStatement myCustomRuleTest has finished

Process finished with exit code 0
```

그림 4.7 JUnit4CustomRuleTester 실행 결과

TDS의 개발자는 이번 기회에 사용자 정의 rule도 전환하기로 했다. JUnit 5에서는 사용자 정의 extension으로 테스트 클래스와 테스트 메서드의 동작을 확장하고 개발자들이 JUnit 4 rule과 유사한 효과를 누릴 수 있도록 했다. JUnit 5의 사용자 정의 extension을 사용하게 되면 코드가 짧아지고, 애노테이션을 사용할 수 있어 소스 코드가 선언적이게 된다. 먼저 @ExtendWith 애노테이션의 파라미터로 사용할 CustomExtension 클래스를 정의한다.

예제 4.26 CustomExtension 클래스

```
public class CustomExtension implements AfterEachCallback,          ①′
    BeforeEachCallback {

  @Override
  public void beforeEach(ExtensionContext extensionContext)
      throws Exception {                                             ②′
    System.out.println(this.getClass().getSimpleName() + " "
        + extensionContext.getDisplayName() + " has started");
  }
```

```
    @Override
    public void afterEach(ExtensionContext extensionContext)
        throws Exception {
      System.out.println(this.getClass().getSimpleName() + " "
                      + extensionContext.getDisplayName()
                      + " has finished");
    }
  }
```
③′

이 예제에서 살펴볼 내용은 다음과 같다.

- CustomExtension 클래스는 AfterEachCallback과 BeforeEachCallback 인터페이스를 다중 구현한다(①′).
- CustomExtension으로 확장될 테스트 클래스에서 각 테스트 메서드가 실행되기 전에 실행할 beforeEach 메서드를 재정의한다(②′).
- CustomExtension으로 확장될 테스트 클래스에서 각 테스트 메서드가 실행된 이후에 실행할 afterEach 메서드를 재정의한다(③′).

예제 4.27 JUnit5CustomExtensionTester 클래스

```
@ExtendWith(CustomExtension.class)   ①′
public class JUnit5CustomExtensionTester {

  @Test
  public void myCustomRuleTest() {
    System.out.println("Call of a test method");
  }
}
```
②′

이 예제에서 살펴볼 내용은 다음과 같다.

- JUnit5CustomExtensionTester 테스트를 확장하기 위해 CustomExtension 클래스를 사용했다(①′).
- myCustomRuleTest 테스트를 선언하고 그 위에 @Test 애노테이션을 달았다(②′).

이 테스트를 실행한 결과는 그림 4.8에 나와 있다. 테스트 클래스는 CustomExtension으로 확장되므로 앞서 CustomExtension에서 정의한 beforeEach와 afterEach 메서드는 각각의 테스트 메서드 전후에 각각 실행된다.

이번 예제에서도 JUnit 4로 작성한 것보다 JUnit 5로 작성한 테스트 코드가 훨씬 간명하다는 것을 알 수 있다. JUnit 4 rule을 적용하려면 세 가지 클래스가 필요했다. 반면 JUnit 5 extension을 적용하면 두 가지 클래스만 사용하면 된다. 각 테스트 메서드 전후에 실행될 코드가 명확한 이름을 가진 전용 메서드로 분리되는 것은 물론이다. JUnit 5 extension을 사용하기 위해 테스트 클래스에 @ExtendWith만 추가하면 된다.

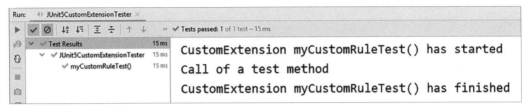

그림 4.8 JUnit5CustomExtensionTester 실행 결과

JUnit 5 extension을 사용하여 JUnit 4의 runner를 점차적으로 대체할 수도 있다. 그러나 이미 만들어진 extension을 사용하면 전환 과정이 더 쉬워질 수도 있다.

- Mockito 테스트를 전환하려면 단순히 테스트 클래스의 @RunWith(MockitoJUnit Runner.class) 애노테이션을 @ExtendWith(MockitoExtension.class)으로 대체한다.
- 스프링 테스트를 전환하려면 테스트 클래스의 @RunWith(SpringJUnit4ClassRun ner.class) 애노테이션을 @ExtendWith(SpringExtension.class)으로 대체한다.

집필 당시에는 Arquillian(아퀼리언) 테스트에 관한 JUnit 5 extension이 아직 없었다. Arquillian runner에 대해서는 추후 자세히 알아본다.

5장에서는 소프트웨어 테스트 원칙과 테스트 유형, 단위 테스트부터 시작해야 하는 이유와 다양한 테스트 수준을 자세히 알아볼 것이다.

정리

4장에서는 다음 내용을 다루었다.

- JUnit 4에서 JUnit 5로 단계별로 전환하고 프로세스를 간단한 표로 요약했다. 표의 내용을 정리하자면 의존성, 애노테이션, 테스트 클래스와 메서드를 교체하고, JUnit 4 rule과 runner를 JUnit 5 extension으로 교체하는 것이다.
- JUnit 4의 단일 의존성에서 JUnit 5의 다중 의존성을 사용하는 것으로 변경하여

필요한 의존성만 사용할 수 있게 했다.

- JUnit 4와 JUnit 5에서 동일한 효과를 갖는 주석, 클래스, 메서드를 비교했다. 테스트 정의, 테스트 생애 주기 관리, 결과를 확인하는 기능이 서로 비슷했다.

- 예제를 활용하여 JUnit 4에서 JUnit 5로 전환할 때 구체적으로 코드가 어떻게 변경되는지 알아보았다.

5장

J U n i t   I N   A C T I O N   T h i r d   E d i t i o n

소프트웨어 테스트 원칙

> ☑ **5장에서 다루는 내용**
> - 단위 테스트가 필요한 이유 알아보기
> - 소프트웨어 테스트 유형 파악하기
> - 블랙박스 테스트와 화이트박스 테스트 비교하기

경쟁자의 프로그램이 죽으면 충돌이 난 것이지만
내가 만든 프로그램이 죽는 것은 별일이 된다.
보통 충돌 뒤에는 'ID 02'와 같은 메시지가 나타난다.
'ID'란 별일을 의미하는 idiosyncrasy의 약자이며,
뒤에 나오는 숫자는 제품을 몇 개월 더 테스트해야 하는지 나타낸다.
— 가이 가와사키(Guy Kawasaki)

지금까지는 단위 테스트를 설계하고 배포하는 구체적인 방법을 알아보았다. JUnit 5의 기능을 살펴보았으며, JUnit 4와 JUnit 5의 아키텍처의 차이를 확인하고, JUnit 4에서 JUnit 5로 전환하는 방법을 알아보았다. 이 장에서는 다양한 유형의 소프트웨어 테스트와 그러한 테스트가 애플리케이션의 생애 주기에서 수행하는 역할을 살펴본다.

이 모든 내용을 왜 다 알아야 할까? 단위 테스트는 계획과 준비 없이 되는 것이 아니기 때문이다. 최고 수준의 개발자가 되기 위해서는 단위 테스트를 기능 테스트를 비롯한 다른 테스트와 구분할 수 있어야 한다(참고로 기능 테스트는 시스템이나 컴포넌트가 요구 사항을 준수하여 개발되었는지를 평가하는 것을 말한다). 단위 테

스트가 왜 필요한지를 이해하면 어느 정도까지 테스트 해야 하는지도 알 수 있다. 중요한 것은 테스트 그 자체가 목표가 되면 안 된다는 것이다.

5.1 단위 테스트를 하는 이유

단위 테스트의 핵심 목표는 애플리케이션이 예상대로 작동하는지 확인하고 사전에 버그를 찾아내는 것이다. 기능 테스트로도 작동을 확인하고 버그를 찾을 수 있다. 하지만 단위 테스트는 기능 테스트보다 훨씬 강력하고 다양한 기능을 제공한다. 단위 테스트를 수행했을 때는 다음과 같은 장점이 있다.

- 기능 테스트만 수행했을 때보다 테스트 커버리지를 높일 수 있다.
- 팀 생산성이 향상된다.
- 회귀(regression)를 사전에 발견하여 디버깅 작업을 줄일 수 있다.
- 소스를 리팩터링(refactoring)하거나 변경할 때 개발자에게 확신을 준다.
- 애플리케이션 기능 구현에 도움을 준다.
- 코드의 예상 동작을 문서화할 수 있다.
- 코드 커버리지를 비롯해 다양한 지표를 측정하게 해 준다.

5.1.1 테스트 커버리지를 높일 수 있다

단위 테스트는 애플리케이션이 가져야 하는 첫 번째 유형의 테스트다. 물론 단위 테스트 작성과 기능 테스트 작성 중 하나만 해야 한다면 기능 테스트를 작성해야 하지만, 경험적으로 기능 테스트로는 애플리케이션 코드의 약 70%를 커버할 수 있었다. 기능 테스트로 커버하는 수준보다 더 높은 테스트 커버리지를 얻어야 한다면 단위 테스트를 작성하는 것이 좋다.

단위 테스트는 기능 테스트로는 수행하기 어렵거나 불가능한 오류 조건에 대해서도 쉽게 테스트할 수 있다. 게다가 단위 테스트는 다음 절에서 설명하는 것처럼 단순한 테스트 그 이상의 가치가 있다.

5.1.2 팀 생산성이 향상된다

여러분이 대규모 애플리케이션을 작업하는 팀에 있다고 가정해 보자. 단위 테스트를 활용하면 다른 컴포넌트가 준비될 때까지 기다리지 않고도 질적으로 우수한 코드(즉 테스트된 코드)를 전달할 수 있다. 반면 기능 테스트는 조금 더 단위가 크며, 테스트를 실행하기 전에 전체 애플리케이션 혹은 상당한 부분이 준비되어 있어야 한다.

5.1.3 회귀를 사전에 발견하여 디버깅 작업을 줄일 수 있다

통과하는 단위 테스트 묶음은 코드가 제대로 동작하는지 확인해 주고 기존 소스를 리팩터링하거나 새로운 기능을 추가 또는 수정할 때 개발자에게 확신을 준다. 개발자에게 누군가가 뒤를 받쳐주고 있으며 코드에 오류가 생겼을 때 알려 줄 무엇인가가 있다는 것보다 좋은 일은 없다.

단위 테스트 묶음을 사용하면 어디에 문제가 있는지 알 수 있고 애플리케이션을 일일이 디버깅할 필요도 줄어든다. 기능 테스트는 유스 케이스 '어디엔가' 버그가 숨어 있다는 사실을 알려주지만, 단위 테스트는 특정 메서드가 어떤 이유로 실패했는지를 구체적으로 알려 준다. 즉, 무엇이 문제인지 찾아내기 위해 몇 시간씩 들여 고생할 필요가 없다.

5.1.4 자신 있게 리팩터링할 수 있다

단위 테스트가 없으면 리팩터링을 정당화하기 어렵다. 소스를 고치는 일에는 항상 오류를 만들 위험이 내포되어 있기 때문이다. 구현을 조금 개선하거나 메서드 이름을 바꾸기 위해 군이 몇 시간이나 디버깅할 위험을 감수할 필요가 있을까? 이럴 때 단위 테스트가 있다면 리팩터링에 대한 확신을 주고 안전망을 제공해 줄 것이다.

 JUnit 모범 사례: 리팩터링

컴퓨터 과학 역사 속 수많은 스승들은 반복적 개발 모델(iterative development)을 지지했다. 예를 들어 아주 오래된 언어인 알골(ALGOL)과 파스칼(Pascal)의 창시자인 니클라우스 비르트 (Niklaus Wirth)는 단계적 분해(stepwise refinement) 기법을 옹호했다.

한때는 이러한 기법이 크고 계층화된 애플리케이션에는 적용하기 어려운 것으로 여겨졌다. 작은 변화라도 시스템 전체에 큰 반향을 불러올 수 있기 때문이었다. 프로젝트 관리자는 변경을 최소화하도록 사전에 모든 것을 계획하려 했지만 생산성은 그리 높지 않았다.

혜성처럼 등장한 xUnit 프레임워크는 애자일의 인기에 불을 지폈고 이는 반복적 개발 모델이 다시금 발전하는 계기가 되었다. 애자일 방법론자들은 계층별로 다른 서비스를 제공하기 위해 시스템을 수평적으로 분할하는 것이 아니라, 살아 있는 유스 케이스를 만들기 위해 시스템을 수직적으

로 분할하여 코드를 작성하는 것을 선호했다.

단일 유스 케이스 또는 기능 체인에 대한 코드를 설계하고 작성할 때, 현재 설계가 당장의 기능에 적합할 수 있지만 다른 기능에는 적합하지 않을 수 있다. 시스템 기능들을 아우르고 있는 설계의 짜임새를 지키기 위해, 애자일 방법론에서는 필요에 따라 코드 기반을 리팩터링하는 것도 허용한다.

그러면 기존 코드 설계를 개선하는 활동인 리팩터링이 기존 코드를 손상하지 않았다는 것을 어떻게 보장할 수 있는가? 답은 단위 테스트가 코드가 실패하는 시점과 위치를 알려 준다는 것이다. 요컨대 단위 테스트는 리팩터링에 대한 확신을 준다.

애자일은 프로젝트 위험을 낮춰 개발자가 변화에 빠르게 대처할 수 있게 한다. 애자일은 빠른 반복을 표준화함으로써 '필요한 일만 하라'는 YAGNI(You ain't gonna need it) 원칙이나 '가능한 한 가장 간단한 방법을 써라(The simplest thing that could possibly work)'와 같은 원칙을 적용하여 변화를 수용한다. 그러나 이 모든 원칙은 견고한 단위 테스트를 기반으로 한다.

그림 5.1 단위 테스트는 리팩터링에 대한 확신을 주고 안전망을 제공해 준다.

5.1.5 기능 구현에 도움이 된다

단위 테스트야말로 테스트가 필요한 코드의 가장 중요한 클라이언트라고 말할 수 있다. 단위 테스트는 테스트 중인 API를 유연하게 만들고 격리된 상태에서 테스트가 가능하게끔 만들어 준다. 때로는 단위 테스트를 하기 위해 소스를 리팩터링해야 하는 경우도 있다. 즉 단위 테스트를 잘할 수 있게 소스 코드를 짜야 한다는 TDD를 실천하게 될 것이다. TDD에 대해서는 20장에서 자세히 살펴본다.

단위 테스트를 만들고 수정할 때는 단위 테스트를 잘 관찰하는 것이 중요하다. 단위 테스트가 너무 길고 다루기 힘들다면 일반적으로는 테스트 대상 코드에 설계 문제가 있는 것이며 리팩터링이 필요하다. 테스트 메서드 하나가 너무 많은 기능을 테스트하고 있을 수도 있다. 격리된 상태에서 테스트가 기능을 검증하지 못한다는 건 테스트 대상 코드가 충분히 유연하지 못하며 리팩터링이 필요하다는 의미다. 사실 테스트를 하기 위해 코드를 수정한다는 것은 알고 보면 당연하다.

5.1.6 코드의 예상 동작을 문서화할 수 있다

새로운 API를 배워야 한다고 생각해 보자. 한 손엔 API를 상세하게 설명하는 300쪽 분량의 문서가 있고 다른 손엔 API 사용 방법에 대한 몇 가지 예제가 있다. 둘 중 어느 것을 선택하겠는가?

예제의 가치는 굳이 부연하지 않아도 모두가 잘 알고 있다. 단위 테스트는 그 자체로 API 사용 예제가 된다. 따라서 단위 테스트는 그 자체로 개발자들에게 훌륭한 설계 문서가 될 수 있다. 단위 테스트는 현재 운영 중인 코드와 함께 업데이트되므로 일반적인 설계 문서와 달리 최신 상태일 수밖에 없다.

앞에서 활용했던 Calculator 클래스로 다시 돌아가서 실제 코드가 수행할 것으로 예상되는 동작을 테스트가 어떻게 문서화하는지 살펴보자. 예제 5.1은 단위 테스트를 어떻게 개발 문서로 활용하는지 보여 준다. expectIllegalArgumentException 메서드를 보면 음수의 제곱근을 구할 때는 IllegalArgumentException이 발생한다는 것을 알 수 있다. 그리고 expectArithmeticException 메서드에서는 나누는 수가 0일 때 ArithmeticException이 발생한다는 것을 알 수 있다.

예제 5.1 개발 문서 역할을 하는 단위 테스트

```java
public class JUnit5ExceptionTester {
  private Calculator calculator = new Calculator();   ①
```

```
@Test
public void expectIllegalArgumentException() {
  assertThrows(IllegalArgumentException.class,
  () -> calculator.sqrt(-1));          ②
}

@Test
public void expectArithmeticException() {
  assertThrows(ArithmeticException.class,
  () -> calculator.divide(1, 0));       ③
}

}
```

이 예제에서 살펴볼 내용은 다음과 같다.

- 테스트를 실행할 대상인 Calculator 객체를 초기화한다(①).
- calculator.sqrt(-1) 문장이 실행됐을 때 IllegalArgumentException을 던진다
  고 단언한다(②).
- calculator.divide(1, 0) 문장이 실행됐을 때 ArithmeticException을 던진다고
  단언한다(③).

테스트를 수행하기만 해도 유스 케이스를 명확하게 알 수 있다. 유스 케이스를 알
수 있고 각 테스트를 실행할 때마다 구체적으로 어떤 일이 일어날지를 알 수 있으
므로 테스트는 프로젝트 문서의 일부라고 할 수 있다.

5.1.7 코드 커버리지 및 다양한 지표를 측정할 수 있게 해 준다

단위 테스트는 버튼만 누르면 모든 프로그램이 여전히 잘 동작하는지를 알려 준다.
또한 단위 테스트는 라인별로 테스트가 실행 되었는지 되지 않았는지 보여 주는 코
드 커버리지 지표도 제공한다(6장 참고). 또한 도구를 사용하여 진행한 빌드에서 다
음 빌드까지 테스트 통과/실패의 진행 상황도 추적할 수 있다. 테스트 성능을 모니터
링하여 성능이 이전 빌드보다 떨어졌다면 테스트가 실패하도록 유도할 수도 있다.

5.2 테스트 유형

그림 5.2는 소프트웨어 테스트의 네 가지 유형을 개략적으로 정리한 것이다. 소프
트웨어 테스트를 분류하는 방법은 다양하지만(물론 용어의 차이도 있을 것이다)

이 책에서는 네 가지로 분류한다. 이번 절에서는 책의 다른 곳에서 다루는 자동화된 단위 테스트뿐만 아니라 일반적인 소프트웨어 테스트에 대해서도 논의한다.

그림 5.2에서 가장 바깥쪽 테스트는 가장 넓은 범위를, 가장 안쪽에 있는 테스트는 가장 좁은 범위를 다룬다. 안쪽 상자에서 바깥쪽 상자로 갈수록 소프트웨어 테스트는 조금 더 기능적이 되며, 테스트를 실행할 때 더 많은 제반 사항을 필요로 한다.

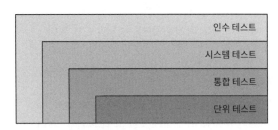

그림 5.2 안쪽에서부터(범위가 좁은 것부터) 바깥쪽까지(범위가 넓은 것까지) 테스트의 네 가지 유형

앞서 단위 테스트는 작업 단위를 철저하게 구분하고 개별 단위에만 집중한다고 했다. 그렇다면 개별 단위를 하나의 작업 흐름으로 결합해서 테스트하는 것은 어떨까? 개별 단위를 합쳐서 테스트할 때도 정상적으로 수행될까?

여러 종류의 테스트로 이러한 질문에 답할 수 있다. 테스트는 다음과 같이 네 가지로 분류할 수 있다.

- 단위 테스트
- 통합 테스트
- 시스템 테스트
- 인수 테스트

다음 절에서는 안쪽에서부터 바깥쪽까지, 즉 범위가 좁은 것부터 넓은 것까지, 네 가지 테스트 유형을 살펴본다.

5.2.1 단위 테스트

단위 테스트는 소스 코드의 개별 단위(메서드나 클래스)를 테스트하여 해당 코드를 사용할 수 있는지를 결정하는 소프트웨어 테스트 기법이다. 단위 테스트는 개발 과정에서 발생할 수 있는 잠재적 오류로부터 개발자를 보호하는 안전망 역할을 하므로 코드 변경을 하고자 하는 개발자에게 확신을 줄 수 있다. 좋은 단위 테스트가 있고 코드를 수정할 때마다 테스트를 실행한다면, 변경점이 기존 기능에 영향을 미치지 않는다 확신할 수 있다.

단위 테스트에서는 개별 단위를 격리하여 테스트하는 것이 중요하다. 가상 회사인 TDS의 개발자가 고객 관리 시스템을 만든다고 가정하자. 먼저 개발자는 고객 생성이 잘되는지부터 테스트한다. 그런 다음 고객을 조회하고 회사 데이터베이스에 고객 데이터를 추가하고 삭제하는 작업을 테스트한다. 이때 단위 테스트는 대상 범위가 가장 좁기 때문에 일부 격리된 클래스만 있으면 된다.

5.2.2 통합 테스트

단위 테스트는 품질 관리가 필수적이다. 그런데 서로 다른 개별 작업 단위가 하나의 작업 흐름으로 합쳐지면 어떻게 될까? 단위 테스트로 개별 클래스나 메서드 테스트가 잘되었다면, 다음은 클래스를 다른 메서드나 서비스와 연결하는 과정이 필요하다. 통합 테스트는 대상 환경에서 실행 가능한 컴포넌트 간의 상호작용을 테스트하는 것이다. 표 5.1에서 컴포넌트 간에 상호작용하는 경우를 구분했다.

상호작용	테스트 설명
객체	테스트는 객체를 인스턴스화하고 다른 객체의 메서드를 호출한다. 통합 테스트를 통해 다른 클래스에 속한 객체 간에 어떻게 협력해서 문제를 해결할 수 있는지 확인할 수 있다.
서비스	통합 테스트는 컨테이너가 애플리케이션을 관리하는 동안 실행된다. 그동안 애플리케이션은 데이터베이스와 연동되어 있거나 다른 외부 리소스, 장치와 통신할 수 있다. 컨테이너에 배포되는 애플리케이션을 개발할 때 통합 테스트를 활용할 수 있다.
서브 시스템	계층적 애플리케이션에서는 화면을 관리하는 프런트엔드와 비즈니스 로직을 수행하는 백엔드로 구분된다. 통합 테스트를 가지고 프런트엔드를 통과한 요청이 백엔드에서 적절한 응답을 반환하는지 확인할 수 있다. 웹 인터페이스와 같은 프런트엔드와 비즈니스 로직을 수행하는 백엔드가 구분된 아키텍처를 가진 애플리케이션은 통합 테스트를 활용할 수 있다.

표 5.1 객체, 서비스, 서브 시스템 간에 상호작용하는 방식 테스트하기

교차로에서 더 많은 교통사고가 발생하는 것처럼, 객체 간 상호작용이 발생하는 지점에서 버그가 생기기 쉽다. 이상적으로는 애플리케이션 코드를 짜기 전에 통합 테스트부터 정의해야 한다. 통합 테스트 코드 작성은 개발자가 올바르게 동작하는 객체를 만드는 능력을 향상시키는 데에 큰 도움을 준다. TDS의 개발자는 통합 테스트를 사용하여 고객 객체가 주문 1건당 1번만 포함되는지와 같이 고객 객체와 주문 객체 간의 협력이 잘 이루어지는지 확인할 수 있다. 예를 들어 주문이 만료되었을

때 고객이 확인하지 않을 경우, 고객은 주문 건에서 자동으로 삭제된다. 또한 고객 정보에 주문을 추가한 경우 주문 건에도 고객 정보가 추가된다.

5.2.3 시스템 테스트

시스템 테스트는 시스템이 구체화된 요구 사항을 만족하는지 평가하기 위해 완전한 통합 환경에서 수행하는 테스트를 말한다. 시스템 테스트의 목표는 통합되어 있는 단위 간의 불일치를 찾아내는 것이다.

테스트 더블(test double)이나 모의 객체(mock object)는 복잡한 실제 객체의 동작을 모사할 수 있으므로, 의존하는 컴포넌트를 테스트에 통합하는 것이 불가능하거나 지금 당장은 사용할 수 없을 때 유용하게 사용할 수 있다. 모의 객체는 단위 테스트 수준에서도 자주 사용한다. 모의 객체는 일부 객체를 테스트에 통합할 수 없거나 통합할 필요가 없을 때, 그 객체를 대체하는 역할을 한다. 테스트 더블은 실제 객체를 대체하기 위해 만든 것으로 실제 객체의 동작을 비슷하게 흉내 내는 데 사용한다. 모의 객체나 테스트 더블은 이를 사용하는 객체의 동작을 테스트하기 위해 만든다.

TDS의 개발자는 외부 서비스, 속도가 느리고 구성이 어렵거나 접근하기 어려운 내부 서비스, 혹은 아직 사용할 수 없는 서비스와 통신해야 할 때 테스트 더블을 사용한다. 테스트 더블을 쓰면 테스트를 만들기 위해 다른 서비스가 완성될 때까지 기다릴 필요가 없어 유용하다.

예를 들어 TDS의 개발자가 관리하는 고객 정보와 주문 정보는 데이터베이스에 영속되어야 한다. 데이터베이스는 설치나 구성이 금방 이루어지지 않는 대표적인 외부 시스템이다. 그럼에도 개발자는 소프트웨어를 설치하고 테이블을 만들고 값을 채워 넣어야 한다. 이런 일에 많은 시간과 인력이 필요한 것은 당연하므로, 개발 팀은 프로그램에 모의 데이터베이스를 사용할 수 있다.

5.2.4 인수 테스트

애플리케이션이 오류 없이 수행되는 것도 중요하다. 그러나 애플리케이션은 반드시 고객의 필요를 만족시켜야 한다. 인수 테스트는 최종 수준의 테스트 단계라고 할 수 있다. 인수 테스트는 애플리케이션이 고객이나 이해관계자가 정의한 목표를 달성하는지 확인하기 위해 사용한다.

인수 테스트는 최상위 수준의 테스트로, 인수 테스트를 활용하면 애플리케이션이 비즈니스 목표를 달성하고 기획한 작업을 제대로 하고 있는지와 같은 필수적인 질문에 답할 수 있다.

참고로 인수 테스트는 Given, When, Then 같은 키워드를 사용하여 표현할 수 있다. Given, When, Then 키워드를 사용한다는 것은 결국 사용자가 시스템과 상호작용한다는 시나리오를 따르게 되는 것이다. Then 단계의 검증은 단위 테스트처럼 보일 수 있으나, 결과를 확인하고 '비즈니스 목표를 달성하였는가?' 같은 본질적인 질문에 대한 답을 제공한다.

TDS는 다음과 같은 인수 테스트를 구현할 수 있다.

Given 이코노미 항공편에서
When 일반 승객은
Then 추가할 수 있고 삭제할 수도 있다.

Given 이코노미 항공편에서
When VIP 승객은
Then 추가할 수 있지만 삭제할 수는 없다.

인수 테스트는 가장 넓은 범위를 다루는 테스트이므로 애플리케이션의 기능을 테스트하는 것이며 애플리케이션의 상당 부분이 현재 사용 가능하다는 것을 전제로 한다. 방금 예시로 든 인수 테스트는 BDD(behavior-driven development, 행위 주도 개발)에 기반하여 작성했으며, 이는 21장에서 자세히 설명한다.

5.3 블랙박스 테스트 대 화이트박스 테스트

마지막으로 블랙박스 테스트와 화이트박스 테스트를 살펴보자. 이 범주는 직관적이고 이해하기 쉽지만 개발자는 종종 이를 잊어버린다.

5.3.1 블랙박스 테스트

블랙박스 테스트(black-box testing)는 시스템의 내부 상태나 동작에 대한 지식이 없을 때 수행하는 테스트다. 블랙박스 테스트는 정확성을 검증하기 위해 외부적인 시스템 인터페이스를 사용한다.

이름에서부터 알 수 있듯 블랙박스 테스트는 시스템을 블랙박스로 취급한다는 특징이 있다. 버튼과 LED 전구가 붙어 있는 상자가 있다고 가정하자. 내부에 무엇이 있는지 또는 상자가 어떻게 작동하는지는 모른다. 다만 올바른 입력이 제공될 때 시스템이 제대로 된 출력을 한다는 것만은 알고 있다. 시스템을 제대로 테스트하기 위해 알아야 하는 것은 시스템의 기능적 명세다. 일반적으로는 프로젝트 초기에 명세를 작성하므로 블랙박스 테스트는 비교적 일찍 시작할 수 있다. QA 엔지니어, 개발자, 고객 등 누구나 시스템을 테스트할 수 있다는 것도 블랙박스 테스트의 특징이다.

블랙박스 테스트의 가장 간단한 형태는 사용자 인터페이스에서 수동으로 직접 작업을 해 보는 것이다. 조금 더 정교한 방법으로 HttpUnit, HtmlUnit, 셀레늄(Selenium)과 같은 도구를 사용할 수 있다. 15장에서 HtmlUnit이나 Selenium을 사용해 본다.

TDS에서는 웹 인터페이스를 제공하는 애플리케이션에 블랙박스 테스트를 사용한다. HtmlUnit이나 Selenium 같은 테스트 도구를 사용하여 선택 항목, 푸시 버튼 등의 프런트엔드 컴포넌트와 상호작용하고 동작 결과나 페이지의 내용 등의 결과를 확인할 수 있다.

5.3.2 화이트박스 테스트

테스트 종류의 스펙트럼 한쪽 끝에 블랙박스 테스트가 있다면 다른 쪽 끝에는 화이트박스 테스트(white-box testing)가 있다. 이는 유리 상자 테스트(glass-box testing)라고도 한다. 화이트박스 테스트는 구현에 관한 해박한 지식을 바탕으로 테스트를 만들고 테스트 프로세스를 진행한다. 화이트박스 테스트를 만들기 위해서는 컴포넌트 구현을 이해하는 것 외에도 테스트 프로세스가 다른 구성 요소와 상호작용하는 방식을 알아야 한다. 그러므로 화이트박스 테스트를 실행하는 데에는 개발자가 적격이다.

GUI(graphical user interface, 그래픽 사용자 인터페이스)를 사용할 수 있을 때까지 기다릴 필요가 없으므로 화이트박스 테스트는 프로젝트 초기 단계에서 구현할 수 있다. 게다가 다양한 실행 경로를 커버할 수 있다. 5.2.4절에서 다룬 시나리오를 다시 살펴보자.

Given 이코노미 항공편에서
When 일반 승객은
Then 추가할 수 있고 삭제할 수도 있다.

> Given 이코노미 항공편에서
>
> When VIP 승객은
>
> Then 추가할 수 있지만 삭제할 수는 없다.

이러한 시나리오는 화이트박스 테스트의 좋은 예다. 화이트박스 테스트를 만들기 위해서는 애플리케이션 내부(적어도 API)에 대한 지식이 필요하다는 장벽이 있지만, 외부 사용자가 미처 알 수 없는 다양한 실행 경로를 다룰 수 있다. 여기서 시나리오의 각 스텝이 기존 API를 사용해서 만든 소스 코드에 대응된다. 그래서 개발자는 GUI 없이도 처음부터 소스 코드를 테스트할 수 있다.

5.3.3 장단점 비교

두 가지 방법 중 어느 것을 사용해야 할까? 절대적인 답은 없다. 물론 두 가지 방식을 함께 고려하는 것이 가장 합리적이다. 어떤 상황에서는 사용자 중심 테스트가 필요할 수도 있고(이 경우 세부 사항은 필요 없다) 어떤 상황에서는 시스템의 세부 구현을 테스트해야 할 수도 있다. 표 5.2와 표 5.3은 블랙박스 테스트와 화이트박스 테스트를 비교하고 두 방식의 장단점을 나열했다.

블랙박스 테스트	화이트박스 테스트
사용자 중심적이며 설계 명세와 다른 부분이 무엇인지 바로 알 수 있다.	프로젝트 초기부터 테스트를 구현할 수 있다.
테스터가 비개발자여도 상관없다.	GUI가 필요하지 않다.
개발자와 독립적으로 수행할 수 있다.	개발자가 제어하므로 다양한 실행 경로를 커버할 수 있다.

표 5.2 블랙박스 테스트와 화이트박스 테스트의 장점

블랙박스 테스트	화이트박스 테스트
입력할 수 있는 경우의 수가 제한적이다.	프로그래밍 지식이 있는 사람만 테스트를 구현할 수 있다.
커버되지 않은 실행 경로가 많을 수 있다.	구현을 변경하려면 테스트를 다시 작성해야 한다.
테스트가 중복될 수 있다. 세부 정보가 없다는 것은 동일한 실행 경로를 여러 번 커버할 수 있다는 것을 의미한다.	테스트와 구현이 밀접하게 결합되어 있다.

표 5.3 블랙박스 테스트와 화이트박스 테스트의 단점

사용자 중심 접근

블랙박스 테스트는 먼저 사용자 요구 사항을 해결한다. 고객의 피드백에는 엄청난 가치가 있다. 익스트림 프로그래밍의 목표 중 하나는 제품을 빨리 그리고 자주 릴리스하는 것이다. 그러나 고객에게 '여기에 당신의 의견을 남겨주세요'라는 식으로 요청한다면 제대로된 피드백을 받기는 어려울 것이다. 그 대신 수동으로 실행해 볼 수 있는 테스트 스크립트를 고객에게 제공하여 고객을 테스트에 참여시키면 훨씬 좋은 결과를 가져올 수 있다. 고객이 애플리케이션에 대해 생각하게 함으로써 시스템이 수행해 줘야 하는 작업을 명확하게 이야기할 것이기 때문이다. 미리 만들어진 GUI와 상호작용한 결과를 예상 결과와 비교하는 것도 고객이 직접 테스트를 수행하는 사례라고 볼 수 있다.

테스트의 어려움

블랙박스 테스트는 웹 브라우저든 데스크톱 애플리케이션이든 프론트엔드를 구현해야 하므로 테스트 작성과 실행[1]이 더 어렵다. 또 다른 문제는 화면에 나타난 결과가 예상한 바와 같다고 해서 그것이 애플리케이션이 항상 정확하게 동작했다는 것을 보장하지는 않는다는 점이다. 화이트박스 테스트는 일반적으로 블랙박스 테스트보다 테스트 작성과 실행이 더 쉽지만 개발자가 이를 직접 구현해야 한다는 불편함이 있다.

테스트 커버리지

화이트박스 테스트를 이용하면 블랙박스 테스트보다 더 나은 테스트 커버리지를 얻을 수 있다. 반면 블랙박스 테스트는 화이트박스 테스트보다 더 많은 비즈니스적 가치가 있을 수 있다. 6장에서 테스트 커버리지를 알아볼 것이다.

사실 이러한 테스트 구분은 현학적으로 보일 수 있다. 그러나 분할 정복(divide and conquer)[2]이 소프트웨어 개발에만 적용되어야 하는 것은 아니다. 테스트에도 적용할 수 있다. 개발자가 여러 유형의 테스트를 활용하면 코드 커버리지를 높일

---

1 블랙박스 테스트는 15장에서 다루는 HtmlUnit, Selenium 같은 도구를 사용하여 점점 더 쉬워지는 추세다.
2 (옮긴이) 큰 문제를 해결하기 쉽게끔 작은 문제로 나누고, 작은 문제들을 개별적으로 해결한 뒤, 작은 문제들의 해답을 바탕으로 큰 문제를 종합적으로 해결하는 기법을 말한다.

수 있을뿐더러 애플리케이션을 리팩터링하거나 개선하는 데에도 자신감이 생길 것이다.

6장부터는 이 책의 2부가 시작된다. 6장에서는 테스트 품질을 다루며 테스트 커버리지를 측정하거나 테스트하기 쉬운 코드를 작성하는 모범 사례를 살펴볼 것이다. TDD, BDD, 돌연변이 테스트(mutation testing)에 관해서도 알아본다.

정리

5장에서는 다음 내용을 다루었다.

- 단위 테스트가 왜 필요한지를 살펴보았다. 단위 테스트를 수행하면 기능 테스트를 수행하는 것보다 높은 테스트 커버리지를 얻을 수 있다. 단위 테스트는 팀의 생산성을 높일 수 있고, 회귀를 막아주며, 리팩터링할 때 확신을 주고, 구현을 개선하며, 코드의 예상 동작을 문서화할 수 있고, 코드 커버리지도 높일 수 있다.
- 여러 유형의 소프트웨어 테스트를 비교했다. 가장 좁은 범위에서 가장 넓은 범위를 다루는 순으로 단위 테스트, 통합 테스트, 시스템 테스트, 인수 테스트 등으로 구분할 수 있다.
- 블랙박스 테스트와 화이트박스 테스트를 비교했다. 블랙박스 테스트는 시스템의 내부 상태나 행동에 대한 지식이 전혀 없는 상태에서 시스템 외부 인터페이스만을 가지고 시스템의 정확성을 검증하는 테스트다. 화이트박스 테스트는 개발자가 주로 제어하며 블랙박스 테스트보다 더 많은 실행 경로를 포함할 수 있으며 더 나은 테스트 커버리지를 얻을 수 있다.

제2부

다양한 테스트 전략

2부에서는 다양한 테스트 전략과 기법에 대해 알아본다. 테스트 전략과 기법 간의 차이점을 설명하기 위해 과학적이고 개념적으로 접근한다. 구체적으로는 테스트 품질을 살펴보고, 모의 객체와 스텁(stub)을 활용하는 방법을 설명하며, 컨테이너를 활용한 테스트의 세부 사항을 자세하게 알아본다.

6장은 테스트 품질 분석에 온전히 할애한다. 코드 커버리지, TDD, BDD, 돌연변이 테스트의 개념을 소개한다. 7장에서는 테스트를 주변 환경으로부터 격리하고 빈틈없게 만드는 방법인 스텁을 알아본다. 8장에서는 스텁과 견줄 만한 모의 객체를 설명하고 이를 어떻게 구성하고 사용하는지 설명한다. 또한 모의 객체를 사용하면 가장 좋은, JUnit 테스트와 통합하여 가장 큰 이득을 얻을 수 있는 실제 사례를 살펴본다.

9장에서는 스텁이나 모의 객체와는 조금 다른 방식인 컨테이너에서 테스트를 실행하는 방법을 설명한다. 테스트에서 컨테이너를 활용하는 방식은 이전의 방식들과는 아주 다르다. 물론 여기에도 장단점이 있다. 컨테이너에서 테스트를 하는 방법에 관해 간략하게 개념을 정리한 뒤 스텁이나 모의 객체를 사용하는 방법과 컨테이너를 활용하는 방법을 비교하는 것으로 마무리한다.

6장

테스트 품질

> 어느 누구도 충분히 테스트하지 않는다.
> — 제임스 고슬링(James Gosling)

5장에서는 소프트웨어 테스트의 개념과 JUnit을 활용한 테스트에 무엇이 있으며 어떻게 다양한 테스트를 진행할 수 있는지 알아보았다. 테스트를 어떻게 작성하는지 알았으니, 이번에는 테스트 커버리지 도구를 이용해서 테스트가 커버한 코드와 커버하지 못한 코드가 얼마나 되는지를 확인하고, 해당 테스트가 얼마나 유용한지를 계산해 보자. 그리고 TDD가 무엇인지 간단하게 알아보고 어떻게 하면 테스트하기 쉬운 코드를 작성할 수 있는지를 알아보자.

6.1 테스트 커버리지 측정하기

단위 테스트를 작성하면 애플리케이션을 변경하고 리팩터링할 때 확신을 가질 수 있다. 소스 코드를 바꾼 뒤 테스트를 돌려 보면 추가한 기능과 변경 내역이 기존 테스트를 통과하는지 못하는지 바로 알 수 있다. 문제는 코드를 변경함으로써 기존 테스트로 커버하지 못했던 기능이 동작하지 않을 수 있다는 것이다.

이 문제를 해결하기 위해서는 사용자나 개발자가 테스트를 수행할 때 정확히 어떤 코드가 실행되고 어떤 코드가 실행이 되지 않는지 알아야 한다. 이상적으로는 테스트가 애플리케이션 코드의 100%를 커버하는 게 좋다. 이번 절에서 테스트 커버리지를 자세히 알아보자.

테스트 커버리지는 그 자체로 코드의 품질을 어느 정도 보증한다. 하지만 이는 여전히 논란의 여지가 있는 지표다. 높은 테스트 커버리지가 테스트의 질을 보장하지 않기 때문이다. 훌륭한 개발자는 테스트를 실행하여 얻어 낸 기계적인 백분율 수치 이상을 볼 수 있어야 한다.

6.1.1 테스트 커버리지란 무엇인가

블랙박스 테스트를 사용하여 애플리케이션의 public API를 커버하는 테스트를 만들 수 있다. 소스 코드를 잘 모르는 상태에서 설계 문서만을 가이드로 사용하기 때문에 특별한 조건에 맞는 특별한 파라미터가 필요한 테스트를 만들지는 못한다.

테스트 커버리지를 계산하는 데 다양한 지표를 사용할 수 있다. 가장 기본적인 지표는 테스트 묶음을 실행하는 동안 호출되는 애플리케이션의 메서드나 코드 줄의 수를 가지고 나타낸 백분율이다. 또 다른 지표로 테스트가 호출하는 메서드를 추적해서 집계할 수 있다. 물론 이 결과는 테스트가 성공했는지를 알려 주지 않는다. 하지만 메서드에 대한 테스트가 있는지 없는지를 알려 줄 수는 있다. 그림 6.1은 블랙박스 테스트로 만든 테스트 커버리지를 도식화했다.

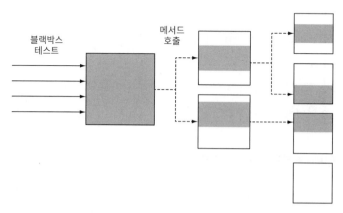

그림 6.1 블랙박스 테스트로 얻은 테스트 커버리지. 각 상자는 컴포넌트 또는 모듈을 나타낸다. 음영이 들어간 부분은 블랙박스 테스트로 커버한 부분을, 흰색 영역은 커버하지 못하는 부분을 나타낸다.

메서드가 어떻게 구현되어 있는지 자세히 알고 있다면 단위 테스트를 작성할 수 있다. 테스트 대상 메서드에 분기문이 있을 경우 각 분기마다 하나씩 단위 테스트를 작성해야 한다. 단위 테스트를 만들기 위해서는 테스트 대상 메서드를 확인해야만 하므로 이러한 유형의 테스트는 화이트박스 테스트에 속한다. 그림 6.2는 화이트박스 테스트를 활용해서 100% 테스트 커버리지를 달성한 모습을 보여 준다.

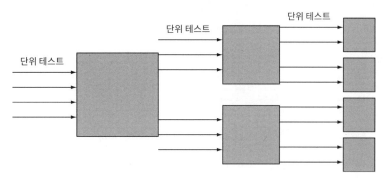

그림 6.2 화이트박스 테스트로 얻은 100% 테스트 커버리지. 각 상자는 컴포넌트 또는 모듈을 나타낸다. 여기서는 모든 상자에 음영이 칠해졌는데, 단위 테스트가 모든 부분을 커버했기 때문이다.

일반적으로 화이트박스 테스트(단위 테스트)를 활용하면 더 높은 테스트 커버리지를 얻을 수 있다. 더 많은 메서드에 접근할 수 있을뿐더러 각 메서드에 대한 입력과 보조 객체(이후에 설명할 스텁이나 모의 객체)의 동작을 제어할 수 있기 때문이다. 화이트박스 테스트는 protected 메서드, package-private 메서드, public 메서드에도 실행할 수 있으므로 블랙박스 테스트보다 일반적으로 코드 커버리지가 더 높게 나온다.

블랙박스 테스트로 높은 코드 커버리지를 달성하지 못했다면, 보통은 더 많은 테스트가 필요하다는 뜻이다(애플리케이션에 아직 테스트하지 않은 부분이 있을 것이다). 혹은 비즈니스 목표에 기여하지 않는 불필요한 로직이 있을 수 있다. 두 경우 모두 실제 원인을 찾기 위해 추가적인 분석이 필요하다.

테스트 커버리지가 높은 프로그램에서는 테스트를 실행할 때 보통 더 많은 코드가 실행된다. 테스트 커버리지가 낮은 프로그램보다 발견되지 않은 버그가 더 적을 수 있다. 테스트 커버리지 지표는 테스트 묶음을 실행하고 코드를 분석하는 도구로 파악할 수 있다.

6.1.2 코드 커버리지를 측정하는 도구

이번 절에서는 예제로 제공된 소스 코드와 도구를 이용해서 코드 커버리지를 어떻게 측정하는지 알아본다. `com.manning.junitbook.ch06` 패키지의 `Calculator`, `CalculatorTest` 클래스를 사용한다.

코드 커버리지 도구는 JUnit과 통합이 잘되어 있다. 실제로 IntelliJ IDEA를 활용하면 코드 커버리지를 편리하게 집계할 수 있다. IntelliJ IDEA에서는 그림 6.3과 같이 [Run 'CalculatorTest' with Coverage]를 클릭해 테스트 커버리지를 측정할 수 있다.

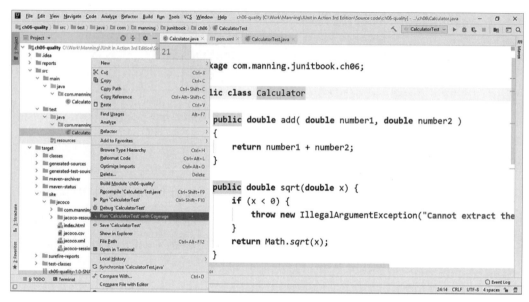

그림 6.3 IntelliJ IDEA에서 [Run 'CalculatorTest' with Coverage]로 테스트 커버리지 측정하기

[Run 'CalculatorTest' with Coverage]를 클릭하면 그림 6.4와 같은 리포트가 나타난다. 여기서 [Generate Coverage Report]를 클릭하면 HTML 형식의 리포트도 생성할 수 있다.

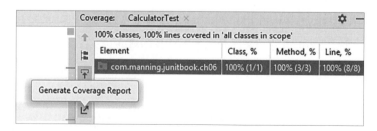

그림 6.4 [Run 'CalculatorTest' with Coverage]를 실행한 결과

HTML 리포트는 com.manning.junitbook.ch06와 같은 패키지 수준일 수도 있고(그림 6.5), Calculator에 대한 것처럼 클래스 수준일 수도 있으며(그림 6.6), 개별 코드 줄 수준일 수도 있다(그림 6.7).

[all classes]	
Overall Coverage Summary	
Package	**Class, %**
all classes	100% (1/ 1)
Coverage Breakdown	
Package ▲	**Class, %**
com.manning.junitbook.ch06	100% (1/ 1)

그림 6.5 패키지 수준에서의 코드 커버리지

[all classes] [com.manning.junitbook.ch06]	
Coverage Summary for Package: com.manning.junitbook.ch06	
Package	**Class, %**
com.manning.junitbook.ch06	100% (1/ 1)
Class ▲	**Class, %**
Calculator	100% (1/ 1)

그림 6.6 클래스 수준에서의 코드 커버리지

```
22 package com.manning.junitbook.ch06;
23
24 public class Calculator
25 {
26     public double add( double number1, double number2 )
27     {
28         return number1 + number2;
29     }
30
31     public double sqrt(double x) {
32         if (x < 0) {
33             throw new IllegalArgumentException("Cannot extract the square root of a negative value");
34         }
35         return Math.sqrt(x);
36     }
37
38     public double divide(double x, double y) {
39         if (y == 0) {
40             throw new ArithmeticException("Cannot divide by zero");
41         }
42         return x/y;
43     }
```

그림 6.7 개별 코드 줄 수준에서의 코드 커버리지

명령 프롬프트에서 코드 커버리지 테스트를 실행하는 것을 권장한다. 이는 지속적 통합(continuous integration, CI)이나 지속적 전달(continuous delivery, CD)을 이루는 일이기도 하다. 이를 위해서는 JaCoCo(Java Code Coverage) 플러그인을 사용하는 것이 좋다. JaCoCo는 자주 업데이트되고 Maven과 통합이 매우 잘되어 있는 오픈 소스 도구다. Maven과 JaCoCo가 함께 작동하게 하려면 pom.xml 파일에 JaCoCo 플러그인을 추가한다(그림 6.8).

```xml
<plugin>
    <groupId>org.jacoco</groupId>
    <artifactId>jacoco-maven-plugin</artifactId>
    <version>0.7.9</version>
    <executions>
        <execution>
            <goals>
                <goal>prepare-agent</goal>
            </goals>
        </execution>
        <execution>
            <id>report</id>
            <phase>test</phase>
            <goals>
                <goal>report</goal>
            </goals>
        </execution>
```

그림 6.8 pom.xml 파일에 추가한 JaCoCo 플러그인

명령 프롬프트에서 `mvn test` 명령을 실행한다(그림 6.9). 이 명령은 com.manning. junitbook 패키지 아래에 있는 Calculator 클래스에 대해 코드 커버리지 리포트를 생성한다. 리포트는 프로젝트 폴더 내 target\site\jacoco 경로에서 확인할 수 있다 (그림 6.10).

그림 6.9 명령 프롬프트에서 `mvn test` 명령을 실행한 결과

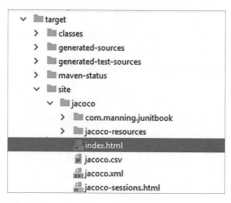

그림 6.10 프로젝트 폴더 내 target\site\jacoco 경로에서 확인할 수 있는 코드 커버리지 리포트

이번에는 코드 커버리지가 100%가 아닌 경우를 보자. 책과 함께 제공된 소스 코드 'ch06-quality' 폴더에 있는 `CalculatorTest` 클래스에서 기존 테스트 중 일부를 삭제한 다음 테스트를 실행해도 코드 커버리지가 100%가 아닐 것이다.

여기에서 `com.manning.junitbook` 패키지(그림 6.11), `Calculator` 클래스(그림 6.12), 메서드(그림 6.13), 개별 코드 줄(그림 6.14)의 수준의 리포트를 확인할 수 있다.

ch06-quality

Element	Missed Instructions	Cov.	Missed Branches	Cov.
com.manning.junitbook.ch06		84%		75%
Total	5 of 32	84%	1 of 4	75%

그림 6.11 패키지 수준의 JaCoCo 리포트

ch06-quality > com.manning.junitbook.ch06

com.manning.junitbook.ch06

Element	Missed Instructions	Cov.	Missed Branches	Cov.
Calculator		84%		75%
Total	5 of 32	84%	1 of 4	75%

그림 6.12 클래스 수준의 JaCoCo 리포트

ch06-quality > com.manning.junitbook.ch06 > Calculator

Calculator

Element	Missed Instructions	Cov.	Missed Branches	Cov.
sqrt(double)		58%		50%
divide(double, double)		100%		100%
add(double, double)		100%		n/a
Calculator()		100%		n/a
Total	5 of 32	84%	1 of 4	75%

그림 6.13 메서드 수준의 JaCoCo 리포트

```
21.
22.   package com.manning.junitbook.ch06;
23.
24.   public class Calculator
25.   {
26.       public double add( double number1, double number2 )
27.       {
28.           return number1 + number2;
29.       }
30.
31.       public double sqrt(double x) {
32.  ◆        if (x < 0) {
33.               throw new IllegalArgumentException("Cannot extract the square root of a negative value");
34.           }
35.           return Math.sqrt(x);
36.       }
37.
38.       public double divide(double x, double y) {
39.  ◆        if (y == 0) {
40.               throw new ArithmeticException("Cannot divide by zero");
41.           }
42.           return x/y;
43.       }
44.
45.   }
```

그림 6.14 개별 코드 줄 수준의 JaCoCo 리포트. 커버된 줄은 초록색, 커버되지 않은 줄은 빨간색, (분기문 등) 부분적으로 커버된 상태는 노란색으로 표시될 것이다. 책에서는 노란색, 초록색, 빨간색 순서로 음영이 진해진다.

6.2 테스트하기 쉬운 코드 작성하기

이 장에서는 소프트웨어 테스트 모범 사례에 집중한다. 이제 다음 단계로 넘어가서, 테스트하기 쉬운 코드가 무엇인지 생각해 보자. 테스트 코드 작성은 쉬울 때도 있고 어려울 때도 있는데, 애플리케이션이 얼마나 복잡한지에 따라 다르다. 가장 좋은 사례는 가독성이 좋고 테스트하기 편하도록 가능한 한 소스 코드를 단순하게 작성하는 것이다.

다음 절에서는 설계와 코드를 개선하는 모범 사례를 알아보자. 테스트하기 쉽도록 기존 코드를 리팩터링하는 것보다 테스트하기 쉬운 코드를 작성하는 것이 더 쉽다는 것을 명심하자.

6.2.1 public API는 정보 제공자와 정보 사용자 간의 계약이다

하위 호환성을 제공하는 소프트웨어를 만들 때의 원칙은 'public 메서드의 시그니처를 변경하면 안 된다'는 것이다. 애플리케이션 코드를 보면 호출은 보통 외부의 다른 애플리케이션에서 일어나는 것을 알 수 있다. 이때 외부 애플리케이션은 해당 API의 클라이언트와 같은 역할을 한다. public 메서드의 시그니처를 변경했다면 애플리케이션이나 단위 테스트의 메서드 호출을 전부 변경해야 한다. IntelliJ IDEA나 Eclipse에서 제공하는 리팩터링 마법사를 사용하더라도 이런 작업은 항상 주의해서 수행해야 한다. 특히 TDD로 작업한다면 초기 개발 단계에서 API를 리팩터링하는 것도 좋다. 아직 사용자가 없기 때문이다. 본격적으로 사용자가 생겨나면 상황은 달라질 것이다.

프로젝트를 오픈 소스화하거나 상용 제품의 API를 공개할 때는 훨씬 더 문제가 복잡하다. 많은 사람이 여러분이 만든 코드를 사용하게 되므로 소스를 수정할 때마다 하위 호환성을 유지하기 위해서 매우 많은 노력과 주의를 기울여야 한다. public 메서드는 일반적으로 서로의 존재를 알지 못하는 컴포넌트, 오픈 소스 프로젝트, 상용 제품 등 애플리케이션의 연결 지점이 된다.

double 타입의 파라미터를 받아 거리를 계산하는 public 메서드가 있다고 하자. 그리고 해당 메서드를 블랙박스 테스트로 검증한다고 생각해 보자. 특정 시점에서 파라미터의 단위가 마일에서 킬로미터로 변경되었을 때, 코드는 여전히 컴파일은 되지만 런타임에서 에러가 날 것이다. 어디가 어떻게 잘못되었는지 알려 주는 단위 테스트가 없다면 소스 코드를 디버깅하거나 화가 잔뜩 난 고객을 직접 응대해야 하느라 시간을 허비해야 할 수 있다.

단위 불일치 문제는 1999년 나사의 화성 기후 궤도선(NASA Mars Climate Observer) 폭발 사건의 원인이기도 하다. 당시 궤도선 시스템의 한 부분은 경로를 조정하고 속도를 줄이는 데 필요한 추진력의 양을 계산하고, 다른 부분에서 이 정보를 사용하여 추진기의 발사 시간을 결정했다. 문제는 한 부분에서 미터법이 아닌 야드파운드법이 사용되었는데, 이런 실수를 잡아낼 테스트가 없었던 것이다! 단위 불일치 사례는 왜 모든 public 메서드를 테스트해야 하는지를 잘 보여 준다. 물론 public이 아닌 메서드도 자세히 분석해서 화이트박스 테스트를 수행해야 한다.

6.2.2 의존성 줄이기

단위 테스트는 코드를 격리된 상태에서 검증한다는 점을 명심해야 한다. 단위 테스트는 테스트 대상 클래스를 인스턴스화한 다음 테스트 대상 단위를 사용해 보고 나서 정확성을 검증한다. 그러므로 테스트 케이스는 단순해야 한다. 클래스 안에서 새로운 객체를 직간접적으로 인스턴스화하면 어떤 일이 일어날까? 클래스의 의도에 따라 인스턴스 객체가 달라질 것이다. 테스트하기 쉬운 코드를 작성하려면 의존성을 최대한 줄여야 한다. 클래스가 인스턴스화되고 특정한 상태로 설정해야 하는 다른 클래스에 많이 의존하는 경우, 테스트하기가 매우 복잡해지며 복잡한 모의 객체를 만들어야 할 수도 있다(8장 참고).

의존성을 줄이려면 메서드를 분리해야 한다. 특히 객체를 인스턴스화하는 메서드(주로 팩터리 메서드)와 비즈니스 로직을 갖고 있는 메서드를 분리하는 것이 중요하다. 가상 회사인 TDS에서도 의존성을 줄이고자 한다. TDS에서 개발 중인 프로젝트에는 자동차 분야도 있는데, 자동차 프로젝트는 차량과 운전자를 관리하며, 이들을 모델링하는 클래스들이 있다. 다음 예제 6.1을 살펴보자.

예제 6.1 의존성을 줄이는 방법

```
class Vehicle {

  Driver d = new Driver();
  boolean hasDriver = true;

  private void setHasDriver(boolean hasDriver) {
    this.hasDriver = hasDriver;
  }
}
```

Vehicle 객체가 생성될 때 Driver 객체도 같이 만들어진다. 두 가지 객체가 강하게 결합되어 있고 Vehicle 클래스가 Driver 클래스에 의존하는 문제가 있는 것이다. 이럴 때는 Driver 객체를 Vehicle 클래스에 전달하는 방식으로 해결할 수 있다.

예제 6.2 Driver 객체를 Vehicle에 전달하는 방식으로 수정하기

```
class Vehicle {
  Driver d;
  boolean hasDriver = true;

  Vehicle(Driver d) {
    this.d = d;
  }

  private void setHasDriver(boolean hasDriver) {
    this.hasDriver = hasDriver;
  }

}
```

이렇게 수정하면 이후에 모의 Driver 객체(8장 참고)를 생성하고 Vehicle 객체 생성 시 모의 객체를 Vehicle에 전달할 수 있다. 이를 **의존성 주입**(dependency injection)이라고 한다. 즉 의존성이 필요한 시점에 그에 맞는 의존성을 전달하는 것이다. 물론 다른 유형의 Driver를 구현하여 모의 객체로 만들 수도 있다. 그렇게 하면 TDS

의 개발자는 Vehicle 클래스로 전달할 JuniorDriver나 SeniorDriver를 만들기만 하면 된다. 의존성 주입을 통해 코드는 Vehicle(Driver d) 생성자를 호출하여 Driver 객체를 Vehicle 객체에 전달한다.

6.2.3 간단한 생성자 만들어 보기

더 나은 테스트 커버리지를 위해서는 더 많은 테스트 케이스가 필요하다. 각 테스트 케이스에서는 다음과 같은 일들이 일어난다.

1. 테스트할 클래스를 인스턴스화한다.
2. 클래스를 특정 상태로 설정한다.
3. 작업을 수행한다.
4. 클래스의 최종 상태를 검증한다.

예제 6.3은 생성자에서 인스턴스 변수에 값을 할당하므로 위 목록의 1과 2를 같이 수행하는 것으로 볼 수 있다. 이는 설계 관점에서는 물론이고 클래스를 미리 정의한 상태로 가져오기 때문에 좋지 못한 예제라고 볼 수 있다. 클래스를 인스턴스화할 때마다 같은 일을 반복하기 때문이다. 유지 보수나 테스트가 어려운 것은 물론이다. 클래스를 특정 상태로 설정하는 것은 별도의 작업으로 분리해야 한다. 예제 6.3과 예제 6.4를 비교해 보자.

예제 6.3 생성자를 사용하여 클래스를 특정 상태로 설정하기

```
class Car {
  private int maxSpeed;

  Car() {
    this.maxSpeed = 180;
  }
}
```

예제 6.4 세터 메서드를 사용하여 클래스를 특정 상태로 설정하기

```
class Car {
  private int maxSpeed;

  public void setMaxSpeed(int maxSpeed) {
    this.maxSpeed = maxSpeed;
  }
}
```

6.2.4 데메테르 법칙 따르기

최소 지식의 법칙으로도 알려져 있는 데메테르 법칙은 클래스는 알아야 할 만큼의 정보만 가져야 한다는 것이다. 데메테르 법칙은 다음과 같이 설명할 수 있다.

가까운 친구와 이야기하라.

또는

낯선 이와 이야기하지 말라.

다음은 데메테르 법칙을 위반한 사례이다.

예제 6.5 데메테르 법칙을 위반한 사례

```
class Car {
  private Driver driver;

  Car(Context context) {
    this.driver = context.getDriver();
  }
}
```

이 예제에서는 Context 객체를 Car 생성자에 전달한다. Context 객체는 드라이브에 대한 정보, 예를 들어 장거리인지 단거리인지, 주간인지 야간인지와 같은 일부 환경 속성을 포함한다. 이 코드는 데메테르 법칙을 위반하는데, Car 클래스가 Context 객체에 getDriver 메서드가 있다는 것을 알아야 하기 때문이다. 그러므로 Car 클래스의 생성자를 테스트하고 싶다면 생성자를 호출하기 전에 유효한 Context 객체를 가져오는 것이 선행되어야 한다. 만약 Context 객체가 다양한 변수와 메서드를 갖는다면 Context 객체를 모사한 모의 객체(8장 참고)를 사용해야 할지도 모른다.

이런 상황에서 적절한 해결책은 데메테르 법칙을 적용하여 메서드나 생성자에 정확히 필요한 참조만 전달하는 것이다. 이 사례에서는 Driver 객체만 Car 생성자에 전달해야 한다.

```
Car(Driver driver) {
  this.driver = driver;
}
```

객체를 요구하되 객체 안에서 다시 찾지 않으며 현재 애플리케이션에 꼭 필요한 객체만 요청한다. 이것이 데메테르 법칙의 핵심이다.

> #### 📦 미슈코 헤버리(Miško Hevery)의 사회 분석
>
> 미슈코 헤버리가 블로그에 올린 간단한 비유를 보자.[1] 모든 사람(모든 클래스)이 친구(협업자)를 선언하는 사회에서 산다. 조와 마리는 친구이고, 빌리는 조나 마리 누구와도 친구가 아니다. 조가 어떤 정보를 알고 있다고 할 때, 마리에게는 해당 정보가 전달될 수 있어도, 빌리에게는 전달되지 않을 것이라고 생각하는 것이 당연하다. 이제 모든 사람(모든 클래스)이 자신의 친구(협업자)를 선언하며 그 외의 사람에게는 비밀을 유지한다고 하자. 이때 빌리가 조의 정보를 얻었다면, 도대체 어떻게 얻었는지가 궁금해질 것이다.
>
> 흥미로운 점은 당신이 관계(코드)를 구축한 사람이라면 의존성을 명확하게 파악하겠지만, 당신의 후임자는 아닐 것이다. 협업자로 선언된 친구가 객체의 유일한 친구가 아니며 비밀스러운 방식으로 정보가 전달되었기 때문이다. 당신의 후임자가 의존성이 명확하지 않은 코드들로 가득 찬 프로젝트를 개발하게 내버려둘 것인가?

6.2.5 숨은 의존성과 전역 상태 피하기

전역 상태는 매우 주의해서 관리해야 한다. 정말 많은 클라이언트가 전역 객체를 사용할 수 있기 때문이다. 전역 상태를 공유하는 것은 때때로 의도하지 않은 결과를 만들어 낸다. 공유 접근을 고려하지 않는 코드에서 전역 객체가 사용되거나, 클라이언트가 전역 객체가 배타적일 거라 생각하고 접근할 때는 더욱 위험하다.

자, TDS의 어떤 조직에서 데이터베이스 관리자가 제어하는 데이터베이스를 써야 한다고 해 보자. 내부 미팅이나 회의를 하기 위해 예약을 잡아야 한다. 다음 예제를 살펴보자.

예제 6.6 실행 중인 전역 상태

```
public void makeReservation() {
  Reservation reservation = new Reservation();
  reservation.makeReservation();
}

public class Reservation {
  public void makeReservation() {
```

---

[1] (옮긴이) 이 비유는 미슈코 헤버리가 구글 재직 당시 구글 테스팅 블로그에 올린 'Singletons are Pathological Liars'라는 글에서 발췌한 것이다. 이 글에서 미슈코 헤버리는 객체가 필요로 하는 의존성이 코드 상에 직접적으로 드러나지 않는다는 문제를 제기하면서, 필요한 의존성을 명시적으로 주입하여 코드의 품질을 향상하는 방법에 관해 서술하였다.

```
      manager.initDatabase();
      // manager는 이미 초기화된 전역 DBManager에 대한 참조를 가진다.
      // 비즈니스 로직을 아래에 작성한다.
   }
}
```

DBManager 객체가 전역 상태에 해당한다. 보다시피 예약을 하기 위해서는 데이터
베이스를 초기화해야 한다. 내부적으로 Reservation 객체는 DBManager를 사용하여
데이터베이스에 접근한다. 만약 Reservation에 대한 문서가 없다면 개발자는 Res
ervation 클래스가 manager에 의존한다는 사실을 알 수 없다. API에는 어떤 명시적
인 힌트도 없다.

다음 예제는 구현을 조금 개선한 것이다. 이번에는 Reservation 생성자에 DBMan
ager 의존성을 파라미터로 주입한다.

예제 6.7 전역 상태를 피하는 방법

```
public void makeReservation() {
  DBManager manager = new DBManager();
  manager.initDatabase();
  Reservation reservation = new Reservation(manager);
  reservation.makeReservation();
}
```

Reservation 객체는 DBManager 객체를 가지고 만들어진다. 엄밀히 말하면 Reserva
tion은 DBManager가 있을 때만 생성이 가능한 것이다.

전역 상태는 되도록 피하는 게 좋다. 전역 객체에 대한 접근을 허용하면 단순히
전역 객체에만 접근을 공유하는 게 아니라 그 전역 객체가 참조하는 모든 객체를
공유하게 되기 때문이다.

6.2.6 제네릭 메서드 사용하기

팩터리 메서드와 같은 정적 메서드는 매우 유용하지만, 많은 정적 유틸 메서드에
문제가 있다. 먼저 단위 테스트가 격리된 테스트임을 다시 한번 떠올려 보자. 코드
에서 격리성을 갖기 위해서는 테스트 코드로 교체할 만한 연결 지점이 있어야 한
다. 그리고 이런 경우엔 다형성을 활용하는 것이 도움이 된다. 하나의 객체가 둘 이
상의 IS-A 관계를 갖도록 만드는 **다형성**(polymorphism)을 활용하다면 호출할 메서
드가 컴파일 타임에 결정되지 않도록 만들 수 있다. 다형성을 활용하여 애플리케이

선 코드를 테스트 코드로 대체해 특정한 코드를 테스트해 볼 수 있다.

그런데 정적 메서드만 사용한다면 반대 상황이 발생한다. 절차적 프로그래밍을 수행할 때처럼 메서드 호출이 거의 항상 컴파일 타임에 결정된다. 코드를 유연하게 만드는 연결 지점이 없어지는 것이다.

때로는 정적 메서드가 테스트에 미치는 영향이 크지 않을 수 있는데, 특히 `Math.sqrt()`처럼 그 자체로 완결성이 있는 메서드는 더욱 그러하다. 그러나 복잡한 비즈니스 로직을 다루는 메서드나 정적 메서드 안에서 실행되고 있는 메서드들은 테스트하기가 매우 까다롭다.

정적 코드를 남발하거나, 애플리케이션을 개발 시 다형성을 활용하지 못하면 애플리케이션뿐만 아니라 테스트에도 문제가 생긴다. 다형성을 활용하지 않는다는 것은 애플리케이션과 테스트 모두에서 코드를 재사용하지 않는다는 뜻이기 때문이다. 이런 상황은 애플리케이션과 테스트에서 코드 중복이 생길 수 있으므로 반드시 피해야 한다.

결론적으로 파라미터에 구체적인 타입(parameterized type)을 명시해야 하는 정적 유틸 메서드가 있다면 반드시 제네릭을 사용해야 한다. 두 집합의 합집합을 반환하는 이 메서드를 같이 살펴보자.

```java
public static Set union(Set s1, Set s2) {
  Set result = new HashSet(s1);
  result.addAll(s2);
  return result;
}
```

이 메서드는 컴파일은 되지만 두 가지 경고를 출력한다.

```
Union.java:5: warning: [unchecked] unchecked call to
HashSet(Collection<? extends E>) as a member of raw type HashSet
Set result = new HashSet(s1);
                  ^
Union.java:6: warning: [unchecked] unchecked call to
addAll(Collection<? extends E>) as a member of raw type Set
result.addAll(s2);
            ^
```

메서드를 타입 체크로부터 안전하게 하고 경고를 없애려면 세 set(파라미터 두 개와 반환 값 하나)에 대해 타입 파라미터를 선언한 다음, 메서드에서 타입 파라미터를 사용하면 된다. 메서드에 제네릭 타입 <E>를 붙이고 반환 타입을 Set<E>로 바꿔 보자.

```
public static <E> Set<E> union(Set<E> s1, Set<E> s2) {
  Set<E> result = new HashSet<>(s1);
  result.addAll(s2);
  return result;
}
```

제네릭 메서드를 사용하면 컴파일 시 경고가 뜨지도 않고 타입 안정성이 보장되며, 사용 및 테스트하기가 쉽다.

6.2.7 상속보다는 합성 활용하기

개발자들은 코드 재사용을 위해 상속을 활용하곤 한다. 그러나 상속보다는 합성이 테스트하기 쉽다. 런타임에 상속 구조를 변경할 수는 없지만 객체를 다르게 합성하는 것이 가능하기 때문이다. 결국 목표는 런타임 시 코드를 최대한 유연하게 만드는 것이다. 합성을 사용하면 객체의 상태를 변화시키는 게 쉬워지고 테스트하기 쉬워진다.

상위 클래스와 하위 클래스가 동일한 개발자의 제어하에 있는 패키지 내에 있다면 상속을 활용하는 게 바람직하다. 그러나 패키지 밖의 구체 클래스를 상속하는 것은 위험할 수 있다.

하위 클래스가 상위 클래스의 서브타입일 때 상속을 고려하는 것이 좋다. 클래스 A와 B가 있을 때 이를 연관지을 수 있는지 생각해 보자. 클래스 B가 클래스 A를 상속해야 한다면 두 클래스 간에 IS-A 관계가 있어야 한다.

사실 자바 라이브러리에서 이 원칙을 어긴 경우도 있다. 스택은 벡터가 아니므로 (IS-A 관계가 아니므로) Stack은 Vector를 상속해서는 안 되었다. 마찬가지로 속성 리스트는 해시 테이블이 아니므로 Properties 클래스는 Hashtable 클래스를 상속해서는 안 되었다. 두 경우 IS-A가 아닌 HAS-A 관계, 상속보다는 합성을 사용하는 것이 바람직하다.

6.2.8 분기문보다는 다형성 활용하기

앞서 나뒀듯이 테스트에서 수행하는 작업은 다음 순서를 따른다.

1. 테스트할 클래스를 인스턴스화한다.
2. 클래스를 특정 상태로 설정한다.
3. 클래스의 최종 상태를 검증한다.

문제는 세 단계 중 어느 곳에서도 발생할 수 있다. 예를 들어 클래스가 너무 복잡하면 인스턴스화가 어려울 수 있다.

복잡도를 낮추기 위해서는 switch 문이나 if 문으로 길게 늘어진 분기문을 만들지 않으면 된다. 다음 예제를 살펴보자.

예제 6.8 장황한 분기문이 들어가 있는 좋지 못한 코드

```java
public class DocumentPrinter {
  [...]
  public void printDocument() {
    switch (document.getDocumentType()) {
    case WORD_DOCUMENT:
      printWORDDocument();
      break;
    case PDF_DOCUMENT:
      printPDFDocument();
      break;
    case TEXT_DOCUMENT:
      printTextDocument();
      break;
    default:
      printBinaryDocument();
      break;
    }
  }
  [...]
}
```

위 예제는 테스트와 유지 보수 모두 어려워 보인다. 만약 새 documentType이 추가된다면 필연적으로 새 case 문이 추가될 것이다. 게다가 애플리케이션에서 이런 상황이 발생할 때마다 분기 처리를 하는 모든 곳에서 매번 로직을 추가해야 한다.

> 분기문이 길고 복잡해진다면 다형성을 활용하는 것을 고려해 보자. 다형성은 객체를 여러 작은 클래스로 나누어 길고 복잡한 분기문을 대체할 수 있게 해 주는데, 이는 객체 지향 관점에서도 자연스럽다. 여러 작은 요소를 테스트하는 것은 크고 복잡한 요소를 테스트하는 것보다 훨씬 쉽다.

이번 예제에서 WordDocument, PDFDocument, TextDocument와 같은 클래스로 복잡한 분기문을 대체해 보자. 물론 각 클래스는 printDocument 메서드를 각자의 로직으로 재정의해야 한다(예제 6.9). 다형성을 활용하면 코드가 단순하고 읽기 쉬워진다.

DocumentPrinter 클래스의 printDocument(Document) 메서드가 호출되면 Document 클래스에서 printDocument 메서드를 호출하는 것으로 작업을 위임한다. 다형성을 활용하면 수행해야 하는 코드가 런타임에서 결정되므로 복잡한 분기문이 필요 없어지고, 소스 코드를 이해하고 테스트하기 쉬워진다.

예제 6.9 다형성을 활용해 복잡한 분기문 리팩터링하기

```java
public class DocumentPrinter {
  [...]
  public void printDocument(Document document) {
    document.printDocument();
  }
}

public abstract class Document {
  [...]
  public abstract void printDocument();
}

public class WordDocument extends Document{
  [...]
  public void printDocument() {
    printWORDDocument();
  }
}

public class PDFDocument extends Document {
  [...]
  public void printDocument() {
    printPDFDocument();
  }
}

public class TextDocument extends Document {
  [...]
  public void printDocument() {
    printTextDocument();
  }
}
```

6.3 TDD

테스트는 애플리케이션 설계를 발전시켜 나가는 데도 큰 도움이 된다. 단위 테스트를 많이 작성하다 보면 점차적으로 테스트를 코드보다 먼저 작성하도록 스스로가

변하는 것을 느낄 것이다. 설계하고 구현하는 과정에서 어떻게 테스트할지 미리 염두에 두게 되는 것이다. 이런 논리에 따라 테스트 친화적인 설계를 하던 많은 개발자들이 점차적으로 TDD로 이동하게 되었다.

> **Aa TDD**
>
> 개발자가 테스트를 먼저 작성한 다음 테스트를 통과하는 코드를 작성하는 프로그래밍 기법. 코드를 작성한 다음에는 코드를 검사하고 난잡한 부분을 정리하거나 코드의 질을 높이기 위해 리팩터링한다. TDD의 목적은 '작동하는 클린 코드'를 만드는 것이다.

6.3.1 개발 주기에 적응하기

개발자들은 보통 소스 코드를 개발할 때 API를 먼저 설계한 다음 서로 간에 약속한 동작을 구현하는 순서로 작업한다. 코드를 단위 테스트할 때 API를 통해 약속한 동작을 수행하는지 검증할 수 있다. 도메인 코드가 API의 클라이언트가 되는 것처럼 테스트 코드 역시 API의 클라이언트가 된다.

통념적인 개발 주기는 다음과 같다.

코드를 작성한다, 테스트한다, (반복한다)

TDD를 따르는 개발사는 약간 다른 주기를 갖는다(실제로는 놀라운 차이가 있다).

테스트한다, 코드를 작성한다, (반복한다)

TDD에서의 테스트는 설계를 주도하고, 메서드의 첫 번째 클라이언트가 된다. 이는 앞서 제시되었던 통속적인 소프트웨어 개발 방식이 종종 요구 사항에 미치지 못하는 소스 코드를 만들어 내는 것과 대비된다.

TDD로 개발할 때는 다음과 같은 장점이 있다.

- 목적이 분명한 코드를 작성할 수 있고, 개발자는 애플리케이션이 필요로 하는 것을 정확하게 개발했다는 확신을 얻을 수 있다. 코드를 설계하는 데 테스트를 사용할 수 있다.
- 새로운 기능을 더 빨리 적용할 수 있다. 테스트는 개발자가 의도대로 코드를 구현하게 유도하는 힘이 있다.

- 테스트는 정상적으로 작동하는 기존 코드에 버그가 생기는 것을 방지할 수 있다.
- 테스트는 개발 문서의 역할을 한다. 테스트를 따르는 것은 소스 코드가 해결해야 하는 문제를 이해하는 것과 같다.

6.3.2 TDD 2단계 수행하기

다시 강조하자면 TDD는 통념적인 개발 주기를 살짝 비틀었다.

테스트한다, 코드를 작성한다, (반복한다)

사실 여기에는 중요한 절차 하나가 빠졌다. 실제 TDD는 다음과 같이 진행된다.

테스트한다, 코드를 작성한다, 리팩터링한다, (반복한다)

리팩터링은 소프트웨어의 외적 동작을 바꾸지 않고 내부적인 구조만 개선함으로써 시스템을 변경하는 과정을 말한다. 이때 외적 동작이 바뀌지 않았다는 것을 증명하기 위해서 테스트를 사용한다.

TDD의 핵심 원리는 다음과 같다.

- 새 코드를 작성하기 전에 실패하는 테스트를 먼저 작성한다.
- 테스트를 통과하는 가장 단순한 코드를 작성한다.

이 원리에 익숙한 개발자는 테스트에 기반하고 리팩터링이 잘된 코드가 본질적으로 변경하기 쉽고 안정적이라는 것을 안다. TDD는 오늘의 문제를 오늘 해결하고 내일의 문제를 내일 해결할 수 있게 돕는다. 오늘을 살자! 20장에서 JUnit 5를 사용하여 TDD를 연습할 것이다.

> **JUnit 모범 사례: 실패하는 테스트부터 작성하기**
>
> TDD 방식을 체화하고 나면 흥미로운 일이 생길 것이다. 새로운 코드를 작성하기 전에 반드시 실패하는 테스트를 먼저 작성하는 것이다! 왜 실패하는 테스트일까? 실패하는 테스트를 먼저 작성하는 이유는 무엇 때문일까?
>
> 실패하는 테스트를 마주했을 때, 대부분은 테스트를 통과할 수 있는 가장 단순한 소스를 구현하기 시작한다. 그리고 테스트가 통과되면 다음 과제로 넘어갈 수 있다. 전문가라면 새로 추가한 코

드의 중복을 없애고 작성 의도를 명확하게 하는 등 소스 코드를 최적화하기 위해 리팩터링하는 데
몇 분 정도 더 걸릴 것이다. 그러나 일단 테스트가 성공했다면 소스 코드는 잘 작성된 것이다.
실패하는 테스트를 항상 먼저 작성하면, 테스트에 성공하는 소스 코드만 작성할 수 있게 된다.

6.4 행위 주도 개발

2000년대 중반 댄 노스(Dan North)가 주창한 BDD는 비즈니스 요구 사항을 직접적
으로 만족하는 IT 솔루션을 만드는 데에 집중한다. BDD의 철학은 비즈니스 전략,
요구 사항, 목표가 개발을 주도하며, 이것들이 시나리오로 구체화된 다음에야 IT
솔루션이 만들어진다는 것이다. TDD가 품질 좋은 소프트웨어를 만드는 데 기여한
다면 BDD는 사용자의 문제를 직접적으로 해결하는 소프트웨어를 만드는 데 기여
한다.

BDD 방법론을 잘 따르면 정말 중요한 것이 무엇인지 고민하고 그에 집중하는
방식으로 소스 코드를 작성할 수 있다. 그리고 조직에 어떤 기능이 도움이 되는지,
이를 어떻게 효과적으로 구현할지 알 수 있을 것이다. 사용자가 요구하는 것 이상
을 보고 사용자가 필요한 것 이상을 구현하게 된다.

그렇다면 이런 질문이 자연스럽게 떠오를 것이다. 소프트웨어에 비즈니스적 가
치를 제공하는 것은 무엇인가? 바로 동작하는 기능(feature)이다. 기능은 비즈니스
목적을 달성하기 위해 필요한 실체적이고 전달 가능한 서비스를 말한다. 또한 유지
보수와 개선이 쉬운 소프트웨어가 소스 코드를 수정하면 오류가 생길 가능성이 높
은 소프트웨어보다 훨씬 가치 있으므로 BDD나 TDD 같은 방법론을 따르는 것은
훨씬 의미가 있다.

비즈니스 목표를 설정하기 위해, 비즈니스 분석가는 고객과 협의하여 비즈니스
목표를 달성할 수 있는 소프트웨어의 기능을 결정한다. 이런 기능은 보통 최종 단
계의 요구 사항을 말한다. '고객이 목적지로 갈 수 있는 다양한 경로 중에서 하나를
선택할 수 있는 방법을 제공'한다거나 '고객이 목적지로 가는 최적의 경로를 제공'
한다는 내용이 그렇다. 그다음 이런 기능을 스토리(story)로 잘게 쪼개야 한다. 스
토리는 '최소 환승 경로 찾기' 또는 '최단 시간 경로 찾기' 등으로 예를 들 수 있다.
스토리는 구체적인 사례로 설명할 수 있어야 하며 구체적인 사례는 각 스토리의 인
수 기준이 된다.

5장에서 다룬 인수 테스트는 나중에 자동화할 수 있는 방식인 BDD 스타일로 표현되었다. 키워드는 Given, When, Then을 사용하면 된다. 인수 기준의 사례를 보자.

Given X 회사에서 운항하는 항공편에서
When 5월 15일부터 20일 사이에 부쿠레슈티에서 뉴욕으로 가는 가장 빠른 항공편을 찾는다면
Then 부쿠레슈티-프랑크푸르트-뉴욕을 잇는 최단 경로를 보여준다.

JUnit 5를 사용한 BDD에 관해서는 21장에서 자세히 알아본다.

6.5 돌연변이 테스트 수행하기

단위 테스트부터 인수 테스트까지 다양한 수준을 모두 테스트하고 코드 커버리지가 100%에 가까울 정도로 높다면 소스가 완벽하다고 할 수 있을까? 아쉽게도 갈 길이 조금 더 남았다. 100%를 달성한 코드 커버리지도 완벽한 작동을 보장하진 않는다. 여전히 테스트가 충분히 수행되지 않았을 수 있다. 이를 확인할 수 있는 가장 간단한 방법은 테스트에서 JUnit 단언문을 삭제하는 것이다. 예를 들어 결괏값은 테스트에서 검증하기에 너무 복잡할 수 있으므로 단순하게 표시하거나 로그로 처리하여 다음에 무엇을 할지 결정하게 하는 것이다.

어떻게 하면 테스트의 품질을 평가하고, 테스트가 본연의 역할을 제대로 수행했는지 알 수 있을까? 돌연변이 테스트를 사용해 보자. 돌연변이 분석, 돌연변이 프로그램이라고도 하는 돌연변이 테스트는 새 테스트를 설계하고 기존 테스트의 품질을 평가하는 데 사용한다.

돌연변이 테스트의 기본적인 아이디어는 프로그램을 '조금' 수정하는 것이다. 조금씩 변경된 프로그램들을 돌연변이(mutant)라고 부른다. 돌연변이는 원래 소스코드와 다르게 동작하는 것이 당연하다. 이때 효과적인 테스트는 돌연변이를 탐지하고 방지할 수 있는데 이를 돌연변이 죽이기(killing the mutant)라고 한다. 그리고 전체 돌연변이의 숫자 중 죽은 돌연변이의 비율로 테스트의 가치를 측정할 수 있다. 돌연변이를 더 많이 죽이기 위해 새로운 테스트를 설계할 수도 있다.

돌연변이는 +를 -로 바꾸는 등 기존 연산자를 다른 연산자로 바꾸거나 if와 else의 내용을 바꾸는 등 일부 조건을 뒤집는 등의 돌연변이 연산으로 만든다. 만약 돌연변이가 테스트를 통과한다면 테스트가 잘못된 것으로 간주할 수 있다. 이렇게 돌연

변이 테스트는 테스트의 신뢰성을 높이거나, 테스트 데이터의 약점을 찾을 수 있으며, 실행 중에 거의 혹은 전혀 접근할 수 없었던 코드의 약점을 찾을 수도 있다. 돌연변이 테스트 역시 화이트박스 테스트의 일종이다.

예를 들어 다음과 같은 코드가 주어졌다고 해 보자.

```
if(a) {
  b = 1;
} else {
  b = 2;
}
```

돌연변이 연산은 조건을 뒤집어 새로 테스트할 내용이 다음과 같게 만든다.

```
if(!a) {
  b = 1;
} else {
  b = 2;
}
```

훌륭한 돌연변이 테스트는 다음과 같은 프로세스를 따른다.

1. 테스트 로직이 돌연변이가 된 `if` 문을 탄다.
2. 테스트는 초기의 정확한 분기와는 전혀 다른 곳에서 수행된다.
3. b값이 달라졌고 엉뚱한 결과를 만든다.
4. 메서드는 잘못된 값을 반환하므로 테스트가 실패한다.

제대로 된 테스트라면 돌연변이를 만들어 실행했을 때 반드시 실패해야 한다. 게다가 실패의 원인이 처음에 통과된 분기 로직을 타지 않은 데 있다는 것도 보여 줄 수 있어야 한다.

현재 자바 진영에서 가장 유명한 돌연변이 테스트 프레임워크는 Pitest[2]다. Pitest는 자바 바이트 코드를 변경해서 돌연변이를 만들어 낸다. 돌연변이 테스트는 이 책의 범위를 벗어나지만, 테스트 품질을 다루는 맥락에서 기본적인 개념에 대해서만 언급했다.

2 *https://pitest.org*

6.6 개발 주기 내에서 테스트하기

테스트는 개발 주기 내에서 수행할 수 있으며 기본적으로 시간과 장소를 가리지 않는다. 이 절에서는 개발 주기에 대해 알아본 다음 언제 어떤 종류의 테스트를 사용하는지 살펴본다. 그림 6.15는 일반적인 애플리케이션 개발 주기를 보여 준다.

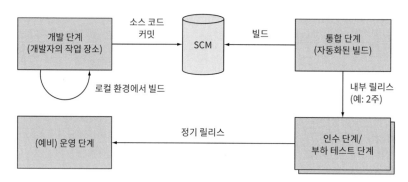

그림 6.15 지속적 통합 원칙을 따르는 일반적인 애플리케이션 개발 주기

개발 주기는 다음과 같이 구분할 수 있다.

- 개발(development): 개발은 주로 개발자의 작업 장소에서 이루어진다. 한 가지 중요한 원칙은 깃(Git), SVN, CVS, ClearCase 같은 SCM(source control management, 소스 코드 관리) 시스템에 하루에 여러 번 커밋(commit)하는 것이다. SCM에 커밋해 두면 다른 사람들도 작업을 사용할 수 있게 된다. 물론 작동하는 것만 커밋하는 것이 중요하다. 커밋한 작업물의 작동을 보장하기 위해서는 저장소의 현재 코드와 변경 내역을 먼저 합쳐야 한다. 그다음 Maven이나 Gradle을 사용해 로컬에서 빌드한다. SCM 시스템에서 최신 변경 내역을 가져온 다음 자동화된 빌드 결과를 볼 수도 있다.

- 통합(integration): 통합 단계에서는 다른 팀에서 개발한 컴포넌트까지 포함하여 애플리케이션을 빌드하고 여러 컴포넌트가 함께 잘 작동하는지 확인한다. 이 단계가 정말 중요한데 여기서 문제가 자주 발생하기 때문이다. 통합 단계를 자동화하는 것은 또 하나의 중요한 과제이며, 이를 지속적 통합이라고 한다(자세한 내용은 마틴 파울러가 작성한 'Continuous Integration'[3]을 참고하기 바란다). 빌

---

3 *http://www.martinfowler.com/articles/continuousIntegration.html*

드 프로세스의 일부인 지속적 통합은 애플리케이션을 자동으로 빌드하여 달성할 수 있다(13장 참고).

- 인수/부하 테스트(acceptance/stress test): 프로젝트에서 리소스가 얼마나 사용 가능한지에 따라 하나 또는 두 단계로 나눌 수 있다. 부하 테스트 단계에서는 애플리케이션에 부하를 주어 애플리케이션이 (사이즈나 응답 시간과 관련하여) 적절하게 확장(scale)하는지 확인한다. 인수 단계는 프로젝트의 고객이 시스템을 인수하는 단계다. 인수 단계에서는 가능한 한 자주 배포하는 것이 권장되는데, 사용자의 피드백을 받을 수 있기 때문이다.

- 예비 운영(pre-production): 예비 운영 단계는 실제 운영 배포 직전에 수행하는 마지막 검증 단계다. 이 단계는 선택적으로 진행할 수 있으며, 프로젝트의 중요도에 따라서 진행하지 않고 다음으로 넘어가도 무방하다.

이번에는 각 개발 주기에서 테스트가 어떻게 적용되는지 살펴본다. 그림 6.16은 각 단계에서 수행된 테스트 유형을 강조해 보여준다.

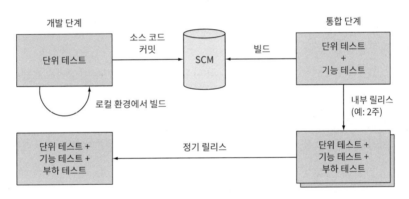

그림 6.16 개발 주기의 각 단계에서 수행되는 여러 유형의 테스트

개발 단계에서 비즈니스 로직에 대해 단위 테스트(실제 운영 환경과 분리하여 실행할 수 있는 테스트)를 실행한다. 보통 단위 테스트는 매우 빠르게 실행되며 일반적으로 IDE를 활용한다. 이때는 코드에서 변경한 사항이 다른 소스 코드를 망치는 일이 없는지 확인한다. 이러한 테스트는 코드를 SCM에 커밋하기 전에 자동화된 빌드에서도 수행할 수 있다. 통합 테스트를 실행할 수도 있다. 그러나 이 경우에는 데이터베이스나 애플리케이션 서버 등 운영 환경을 모사한 환경이 필요하므로 테스트 수행 시간이 좀 더 오래 걸릴 수 있다. 실제로는 추가된 통합 테스트 정도만 실행하기도 한다.

통합 단계에서는 일반적으로 자동화된 빌드를 수행하여 애플리케이션을 패키징하고 배포한다. 그다음 단위 테스트와 기능 테스트를 수행한다. 기능 테스트는 시스템이나 구성 요소가 요구 사항을 잘 지키고 있는지 평가하는 것이다. 기능 테스트는 블랙박스 테스트의 일종으로 시스템이 제공하는 기능을 테스트한다. 일반적으로 통합 단계에서는 기능 테스트의 일부만 실행한다. 운영 단계에 비해 통합 단계에서는 몇몇 요소가 빠져 있기 때문이다(예를 들어 접근해야 하는 외부 시스템에 대한 연결이 누락되었을 수 있다). 통합 단계에서 모든 테스트를 실행할 수도 있다. 이 경우 시간은 그리 중요한 것이 아니며 전체 빌드는 개발에 아무런 영향을 미치지 않고 몇 시간씩 걸릴 수도 있다.

인수/부하 테스트 단계에서는 통합 단계에서 실행한 것과 동일한 테스트를 수행한다. 또한 이때는 소프트웨어의 성능과 견고함을 확인하기 위해서 부하 테스트를 추가적으로 실행하기도 한다. 인수 단계는 운영 단계와 정말 비슷하고 이 단계에서 더욱 많은 기능 테스트를 수행할 수 있다.

모범 사례는 인수 단계에서 실행한 테스트를 예비 운영 단계에서도 실행하는 것이다. 그렇게 함으로써 모든 것이 올바르게 설정되었는지를 확인할 수 있으며 완전성을 검증한다고 볼 수 있다.

사람들은 세부 사항을 중요하게 생각하지 않는 경향이 있다. 이상적으로는 모든 것을 완벽하게 하려면 네 가지 단계에 맞는 테스트를 일일이 수행해야 한다. 그러나 현실적으로 회사는 이 모든 단계 중 일부나 심지어는 전부를 뛰어넘기도 한다. 독자 여러분은 이 책을 구입함으로써 이미 훌륭한 결정을 한 것이다. 테스트는 많이 하고 디버깅은 줄여야 한다.

모든 것은 당신의 선택이다. 지금까지 배운 것들을 잘 지키면서 소스 코드를 짜는 데 배운 지식들을 활용하며 완벽을 향해 달려 나갈 것인가?

📦 JUnit 모범 사례: 지속적인 회귀 테스트

테스트는 대부분 현재 개발 시점을 대상으로 만들어진다. 신규 기능을 추가했다면 그에 맞는 새로운 테스트를 작성하는 것이 당연하다. 테스트를 하며 새 기능이 다른 기능과 잘 어울리는지, 사용자가 만족할 것인지를 알 수 있다. 모두가 만족한다면 다음 개발 항목으로 넘어갈 수 있다. 소프트웨어는 대부분 이렇게 점진적인 방식으로 개발된다. 기능 하나를 추가한 다음 다른 기능으로 넘어간다.

신규 기능은 기존 기능이 만들어 놓은 프로세스 위에 추가되는 경우가 많다. 기존 소스로도 신규 기능이 의도한 바를 제공할 수 있다면, 기존 소스를 재사용하여 신규 기능을 추가하는 물적, 인적 비용을 절감할 수도 있다. 물론 이런 과정은 결코 쉽지 않다. 때로는 새 기능과 함께 동작하도록 기존 소스를 변경해야 할 수도 있다. 이 땐 기존 기능이 수정된 로직으로도 잘 작동되는지 확인해야 한다.

개발 주기에서 JUnit이 가지고 있는 강력한 장점은 테스트를 쉽게 자동화할 수 있다는 것이다. 메서드가 변경되면 변경된 메서드를 바로 테스트할 수 있다. 한 테스트가 통과되면 다른 테스트도 실행할 수 있다. 실패한 테스트가 있다면 모든 테스트가 통과될 때까지 소스 코드를 다시 수정하거나 테스트를 수정할 수 있다.

이렇게 회귀 테스트는 추가된 변경 사항 때문에 기존 기능이 망가지는 것을 방지한다. 모든 종류의 테스트가 회귀 테스트로 사용될 수 있다. 그러므로 소스 코드를 변경한 다음에는 단위 테스트를 실행하는 것이 가장 먼저 해야 할 일이다.

회귀 테스트를 수행하는 가장 좋은 방법은 테스트 묶음의 실행을 자동화하는 것이다.

7장부터는 테스트에 대해 좀 더 구체적으로 논의하며 소프트웨어 각 요소의 동작을 모사하는 컴포넌트인 스텁을 알아본다.

정리

6장에서는 다음 내용을 다루었다.

- 테스트의 품질을 검증하기 위해 단위 테스트를 어떻게 사용할 수 있는지 확인했다.
- 코드 커버리지가 무엇인지 이해하고 IntelliJ IDEA와 JaCoCo를 사용해 확인했다.
- 테스트하기 쉬운 코드를 만드는 방법을 알아보았다.
- 품질에 초점을 둔 소프트웨어 개발 프로세스인 TDD와 BDD를 알아보았다.
- 프로그램을 약간 수정하여 기존 소프트웨어 테스트의 품질을 평가하는 돌연변이 테스트를 배웠다.
- 지속적 통합 원칙을 적용한 개발 주기에서 통속적인 개발 방법과 TDD 간에 어떤 차이가 있는지 알아보았다.

7장

JUnit IN ACTION Third Edition

스텁을 활용한 거친 테스트

> **☑ 7장에서 다루는 내용**
> - 스텁으로 테스트 작성하기
> - 실제 웹 서버 대신 내장 웹 서버 사용하기
> - 스텁으로 HTTP 연결에 대한 단위 테스트 구현하기

그래도 지구는 돈다.

– 갈릴레오 갈릴레이(Galileo Galilei)

애플리케이션을 개발하다 보면 몇몇 코드가 다른 클래스에 의존한다는 것을 알게 된다. 물론 의존성을 제공하는 클래스들도 또 다른 클래스에 의존하거나 특정 환경에 의존한다(그림 7.1). 데이터베이스에 접근하기 위해 하이버네이트(Hibernate)를 사용하는 애플리케이션, 보안이나 영속성 등 다른 서비스를 사용하기 위해 자바 EE(Java EE) 컨테이너에 의존하는 자바 EE 애플리케이션, 파일 시스템에 접근하기 위한 애플리케이션, HTTP나 다른 프로토콜을 활용하여 리소스에 접근하는 애플리케이션 등 애플리케이션은 수많은 외부 환경에 의존한다.

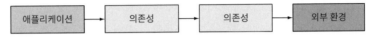

그림 7.1 다른 클래스에 의존하는 애플리케이션. 다른 클래스 역시 또 다른 클래스나 외부 환경에 의존한다.

이 장에서는 JUnit 5를 사용해서 HTTP 서버, 데이터베이스, 물리 장비 등의 외부 리소스에 의존하는 애플리케이션을 테스트하는 방법을 알아본다.

특정한 런타임 환경에 의존하는 애플리케이션을 위한 단위 테스트를 작성하기는 매우 어렵다. 테스트는 안정적이어야 하며 반복적으로 수행해도 같은 결과가 나와야 하기 때문이다. 즉 테스트가 실행되는 환경을 제어할 필요가 있는데, 이를 위한 한 방법으로 실제로 필요한 환경을 테스트의 일부로 구성하여 테스트를 수행하는 것이다. 때로는 이런 방식이 효과적일 수 있다(컨테이너 환경에서 테스트하는 방법을 찾는다면 9장을 참고하기 바란다). 개발 주기로 보자면 개발 단계나 빌드 단계에서 실제 환경을 제공하는 것도 물론 도움이 된다. 그러나 이는 항상 가능한 방법은 아니다.

예를 들어 개발 중인 애플리케이션이 타사에서 제공하는 웹 서버에 HTTP 통신을 해야 하는 경우를 생각해 보자. 개발 환경에서는 그런 서버 통신을 하는 것이 사실상 불가능하다. 그러므로 실제 장비 지원 없이도 소스 코드에 대한 테스트를 지속적으로 작성하고 실행할 수 있도록 타사의 웹 서버를 모사(simulate)할 필요가 있다.

이번에는 프로젝트에서 개발자들과 협업한다고 가정해 보자. 애플리케이션을 테스트해 보고 싶지만 다른 부분이 아직 준비되지 않았을 수 있다. 이럴 때는 어떻게 하면 좋을까? 한 가지 해결책은 누락된 부분과 비슷하게 동작하는 가짜(fake)를 만들어 메꾸는 것이다. 가짜 객체를 활용하는 방법은 크게 두 가지다. 하나는 스텁을 활용하는 것이고 다른 하나는 모의 객체를 활용하는 것이다.

스텁을 사용한다면 스텁이 사전에 정의된 동작만을 수행한다는 점을 유의해야 한다. 스텁 코드는 테스트 외부에 만들어져 있으며 사용하는 위치나 횟수와 관계없이 동일한 동작을 수행하는데, 일반적으로 하드코딩한 값을 반환한다. 스텁으로 테스트할 때는 '스텁 초기화 → 테스트 실행 → 단언문 검증' 순서로 진행한다.

반면 모의 객체는 사전에 정의된 동작을 수행하지는 않는다. 대신 테스트 실행 중에 모의 객체가 수행할 행동을 기대(expectation)할 수 있다. 다른 테스트를 실행하고 모의 객체를 다시 초기화한 뒤 새로운 행동을 기대하는 것도 가능하다. 모의 객체로 테스트할 때는 '모의 객체 초기화 → 기대 설정 → 테스트 실행 → 단언문 검증' 순서로 진행한다. 이 장에서는 스텁을 사용하는 방법을, 8장에서는 모의 객체를 사용하는 방법을 다룬다.

7.1 스텁 살펴보기

스텁은 실제 코드 혹은 아직 구현되지 않은 코드의 동작을 가장하기 위한 장치이다. 시스템의 일부를 사용할 수 없는 상황에서 테스트하기 위해 스텁을 활용한다. 일반적으로 스텁은 테스트 대상 코드를 변경하지는 않는다. 대신 애플리케이션에서 빠진 부분을 빈틈없이 채워주는 역할을 한다.

> **Aa 스텁**
>
> 호출자를 실제 구현 코드에서부터 격리하기 위해 실제 코드 대신 런타임에 동작하는 코드를 말한다. 단순하게 만든 스텁으로 실제 코드의 복잡한 기능을 대체하면 애플리케이션에 독립적으로 테스트를 수행할 수 있다.

스텁을 활용하기 좋은 경우는 다음과 같다.

- 기존 시스템이 너무 복잡하고 깨지기 쉬워 수정이 어려울 때
- 소스 코드가 통제할 수 없는 외부 환경에 의존하고 있을 때
- 파일 시스템, 서버, 데이터베이스 같은 외부 시스템을 완전히 교체해야 할 때
- 하위 시스템 간 통합 테스트 같은 거친(coarse-grained)[1] 테스트를 수행해야 할 때

스텁을 활용하기 어려운 경우는 다음과 같다.

- 실패의 원인을 밝힐 수 있는 정확한 에러 메시지를 확인하기 위해 세밀한(fine-grained) 테스트가 필요할 때
- 코드 전체가 아니라 일부분만 격리해 테스트를 수행해야 할 때

이런 상황에서는 스텁보다 모의 객체를 사용하는 것이 좋다(8장 참고).

일반적으로 스텁은 테스트가 많이 되어 있는 시스템에서 신뢰도가 높은 편이다. 스텁을 활용하면 테스트 대상 객체를 수정하지 않으면서도 실제 운영에서 실행되는 것과 동일한 소스를 테스트할 수 있다는 장점이 있다. 실제 실행 중인 환경에서

---

1 (옮긴이) 원어 'coarse-grained'는 일반적으로 결이 거친, 성긴 이라는 의미를 가진다. 특히 소프트웨어 개발에서 비교적 큰 단위의 대상을 표현할 때 쓰이는데, 여기서는 시스템이나 애플리케이션의 개별적인 단위보다는 여러 컴포넌트 혹은 시스템의 상당 부분을 의미한다. 테스트의 단위가 비교적 크다는 의미에서 '거친' 테스트로 번역하였고 반대되는 의미의 'fine-grained'는 '세밀한'으로 옮겼다.

자동화된 빌드를 통해서 혹은 개발자가 수동으로 테스트를 수행했을 때 스텁을 활용해 테스트를 실행하면 개발에 확신을 얻을 수 있다.

스텁의 단점은 작성하기가 까다롭다는 것이다. 가장해야 하는 시스템이 복잡할 때는 더욱 그러하다. 스텁은 모사해야 하는 코드를 간단하고 단순한 방식으로 구현해야 하므로 비즈니스 로직이 복잡하다면 스텁이 적합하지 않다. 스텁을 활용했을 때의 단점은 다음과 같다.

- 스텁은 작성하기가 까다로워서 스텁 자체를 디버깅해야 하는 일이 종종 생긴다.
- 스텁이 복잡해져서 유지 보수하기가 어려울 수 있다.
- 스텁은 세밀한 단위 테스트에는 적합하지 않을 수 있다.
- 테스트에 따라 다른 스텁을 만들어야 할 수도 있다.

일반적으로 스텁은 거친 테스트를 수행하는 데 모의 객체보다 선호된다.

7.2 스텁으로 HTTP 연결 테스트하기

스텁이 어떤 일을 할 수 있는지 자세히 알아보기 위해 가상 회사인 TDS의 사례를 활용해 보자. 현재 TDS의 개발자는 스텁으로 특정 URL에 대한 HTTP 연결을 맺은 다음 웹 콘텐츠를 읽어 오는 애플리케이션을 개발하는 중이다. 예제 애플리케이션은 WebClient.getContent 메서드를 사용하여 원격 웹 리소스에 대한 HTTP 연결을 맺는다. 이때 원격 웹 리소스는 HTML 응답을 생성하는 서블릿(servlet) 코드를 말한다. 참고로 그림 7.2 속 '웹 리소스'가 스텁이 모사할 부분으로 앞서 7.1절에서 '실제 코드'라고 지칭했던 것에 해당한다.

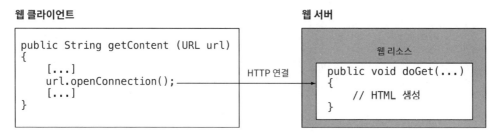

웹 클라이언트

```
public String getContent (URL url)
{
    [...]
    url.openConnection();
    [...]
}
```

HTTP 연결

웹 서버

웹 리소스

```
public void doGet(...)
{
    // HTML 생성
}
```

그림 7.2 예제 애플리케이션이 웹 리소스에 접근하기 위한
HTTP 연결을 맺는 과정. 웹 리소스가 스텁이 대체할 실제 코드다.

TDS의 개발자는 그림 7.3처럼 웹 리소스를 스텁으로 만들어 getContent 메서드를 단위 테스트하려고 한다. 현재 웹 리소스는 아직 구현되어 있지 않으므로 개발자는 웹 리소스 없이 개발을 진행해야 한다. 이때 TDS의 개발자는 앞으로 서블릿이 제공할 웹 리소스를 단순한 HTML을 반환하는 페이지로 대체한다. 이 HTML 페이지가 스텁이 되는데, 스텁은 TestWebClient 테스트가 필요한 것을 반환하는 데 사용한다. 그럼 getContent 메서드를 테스트하는 것과 getContent 메서드가 실제로 반환할 웹 리소스의 구현을 서로 독립적으로 만들 수 있다(실제 웹 리소스라면 데이터베이스까지 접근하거나 다른 객체를 호출해야 했을 것이다).

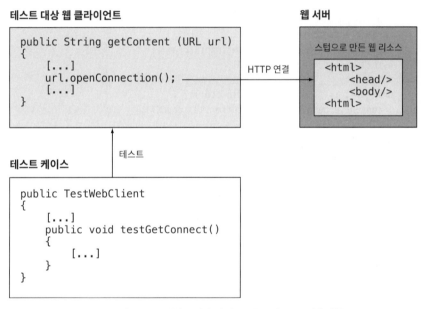

그림 7.3 테스트를 추가하고 실제 웹 리소스를 스텁으로 교체한 상황

스텁으로 교체할 때 중요한 점은 웹 클라이언트의 getContent 메서드는 수정하지 않았다는 것이다. 즉 테스트 대상 애플리케이션을 수정하지 않았다. 만약 스텁으로 대체하는 것이 가능하려면 스텁으로 대체할 코드에 잘 정의된 인터페이스가 있는 것이 좋고, 스텁을 구현할 수 있도록 다양한 구현체를 생성하는 것이 허용되어야 한다. 예제에서의 인터페이스는 public한 추상 클래스인 java.net.URLConnection이었다. 그러므로 호출자와 페이지 구현을 깔끔하게 격리할 수 있었다.

다음은 간단한 HTTP 연결을 이용해 만든 스텁 예시다. 이는 특정 URL에 대한 HTTP 연결을 맺은 다음 해당 URL에서 제공하는 리소스를 읽어 들이는 코드를 나타낸다. 이 메서드는 앞으로 단위 테스트할 애플리케이션의 일부분이기도 하다.

예제 7.1 HTTP 연결을 맺는 메서드 예시

```java
import java.net.URL;
import java.net.HttpURLConnection;
import java.io.InputStream;
import java.io.IOException;

public class WebClient {
  public String getContent(URL url) {
    StringBuffer content = new StringBuffer();
    try {
      HttpURLConnection connection = (HttpURLConnection)
        url.openConnection();                              ①
      connection.setDoInput(true);
      InputStream is = connection.getInputStream();
      byte[] buffer = new byte[2048];
      int count;                                           ②
      while (-1 != (count = is.read(buffer))) {
        content.append(new String(buffer, 0, count));
      }
    } catch (IOException e) {
      throw new RuntimeException(e);   ③
    }
    return content.toString();
  }
}
```

이 예제에서 살펴볼 내용은 다음과 같다.

- HttpURLConnection 타입의 HTTP 연결을 맺는다(①).
- 더 읽을 내용이 없을 때까지 스트림을 읽어 온다(②).
- 예외가 발생했다면 해당 예외를 캐치한 다음 다시 RuntimeException을 던진다 (③).

7.2.1 무엇을 스텁으로 대체할 것인가

예제로 제시된 애플리케이션에는 두 가지 경우의 수가 있다. 그림 7.1에서 제시하 듯 웹 서버가 (파트너 사이트같이) 개발 플랫폼 외부에 존재하거나, 웹 서버가 애 플리케이션이 배포될 플랫폼의 일부일 수 있다. 그러나 어떤 경우가 되더라도 Web Client 클래스를 단위 테스트할 수 있도록 개발 플랫폼에 구동 가능한 서버가 있어 야 한다. 이때 상대적으로 쉬운 해결책은 스텁으로 사용할 아파치(Apache) 테스트 서버를 설치하고 테스트 서버에서 기본으로 보여 줄 간단한 웹 페이지를 만드는 것이다. 이런 방법은 전형적이고 일반적으로 자주 사용되지만, 표 7.1에 제시된 바와 같은 단점이 있다.

단점	설명
환경에 의존한다.	테스트가 시작되기 전에 전체 환경이 구성되어 있고 실행 중인지 확인해야 한다. 만약 웹 서버가 다운된 상태에서 테스트를 실행하면 테스트는 반드시 실패한다. 그럼 테스트가 실패한 이유를 찾느라 시간을 허비하게 된다. 디버깅 결과 소스는 정상인데 서버를 구동하지 않은 게 문제였다는 것을 깨닫는 것만큼 짜증나는 일도 없다. 단위 테스트를 실행할 때 중요한 점은 테스트 결과를 차후에 똑같이 재현할 수 있도록 테스트를 실행하는 환경을 최대한 똑같이 유지해야 한다는 것이다.
테스트 로직이 분리되어 있다.	예제의 경우 스텁을 사용하면 테스트 로직이 테스트 케이스와 테스트 웹 페이지 두 곳으로 흩어진다. 그러므로 테스트를 성공적으로 수행하려면 흩어져 있는 리소스 모두를 항상 최신 상태로 유지해야 한다는 불편함이 있다.
테스트를 자동화하기 어렵다.	웹 페이지를 웹 서버에 배포하고 웹 서버를 기동한 다음 단위 테스트를 실행해야 하므로 테스트 자동화가 어려울 수 있다.

표 7.1 테스트 서버를 스텁으로 사용했을 때의 단점

다행히도 쉬운 해결책이 있다. 내장 웹 서버를 사용하는 것이다. 테스트가 자바로 작성되었으므로 테스트에 사용할 수 있는 자바 기반의 내장 웹 서버를 사용하면 간단히 해결할 수 있다. 여기서는 자바 기반의 오픈 소스 웹 서버이자 서블릿 컨테이너인 Jetty(제티)를 사용해 보자. TDS의 개발자도 Jetty를 사용하여 스텁을 구성할 것이다(Jetty에 관한 자세한 내용은 *www.eclipse.org/jetty*를 참고하기 바란다).

7.2.2 Jetty를 내장 웹 서버로 활용하기

Jetty는 충분히 가볍고 빠른데다가(테스트를 수행할 때 속도는 중요하다) 테스트 코드에서 직접 프로그래밍할 수 있어서 인기가 많다. 또한 Jetty는 운영 환경에서도 사용할 수 있는 매우 유용한 서블릿 컨테이너이기도 하다.

Jetty를 사용하면 앞에서 언급한 단점을 일부 보완할 수 있다. JUnit 5 테스트 코드에서 서버를 구동하고 자바로 테스트를 작성한 다음 테스트 묶음을 자동화할 수 있기 때문이다. Jetty는 모듈화된 아키텍처를 갖고 있으므로 TDS의 개발자는 전체 서버를 만들 필요 없이 Jetty 핸들러만 스텁으로 만들면 된다.

Jetty가 어떻게 구동되는지 이해하기 위해서 테스트 코드에서 Jetty를 설치하고 제어하는 것을 구현해 보자. 다음 예제는 자바로 Jetty를 시작하는 방법과 파일 서비스를 시작하는 루트 경로(/)를 정의하는 방법을 보여 준다.

예제 7.2 JettySample 클래스: Jetty를 내장 웹 서버로 구동하기

```
[...]
import org.mortbay.jetty.Server;
import org.mortbay.jetty.handler.ResourceHandler;
import org.mortbay.jetty.servlet.Context;

public class JettySample {
  public static void main(String[] args) throws Exception {
    Server server = new Server(8081);   ①

    Context root = new Context(server, "/");
    root.setResourceBase("./pom.xml");              ②
    root.setHandler(new ResourceHandler());

    server.setStopAtShutdown(true);
    server.start();   ③
  }
}
```

이 예제에서 살펴볼 내용은 다음과 같다.

- Server 객체를 생성한다(①). 생성자를 보면 8081 포트로 HTTP 요청을 수신하는 것을 알 수 있다. 여기서는 먼저 8081 포트를 다른 곳에서 사용하고 있는지 확인할 필요가 있다. 8081 포트가 이미 사용 중이라면 소스 코드에서 포트를 다른 것으로 변경해도 상관없다.
- HTTP 요청을 처리하고 이를 적절한 핸들러에 전달하는 Context 객체를 생성한다(②). 앞에서 생성한 서버 객체와 루트 URL(/)을 Context 생성자의 파라미터로 사용하고, setResourceBase에서 리소스를 제공할 문서 루트를 설정한다. 그다음 ResourceHandler 객체를 루트 경로에 연결해 파일 시스템에서 파일을 제공하게 만든다.
- 서버를 구동한다(③).

예제 7.2를 실행한 다음 브라우저에서 http://localhost:8081로 접근하면 pom.xml 파일의 내용을 볼 수 있다(그림 7.4). base를 설정하는 부분을 root.setResourceBase(".")와 같이 변경하고 서버를 재기동해 보자. 그러면 브라우저에서 http://localhost:8081/pom.xml 경로로 접근했을 때 동일하게 pom.xml 파일의 내용을 볼 수 있을 것이다.

그림 7.4는 예제 7.2를 실행한 후 브라우저에서 http://localhost:8081 경로로 접

근했을 때의 결과다. 지금까지 Jetty를 내장 웹 서버로 실행하는 방법을 살펴보았다. 다음 절에서는 웹 서버 리소스를 스텁으로 만드는 방법을 알아본다.

```xml
-<!--
                Licensed to the Apache Software Foundation (ASF) under one or more
                contributor license agreements. See the NOTICE file distributed with
                this work for additional information regarding copyright ownership.
                The ASF licenses this file to you under the Apache License, Version
                2.0 (the "License"); you may not use this file except in compliance
                with the License. You may obtain a copy of the License at

                http://www.apache.org/licenses/LICENSE-2.0 Unless required by
                applicable law or agreed to in writing, software distributed under the
                License is distributed on an "AS IS" BASIS, WITHOUT WARRANTIES OR
                CONDITIONS OF ANY KIND, either express or implied. See the License for
                the specific language governing permissions and limitations under the
                License.
  -->
-<project xsi:schemaLocation="http://maven.apache.org/POM/4.0.0 http://maven.apache.org/maven-v4_0_0.xsd">
    <modelVersion>4.0.0</modelVersion>
    <groupId>com.manning.junitbook</groupId>
    <artifactId>ch07-stubs</artifactId>
    <version>1.0-SNAPSHOT</version>
    <name>ch07-stub</name>
-<properties>
    <project.build.sourceEncoding>UTF-8</project.build.sourceEncoding>
    <maven.compiler.source>1.8</maven.compiler.source>
```

그림 7.4 브라우저에서 JettySample 코드를 테스트한 결과. 여기서는 Jetty 웹 서버가 어떻게 작동하는지 확인하기 위해 pom.xml 파일의 내용을 보여 주도록 설정했다.

7.3 스텁으로 웹 서버 리소스 만들기

이번 절에서는 HTTP 연결과 관련된 단위 테스트에 집중한다. TDS의 개발자는 유효한 URL을 호출한 다음 해당 URL에서 웹 콘텐츠를 가져올 수 있는지 확인하는 테스트를 작성한다. 이러한 테스트는 외부 클라이언트와 상호작용하는 웹 애플리케이션의 기능을 검증하는 첫 번째 단계로 볼 수 있다.

7.3.1 첫 번째 스텁 설정하기

WebClient 클래스가 잘 작동하는지 확인하고 싶다면 사전에 Jetty 서버를 구동해야 한다. 이는 아래 예제에서 setUp 메서드로 구현할 수 있다. 또한 tearDown 메서드를 구현해서 서버를 중지할 수 있다.

예제 7.3 WebClient 클래스가 유효한 경로로 작동하는지 검증하기 위한 테스트 스켈레톤

```java
[...]
import java.net.URL;
import org.junit.jupiter.api.*;

public class TestWebClientSkeleton {
```

```
@BeforeAll
public static void setUp() {
  // Jetty 서버를 시작하고
  // http://localhost:8081/testGetContentOk 경로로
  // 접근했을 때 "It works"를 반환하도록 설정한다.
}

@AfterAll
public static void tearDown() {
  // Jetty 서버를 중지한다.
}

@Test
@Disabled(value = "단순한 테스트 스켈레톤이므로 현재 이 테스트를 실행하면 실패한다.")
public void testGetContentOk() throws MalformedURLException {
  WebClient client = new WebClient();
  String workingContent = client.getContent(new URL(
                          "http://localhost:8081/testGetContentOk"));

  assertEquals("It works", workingContent);
  }
}
```

@BeforeAll과 @AfterAll 메서드를 구현하는 방법은 두 가지다. 첫 번째 방법은 문서 루트 경로에 "It works" 문자열을 포함한 정적 페이지를 만들어 놓는 것이다(예제 7.2의 root.setResourceBase(String) 문장을 호출하여 페이지를 지정할 수 있다). 두 번째 방법은 파일에서 가져오지 않고 "It works" 문자열을 반환하는 사용자 정의 핸들러를 사용하도록 Jetty를 구성하는 것이다. 두 번째 방법이 선호되는데, 이렇게 했을 때는 HTTP 서버가 WebClient 객체로 만든 애플리케이션에 에러 코드를 반환하는 경우도 테스트할 수 있기 때문이다.

사용자 정의 핸들러를 사용하도록 Jetty 구성하기

다음 예제는 "It works" 문자열을 반환하는 Jetty Handler 객체를 생성한다.

예제 7.4 "It works" 문자열을 반환하는 Jetty Handler 객체 만들기

```
[...]
public class TestWebClient {
  [...]
  private static class TestGetContentOkHandler extends AbstractHandler {    ┐
    public void handle(String target, HttpServletRequest request,          │
                    HttpServletResponse response,                          │ ①
                    int dispatch) throws IOException {                     ┘
```

```
        OutputStream out = response.getOutputStream();
        ByteArrayISO8859Writer writer = new ByteArrayISO8859Writer();    ②
        writer.write("It works");    ③
        writer.flush();
        response.setIntHeader(HttpHeaders.CONTENT_LENGTH, writer.size());
        writer.writeTo(out);    ④
        out.flush();
      }
    }
    [...]
}
```

이 예제에서 살펴볼 내용은 다음과 같다.

- Jetty의 `AbstractHandler` 클래스를 상속하고 `handle` 메서드를 재정의하여 사용자 정의 핸들러를 선언한다(①).
- Jetty는 들어오는 요청을 핸들러에 전달하기 위해 `handle` 메서드를 호출할 것이다. 그런 다음 Jetty의 `ByteArrayISO8859Writer` 클래스(②)를 사용하여, HTTP 응답으로 반환할 "It works" 문자열을 설정한다(③).
- 마지막으로 응답 내용의 크기를 출력 스트림(Jetty에서 사용한다)에 기록된 문자열 길이로 설정한 다음 응답을 전송한다(④).

이제 핸들러를 만들었으므로 `context.setHandler(new TestGetContentOkHandler())`를 호출하여 Jetty에게 핸들러를 사용하게 해 보자.

테스트 클래스 작성하기

이제 테스트를 구동할 준비가 다 되었다. 외부 클라이언트와 상호작용하는 웹 애플리케이션의 기능을 확인할 기초적인 테스트는 아래와 같다.

예제 7.5 전체 예제를 모은 결과

```
[...]
import java.net.URL;
[...]

public class TestWebClient {
  private WebClient client = new WebClient();

  @BeforeAll
  public static void setUp() throws Exception {
    Server server = new Server(8081);
```

```
    Context contentOkContext = new Context(server, "/testGetContentOk");
    contentOkContext.setHandler(new TestGetContentOkHandler());

    server.setStopAtShutdown(true);
    server.start();
}


@AfterAll
public static void tearDown() {  // 비워 둠
}

@Test
public void testGetContentOk() throws MalformedURLException {
    String workingContent = client.getContent(new URL(
                          "http://localhost:8081/testGetContentOk"));
    assertEquals("It works", workingContent);
}

private static class TestGetContentOkHandler extends AbstractHandler {
    // 예제 7.4 참고
}
}
```

테스트 클래스는 매우 간단해졌다. @BeforeAll 애노테이션이 달린 setUp 메서드는 예제 7.2와 비슷하게 Server 객체를 생성한다. @Test 애노테이션이 달린 testGet ContentOk 메서드는 이전과 크게 달라지지 않았다. 그리고 @AfterAll 애노테이션이 붙은 tearDown 메서드를 의도적으로 비워 두었다. testGetContentOk 메서드에서는 테스트가 종료될 때 서버가 중지되도록 설정했기 때문이다. 서버 인스턴스는 JVM이 종료될 때 중지된다. 테스트는 성공적으로 수행되었는데, 테스트를 실행하고 나면 그림 7.5와 같은 결과를 확인할 수 있다.

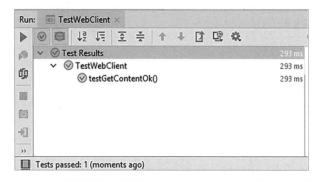

그림 7.5 Jetty 스텁을 활용한 첫 번째 테스트 결과. JUnit 5는 첫 번째 테스트 전에 서버를 시작하고 마지막 테스트가 실행된 다음에 서버를 중지한다.

7.3.2 첫 번째 스텁 테스트 되짚어 보기

이전 예제에서 웹 리소스를 스텁으로 만들어 격리된 상태에서 getContent 메서드를 테스트해 볼 수 있었다. 실제로 무엇을 테스트한 것인가? 그리고 어떤 테스트를 성공한 것인가? 사실 큰 성과가 있었다. 메서드를 단위 테스트하는 동시에 통합 테스트를 수행할 수 있었기 때문이다. 비즈니스 로직뿐만 아니라 HttpURLConnection 클래스를 통해 코드 외부에 있는 HTTP 연결 부분도 테스트했다.

이런 접근 방법도 문제는 있는데 바로 복잡하다는 것이다. 만약 TDS의 개발자가 Jetty를 잘 다루지 못하는 초보자라면, Jetty를 올바르게 설치하는 데 반나절도 더 걸릴 것이다. 어떤 경우에는 스텁이 올바르게 작동하는지 확인하기 위해 스텁을 디버깅해야 할 수도 있다. 명심할 점은 스텁은 단순하게 만들어야 하며, 애플리케이션 개발에 들이는 것만큼의 노력을 스텁을 테스트하고 유지 보수하는 데 들여서는 안 된다는 것이다. 스텁을 디버깅하는 데 너무 많은 시간을 쓰고 있다면 다른 방법을 찾아야 한다.

예제에서는 웹 서버가 필요했다. 그러나 애플리케이션이 바뀌면 스텁도 달라져야 하고 설정도 바뀌어야 한다. 경험은 언제나 도움이 된다. 하지만 상황에 맞는 스텁을 전부 다르게 만들어야 하는 것도 사실이다.

예제는 TDS에서 개발한 웹 애플리케이션을 테스트한다. 이 예제는 상당히 훌륭한데, 단위 테스트와 통합 테스트를 동시에 수행할 수 있기 때문이다. 그러나 결국에는 너무 복잡하게 되었다. 통합 테스트를 수행하지 않고 단위 테스트에 집중하는 식으로 가볍게 접근할 수도 있다. 통합 테스트가 중요하다는 것은 이해하지만, 별도의 테스트 묶음이나 기능 테스트의 일부로 실행할 수 있기 때문이다.

다음 절에서는 다른 예제를 살펴본다. 방금 살펴본 방법과 비슷한 효과를 갖지만 전체 웹 서버를 스텁으로 만들 필요는 없다는 점에서 조금 단순해진 방법이다. 다음 절의 내용은 8장에서 설명하는 모의 객체에 관한 내용과 비슷하다.

7.4 스텁으로 HTTP 연결 만들기

지금까지는 스텁으로 웹 서버 리소스를 만들었다. 이번에는 HTTP 연결을 만들어 보자. 이때 HTTP 연결은 테스트할 수 없다. 하지만 지금은 상관이 없는데, HTTP 연결을 테스트하는 것은 당장의 관심사가 아니기 때문이다. 그보다는 코드를 격리해 테스트하는 것이 중요하다. HTTP 연결은 기능 테스트나 통합 테스트로 차후에 테스트할 수 있다.

코드를 변경하지 않고 HTTP 연결을 스텁으로 대체할 때 자바 URL 클래스나 HttpURLConnection 클래스의 이점을 취할 수 있다. 다양한 종류의 프로토콜을 처리하기 위한 사용자 정의 프로토콜 핸들러를 구성할 수 있기 때문이다. HttpURLConnection 클래스에 대한 모든 호출을 스텁으로 만든 클래스로 리다이렉트할 수 있으며 이 클래스는 테스트에 필요한 모든 것을 반환하게 만들 수 있다.

7.4.1 사용자 정의 URL 프로토콜 핸들러 생성하기

사용자 정의 URL 프로토콜 핸들러를 구현하기 위해 URL 클래스의 정적 메서드인 setURLStreamHandlerFactory를 호출하고 사용자 정의한 URLStreamHandlerFactory 를 만들어 파라미터로 전달한다. 이렇게 TDS의 개발자는 URL 스트림 핸들러를 스텁으로 구현한다. 그러면 URL 클래스의 openConnection 메서드가 호출될 때마다 URLStreamHandlerFactory 클래스가 호출되어 URLStreamHandler를 반환한다. 다음 예제에서 이 작업을 수행한다. 주요한 아이디어는 JUnit 5 setUp 메서드에서 setURLStreamHandlerFactory를 호출하는 것임을 재차 강조한다.

예제 7.6 테스트를 위한 스트림 핸들러 클래스

```
[...]
import java.net.URL;
import java.net.URLStreamHandlerFactory;
import java.net.URLStreamHandler;
import java.net.URLConnection;
import java.net.MalformedUrlException;

public class TestWebClient1 {

  @BeforeAll
  public static void setUp() {
    URL.setURLStreamHandlerFactory(new StubStreamHandlerFactory());   ①
  }

  private static class StubStreamHandlerFactory implements
      URLStreamHandlerFactory {
    @Override
    public URLStreamHandler createURLStreamHandler(String protocol) {     ②
      return new StubHttpURLStreamHandler();
    }
  }
```

```
private static class StubHttpURLStreamHandler extends
    URLStreamHandler {
  @Override
  protected URLConnection openConnection(URL url) {         ③
    return new StubHttpURLConnection(url);
  }
}

@Test
public void testGetContentOk() throws MalformedURLException {
  WebClient client = new WebClient();
  String workingContent = client.getContent(new URL("http://localhost/"));
  assertEquals("It works", workingContent);
}
}
```

이 예제에서 살펴볼 내용은 다음과 같다.

- URL.setURLStreamHandlerFactory 메서드는 스텁으로 사용할 StubStreamHandler Factory 객체(①)를 설정한다.
- StubHttpURLConnection 클래스를 사용하기 위해 내부 클래스(②와 ③)를 구현한다.
- StubStreamHandlerFactory에서 createURLStreamHandler 메서드를 재정의한다 (②). 이 메서드에서 또 다른 스텁인 StubHttpURLStreamHandler 인스턴스를 반환한다.
- StubHttpURLStreamHandler에서 openConnection 메서드를 재정의하고 StubHttp URLConnection 인스턴스를 반환한다(③).

아직 StubHttpURLConnection 클래스를 만들지는 않았다. 해당 클래스는 다음 절에서 다룬다.

7.4.2 HttpURLConnection 스텁 생성하기

마지막 단계는 HttpURLConnection 클래스의 스텁을 구현하는 것이다. 테스트에서 원하는 값을 반환하기 위함이다. "It works" 문자열을 스트림으로 만들어 호출자에게 반환하는 스텁을 만든다.

예제 7.7 스텁으로 만든 HttpURLConnection 클래스

```java
[...]
import java.net.HttpURLConnection;
import java.net.ProtocolException;
import java.net.URL;
import java.io.InputStream;
import java.io.IOException;
import java.io.ByteArrayInputStream;

public class StubHttpURLConnection extends HttpURLConnection {
  private boolean isInput = true;

  protected StubHttpURLConnection(URL url) {
    super(url);
  }

  @Override
  public InputStream getInputStream() throws IOException {
    if (!isInput) {   ①
      throw new ProtocolException(
        "Cannot read from URLConnection"
        + " if doInput=false (call setDoInput(true))");
    }
    ByteArrayInputStream readStream = new ByteArrayInputStream(
        new String("It works").getBytes());
    return readStream;
  }

  @Override
  public void connect() throws IOException {
  }

  @Override
  public void disconnect() {
  }

  @Override
  public boolean usingProxy() {
    return false;
  }
}
```

이 예제에서 살펴볼 내용은 다음과 같다.

- HttpURLConnection은 인터페이스를 구현하지 않은 추상 클래스다. HttpURLCon nection을 상속하여 스텁으로 사용할 수 있게 메서드를 재정의한다.

- 테스트 대상 메서드인 getInputStream 메서드를 구현했다.
- 테스트할 코드가 HttpURLConnection에서 getInputStream 이외에 다른 API를 사용했다면 그 또한 스텁으로 만들어야 한다. 이 부분에서 스텁이 복잡해진다. 실제 HttpURLConnection을 대체하기 위해 계속 로직이 늘어나기 때문이다.
- ①에서 setDoInput(false)이 호출되었는지 알 수 있다. isInput 플래그는 입력에 URL 연결을 사용하는지 알려 준다. isInput이 false일 때 getInputStream 메서드를 호출하면 ProtocolException(HttpURLConnection의 동작)을 던진다. 다행히 대부분은 전체 API가 아닌 몇 가지 메서드만 스텁하면 된다.

7.4.3 HTTP 연결을 스텁으로 대체한 테스트 수행하기

이번에는 getContent 메서드를 테스트하기 위해 TestWebClient1 테스트의 Stub HttpURLConnection을 사용하여 원격 웹 리소스에 대한 HTTP 연결을 스텁으로 만들어 본다. 그림 7.6은 예제 7.6을 테스트한 결과를 보여 준다.

보다시피 웹 리소스를 스텁으로 만드는 것보다 HTTP 연결을 스텁으로 만드는 것이 쉽다. HTTP 연결을 스텁으로 만들면 통합 테스트를 할 수는 없다. 그러나 WebClient의 비즈니스 로직에 대한 단위 테스트를 더 쉽게 만들 수 있다.

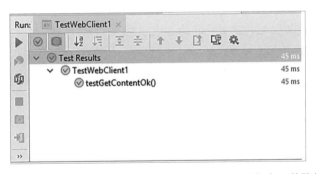

그림 7.6 StubHttpURLConnection을 사용하여 TestWebClient1을 테스트한 결과

8장에서는 모의 객체를 사용한다. 모의 객체를 사용하면 개발자가 더 좋은 소스 코드를 개발할 수 있도록 세밀한 단위 테스트를 수행하는 데 도움이 된다. 때로 스텁은 유용하지만 사람들은 종종 '스텁은 테스트와 별개여야 하며 기존 코드를 수정해서는 안 된다'는 합의가 존재했던 과거의 유물로 이해하기도 한다. 모의 객체를 활용하는 새로운 테스트 전략은 코드 수정을 허용할 뿐만 아니라 장려하기도 한다.

또한 모의 객체의 사용은 단위 테스트에 국한되지 않는다. 이는 코드를 작성하는 완전히 새로운 방법이기도 하다.

정리

7장에서는 다음 내용을 다루었다.

- 언제 스텁을 사용해야 하는지 살펴보았다. 복잡하거나 깨지기 쉬운 기존 시스템을 수정하기 어려울 때, 개발자가 제어할 수 없는 환경에 의존해야 할 때, 외부 시스템을 전면적으로 교체해야 할 때, 거친 테스트를 해야 할 때는 스텁을 사용하는 게 권장된다.
- 언제 스텁을 사용하면 안 되는지 살펴봤다. 정확히 어떤 이유로 실패했는지 구체적인 에러 메시지를 받기 위해서 세밀한 테스트가 필요할 때, 코드의 일부분을 격리해 테스트를 수행하고자 할 때는 스텁을 사용하지 않는 게 권장된다.
- HttpURLConnection API를 사용하여 스텁이 원격 웹 서버에 접근하는 방법을 알아보았다.
- 오픈 소스인 Jetty를 사용해 웹 서버에 대한 스텁을 구현해 보았다. 테스트 안에서 Jetty를 사용한 덕분에 전체 컨테이너를 스텁으로 만들지 않고 Jetty의 HTTP 요청 핸들러만 스텁으로 만들어 쓸 수 있었다.
- HttpURLConnection 클래스를 스텁으로 만들어 HTTP 연결만 스텁으로 만들어 보았다. 웹 리소스를 스텁으로 만드는 것보다 가볍게 만들 수 있었다.

8장

모의 객체로 테스트하기

☑ **8장에서 다루는 내용**

- 모의 객체의 개념 정리하기
- 모의 객체를 활용해 테스트 코드 리팩터링하기
- HTTP 연결을 사용한 애플리케이션 예제 실습하기
- EasyMock, JMock, Mockito 프레임워크 비교하기

> 오늘날의 프로그래밍은
> 더 크고 쉬운 프로그램을 만들려는 소프트웨어 개발자와
> 더 크고 멍청한 바보를 만들기 위해 노력하는 우주 사이의 대결이다.
> 지금까지는 우주가 이기고 있다.
>
> — 리치 쿡(Rich Cook)

개별 메서드를 단위 테스트할 때 환경이나 다른 메서드와 격리하는 것은 확실히 좋은 목표다. 그런데 어떻게 격리할 수 있을까? 7장에서 배운 스텁을 활용하면 소스 코드를 웹 서버, 파일 시스템, 데이터베이스 등의 환경에서 격리하여 단위 테스트를 할 수 있었다. 그렇다면 메서드 호출을 다른 클래스로부터 격리하는 것과 같이 조금 더 세밀한 격리에서도 스텁은 여전히 효과적일까? 아니면 테스트의 이점을 상쇄할 정도로 엄청난 양의 에너지를 낭비하지 않고 이러한 목표를 달성할 수 있는 다른 방법이 있을까?

정답은 '다른 방법이 있다'이다. 이런 기법을 모의 객체라 부른다. 모의 객체의 개념은 팀 매키넌(Tim Mackinnon), 스티브 프리먼(Steve Freeman), 필립 크레이그(Philip Craig)가 XP2000에서 처음 제시했다. 모의 객체를 사용하면 가능한 한 가장

세밀한 수준에서 테스트를 실행할 수 있다. 각 메서드별로 개별적인 단위 테스트를 만들어 개발하는 것이 가능하다.

8.1 모의 객체란 무엇인가

다른 클래스나 메서드와 격리된 상태에서 테스트를 하면 큰 이점이 있다. 작업할 인터페이스가 구성되어 있기만 하다면 아직 완성되지 않은 코드도 테스트할 수 있다는 것이다. 격리된 상태에서의 테스트는 다른 부분의 코드가 완성되는 것을 기다리지 않고 한 부분의 코드를 단위 테스트하는 데 큰 도움이 된다.

모의 객체를 사용할 때의 가장 큰 장점은 메서드에 집중하는 테스트를 만들 수 있다는 것이다. 모의 객체를 사용하면 테스트 대상 메서드가 다른 객체를 호출해서 발생하는 부수 효과가 생길 일이 없다. 작은 것이 아름답다고 하지 않던가. 테스트를 작게, 목표한 부분만 집중하여 작성하는 것은 이해하기 쉬운 테스트를 만들고 코드의 다른 부분이 변경되어도 테스트가 깨지지 않게 한다는 점에서 효과가 크다. 단위 테스트의 장점이 사정없이 리팩터링할 수 있도록 확신을 준다는 것임을 기억하자. 단위 테스트는 회귀를 막기 위한 안전장치다. 여태까지 큰 규모의 테스트를 사용했다면, 리팩터링하면서 예기치 못한 버그를 만들거나 리팩터링 때문에 몇몇 테스트를 실패했을 수 있다. 그럴 때 테스트는 어딘가에 버그가 있다는 것을 알려 주지만, 구체적으로 어디에 있는지는 말해 주지 않는다. 반면 모의 객체를 활용해 세밀한 테스트를 하면 더 적은 테스트가 영향을 받게 되고 실패의 원인을 정확히 찾아 주는 간명한 에러 메시지를 받을 수 있다.

모의 객체[1]는 비즈니스 로직의 일부만을 다른 부분과 격리해 테스트하는 데 적합하다. 모의 객체는 테스트 대상인 메서드가 사용하는 객체를 대체하므로, 테스트 대상 메서드는 다른 객체와 격리되는 효과가 생긴다. 그런 의미에서 모의 객체는 스텁과 비슷하기도 하다. 그러나 모의 객체는 비즈니스 로직을 새로 구현할 필요가 없다. 모의 객체는 테스트가 가짜로 만든 클래스의 모든 비즈니스 로직을 제어하도록 하는 껍데기일 뿐이다.

스텁은 사전에 정의된 동작만 수행한다. 간단한 동작이라도 스텁의 행동은 런타임에 따라 달라지지 않는다. 반면 모의 객체에서 사전에 정의된 동작은 없으며 대신 테스트를 실행하는 중에 모의 객체가 수행할 행동을 기대할 수 있다. 다른 테스

---

1 영어 단어를 그대로 음차하여 간단히 목(mock)이라고도 한다.

트를 수행할 때는 모의 객체를 새로 초기화한 다음 새로운 행동을 기대하면 된다. 모의 객체를 활용한 테스트는 '모의 객체 초기화 → 기대 설정 → 테스트 실행 → 단언문 검증' 순서로 진행된다. 8.6절에서 언제 모의 객체를 사용해야 하는지 예제를 통해 살펴본다.

8.2 모의 객체를 활용해 단위 테스트하기

이 절에서는 모의 객체를 활용해 테스트를 만들어 보자. 먼저 한 계좌에서 다른 계좌로 이체를 하는 간단한 유스 케이스를 생각해 보자(그림 8.1, 예제 8.1, 예제 8.2).

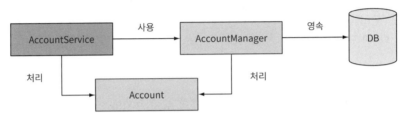

그림 8.1 계좌 이체 테스트를 위해 모의 객체를 사용하는 은행 계좌 서비스

AccountService는 Account 객체를 처리하는 서비스 클래스다. 그리고 (예를 들어 JDBC 같은 걸 이용해서) AccountManager 클래스를 가지고 데이터베이스에 데이터를 영속시킨다. 우리의 관심사인 계좌 이체 서비스는 AccountService.transfer 메서드로 구현할 수 있다. 모의 객체가 없다면, AccountService.transfer 메서드를 테스트한다는 것은 데이터베이스를 준비하고, 테스트 데이터를 사전에 밀어 넣고, (자바 EE 애플리케이션 서버 같은) 컨테이너에 코드를 배포해야 한다는 말과 같다. 이런 프로세스는 애플리케이션이 엔드 투 엔드로 동작하는지 확인하는 데 필요하다. 그러나 비즈니스 로직만 단위 테스트하려는 데 이 정도는 너무 과하다.

  TDS는 고객사를 위한 소프트웨어 프로젝트를 구축하고 있다. 개발 중인 프로젝트에 계좌 관리 기능과 계좌 이체 기능이 필요하다고 하자. 이때 개발자는 몇 가지 솔루션을 설계할 수 있는데, 다음 예제는 계좌 ID와 잔액이라는 두 가지 멤버 변수를 가진 간단한 Account 객체를 보여 준다.

예제 8.1 Account 클래스

```
[...]
public class Account {
  private String accountId;
```

```
  private long balance;

  public Account(String accountId, long initialBalance) {
    this.accountId = accountId;
    this.balance = initialBalance;
  }

  public void debit(long amount) {
    this.balance -= amount;
  }

  public void credit(long amount) {
    this.balance += amount;
  }

  public long getBalance() {
    return this.balance;
  }
}
```

AccountManager 인터페이스는 Account 객체의 생애 주기와 영속성을 관리한다(여기서는 사용자 ID로 계좌 조회와 계좌 정보 수정만 가능하게 되어 있다).

```
[...]
public interface AccountManager {

  Account findAccountForUser(String userId);

  void updateAccount(Account account);

}
```

다음 예제는 한 계좌에서 다른 계좌로 돈을 이체하도록 설계된 transfer 메서드를 보여 준다. 이전에 정의했던 AccountManager 인터페이스를 사용하여 ID로 출금 계좌와 입금 계좌를 찾고 수정한다.

예제 8.2 **AccountService 클래스**

```
[...]
public class AccountService {

  private AccountManager accountManager;

  public void setAccountManager(AccountManager manager) {
```

```
    this.accountManager = manager;
  }

  public void transfer(String senderId, String beneficiaryId, long amount) {
    Account sender = accountManager.findAccountForUser(senderId);
    Account beneficiary = accountManager.findAccountForUser(beneficiaryId);

    sender.debit(amount);
    beneficiary.credit(amount);
    this.accountManager.updateAccount(sender);
    this.accountManager.updateAccount(beneficiary);
  }
}
```

AccountService의 transfer 메서드를 단위 테스트한다고 생각해 보자. 그렇다면 AccountManager의 구현체가 준비될 때까지 AccountManager에 대한 모의 객체를 구현하여 테스트를 별도로 해야 할 것이다. transfer 메서드가 해당 인터페이스를 사용하며, 격리된 상태로 테스트를 해야 하기 때문이다.

예제 8.3 **MockAccountManager 클래스**

```
[...]
import java.util.HashMap;

public class MockAccountManager implements AccountManager {

  private Map<String, Account> accounts = new HashMap<String, Account>();

  public void addAccount(String userId, Account account) {
    this.accounts.put(userId, account);                            ①
  }

  public Account findAccountForUser(String userId) {
    return this.accounts.get(userId);                              ②
  }

  public void updateAccount(Account account) {
    // 아무것도 하지 않는다.                                        ③
  }
}
```

이 예제에서 살펴볼 내용은 다음과 같다.

- addAccount 메서드는 accounts에 userId를 키로 갖고 Account 객체를 값으로 갖는 쌍을 추가한다(①). userId별로 Account 객체를 가지고 있어야 하므로 이 예

제에서는 HashMap을 사용했다. 이렇게 모의 객체를 일반화하고 여러 테스트에서 모의 객체를 사용할 수 있게 되었다. 예를 들어 어떤 테스트에서는 계좌 하나를 가지고 모의 객체를 설정할 수 있고, 다른 테스트에서는 계좌 두 개 이상을 가지고 모의 객체를 설정할 수 있는 것이다.

- findAccountForUser 메서드는 accounts에서 userId를 가지고 Account 객체를 조회한다(②). 물론 사전에 등록된 계좌 정보만 조회할 수 있다.
- updateAccount 메서드는 현재 아무 작업도 수행하지 않으며 값을 반환하지도 않는다(③). 즉 아무런 비즈니스 로직이 없다.

📦 **JUnit 모범 사례: 모의 객체에 비즈니스 로직을 작성하지 않는다**

모의 객체를 작성할 때 가장 중요한 규칙은 모의 객체가 비즈니스 로직을 가져서는 안 된다는 것이다. 모의 객체는 테스트가 시키는 대로만 해야 한다. 다시 말해 순전히 테스트에 의해서만 구동되는 객체가 모의 객체다. 이러한 특성은 모든 로직을 가지고 있는 스텁과 반대된다(7장 참고).

모의 객체에 비즈니스 로직을 넣지 않으면 좋은 점이 두 가지 있다. 첫째, 모의 객체를 만들기가 쉬워진다. 둘째, 모의 객체는 빈 껍데기이므로 모의 객체를 테스트할 필요가 없다.

이제 AccountService 클래스의 transfer 메서드에 대한 단위 테스트를 만들어 보자. 다음 예제는 모의 객체를 사용하는 일반적인 테스트를 보여 준다.

예제 8.4 MockAccountManager를 활용해 transfer 메서드를 테스트하기

```java
[...]
public class TestAccountService {
  @Test
  public void testTransferOk() {
    Account senderAccount = new Account("1", 200);
    Account beneficiaryAccount = new Account("2", 100);

    MockAccountManager mockAccountManager = new MockAccountManager();
    mockAccountManager.addAccount("1", senderAccount);          ①
    mockAccountManager.addAccount("2", beneficiaryAccount);

    AccountService accountService = new AccountService();
    accountService.setAccountManager(mockAccountManager);

    accountService.transfer("1", "2", 50);   ②
```

```
    assertEquals(150, senderAccount.getBalance());
    assertEquals(150, beneficiaryAccount.getBalance());    ③
  }
}
```

일반적으로 테스트는 테스트 설정하기(①), 테스트 실행하기(②), 테스트 결과 검증하기(③) 세 단계로 진행된다. 테스트를 설정하는 단계에서 mockAccountManager를 만든다. mockAccountManager에 transfer 메서드가 호출될 때 반환할 계좌 정보 두 개(출금 계좌와 입금 계좌)를 추가한다. mockAccountManager가 수행할 동작을 기대한다. 두 계좌 정보를 추가함으로써 진정한 모의 객체가 되는 것이다. 앞서 설명했듯이 모의 객체를 활용할 때는 테스트가 모의 객체를 이용하기 전에 기대를 정의한다는 특징이 있다.

이렇게 AccountService 클래스를 다른 도메인 객체인 AccountManager 클래스와 격리한 상태에서 테스트할 수 있었다. 만약 실제로 테스트를 하려면 JDBC 등을 활용해야만 할 것이다.

> **📦 JUnit 모범 사례: 문제될 만한 것만 테스트한다**
>
> Account 클래스를 모의 객체로 만들지 않았다는 것을 눈치챘을 수도 있다. 굳이 데이터 접근을 위한 객체까지 모의 객체로 만들 필요가 없기 때문이다. 이런 객체는 환경에 크게 영향을 받지도 않고, 기본적으로 매우 단순하다. 그리고 Account 객체를 사용하는 다른 클래스에 대한 테스트가 있다면 Account 객체를 간접적으로 테스트한 것으로 간주할 수 있다. Account 클래스가 올바르게 동작하지 않는다면 Account 객체를 사용하는 다른 테스트가 실패하고 거기서 문제가 무엇인지 알려 줄 것이다.

여기까지 읽었다면 모의 객체가 무엇인지 충분히 이해하게 되었을 것이다. 다음 절에서는 모의 객체를 사용해 단위 테스트를 작성한 후 코드를 리팩터링하는 것까지 알아본다. 물론 이런 작업은 전체 개발 주기에 긍정적인 효과를 가져다 준다.

8.3 모의 객체를 활용해 리팩터링하기

일반적으로 단위 테스트는 테스트 대상 코드에 대해 완전히 투명(transparent)해야 하며 테스트를 단순하게 만들 목적으로 런타임 코드를 변경해서는 안 된다는 통념이 있다. 그러나 이는 옳지 않다. 단위 테스트는 런타임 코드의 가장 중요한 클라이언트이며, 다른 클라이언트와 거의 비슷한 수준의 취급을 받아야 한다. 코드가 테스트하기에 충분히 유연하지 않다면 코드를 수정하는 것은 당연하다.

TDS의 개발자가 작성한 코드를 살펴보고 논의를 이어 가 보자. TDS의 개발자는 이전에 모의했던 AccountManager 클래스를 구현해야 한다.

예제 8.5 **DefaultAccountManager1 클래스**

```
[...]
import java.util.PropertyResourceBundle;
import java.util.ResourceBundle;
import org.apache.commons.logging.Log;
import org.apache.commons.logging.LogFactory;
[...]

public class DefaultAccountManager1 implements AccountManager {

  private static final Log logger =
    LogFactory.getLog(DefaultAccountManager1.class);          ①

  public Account findAccountForUser(String userId) {
    logger.debug("Getting account for user [" + userId + "]");
    ResourceBundle bundle = PropertyResourceBundle.getBundle("technical");   ②
    String sql = bundle.getString("FIND_ACCOUNT_FOR_USER");
    [...]
  }

  public void updateAccount(Account account) {
  }
}
```

이 예제에서 살펴볼 내용은 다음과 같다.

- 로거(logger)를 사용하기 위해 Log 객체를 생성한다(①).
- 적절한 SQL을 가져온다(②).

코드가 괜찮아 보이는가? 이 예제에는 두 가지 문제가 있다. 일단 둘 다 코드가 충분히 유연하지 못하며 변화에 적응하기 어렵게 설계된 것과 관련이 있다. 첫 번째 문제는 Log 객체를 바꿔서 쓸 수 없다는 것이다. Log 객체를 클래스 내부에서 생성했기 때문이다. 예를 들어 테스트를 위해 아무 일도 하지 않는 Log 클래스를 모의하고 싶지만 그럴 수는 없다.

일반적으로 이런 클래스는 어떤 Log 객체가 주어지더라도 그걸 사용할 수 있어야 한다. 이 클래스의 목표는 로거를 만드는 것이 아니라 JDBC 로직을 수행하는 것이다. 두 번째 문제인 PropertyResourceBundle 클래스도 상황은 비슷하다. 지금 당장은 괜찮아 보일 수 있다. 그러나 만약 XML을 사용하기로 한다면 어떻게 될까? 반복하건대 어떤 구현체를 사용할지를 결정하는 것이 이 클래스 설계의 목표가 되어서는 안 된다.

훌륭한 설계 전략은 클래스 안에서 객체를 직접 생성하는 것이 아니라 비즈니스 로직과 직접 관계없는 객체를 파라미터로 전달하는 것이다. 궁극적으로 로거나 구성 관련 컴포넌트는 여러 곳에서 사용할 수 있도록 최상위 수준으로 올라가야 한다. 이런 전략은 코드를 유연하게 만들고 변화에 잘 적응할 수 있게 한다. 그리고 우리가 모두 잘 알다시피 변화는 항상 생길 것이다. TDS의 개발자는 이러한 문제를 고려하여 소스 코드를 리팩터링해야 한다.

8.3.1 리팩터링 예제

호출자가 도메인 객체를 전달할 수 있게 모든 코드를 리팩터링하는 것은 시간이 오래 걸릴 수 있다. 그리고 단위 테스트를 작성하기 위해 아직 애플리케이션 전체를 리팩터링할 준비가 되지 않았을 수도 있다. 다행히도 간단한 리팩터링 몇 가지만 적용하면 인터페이스를 동일하게 유지하면서도 내부에서 생성하면 안 되는 도메인 객체를 외부에서 전달하게 수정할 수 있다. 다음 예제는 리팩터링한 Default AccountManager1 클래스가 이전과 어떻게 달라졌는지를 보여 준다.

예제 8.6 단위 테스트 작성을 위해 리팩터링한 DefaultAccountManager2 클래스

```
[...]
public class DefaultAccountManager2 implements AccountManager {
  private Log logger;                                      ┐①
  private Configuration configuration;                     ┘

  public DefaultAccountManager2() {
    this(LogFactory.getLog(DefaultAccountManager2.class),
      new DefaultConfiguration("technical"));
  }
  public DefaultAccountManager2(Log logger, Configuration configuration) { ┐
    this.logger = logger;                                                  │②
    this.configuration = configuration;                                    ┘
  }
```

```
public Account findAccountForUser(String userId) {
  this.logger.debug("Getting account for user [" + userId + "]");
  this.configuration.getSQL("FIND_ACCOUNT_FOR_USER");
  // JDBC를 사용하여 유저의 계좌 정보를 가져오는 비즈니스 로직
  [...]
}
[...]
}
```

①에서 이전 예제의 PropertyResourceBundle를 사용하지 않기 위해 새로운 configuration 필드를 정의한 것에 주목하자. 이렇게 바꾸면 상대적으로 모의하기 쉬운 인터페이스를 사용할 수 있으므로 코드를 더 유연하게 만들 수 있고, Configuration 객체를 구현하는 것으로 (리소스 번들 사용을 비롯하여) 우리가 원하는 작업을 수행할 수 있다. ②에서 Log, Configuration을 구현한 객체를 파라미터로 받는 생성자를 사용한다고 하자. 그러면 DefaultAccountManager2 클래스를 재사용할 수 있으므로 설계가 더 좋아진다. DefaultAccountManager2 클래스는 호출자가 외부에서 제어할 수 있게 된 것이다. 생성자는 기본 생성자와 파라미터가 있는 생성자 두 개가 있는데 파라미터가 없는 기본 생성자는 logger, configuration 필드를 기본값으로 초기화한다.

8.3.2 리팩터링 시 고려 사항

리팩터링을 하니 테스트에서 도메인 객체를 제어할 수 있는 비밀 통로를 열어준 격이 되었다. 하위 호환성을 유지하면서도 향후 리팩터링할 때도 도움이 되도록 길을 연 것이다. 이제는 호출 클래스가 원하는 시점에 새로운 생성자를 사용할 수도 있다.

테스트를 쉽게 하려고 비밀 통로를 연다는 점이 걱정되는가? 익스트림 프로그래밍 전문가인 론 제프리스(Ron Jeffries)는 다음과 같이 설명한다.

> 내 차에는 진단기와 기름 계량봉이 있다. 용광로 옆에도 검사기가 있고 오븐에도 검사기가 있다. 내가 쓰는 만년필의 카트리지는 잉크가 얼마나 남았는지 투명하게 보여 준다.
>
> 클래스에 메서드를 추가하는 게 테스트를 하는 데 유용하다고 생각되면 나는 그렇게 한다. 이런 일은 인터페이스는 간단하지만 내부 기능이 복잡할 때(즉 클래스를 추출해야 한다고 느낄 때) 가끔 일어난다.

단지 클래스에 대해 내가 알고 있는 만큼을 제공하고, 그런 다음 클래스가 원하는 것이 무엇인지 알기 위해 클래스의 행동을 주시하는 것이다.

📦 실용적인 디자인 패턴: 제어의 역전(inversion of control, IoC)

제어의 역전을 적용하는 것은 클래스가 직접 책임지지 않는 객체를 내부에서 생성하는 것이 아니라 외부에서 의존성을 통해 주입하는 것을 의미한다. 이때 의존성은 생성자나 세터(setter) 메서드로 전달할 수 있고 또 다른 메서드의 파라미터로 전달할 수 있다. 의존성을 올바르게 구성하는 것은 메서드를 호출한 곳의 책임이지 호출을 받은 곳의 책임이 아니다.[2]

제어의 역전을 잘 활용하면 단위 테스트를 쉽게 작성할 수 있다. 제어의 역전을 활용해 findAccountByUser 메서드에 대한 테스트를 작성하는 게 얼마나 쉬워지는지 알아보자.

예제 8.7 **testFindAccountByUser 테스트**

```
public void testFindAccountByUser() {
    MockLog logger = new MockLog();   ①
    MockConfiguration configuration = new MockConfiguration();
    configuration.setSQL("SELECT * [...]");                         ②
    DefaultAccountManager2 am = new DefaultAccountManager2(logger,
                                                 configuration);    ③

    Account account = am.findAccountForUser("1234");
    [...]
}
```

이 예제에서 살펴볼 내용은 다음과 같다.

- Log 인터페이스를 구현하지만 실제로는 아무 일도 하지 않는 logger 필드를 모의한다(①).
- 다음으로 MockConfiguration 객체를 생성하고 configuration.getSQL 메서드를 호출할 때 SQL 쿼리를 반환하도록 설정한다(②).
- 마지막으로 Log 객체와 Configuration 객체를 생성자에 전달하여 테스트할 DefaultAccountManager2 객체를 생성한다(③).

---

2 제어의 역전 패턴을 구현하는 프레임워크로는 스프링이 있다(*https://spring.io*).

이제는 테스트 코드에서 테스트 대상 코드의 로깅이나 설정과 관련한 동작을 완벽하게 제어할 수 있다. 결과적으로 코드가 유연해졌으며 다양한 로깅이나 설정을 사용할 수 있게 되었다. 이런 스타일의 리팩터링은 8장뿐만 아니라 그 이후에서도 자주 보게 될 것이다. 현재로서는 TDS의 개발자가 이러한 리팩터링으로 내부 인스턴스를 제어할 수 없었던 문제를 해결했다.

마지막으로 테스트를 소스 코드보다 먼저 작성했을 때 소스 코드가 더욱 유연하도록 설계했다는 점에 유의하기 바란다. 단위 테스트 작성의 핵심은 유연성이다. 테스트를 먼저 작성해야 나중에 코드를 유연하게 만들기 위해 리팩터링하는 데 비용이 많이 들지 않는다.

8.4 HTTP 연결 모의하기

모의 객체가 어떻게 작동하는지 살펴보기 위해 웹 서버에 HTTP 연결을 맺고 페이지의 콘텐츠를 읽어 들이는 TDS의 애플리케이션을 다시 살펴보자. 7장에서 스텁을 활용해 이 애플리케이션을 테스트했으니, 이번에는 HTTP 연결을 모사하는 데 모의 객체를 활용해 보자. 추가적으로 이번에는 자바 인터페이스(구체적으로는 HttpURLConnection 인터페이스)를 구현하지 않고, 단순 클래스에 대한 모의 객체를 생성할 것이다.

전체적인 프로세스는 초기 테스트 구현부터 시작해서 점차적으로 테스트를 개선해 나가고 테스트 대상 코드를 더욱 유연하게 수정하는 방향으로 진행한다. 또한 오류 조건을 테스트하기 위해 모의 객체를 사용한다.

예제 애플리케이션을 테스트하는 코드를 작성함과 동시에 예제 애플리케이션을 개선해 나갈 수 있을 것이다. 이 과정에서 애플리케이션 코드를 더 유연하고 변화에 잘 적응하게 만드는 것은 물론, 간단하고 우아한 테스트 솔루션에 도달하는 과정을 익히게 될 것이다.

그림 8.2는 HTTP 애플리케이션 예시다. 웹 서버가 제공하는 웹 리소스에 대해 HTTP로 통신하여 콘텐츠를 읽어 들이는 WebClient.getContent 메서드를 볼 수 있다. 이번에는 웹 리소스에서 격리된 상태에서 getContent 메서드를 단위 테스트하는 것이 목적이다.

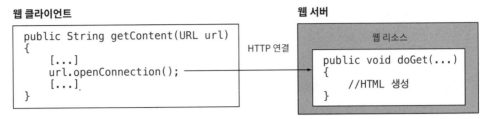

그림 8.2 테스트를 만들기 전의 HTTP 애플리케이션 아키텍처

8.4.1 모의 객체 정의하기

그림 8.3은 모의 객체를 사용한 테스트를 보여 준다. MockURL 클래스가 실제 URL 클래스를 대신하며 URL 클래스의 getContent 메서드에 대한 모든 요청은 MockURL 클래스로 간다. 그림에서 보다시피 테스트는 컨트롤러를 대상으로 한다. 컨트롤러 테스트를 위해 모의 객체의 동작을 정의하고 실제 URL 클래스를 MockURL 클래스로 대체한 다음 테스트를 실행한다.

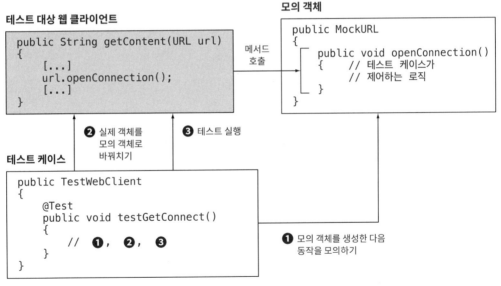

그림 8.3 모의 객체를 사용한 테스트. 여기서는 모의 객체를 생성한 다음 동작을 모의하고, 실제 객체를 모의 객체로 교체하여 테스트를 실행했다.

그림 8.3은 모의 객체를 활용하는 기법의 흥미로운 단면을 보여 준다. 바로 런타임에서 모의 객체를 바꿔친다는 것이다. 눈치가 빠른 독자는 URL 클래스가 final 클래스이므로 MockURL 클래스가 URL 클래스를 상속할 수 없다는 것을 알아챘을 것이다.

다음 절에서는 이런 기능을 (다른 수준에서 모의함으로써) 다른 방식으로 접근해

진행할 것이다. 어찌되었든 모의 객체를 사용할 때 의존성 주입을 활용하지 않는다
면 실제 클래스를 모의 객체로 바꾸기 어려울 수 있다. 그리고 비밀 통로를 열어 주
기 위해 코드를 수정해야 한다는 점은 모의 객체를 부정적으로 보게 만들 소지가
있다. 그러나 8.3.1절과 8.3.2절에서 설명한 것처럼 코드를 유연하게 작성하도록
주의를 환기하는 것이야말로 모의 객체를 사용해야 하는 가장 큰 이유 중 하나다.

8.4.2 예제 메서드 테스트하기

예제 8.8은 지정된 URL에 HTTP 연결을 맺고 해당 URL의 콘텐츠를 읽어 들이는 부
분이다. 이 코드가 우리가 단위 테스트를 하고자 하는 애플리케이션의 메서드 중
하나라고 가정한다(7장에서의 WebClient 클래스와 유사하다).

예제 8.8 **HTTP 연결을 맺는 메서드**

```
[...]
import java.net.URL;
import java.net.HttpURLConnection;
import java.io.InputStream;
import java.io.IOException;

public class WebClient {
  public String getContent(URL url) {
    StringBuffer content = new StringBuffer();
    try {
      HttpURLConnection connection =
          (HttpURLConnection) url.openConnection();       ①
      connection.setDoInput(true);
      InputStream is = connection.getInputStream();
      int count;
      while (-1 != (count = is.read())) {
        content.append(new String(Character.toChars(count)));   ②
      }
    } catch (IOException e) {                ③
      return null;
    }
    return content.toString();
  }
}
```

이 예제에서 살펴볼 내용은 다음과 같다.

- HTTP 연결을 맺는다(①).
- HTTP 연결에서 가져온 모든 콘텐츠를 읽어 들인다(②).

- 오류가 발생하면 null을 반환한다(③). 물론 이 방식이 오류를 잡기 위한 최선은 아니다. 하지만 지금은 이 정도로 충분하다(게다가 테스트 코드가 충분히 미래에 해야 할 리팩터링에 대한 용기를 준다).

8.4.3 첫 번째 시도: 쉬운 리팩터링 기법

TDS의 개발자가 처음 생각한 리팩터링 기법은 웹 서버에 대한 실제 HTTP 연결과 독립적으로 getContent 메서드를 테스트하는 것이다. 8.2절에서 배운 내용을 여기에 적용한다면 url.openConnection 메서드가 모의 HttpURLConnection 객체를 반환하도록 URL 객체를 모의하는 것이다. MockHttpURLConnection 클래스는 테스트에서 getInputStream 메서드로 반환할 내용을 가질 수 있도록 구현한다. 여기서는 다음과 같이 테스트를 작성했다.

예제 8.9 **testGetContentOk 테스트(리팩터링 전)**

```
public class TestWebClientMock {
  @Test
  public void testGetContentOk() throws Exception {
    MockHttpURLConnection mockConnection = new MockHttpURLConnection();     ┐
    mockConnection.setExpectedInputStream(                                   │ ①
        new ByteArrayInputStream("It works".getBytes())));                  ┘

    MockURL mockURL = new MockURL();                                        ┐
    mockURL.setupOpenConnection(mockConnection);                            ┘ ②
    WebClient client = new WebClient();

    String workingContent = client.getContent(mockURL);   ③

    assertEquals("It works", workingContent);   ④
  }
}
```

이 예제에서 살펴볼 내용은 다음과 같다.

- 모의 MockHttpURLConnection 객체를 만들고 반환할 스트림 객체를 설정한다(①).
- 모의 MockURL 객체를 만들고 반환할 모의 연결을 설정한다(②).
- getContent 메서드를 테스트한다(③).
- 결괏값이 "It works"가 맞는지 검증한다(④).

불행하게도 이 방식은 효과가 없다. JDK에서 기본으로 제공하는 URL 클래스는 final 클래스이고, 사용 가능한 다른 URL 인터페이스도 없다. 그리고 확장을 위해서는 너무 많은 노력이 필요해 보인다.

여기서는 다른 방법, 나아가서는 모의할 다른 객체를 찾아야 한다. 한 가지 해결책은 URLStreamHandlerFactory 클래스를 스텁으로 만드는 것이다. 그러나 7장에서 스텁을 활용한 방법을 이미 살펴보았으므로 이번에는 모의 객체를 활용해 getContent 메서드를 리팩터링해 보자. 생각해 보면 getContent 메서드는 HttpURLConnection 객체를 가져온 다음, 이 객체에서 콘텐츠를 읽어 들이는 두 가지 작업을 수행한다. 리팩터링한 결과는 다음과 같은데, HttpURLConnection 객체를 가져오는 부분을 따로 발췌했으며 예제 8.8에서 변경된 부분은 굵게 표시했다.

예제 8.10 getContent에서 HttpURLConnection 객체를 가져오는 부분

```
[...]
public class WebClient1 {

  public String getContent(URL url) {
    StringBuffer content = new StringBuffer();

    try {
      HttpURLConnection connection = createHttpURLConnection(url);   ①
      InputStream is = connection.getInputStream();

      int count;
      while (-1 != (count = is.read())) {
        content.append(new String(Character.toChars(count)));
      }
    } catch (IOException e) {
      return null;
    }

    return content.toString();
  }

  protected HttpURLConnection createHttpURLConnection(URL url)       ①
      throws IOException {
    return (HttpURLConnection) url.openConnection();
  }
}
```

이 예제에서는 createHttpURLConnection 메서드를 호출하여 HTTP 연결을 생성한다(①). 이걸로 어떻게 getContent 메서드를 더욱 효과적으로 테스트할 수 있을까?

다음과 같이 WebClient1 클래스를 상속하고 createHttpURLConnection 메서드를 재정의하는 테스트 헬퍼 클래스를 작성해 보자.

```java
private class TestableWebClient extends WebClient1 {
  private HttpURLConnection connection;

  public void setHttpURLConnection(HttpURLConnection connection) {
    this.connection = connection;
  }

  public HttpURLConnection createHttpURLConnection(URL url)
    throws IOException {
    return this.connection;
  }

}
```

메서드 팩터리(method factory)라는 일반적인 리팩터링 방식은 모의할 클래스에 인터페이스가 없을 때 특히 유용하다. 메서드 팩터리 기법은 먼저 대상 클래스를 상속하고, 이를 제어하기 위한 세터 메서드를 추가한다. 그리고 테스트를 위해 원하는 내용을 반환하기 위한 게터 메서드를 재정의한다.

테스트에서 setHttpURLConnection 메서드를 사용하여 모의로 만든 HttpURLConnection 객체를 설정할 수 있다. 이제 테스트는 다음과 같이 수정할 수 있다. 예제 8.9에서 변경된 부분은 굵게 표시했다.

예제 8.11 수정한 testGetContentOk 테스트

```java
public class TestWebClientMock {
  @Test
  public void testGetContentOk() throws Exception {
    MockHttpURLConnection mockConnection = new MockHttpURLConnection();
    mockConnection.setExpectedInputStream(
        new ByteArrayInputStream("It works".getBytes()));

    TestableWebClient client = new TestableWebClient();      ①
    client.setHttpURLConnection(mockConnection);

    String result = client.getContent(new URL("http://localhost"));   ②
    assertEquals("It works", result);
  }
}
```

이 예제에서 살펴볼 내용은 다음과 같다.

- createHttpURLConnection 메서드가 모의로 만든 MockHttpURLConnection 객체를
  반환하도록 TestableWebClient를 설정한다(①).
- getContent 메서드를 호출한다(②).

메서드 팩터리는 괜찮은 기법이지만 완벽하지는 않다. 이는 독일 이론 물리학자 베르너 하이젠베르크(Werner Heisenberg)가 발표한 불확정성 원리와도 약간 비슷하다. 테스트 대상 클래스를 서브클래싱하면 로직이 바뀐다. 그렇다면 서브클래스를 테스트할 때는 무엇을 테스트하고 있는 것인가?

이런 기법은 테스트하기 쉬운 객체를 만드는 수단으로써는 유용하다. 그러나 여기서 멈추면 우리가 테스트하고자 하는 대상과 비슷하기는 하지만 같지는 않은 무엇인가를 테스트하는 정도에서 끝나 버린다. 우리는 코드를 변경할 수 없는 서드파티 라이브러리에 대한 테스트를 작성하려는 게 아니다. 테스트 대상 코드를 완벽하게 제어하며, 코드를 개선하고, 더 테스트 친화적이게 만들려는 것이다.

8.4.4 두 번째 시도: 클래스 팩터리를 사용한 리팩터링

TDS의 개발자는 제어의 역전을 적용하여 또 다른 리팩터링을 시도한다. 제어의 역전 패턴에 따르면 필요한 리소스는 getContent 메서드 또는 WebClient 클래스로 전달되어야 한다. 그리고 앞으로 사용할 유일한 리소스는 HttpURLConnection 객체다. 그러면 WebClient.getContent 시그니처를 다음과 같이 변경할 수 있다.

```
public String getContent(URL url, HttpURLConnection connection)
```

이렇게 파라미터로 HttpURLConnection 객체를 받는다는 것은 HttpURLConnection 객체 생성을 WebClient를 호출한 쪽에 위임한다는 것을 의미한다. 그런데 URL 객체는 HttpURLConnection 클래스에서 가져와야 하므로 시그니처가 썩 좋아 보이지는 않는다. 다행히도 ConnectionFactory 인터페이스를 만드는 더 좋은 방법을 예제 8.12와 예제 8.13에서 제시한다. ConnectionFactory 인터페이스를 구현한 클래스의 역할은 (HTTP, TCP/IP 등) 연결의 종류가 무엇이든 적절한 InputStream 객체를 반환하는 것이다. 이러한 리팩터링 기법을 **클래스 팩터리**(class factory)라고 한다.

예제 8.12 **ConnectionFactory 클래스**

```
[...]
import java.io.InputStream;

public interface ConnectionFactory {

  InputStream getData() throws Exception;

}
```

WebClient 코드는 아래 예제와 같다.

예제 8.13 **ConnectionFactory를 사용하여 WebClient2를 리팩터링한 결과**

```
[...]
import java.io.InputStream;

public class WebClient2 {

  public String getContent(ConnectionFactory connectionFactory) {
    String workingContent;

    StringBuffer content = new StringBuffer();
    try (InputStream is = connectionFactory.getData()) {
      int count;
      while (-1 != (count = is.read())) {
        content.append(new String(Character.toChars(count)));
      }

      workingContent = content.toString();
    } catch (Exception e) {
      workingContent = null;
    }

    return workingContent;
  }
}
```

예제 8.13은 조금 더 나아졌는데 HTTP 연결을 맺는 것과 독립적으로 웹 콘텐츠를 가져왔기 때문이다. 사실 첫 번째 시도는 HTTP 프로토콜을 사용하는 URL에서만 작동하는 반면 두 번째 시도는 어떠한 표준 프로토콜(file://, http://, ftp://, jar:// 등) 또는 사용자 정의 프로토콜에서도 잘 작동한다. 다음 예제는 HTTP 프로토콜에 대한 ConnectionFactory 인터페이스를 구현한 모습을 보여 준다.

예제 8.14 **HttpURLConnectionFactory 클래스**

```
[...]
import java.io.InputStream;
import java.net.HttpURLConnection;
import java.net.URL;

public class HttpURLConnectionFactory implements ConnectionFactory {
  private URL url;

  public HttpURLConnectionFactory(URL url) {
    this.url = url;
  }

  public InputStream getData() throws Exception {
    HttpURLConnection connection = (HttpURLConnection)
        this.url.openConnection();
    return connection.getInputStream();
  }
}
```

이제 ConnectionFactory 클래스에 대한 모의 객체를 만들어 getContent 메서드를
쉽게 테스트할 수 있다.

예제 8.15 **MockConnectionFactory 클래스**

```
[...]
import java.io.InputStream;

public class MockConnectionFactory implements ConnectionFactory {

  private InputStream inputStream;

  public void setData(InputStream stream) {
    this.inputStream = stream;
  }

  public InputStream getData() {
    return inputStream;
  }
}
```

모의 객체에는 어떠한 비즈니스 로직도 들어 있지 않으며 외부에서 setData 메서드
를 통해 완벽하게 제어할 수 있다. 이제 MockConnectionFactory를 사용하도록 테스
트를 리팩터링해 보자.

예제 8.16 **MockConnectionFactory를 사용해 리팩터링된 테스트**

```
[...]
import java.io.ByteArrayInputStream;

public class TestWebClient {

  @Test
  public void testGetContentOk() throws Exception {
    MockConnectionFactory mockConnectionFactory = new MockConnectionFactory();
    mockConnectionFactory.setData(
        new ByteArrayInputStream("It works".getBytes()));
    WebClient2 client = new WebClient2();
    String workingContent = client.getContent(mockConnectionFactory);
    assertEquals("It works", workingContent);
  }

}
```

이렇게 URL이 주어졌을 때 웹 콘텐츠를 반환하는 WebClient.getContent 메서드를 단위 테스트해야 한다는 처음 목표를 달성할 수 있었다. 중요한 것은 이 과정에서 메서드를 리팩터링하였고, 변화에 더 잘 대응할 수 있는 확장 가능한 구현으로 개선했다는 것이다.

8.5 모의 객체를 트로이 목마로 사용하기

모의 객체는 트로이 목마적 속성을 갖고 있지만 그렇다고 악의적인 것은 아니다. 모의 객체는 모의 객체를 호출하는 클래스가 인식하지 못하는 상태에서 실제 객체를 대체한다. 사실 모의 객체는 클래스 내부 정보에 접근할 수 있으므로 매우 강력하다. 지금까지의 예제에서 모의 객체는 실제 동작을 모사하는 데 사용했다. 그러나 모의 객체가 가진 모든 정보를 사용하지는 않았다.

　모의 객체를 관찰자로 사용하여 테스트 대상 객체가 호출하는 메서드를 모니터링할 수 있기 때문이다. HTTP 연결 예제를 다시 떠올려 보자. InputStream의 close 메서드가 호출되었는지를 모니터링할 필요가 있다. **자원 누수**(resource leak)가 발생할 수 있으므로 반드시 스트림을 닫아야 하기 때문이다. 자원 누수는 리더, 스캐너, 버퍼같이 반드시 사용하고 난 후 메모리에서 삭제해야 하는 자원을 삭제하지 않았을 때 발생한다. 지금까지 InputStream에서는 모의 객체를 사용하지 않았다. 그러나 verify 메서드로 close 메서드가 호출되었는지를 쉽게 검증할 수 있다. 테스트가 끝날 때 verify 메서드를 사용하여 호출했어야 하는 모든 메서드가 호출됐는지를 검증할 수 있다(예제 8.17). 또한 close 메서드가 정확히 한 번 호출되었는지 검증하고 두 번 이상 호출되었거나 한 번도 호출되지 않은 경우 예외를 던질 수도 있다. 이러한 검증을 기대라고 한다.

> **Aa 기대(expectation)**
>
> 모의 객체를 외부에서 호출하는 클래스가 정확하게 행동했는지 검증하기 위해 모의 객체에 내장된 기능. 예를 들어 데이터베이스 커넥션을 모의한 객체는 close 메서드가 모의 객체와 관련한 테스트 중에 정확히 한 번 호출되는지 검증할 수 있다.

자원 누수를 방지하기 위해 쓰고 난 자원은 반드시 반납해야 한다는 기대를 검증하는 다음 예제를 살펴보자.

예제 8.17 close 메서드가 정확히 한 번 호출되기를 기대하는 InputStream 모의 객체

```
[...]

import java.io.IOException;
import java.io.InputStream;

public class MockInputStream extends InputStream {
  private String buffer;
  private int position = 0;
  private int closeCount = 0;

  public void setBuffer(String buffer) {
    this.buffer = buffer;
  }

  public int read() throws IOException {
    if (position == this.buffer.length()) {      ┐
      return -1;                                  │ ①
    }                                             │
    return buffer.charAt(this.position++);       ┘
  }

  public void close() throws IOException {
    closeCount++;  ②
    super.close();
  }
```

```
    public void verify() throws java.lang.AssertionError {
      if (closeCount != 1) {
        throw new AssertionError("close() should "
          + "have been called once and once only");          ③
      }
    }
  }
}
```

이 예제에서 살펴볼 내용은 다음과 같다.

- read 메서드가 반환해야 하는 내용을 모의했다(①).
- close 객체가 호출된 횟수를 센다(②).
- 기대가 충족되었는지를 검증한다(③).

MockInputStream 클래스의 close 메서드에 대한 기대는 간단하다. 항상 한 번만 호출되어야 한다는 것이다. 하지만 테스트 대상 코드에 따라 closeCount 메서드에 대한 기대가 달라질 수 있다. 모의 객체는 보통 setExpectedCloseCalls 같은 메서드가 있으므로 테스트가 모의 객체에게 무엇을 기대해야 하는지 알려 줄 수 있다.

새로운 MockInputStream 객체를 사용하기 위해서는 testGetContentOk 테스트를 아래와 같이 수정한다.

```
[...]
public class TestWebClientFail {
  @Test
  public void testGetContentOk() {
    MockConnectionFactory mockConnectionFactory = new MockConnectionFactory();
    MockInputStream mockStream = new MockInputStream();
    mockStream.setBuffer("It works");
    mockConnectionFactory.setData(mockStream);
    WebClient2 client = new WebClient2();
    String workingContent = client.getContent(mockConnectionFactory);

    assertEquals("It works", workingContent);
    mockStream.verify();
  }
}
```

이전 테스트에서 ByteArrayInputStream을 사용했다면 이번에는 MockInputStream을 사용한다. 모든 기대가 충족되었는지를 검증하기 위해 테스트의 끝부분에 MockInputStream의 verify 메서드를 호출한다. 테스트 실행 결과는 그림 8.4와 같다.

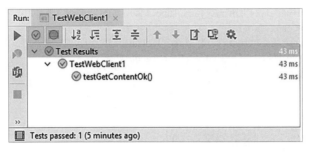

그림 8.4 TestWebClient1 실행 결과

기대는 다른 용도로도 많이 사용한다. 예를 들어 컴포넌트 매니저가 컴포넌트 생애 주기 메서드를 호출하는 경우 해당 메서드가 지정된 순서대로 호출될 것을 기대할 수 있다. 또는 모의 객체에 적절한 값이 파라미터로 전달됐는지를 기대할 수 있다. 일반적으로 기대는 테스트 중에 모의 객체가 우리가 원하는 방식으로 행동하는지 검증하는 것과 동시에 모의 객체를 사용한 내역에 대해 피드백을 받고자 할 때 유용하다. 테스트는 메서드 호출 수, 메서드에 전달되는 파라미터, 메서드가 호출되는 순서에 관한 정보를 제공할 수 있다.

다음 절에서는 가장 많이 사용하는 오픈 소스 모의 객체 프레임워크를 사용하는 방법을 설명한다. 프레임워크는 이미 사람들의 수요에 맞추어 개발이 되어 있으며, 개발자가 군이 처음부터 모의 객체를 구현할 필요가 없게 해 준다.

8.6 모의 객체 프레임워크 사용해 보기

지금까지 TDS의 개발자는 모의 객체를 밑바닥부터 구현했다. 작업이 지루하지는 않았지만 반복적이긴 하다. 사람들은 모의 객체가 필요할 때마다 바퀴를 재발명할 필요가 없다고 생각할 것이며, 이는 어느 정도는 맞는 말이다. 프레임워크를 잘만 사용하면 프로젝트에서 모의 객체를 더 쉽게 만들 수 있다. 이번 절에서는 가장 널리 사용하는 모의 객체 프레임워크인 EasyMock, JMock, Mockito에 대해 알아본다.

TDS의 개발자가 앞서 개발한 HTTP 연결 예제를 EasyMock, JMock, Mockito를 사용하여 재작업하고 세 프레임워크 중 어느 프레임워크를 사용할지 선택하려 한다. 사람마다 경험, 선호, 습관이 다르고 사용 가능한 대안도 세 가지나 되니 이를 비교하여 나름의 결론을 내려 보자.

8.6.1 EasyMock

EasyMock[3]은 모의 객체를 사용하기 위한 유용한 클래스를 제공하는 오픈 소스 프레임워크다. EasyMock을 사용하려면 pom.xml에 다음 의존성을 추가해야 한다.

예제 8.18 pom.xml 파일에 추가한 EasyMock 의존성

```xml
<dependency>
  <groupId>org.easymock</groupId>
  <artifactId>easymock</artifactId>
  <version>4.2</version>
</dependency>
<dependency>
  <groupId>org.easymock</groupId>
  <artifactId>easymockclassextension</artifactId>
  <version>3.2</version>
</dependency>
```

TDS의 개발자는 EasyMock을 적용하기 위해서 앞에서 만든 모의 객체를 일부 수정한다. EasyMock을 사용하여 예제 8.4의 TestAccountService 테스트를 재작업한다.

예제 8.19 EasyMock을 사용하여 TestAccountService 테스트를 재작업한 결과

```java
[...]
import static org.easymock.EasyMock.createMock;  ┐
import static org.easymock.EasyMock.replay;      │ ①
import static org.easymock.EasyMock.expect;      │
import static org.easymock.EasyMock.verify;      ┘

public class TestAccountServiceEasyMock {

  private AccountManager mockAccountManager;  ②

  @BeforeEach
  public void setUp() {
    mockAccountManager = createMock("mockAccountManager",
                           AccountManager.class);  ③
  }

  @Test
  public void testTransferOk() {
    Account senderAccount = new Account("1", 200);      ┐ ④
    Account beneficiaryAccount = new Account("2", 100); ┘
```

---

3 *https://easymock.org*

```
    // 기대를 정의한다.
    mockAccountManager.updateAccount(senderAccount);
    mockAccountManager.updateAccount(beneficiaryAccount);     ⑤

    expect(mockAccountManager.findAccountForUser("1"))
        .andReturn(senderAccoun);
    expect(mockAccountManager.findAccountForUser("2"))        ⑥
        .andReturn(beneficiaryAccount);

    // 기대 정의가 끝나면 replay를 호출한다.
    replay(mockAccountManager);   ⑦

    AccountService accountService = new AccountService();
    accountService.setAccountManager(mockAccountManager);
    accountService.transfer("1", "2", 50);   ⑧

    assertEquals(150, senderAccount.getBalance());
    assertEquals(150, beneficiaryAccount.getBalance());       ⑨
  }

  @AfterEach
  public void tearDown() {
    verify(mockAccountManager);   ⑩
  }

}
```

이번 예제는 예제 8.4와 거의 비슷하지만 앞서 만들었던 MockAccountManager 같은 모의 객체 클래스를 만들 필요가 없다. 이 예제에서 살펴볼 내용은 다음과 같다.

- EasyMock 라이브러리에서 필요한 메서드를 가져온다(①). 정적으로 가져왔다는 점에 유의하자.

- 모의하려는 객체를 인스턴스 변수로 선언한다(②). 참고로 AccountManager는 클래스가 아닌 인터페이스다. EasyMock 프레임워크는 인터페이스만 모의할 수 있다.

- createMock 메서드를 호출하여 원하는 클래스의 모의 객체를 생성한다(③).

- 예제 8.4와 같이 테스트에서 사용할 Account 객체 두 개를 생성한다(④). 그리고 기대를 선언한다.

- EasyMock을 사용할 때는 두 가지 방법으로 기대를 선언할 수 있다. 메서드 반환 타입이 void인 경우 모의 객체에서 간단하게 호출할 수 있다(⑤). 메서드가 어떤 종류든 객체를 반환할 때 EasyMock API인 expect나 andReturn 메서드를 사용한다(⑥).

- 기대를 선언한 다음에는 `replay` 메서드를 호출한다. `replay` 메서드를 호출하면 모의 객체의 행동을 기록하는 단계에서 모의 객체의 동작을 활성화하는 단계로 넘어간다. 단순히 모의 객체의 행동을 기록하는 것만으로는 모의 객체가 동작하지 않는다. `replay` 메서드를 호출해야 모의 객체가 기대한 대로 동작한다(⑦).
- 두 계좌 간 계좌 이체를 하기 위해 `transfer` 메서드를 호출한다(⑧).
- 예상 결과를 단언한다(⑨).
- `@Test` 메서드가 실행된 다음 실행되는 `@AfterEach` 메서드는 기대에 대한 검증을 수행한다(⑩). EasyMock을 사용하면 어떤 모의 객체든 `verify` 메서드를 호출하여 이전에 선언했던 메서드 호출에 대한 기대가 충족되었는지 검증할 수 있다. `@AfterEach` 메서드에 `verify` 메서드를 추가하는 방식으로 기대를 검증하면 새로운 테스트를 만드는 것도 훨씬 수월해질 것이다.

📦 JUnit 모범 사례: EasyMock으로 모의 객체 생성하기

`createMock` 메서드에 관해 알아두면 좋은 팁이 있다. EasyMock의 API를 확인해 보면 create Mock 메서드에 다양한 시그니처가 있는 것을 알 수 있다. 보통 다음과 같은 시그니처 사용을 추천한다.

```
createMock(String name, Class claz);
```

찾아보면 다음과 같은 스타일도 있다.

```
createMock(Class claz);
```

둘 중에 `createMock(String name, Class claz)`을 사용하는 것이 더 좋아 보인다. create Mock(Class claz)를 사용하고 기대를 충족하지 못했으면 다음과 같은 오류 메시지가 나타난다.

```
java.lang.AssertionError:
  Expectation failure on verify:
    read(): expected: 7, actual: 0
```

이런 오류 메시지는 모든 내용을 다 말해 주지는 않는다. 만약 `createMock(String name, Class claz)`을 사용하고 기대를 충족하지 못했으면 다음과 같이 오류 메시지에 name을 출력할 수 있다.

```
java.lang.AssertionError:
  Expectation failure on verify:
    name.read(): expected: 7, actual: 0
```

EasyMock은 사용하기 매우 쉽다. 그렇지 않은가? 이번에는 좀 더 복잡한 예제를 수
정해 보자. 예제 8.20은 예제 8.16을 재작업한 TestWebClient 테스트를 보여 준다.
예제 8.16은 getContent 메서드에서 올바른 값을 반환하는지 검증하는 예제였다.

이번에는 WebClient의 getContent 메서드를 재작업해 보자. 이를 위해 해당 메서
드에 대한 모든 의존성을 모의해야 한다. 이번 예제는 ConnectionFactory와 Input
Stream에 의존한다. EasyMock은 인터페이스만 모의할 수 있는데, InputStream은
인터페이스가 아니라 클래스라는 점이 문제가 될 것으로 보인다.

여기서는 InputStream 클래스를 모의하기 위해서 EasyMock의 클래스 확장을 사
용한다. EasyMock의 클래스 확장을 사용하여 클래스나 인터페이스에 대한 모의
객체[4]를 생성할 수 있다. 예제 8.18의 easymockclassextension을 사용하여 클래스
를 모의할 수 있다. 다음 예제를 보자.

예제 8.20 EasyMock을 활용하여 WebClient 테스트를 재작업한 결과

```
[...]
import static org.easymock.classextension.EasyMock.createMock;
import static org.easymock.classextension.EasyMock.replay;       ①
import static org.easymock.classextension.EasyMock.verify;

public class TestWebClientEasyMock {
  private ConnectionFactory factory;    ②
  private InputStream stream;

  @BeforeEach
  public void setUp() {
    factory = createMock("factory", ConnectionFactory.class);   ③
    stream = createMock("stream", InputStream.class);
  }

  @Test
  public void testGetContentOk()
      throws Exception {
    expect(factory.getData()).andReturn(stream);
    expect(stream.read()).andReturn(Integer.valueOf((byte) 'W'));
    expect(stream.read()).andReturn(Integer.valueOf((byte) 'o'));
    expect(stream.read()).andReturn(Integer.valueOf((byte) 'r'));
    expect(stream.read()).andReturn(Integer.valueOf((byte) 'k'));   ④
    expect(stream.read()).andReturn(Integer.valueOf((byte) 's'));
    expect(stream.read()).andReturn(Integer.valueOf((byte) '!'));
    expect(stream.read()).andReturn(-1);
```

---

4 final이나 private으로 선언된 메서드는 모의할 수 없다.

```
      stream.close();   ⑤

      replay(factory);    ⎤
      replay(stream);     ⎦ ⑥

      WebClient2 client = new WebClient2();
      String workingContent = client.getContent(factory);   ⑦

      assertEquals("Works!", workingContent);   ⑧
  }

  [...]
  @Test
  public void testGetContentCannotCloseInputStream() throws Exception {
      expect(factory.getData()).andReturn(stream);
      expect(stream.read()).andReturn(-1);
      stream.close();                                              ⑨
      expectLastCall().andThrow(new IOException("cannot close"));  ⑩

      replay(factory);
      replay(stream);

      WebClient2 client = new WebClient2();
      String workingContent = client.getContent(factory);

      assertNull(workingContent);
  }

  @AfterEach
  public void tearDown() {
      verify(factory);
      verify(stream);
  }
}
```

이 예제에서 살펴볼 내용은 다음과 같다.

- 먼저 필요한 객체를 가져오는 것으로 시작한다(①). EasyMock의 클래스 확장을 사용하므로 org.easymock.EasyMock이 아니라 org.easymock.classextension. EasyMock을 가져온다. 클래스 확장을 위한 정적 메서드를 사용하여 클래스와 인터페이스의 모의 객체를 만들 수 있다.
- 이전 예제처럼 모의하려는 객체를 선언하고(②), createMock 메서드를 호출하여 초기화한다(③).
- stream.read() 문장을 실행할 때의 기대를 정의한다(④). 참고로 stream은 마지

막에 −1을 읽어 들여야 한다. InputStream 같은 저수준 스트림은 바이트 단위로 데이터를 읽어 오므로 한 번에 한 바이트씩 읽는 방법을 정의한다. ⑤에서는 stream에서 close 메서드가 호출될 것을 기대한다.

- 모든 기대를 선언한 다음에는 replay 메서드를 호출한다(⑥). replay 메서드를 호출하면 모의 객체의 행동을 기록하는 단계에서 모의 객체를 이용해 테스트하는 단계로 넘어가게 된다. replay 메서드를 호출하기 전에는 모의 객체가 수행해야 하는 작업을 기록만 할 뿐 모의 객체를 호출하더라도 동작을 수행하지 않는다. 그러나 replay 메서드를 호출한 후에는 호출될 때 사전에 정의한 동작을 사용하도록 변경된다.

- 테스트 대상 메서드를 호출하고(⑦), 예상 결과를 단언한다(⑧).

- InputStream을 닫을 수 없을 때의 조건을 모사하는 또 다른 테스트를 추가한다. 이번에도 stream의 close 메서드를 호출할 때의 기대를 정의한다(⑨).

- 호출이 발생했을 경우 IOException이 발생해야 한다고 선언한다(⑩).

프레임워크의 이름 그대로 EasyMock을 사용하기는 매우 쉬우므로 프로젝트에 사용하는 것을 충분히 고려할 만하다.

8.6.2 JMock

지금까지 모의 객체를 구현하고 EasyMock을 사용하는 방법을 알아보았다. 이번에는 JMock[5]을 알아보자. TDS의 개발자는 모의 객체 프레임워크의 기능을 평가하고 다른 프레임워크와 비교하기 위해 같은 시나리오를 다른 프레임워크로 재작업한다. 이번에는 JMock으로 모의 AccountManger 객체를 만들고 계좌 이체를 테스트한다. JMock으로 작업하기 위해서는 Maven pom.xml 파일에 다음 의존성을 추가해야 한다.

예제 8.21 JMock으로 작업하기 위해서 추가해야 하는 의존성

```
<dependency>
  <groupId>org.jmock</groupId>
  <artifactId>jmock-junit5</artifactId>
  <version>2.12.0</version>
</dependency>
<dependency>
```

---

[5] *http://jmock.org*

```
    <groupId>org.jmock</groupId>
    <artifactId>jmock-legacy</artifactId>
    <version>2.5.1</version>
</dependency>
```

EasyMock을 사용했던 8.6.1절에서와 같이 간단한 예제부터 시작한다. 이번에는 JMock을 활용해서 예제 8.4를 재작업했는데 결과는 다음과 같다.

예제 8.22 JMock을 사용하여 TestAccountService 테스트를 재작업한 결과

```
[...]
import org.jmock.Expectations;      ⎤
import org.jmock.Mockery;           ⎥ ①
import org.jmock.junit5.JUnit5Mockery;  ⎦

public class TestAccountServiceJMock {

    @RegisterExtension                        ⎤
    Mockery context = new JUnit5Mockery();    ⎦ ②

    private AccountManager mockAccountManager;   ③

    @BeforeEach
    public void setUp() {
        mockAccountManager = context.mock(AccountManager.class);   ④
    }

    @Test
    public void testTransferOk() {
        Account senderAccount = new Account("1", 200);       ⎤
        Account beneficiaryAccount = new Account("2", 100);  ⎦ ⑤

        context.checking(new Expectations() {  ⑥
          {
            oneOf(mockAccountManager).findAccountForUser("1");   ⎤
            will(returnValue(senderAccount));                    ⎦ ⑦
            oneOf(mockAccountManager).findAccountForUser("2");
            will(returnValue(beneficiaryAccount));

            oneOf(mockAccountManager).updateAccount(senderAccount);
            oneOf(mockAccountManager).updateAccount(beneficiaryAccount);
          }
        });

        AccountService accountService = new AccountService();
        accountService.setAccountManager(mockAccountManager);
        accountService.transfer("1", "2", 50);   ⑧
```

```
        assertEquals(150, senderAccount.getBalance());
        assertEquals(150, beneficiaryAccount.getBalance());        ⑨
    }
}
```

이 예제에서 살펴볼 내용은 다음과 같다.

- 이번에도 필요한 모든 패키지를 가져온다(①). EasyMock과 달리 JMock은 정적
  으로 가져올 필요가 없다.
- 참고로 JUnit 5에서는 프로그래밍 방식으로 확장을 등록할 수 있다. JMock의 경
  우 JUnit5Mockery 인스턴스 필드에 @RegisterExtension을 추가하는 것으로 확
  장을 등록한다. 이 책의 4부에서 JUnit 5 확장 모델에 대해 자세히 설명한다. con
  text는 모의 객체를 생성하고 기대를 정의하는 데 사용한다(②).
- 모의하기 위한 mockAccountManager 인스턴스 필드를 선언한다(③).
- @Test 메서드 이전에 실행되는 @BeforeEach 메서드에서 context를 이용해 프로
  그래밍 방식으로 모의 객체를 만든다(④).
- 계좌 이체할 계좌 두 개를 선언한다(⑤).
- Expectations 객체를 생성하여 기대를 선언한다(⑥).
- 기대를 선언하는데(⑦), 기대는 다음과 같은 문법으로 사용할 수 있다.

```
invocation-count(mock-object).method(argument-constraints);
inSequence(sequence-name);
when(state-machine.is(state-name));
will(action);
then(state-machine.is(new-state-name));
```

  모든 절은 굵은 글씨로 표시한 부분(invocation-count과 mock-object)을 제외하
  고는 선택적으로 작성할 수 있다. 몇 번 호출했고 어떤 객체를 호출했는지를 구체
  적으로 적을 수 있다. 이후 메서드가 객체를 반환하면 반환할 객체를 will(return
  Value()) 메서드를 호출하여 선언할 수 있다.

- 계좌 이체를 시작한 다음(⑧), 예상 결과를 단언한다(⑨). JMock은 EasyMock만
  큼 간단하다.

그런데 호출 횟수를 검증하는 것은 어떻게 되었을까? EasyMock은 이를 사용하는

모든 예제에서 특정 메서드가 기대하는 횟수만큼 호출되었는지를 검증해야 했다. JMock을 사용하면 그렇게 할 필요가 없다. JMock 확장이 이 작업을 대신 처리하며 만약 메서드를 기대한 만큼 호출하지 않으면 테스트가 실패한다.

EasyMock으로 했던 것처럼 이번에는 JMock을 사용하여 예제 8.16의 `TestWeb Client` 테스트를 재작업해 보자.

예제 8.23 **JMock을 사용해서 `TestWebClient` 테스트를 재작업한 결과**

```
[...]

public class TestWebClientJMock {
  @RegisterExtension
  Mockery context = new JUnit5Mockery() {    ①
    {
      setImposteriser(ClassImposteriser.INSTANCE);
    }                                          ②
  };

  @Test
  public void testGetContentOk() throws Exception {
    ConnectionFactory factory = context.mock(ConnectionFactory.class);
    InputStream mockStream = context.mock(InputStream.class);    ③

    context.checking(new Expectations() {
      {
        oneOf(factory).getData();
        will(returnValue(mockStream));    ④

        atLeast(1).of(mockStream).read();
        will(onConsecutiveCalls(
            returnValue(Integer.valueOf((byte) 'W')),
            returnValue(Integer.valueOf((byte) 'o')),
            returnValue(Integer.valueOf((byte) 'r')),    ⑤
            returnValue(Integer.valueOf((byte) 'k')),
            returnValue(Integer.valueOf((byte) 's')),
            returnValue(Integer.valueOf((byte) '!')), returnValue(-1)));

        oneOf(mockStream).close();
      }
    });

    WebClient2 client = new WebClient2();
    String workingContent = client.getContent(factory);    ⑥

    assertEquals("Works!", workingContent);    ⑦
  }
```

```
@Test
public void testGetContentCannotCloseInputStream() throws Exception {
  ConnectionFactory factory = context.mock(ConnectionFactory.class);
  InputStream mockStream = context.mock(InputStream.class);

  context.checking(new Expectations() {
    {
      oneOf(factory).getData();
      will(returnValue(mockStream));
      oneOf(mockStream).read();
      will(returnValue(-1));
      oneOf(mockStream).close();                              ⑧
      will(throwException(new IOException("cannot close")));  ⑨
    }
  });

  WebClient2 client = new WebClient2();

  String workingContent = client.getContent(factory);

  assertNull(workingContent);
  }
}
```

이 예제에서 살펴볼 내용은 다음과 같다.

- JMock 확장을 등록하는 것으로 테스트 케이스를 시작한다. private으로 선언하지 않은 인스턴스 필드 context에는 @RegisterExtension 애노테이션이 달려 있다(①). JUnit 5 확장 모델에 관해서는 4부에서 언급한다.
- JMock에서 인터페이스 말고 클래스에 대한 모의 객체를 생성해야 한다면 context에서 imposteriser 속성을 정의해야 한다(②). 그렇게 하면 지금까지 했던 방법으로 클래스에 대해서도 모의 객체를 생성할 수 있다.
- 두 모의 객체를 선언하고 프로그래밍 방식으로 초기화한다(③).
- 모의 객체가 수행하길 원하는 동작을 기대한다(④). mockStream의 read 메서드가 반환하고자 하는 값을 연속적으로 선언했다(⑤).
- 테스트 대상 메서드를 호출한다(⑥).
- 예상 결과를 단언한다(⑦).
- JMock을 사용하는 방법을 더 자세히 알아보기 위해 두 번째 테스트는 예외 조건에서 WebClient를 테스트한다. close 메서드가 호출될 것이라는 기대를 선언한다(⑧). 해당 메서드를 호출했을 때 IOException을 던진다(⑨).

JMock은 EasyMock만큼 사용하기 쉽다. 게다가 EasyMock과 비교하면 JMock은 JUnit 5와 더 잘 통합되어 있다. 프로그래밍 방식으로 context 필드를 정의할 수도 있다. 이번에는 JUnit 5에 녹아 있는 패러다임에 조금 더 근접한 프레임워크인 Mockito를 살펴보자.

8.6.3 Mockito

이번에는 Mockito[6]를 사용한다. Mockito는 현재 가장 인기 있는 모의 객체 프레임워크다. TDS의 개발자는 Mockito를 평가한 다음 프로젝트에 Mockito를 도입하고자 한다. Mockito를 사용하려면 Maven pom.xml 파일에 다음 의존성을 추가해야 한다.

예제 8.24 pom.xml 파일에 추가한 Mockito 의존성

```
<dependency>
  <groupId>org.mockito</groupId>
  <artifactId>mockito-junit-jupiter</artifactId>
  <version>3.2.4</version>
  <scope>test</scope>
</dependency>
```

마찬가지로 이번에는 Mockito를 사용하여 예제 8.4를 재작업한다. 여기서도 모의 AccountManager 객체를 만들어 계좌 이체를 테스트한다.

예제 8.25 Mockito를 사용하여 TestAccountService 테스트를 재작업한 결과

```
[...]
import org.junit.jupiter.api.extension.ExtendWith;    ┐
import org.mockito.Mock;                              │ ①
import org.mockito.Mockito;                           │
import org.mockito.junit.jupiter.MockitoExtension;    ┘

@ExtendWith(MockitoExtension.class)  ②
public class TestAccountServiceMockito {

  @Mock                                          ┐
  private AccountManager mockAccountManager;     ┘ ③

  @Test
  public void testTransferOk() {
    Account senderAccount = new Account("1", 200);       ┐ ④
    Account beneficiaryAccount = new Account("2", 100);  ┘
```

---

6 *https://site.mockito.org*

```
        Mockito.lenient()
            .when(mockAccountManager.findAccountForUser("1"))
            .thenReturn(senderAccount);                          ⑤
        Mockito.lenient()
            .when(mockAccountManager.findAccountForUser("2"))
            .thenReturn(beneficiaryAccount);

        AccountService accountService = new AccountService();
        accountService.setAccountManager(mockAccountManager);
        accountService.transfer("1", "2", 50);  ⑥

        assertEquals(150, senderAccount.getBalance());           ⑦
        assertEquals(150, beneficiaryAccount.getBalance());
    }
}
```

이 예제에서 살펴볼 내용은 다음과 같다.

- 필요한 모든 패키지를 가져온다(①). 이 예제에서는 정적으로 가져온 패키지가 없다.
- MockitoExtension을 사용하여 JUnit 5 테스트를 확장한다(②). @ExtendWith는 테스트 클래스나 테스트 메서드에 대한 확장을 등록하는 데 사용한다. 4부에서 JUnit 5 확장 모델에 대해 자세히 논의하므로 이번 예제에서는 MockitoExtension이 @Mock으로 모의 객체를 만드는 데 필요하다는 점만 언급하고 넘어간다(③). @Mock을 사용하면 Mockito가 모의 AccountManager 객체를 생성할 수 있다.
- 계좌 이체할 계좌 두 개를 선언한다(④).
- when 메서드를 사용하여 모의 객체가 수행할 동작을 기대한다(⑤). 추가적으로 테스트에서 모의 객체 메서드를 엄격하게(strict) 호출하지 못하도록 lenient 메서드를 사용한다. lenient 메서드가 없으면 동일한 findAccountForUser 메서드에 대해 기대를 하나밖에 선언할 수 없는데, 현재는 두 개의 기대가 필요한 상황이다(하나는 "1"을 파라미터로 사용하고, 다른 하나는 "2"를 파라미터로 사용한다).
- 한 계좌에서 다른 계좌로 계좌 이체를 시작한다(⑥).
- 예상 결과를 단언한다(⑦).

이번에는 Mockito를 사용하여 WebClient를 테스트했던 예제 8.16을 재작업한다.

예제 8.26 Mockito를 사용하여 `TestWebClient`를 재작업한 결과

```
[...]
import org.mockito.Mock;
import org.mockito.junit.jupiter.MockitoExtension;      ①
import static org.mockito.Mockito.doThrow;
import static org.mockito.Mockito.when;

@ExtendWith(MockitoExtension.class)   ②
public class TestWebClientMockito {
  @Mock
  private ConnectionFactory factory;
                                           ③
  @Mock
  private InputStream mockStream;

  @Test
  public void testGetContentOk() throws Exception {
    when(factory.getData()).thenReturn(mockStream);   ④
    when(mockStream.read()).thenReturn((int) 'W')
                           .thenReturn((int) 'o')
                           .thenReturn((int) 'r')
                           .thenReturn((int) 'k')   ⑤
                           .thenReturn((int) 's')
                           .thenReturn((int) '!')
                           .thenReturn(-1);

    WebClient2 client = new WebClient2();

    String workingContent = client.getContent(factory);   ⑥

    assertEquals("Works!", workingContent);   ⑦
  }

  @Test
  public void testGetContentCannotCloseInputStream() throws Exception {
    when(factory.getData()).thenReturn(mockStream);   ⑧
    when(mockStream.read()).thenReturn(-1);   ⑨
    doThrow(new IOException("cannot close"))     ⑩
        .when(mockStream).close();

    WebClient2 client = new WebClient2();

    String workingContent = client.getContent(factory);

    assertNull(workingContent);
  }
}
```

이 예제에서 살펴볼 내용은 다음과 같다.

- 필요한 의존성을 (정적 혹은 비정적으로) 가져온다(①).
- MockitoExtension을 사용하여 테스트를 확장한다(②).
- MockitoExtension은 @Mock 애노테이션으로 모의 객체를 생성할 때 사용한다. @Mock 애노테이션을 추가하면 Mockito로 ConnectionFactory 타입의 모의 객체와 InputStream 타입의 모의 객체를 생성할 수 있다(③).
- 모의 객체가 수행할 것으로 기대하는 동작을 선언한다(④). mockStream의 read 메서드가 반환하고자 하는 값을 연속적으로 선언한다(⑤).
- 테스트 대상 메서드를 호출한다(⑥).
- 예상 결과를 단언한다(⑦).
- 예외적인 상황에서 WebClient를 테스트하는 또 다른 @Test 메서드를 선언한다. factory.getData() 문장을 실행했을 때의 기대를 선언하고(⑧), mockstream. read() 문장을 실행했을 때의 기대를 선언한다(⑨). 그리고 스트림을 닫을 때 IOException을 던지도록 Mockito에 작성해 둔다(⑩).

Mockito는 프로그래밍 방식으로 모의 객체를 만든 JMock과 달리 JUnit 5 @Extend With 애노테이션이나 @Mock 애노테이션을 사용하여 JUnit 5 확장 모델과 통합해 사용할 수 있다. JUnit 5와 통합이 잘되어 있으므로 다른 프레임워크보다 더 많이 쓰인다.[7]

9장에서는 단위 테스트 컴포넌트에 대한 또 다른 접근 방식인 컨테이너를 활용한 테스트 또는 통합 테스트를 다룬다.

정리

8장에서는 다음 내용을 다루었다.

- 모의 객체에 대해 알아보았다. 모의 객체를 사용하면 다른 도메인 객체나 환경으로부터 격리된 단위 테스트 코드를 작성할 수 있었다. 세밀한 단위 테스트를

---

[7] (옮긴이) 이 책에서는 Mockito 클래스의 when과 thenReturn 메서드로 모의 객체의 행동을 기대했지만, Mockito 클래스를 상속한 BDDMockito 클래스를 사용한다면 given과 willReturn 메서드로 모의 객체의 행동을 기대할 수 있다. 그 외에도 Mockito 클래스의 verify 메서드를 가독성 있게 포장한 then과 should 메서드를 제공하고 있으니 테스트 메서드를 BDD의 Given-When-Then 형식에 맞게 작성하고 싶다면 BDDMockito를 사용해 보기 바란다.

만들 때 실행 환경으로부터 자신을 추상화하는 데 도움이 된다.

- 모의 객체를 사용할 때 긍정적인 효과를 알아보았다. 종종 모의 객체는 테스트 대상 코드를 리팩터링하도록 유도한다. 코드는 유연하지 않게 작성될 때가 종종 있다. 모의 객체를 사용하면 코드를 달리 생각해 볼 수 있고 인터페이스나 제어의 역전과 같은 더 나은 디자인 패턴을 적용할 수 있다.

- 모의 HTTP 연결을 사용하는 코드를 리팩터링하기 위한 메서드 팩터리나 클래스 팩터리 기법을 구현하고 비교했다.

- 세 가지 모의 객체 프레임워크인 EasyMock, JMock, Mockito를 알아보았다. 세 프레임워크 중 Mockito가 JUnit 5, 특히 JUnit 5 확장 모델과 가장 잘 통합되어 있음을 확인했다.

9장

J Unit IN ACTION Third Edition

컨테이너를 활용한 테스트

☑ **9장에서 다루는 내용**

- 모의 객체의 문제점 이해하기
- 컨테이너를 활용해 테스트하기
- 스텁, 모의 객체, 컨테이너를 활용한 테스트 비교하기
- Arquillian 활용하기

성공의 비밀은 진실성에 있지만,
진실성을 가장할 수 있다면 그것으로 성공한 것이다.
— 장 지로두(Jean Giraudoux)

9장에서는 애플리케이션 컨테이너 안의 컴포넌트를 단위 테스트하는 방법으로 컨테이너를 활용한 테스트 또는 통합 테스트(integration test)에 관해 살펴본다. 컨테이너 안의 컴포넌트는 다른 개발자나 팀에서 개발할 수 있고, 나중에 함께 테스트하거나 통합해야 하는 모듈이라고 볼 수 있다. 이 장에서는 컨테이너를 활용한 테스트의 장단점을 분석하고 8장에서 소개한 모의 객체를 이용해 어떤 일을 할 수 있는지 알아본다. 모의 객체를 이용한 테스트의 단점은 무엇인지, 컨테이너를 활용한 테스트로 어떻게 통합 테스트를 할 수 있는지도 알아본다. 또한 통합 테스트를 위한 컨테이너 프레임워크인 Arquillian(아퀼리언)을 사용하여 테스트를 만들고 실행하는 방법을 보여 준다. 마지막으로 스텁, 모의 객체, 컨테이너를 활용한 테스트를 비교한다.

9.1 일반적인 단위 테스트의 한계

HttpServlet의 isAuthenticated 메서드를 구현하는 예제 9.1의 서블릿부터 시작해 보자. isAuthenticated 메서드를 대상으로 단위 테스트를 작성한다. 먼저 **서블릿**이란 웹 애플리케이션 서버에서 동작하는 자바 클래스를 말한다. 가상 회사인 TDS는 서블릿을 사용하여 웹 애플리케이션을 개발하며, 그중 하나로 신규 고객에게 서비스를 제공하는 온라인 쇼핑몰이 있다. 온라인 쇼핑몰에 접속하기 위해서는 사용자가 프런트엔드 인터페이스를 활용해야 한다. 이때 온라인 쇼핑몰은 사용자 정보가 올바른지를 확인할 수 있는 인증 메커니즘이 필요한데, TDS의 개발자는 사용자 인증이 되었는지를 검증하는 isAuthenticated 메서드를 테스트하는 상황이다.

예제 9.1 isAuthenticated 메서드를 구현하는 서블릿

```
[...]
import javax.servlet.http.HttpServlet;
import javax.servlet.http.HttpServletRequest;
import javax.servlet.http.HttpSession;

public class SampleServlet extends HttpServlet {

  private static final long serialVersionUID = 1L;

  public boolean isAuthenticated(HttpServletRequest request) {
    HttpSession session = request.getSession(false);
    if (session == null) {
      return false;
    }
    String authenticationAttribute = (String)
        session.getAttribute("authenticated");

    return Boolean.valueOf(authenticationAttribute).booleanValue();
  }
}
```

이해하기 쉽게 되어 있는 이 서블릿 예제는 일반적인 단위 테스트의 문제가 무엇인지 보여 준다. 만약 isAuthenticated 메서드를 테스트하려면 사전에 유효한 HttpServletRequest 객체를 가지고 있어야 한다. 그런데 HttpServletRequest는 인터페이스이므로 new 예약어를 사용해서 HttpServletRequest를 생성할 수가 없다. 게다가 HttpServletRequest 객체의 생애 주기나 구현은 컨테이너(이 경우 서블릿 컨테이너)에서 제공하는 것이지 개발자가 하는 것이 아니다. HttpSession도 역시 마찬가지다. 즉 JUnit만으로는 isAuthenticated 메서드와 일반적인 서블릿에 관한 테스트를 작성하기가 어렵다.

> **Aa 컴포넌트와 컨테이너**
>
> 컴포넌트는 애플리케이션 또는 애플리케이션의 일부를 말한다. 컨테이너는 컴포넌트가 실행되고 있는 격리된 공간을 말한다. 컨테이너는 생애 주기, 보안, 트랜잭션 등 컴포넌트를 위한 서비스를 제공한다.

서블릿이나 JSP(Java Server Page, 자바 서버 페이지)에서 컨테이너는 Tomcat(톰캣)이나 Jetty 같은 서블릿 컨테이너를 말한다. 그 외에는 EJB(Enterprise Java Beans, 엔터프라이즈 자바 빈즈) 컨테이너인 JBoss 등이 있다(JBoss는 WildFly로 이름이 변경되었으나 이 책에서는 혼용한다). 이러한 컨테이너에서 자바 코드는 기본적으로 잘 동작한다. 그러나 컨테이너가 런타임에 HttpServletRequest 같은 객체를 생성하고 관리하는 한 일반적인 JUnit만으로는(JUnit 5 기능을 쓴다든지, 스텁이나 모의 객체를 활용한다든지) 해당 객체를 테스트하기 어렵다.

9.2 모의 객체를 활용한 테스트

TDS의 개발자는 온라인 쇼핑몰의 인증 메커니즘을 테스트하고자 한다. 예제 9.1의 isAuthenticated 메서드를 단위 테스트하기 위해 고려할 만한 첫 번째 방법은 8장에서 설명한 모의 객체 개념을 사용하여 HttpServletRequest 객체를 모의(mock)하는 것이다. 그러나 모의 객체를 사용하더라도 테스트를 실행하려면 여전히 많은 코드를 작성해야 한다. 다만 8장에서 다루었던 모의 객체 오픈 소스 프레임워크인 EasyMock을 사용하여 모의 객체를 조금 쉽게 만들 수 있다.

예제 9.2 EasyMock을 활용하여 서블릿 테스트하기

```
[...]
import static org.junit.jupiter.api.Assertions.assertTrue;
import static org.junit.jupiter.api.Assertions.assertFalse;
import javax.servlet.http.HttpServletRequest;
import static org.easymock.EasyMock.createStrictMock;          ①
import static org.easymock.EasyMock.expect;
import static org.easymock.EasyMock.replay;
import static org.easymock.EasyMock.verify;
import static org.easymock.EasyMock.eq;
[...]
```

```
public class TestSampleServletWithEasyMock {

  private SampleServlet servlet;
  private HttpServletRequest mockHttpServletRequest;          ②
  private HttpSession mockHttpSession;

  @BeforeEach
  public void setUp() {
    servlet = new SampleServlet();                                         ③
    mockHttpServletRequest = createStrictMock(HttpServletRequest.class);
    mockHttpSession = createStrictMock(HttpSession.class);
  }

  @Test
  public void testIsAuthenticatedAuthenticated() {
    expect(mockHttpServletRequest.getSession(eq(false)))
      .andReturn(mockHttpSession);                                  ④
    expect(mockHttpSession.getAttribute(eq("authenticated")))
      .andReturn("true");

    replay(mockHttpServletRequest);      ⑤
    replay(mockHttpSession);

    assertTrue(servlet.isAuthenticated(mockHttpServletRequest));  ⑥
  }

  @Test
  public void testIsAuthenticatedNotAuthenticated() {
    expect(mockHttpSession.getAttribute(eq("authenticated"))).andReturn(
        "false");
    replay(mockHttpSession);

    expect(mockHttpServletRequest.getSession(eq(false))).andReturn(
        mockHttpSession);
    replay(mockHttpServletRequest);

    assertFalse(servlet.isAuthenticated(mockHttpServletRequest));
  }

  @Test
  public void testIsAuthenticatedNoSession() {
    expect(mockHttpServletRequest.getSession(eq(false))).andReturn(null);

    replay(mockHttpServletRequest);
    replay(mockHttpSession);

    assertFalse(servlet.isAuthenticated(mockHttpServletRequest));
  }
```

```
@AfterEach
public void tearDown() {  ⑦
  verify(mockHttpServletRequest);  ┐
  verify(mockHttpSession);         ┘ ⑧
 }
}
```

이 예제에서 살펴볼 내용은 다음과 같다.

- 필요한 클래스와 메서드를 정적으로 가져오는 것에서 시작한다. 여기서는 Easy
 Mock 클래스의 API를 다양하게 사용한다(①).
- 모의하려는 대상인 HttpServletRequest와 HttpSession에 대한 인스턴스 변수를
 선언한다(②).
- @BeforeEach 애노테이션이 달린 setUp 메서드는 @Test 메서드가 실행되기 전에
 실행된다(③). setUp 메서드에서 모의 객체를 초기화한다.
- 다음과 같은 패턴에 따라 테스트를 구현한다.
  ◦ EasyMock API를 사용하여 기대를 선언한다(④).
  ◦ replay 메서드를 호출하여 기대 선언을 완료한다(⑤). replay 메서드를 호출
   하면 모의 객체의 행동을 기록하는 단계에서 모의 객체를 이용해 테스트하는
   단계로 넘어가게 된다. replay 메서드를 호출하기 전에는 모의 객체가 수행
   해야 하는 작업을 기록만 할 뿐 모의 객체를 호출하더라도 동작을 수행하지
   않는다. 그러나 replay 메서드를 호출한 후에는 테스트에서 호출될 때 사전
   에 정의한 동작을 사용하도록 변경된다.
  ◦ 서블릿에서 HTTP 요청 객체가 유효한지 단언한다(⑥).
- 각 테스트 메서드가 실행된 이후 @AfterEach 애노테이션이 달린 teardown 메서
 드는 EasyMock의 verify API를 호출하여(⑦), 모의 객체가 사전에 정의한 모든
 기대를 만족했는지 검증한다(⑧).

이렇게 최소한의 컨테이너를 모의(mock)하는 것은 컴포넌트를 테스트하는 데 효
과가 있다. 그러나 컨테이너를 모의하기 위해서는 복잡한 코드를 짜야 할 수도
있다. 참고로 이 책과 함께 제공되는 소스 코드에는 EasyMock 말고도 JMock과
Mockito 프레임워크로 작성한 서블릿 테스트도 있으니 소스 코드를 참고해 보기
바란다. 다른 테스트와 마찬가지로 만약 서블릿이 변경된다면, 기대도 그에 맞게
변경되어야 한다. 다음 절에서는 TDS의 개발자가 온라인 쇼핑몰의 인증 메커니즘
을 조금 더 쉽게 테스트하는 방법을 알아본다.

9.3 컨테이너 활용하기

이번 절에서는 SampleServlet 클래스를 테스트하기 위해 HttpServletRequest와 HttpSession 객체를 갖고 있는 컨테이너를 직접 사용한다. 이렇게 하면 굳이 모의 객체를 사용할 필요 없이 실제 컨테이너에서 필요한 객체와 메서드에 직접 접근할 수 있다.

온라인 쇼핑몰의 인증 메커니즘을 테스트하는 현재 예제에서는 웹 요청과 세션이 각각 컨테이너에서 관리하는 실제 HttpServletRequest와 HttpSession 객체가 되어야 한다. 이렇게 컨테이너에서 테스트를 배포하고 실행하는 메커니즘을 **컨테이너를 활용한 테스트**(in-container testing)라고 한다. 다음 절에서 어떻게 컨테이너를 활용하여 테스트를 하는지 알아보자.

9.3.1 컨테이너를 활용한 테스트 구현 전략

컨테이너를 활용한 테스트를 구현하는 방법은 서버 측과 클라이언트 측 두 가지 접근 방식으로 나뉜다. 첫 번째로 서버 측에서 컨테이너와 단위 테스트를 제어해서 테스트할 수 있다. 또는 그림 9.1에 제시한 바와 같이 클라이언트 측에서 테스트를 실행할 수도 있다.

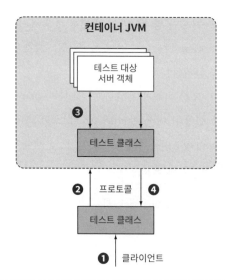

그림 9.1 컨테이너를 활용한 테스트의 일반적인 생애 주기: ❶ 클라이언트에서 테스트 클래스 실행, ❷ 서버 측에서 동일한 테스트 케이스 호출, ❸ 도메인 객체 테스트, ❹ 결과를 클라이언트에 반환

테스트가 패키징되어 컨테이너와 클라이언트에 배포되면 JUnit runner가 클라이언트에서 테스트를 실행한다(①). 그러면 클라이언트는 HTTP(S)와 같은 프로토콜을 통해 연결을 맺고 서버 측으로 동일한 테스트를 호출한다(②). 서버 측의 테스트는 HttpServletRequest, HttpServletResponse, HttpSession, BundleContext 같이 일반적으로 많이 사용하는 객체로 도메인 객체를 테스트한다(③). 테스트 결과는 서버 측에서 클라이언트 측으로 반환하는데(④), IDE나 Maven이 수집할 수 있다.

9.3.2 컨테이너를 활용한 테스트 프레임워크

앞서 보았듯이 컨테이너를 활용한 테스트는 컨테이너와 상호작용해야 하는 코드를 테스트하거나 이전 절에서 사용한 HttpServletRequest와 같은 컨테이너 객체를 테스트가 직접 만들지 못할 때 유용하다. 이 예제에서는 서블릿 컨테이너를 사용했지만, 실무에서는 여러 가지 컨테이너를 사용할 수 있다. 모두 컨테이너를 활용한 테스트 전략을 적용할 수 있는 것은 물론이다.

9.4 스텁, 모의 객체, 컨테이너 테스트 비교하기

이제 스텁, 모의 객체, 컨테이너 테스트를 비교해 보자.[1] 사실 이 내용은 개발자 포럼이나 메일링 리스트 등에서 많은 질문이 오가는 부분이기도 하다.

9.4.1 스텁 평가

7장에서 컨테이너를 사용하지 않는 테스트 기법인 스텁을 알아보았다. 스텁은 주어진 클래스를 외부 환경으로부터 분리해 테스트하고 인스턴스 상태를 검증하는데 효과적이었다. 서블릿 컨테이너를 스텁으로 만들면 요청 수, 서버 상태, 요청한 URL 등에 대해서도 추적이 가능하다. 그러나 스텁은 처음부터 사전에 정의된 동작만 할 수밖에 없다.

반면 모의 객체를 사용하면 테스트마다 모의 객체가 수행할 동작을 기대하고 검증할 수 있다. TDS의 개발자는 모의 객체를 사용해 비즈니스 로직을 테스트했고 특정 메서드를 몇 번 호출했는지도 테스트할 수 있었다.

---

[1] 스텁과 모의 객체 비교에 관한 깊이 있는 내용을 알고 싶다면 마틴 파울러가 쓴 'Mocks Aren't Stubs' (*http://martinfowler.com/articles/mocksArentStubs.html*)를 참고하기 바란다.

스텁은 모의 객체보다 (상대적으로) 이해하기 쉽다. 스텁은 코드 추가 없이 테스트 대상 클래스를 격리할 수 있는데 이는 프레임워크를 주로 사용하는 모의 객체와 비교된다. 그러나 스텁은 외부 도구에 의존하고 해킹과 유사한 방법을 사용해야 하며 가짜로 만든 객체의 상태는 추적하지 않는다는 문제가 있다.

7장에서 TDS의 개발자는 스텁을 활용해 가짜 서블릿 컨테이너를 쉽게 만들 수 있었다. 만약 모의 객체로 서블릿 컨테이너를 대체해야 했다면 개발자가 컨테이너 객체의 상태나 행동을 일일이 정의해야 해서 훨씬 힘들었을 것이다.

다음은 스텁의 장단점을 요약한 것이다.

- 장점
  - 만들기 쉽고 이해하기 쉽다.
  - 그 자체로 강력하다.
  - 거친 테스트에 적합하다.

- 단점
  - 상태를 확인하기 위해 특별한 방법이 필요하다.
  - 가짜로 만들어 낸 객체의 동작까지는 테스트하지 않는다.
  - 복잡한 상호작용을 따라가기 위해 너무 많은 시간이 든다.
  - 코드를 변경할 때마다 추가적인 유지 보수가 필요하다.

9.4.2 모의 객체 평가

컨테이너를 활용한 테스트와 달리 모의 객체가 가진 가장 큰 장점은 모의 객체는 테스트를 수행하기 위해 굳이 컨테이너가 필요하지 않다는 것이다. 컨테이너가 필요 없는 만큼 테스트를 빠르게 구성하고 실행할 수 있다. 반면 모의 객체를 활용해서 테스트에 성공한 컴포넌트가 실제 배포되는 컨테이너에서도 정상적으로 실행될지 알 수 없다는 단점이 있다. 모의 객체를 활용한 테스트는 컴포넌트와 컨테이너 간의 상호작용을 검증할 수는 없기 때문이다. 게다가 모의 객체를 활용한 테스트는 컴포넌트 각각의 세밀한 동작을 검증하는 데 특화되어 있으므로 컨테이너 안에서 동작하는 컴포넌트 간의 상호작용을 테스트하지는 않는다.

그러므로 다른 개발팀이나 개발자가 만든 모듈이 함께 잘 작동하는지 확인하기 위해 통합 테스트를 수행할 필요성이 여전히 존재한다. 이럴 때 잘 만들어진 기능 테스트를 수행할 수 있다면 목표를 달성할 수 있을 것이다. 그러나 기능 테스트를 수행할 때는 기능 테스트가 거칠 뿐더러 유스 케이스 전체를 테스트하는 것만 가능하다는 문제가 있다. 기능 테스트만 수행할 경우에는 세밀한 단위 테스트의 이점을 거의 잃게 된다. 기능 테스트만을 가지고 단위 테스트가 커버한 만큼의 다양한 케이스를 테스트할 수는 없기 때문이다.

모의 객체에 또 다른 단점이 있는데, 예를 들어 구성해야 하는 모의 객체가 너무 많을 때에는 모의 객체만으로도 무시하지 못할 부담이 된다. 모의 객체를 관리하는 데 들어가는 운영 비용이 상당할 수 있는 것이다. 물론 테스트 대상 코드가 깨끗하고 분명하게 작성되었다면 테스트를 더 쉽게 구성할 수 있다는 점은 어디에나 적용되는 이야기이다.

그 외에 다른 단점으로는 테스트를 구성하기 위해 모의한(mock) API가 어떻게 작동할 것인지 정확하게 알아야 한다는 것이다. 때때로 외부 도메인에 대한 지식이 필요할 수도 있다. 보통 개발자들은 자기가 만든 API에 대해서는 어떻게 동작하는지 정확하게 알고 있지만, 온라인 쇼핑몰에 적용하는 서블릿 API 같은 것에 관해서는 알지 못할 수 있다. 비록 모든 컨테이너가 동일한 API를 구현한다 하더라도, 모든 컨테이너가 동일하게 동작하는 것이 아니다. 개발자는 모든 프로젝트의 다양한 서드 파티 라이브러리에 대한 버그, 트릭, 핵을 일일이 다 알아야 할 수도 있다.

모의 객체를 사용한 단위 테스트의 장단점을 요약하며 마무리하자.

- 장점
  - 테스트를 실행하기 위해 굳이 컨테이너를 구동할 필요가 없다.
  - 테스트를 빠르게 설정하고 실행할 수 있다.
  - 세밀한 단위 테스트가 가능하다.

- 단점
  - 컨테이너와 컴포넌트, 컴포넌트 간의 상호작용을 테스트할 수는 없다.
  - 컴포넌트의 배포는 테스트하지 못한다.
  - 모의할 API에 대한 충분한 도메인 지식이 필요한데, 특히 외부 라이브러리에 관해서는 지식을 습득하기 쉽지 않을 수 있다.
  - 대상 컨테이너에서 코드가 실행되리라는 확신을 주지 못한다.
  - 지나치게 세밀한 테스트만 작성되어 테스트 코드가 인터페이스로 가득 차 버릴 수도 있다.
  - 스텁과 마찬가지로 소스 코드가 변경되면 유지 보수가 필요하다.

9.4.3 컨테이너를 활용한 테스트 평가

지금까지 컨테이너를 활용한 단위 테스트의 장점을 살펴보았다. 물론 컨테이너를 활용할 때 단점도 있다.

특별한 도구가 필요하다

이론적으로는 훌륭하지만, 컨테이너를 활용한 단위 테스트를 위해서는 테스트 대상 API에 맞는 특별한 컨테이너가 필요하다. 서블릿을 위해 Jetty나 Tomcat이, EJB를 위해 WildFly가 필요하듯이 말이다. 모의 객체를 사용하면 이럴 필요 없이 거의 모든 API를 테스트할 수 있다.

IDE 지원이 나쁘다

IDE 지원이 나쁘다는 점은 컨테이너 프레임워크를 활용한 테스트 대부분이 가지는 문제다. 대부분 테스트는 내장 컨테이너에서 Maven이나 Gradle을 통해 실행할 수 있으며 지속적 통합을 위한 서버(continuous integration server)에서 빌드를 수행할 수 있다. 사실 모의 객체를 사용하는 일반적인 JUnit 테스트는 IDE 지원이 매우 잘되어 있다.

다만 컨테이너를 활용한 테스트는 통합 테스트에 속하므로 일반적인 단위 테스트만큼 자주 수행할 필요는 없다. 상대적으로 지속적 통합을 위한 서버에서 실행할 가능성이 높기 때문에 IDE를 사용할 필요성은 적은 편이다.

실행 시간이 너무 길다

성능은 어떤 경우에도 항상 이슈가 된다. 컨테이너에서 테스트를 실행하기 위해서는 컨테이너를 구동하고 관리해야 한다. 본질적으로 컨테이너를 활용한 테스트는 시간을 많이 잡아먹을 수밖에 없다. 게다가 컨테이너의 종류에 따라 시간과 메모리 오버헤드(overhead)도 달라진다. 오버헤드 문제는 컨테이너를 활용한 테스트에 국한되는 이야기는 아니다. 예를 들어 테스트가 데이터베이스를 사용해야 한다면 테스트를 구동하기 전에 데이터베이스가 사용 가능한 상태여야 한다. 실행 시간 측면에서 컨테이너를 활용한 테스트는 모의 객체를 활용한 테스트보다는 시간이 오래 걸리곤 한다. 결론적으로 단위 테스트만큼 자주 수행하지는 못한다.

구성하기 복잡하다

컨테이너를 활용한 테스트의 가장 큰 문제점은 테스트를 구성하기가 복잡하다는 것이다. 애플리케이션과 테스트가 컨테이너에서 실행되어야 하므로, 테스트를 수행하기 위해서는 애플리케이션을 컨테이너에서 실행할 수 있는 war 파일이나 ear 파일 등으로 패키징하고 배포해야 한다. 그 다음 컨테이너를 구동하고 나서 테스트를 수행해야 한다.

물론 어차피 같은 작업을 상용 환경에서 수행하게 될 터이므로, 이러한 과정을 빌드의 한 부분으로 자동화해 놓고 테스트 목적으로 재사용하는 방식이 모범 사례가 될 수도 있다. 사실 자바 EE 프로젝트의 가장 복잡한 작업 중 하나인 패키징과 배포를 자동화하는 것은 테스트나 운영 모두에 도움이 되는 전략일 수 있다. 컨테이너를 활용한 테스트를 위해서라도 개발 초창기부터 프로젝트에 어느 정도 자동화된 프로세스를 적용하는 것은 결국 지속적 통합을 용이하게 만든다.

이런 목표를 달성하기 위해 컨테이너 테스트 프레임워크는 대부분 Maven이나 Gradle 같은 빌드 도구를 지원하며 일부에서는 컨테이너의 자체 시작을 허용하기도 한다. 이는 여러 가지 런타임 아티팩트를 빌드하거나, 테스트를 구동하거나, 리포트를 수집하는 등의 번거로운 일을 줄이는 데 도움이 된다.

컨테이너를 활용한 테스트의 장단점을 이해했으니, 이제 자바 EE에서 사용할 수 있고 컨테이너에 구애받지 않는 통합 테스트 프레임워크인 Arquillian에 대해 알아보자.

9.5 Arquillian으로 테스트하기

Arquillian[2]은 자바로 컨테이너를 활용한 테스트를 실행하기 위해 사용하는 프레임워크다. Arquillian은 크게 세 가지 요소로 구성된다.

- JUnit 같은 테스트 runner
- WildFly, Tomcat, GlassFish, Jetty 등의 컨테이너
- 컨테이너 리소스나 빈을 테스트 클래스에 주입하는 테스트 인리처(test enricher)

Arquillian은 JUnit 5와 아직 연동이 안 되고 있지만(집필 시점에는 Arquillian과 관

---

2 *http://arquillian.org*

런한 JUnit 5 extension이 없다), Arquillian은 JUnit 4까지 자주 사용되었으며 지금도 인기 있다. Arquillian을 사용하면 컨테이너, 배포, 프레임워크 초기화 등을 관리하는 부담이 최소화된다. 한편 Arquillian은 자바 EE 애플리케이션을 테스트하기 위한 프레임워크이므로, 예제에서 Arquillian을 사용하려면 제어의 역전에 대한 자바 EE 표준인 CDI(contexts and dependency injection, 콘텍스트와 의존성 주입)에 관한 기본적인 지식이 필요하다.

ShrinkWrap(슈링크랩)은 Arquillian에서 사용하는 외부 의존성이며 개발자는 ShrinkWrap을 이용해 간단하게 아카이브를 만들 수 있다. TDS의 개발자는 Shrink Wrap API를 사용하여 테스트 중에 Arquillian으로 배포할 jar, war, ear 파일을 직접 만들 수 있다. 이러한 파일은 애플리케이션을 실행하는 데 필요한 모든 클래스를 포함한다. ShrinkWrap은 테스트 대상인 자바 컨테이너에 업로드할 디스크립터 (descriptor)와 디플로이먼트(deployment)를 정의하는 데 도움이 된다.

가상 회사인 TDS에서는 항공편 관리 시스템을 개발하고 있다. 항공편 관리 시스템으로 항공편을 생성하고 설정할 수 있으며, 승객을 추가하고 삭제할 수 있다. TDS의 개발자는 Passenger와 Flight 클래스 간의 통합을 테스트하고자 한다. 이번 테스트에서는 항공편에 승객이 올바르게 추가되고 삭제되는지 확인한다. 그리고 승객 수가 좌석 수를 초과하지 않는지도 검증한다(잔여 좌석이 없는 비행기에 타고 싶어하는 사람은 없을 것이다). 다음 두 예제는 Passenger 클래스와 Flight 클래스의 비즈니스 로직을 보여 준다.

예제 9.3 Passenger 클래스

```java
public class Passenger {

  private String identifier;      ┐
  private String name;            ┘  ①

  public Passenger(String identifier, String name) {   ②
    this.identifier = identifier;
    this.name = name;
  }

  public String getIdentifier() {   ┐
    return identifier;
  }                                    │  ③

  public String getName() {          ┘
```

```
      return name;
  }

  @Override
  public String toString() {  ④
    return "Passenger " + getName() + " with identifier: " + getIdentifier();
  }
}
```

이 예제에서 살펴볼 내용은 다음과 같다.

- Passenger 클래스에서 identifier와 name 멤버 변수를 선언한다(①).
- 생성자에서 두 개 필드를 파라미터로 사용한다(②).
- 두 개의 게터 메서드를 선언하고(③) toString 메서드를 재정의한다(④).

예제 9.4 **Flight 클래스**

```
public class Flight {

  private String flightNumber;
  private int seats;                           ①
  Set<Passenger> passengers = new HashSet<>();

  public Flight(String flightNumber, int seats) {  ②
    this.flightNumber = flightNumber;
    this.seats = seats;
  }

  public String getFlightNumber() {
    return flightNumber;
  }
                                               ③
  public int getSeats() {
    return seats;
  }

  public void setSeats(int seats) {  ④
    if (passengers.size() > seats) {
      throw new RuntimeException("현재 승객 수보다 적은 좌석을 설정할 수 없습니다!");
    }
    this.seats = seats;
  }

  public int getNumberOfPassengers() {
    return passengers.size();          ③
  }
```

```
public boolean addPassenger(Passenger passenger) {    ⑤
    if (passengers.size() >= seats) {
        throw new RuntimeException("좌석 수보다 더 많은 승객을 추가할 수 없습니다!");
    }
    return passengers.add(passenger);
}

public boolean removePassenger(Passenger passenger) {    ⑥
    return passengers.remove(passenger);
}

@Override
public String toString() {    ⑦
    return "Flight " + getFlightNumber();
}

}
```

이 예제에서 살펴볼 내용은 다음과 같다.

- Flight 클래스를 표현하기 위해 멤버 변수 세 개(flightNumber, seats, passen gers)를 선언한다(①).
- 그중 flightNumber, seats를 사용하여 생성자를 선언한다(②).
- 게터 메서드 세 개(③)와 세터 메서드 한 개(④)를 만든다. 참고로 seats 필드의 세터 메서드에는 승객 수가 좌석 수보다 큰지 검사하는 로직이 있다.
- addPassenger 메서드는 항공편에 승객을 추가한다. 또한 승객 수와 좌석 수를 비교하여 항공편이 초과 예약되지 않게 한다(⑤).
- removePassenger 메서드는 항공편에서 승객을 삭제한다(⑥).
- 항공편명을 확인할 수 있게 toString 메서드를 재정의한다(⑦).

예제 9.5는 항공편에 탑승한 승객 20명의 식별자와 이름을 나열한 것이다. 승객 정보는 CSV 파일로 저장된다.

예제 9.5 flights_information.csv 파일

```
1236789; John Smith
9006789; Jane Underwood
1236790; James Perkins
9006790; Mary Calderon
1236791; Noah Graves
9006791; Jake Chavez
```

```
1236792; Oliver Aguilar
9006792; Emma McCann
1236793; Margaret Knight
9006793; Amelia Curry
1236794; Jack Vaughn
9006794; Liam Lewis
1236795; Olivia Reyes
9006795; Samantha Poole
1236796; Patricia Jordan
9006796; Robert Sherman
1236797; Mason Burton
9006797; Harry Christensen
1236798; Jennifer Mills
9006798; Sophia Graham
```

예제 9.6은 CSV 파일을 구문 분석하고 승객 정보로 항공편을 채우는 FlightBuilder
Util 클래스를 구현한다. 여기서 FlightBuilderUtil 클래스는 외부 파일의 정보를
애플리케이션의 메모리로 가져오는 역할을 한다.

예제 9.6 FlightBuilderUtil 클래스

```java
[...]
public class FlightBuilderUtil {

  public static Flight buildFlightFromCsv() throws IOException {
    Flight flight = new Flight("AA1234", 20);   ①
    try (BufferedReader reader = new BufferedReader(
        new FileReader("src/test/resources/flights_information.csv"))) {   ②
      String line = null;
      do {
        line = reader.readLine();   ③
        if (line != null) {
          String[] passengerString = line.toString().split(";");   ④
          Passenger passenger =
              new Passenger(passengerString[0].trim(),
                            passengerString[1].trim());   ⑤
          flight.addPassenger(passenger);   ⑥
        }
      } while (line != null);

    }

    return flight;   ⑦
  }
}
```

이 예제에서 살펴볼 내용은 다음과 같다.

- 항공편 객체를 생성한다(①).
- CSV 파일을 열어 한 줄씩 구문 분석을 한다(②).
- 한 줄씩 읽어 들이고(③), 한 줄마다 ;을 구분자로 나눈다(④). 읽어 들인 정보를 바탕으로 승객 객체를 생성하고(⑤) flight에 승객 객체를 추가한다(⑥).
- 승객 객체를 모두 추가한 다음 항공편 정보를 반환한다(⑦).

지금까지 항공편이나 승객 정보를 위해 구현한 클래스가 모두 순수한 자바 클래스라는 점에 주목하기 바란다. 여기에 특별한 프레임워크나 기술이 사용되지는 않았다. 이제 Arquillian을 사용해 보자. 앞서 자바 컨테이너에서 테스트를 구동하기 위한 프레임워크인 Arquillian을 사용하려면 자바 EE나 CDI와 관련한 약간의 기본 지식이 필요하다고 언급했었다. 하지만 통합 테스트에 많이 사용하는 프레임워크이므로 Arquillian을 적용해 보는 것이 도움이 될 것이다. 여기서는 프로젝트에 빠르게 적용해 볼 수 있도록 가장 중요한 점만 짚고 넘어간다.

Arquillian은 단위 테스트로부터 컨테이너나 애플리케이션 구동 로직을 추상화한다. 대신 애플리케이션을 런타임에 직접 배포하는 패러다임을 적용하여 자바 EE 서버에 프로그램을 직접 배포할 수 있다. 따라서 Arquillian은 이 장에서 구현하는 컨테이너를 활용한 테스트에 이상적이다. 게다가 Arquillian을 사용하면 컨테이너를 활용한 테스트를 구현하는 데 다른 도구가 필요하지 않다.

Arquillian은 대상 런타임에 애플리케이션을 배포하여 테스트 케이스를 실행한다. 이때 대상 런타임은 내장된 애플리케이션 서버일 수도 있고, 관리형 애플리케이션 서버일 수도 있다. Arquillian을 사용하기 위해서는 Maven pom.xml 파일에 다음 의존성을 추가해야 한다.

예제 9.7 Arquillian을 사용하기 위해 추가한 의존성

```
<dependencyManagement>
  <dependencies>
    <dependency>
      <groupId>org.jboss.arquillian</groupId>         ①
      <artifactId>arquillian-bom</artifactId>
      <version>1.4.0.Final</version>
      <scope>import</scope>
      <type>pom</type>
    </dependency>
  </dependencies>
```

```
</dependencyManagement>
<dependencies>
  <dependency>
    <groupId>org.jboss.spec</groupId>                     ⎤ ②
    <artifactId>jboss-javaee-7.0</artifactId>             ⎦
    <version>1.0.3.Final</version>
    <type>pom</type>
    <scope>provided</scope>
  </dependency>
  <dependency>
    <groupId>org.junit.vintage</groupId>                  ⎤ ③
    <artifactId>junit-vintage-engine</artifactId>         ⎦
    <version>5.6.0</version>
    <scope>test</scope>
  </dependency>
  <dependency>
    <groupId>org.jboss.arquillian.junit</groupId>        ⎤ ④
    <artifactId>arquillian-junit-container</artifactId>  ⎦
    <scope>test</scope>
  </dependency>
  <dependency>
    <groupId>org.jboss.arquillian.container</groupId>        ⎤ ⑤
    <artifactId>arquillian-weld-ee-embedded-1.1</artifactId> ⎦
    <version>1.0.0.CR9</version>
    <scope>test</scope>
  </dependency>
  <dependency>
    <groupId>org.jboss.weld</groupId>        ⎤ ⑥
    <artifactId>weld-core</artifactId>       ⎦
    <version>2.3.5.Final</version>
    <scope>test</scope>
  </dependency>
</dependencies>
```

예제 9.7은 다음 의존성을 추가한 것이다.

- Arquillian API 의존성을 추가했다(①).
- 자바 EE 7.0 스펙의 API 의존성을 추가했다(②).
- JUnit Vintage Engine 의존성을 추가했다(③). 앞서 언급했듯이 집필 시점에는 Arquillian이 JUnit 5와 통합되어 있지 않다. 아직 Arquillian 관련 JUnit 5 extension이 없으므로, Arquillian과 JUnit을 통합한 테스트를 실행하려면 JUnit 4 의존성과 애노테이션을 사용해야 한다.
- Arquillian과 JUnit을 통합하기 위한 의존성을 추가했다(④).

- 컨테이너 어댑터(컨테이너와 통신하기 위한 라이브러리) 의존성을 추가했다(⑤ 와 ⑥). 컨테이너에 대해 테스트를 실행하려면 해당 컨테이너에 맞는 어댑터 의존성을 갖고 있어야 한다. 이 요구 사항은 Arquillian의 강점 중 하나를 보여 주는데, Arquillian은 단위 테스트로부터 컨테이너를 추상화하기 때문에 컨테이너를 활용한 테스트를 구현하는 특정한 도구와 밀접하게 결합되지 않는다.

다음 예제에 구현된 Arquillian 테스트는 단위 테스트와 비슷해 보이지만 몇 가지가 추가된 것이다. FlightWithPassengersTest는 이름에서 두 클래스 간의 통합 테스트를 목표로 한다는 것을 보여 준다.

예제 9.8 **FlightWithPassengersTest**

```
[...]
@RunWith(Arquillian.class)   ①
public class FlightWithPassengersTest {

  @Deployment
  public static JavaArchive createDeployment() {
    return ShrinkWrap.create(JavaArchive.class)
        .addClasses(Passenger.class, Flight.class)                    ②
        .addAsManifestResource(EmptyAsset.INSTANCE, "beans.xml");
  }

  @Inject
  Flight flight;            ③

  @Test(expected = RuntimeException.class)
  public void testNumberOfSeatsCannotBeExceeded() throws IOException {   ④
    assertEquals(20, flight.getNumberOfPassengers());
    flight.addPassenger(new Passenger("1247890", "Michael Johnson"));
  }

  @Test
  public void testAddRemovePassengers() throws IOException {     ⑤
    flight.setSeats(21);
    Passenger additionalPassenger = new Passenger("1247890",
                                                  "Michael Johnson");
    flight.addPassenger(additionalPassenger);
    assertEquals(21, flight.getNumberOfPassengers());
    flight.removePassenger(additionalPassenger);
    assertEquals(20, flight.getNumberOfPassengers());
    assertEquals(21, flight.getSeats());
  }
}
```

Arquillian을 활용한 테스트에는 세 가지가 필요하다.

- 첫째, `@RunWith(Arquillian.class)` 애노테이션을 추가해야 한다(①). `@RunWith(Arquillian.class)`을 추가해야 JUnit이 Arquillian을 테스트 runner로 사용할 수 있고 Arquillian으로 컨테이너를 구동할 수 있다.
- 둘째, `@Deployment` 애노테이션이 달린 정적 메서드(배포 메서드)가 필요하다 (②). 배포 메서드에서는 ShrinkWrap 아카이브를 반환한다. 테스트 아카이브는 테스트가 필요한 리소스와 클래스를 격리하기 위해 사용한다. 이때 테스트 아카이브는 ShrinkWrap을 사용하여 정의한다. 참고로 마이크로 배포 전략을 사용하면 테스트하려는 클래스에 정확히 집중할 수 있다. 결과적으로 테스트는 매우 간단하고 관리하기 쉬워지는데, 이 예제에서는 Passenger, Flight 클래스만 포함하면 되었다. 그리고 CDI 애노테이션인 `@Inject`를 사용하여 인스턴스 변수에 `Filght` 객체를 주입한다(③). `@Inject` 애노테이션을 사용하면 클래스 내부에 주입 지점을 정의할 수 있으며 여기서는 Flight 객체에 대한 참조를 테스트에 주입하게 만든다.
- 마지막으로 `@Test` 애노테이션이 붙은 하나 이상의 테스트 메서드(예제에서는 ④와 ⑤)가 필요하다. Arquillian은 `@Deployment` 애노테이션이 붙은 배포 메서드를 이용해 테스트 아카이브를 검색한다. 그 다음 각 `@Test` 메서드가 컨테이너 환경에서 수행된다.

ShrinkWrap으로 만든 아카이브가 서버에 배포되면 그게 실제 아카이브가 되는 것이다. 컨테이너는 아카이브가 ShrinkWrap에 의해 패키징되었다는 사실을 알지 못하기 때문이다.

자, 프로젝트에서 Arquillian을 사용하기 위한 인프라를 구축했으며 이제 통합 테스트를 실행할 수 있다. 그러나 테스트를 실행하면 그림 9.2와 같은 오류가 발생한다.

```
org.jboss.weld.exceptions.DeploymentException: WELD-001408: Unsatisfied dependencies for type Flight with qualifiers @Default
at injection point [BackedAnnotatedField] @Inject com.manning.junitbook.ch09.airport.FlightWithPassengersTest.flight
at com.manning.junitbook.ch09.airport.FlightWithPassengersTest.flight(FlightWithPassengersTest.java:0)
```

그림 9.2 `FlightWithPassengersTest` 테스트를 실행한 결과

`Unsatisfied dependencies for type Flight with qualifiers @Default` 오류가 발생했다. 이는 컨테이너가 CDI 애노테이션인 `@Inject`를 통해 의존성을 주입하려고 했지만 그러지 못했다는 것을 의미한다. 그 이유는 무엇일까? TDS의 개발자는 무

엇을 놓친 것일까? 이는 Flight 클래스에 파라미터가 있는 생성자만 있을 뿐, 컨테이너에서 사용할 기본 생성자를 선언하지 않았기 때문에 생긴 문제다. 구동할 당시의 컨테이너는 Flight 객체에 어떤 파라미터를 전달해야 할지 모르기 때문에 파라미터가 있는 생성자를 호출할 수 없어 이런 문제가 생긴 것이다.

이 문제를 어떻게 해결할 수 있을까? 자바 EE는 사용자 정의 초기화가 필요한 객체를 주입할 수 있도록 설계된 생산자 메서드(producer method)를 제공한다. 생산자 메서드를 사용하면 컨테이너 테스트에 대한 경험이 많지 않은 초보 개발자도 쉽게 문제를 해결할 수 있다.

예제 9.9 **FlightProducer 클래스**

```
[...]
public class FlightProducer {

  @Produces
  public Flight createFlight() throws IOException {
    return FlightBuilderUtil.buildFlightFromCsv();
  }
}
```

이 예제에서는 FlightBuilderUtil.buildFlightFromCsv()를 호출하는 createFlight 메서드를 가진 FlightProducer 클래스를 만들었다. 이렇게 생산자 메서드를 만들면 사용자 정의 초기화가 필요한 객체를 주입할 수 있다. 여기서는 CSV 파일에 기반해 생성한 항공편 정보를 주입한다. createFlight 메서드에 자바 EE 애노테이션인 @Produces를 추가했다. 그러면 컨테이너는 자동으로 이 메서드를 호출하여 완성된 항공편 객체를 만들 수 있고, FlightWithPassengersTest 클래스에서 @Inject 애노테이션이 붙은 Flight 필드에 주입할 수 있게 된다.

다음으로 FlightProducer 클래스를 ShrinkWrap 아카이브에 추가한다.

예제 9.10 **FlightWithPassengersTest에서 수정한 배포 메서드**

```
[...]
@RunWith(Arquillian.class)
public class FlightWithPassengersTest {
  [...]
  @Deployment
  public static JavaArchive createDeployment() {
    return ShrinkWrap.create(JavaArchive.class)
        .addClasses(Passenger.class, Flight.class, FlightProducer.class)
```

```
        .addAsManifestResource(EmptyAsset.INSTANCE, "beans.xml");
    }
    [...]
}
```

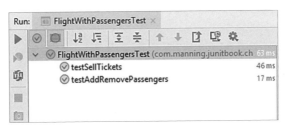

그림 9.3 생산자 메서드를 적용한 후 FlightWithPassengersTest 테스트를 실행한 결과

이번에는 테스트를 성공적으로 통과했다. 컨테이너는 올바르게 구성한 항공편 객체를 주입했다(그림 9.3). 특정 도구와의 밀접한 결합이 일어나지 않게 만드는 컨테이너 테스트의 장점을 고려한다면, TDS 내에서 더 주목받고 적용할 만한 여지도 충분하다. 개발자들은 Arquillian과 JUnit 5 확장이 통합되는 것을 기다리고 있다(필자 또한 매우 기대 된다).

이 책의 3부가 시작되는 10장에서는 Maven을 사용한 빌드 프로세스에 JUnit을 통합하는 방법을 자세히 살펴보자.

정리

9장에서는 다음 내용을 다루었다.

- 모의 객체의 한계와 단위 테스트의 한계를 알아보았다. 컨테이너에서 제공하는 객체는 모의(mock)하기 어려우며, 상대적으로 많은 개발이 필요하고, 코드가 변경될 때마다 테스트의 기대도 그에 맞추어 변경되어야 하며, 격리된 테스트 실행 환경을 제공하지는 않는다.
- 컨테이너를 활용한 테스트의 필요성과 방법을 알아보았다. 컨테이너를 활용한 테스트를 왜 해야 하는지와 어떻게 해야 하는지 알아보았다.
- 스텁, 모의 객체, 컨테이너를 활용한 테스트를 비교하여 장단점을 평가했다.
- 자바 EE에 사용하고 컨테이너 종류에 상관없이 사용할 수 있는 통합 테스트 프레임워크인 Arquillian을 활용하여 통합 테스트를 구현했다. 현재 JUnit 5와의 통

합이 조금 부족하지만(Arquillian 관련한 JUnit 5 extension이 없다) JUnit을 사용하여 자바 컨테이너에 대한 테스트 케이스를 수행할 수 있으므로 Arquillian은 자주 사용된다.

제3부

여러 도구를 활용하여
JUnit 5 사용하기

3부에서는 빌드 도구, IDE와 같이 프로젝트를 개발하는 데 매우 유용한 도구를 알아본다. 오늘날 특히 규모가 큰 프로젝트에서 빌드는 날로 중요해지고 있다. 또한 개발자에게 편의를 제공하는 IDE는 개발 속도를 빠르게 해줄뿐더러 로컬 테스트를 빠르게 실행하는 데에도 크게 도움을 준다. 이러한 이유로 3부에서는 JUnit 5와 빌드 도구, IDE와의 통합을 다룬다.

10장에서는 Maven을 소개하며 JUnit 5와 어떻게 함께 사용하는지 알아본다. Maven의 빌드 생애 주기 안에서 테스트를 실행하는 방법과 Maven 플러그인을 사용하여 HTML로 테스트 리포트를 만드는 방법을 알아본다. 11장에서는 비슷한 내용을 최근 각광받는 Gradle을 활용해 다룬다. 12장에서는 오늘날 개발자에게 가장 인기 있는 세 가지 IDE인 IntelliJ IDEA, Eclipse, NetBeans를 사용하여 JUnit 5를 작업하는 방법을 알아본다. 13장에서는 지속적 통합을 위한 도구인 젠킨스에 관해 설명한다. 익스트림 프로그래머가 적극 추천하는 젠킨스는 코드 저장소를 관리하고 빌드를 자동화하는 데 도움이 된다. 지속적 통합은 오픈 소스 프로젝트처럼 변경이 잦고 다른 프로젝트에 의존하는 대규모 프로젝트를 빌드하는 데 필수적이다.

10장

Maven 3로 실행하는 JUnit 테스트

> ☑ **10장에서 다루는 내용**
>
> - Maven 프로젝트 만들어 보기
> - JUnit 5를 사용하여 Maven 프로젝트 테스트하기
> - Maven 플러그인 사용하기
> - Maven Surefire 플러그인에 대해 알아보기

관습적 사고는 생각하는 고통에서 우리를 보호해 준다.

— 존 케네스 갤브레이스(John Kenneth Galbraith)

10장에서는 대중적인 빌드 도구인 Maven을 좀 더 자세히 알아본다. 앞 장에서 이미 만들어진 Maven 프로젝트를 사용하여 외부 의존성을 확인하거나, 간단한 명령을 실행하거나, IDE에서 테스트를 실행하는 방법을 알아보았다. 이 장에서는 애플리케이션을 체계적으로 테스트할 때 유용한 Maven의 사용법을 알아본다.

 Maven은 소프트웨어 구축의 두 가지 측면을 다룬다. 첫째, Maven을 활용해 소프트웨어를 어떻게 빌드할지 기술한다. 둘째, Maven 파일에 필요한 의존성을 기술한다. 아파치 Ant(Apache Ant) 같은 도구와 달리 Maven은 빌드 프로세스에 관습(convention)을 적용하며, 개발자는 예외적인 사항만 추가로 설정하면 된다. Maven은 XML 파일에 전체 구성을 작성한다. XML 파일에서 가장 중요한 내용은 구축 중인 소프트웨어 프로젝트에 대한 메타 정보, 외부 컴포넌트에 대한 의존성, 프로젝트에 사용할 플러그인이다.

 이 장에서는 의존성 관리, JUnit 테스트 실행, JUnit 테스트 리포트 생성을 포함하

여 Maven으로 자바 프로젝트를 빌드하는 방법을 알아본다. Maven의 기초적인 개념을 알고 싶거나 아직 Maven을 설치하지 않았다면 부록 A를 참고하기 바란다.

10.1 Maven 프로젝트 만들기

Maven을 설치했다면 준비는 다 된 것이다. Maven 플러그인을 처음 실행할 때는 인터넷이 연결되어 있어야 한다. Maven은 플러그인에 필요한 모든 서드 파티 jar 파일을 웹에서 자동으로 다운로드하기 때문이다.

먼저 C:\junitbook\ 폴더를 생성하자. 이 경로를 작업 디렉터리로 사용하며 Maven 예제를 다운로드할 위치로 사용할 것이다. 명령 프롬프트에 다음 명령을 입력한다.

```
mvn archetype:generate -DgroupId=com.manning.junitbook
-DartifactId=maven-sampling
-DarchetypeArtifactId=maven-artifact-mojo
```

엔터 키를 누르고 다운로드 옵션을 디폴트로 한 다음 적절한 아티팩트가 다운로드 될 때까지 기다린다. 다운로드가 끝나면 maven-sampling이라는 폴더가 생성된 것을 확인할 수 있다. 새로운 프로젝트를 IntelliJ IDEA에서 열면 그 구조가 그림 10.1과 같아야 한다(.idea 폴더는 Maven이 아니라 IntelliJ가 만들었다).

무슨 일이 일어난 것일까? 명령 프롬프트에서 maven-archetype-plugin을 호출하고 파라미터를 사용하여 새 프로젝트를 생성한 것이다. 결과적으로 이 Maven 플러그인은 폴더 구조에 대한 기존 관습에 따라 새 프로젝트를 생성했다. 또한 main 메

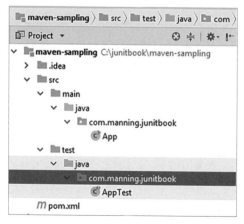

그림 10.1 Maven으로 프로젝트를 생성한 다음 관습에 따라 만들어진 폴더 구조

서드를 포함하는 App.java 클래스를 생성했으며 이에 상응하는 애플리케이션의 단위 테스트 코드인 AppTest.java 파일을 생성했다. 이 폴더 구조를 알고 나면 src/main/java에 어떤 파일이 있고, src/test/java에 어떤 파일이 있는지 이해할 수 있다. Maven 플러그인은 pom.xml 파일도 생성했다. 다음은 pom.xml 파일의 일부를 가져온 것이다.

예제 10.1 maven-sampling 프로젝트의 pom.xml 파일

```
<project xmlns="http://maven.apache.org/POM/4.0.0"
        xmlns:xsi=http://www.w3.org/2001/XMLSchema-instance
        xsi:schemaLocation="http://maven.apache.org/POM/4.0.0
        http://maven.apache.org/maven-v4_0_0.xsd">
  <modelVersion>4.0.0</modelVersion>
  <groupId>com.manning.junitbook</groupId>
  <artifactId>maven-sampling</artifactId>
  <version>1.0-SNAPSHOT</version>
  <name>maven-sampling</name>
    <!-- 프로젝트의 웹 사이트에 맞게 변경 필요 -->
  <url>http://www.example.com</url>
  [...]
  <dependencies>
    <dependency>
      <groupId>junit</groupId>
      <artifactId>junit</artifactId>
      <version>4.11</version>
      <scope>test</scope>
    </dependency>
  </dependencies>
  [...]
</project>
```

예제 10.1은 maven-sampling 프로젝트의 빌드 디스크립터다. 예제에서 확인할 수 있듯 적절한 네임스페이스를 사용하는 <project> 태그로 pom.xml이 시작된다. 그리고 그 안에 관련 정보를 추가한다.

- modelVersion: 사용 중인 pom의 모델 버전을 나타낸다. 여기서는 4.0.0을 사용한다.
- groupId: 파일 시스템에서 자바 패키지를 구분하는 역할을 하며 조직이나 회사 또는 그룹의 프로젝트를 그룹화한다. 명령 프롬프트에서 Maven을 사용했을 때 입력했던 값이다.

- artifactId: 외부로 알릴 프로젝트의 이름을 나타낸다. 여기서의 값은 명령 프롬프트에서 작성한 값이다.
- version: 프로젝트(또는 프로젝트 아티팩트)의 현재 버전을 식별하는 값이다. SNAPSHOT으로 끝난 것을 보면 아직 해당 아티팩트가 개발 중인 것을 뜻한다. 아직 릴리스되지는 않았다는 뜻이다.
- dependencies: 필요한 의존성을 나열한다.

이번에는 프로젝트 디스크립터를 조금 개선해 보자(예제 10.2). 먼저 JUnit 의존성 버전을 변경한다. Maven 플러그인이 만든 버전은 4.11이지만, 우리는 현재 JUnit Jupiter 5.6.0을 사용한다. 그런 다음 developers 섹션을 비롯하여 pom.xml에 추가로 넣을 만한 정보를 작성할 수 있다. 이 정보는 pom.xml을 더 상세하게 만들 뿐만 아니라 나중에 웹 사이트를 구축할 때도 사용한다.

예제 10.2 **수정한 pom.xml 파일**

```xml
<dependencies>
  <dependency>
    <groupId>org.junit.jupiter</groupId>
    <artifactId>junit-jupiter-api</artifactId>
    <version>5.6.0</version>
    <scope>test</scope>
  </dependency>
  <dependency>
    <groupId>org.junit.jupiter</groupId>
    <artifactId>junit-jupiter-engine</artifactId>
    <version>5.6.0</version>
    <scope>test</scope>
  </dependency>
</dependencies>
<developers>
  <developer>
    <name>Catalin Tudose</name>
    <id>ctudose</id>
    <organization>Manning</organization>
    <roles>
      <role>Java Developer</role>
    </roles>
  </developer>
  <developer>
    <name>Petar Tahchiev</name>
    <id>ptahchiev</id>
    <organization>Apache Software Foundation</organization>
```

```
      <roles>
        <role>Java Developer</role>
      </roles>
    </developer>
  </developers>
</developers>
```

또한 pom.xml 파일에 description, organization, inceptionYear를 추가한다.

예제 10.3 pom.xml 파일에 추가적으로 작성한 내용

```
<description>
  "JUnit in Action III" book, the sample project for the "Running JUnit tests
  from Maven" chapter.
</description>
<organization>
  <name>Manning Publications</name>
  <url>http://manning.com/</url>
</organization>
<inceptionYear>2019</inceptionYear>
```

이제부터는 본격적으로 소프트웨어를 개발해 보자. IntelliJ IDEA 이외의 도구, 예컨
대 Eclipse를 사용한다면 어떻게 해야 할까? 큰 차이 없다. Maven은 선호하는 IDE
를 활용하여 프로젝트를 가져올 수 있도록 추가적인 플러그인을 제공한다. Eclipse
를 사용하려면 명령 프롬프트를 열고 pom.xml 파일이 위치한 디렉터리로 이동한
다(혹은 pom.xml 파일이 위치한 곳에서 명령 프롬프트를 열어도 된다). 그런 다음
아래 명령을 입력하고 엔터 키를 누른다.

```
mvn eclipse:eclipse
```

이 명령은 필요한 아티팩트를 다운로드한 후 Eclipse가 Maven으로 만들어진 해당
프로젝트를 인식하는 데 필요한 두 파일(.project와 .classpath)을 생성하는 maven
-eclipse-plugin을 호출한다. 그렇게 하면 Maven으로 만든 프로젝트를 Eclipse에
서 가져올 수 있다. pom.xml 파일에 작성한 모든 의존성이 프로젝트에 추가된 것
을 볼 수 있다(그림 10.2).

그림 10.2 Eclipse로 가져온 Maven 프로젝트의 폴더 구조. JUnit 5를 포함하여 필요한 의존성을 모두 가져왔다.

IntelliJ IDEA를 사용하는 개발자는 추가 작업 없이 프로젝트를 가져올 수 있다(그림 10.1). IntelliJ IDEA는 프로젝트를 오픈할 때 자동으로 Maven 플러그인을 호출하기 때문이다.

10.2 Maven 플러그인 활용하기

앞에서 Maven이 무엇인지, Maven을 사용하여 프로젝트를 어떻게 시작해야 하는지 살펴보았다. 또한 프로젝트 문서를 생성하는 방법과 IntelliJ IDEA와 Eclipse를 사용해 프로젝트를 가져오는 방법도 알아보았다.

만약 이전 빌드에 영향을 받지 않도록 프로젝트를 정리하고 싶다면 언제든지 다음 명령을 실행하면 된다.

```
mvn clean
```

이 명령은 Maven이 정리 단계를 거치게 하고 정리 단계와 관련한 모든 플러그인, 특히 생성된 프로젝트 파일이 위치한 target/ 폴더를 삭제하는 maven-clean-plugin 을 호출한다.

10.2.1 Maven complier 플러그인

다른 빌드 도구와 마찬가지로 Maven을 사용해서 프로젝트를 빌드할 수 있다(이 때의 빌드란 소스 코드로부터 소프트웨어와 패키지를 컴파일하는 것을 말한다). Maven의 모든 작업은 적절한 플러그인에 의해 수행되며 사용할 플러그인은 pom. xml 파일의 `<plugins>` 태그에 등록한다. 만약 소스 코드를 컴파일하고 싶으면 명령 프롬프트에서 다음 명령을 실행한다.

```
mvn compile
```

이는 Maven이 컴파일 단계와 관련한 모든 플러그인을 실행하게 한다(구체적으로는 `maven-compiler-plugin`을 호출한다). 그러나 컴파일 단계를 호출하기 전에 Maven은 유효성 검사 단계를 거쳐 pom.xml 파일에 작성된 모든 의존성을 다운로드하고 프로젝트의 클래스패스에 포함시킨다. 컴파일 단계가 완료되면 target/ classes/ 폴더에서 컴파일된 클래스를 확인해 볼 수 있다.

이번에는 설정보다 관습 원칙을 따르지 말고, 직접 필요한 컴파일러 플러그인을 설정해 보자. 지금까지는 관습대로 하면 컴파일러 플러그인이 동작하는 데 아무런 문제가 없었다. 그러나 특정 버전의 JVM에 적합한 클래스 파일을 생성하기 위해 컴파일러를 호출할 때 -source 옵션과 -target 옵션을 추가해야 한다면 어떻게 해야 할까? 그런 경우 pom.xml 파일의 `<build>` 태그 안에 다음 코드를 추가할 수 있다.

예제 10.4 `maven-compiler-plugin` 설정

```
<build>
  <plugins>
    <plugin>
      <artifactId>maven-compiler-plugin</artifactId>
      <version>2.3.2</version>
      <configuration>
        <source>1.8</source>
        <target>1.8</target>
      </configuration>
    </plugin>
  </plugins>
</build>
```

이 코드는 Maven 플러그인을 설정하는 일반적인 방법을 보여 준다. 여기서는 `<build>` 태그 안에 `<plugins>` 태그를 추가하고 사용하려는 플러그인(이 경우 maven -compiler-plugin)을 나열했다. `<configuration>` 섹션 안에 플러그인에서 사용할 파라미터를 기입했다. Maven 저장소 웹 사이트에서 각 플러그인마다 사용 가능한 파라미터가 무엇인지 알 수 있다. `<source>`나 `<target>` 파라미터가 없으면 자바 버전은 기본적으로 자바 5를 잡는다(플러그인 버전에 따라 다를 수 있다).

예제 10.4의 `maven-compiler-plugin`에서는 `groupId` 파라미터를 설정하지 않았다. `maven-compiler-plugin`은 표준 플러그인이므로 `groupId`를 이미 `org.apache.maven.plugins`로 가지고 있다. `groupId` 파라미터를 굳이 작성하지 않아도 된다.

10.2.2 Maven Surefire 플러그인

Maven 프로젝트에서 단위 테스트 관련 작업을 수행하기 위해서는 플러그인을 추가해야 한다. 단위 테스트를 실행하는 데 사용하는 Maven 플러그인 중 하나가 `maven-surefire-plugin`이다. Maven Surefire 플러그인은 소스 코드에 대한 단위 테스트를 실행할 수 있게 도와준다. 이러한 단위 테스트가 반드시 JUnit 테스트일 필요는 없다.

JUnit 말고도 다양한 단위 테스트 프레임워크가 있으며 Maven Surefire 플러그인은 다른 프레임워크로 만든 테스트도 실행할 수 있다. 다음 예제는 pom.xml 파일에 Surefire 플러그인을 등록한 모습이다.

예제 10.5 Maven Surefire 플러그인

```
<build>
  <plugins>
    <plugin>
      <artifactId>maven-surefire-plugin</artifactId>
      <version>2.22.2</version>
    </plugin>
  </plugins>
</build>
```

`maven-surefire-plugin`을 실행하는 관습적인 방법은 Maven 테스트 단계를 호출하는 것이다. Maven 테스트 단계를 호출하면 Maven은 테스트 단계 이전의 모든 단계(유효성 검사 단계와 컴파일 단계)를 실행한 다음 테스트 단계와 관련한 모든 플러그인(구체적으로는 `maven-surefire-plugin`)을 호출한다. 다음 명령으로 Maven 테스트 단계를 실행할 수 있다.

```
mvn clean test
```

Maven은 먼저 target 디렉터리를 정리한 다음 소스 코드와 테스트를 컴파일한다. 그다음 JUnit 5가 src/test/java 디렉터리에 있는 모든 테스트를 실행한다(관습적으로 이렇게 한다는 것을 기억하자). 그 결과는 그림 10.3과 같다.

```
[INFO] Compiling 1 source file to c:\junitbook\maven-sampling\target\classes
[INFO]
[INFO] --- maven-resources-plugin:2.6:testResources (default-testResources) @ ch10-maven ---
[WARNING] Using platform encoding (Cp1252 actually) to copy filtered resources, i.e. build is platform dependent!
[INFO] skip non existing resourceDirectory c:\junitbook\maven-sampling\src\test\resources
[INFO]
[INFO] --- maven-compiler-plugin:2.3.2:testCompile (default-testCompile) @ ch10-maven ---
[WARNING] File encoding has not been set, using platform encoding Cp1252, i.e. build is platform dependent!
[INFO] Compiling 1 source file to c:\junitbook\maven-sampling\target\test-classes
[INFO]
[INFO] --- maven-surefire-plugin:2.20:test (default-test) @ ch10-maven ---
[INFO]
[INFO] -------------------------------------------------------
[INFO]  T E S T S
[INFO] -------------------------------------------------------
[INFO] Running com.manning.junitbook.AppTest
[INFO] Tests run: 1, Failures: 0, Errors: 0, Skipped: 0, Time elapsed: 0.041 s - in com.manning.junitbook.AppTest
[INFO]
[INFO] Results:
[INFO]
[INFO] Tests run: 1, Failures: 0, Errors: 0, Skipped: 0
[INFO]
[INFO] -------------------------------------------------------
[INFO] BUILD SUCCESS
[INFO] -------------------------------------------------------
[INFO] Total time:  9.996 s
[INFO] Finished at: 2019-06-29T19:37:26+03:00
[INFO] -------------------------------------------------------
c:\junitbook\maven-sampling>
```

그림 10.3 Maven 3를 사용해 JUnit 테스트를 실행한 결과

이만하면 훌륭하다. 그러나 모든 테스트를 실행하지 않고 일부만 실행하려면 어떻게 해야 할까? 그런 경우는 관습으로만 해결할 수가 없다. 이럴 때는 maven-surefire-plugin에 추가적인 설정이 필요하다. 구체적으로는 플러그인의 파라미터를 사용하여 실행하려는 테스트 실행 패턴을 특정할 수 있다. 컴파일러 플러그인을 설정하는 것과 동일한 방식으로 Surefire 플러그인을 설정한다.

예제 10.6 maven-surefire-plugin 설정

```xml
<build>
  <plugins>
    [...]
    <plugin>
      <artifactId>maven-surefire-plugin</artifactId>
      <version>2.22.2</version>
      <configuration>
        <includes>**/*Test.java</includes>
      </configuration>
    </plugin>
```

```
[...]
</plugins>
</build>
```

예제 10.6에서 특정 패턴과 일치하는 테스트 케이스만 실행시키기 위해 includes 파라미터를 설정했다. 그러나 maven-surefire-plugin이 인식하는 파라미터가 무엇이 있는지 어떻게 알 수 있을까? 우리가 모든 파라미터를 다 외워서 쓸 수는 없다. Maven 웹 사이트(*http://maven.apache.org*)에서 maven-surefire-plugin 문서를 비롯한 플러그인 문서를 확인할 수 있고 사용 가능한 파라미터를 알 수 있다.

이번에는 프로젝트에 관한 문서를 생성해 보자. 그런데 잠깐, 문서를 만들어 낼 파일이 없는데도 그게 가능할까? Maven은 약간의 설정과 디스크립터만으로도 프로젝트를 문서화하는 웹 사이트 스켈레톤을 생성할 수 있다.

먼저 Maven pom.xml 파일에 maven-site-plugin을 추가한다.

```
<plugin>
  <groupId>org.apache.maven.plugins</groupId>
  <artifactId>maven-site-plugin</artifactId>
  <version>3.7.1</version>
</plugin>
```

pom.xml 파일이 있는 위치에서 명령 프롬프트를 실행한 다음, 아래 명령을 입력하고 실행한다.

```
mvn site
```

명령을 실행하면 Maven은 해당 플러그인을 자동으로 다운로드한다. 다운로드가 끝난 다음에는 그림 10.4와 같은 웹 사이트가 만들어진다.

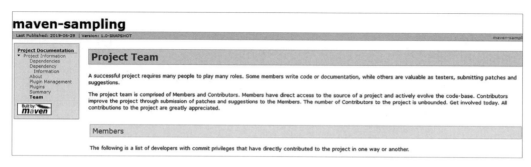

그림 10.4 Maven은 프로젝트를 문서화하는 웹 사이트를 만들 수 있다.

이 웹 사이트는 Maven 빌드 디렉터리에서 생성된다(이것도 물론 관습이다). Maven은 빌드 관련해서는 보통 target/ 폴더를 사용한다. 소스 코드는 target/classes/ 폴더에 컴파일되고 문서는 target/site/ 폴더에 만들어지는 식이다.

만들어진 웹 사이트는 초기 스켈레톤 상태이므로 상세하게 만들고 싶다면 추가해야 하는 내용이 있다. 그래도 적은 양의 데이터만으로 프로젝트를 문서화하는 웹 사이트를 만들 수 있었다. src/site/ 디렉터리에 더 많은 데이터와 웹 페이지 정보를 입력할 수 있고 Maven은 이를 포함하여 웹 사이트에 완전한 문서를 생성할 수 있다.

10.2.3 Maven으로 JUnit 리포트 만들기

Maven은 XML 형식의 JUnit 리포트를 생성할 수 있다. 기본적으로 Maven은 일반적인 텍스트 형식 또는 XML 형식의 JUnit 리포트를 만들 수 있으며, 관습적으로 target/surefire-reports/ 폴더에 테스트 리포트를 생성한다. HTML 형식의 JUnit 리포트를 생성하기 위해 추가 설정이 필요하지는 않다.

짐작하듯 HTML 형식의 리포트를 생성하는 작업은 Maven 플러그인이 수행한다. 구체적으로는 maven-surefire-report-plugin이며 이는 우리가 일반적으로 알고 있는 Maven의 핵심 단계에 연결되어 있지 않다(사람들이 소프트웨어를 빌드할 때마다 HTML 리포트가 필요한 것은 아니기 때문이다). 컴파일러 플러그인과 Surefire 플러그인에서 했던 것처럼 특정 단계를 실행하여 플러그인을 호출할 수는 없다. 대신 명령 프롬프트에서 다음 명령을 입력하여 직접 호출해야 한다.

```
mvn surefire-report:report
```

이 명령을 실행하면 Maven은 소스 파일을 컴파일하고 테스트한 다음 Surefire 플러그인을 호출하여 일반 텍스트 형식과 XML 형식의 리포트를 생성한다. 그 후 surefire-report 플러그인은 target/surefire-reports/ 디렉터리의 모든 XML 리포트를 HTML 리포트로 변환하여 target/site/ 디렉터리에 생성한다(이것은 프로젝트에서 생성된 모든 문서를 보관하는 폴더의 관습이며 HTML 리포트는 문서로 간주한다). 생성된 HTML 리포트를 연 결과는 그림 10.5와 같다. HTML 리포트를 통해 테스트 결과를 확인할 수 있다.

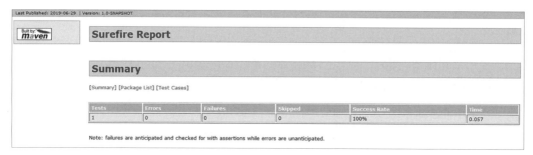

그림 10.5 maven-surefire-report 플러그인으로 만든 HTML 리포트

10.3 한 번에 모아보기

이 절에서는 Maven이 관리하는 JUnit 5 프로젝트를 만드는 데 관련된 모든 단계를
모두 모아 살펴보자. 9장에서 이야기한 것처럼 TDS는 항공편 관리 시스템을 개발
하고 있다. 프로젝트 개발자인 켈리는 항공편 관리 시스템을 만들기 위한 워크스페
이스로 C:\Work\ 폴더를 만든다. 켈리는 명령 프롬프트에 다음 명령을 입력했다.

```
mvn archetype:generate -DgroupId=com.testeddatasystems.flights
-DartifactId=flightsmanagement -DarchetypeArtifactId=maven-artifact-mojo
```

엔터 키를 누르고 적절한 아티팩트가 자동으로 다운로드될 때까지 기다린다. 다운
로드 옵션은 디폴트로 설정했다(그림 10.6). 그림 10.7은 프로젝트의 구조를 보여

```
2525: remote -> us.fatehi:schemacrawler-archetype-plugin-command (-)
2526: remote -> us.fatehi:schemacrawler-archetype-plugin-dbconnector (-)
2527: remote -> us.fatehi:schemacrawler-archetype-plugin-lint (-)
2528: remote -> ws.osiris:osiris-archetype (Maven Archetype for Osiris)
2529: remote -> xyz.luan.generator:xyz-gae-generator (-)
2530: remote -> xyz.luan.generator:xyz-generator (-)
2531: remote -> za.co.absa.hyperdrive:component-archetype (-)
Choose a number or apply filter (format: [groupId:]artifactId, case sensitive contains): 1449:
Choose org.apache.maven.archetypes:maven-archetype-quickstart version:
1: 1.0-alpha-1
2: 1.0-alpha-2
3: 1.0-alpha-3
4: 1.0-alpha-4
5: 1.0
6: 1.1
7: 1.3
8: 1.4
Choose a number: 8:
[INFO] Using property: groupId = com.testeddatasystems.flights
[INFO] Using property: artifactId = flightsmanagement
Define value for property 'version' 1.0-SNAPSHOT: :
[INFO] Using property: package = com.testeddatasystems.flights
Confirm properties configuration:
groupId: com.testeddatasystems.flights
artifactId: flightsmanagement
version: 1.0-SNAPSHOT
package: com.testeddatasystems.flights
 Y: :
```

그림 10.6 Maven으로 프로젝트를 생성한 모습. 다운로드 옵션은 디폴트를 선택했다.

그림 10.7 처음 만든 항공편 관리 시스템

준다. Maven으로 프로젝트를 만들면 src/main/java 밑에는 자바 소스 코드가, src/test/java 밑에는 테스트가 들어 있다. 참고로 .idea 폴더와 flightsmanagement.iml 파일은 IDE가 생성한 것이다(현재는 IntelliJ IDEA를 사용한다고 가정한다).

켈리는 명령 프롬프트에서 `maven-archetype-plugin` 명령을 입력하고 주어진 파라미터를 사용하여 새 프로젝트를 생성한다. 결과적으로 Maven 플러그인은 기본 폴더 구조로 새 프로젝트를 생성할 뿐만 아니라 `main` 메서드가 포함된 `App.java` 클래스와 애플리케이션에 대한 테스트인 `AppTest.java` 파일을 생성한다. Maven 플러그인은 다음 예제와 같이 pom.xml 파일도 생성한다.

예제 10.7 항공편 관리 프로젝트의 pom.xml 파일

```
<project xmlns="http://maven.apache.org/POM/4.0.0"
        xmlns:xsi="http://www.w3.org/2001/XMLSchema-instance"
        xsi:schemaLocation="http://maven.apache.org/POM/4.0.0
        http://maven.apache.org/xsd/maven-4.0.0.xsd">
  <modelVersion>4.0.0</modelVersion>

  <groupId>com.testeddatasystems.flights</groupId>
  <artifactId>flightsmanagement</artifactId>
  <version>1.0-SNAPSHOT</version>

  <name>flightsmanagement</name>
  [...]

  <dependencies>
    <dependency>
      <groupId>junit</groupId>
      <artifactId>junit</artifactId>
      <version>4.11</version>
```

```
      <scope>test</scope>
    </dependency>
  </dependencies>
  [...]
```

```
</project>
```

pom.xml 파일은 프로젝트를 설명하는 역할도 한다. 여기서는 현재 사용 중인 POM 모델 버전을 나타내는 modelVersion에 4.0.0을 사용하고, 프로젝트의 그룹 아이디인 groupId에 com.testeddatasystems.flights를 사용한다. 외부로 노출할 프로젝트 이름인 artifactId에 flightsmanagement를 사용하고, version에는 1.0-SNAPSHOT를 입력하여 아티팩트가 아직 개발 중이라는 것을 보여 준다. POM(project object model, 프로젝트 객체 모델)은 프로젝트 정보나 설정 정보를 갖고 있는 Maven의 기본 작업 단위를 말한다.

켈리는 JUnit Jupiter 5.6.0을 사용할 예정이다. 플러그인으로 맨 처음에 만든 JUnit 버전이 4.11이므로 JUnit 의존성의 버전을 5.6.0으로 변경한다.

예제 10.8 수정한 pom.xml 파일

```
<dependencies>
  <dependency>
    <groupId>org.junit.jupiter</groupId>
    <artifactId>junit-jupiter-api</artifactId>
    <version>5.6.0</version>
    <scope>test</scope>
  </dependency>
  <dependency>
    <groupId>org.junit.jupiter</groupId>
    <artifactId>junit-jupiter-engine</artifactId>
    <version>5.6.0</version>
    <scope>test</scope>
  </dependency>
</dependencies>
```

켈리는 자동으로 생성된 App.java과 AppTest.java 클래스를 삭제하고 Passenger(예제 10.9)와 PassengerTest(예제 10.10) 클래스를 추가한다. 다음 예제를 보자.

예제 10.9 Passenger 클래스

```
package com.testeddatasystems.flights;

public class Passenger {
```

```
  private String identifier;        ┐ ①
  private String name;              ┘

  public Passenger(String identifier, String name) {  ┐
    this.identifier = identifier;                      │ ②
    this.name = name;                                  │
  }                                                    ┘

  public String getIdentifier() {   ┐
    return identifier;              │
  }                                 │
                                    │ ③
  public String getName() {         │
    return name;                    │
  }                                 ┘

  @Override
  public String toString() {                                      ┐
    return "Passenger " + getName() + " with identifier: " +      │ ④
          getIdentifier();                                        │
  }                                                               ┘
}
```

Passenger 클래스에서 확인할 내용은 다음과 같다.

- identifier와 name 필드를 선언했다(①).

- identifier와 name을 파라미터로 사용하는 생성자를 선언했다(②).

- identifier와 name 필드의 게터 메서드를 선언했다(③).

- toString 메서드를 재정의한다(④).

예제 10.10 PassengerTest 클래스

```
[...]
public class PassengerTest {
  @Test
  void testPassenger() {
    Passenger passenger = new Passenger("123-456-789", "John Smith");  ┐ ①
    assertEquals("Passenger John Smith with identifier: 123-456-789",  ┘
              passenger.toString());
  }
}
```

PassengerTest 클래스에는 예제 10.9에서 재정의한 toString 메서드를 검증하는 테
스트 메서드인 testPassenger가 있다(①).

다음으로 켈리는 프로젝트 폴더 수준에서 mvn clean install 명령을 실행한다 (그림 10.8). 이 명령은 먼저 프로젝트를 정리하고 기존 아티팩트를 삭제한다. 그런 다음 프로젝트의 소스 코드를 컴파일하고 JUnit 5를 사용하여 컴파일한 소스 코드를 테스트한다. 컴파일한 코드를 JAR 파일로 패키징하고(그림 10.9), 로컬 Maven 저장소에 패키지를 설치한다(그림 10.10). 로컬 Maven 저장소는 UNIX의 ~/.m2/repository/ 또는 Windows의 C:\Documents and Settings\〈사용자명〉\.m2\repository\에 존재한다.

이제 켈리는 완전한 기능을 갖춘 Maven 프로젝트를 만들어 항공편 관리 시스템을 개발하고 JUnit 5로 테스트할 수 있게 되었다. 계속해서 켈리는 클래스와 테스트를 추가하고 Maven 명령을 실행하여 애플리케이션을 패키징하고 테스트를 실행한다.

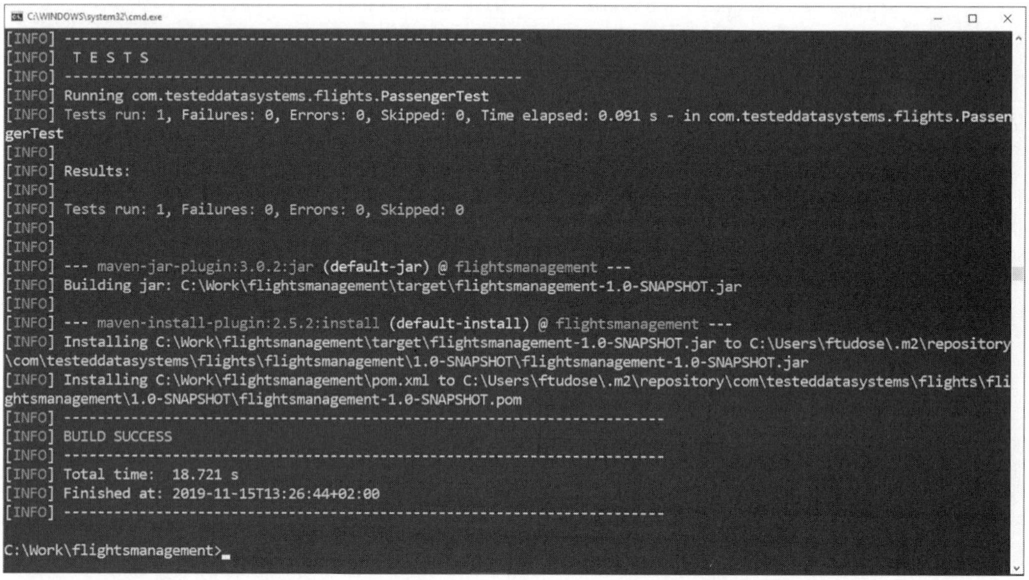

그림 10.8 Maven 프로젝트에서 mvn clean install 명령을 실행한 결과

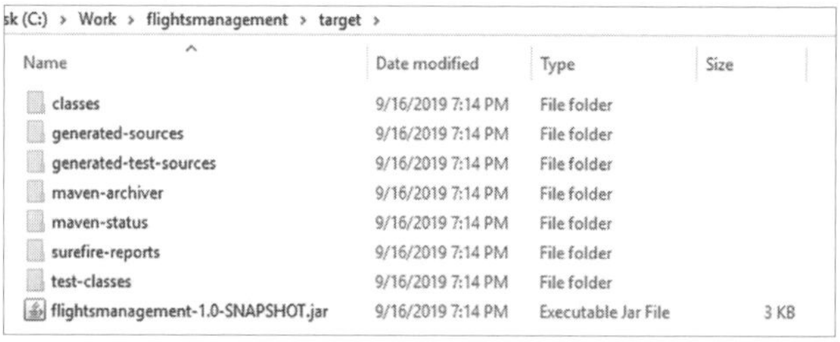

그림 10.9 Maven으로 만든 항공편 관리 프로젝트의 target 폴더에 있는 jar 패키지 파일

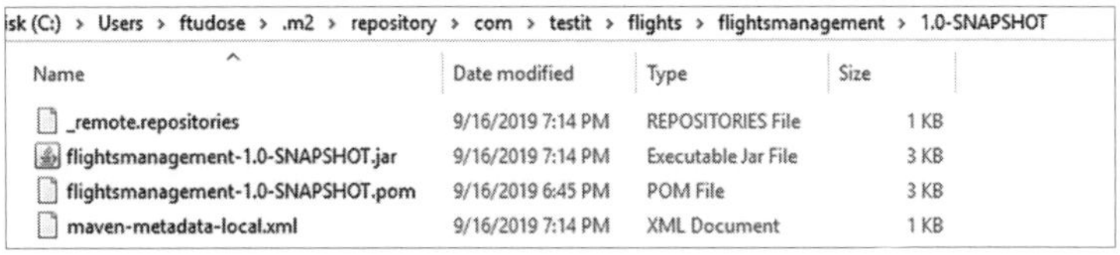

그림 10.10 항공편 관리 프로젝트의 아티팩트를 가지고 있는 로컬 Maven 저장소

10.4 Maven의 과제

Maven을 사용해 본 많은 사람들은 Maven을 사용하는 게 정말 쉽고 Maven에 녹아 있는 설정보다 관습 같은 발상이 놀랍다는 것을 부인하지 않는다. 그러나 관습이 적용되지 않는 일을 해야 할 때는 어려움이 생긴다.

Maven의 장점은 사고의 프레임을 만들어 둔 뒤 개발자가 그 프레임 안에서 사고할 수 있도록 유도하는 것이다. Maven을 사용하는 개발자는 Maven식으로 생각하고, Maven식으로 작업을 수행할 수밖에 없게 된다. 대부분의 상황에서 Maven은 말도 안 되는 실행을 허용하지 않는다. 이는 개발자를 제약하고, 개발자에게 프로젝트가 어떻게 실행이 되어야 하는지 분명하게 안내하는 효과가 있다. 그러나 이러한 제약 사항은 자신만의 방식으로 작업을 수행하고 빌드하려는 개발자에게는 다양한 시도를 못하게 막는다는 문제로 작용할 수도 있다. 11장에서는 Maven에서 영감을 받은 다른 빌드 자동화 도구인 Gradle을 활용해 JUnit 테스트를 실행하는 방법을 알아본다.

정리

10장에서는 다음 내용을 다루었다.

- Maven의 기본 개념과 개발 환경에서 Maven을 사용하여 소스 코드를 빌드하는 방법을 알아보았다.
- 선언적 방식으로 의존성을 pom.xml 파일에 추가하여 Maven 스타일로 프로젝트 의존성을 관리하는 방법을 알아보았다.
- Maven으로 프로젝트를 만든 다음 IntelliJ IDEA를 사용하여 Maven 프로젝트를 열었고 JUnit 5를 사용해 테스트했다.
- Maven으로 JUnit 5 프로젝트를 만들어 IntelliJ IDEA와 Eclipse에서 사용하는 방법을 알아보았다.

- 여러 가지 Maven 플러그인을 사용했다. 컴파일러 플러그인, 프로젝트의 단위 테스트를 처리하는 Surefire 플러그인, 프로젝트에서 사이트를 빌드하는 사이트 플러그인, 프로젝트에 관한 리포트 작성을 위한 Surefire 리포트 플러그인 등을 알아보았다.

11장

Gradle 6로 실행하는 JUnit 테스트

☑ **11장에서 다루는 내용**

- Gradle 알아보기
- Gradle을 활용하여 프로젝트 만들기
- Gradle 플러그인 사용하기
- Gradle 프로젝트를 만들고 JUnit 5로 테스트하기
- Gradle과 Maven 비교하기

> 와인을 섞으면 실수가 되지만, 과거와 현재의 지혜를 합치면 조화가 이루어진다.
> — 베르톨트 브레히트(Bertolt Brecht)

11장에서는 빌드 도구 중 마지막으로 Gradle을 살펴본다. Gradle은 아파치 Ant와 아파치 Maven에 녹아 있는 개념에서 시작된 오픈 소스 빌드 자동화 도구다. 10장에서 보았듯이 Maven은 프로젝트 설정 파일을 XML로 작성한다. Gradle은 프로젝트 설정 파일을 Groovy(그루비)를 기반으로 한 DSL(domain specific language, 도메인 특화 언어)로 작성한다.

DSL은 특정한 애플리케이션 도메인에서 사용하는 프로그래밍 언어를 말한다. DSL의 핵심 아이디어는 특정 도메인에서 발생하는 문제를 해결하는 것이 주된 목표인 언어를 사용하자는 것이다. 그리하여 애플리케이션 빌드 도메인에서 DSL의 핵심을 적용한 결과가 Gradle이 되었다. 참고로 Groovy는 JVM에서 실행될 수 있고 자바 언어와 호환 가능한 객체 지향 프로그래밍 언어다.

11.1 Gradle 살펴보기

자바 애플리케이션을 빌드하고 테스트하는 데 사용하는 Gradle을 알아보자. 10장에서 Maven을 사용한 것과 Maven이 설정보다 관습을 적용한다는 걸 떠올려 보자. 물론 Gradle에도 빌드할 때 따라야 하는 관습이 있다. 관습을 통해 Gradle을 사용하는 다른 개발자들도 빌드 구성을 쉽게 따라할 수 있다.

관습을 쉽게 재정의할 수도 있다. Gradle은 Groovy를 기반으로 하는 DSL로 작성되었으므로 개발자는 Gradle로 빌드를 쉽게 구성할 수 있다. 즉 Gradle의 DSL로 빌드를 구성하는 것은 Maven의 XML을 이용한 빌드 구성 방식을 대체하는 것과 같다. 사실 XML은 오랜 시간 동안 사용되었다. 10장에서 본 것처럼 Ant와 Maven에서 빌드 파일을 만드는 데 XML이 사용된다는 것은 놀라운 일이 아니다. 그리고 Maven은 Ant에서 고려하지 않았던 놀라운 아이디어인 설정보다 관습을 적용했다. 또한 앞에서 Maven의 폴더 구조, 의존성 지원, 빌드 생애 주기가 꽤나 사용하기 편리하게 이루어져 있다는 것도 알 수 있었다. 반면 Gradle은 빌드의 의도를 선언적으로 나타낸다. 즉 Gradle을 활용해서는 빌드가 어떻게 실행되어야 하는지 절차를 말하는 것이 아니라, 결과가 무엇과 같아야 하는지 최종 목적을 말하게 된다.

TDS의 개발자는 일부 프로젝트에 Gradle을 사용하는 것을 고려하고 있다. 기능에 역점을 두어, 일부 파일럿 프로젝트에 Gradle을 적용해 보고 Maven과 무엇이 다른지 확인하려 한다.

Gradle을 사용해 보기 위해 TDS 개발자는 Maven의 pom.xml 파일(예제 11.1)과 Gradle의 build.gradle 파일(Gradle 빌드 파일의 기본 이름, 예제 11.2 참고)을 비교한다.

예제 11.1 Maven pom.xml 파일

```
<project>
  <modelVersion>4.0.0</modelVersion>
  <groupId>com.manning.junitbook</groupId>
  <artifactId>example-pom</artifactId>
  <packaging>jar</packaging>
  <version>1.0-SNAPSHOT</version>
  <dependencies>
    <dependency>
      <groupId>org.junit.jupiter</groupId>
      <artifactId>junit-jupiter-api</artifactId>
      <version>5.6.0</version>
      <scope>test</scope>
```

```
    </dependency>
    <dependency>
      <groupId>org.junit.jupiter</groupId>
      <artifactId>junit-jupiter-engine</artifactId>
      <version>5.6.0</version>
      <scope>test</scope>
    </dependency>
  </dependencies>
</project>
```

예제 11.2 **Gradle build.gradle 파일**

```
plugins {
  // 자바 개발을 위한 플러그인
  id 'java'

  // CLI 애플리케이션 개발을 위한 플러그인
  id 'application'
}

repositories {
  // 중앙 저장소로 jcenter를 사용
  // 어떤 저장소든지 등록 가능
  jcenter()
}

dependencies {
  // 테스트에 필요한 JUnit Jupiter API 의존성
  testImplementation 'org.junit.jupiter:junit-jupiter-api:5.6.0'

  // 테스트에 필요한 JUnit Jupiter Engine 의존성
  testRuntimeOnly 'org.junit.jupiter:junit-jupiter-engine:5.6.0'
}

application {
  // 애플리케이션의 메인 클래스
  mainClassName = 'com.manning.junitbook.ch11.App'
}

test {
  // 단위 테스트에 사용하기 위한 JUnit Platform
  useJUnitPlatform ()
}
```

build.gradle 설정 파일을 보면 이게 무슨 내용인지 아마 잘 모를 수 있다. 이번 예제의 목표는 Gradle이 어떻게 생겼는지 한번 맛을 보는 것이다. 상세한 내용은 장 전체에 걸쳐 자세히 알아볼 것이다. 주석을 상세히 달아 놓았으니 Gradle이 어떤

일을 하고 있는지 알 수 있을 것이다. Gradle의 강점 중 하나인 DSL은 대체로 설명이 필요 없으며 유지 보수가 쉬운 편이다. Gradle 핵심 개념과 설치 방법이 궁금하다면 부록 B를 참고하기 바란다.

11.2 Gradle 프로젝트 설정하기

가상 회사인 TDS의 개발자는 Gradle을 사용하여 JUnit 5 파일럿 프로젝트를 만들어 보는 것을 시작으로, 프로젝트에 Gradle을 적용하려 한다. TDS의 개발자인 올리버도 Gradle을 활용한 프로젝트 개발에 참여한다. 올리버는 junit5withgradle이라는 폴더를 만들고 명령 프롬프트를 연 다음 gradle init 명령을 실행한다.

그러면 마법사가 나타나는데, 올리버는 다음 옵션을 선택한다.

- Select type of project to generate: application
- Select implementation language: Java
- Select build script DSL: Groovy
- Select test framework: JUnit Jupiter

명령을 실행한 결과는 그림 11.1에서 확인할 수 있다.

```
C:\Windows\system32\cmd.exe
C:\Work\Manning\junit5withgradle>gradle init

Select type of project to generate:
  1: basic
  2: application
  3: library
  4: Gradle plugin
Enter selection (default: basic) [1..4] 2

Select implementation language:
  1: C++
  2: Groovy
  3: Java
  4: Kotlin
Enter selection (default: Java) [1..4] 3

Select build script DSL:
  1: Groovy
  2: Kotlin
Enter selection (default: Groovy) [1..2] 1

Select test framework:
  1: JUnit 4
  2: TestNG
  3: Spock
  4: JUnit Jupiter
Enter selection (default: JUnit 4) [1..4] 4

Project name (default: junit5withgradle):

Source package (default: junit5withgradle): com.manning.junitbook.ch11

> Task :init
Get more help with your project: https://docs.gradle.org/5.5.1/userguide/tutorial_java_projects.html

BUILD SUCCESSFUL in 31s
2 actionable tasks: 2 executed
```

그림 11.1 gradle init 명령을 실행한 결과

올리버는 Gradle을 사용하여 몇 가지 옵션만으로 자바 프로젝트를 만들었다. Gradle 로도 Maven에서 만든 것과 비슷한 폴더 구조의 프로젝트를 만들 수 있다.

- src/main/java에는 자바 소스 코드가 들어 있다.
- src/test/java에는 자바 테스트 코드가 들어 있다.

빌드를 시작하기 위해 올리버는 명령 프롬프트를 열고 build.gradle 파일이 있는 위 치에서 `gradle build` 명령을 입력하고 실행한다.

이제 생성된 build.gradle 파일을 살펴보고 올리버가 어떻게 build.gradle 파일을 수정해 나가는지 확인해 보자.

예제 11.3 build.gradle 파일에서 저장소 정의하기

```
repositories {
    // 중앙 저장소로 jcenter를 사용
    // 어떤 저장소든지 등록 가능
    jcenter()
}
```

기본적으로 Gradle은 애플리케이션의 의존성 문제 해결을 위한 기본 저장소로 JCenter를 사용한다. JCenter는 세계에서 가장 큰 자바 라이브러리 저장소다. 즉 Maven 중앙 저장소에서 사용할 수 있는 거의 모든 것은 JCenter에서도 사용할 수 있다. 물론 JCenter 외에도 Maven 중앙 저장소, 자체 저장소 등 여러 가지 저장소를 사용할 수 있다. 예제 11.4에서는 Maven 중앙 저장소와 TDS 자체 저장소를 사용했 다. 주로 소유권이 있는 의존성을 관리하기 위해 자체 저장소를 사용한다.

예제 11.4 build.gradle 파일에서 두 개의 저장소를 사용한 모습

```
repositories {
    mavenCentral()
    testit {
        url "https://testeddatasystems.com/repository"
    }
}
```

올리버는 Gradle 설정 파일인 build.gradle에 의존성을 추가했다.

예제 11.5 build.gradle 파일에 추가한 의존성

```
dependencies {
    // 애플리케이션에서 사용할 의존성
    implementation 'com.google.guava:guava:27.1-jre'
```

```
    // 테스트에 필요한 JUnit Jupiter API 의존성
    testImplementation 'org.junit.jupiter:junit-jupiter-api:5.6.0'

    // 테스트에 필요한 JUnit Jupiter Engine 의존성
    testRuntimeOnly 'org.junit.jupiter:junit-jupiter-engine:5.6.0'
}
```

dependencies 블록에서는 현재 프로젝트에서 사용할 외부 의존성 구성을 선언한다. 표 11.1에 표준적인 의존성 구성의 종류를 나열했다.

표준 구성	의미
implementation	소스 코드를 컴파일할 때 필요한 의존성
runtime	런타임에 필요한 의존성. 기본적으로 컴파일 타임 의존성도 있다.
testImplementation	테스트 코드를 컴파일할 때 필요한 의존성. 기본적으로 컴파일 타임 의존성과 컴파일된 클래스가 있다.
testRuntime	테스트를 런타임에 실행하기 위한 의존성. 런타임과 테스트 컴파일 타임 의존성이 같이 포함된다.
runtimeOnly	컴파일 타임이 아닌 런타임에만 필요한 의존성을 포함할 때 사용한다.
testRuntimeOnly	테스트 컴파일 타임이 아니라 테스트 런타임에만 필요한 의존성을 포함할 때 사용한다.

표 11.1 표준적인 의존성 구성의 종류와 의미

올리버는 애플리케이션에서 실행할 메인 클래스를 설정하기 위해 Gradle에서 다음 설정도 추가한다.

예제 11.6 build.gradle 파일에서 애플리케이션의 메인 클래스 구성

```
application {
  // 애플리케이션의 메인 클래스
  mainClassName = 'com.manning.junitbook.ch11.App'
}
```

이렇게 빌드한 애플리케이션을 실행할 때 사용할 메인 클래스를 com.manning.junitbook.ch11.App으로 정했다. 애플리케이션을 실행하면 App.java 파일의 main 메서드가 실행될 것이다.

예제 11.7의 코드는 build.gradle에서 JUnit Platform 지원을 활성화한다. 정확히 말하자면 테스트를 실행하는 데 JUnit Platform을 사용해야 한다는 것을 명시한다. 참고로 JUnit Platform은 맨 처음에 Gradle로 프로젝트를 만들 때 선택했던 옵션이었다.

예제 11.7 build.gradle 파일에서 JUnit Platform 지원을 활성화하기

```
test {
  // 단위 테스트에 사용하기 위한 JUnit Platform
  useJUnitPlatform()
}
```

useJUnitPlatform()에는 몇 가지 옵션을 추가할 수 있다. 예를 들어 테스트를 실행할 때 포함하거나 제외할 태그를 특정할 수 있다. 앞에서 JUnit 5의 태그를 사용한 테스트를 다루면서 알아본 적이 있다. 구성 방법은 다음과 같다.

예제 11.8 build.gradle에서 실행할 태그를 포함하거나 제외하는 방법

```
test {
  // 단위 테스트에 사용하기 위한 JUnit Platform
  useJUnitPlatform {
    includeTags 'individual'
    excludeTags 'repository'
  }
}
```

예제 11.8과 같이 구성하면 Gradle이 @Tag("individual")를 사용한 테스트만 실행하고 @Tag("repository")를 사용한 테스트는 실행하지 않는다.

예제 11.9 태그가 다르게 지정된 테스트

```
@Tag("individual")
public class CustomerTest {
  [...]
}

@Tag("repository")
public class CustomersRepositoryTest {
  [...]
}
```

Gradle로 프로젝트를 생성하면 Gradle 래퍼(wrapper)도 같이 생성된다(줄여서 gradlew라고도 한다). 래퍼는 특정한 버전의 Gradle을 호출하는 스크립트를 말한다(해당 버전이 설치되어 있지 않다면 먼저 다운로드를 수행한다). 래퍼 스크립트는 OS에 따라 gradlew.bat 또는 gradlew 파일에 내장되어 있다. 래퍼를 사용하면 프로젝트를 공유할 때 매우 유용하다. 다른 사용자는 래퍼를 통해 프로젝트를 만드는 데 사용한 Gradle과 정확히 동일한 버전으로 프로젝트를 빌드할 수 있고, 별도로 Gradle을 설치할 필요가 없다.

Gradle을 이용해서 테스트 리포트도 작성할 수 있다. `gradle test`(만약 래퍼를 사용한다면 `gradlew test`) 명령을 실행하면 build/reports/tests/test 폴더에 테스트 리포트가 생성된다. index.html 파일을 클릭하면 그림 11.2와 같은 리포트가 나타난다. 2장에서 다룬 태그를 사용한 테스트를 Gradle을 활용해 실행해 보자. Gradle은 `@Tag("individual")`을 적용한 테스트는 모두 실행했으며 `@Tag("repository")`를 적용한 테스트는 제외했다. 이는 build.gradle 파일에 모두 기록되어 있다.

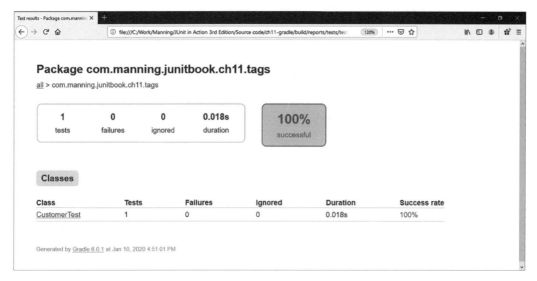

그림 11.2 Gradle이 `@Tag("individual")`가 적용된 CustomerTest 테스트만 실행했을 때의 결과 리포트

11.3 Gradle 플러그인 활용하기

지금까지 Gradle이 무엇인지, 올리버가 어떻게 파일럿 프로젝트를 진행했는지 처음부터 하나씩 살펴봤다. 그리고 Gradle이 DSL을 사용하여 어떻게 의존성을 관리하는지도 확인했다.

다음으로 올리버는 프로젝트에 Gradle 플러그인을 추가하고자 한다. Gradle 플러그인은 태스크의 집합을 말한다. 소스 코드를 컴파일하는 대부분의 일반적인 태스크들은 플러그인으로 쉽게 처리할 수 있다. 프로젝트에 Gradle 플러그인을 적용하는 것은 프로젝트의 기능을 확장하는 것이기도 하다.

Gradle에는 스크립트 플러그인(script plugin)과 바이너리 플러그인(binary plugin)이라는 두 가지 플러그인이 있다. 스크립트 플러그인은 로컬 파일 시스템이나 원격에서 정의한 스크립트를 적용할 때 사용한다. 한편 JUnit 5를 사용하는 자바 개발자가 특별히 관심을 가져야 하는 것은 바이너리 플러그인이다. 바이너리 플러그인은 ID로 식별이 되는데, 널리 쓰이는 플러그인은 보통 이름이 짧다.

다음 예제에서 올리버는 build.gradle 파일에 플러그인 두 개를 적용한다.

예제 11.10 build.gradle 파일에 플러그인을 적용하기

```
plugins {
    // 자바 개발을 위한 플러그인
    id 'java'

    // CLI 애플리케이션 개발을 위한 플러그인
    id 'application'
}
```

이 예제에서 살펴볼 내용은 다음과 같다.

- 자바 언어를 지원하기 위해 java 플러그인을 적용했다(gradle init 명령을 입력했을 때 옵션으로 'Java'를 선택했고 Gradle은 적절한 플러그인을 추가한 것이다).
- 프로젝트 유형에 'application'을 선택하고 Gradle은 애플리케이션 빌드를 지원하기 위해 application 플러그인을 적용했다.

참고로 예제 11.3부터 예제 11.10까지의 내용을 합친 것이 전부 예제 11.2에서 올리버가 처음 작성한 Gradle 설정 파일의 내용이다.

11.4 Gradle 프로젝트를 만들고 JUnit 5로 테스트하기

이제 Gradle에서 관리하는 JUnit 5 프로젝트를 만드는 데 필요한 단계를 구체적으로 알아보자. 앞서 언급한 것처럼 TDS는 항공편 관리 시스템을 개발 중이다. 애플리케이션을 만들기 위해 TDS의 개발자인 올리버는 C:\Work\flightsmanagement 폴더를 작업 디렉터리로 사용하고 여기에 Gradle 프로젝트를 만들었다. 올리버는 명령 프롬프트에 다음 명령을 입력했다.

```
gradle init
```

이 명령을 실행한 결과가 그림 11.3이다.

```
C:\WINDOWS\system32\cmd.exe                                       —   □   ×
Select type of project to generate:
  1: basic
  2: application
  3: library
  4: Gradle plugin
Enter selection (default: basic) [1..4] 2

Select implementation language:
  1: C++
  2: Groovy
  3: Java
  4: Kotlin
Enter selection (default: Java) [1..4] 3

Select build script DSL:
  1: Groovy
  2: Kotlin
Enter selection (default: Groovy) [1..2] 1

Select test framework:
  1: JUnit 4
  2: TestNG
  3: Spock
  4: JUnit Jupiter
Enter selection (default: JUnit 4) [1..4] 4

Project name (default: flightsmanagement):
Source package (default: flightsmanagement): com.testeddatasystems.flightsmanagement
```

그림 11.3 gradle init 명령을 실행하여 항공편 관리 프로젝트를 만든 결과

프로젝트 구조는 그림 11.4에 있다. src/main/java는 프로젝트의 소스 코드가 있는
폴더이고 src/test/java에는 테스트 코드가 들어 있다. 참고로 .idea 폴더는 IntelliJ
IDEA가 생성한 것이다.

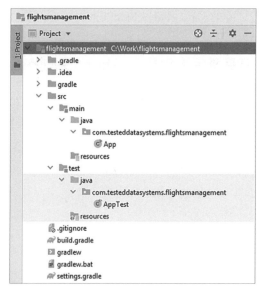

그림 11.4 처음 만든 항공편 관리 프로젝트

명령 프롬프트에서 gradle init 명령을 실행했다면 build.gradle 파일도 생성된다.

예제 11.11 항공편 관리 프로젝트의 build.gradle 파일

```
plugins {
  // 자바 개발을 위한 플러그인
  id 'java'

  // CLI 애플리케이션 개발을 위한 플러그인
  id 'application'
}

repositories {
  // 중앙 저장소로 jcenter를 사용
  // 어떤 저장소든지 등록 가능
  jcenter()
}

dependencies {
  // 테스트에 필요한 JUnit Jupiter API 의존성
  testImplementation 'org.junit.jupiter:junit-jupiter-api:5.6.0'

  // 테스트에 필요한 JUnit Jupiter Engine 의존성
  testRuntimeOnly 'org.junit.jupiter:junit-jupiter-engine:5.6.0'
}

application {
  // 애플리케이션의 메인 클래스
  mainClassName = 'com.testeddatasystems.flightsmanagement.App'
}

test {
  // 단위 테스트에 사용하기 위한 JUnit Platform
  useJUnitPlatform()
}
```

올리버는 기존에 자동으로 생성되었던 App 클래스와 AppTest 클래스를 삭제한다. 그다음 애플리케이션을 시작하기 위해 Passenger(예제 11.12) 클래스와 Passenger Test(예제 11.13) 클래스를 추가한다. 다음 예제를 보자.

예제 11.12 Passenger 클래스

```
public class Passenger {

  private String identifier;      ┐ ①
  private String name;            ┘
```

```
    public Passenger(String identifier, String name) {      ┐
      this.identifier = identifier;                          │ ②
      this.name = name;                                      │
    }                                                        ┘

    public String getIdentifier() {    ┐
      return identifier;                │
    }                                   │
                                        │ ③
    public String getName() {           │
      return name;                      │
    }                                   ┘

    @Override
    public String toString() {
      return "Passenger " + getName() + " with identifier: "   ┐ ④
             + getIdentifier();                                 ┘
    }

    public static void main(String args[]) {                              ┐
      Passenger passenger = new Passenger("123-456-789", "John Smith");    │ ⑤
      System.out.println(passenger);                                       │
    }                                                                      ┘
}
```

Passenger 클래스에서 확인할 내용은 다음과 같다.

- identifier와 name 필드를 선언했다(①).

- identifier와 name 필드를 파라미터로 사용하는 생성자를 선언했다(②).

- identifier와 name 필드의 게터 메서드를 선언했다(③).

- toString 메서드를 재정의한다(④).

- main 메서드를 만든 다음 승객 정보를 출력한다(⑤).

예제 11.13 PassengerTest 클래스

```
[...]
public class PassengerTest {

  @Test
  void testPassenger() {                                                ┐
    Passenger passenger = new Passenger("123-456-789", "John Smith");   │
    assertEquals("Passenger John Smith with identifier: 123-456-789",   │ ①
                 passenger.toString());                                 │
  }                                                                     ┘
}
```

PassengerTest 클래스에는 예제 11.2에서 재정의한 toString 메서드를 검증하는
테스트 메서드인 testPassenger가 있다(①).

올리버는 build.gradle 파일의 메인 클래스를 다음과 같이 변경한다.

```
application {
  // 애플리케이션의 메인 클래스
  mainClassName = 'com.testeddatasystems.flightsmanagement.Passenger'
}
```

이제 프로젝트 폴더 위치에서 명령 프롬프트를 실행하고 gradle test를 입력한
다. gradle test를 실행하면 애플리케이션에 있는 JUnit 5 테스트를 실행한다(그림
11.5).

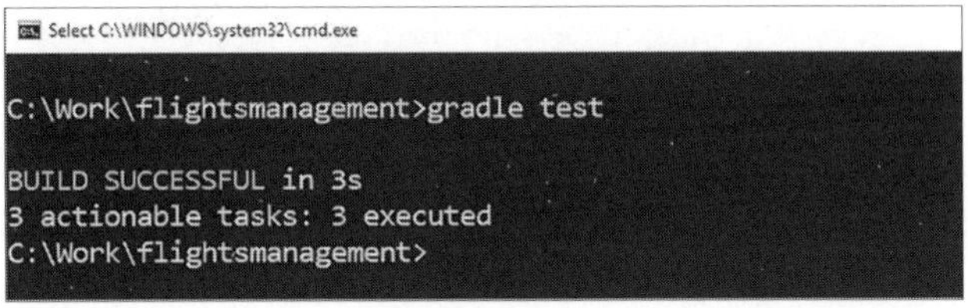

그림 11.5 프로젝트 폴더 위치에서 gradle test 명령을 실행한 결과

다음으로 올리버는 프로젝트 폴더 위치에서 gradle run 명령을 실행한다. gradle
run을 실행하면 build.gradle 파일에 기술한 대로 애플리케이션의 메인 클래스인
Passenger 클래스를 실행하고, 결과적으로는 John Smith에 대한 정보를 명령 프롬
프트에 출력한다(그림 11.6). gradle build 명령을 프로젝트 경로에서 실행하면(그
림 11.7), build/libs 폴더에 jar 아티팩트가 생성된다(그림 11.8).

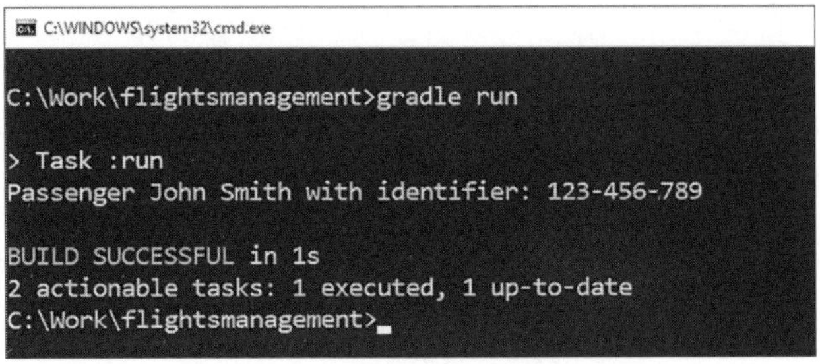

그림 11.6 gradle run 명령을 실행한 결과

C:\WINDOWS\system32\cmd.exe
C:\Work\flightsmanagement>gradle build
BUILD SUCCESSFUL in 1s
7 actionable tasks: 7 up-to-date
C:\Work\flightsmanagement>_

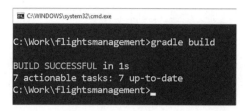

그림 11.7 gradle build 명령을 실행한 결과

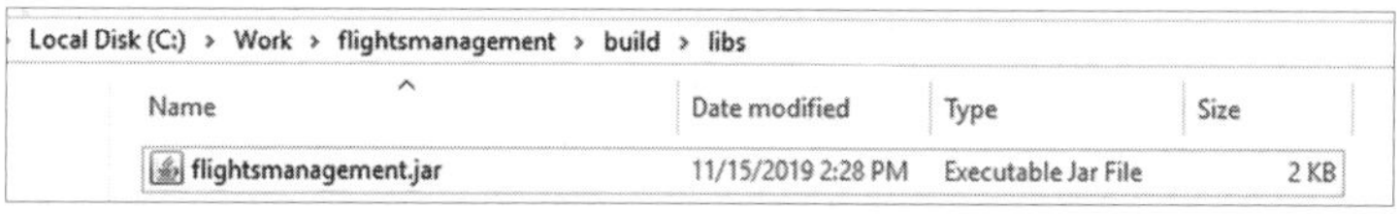

Local Disk (C:) › Work › flightsmanagement › build › libs
Name
Date modified
Type
Size
flightsmanagement.jar
11/15/2019 2:28 PM
Executable Jar File
2 KB

그림 11.8 gradle build 명령을 실행한 이후 build/libs 폴더에 생성된 jar 파일

올리버는 정상적으로 동작하는 Gradle 프로젝트를 만들었다. 이 프로젝트에서 항공편 관리 시스템을 개발하고 JUnit 5를 사용하여 테스트할 예정이다. 이제부터는 프로젝트에 계속해서 새로운 클래스와 테스트를 추가하고 Gradle 명령을 실행하여 애플리케이션을 패키징하고 테스트를 수행해 보자.

11.5 Gradle과 Maven 비교하기

지금까지 프로젝트를 관리하는 데 도움이 되는 두 가지 빌드 도구를 사용하고 비교해 보았다. TDS의 개발자에겐 언제나 선택의 자유가 있다. 어떤 프로젝트에서는 대부분이 잘 알고 있고, 오래됐으며, 신뢰할 수 있는 도구인 Maven을 사용할 수 있다. 반대로 Gradle을 선택할 수도 있다. 사용자 정의한 작업을 수행해야 하는 경우나(Maven으로 사용자 정의 작업을 수행하는 것이 상대적으로 더 어려웠다), XML로 작성하는 게 지루하게 느껴지거나, 상대적으로 자바에 가까운 DSL을 사용하는 것을 선호하거나, 새로운 시도를 할 필요가 있다면 Gradle을 선택할 수 있다. 선택은 개발자 개인이나 팀의 선호에 따라 달라질 수 있다. 사실 일반적으로는 두 빌드 도구 중 하나를 깊이 있게 이해한다면 다른 빌드 도구를 사용하는 프로젝트에 참여하는 것이 그다지 어렵지 않다.

세계적으로는 Maven이 널리 사용된다. 찾아본 바로는 전체 프로젝트의 약 4분의 3 정도에서 Maven이 사용된다고 한다. 또한 Maven과 관련된 지표도 매우 안정적이다. Gradle은 수년 동안 시장 점유율을 많이 높이지 못했다. 이 책에서 주로 Maven을 사용한 이유도 이 때문이다.

정리

11장에서는 다음 내용을 다루었다.

- Gradle과 JUnit 5를 사용하여 자바 프로젝트를 만들었다.
- Gradle 플러그인을 알아보았다.
- Gradle 프로젝트를 만들어 보았다. IntelliJ IDEA에서 Gradle 프로젝트를 열었고 JUnit 5를 사용하여 테스트했다.
- 빌드 도구의 관점에서 Gradle과 Maven을 서로 비교했다.

12장

JUnit 5와 여러 IDE 지원

☑ **12장에서 다루는 내용**

- IntelliJ IDEA에서 JUnit 5 사용하기
- Eclipse에서 JUnit 5 사용하기
- NetBeans에서 JUnit 5 사용하기

> 사소한 것을 즐길 줄 알아야 한다.
> 어느 날 뒤돌아 보면 사소한 것이
> 매우 큰 것이었음을 알게 되리라.
> — 로버트 브러우트(Robert Brault)

12장에서는 자바 애플리케이션을 개발하고 JUnit 5로 테스트하는 데 주로 쓰이는 IDE를 비교한다. IDE란 개발자들이 소프트웨어를 개발할 때 유용하게 사용할 수 있는 기능들을 제공하는 환경을 말한다. IDE를 사용하면 애플리케이션을 개발하고 테스트하는 모든 과정을 한 곳에서 진행할 수 있다.

사실 자바 개발자를 위한 IDE는 굉장히 다양하다. 그중에서 세 가지를 많이 사용하는데, 이 장에서는 IntelliJ IDEA, Eclipse, NetBeans를 살펴본다. 집필 시점에서 IntelliJ IDEA와 Eclipse가 각각 40% 정도의 점유율을 가진 것으로 보인다. NetBeans는 점유율이 10% 정도뿐이지만, IDE 중에서 3위를 차지하는 세계적으로 인기 있는 도구이므로 함께 다룬다.

어떤 IDE를 선택할지는 개인의 취향 혹은 프로젝트의 환경과 관련이 있다. 한 회사에서 세 가지 환경을 모두 지원하거나, 한 프로젝트에서 세 가지 환경을 모두 사

용할 수도 있다. 가상 회사인 TDS에서도 세 IDE를 동시에 사용한다고 가정했다. 이 장을 읽을 때는 앞으로 개발자들이 어떤 IDE를 선택했으며 왜 그런 결정을 내렸는지를 중심으로 논지를 따라가면 좋을 것이다.

이 장에서는 JUnit 5와 관련한 IDE의 기능을 알아보며 IDE와 관련된 적절하고 실용성 있는 정보를 제공한다. 좀 더 종합적인 가이드를 찾는다면 각 IDE의 공식 문서를 확인해 보기 바란다. 여기서는 IntelliJ IDEA, Eclipse, NetBeans 순으로 JUnit 5를 어떻게 사용하는지 알아본다. 이 순서는 각 IDE가 JUnit 5를 통합한 순서이기도 하다.

12.1 IntelliJ IDEA로 JUnit 5 사용하기

먼저 IntelliJ IDEA에 대해 알아본다. IntelliJ IDEA는 젯브레인(JetBrains)에서 개발한 IDE이다. 젯브레인은 아파치 2 라이선스를 따르는 Community Edition과 Ultimate(유료)를 제공한다. 간단한 IntelliJ IDEA 설치 방법이 궁금하다면 부록 C를 참고하기 바란다.

12장에서는 앞서 2장에서 다루었던 예제를 재활용한다. 2장에서 사용한 예제를 여러 IDE에서 다시 테스트한다. 2장의 예제들은 JUnit 5를 전반적으로 다루며 IDE를 활용해 보는 재료로써 충분히 유용하다. 2장에서 알아본 JUnit 5의 특징과 유스 케이스를 다시 한번 복기해 볼 수도 있을 것이다. 이 장에서는 각 IDE에서 JUnit 5를 어떻게 활용할 수 있는지를 핵심으로 다루지만 IDE마다 특정 기능을 사용하는 이유에 대해서도 간략하게 언급할 것이다.

IntelliJ IDEA를 시작한 다음 [File]-[Open]을 선택하여 12장의 예제 프로젝트를 열어 보자. 12장 소스 코드가 들어 있는 프로젝트를 열면 IDE가 그림 12.1처럼 보일 것이다. 이 프로젝트는 디스플레이 네임, 파라미터를 사용한 테스트, 반복 테스트, 태그를 활용한 테스트, 동적 테스트 등 JUnit 5의 새로운 기능을 다룬다.

그림에서 선택된 src/test/java 폴더를 마우스 오른쪽 버튼으로 클릭한 다음 [Run]-[All Tests]를 클릭해 모든 테스트를 한 번에 실행할 수 있다. 결과는 그림 12.2와 같다. 특정 기능을 구현하는 중에는 모든 테스트 코드를 주기적으로 실행해 보는 것을 권장한다. 전체 프로젝트가 여전히 잘 동작하는지 또는 신규 기능이 기존의 기능에 영향을 주지는 않는지 확인해야 하기 때문이다.

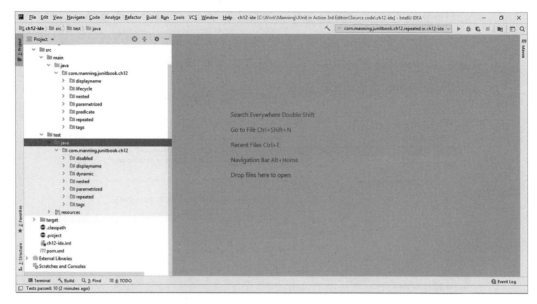

그림 12.1 JUnit 5 프로젝트가 열려 있는 IntelliJ IDEA

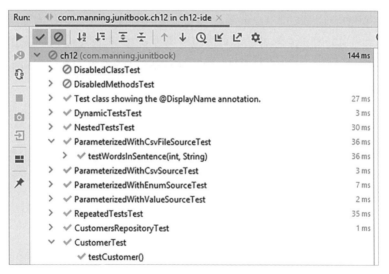

그림 12.2 IntelliJ IDEA에서 모든 테스트를 실행한 결과

IntelliJ IDEA를 사용하여 특정 테스트만 실행하는 방법을 알아보자. 그림 12.2에서 @Disabled 애노테이션이 붙은 테스트들은 앞부분에 나머지 테스트와 다른 기호가 표시된 것을 볼 수 있다. 그리고 전체 테스트를 수행하더라도 DisabledClassTest와 DisabledMethodsTest는 무시한 것을 알 수 있다. 그러나 @Disabled 애노테이션이 붙은 테스트라도 IntelliJ IDEA에서 마우스 오른쪽 버튼을 눌러 직접 실행한다면 강

제로 실행할 수 있다. 그 결과는 그림 12.3에 있다. 테스트 실행을 위한 전제 조건
이 충족되었는지 확인할 수 있는 테스트가 있다면 가끔씩 테스트를 실행해 보는 것
이 좋다. 다른 팀이 특정 기능을 구현할 때까지 혹은 자원이 사용 가능할 때까지 기
다려야 하는 경우도 있기 때문이다.

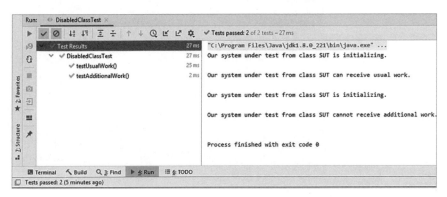

그림 12.3 IntelliJ IDEA에서 @Disabled 된 테스트를 강제로 실행한 결과

@DisplayName 애노테이션이 붙은 테스트를 실행한 결과는 그림 12.4와 같다. IntelliJ
IDEA를 가지고 테스트를 작성할 때 중요한 정보라고 생각하는 내용에 @Display
Name 애노테이션을 사용할 수 있다. @DisplayName을 사용하면 사용자 정의 디스플
레이 네임을 표시할 수 있다.

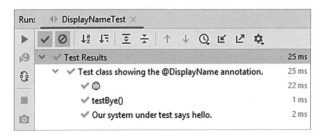

그림 12.4 IntelliJ IDEA에서 @DisplayName 애노테이션이 붙은 테스트를 실행한 결과

@TestFactory 애노테이션이 붙은 동적 테스트를 수행했을 때의 결과는 그림 12.5
와 같다. 런타임에 적절한 테스트를 생성하기 위해서 IntelliJ IDEA에 @TestFactory
애노테이션을 사용할 수 있다. @TestFactory를 사용하면 테스트 팩터리를 사용할
수 있다.

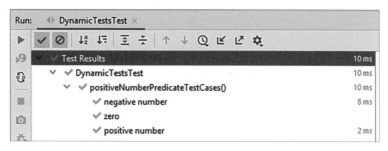

그림 12.5 IntelliJ IDEA에서 동적 테스트를 실행한 결과

그림 12.6처럼 중첩 테스트를 실행하면 결과가 계층적으로 표시되는 것을 알 수 있다. 물론 @DisplayName 애노테이션도 활용했다. 중첩 테스트를 사용하면 테스트 간에 밀접하게 연관된 관계를 체계적으로 표현할 수 있다. 특히 IntelliJ IDEA를 사용하면 계층 구조를 효과적으로 표현할 수 있다. @Nested를 사용하면 중첩 테스트를 할 수 있다.

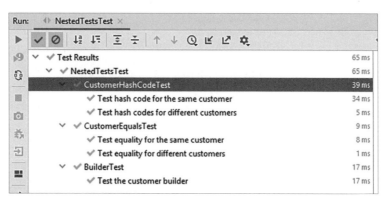

그림 12.6 IntelliJ IDEA에서 중첩 테스트를 실행한 결과

IntelliJ IDEA를 가지고 파라미터를 사용한 테스트를 실행했을 때 그 결과는 테스트에 사용한 파라미터를 확인할 수 있을 정도로 구체적이다. 그림 12.7에서 확인할 수 있듯 파라미터를 사용한 테스트를 작성한 다음 다양한 파라미터를 주입하여 실행해 보자. @ParameterizedTest를 사용하면 테스트 메서드에 다양한 파라미터를 사용할 수 있다.

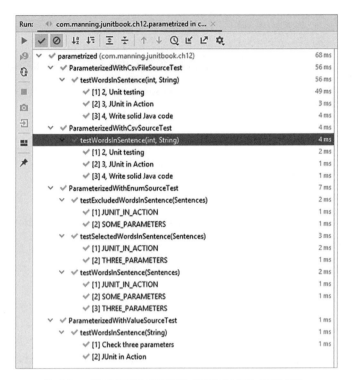

그림 12.7 IntelliJ IDEA에서 파라미터를 사용한 테스트를 실행한 결과

IntelliJ IDEA로 반복 테스트를 실행하면 그림 12.8과 같이 각 테스트에 대한 모든 정보가 자세하게 표시된다. 수행 조건이 테스트마다 달라지는 경우 반복 테스트를 사용할 수 있다. @RepeatedTest를 사용하면 테스트를 반복 수행할 수 있다.

그림 12.8 IntelliJ IDEA에서 반복 테스트를 실행한 결과

IntelliJ IDEA에서 전체 테스트 묶음을 실행하면 태그를 사용한 테스트도 같이 실행된다. 특정 태그가 적용된 테스트만 실행하려면 그림 12.9와 같이 [Run]-[Edit Configuration]을 선택하고 그림 12.9와 같이 [Test kind] 항목을 [Tags]로 선택한 다음 대상 태그를 작성할 수 있다. 가령 실행하고 싶은 태그를 repository로 설정해 보자. 그러면 @Tag("repository") 태그가 지정된 특정 테스트만 실행할 수 있게 된다. 테스트 모수가 너무 많고 전체 테스트를 다 실행해 볼 시간이 없는 상황에서 일부 특정 테스트에만 집중해야 할 때 태그 사용을 추천한다. @Tag는 카테고리를 지정하고 테스트를 그룹화할 때 사용한다.

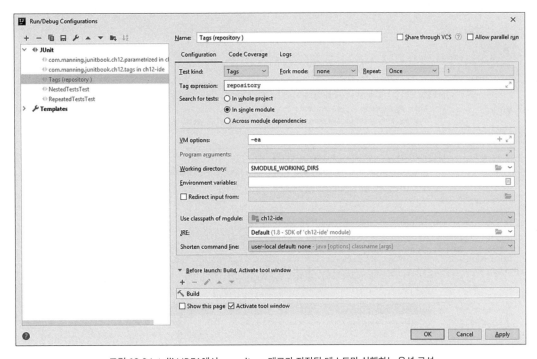

그림 12.9 IntelliJ IDEA에서 repository 태그가 지정된 테스트만 실행하는 옵션 구성

IntelliJ IDEA를 사용하면 코드 커버리지를 쉽게 확인할 수 있다. 실행하고 싶은 테스트나 테스트 묶음에 마우스 오른쪽 버튼을 클릭한 다음 [Run with Coverage] 버튼을 클릭하면 그림 12.10과 같은 표를 볼 수 있을 것이다. 또는 그림 12.11과 같이 클래스 수준에서 조사한 테스트 리포트를 확인할 수 있다. [Generate Coverage Report] 버튼을 클릭하면 그림 12.12와 같은 HTML 형식의 리포트도 확인할 수 있다.

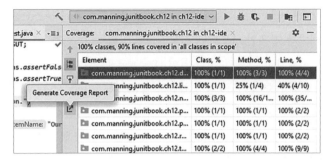

그림 12.10 IntelliJ IDEA에서 [Run with Coverage] 버튼을 클릭한 결과

```java
public class SUT {
    private String systemName;

    public SUT(String systemName) {
        this.systemName = systemName;
        System.out.println(systemName + " from class " + getClass().getSimpleName() + " is i
    }

    public boolean canReceiveUsualWork() {
        System.out.println(systemName + " from class " + getClass().getSimpleName() + " can r
        return true;
    }

    public boolean canReceiveAdditionalWork() {
```

그림 12.11 클래스 수준에서의 코드 커버리지

[all classes]

Overall Coverage Summary

Package	Class, %	Method, %	Line, %
all classes	100% (10/ 10)	91.4% (32/ 35)	90.6% (58/ 64)

Coverage Breakdown

Package ▲	Class, %	Method, %	Line, %
com.manning.junitbook.ch12.displayname	100% (1/ 1)	100% (4/ 4)	100% (4/ 4)
com.manning.junitbook.ch12.lifecycle	100% (1/ 1)	25% (1/ 4)	40% (4/ 10)
com.manning.junitbook.ch12.nested	100% (3/ 3)	100% (16/ 16)	100% (35/ 35)
com.manning.junitbook.ch12.parametrized	100% (1/ 1)	100% (2/ 2)	100% (2/ 2)
com.manning.junitbook.ch12.predicate	100% (1/ 1)	100% (2/ 2)	100% (2/ 2)
com.manning.junitbook.ch12.repeated	100% (1/ 1)	100% (2/ 2)	100% (2/ 2)
com.manning.junitbook.ch12.tags	100% (2/ 2)	100% (5/ 5)	100% (9/ 9)

generated on 2020-01-02 17:54

그림 12.12 IntelliJ IDEA를 활용해서 만든 코드 커버리지 리포트

코드 커버리지에 대해서는 6장에서 자세히 다루었다. 코드 커버리지는 테스트의 질을 평가하는 지표로, 현재 실행된 테스트가 제품 코드를 얼마나 많이 커버하는 지 알려주는 지표다. 코드와 테스트를 개발하는 동안에는 테스트가 잘 실행된다는 사실만큼이나 코드 커버리지도 개발자에게 즉각적인 피드백을 제공한다. IntelliJ IDEA는 이러한 목표를 달성하는 데 큰 도움을 준다.

참고로 TDS에서 IntelliJ IDEA를 사용하는 사람들은 보통 JUnit 5를 도입하기 전부터 IntelliJ를 써온 사람일 것이다. 그리고 비교적 초창기부터 JUnit 5를 적용했을 것으로 생각할 수 있다. JUnit 5가 처음 출시되었을 때는 IntelliJ IDEA만이 JUnit 5를 지원하는 유일한 IDE였기 때문이다.

12.2 Eclipse로 JUnit 5 사용하기

이번에는 Eclipse를 알아보자. Eclipse는 자바로 만들어진 IDE다. Eclipse는 다양한 프로그래밍 언어를 지원하지만, 주로 자바 애플리케이션 개발 시 사용한다. Eclipse 설치 방법이 필요하다면 부록 C를 참고하기 바란다.

IntelliJ IDEA와 유사하게 Eclipse도 살펴보자. 2장의 테스트 코드를 재활용하되 이번에는 Eclipse를 사용하는 데 초점을 둔다. Eclipse를 시작한 다음 [File]-[Import]-[General]-[Existing Projects into Workspace]를 순서대로 클릭하여 임포트 마법사를 연다. 그렇게 하고 나서 프로젝트가 위치한 폴더를 클릭하여 프로젝트를 연다. 결과는 그림 12.13과 같다.

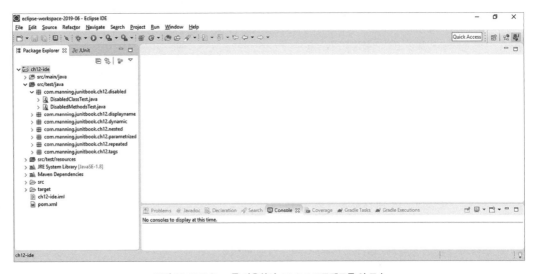

그림 12.13 Eclipse를 이용하여 JUnit 5 프로젝트를 연 모습

프로젝트를 열고 나면 프로젝트를 마우스 오른쪽 버튼으로 클릭한 다음 [Run As]-[JUnit Test]를 클릭하여 모든 테스트를 실행할 수 있다. 실행 결과는 그림 12.14와 같다. 역시, 특정 기능을 구현하는 중에는 모든 테스트 코드를 주기적으로 실행해 보는 것을 권장한다. 전체 프로젝트가 여전히 잘 동작하는지 또는 신규 기능이 기존의 기능에 영향을 주지는 않는지 확인해야 하기 때문이다.

이번에는 Eclipse를 사용하여 특정 테스트만 실행하는 방법을 알아보자. IntelliJ IDEA에서와 마찬가지로 그림 12.14에서 @Disabled 애노테이션이 붙은 테스트들은 진행되지 않았다는 표시가 뜬 것을 볼 수 있다. 그리고 전체 테스트

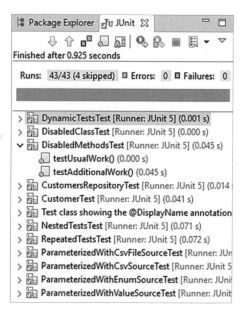

그림 12.14 Eclipse에서 모든 테스트를 실행한 결과

를 수행한 후에는 상단에 '4 skipped'라고 표시되는 것을 볼 수 있다. IntelliJ IDEA 와 달리 Eclipse에는 비활성화된 테스트를 강제로 실행할 방법이 없다.

@DisplayName 애노테이션이 붙은 테스트를 실행한 결과는 그림 12.15와 같다. Eclipse로 테스트를 작성할 때도 중요한 정보라고 생각하는 부분에 @DisplayName 애노테이션을 사용할 수 있다. @DisplayName이 궁금하다면 2장을 참고하기 바란다.

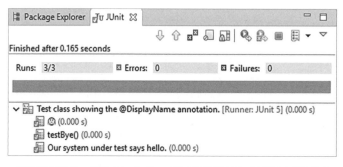

그림 12.15 Eclipse에서 @DisplayName 애노테이션이 붙은 테스트를 수행한 결과

@TestFactory 애노테이션이 붙은 동적 테스트를 수행했을 때의 결과는 그림 12.16 과 같다. 런타임에 적절한 테스트를 생성하기 위해서 Eclipse에 @TestFactory 애노테이션을 사용할 수 있다. @TestFactory에 대해서는 2장에서 논의했다.

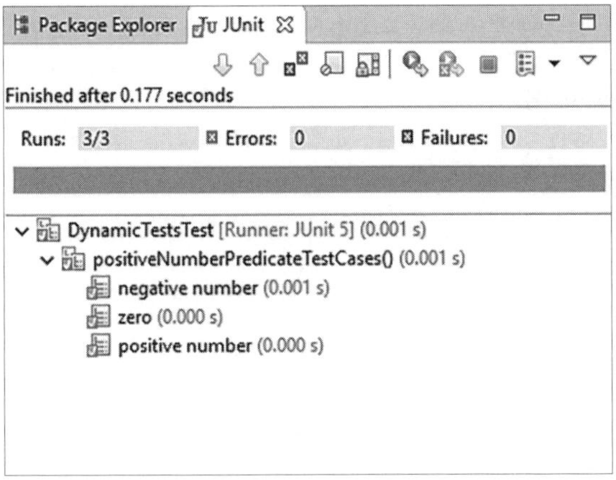

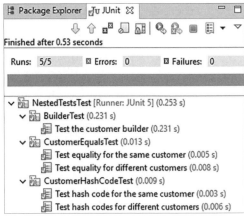

그림 12.16 Eclipse에서 동적 테스트를 실행한 결과

그림 12.17 Eclipse에서 중첩 테스트를 실행한 결과

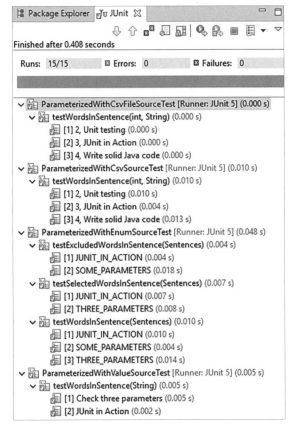

그림 12.18 Eclipse에서 파라미터를 사용한 테스트를 실행한 결과

그림 12.17처럼 중첩 테스트를 실행하면 그 결과가 계층적으로 표시되는 것을 알 수 있다. 물론 @DisplayName 애노테이션도 활용했다. 중첩 테스트를 사용하면 테스트 간에 밀접하게 연관된 관계를 체계적으로 표현할 수 있다. Eclipse 역시 IntelliJ IDEA를 사용하는 것만큼이나 계층 구조를 잘 나타낸다. @Nested에 대해서는 2장에서 논의했다.

Eclipse에서 파라미터를 사용한 테스트를 실행했을 때 역시 테스트에 사용한 파라미터를 알 수 있다. 그림 12.18에서 확인할 수 있듯 파라미터를 사용한 테스트를 작성한 다음 여러 파라미터를 주입하여 실행해 보자. @ParameterizedTest에 대해서는 2장에서 파라미터를 사용한 테스트와 관련해 논의했다.

Eclipse에서 반복 테스트를 실행하면 그림 12.19와 같이 각 테스트에 대한 모든 정보가 자세하게 표시된다. Eclipse에서도 테스트마다 실행 조건이 달라지는 경우 반복 테스트를 이용하면 IntelliJ IDEA를 사용할 때만큼이나 풍부한 정보를 확인할 수 있다. @RepeatedTest에 대해서는 2장에서 논의했다.

Eclipse에서 전체 테스트 묶음을 실행하면 태그를 사용한 테스트도 같이 실행된다. 특정

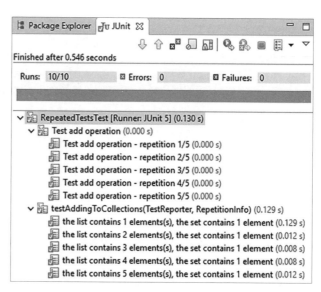

그림 12.19 Eclipse에서 반복 테스트를 실행한 결과

태그가 지정된 테스트만 실행하려면 그림 12.20과 같이 [Run As]-[Run Configurations]-[JUnit]을 선택하고 [Include Tags] 및 [Exclude Tags] 부분에 원하는 내용을 추가하면 된다. 그러면 특정 태그를 사용한 테스트만 실행할 수 있다. 전체 테스트

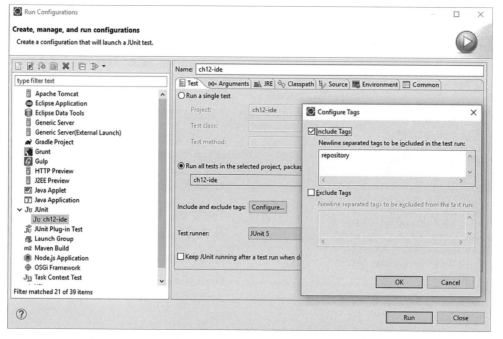

그림 12.20 Eclipse에서 repository 태그가 있는 테스트만 실행하도록 옵션을 설정한 모습

묶음을 실행하기에는 시간이 조금 부족하고, 집중해야 하는 테스트만 실행하고 싶을 때는 태그를 활용할 수 있다. @Tag에 관해서는 2장에서 논의했다.

Eclipse도 IntelliJ IDEA만큼이나 코드 커버리지를 쉽게 파악할 수 있다. 실행할 프로젝트, 테스트, 테스트 묶음을 마우스 오른쪽 버튼으로 클릭한 다음 [Coverage As]-[JUnit Test]를 선택하면 그림 12.21과 같은 표가 나타난다. 개별 클래스 수준에서 테스트를 실행한 결과는 그림 12.22에서 확인할 수 있다. 참고로 코드 커버리지 표를 마우스 오른쪽 버튼으로 클릭하고 [Export Session]을 선택하면 HTML 리포트를 받아볼 수 있다. 리포트는 그림 12.23과 같다.

Element	Coverage	Covered Instructio...	Missed Instructions	Total Instructions
∨ ch12-ide	88.9 %	776	97	873
∨ src/main/java	81.0 %	255	60	315
∨ com.manning.junitbook.ch12.lifecycle	28.2 %	22	56	78
> SUT.java	28.2 %	22	56	78
∨ com.manning.junitbook.ch12.nested	97.6 %	165	4	169
> Customer.java	97.2 %	141	4	145
> Gender.java	100.0 %	24	0	24
> com.manning.junitbook.ch12.displayname	100.0 %	9	0	9
> com.manning.junitbook.ch12.parametrized	100.0 %	8	0	8
> com.manning.junitbook.ch12.predicate	100.0 %	9	0	9
> com.manning.junitbook.ch12.repeated	100.0 %	7	0	7
> com.manning.junitbook.ch12.tags	100.0 %	35	0	35
> src/test/java	93.4 %	521	37	558

그림 12.21 Eclipse에서 [Coverage As]-[JUnit Test]를 실행해서 생성한 표

```java
4⊕  * Licensed to the Apache Software Foundation (ASF) under one or more
21
22  package com.manning.junitbook.ch12.lifecycle;
23
24  public class SUT {
25      private String systemName;
26
27⊖     public SUT(String systemName) {
28          this.systemName = systemName;
29          System.out.println(systemName + " from class " + getClass().getSimpleName() + " is initializing.");
30      }
31
32⊖     public boolean canReceiveUsualWork() {
33          System.out.println(systemName + " from class " + getClass().getSimpleName() + " can receive usual work.");
34          return true;
35      }
36
37⊖     public boolean canReceiveAdditionalWork() {
38          System.out.println(systemName + " from class " + getClass().getSimpleName() + " cannot receive additional work.");
39          return false;
40      }
41
42⊖     public void close() {
43          System.out.println(systemName + " from class " + getClass().getSimpleName() + " is closing.");
44      }
45
46
47  }
48
```

그림 12.22 개별 클래스 수준에서의 코드 커버리지

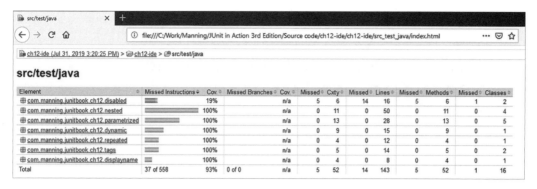

그림 12.23 Eclipse를 활용해서 만든 코드 커버리지 리포트

이미 언급했지만, 개발자들은 애플리케이션을 개발하면서 테스트가 잘되고 있다는 사실뿐만 아니라 코드 커버리지에 대해서도 빠른 피드백을 받기를 원한다. Eclipse 도 물론 두 가지 피드백을 모두 지원한다. 코드 커버리지는 테스트가 얼마나 많은 제품 코드를 커버하고 있는지 알려 준다는 점에서 테스트 품질을 나타내는 주요한 지표다. TDS에서 Eclipse를 사용하는 개발자는 보통 JUnit 5로 전환하기 전부터 이미 Eclipse를 사용했을 것이고, JUnit 5를 사용해야 한다는 생각을 조금 늦게 했을 수 있다. Eclipse는 IntelliJ IDEA보다 JUnit 5를 나중에 지원했기 때문이다.

12.3 NetBeans로 JUnit 5 사용하기

NetBeans는 자바를 비롯해 여러 프로그래밍 언어로 애플리케이션을 개발할 수 있게 지원하는 IDE다. NetBeans 설치 방법에 관해서는 부록 C를 참고하기 바란다.

앞서 IntelliJ IDEA와 Eclipse를 다룬 것처럼 이번에는 동일한 테스트를 NetBeans 로 실행해 보자. 여기서도 테스트 대상으로 디스플레이 네임이나 중첩된 테스트, 파라미터를 사용한 테스트, 반복 테스트, 동적 테스트, 태그를 사용한 테스트 등 2장의 테스트를 재사용한다. 2장의 테스트는 IDE가 JUnit 5 기능을 얼마나 지원하는지 알아보는 맥락에서 사용한다.

NetBeans를 설치하면 OS에 따라 다르지만 netbeans/bin 또는 netbeans64/bin 경로에 NetBeans 실행 파일이 위치하므로 해당 경로에서 NetBeans를 실행할 수 있다. 프로젝트를 열기 위해서는 [File]-[Open Project]를 선택한 다음 프로젝트가 위치한 폴더를 선택한다. NetBeans로 프로젝트를 연 결과는 그림 12.24와 같다.

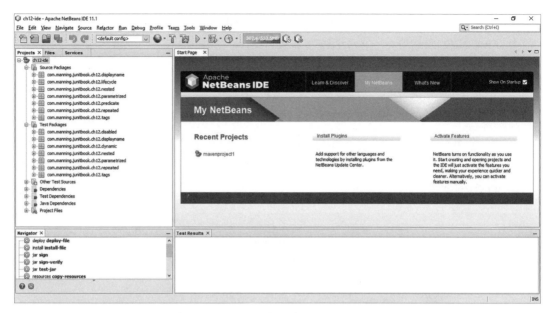

그림 12.24 NetBeans를 이용하여 JUnit 5 프로젝트를 연 모습

프로젝트를 선택하고 오른쪽 버튼을 클릭한 후 [Test]를 선택하면 그 결과는 그림 12.25와 같을 것이다. 특정 기능을 구현하는 중에는 모든 테스트 코드를 주기적으로 실행해 보는 것을 권장한다. 전체 프로젝트가 여전히 잘 동작하는지 또는 신규 기능이 기존의 기능에 영향을 주지는 않는지 확인해야 하기 때문이다.

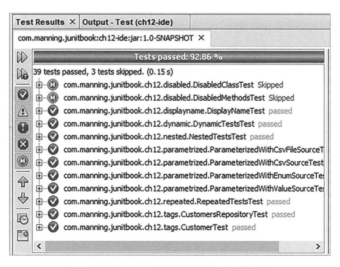

그림 12.25 NetBeans에서 모든 테스트를 실행한 결과

그림 12.25를 보면 IntelliJ와 Eclipse에서처럼 @Disabled 애노테이션이 붙은 테스트들에 진행되지 않았다는 표시가 뜬 것을 알 수 있다. 그리고 전체 테스트를 수행한 이후에는 'Skipped'가 표시되는 것을 볼 수 있다. IntelliJ IDEA와 달리 NetBeans에는 비활성화된 테스트를 강제로 실행할 방법이 없다.

@DisplayName 애노테이션이 붙은 테스트를 실행한 결과는 그림 12.26과 같다. IntelliJ IDEA나 Eclipse와는 달리 NetBeans는 @DisplayName 애노테이션에 적어 둔 이름이 나타나지 않고 실행한 테스트의 이름만 표시된다. @DisplayName이 궁금하다면 2장을 참고하기 바란다.

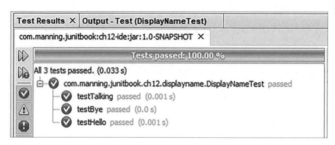

그림 12.26 @DisplayName 애노테이션이 붙은 테스트를 NetBeans에서 수행한 결과

NetBeans에서 @TestFactory 애노테이션이 붙은 동적 테스트를 수행했을 때의 결과는 그림 12.27과 같다. IntelliJ IDEA나 Eclipse와 달리 NetBeans는 동적 테스트에서 사용자 친화적인 이름이 나오지 않으며 테스트에 번호를 매겨준다. @TestFactory에 대해서는 2장에서 논의했다.

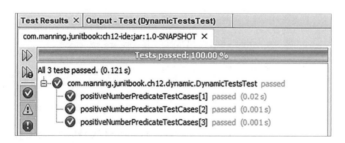

그림 12.27 NetBeans에서 동적 테스트를 실행한 결과

그림 12.28을 보면, NetBeans에서는 중첩 테스트의 실행 결과를 IntelliJ IDEA나 Eclipse에서처럼 사용자 친화적으로 보여 주지는 않는다. @Nested에 관해 자세히 알고 싶다면 2장을 참고하기 바란다.

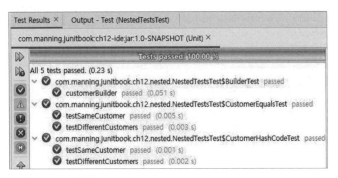

그림 12.28 NetBeans에서 중첩 테스트를 실행한 결과

NetBeans에서 파라미터를 사용한 테스트를 실행하면 IntelliJ IDEA나 Eclipse와 달리 파라미터에 대한 구체적인 정보가 표시되지 않는다. NetBeans에서 파라미터를 사용한 테스트를 실행한 결과는 그림 12.29에서 확인할 수 있다. @Parameterized Test에 관해서는 2장에서 논의했다.

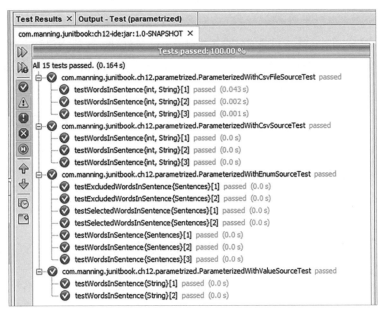

그림 12.29 NetBeans에서 파라미터를 사용한 테스트를 실행한 결과

NetBeans에서 반복 테스트를 실행하면 현재 반복 중인 테스트에 대한 정보가 자세하지는 않다. IntelliJ IDEA나 Eclipse에서는 해당 정보가 잘 나타났다. NetBeans에서 반복 테스트를 실행한 결과는 그림 12.30에서 확인할 수 있다. @RepeatedTest에 관해서는 2장에서 논의했다.

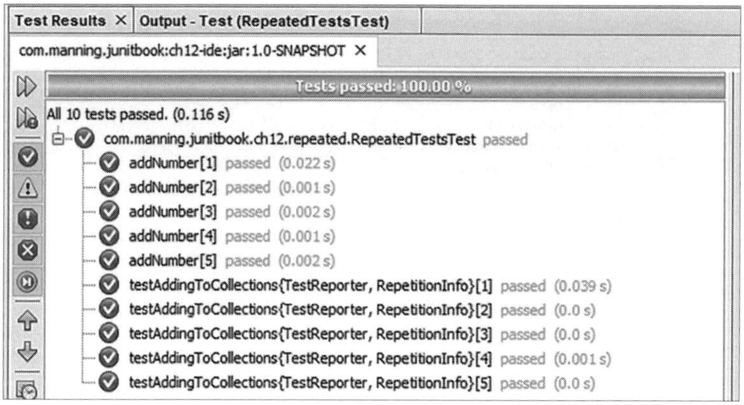

그림 12.30 NetBeans에서 반복 테스트를 실행한 결과

NetBeans에서는 전체 테스트 묶음을 실행할 때 태그를 사용한 테스트도 같이 실행된다. 아쉽게도 NetBeans에서는 특정 태그를 가진 테스트만 실행할 수는 없다. NetBeans에서는 지원하지 않지만, 만약 프로젝트에서 Maven을 사용한다면 Maven Surefire 플러그인을 활용하는 것으로 갈음할 수 있다. Maven Surefire 플러그인은 프로젝트를 테스트하는 단계에서 애플리케이션의 단위 테스트를 실행하는 데 사용하며, 테스트 중 일부를 필터링하거나 리포트를 만드는 기능이 있다. 다음 예제에서는 Maven Surefire 플러그인을 활용한다. 여기서는 individual 태그를 사용한 테스트는 실행되지만 repository 태그를 사용한 테스트는 제외된다. @Tag에 관해서는 2장을 참고하기 바란다.

예제 12.1 Maven Surefire 플러그인으로 필터를 건 사례

```
<build>
  <plugins>
    <plugin>
      <artifactId>maven-surefire-plugin</artifactId>
      <version>2.22.2</version>
      <configuration>
        <groups>individual</groups>
        <excludedGroups>repository</excludedGroups>
      </configuration>
    </plugin>
  </plugins>
</build>
```

아직 NetBeans를 활용해 코드 커버리지를 파악할 수 있는 방법은 없다. 그러나 자바 코드 커버리지를 측정하고 보고하기 위한 오픈 소스 도구인 JaCoCo를 활용해서

작업을 수행할 수는 있다. Maven 프로젝트를 실행하는 경우 JaCoCo를 사용하기 위해서 pom.xml 파일에 관련 의존성을 추가해야 한다. JaCoCo 플러그인을 구성하는 방법은 다음과 같다.

예제 12.2 JaCoCo 플러그인을 구성하는 방법

```
<plugin>
  <groupId>org.jacoco</groupId>
  <artifactId>jacoco-maven-plugin</artifactId>
  <version>0.8.5</version>
  <executions>
    <execution>
      <goals>
        <goal>prepare-agent</goal>
      </goals>
    </execution>
    <execution>
      <id>report</id>
      <phase>prepare-package</phase>
      <goals>
        <goal>report</goal>
      </goals>
    </execution>
  </executions>
</plugin>
```

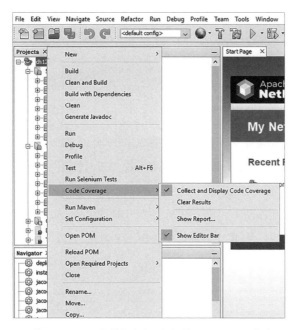

프로젝트를 선택하고 마우스 오른쪽 버튼을 클릭한 후 [Build]를 선택하여 프로젝트를 빌드한 다음, 프로젝트를 다시 마우스 오른쪽 버튼으로 클릭하면 [Code Coverage] 메뉴가 나타난다(그림 12.31). 메뉴에서 [Show Report…]를 클릭하여 코드 커버리지를 확인하고(그림 12.32) 개별 클래스 수준에서의 리포트를 볼 수도 있다(그림 12.33).

그림 12.31 JaCoCo를 활용해 새로 추가된 [Code Coverage] 메뉴

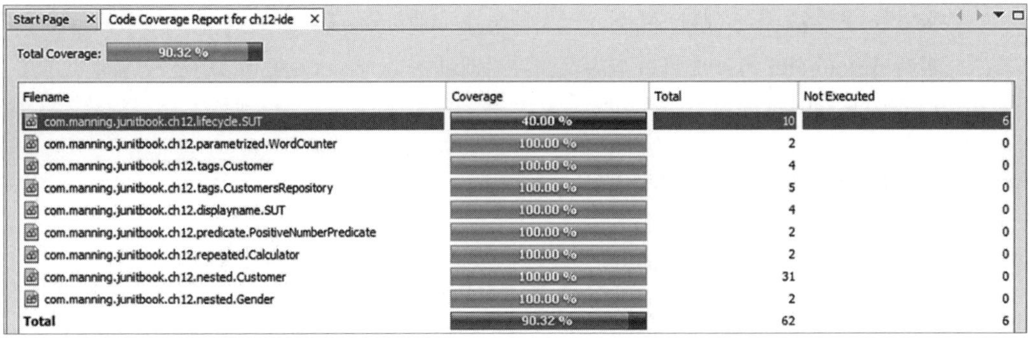

그림 12.32 JaCoCo 플러그인을 사용하여 확인한 코드 커버리지

그림 12.33 개별 클래스에서 코드 커버리지가 나타나는 모습

NetBeans를 사용해서도 코드 커버리지에 대한 피드백을 받을 수 있지만 JacoCo 같은 별도의 플러그인을 사용해야 한다. TDS에서 NetBeans를 사용하는 개발자는 일반적으로 NetBeans를 오랫동안 사용해 왔으며 JUnit 5 기능에 친숙해지는 데는 조금 시간이 필요할 수도 있어 보인다(NetBeans는 자바 진영의 주요 IDE 중 JUnit 5를 가장 늦게 지원했다). JUnit 5가 제공하는 사용자 친화적 기능을 이용해 볼 기회가 적었을 수 있다.

12.4 세 가지 IDE에서의 JUnit 5 사용 방법 비교하기

표 12.1에는 JUnit 5로 개발하는 데 주로 사용하는 IntelliJ IDEA, Eclipse, NetBeans 를 비교한 결과를 정리했다. 집필 당시에는 각 IDE의 최신 버전을 사용했다. 당연 하게도 IDE마다 추가적인 업데이트가 있었을 것이다. IntelliJ IDEA는 JUnit 5와 통 합이 잘되었으며 Eclipse도 충분히 잘 지원되고 있다. 아직 NetBeans는 JUnit 5가 제공하는 사용자 친화적인 기능을 일부 지원하지 않지만 곧 개선될 것으로 기대 한다.

주요 기능	IntelliJ IDEA	Eclipse	NetBeans
비활성화된 테스트 강제 실행	○	×	×
@DisplayName 애노테이션을 활용한 사용자 친화적인 디스플레이	○	○	×
동적 테스트를 실행했을 때 나타나는 사용자 친화적인 디스플레이	○	○	×
중첩 테스트를 실행했을 때 나타나는 사용자 친화적인 디스플레이	○	○	×
파라미터를 사용한 테스트를 실행했을 때 나타나는 사용자 친화적인 디스플레이	○	○	×
반복 테스트를 실행했을 때 나타나는 사용자 친화적인 디스플레이	○	○	×
태그를 사용한 테스트를 실행했을 때 나타나는 사용자 친화적인 디스플레이	○	○	Surefire 플러그인을 사용해야 지원 가능
IDE를 활용해 코드 커버리지 확인하기	○	○	JaCoCo 플러그인을 사용해야 지원 가능

표 12.1 IntelliJ IDEA, Eclipse, NetBeans에서 JUnit 5를 어떻게 지원하는지 비교한 결과

물론 어떤 IDE를 사용할지는 개발자 개인의 선택이며 프로젝트 요구 사항에 따라 달라진다. 그리고 IDE를 선택할 때는 IDE의 다른 기능까지 고려한 총체적인 판단 이 필요한 것이지, JUnit 5와 얼마나 잘 통합되었는지만을 고려해서는 안 된다. 그 러므로 IDE를 선택할 때는 공식 문서를 비롯해 충분한 자료를 두루 읽은 다음에 선 택하기를 추천한다. 이 장의 목적은 책에서 다루는 JUnit 5와의 관계 측면만 놓고 봤을 때 IntelliJ IDEA, Eclipse, NetBeans를 평가할 수 있는 시의적절한 정보를 제공 하는 데 한정되어 있다.

13장에서는 지속적 통합 도구로 자주 사용하는 젠킨스와 관련된 JUnit 5의 기능을 살펴본다.

정리

12장에서는 다음 내용을 다루었다.

- 자바 애플리케이션을 개발하고 JUnit 5 테스트를 수행하는 데 IDE가 생산성을 얼마나 높여 줄 수 있는지 알아보았다.
- IntelliJ IDEA에서 JUnit 5 테스트를 실행해 보고 IntelliJ IDEA가 어떤 기능을 제공하는지 알아보았다.
- Eclipse에서 JUnit 5 테스트를 실행해 보고 Eclipse가 어떤 기능을 제공하는지 알아보았다.
- NetBeans에서 JUnit 5 테스트를 실행해 보고 NetBeans가 어떤 기능을 제공하는지 알아보았다.
- JUnit 5와의 관계 관점에서 IntelliJ IDEA, Eclipse, NetBeans를 비교했다. 각 IDE가 JUnit 5의 새로운 기능과 어떻게 통합될 수 있는지 살펴보았다.

13장

J U n i t   I N   A C T I O N   T h i r d   E d i t i o n

JUnit 5와 지속적 통합

☑ **13장에서 다루는 내용**

- 젠킨스를 설정하고 커스터마이징하기
- 지속적 통합에 대해 알아보기
- 지속적 통합을 이루는 환경에서 개발하기

> 삶은 창의적 문제 해결을 위한 지속적 연습이다.
>
> — 마이클 J. 겔브(Michael J. Gelb)

테스트를 자동화하기 위해 10장에서는 Maven을, 11장에서는 Gradle을 활용하는 방법을 알아보았다. Maven이나 Gradle로 소스 코드를 빌드하면 테스트를 자동으로 실행할 수 있었다. 13장에서는 다음 단계로 넘어가서, 소스 코드를 주기적으로 빌드하고 테스트하는 과정을 자동화해 보자. 새로운 패러다임인 지속적 통합에 대해 알아보고 특정 시각에 프로젝트가 어떻게 자동으로 빌드되는지를 살펴보자.

13.1 테스트와 지속적 통합

통합 테스트는 대체로 시간이 매우 많이 걸리는 작업이다. 그리고 개발자 한 명이 모든 모듈을 로컬에 전부 저장해 놓고 있지도 않을 것이다. 그러므로 개발 중에 모든 통합 테스트를 실행한다는 것은 현실성이 없는 이야기다. 당연한 것이, 개발 중에 개발자들은 주로 각자의 모듈에 집중하고 자신이 개발하는 단일 모듈이 동작을 잘하고 있는지 생각할 뿐, 다른 모듈까지 고려하기는 어렵기 때문이다. 개발 중에는 자신이 개발한 모듈에 적절한 데이터를 집어 넣었을 때, 예상대로 동작하고 예측한 결괏값을 내놓는지를 확인하는 것이 가장 중요하다.

JUnit 테스트를 개발 주기 안에 포함하는 것은 굉장히 중요한 일이다(일반적으로 개발 주기는 '코드 작성 → 구동 → 테스트 → 코드 작성'을 말하고, 만약 TDD를 적용한다면 '테스트 → 코드 작성 → 구동 → 테스트'가 일반적인 개발 주기가 될 것이다). JUnit 테스트는 단위 테스트이므로 프로젝트를 다른 모듈로부터 격리해 테스트할 수 있다. 한편 많은 시스템이 개발자 각자가 일부 모듈을 맡아 개발하는 모듈식 구조로 되어 있다. 개발자들은 자기가 개발한 모듈이 잘 동작하는지 확인하기 위해 자신이 만든 모듈과 테스트에 관심을 갖는다. 가상 회사인 TDS 또한 예외는 아닐 것이다. 개발 중인 프로젝트에서 개발자들은 다양한 작업을 수행한다. 개발자들은 서로 독립적으로 작업하고 JUnit 5를 이용해서 자신이 작성한 코드를 테스트한다.

모듈은 서로 통신하게끔 되어 있다. 그러므로 모든 모듈을 한데 모았을 때 함께 잘 동작하는지 확인할 필요가 있다. 이렇게 애플리케이션 전체를 테스트하기 위해서는 통합 테스트나 기능 테스트 같은 테스트가 필요하다. 5장에서는 서로 다른 모듈 간에 상호작용하는 것을 테스트했었는데, TDS의 개발자들은 각자 개발한 소스 코드와 모듈을 통합한 것도 테스트해 보아야 한다.

TDD는 더 일찍, 더 자주 테스트하는 것을 권장했다. 하지만 사소한 수정 하나하나에 단위 테스트, 통합 테스트, 기능 테스트를 다 수행해야 한다면 개발 진행 속도는 무척 느려질 것이다. 이런 일이 일어나지 않도록 개발을 진행하고 있을 때 되도록 빨리, 자주 단위 테스트를 돌려 볼 것이다.

통합 테스트는 개발 프로세스와는 독립적으로 수행하는 게 좋다. 특히 주기적으로(예를 들어 15분마다) 실행되는 것이 가장 좋다. 이렇게 하면 문제가 생겼을 때 15분 내에 문제에 관한 알림을 받을 수 있고 빠른 시간 내에 문제를 해결할 수 있다.

> **Aa 지속적 통합**
>
> 개발자들이 되도록 자주 작업의 결과물을 통합해야 한다는 소프트웨어 개발 실천 방법. 일반적으로 최소 1일 1회 이상 통합을 권장하며 하루에 여러 번 통합할 수도 있다. 대부분의 통합은 자

동화된 빌드와 테스트 과정을 거쳐 검증이 되는데, 이러한 과정을 통해 통합 시 발생하는 문제를 매우 빠르게 찾아낼 수 있다. 지속적 통합을 통해 문제를 획기적으로 줄일 수 있고 더욱 응집력 있는 소프트웨어를 빠르게 개발할 수 있다.[1]

주기적인 간격으로 통합 테스트를 실행하려면 관련된 시스템 모듈이 이미 준비되고 빌드되어 있어야 한다. 모듈이 빌드되고 통합 테스트가 실행된 후에는 가능한 한 빨리 결과를 확인해야 한다. 그러므로 아래와 같은 단계를 모두 자동화하기 위해서는 적절한 도구가 필요하다.

1. 형상 관리 시스템에서 프로젝트를 체크아웃(복사)한다.
2. 각 모듈을 빌드하고 단위 테스트를 실행하여 각 모듈이 격리된 상태에서 예상대로 동작하는지 검증한다.
3. 통합 테스트를 실행하여 모듈 간 통합이 예상대로 잘되었는지 검증한다.
4. 3단계에서 실행한 테스트 결과를 리포트로 만든다.

이 시점에서 몇 가지 의문이 들 수 있다. 이 모든 작업을 사람이 수행하는 것과 도구가 수행하는 것 간에는 어떤 차이가 있는가? 대답하자면 아무런 차이가 없으며 차이가 있어서도 안 된다. 사람이 그런 일을 할 수 없다는 것은 차치하고서라도, 첫 번째 단계에 대해 잘 생각해 보면 이 작업이 단순히 형상 관리 시스템에서부터 프로젝트를 체크아웃하는 것을 알 수 있다. 만약 팀에 새로운 사람이 들어 온다면 빈 폴더에 체크아웃하여 프로젝트를 시작하지 않을까? 그리고 계속 진행하기 전에 모든 모듈이 격리된 상태에 올바르게 작동하는지 검증할 것이다. 제대로 작동하지 않으면 다른 모듈과 통합이 잘되는지 테스트하는 것이 의미가 없기 때문이다. 마지막 단계는 다른 개발자들에게 테스트 결과를 게시하는 것이다. 알림 방법은 이메일이 될 수도 있고, 웹 서버에 테스트 리포트를 업로드하는 것일 수도 있다.

지속적 통합 과정은 그림 13.1에 잘 설명되어 있다. 지속적 통합 도구는 주로 프로젝트를 가져오기 위해 형상 관리 시스템과 함께 사용한다(❶). 그런 다음 빌드 도

---

1 이 정의는 마틴 파울러와 매튜 폼멜(Matthew Foemmel)의 훌륭한 글 'Continuous Integration'에서 가져 왔다. 원문은 *www.martinfowler.com/articles/continuousIntegration.html*에서 읽을 수 있다.

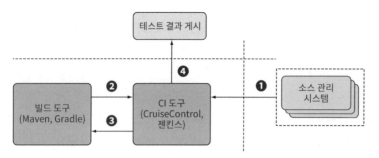

그림 13.1 지속적 통합 순서: 프로젝트를 체크아웃하고, 빌드한 뒤, 테스트를 수행하고, 테스트 결과를 게시한다.

구를 사용하여 프로젝트를 빌드한 뒤, 각종 테스트를 실행한다(❷와 ❸). 마지막으로 지속적 통합 도구로 결과를 게시하고 모두가 알 수 있도록 알림을 보낸다(❹).

이 네 단계는 매우 일반적인 과정이며 개선할 여지가 많다. 예를 들어 빌드 시작 전에 버전 관리 시스템에서 변경이 일어났는지 먼저 확인할 수 있다. 변경이 없었다면 컴퓨터의 CPU 성능만 낭비하는 꼴이 된다. 당연히 똑같은 결과를 얻을 것이기 때문이다.

프로젝트를 지속적으로 통합하기 위한 도구가 필요하다는 점을 충분히 이해했다면, 이제 오픈 소스 솔루션인 젠킨스를 사용해 보자(좋은 도구가 이미 있는데 바퀴를 재발명할 필요는 없으니까!).

13.2 젠킨스 살펴보기

젠킨스[2]는 실무에서 사용하는 것을 정말로 고려해 볼 만한 지속적 통합 도구다. 젠킨스는 허드슨(Hudson)이라는 지속적 통합 프로젝트에서 출발했다. 썬 마이크로시스템즈에서 개발된 허드슨은 무료 소프트웨어로 시작했다. 오라클은 썬 마이크로시스템즈를 인수한 후 상용 버전의 허드슨을 만들려고 했으나, 2011년 초 기존 개발자 커뮤니티를 중심으로 허드슨 프로젝트를 젠킨스라는 이름으로 지속해 나가기로 했다. 이후 허드슨에 대한 관심은 사그라들었고, 젠킨스가 이를 대체하게 된다. 참고로 2017년 2월부터 허드슨은 유지 보수되지 않는다.

젠킨스 설치 방법은 부록 D를 참고하기 바란다. 설치를 마치면 다음과 같은 폴더 구조가 생성될 것이다. 이 중에서 가장 중요한 파일은 jenkins.war이다(그림 13.2).

---

2 *https://jenkins.io*

그림 13.2 jenkins.war 파일이 포함된 젠킨스 설치 폴더

다음 명령을 실행하여 젠킨스 설치 폴더에서 젠킨스 서버를 구동해 보자(그림 13.3).

```
java -jar jenkins.war
```

그림 13.3 명령 프롬프트에서 젠킨스 서버를 구동한 결과

젠킨스 서버는 http://localhost:8080/ 경로로 접속하면 되는데, 젠킨스 서버에 접속하면 그림 13.4와 비슷한 화면을 볼 수 있을 것이다. 서버 구동 시 그림 13.3의 하단에 보이는 것처럼 암호가 생성되는데 이 암호를 사용하여 젠킨스 서버의 잠금을 해제할 수 있다.

그림 13.4 젠킨스 서버에 접속하기

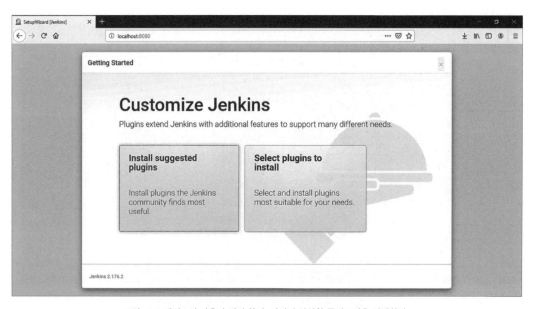

그림 13.5 젠킨스의 사용자 정의 화면. 여기서 설치할 플러그인을 선택한다.

암호를 입력하면 그림 13.5와 같은 창을 볼 수 있다. [Install suggested plugins]를
선택하여 유용한 플러그인을 설치할 수 있다. 아이템을 그룹화할 폴더 플러그인,
CPU나 HTTP 응답 시간, 메모리 등을 확인할 수 있는 모니터링 플러그인, 헬스 체
크를 도와주는 메트릭 플러그인도 있다. 젠킨스 플러그인에 관한 자세한 내용은 젠
킨스 공식 문서(*https://jenkins.io/doc*)에서 확인하기 바란다.

　젠킨스 플러그인을 설치한 다음에는 어드민 계정을 만들기 위한 자격 증명 생성
페이지가 나타난다(그림 13.6). 필요한 정보를 작성한 뒤 [Save and Continue] 버튼
을 클릭하면 젠킨스 메인 페이지가 나타난다(그림 13.7).

그림 13.6 어드민 계정을 만들기 위한 자격 증명 생성 페이지

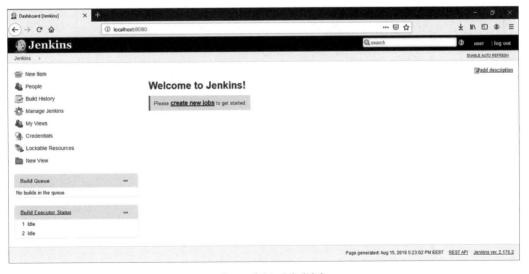

그림 13.7 젠킨스 메인 페이지

13.3 지속적 통합 실천하기

TDS에서는 개발 중인 프로젝트에 젠킨스를 사용하는 것을 검토하기로 했다. 물론 개발 중인 프로젝트란 항공편 관리 시스템을 말한다. TDS의 존과 베스는 항공편 관리 시스템을 개발하지만 두 사람이 맡은 영역은 서로 다르다. 존이 승객에 관한 부분을, 베스가 항공편에 관한 부분을 개발한다. 존과 베스는 각자 맡은 부분을 개발하고 자체적으로 테스트를 수행한다고 가정한다.

먼저 존은 Passenger 클래스와 PassengerTest 클래스를 예제 13.1과 예제 13.2와 같이 구현했다.

예제 13.1 Passenger 클래스

```
[...]

public class Passenger {

  private String identifier;
  private String name;                                    ①
  private String countryCode;

  public Passenger(String identifier, String name, String countryCode) {
    if (!Arrays.asList(Locale.getISOCountries()).contains(countryCode)) {
      throw new RuntimeException("국가 코드가 적절하지 않습니다");
    }                                                                       ②
    this.identifier = identifier;
    this.name = name;
    this.countryCode = countryCode;
  }

  public String getIdentifier() {
    return identifier;
  }

  public String getName() {
    return name;                        ③
  }

  public String getCountryCode() {
    return countryCode;
  }
}
```

```
  @Override
  public String toString() {
    return "Passenger " + getName() + " with identifier: " +
           getIdentifier() + " from " + getCountryCode();
  }
}
```
④

이 예제에서 살펴볼 내용은 다음과 같다.

- Passenger 클래스는 identifier, name, countryCode 필드를 가지고 있다(①).
- Passenger 생성자는 국가 코드가 유효한지 확인하고, 국가 코드가 유효한 경우에만 identifier, name, countryCode 필드를 초기화한다(②).
- 세 필드 identifier, name, countryCode에 대한 게터 메서드를 정의한다(③).
- 승객 정보를 나타낼 수 있도록 toString 메서드를 재정의한다(④).

예제 13.2 PassengerTest 클래스

[...]

```
public class PassengerTest {

  @Test
  public void testPassengerCreation() {
    Passenger passenger = new Passenger("123-45-6789",
                                        "John Smith", "US");
    assertNotNull(passenger);
  }
```
①

```
  @Test
  public void testInvalidCountryCode() {
    assertThrows(RuntimeException.class, () -> {
      Passenger passenger = new Passenger("900-45-6789",
                                          "John Smith", "GJ");
    });
  }
```
②

```
  @Test
  public void testPassengerToString() {
    Passenger passenger = new Passenger("123-45-6789",
                                        "John Smith", "US");
    assertEquals("Passenger John Smith with identifier:
                 123-45-6789 from US", passenger.toString());
  }
}
```
③

이 예제에서 살펴볼 내용은 다음과 같다.

- 테스트는 올바른 파라미터를 사용하여 승객을 생성했는지 검증한다(①). 정상적으로 생성되었다면 승객 객체가 null이 아닐 것이다.
- 만약 countryCode 파라미터가 유효하지 않다면 Passenger 생성자가 예외를 던지는지 검증한다(②).
- toString 메서드가 올바르게 동작하는지 검증한다(③).

한편 베스는 예제 13.3의 Flight 클래스와 예제 13.4의 FlightTest 클래스를 구현했다.

예제 13.3 Flight 클래스

```
[...]

public class Flight {

  private String flightNumber;
  private int seats;                                         ①
  private Set<Passenger> passengers = new HashSet<>();

  private static String flightNumberRegex = "^[A-Z]{2}\\d{3,4}$";    ②
  private static Pattern pattern = Pattern.compile(flightNumberRegex);  ③

  public Flight(String flightNumber, int seats) {
    Matcher matcher = pattern.matcher(flightNumber);   ④
    if (!matcher.matches()) {
      throw new RuntimeException("항공편명이 적절하지 않습니다");   ⑤
    }
    this.flightNumber = flightNumber;                    ⑥
    this.seats = seats;
  }

  public String getFlightNumber() {
    return flightNumber;
  }
                                                         ⑦
  public int getNumberOfPassengers() {
    return passengers.size();
  }

  public boolean addPassenger(Passenger passenger) {
    if (getNumberOfPassengers() >= seats) {
      throw new RuntimeException(getFlightNumber() +
                      " 항공편에 좌석이 부족합니다");      ⑧
    }
    passenger.setFlight(this);
    return passengers.add(passenger);
```

```
  }

  public boolean removePassenger(Passenger passenger) {
    passenger.setFlight(null);                              ⑨
    return passengers.remove(passenger);
  }
}
```

이 예제에서 살펴볼 내용은 다음과 같다.

- Flight 클래스는 flightNumber, seats, passengers 필드를 가지고 있다(①).
- flightNumberRegex는 항공편명이 적절한지를 판단할 수 있는 정규식(regular expression)이다(②). 참고로 정규식이란 문자열 검색 패턴을 정의하는 일종의 형식 언어를 말한다. 예제 13.3의 정규식은 항공편명이 영문 대문자 2글자로 시작하고 그 뒤에 3~4자리 숫자가 나올 것을 요구한다. 예제에 사용된 정규식은 모든 항공편명에 대해 동일하므로, 정적으로 사용할 수 있다.
- Pattern 객체는 문자열 정규식으로 생성한다(③). Pattern 클래스는 java.util.regex 패키지에 있으며 자바 정규식 API의 주요한 시작점이다. 즉 자바로 정규식을 작업한다면 Pattern 객체를 만드는 것부터 시작하는 것이다. Pattern 객체는 모든 항공편에 대해 동일하므로, 정적으로 사용할 수 있다.
- Flight 클래스의 생성자에서 Matcher 객체를 만든다(④). Matcher 클래스는 정규식 패턴과 입력받은 flightNumber 변수 간에 매치가 되는지 안 되는지 검증하는 데 사용한다.
- flightNumber가 정규식 패턴과 매치되지 않으면 예외가 발생한다(⑤). 매치된다면 flightNumber를 항공편명으로 사용할 수 있다는 의미로, 두 개의 인스턴스 필드에 파라미터로 전달받은 값을 할당한다(⑥).
- 항공편명과 승객 번호에 대한 게터 메서드를 정의한다(⑦).
- addPassenger 메서드는 항공편에 승객을 추가한다. 승객 수가 좌석 수를 초과하는 경우 예외가 발생한다. 승객 데이터를 성공적으로 추가했을 때는 true를 반환한다. 반면 승객이 이미 존재한다면 false를 반환한다(⑧).
- removePassenger 메서드는 현재 항공편에서 승객 객체를 삭제한다. 승객 데이터를 성공적으로 삭제했을 때는 true를 반환한다. 승객이 존재하지 않는다면 false를 반환한다(⑨).

예제 13.4 **FlightTest** 클래스

```
[...]
public class FlightTest {
  @Test
  public void testFlightCreation() {                    ①
    Flight flight = new Flight("AA123", 100);
    assertNotNull(flight);
  }

  @Test
  public void testInvalidFlightNumber() {               ②
    assertThrows(RuntimeException.class, () -> {
      Flight flight = new Flight("AA12", 100);
    });
  }
}
```

이 예제에서 살펴볼 내용은 다음과 같다.

- 파라미터를 적절하게 사용해서 항공편 객체를 생성했는지 검증한다(①). 정상적으로 생성되었다면 항공편 객체가 null이 아닐 것이다.
- flightNumber 파라미터가 유효하지 않다면 Flight 객체를 생성할 때 예외를 던지는지 검증한다(②).

다음으로 베스는 Passenger 클래스와 Flight 클래스 간의 통합 테스트를 작성했다. 베스가 Passenger 객체와 관련한 Flight 클래스를 개발하기 때문이다.

예제 13.5 **FlightWithPassengersTest** 클래스

```
[...]
public class FlightWithPassengersTest {

  private Flight flight = new Flight("AA123", 1);  ①

  @Test
  public void testAddRemovePassengers() throws IOException {    ②
    Passenger passenger = new Passenger("124-56-7890",
                                        "Michael Johnson", "US");
    assertTrue(flight.addPassenger(passenger));              ③
    assertEquals(1, flight.getNumberOfPassengers());
    assertEquals(flight, passenger.getFlight());

    assertTrue(flight.removePassenger(passenger));           ④
    assertEquals(0, flight.getNumberOfPassengers());
    assertEquals(null, passenger.getFlight());
  }
```

```
@Test
public void testNumberOfSeats() {
    Passenger passenger1 = new Passenger("124-56-7890",
                                         "Michael Johnson", "US");    ⑤
    flight.addPassenger(passenger1);
    assertEquals(1, flight.getNumberOfPassengers());    ⑥

    Passenger passenger2 = new Passenger("127-23-7991",
                                         "John Smith", "GB");    ⑦
    assertThrows(RuntimeException.class,
                 () -> flight.addPassenger(passenger2));    ⑧

}
}
```

이 예제에서 살펴볼 내용은 다음과 같다.

- 테스트를 쉽게 할 목적으로 올바른 항공편명과 한 개의 좌석을 가진 항공편 객체를 미리 생성한다(①).
- 승객 객체(②)를 생성하여 ③에서 추가하고 ④에서 삭제한다. 각 단계에서 작업이 성공했는지, 항공편에 속한 승객의 수가 정확한지도 검증한다.
- 승객 객체를 생성하여 항공편에 승객을 추가한 후(⑤), 항공편의 승객 수가 허용 좌석 수 1인지 확인한다(⑥). 그다음 항공편의 허용 좌석수를 초과하도록 승객 passenger2를 하나 더 생성한다(⑦). 항공편에 승객을 추가하여 승객 수가 좌석 수를 초과하면 예외가 발생하는지 확인한다(⑧).

이 프로젝트에서 사용한 코드는 깃으로 관리한다. 깃은 소스 코드의 변경점을 추적하는 분산 버전 관리 시스템(distributed version control system)중 하나다. 깃은 *https://git-scm.com/downloads*에서 다운받을 수 있다. 깃 실행 파일이 있는 Git/cmd 폴더는 윈도우의 Program Files 폴더에 설치된다. 이번 예제에서는 기본적인 깃 명령만 사용하여 버전을 관리한다. 깃에 대해 더 자세히 알고 싶다면 공식 문서를 찾아보기 바란다.[3]

프로젝트 소스가 있는 위치가 바로 깃 저장소다. 로컬 깃 저장소를 만들고 싶으면 해당 위치에서 명령 프롬프트를 실행하여 다음 명령을 실행한다.

```
git init
```

---

3 (옮긴이) 깃에 대해 관심이 있는 독자는 《프로 Git 2판》(인사이트, 2016)을 참고하기 바란다.

명령을 실행하면 해당 폴더를 깃 로컬 저장소로 사용할 수 있게 되며 그 결과는 그림 13.8과 같다. 그림 13.8을 보면 깃 로컬 저장소에는 Maven 설정 파일인 pom. xml, 자바 파일들이 모여 있는 src 폴더, 깃에 관한 메타 정보가 포함된 .git 폴더가 있는 것을 확인할 수 있다.[4]

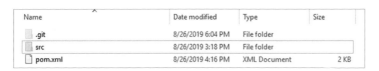

그림 13.8 깃으로 관리하는 프로젝트 폴더의 모습

13.4 젠킨스 설정하기

젠킨스는 웹 인터페이스를 통해 구성할 수 있다. 자, 젠킨스를 이용해서 프로젝트를 관리해 보자. 젠킨스가 지속적 통합 머신에서 실행 중이므로 웹 인터페이스에 접근하기 위해 http://localhost:8080/ 경로로 접근한다(그림 13.9). 지금까지는 지속적 통합을 실행할 대상이 없었으므로 [New Item] 버튼을 클릭하여 새로운 젠킨스 잡을 만든다.

그림 13.9 아직 잡을 생성하지 않은 젠킨스 메인 페이지

---

4 (옮긴이) .git 폴더는 숨겨진 폴더이니 윈도우를 사용한다면 메뉴의 [보기] 탭에서 [숨긴 항목]의 체크박스에 체크하기 바란다.

Enter the item name 항목에는 ch13-continuous이라는 이름을 입력하고 'Free style project'를 선택한다. 그리고 [OK] 버튼을 누른다(그림 13.10). 다음 페이지로 넘어가면 Source Code Management 항목에서 'Git'을 선택한다. 그리고 Repository URL 항목에 깃 저장소 경로를 입력한다(그림 13.11). 아래쪽으로 내려가서 Build

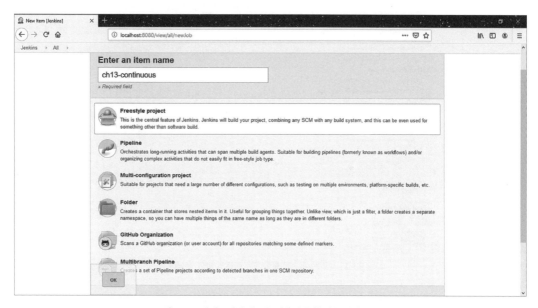

그림 13.10 젠킨스에서 새로운 지속적 통합 잡을 생성한 모습

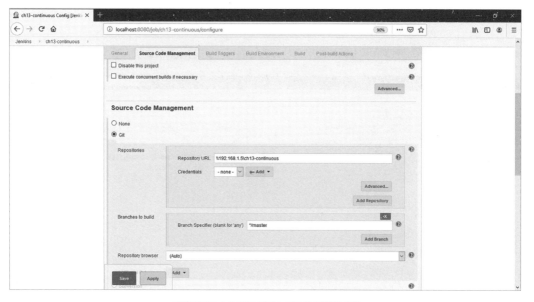

그림 13.11 소스 코드 저장소 URL을 입력한 결과

항목에서 [Add Build Step]-[Invoke Top level Maven Targets]를 누른 다음 Goals 항목에 clean install을 입력한다. 그다음 [Save] 버튼을 클릭한다(그림 13.12).

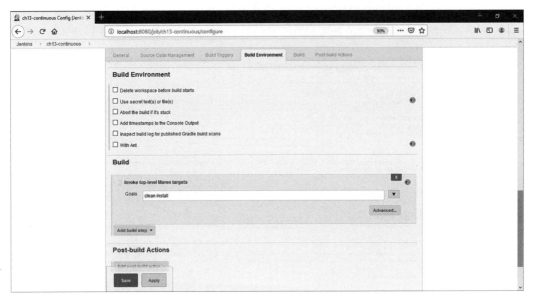

그림 13.12 새로운 지속적 통합 프로젝트의 빌드 구성하기

이제 젠킨스 대시보드에서 새로 생성한 지속적 통합 프로젝트를 확인할 수 있다(그림 13.13). 프로젝트 목록 가장 오른쪽에 있는 [Build] 버튼을 클릭하고 빌드가 완료될 때까지 기다린다(그림 13.14).

그림 13.13 새로 생성한 지속적 통합 프로젝트

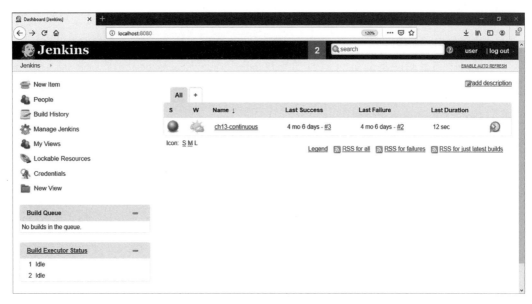

그림 13.14 젠킨스를 이용하여 첫 빌드를 수행한 결과

빌드가 성공적으로 수행되었고 화면에 초록색 표시가 뜬다면 지속적 통합 관점에서 모든 것이 괜찮다고 볼 수 있다. 존과 베스가 만든 작업은 성공적으로 동작하고 통합된 것이다.

이 장의 도입부에서 개발자는 자기 모듈에 집중하며 작업한 모듈이 단일한 단위로 잘 동작하는지에 주로 관심을 갖는다고 서술했다. 개발 작업을 하는 중에 개발자는 단위 테스트를 주로 실행하며 통합 테스트는 개발 프로세스와 독립적으로 수행된다. 통합 테스트를 관리할 젠킨스 프로젝트가 이제 구성됐다. 앞으로는 지속적 통합이 존과 베스가 기민하게 개발하고 통합 문제를 쉽게 해결하는 데에 얼마나 큰 도움이 되는지 확인할 것이다.

13.5 지속적 통합 환경에서 작업하기

존은 항공편 관리 프로젝트에서 새로운 개발 건을 맡았다. 항공편에 승객을 추가할 뿐만 아니라 승객 쪽에도 항공편에 추가되어야 한다. 승객이 스스로 항공편을 선택할 수 있는 상호작용이 가능한 시스템이어야 하므로, 이는 반드시 필요한 기능이다. 현재로서도 항공편에 승객을 추가할 수는 있다. 그러나 승객 쪽에서 승객이 어느 항공편을 이용했는지는 알지 못한다.

이 문제를 해결하기 위해서 존은 Passenger 클래스에 Flight 인스턴스 변수를 추가하는 것을 고려하고 있다. 이렇게 하면 새로운 요구 사항에 맞게 승객이 항공편을 선택하고 탑승할 수 있다. 다시 말해 Flight 클래스와 Passenger 클래스 사이에 양방향 참조가 가능하게 만드는 것이다. 참고로 Flight 클래스는 아래와 같이 이미 Passenger 객체 집합을 인스턴스 변수로 가지고 있다.

```
private Set<Passenger> passengers = new HashSet<>();
```

존은 FlightWithPassengersTest 클래스에 테스트를 추가하고 기존 testAddRemovePassengers 테스트를 수정한다.

예제 13.6 FlightWithPassengersTest 클래스의 testPassengerJoinsFlight 테스트와 수정한 testAddRemovePassengers 테스트

```
@Test
public void testPassengerJoinsFlight() {
  Passenger passenger = new Passenger("123-45-6789",
                                      "John Smith", "US");      ①
  Flight flight = new Flight("AA123", 100);            ②
  passenger.joinFlight(flight);                        ③
  assertEquals(flight, passenger.getFlight());         ④
  assertEquals(1, flight.getNumberOfPassengers());     ⑤
}

@Test
public void testAddRemovePassengers() throws IOException {
  Passenger passenger = new Passenger("124-56-7890",
                                      "Michael Johnson", "US");
  flight.addPassenger(passenger);
  assertEquals(1, flight.getNumberOfPassengers());
  assertEquals(flight, passenger.getFlight());  ⑥

  flight.removePassenger(passenger);
  assertEquals(0, flight.getNumberOfPassengers());
  assertEquals(null, passenger.getFlight());  ⑦
}
```

이 예제에서 살펴볼 내용은 다음과 같다.

- 승객을 생성하고(①) 항공편을 생성한다(②).
- 승객 관점에서 항공편을 추가한다(③).
- 승객의 항공편이 이전에 정의한 항공편인지 검증한다(④). 해당 항공편의 승객 수가 현재 한 명인지 검증한다(⑤).

- 기존 테스트에도 수정이 필요한데 testAddRemovePassengers 테스트에서는 항공편에 승객을 추가한 다음, 승객 관점 쪽에서도 항공편이 추가되었는지 검증한다 (⑥). 항공편에서 승객을 삭제한 다음, 승객에게서도 항공편이 삭제되었는지 검증한다(⑦).

존은 Passenger 클래스에 다음 코드를 추가한다.

예제 13.7 수정한 Passenger 클래스

```
public class Passenger {
  [...]
  private Flight flight;   ①
  [...]

  public Flight getFlight() {
    return flight;                    ②
  }

  public void setFlight(Flight flight) {
    this.flight = flight;             ③
  }

  public void joinFlight(Flight flight) {
    Flight previousFlight = this.flight;
    if (null != previousFlight) {
      if (!previousFlight.removePassenger(this)) {      ④
        throw new RuntimeException("승객을 삭제할 수 없습니다");
      }
    }
    setFlight(flight);   ⑤
    if (null != flight) {
      if (!flight.addPassenger(this)) {          ⑥
        throw new RuntimeException("승객을 추가할 수 없습니다");
      }
    }
  }
}
```

이 예제에서 살펴볼 내용은 다음과 같다.

- Passenger 클래스에 Flight 타입 필드를 추가한다(①).
- Flight 타입 필드에 대한 게터 메서드(②)와 세터 메서드(③)를 추가한다.
- joinFlight 메서드에서 승객의 이전 항공편 정보를 가져온 다음 이전 항공편 정보가 존재한다면 이전 항공편에서 승객을 삭제한다. 만약 삭제가 실패한다면 예

외를 던진다(④). 그다음 세터 메서드로 승객 객체에 항공편 정보를 설정한다
(⑤). 항공편 정보가 null이 아니면 항공편에서도 승객 정보를 추가한다. 승객
정보가 성공적으로 추가되지 않는다면 예외를 던진다(⑥).

존은 추가 개발한 코드를 192.168.1.5에 있는 지속적 통합 서버로 푸시한다. 사실
개발자의 로컬 프로젝트도 원격의 깃 서버에서 관리하는 것이다. 이는 지속적 통합
서버에 있는 코드의 복제본이라고 볼 수 있다. 그 전에 잠깐, 깃 저장소에서 소스를
처음 복제하기 위해서는 다음 명령을 실행하면 된다.

```
git clone \\192.168.1.5\ch13-continuous
```

소스 코드 변경 내역을 원격으로 푸시하기 위해서는 크게 세 가지 깃 명령을 입력
해야 하는데, 먼저 다음 명령을 입력한다.

```
git add *.java
```

git add 명령을 실행하면 반영할 파일들을 다음 커밋에서 staged 상태로 업데이트
할 수 있다. *.java를 대상으로 하였으므로 지금까지 변경 내역이 있던 모든 자바
파일을 staged 상태로 업데이트할 수 있다. 그러나 정확히 말하면 변경 사항은 git
commit 명령을 실행할 때까지 커밋되지 않는다.

따라서 존은 다음 명령을 실행하여 변경 내역을 로컬 저장소에 커밋한다.

```
git commit -m "승객 쪽에서도 항공편을 설정하도록 변경"
```

변경 이력은 -m 옵션에 작성한 메시지인 '승객 쪽에서도 항공편을 설정하도록 변경'
과 함께 로컬 저장소에 커밋된다.

이제 존은 변경 내역을 지속적 통합 서버로 보내기 위해 하나만 더 하면 된다. 존
은 git push 명령을 실행한다.

```
git push
```

git push 명령을 실행해 코드를 지속적 통합 서버로 밀어 넣으면 새로운 빌드가 진
행될 것이고 아마 그 빌드는 실패할 것이다(그림 13.15). 젠킨스 콘솔 화면에서 보
면(ch13-continuous 링크를 클릭한 다음 [Build History] 메뉴에서 빌드 번호 아이

콘을 클릭하면 해당 빌드 정보를 볼 수 있다. 거기서 [Console Output]을 클릭한다),
수정한 테스트가 실패하는 것을 확인할 수 있다(그림 13.16).

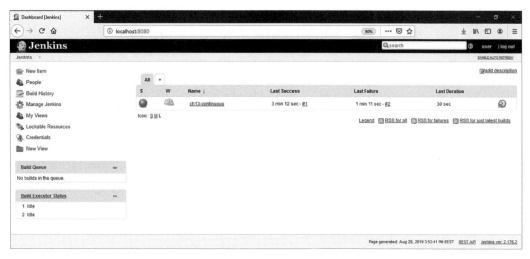

그림 13.15 변경 내역을 테스트에 푸시한 후 빌드를 수행한 결과

그림 13.16 빌드가 실패한 것을 보여 주는 젠킨스 프로젝트의 콘솔 창

오류 메시지는 다음과 같다.

```
[INFO] Running
    com.manning.junitbook.ch13.flightspassengers.FlightWithPassengersTest
[ERROR] Tests run: 3, Failures: 1, Errors: 0, Skipped: 0,
    Time elapsed: 0 s <<< FAILURE! - in
    com.manning.junitbook.ch13.flightspassengers.FlightWithPassengersTest
[ERROR] testAddRemovePassengers Time elapsed: 0 s <<< FAILURE!
    org.opentest4j.AssertionFailedError: expected:
    <com.manning.junitbook.ch13.flights.Flight@c46bcd4> but was: <null>
    com.manning.junitbook.ch13.flightspassengers.FlightWithPassengersTest.
    testAddRemovePassengers(FlightWithPassengersTest.java:29)
```

존은 빌드가 실패한 뒤 젠킨스의 콘솔 아웃풋을 확인하여 Flight와 Passenger 간의 관계에 문제가 있다는 것을 알게 되었다. 그리고 존은 Passenger와 Flight이 서로 양방향 참조를 하는 부분에 미흡한 점이 있다는 것을 알게 되었다. Passenger가 Flight에 대한 참조를 가지고 있다면 Flight에도 Passenger에 대한 참조가 있어야 한다.

이제는 베스의 관점에서 이야기해 보자. 베스가 Flight 객체를 작업하므로 Flight 문제는 베스가 처리해야 한다. 베스의 프로젝트도 역시 깃으로 관리한다. 베스의 CI 서버에 있는 코드를 로컬 저장소로 복제한다. 깃 저장소에서 소스를 처음 복제할 때 베스는 다음 명령을 실행했을 것이다.

```
git clone \\192.168.1.5\ch13-continuous
```

베스는 존이 푸시한 소스를 업데이트하기 위해 다음 명령을 실행한다.

```
git pull
```

이렇게 하면 베스는 로컬 저장소에 최신 변경 내역을 끌어올 수 있다. 문제점을 해결하기 위해 베스는 기존 Flight 클래스(구체적으로는 addPassenger와 removePassenger 메서드)를 수정한다.

예제 13.8 **수정한 Flight 클래스**

```
public boolean addPassenger(Passenger passenger) {
  if (getNumberOfPassengers() >= seats) {
    throw new RuntimeException(getFlightNumber() +
                        " 항공편에 좌석이 부족합니다");
  }
  passenger.setFlight(this);   ①
```

```
    return passengers.add(passenger);
}

public boolean removePassenger(Passenger passenger) {
  passenger.setFlight(null);   ②
  return passengers.remove(passenger);
}
```

베스는 두 줄의 코드를 추가했는데, 살펴볼 내용은 다음과 같다.

- 항공편에 승객을 추가한 다음, 승객 쪽에서도 항공편을 설정한다(①).
- 항공편에 승객을 삭제한 다음, 승객 쪽에서도 해당 항공편에 대한 참조를 끊는다. 즉 null로 설정한다(②).

베스는 앞서와 같이 다음 깃 명령들을 실행하여 지속적 통합 서버에 소스 코드 변경 내역을 푸시한다.

```
git add *.java
git commit -m "승객 추가/삭제에 관한 통합 코드 추가"
git push
```

코드가 지속적 통합 서버로 푸시되면 새로운 빌드가 진행된다. 그리고 그 빌드는 성공한다(그림 13.17).

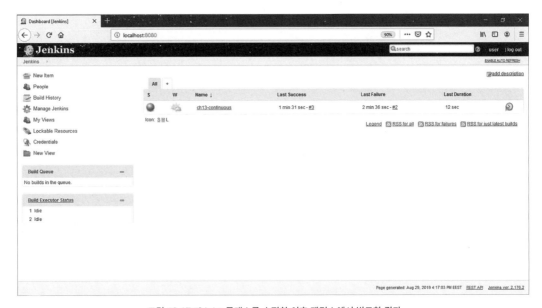

그림 13.17 Flight 클래스를 수정한 이후 젠킨스에서 빌드한 결과

이렇게 지속적 통합의 가치를 확인했다. 지속적 통합 덕분에 통합과 관련한 문제를 신속하게 확인할 수 있었고 개발자가 문제를 즉시 해결할 수 있었다. JUnit 5와 젠킨스가 시너지 효과를 낸 덕분이다.

4부가 시작되는 다음 장에서는 최신 프레임워크에 JUnit 5를 활용하여 개발하는 방법을 중점적으로 다룬다. 14장에서는 JUnit 5 extension에 관해 살펴본다.

정리

13장에서는 다음 내용을 다루었다.

- 지속적 통합은 팀원이 자기 결과물을 자주 통합하는 소프트웨어 실천 방법이다.
- 지속적 통합은 팀 차원에서 애플리케이션을 개발할 때 많은 장점이 있다. 자동화된 빌드 덕분에 통합과 관련한 오류를 매우 빨리 검증할 수 있고, 문제가 커지기 전에 개발자가 문제를 빠르게 해결할 수 있도록 도와준다.
- 예제 프로젝트에서는 젠킨스를 지속적 통합 서버로 사용했다. 그리고 젠킨스 빌드를 실행하기 위해 JUnit 5를 사용했다.
- 지속적 통합을 실행하는 팀에서 공동 작업을 하는 방법을 알아보았다. 젠킨스를 지속적 통합 서버로 사용하고 깃을 버전 관리 시스템으로 사용했다.

제4부

모던 프레임워크에서
JUnit 사용하기

4부에서는 최근 자주 사용되는 프레임워크에서 JUnit 5를 어떻게 활용하는지 알아본다. 14장에서는 JUnit 4 rule과 runner를 대체할 수 있는 JUnit 5 extension에 대해서 살펴본다. JUnit 5 extension은 사용자 정의 확장을 만들 수 있게 해 준다. 모던 프레임워크와 함께 사용하여 JUnit 5 테스트를 풍성하게 만들 수도 있다.

15장에서는 HtmlUnit과 Selenium을 살펴본다. 구체적으로는 HtmlUnit과 Selenium을 사용하여 프레젠테이션 계층을 어떻게 테스트할 수 있는지 알아본다. 15장에서는 프레젠테이션 계층을 테스트하기 위해 프로젝트를 설정하는 방법과 모범 사례를 알아본다.

16장과 17장에서는 현재 웹 개발에서 가장 많이 사용되는 프레임워크 중 하나인 스프링을 테스트한다. 스프링은 자바를 위한 오픈 소스 애플리케이션 프레임워크이자 제어의 역전이 적용되어 있는 컨테이너다. 스프링은 자바 SE 애플리케이션이나 자바 EE 애플리케이션을 만드는 데 사용한다. 즉시 구동할 수 있는 애플리케이션을 만들기 위한 스프링 부트의 설정보다 관습 원칙을 비롯하여 몇몇 프레임워크를 다룰 것이다.

18장에서는 RESTful 애플리케이션을 테스트하는 방법을 알아본다. REST(representational state transfer)는 GET, PUT, PATCH, POST, DELETE 등의 HTTP 동사를 활용해서 IT 자원을 관리하는 소프트웨어 아키텍처 스타일을 말한다. 19장에서는 JDBC, 스프링, 하이버네이트를 비롯해 데이터베이스 애플리케이션을 테스트하는 방법을 알아본다.

14장

JUnit 5 확장 모델

> ☑ **14장에서 다루는 내용**
>
> - JUnit 5 extension 만들어 보기
> - 확장 지점을 사용하여 JUnit 5 테스트 구현하기
> - JUnit 5 extension을 사용해 확장된 테스트로 애플리케이션 개발하기

> 바퀴는 다리의 확장이고, 책은 눈의 확장이다.
> 옷은 피부의 확장이고 전자 회로는 중추 신경의 확장이다.
>
> — **마셜 매클루언(Marshall McLuhan)**

앞서 4장에서 테스트를 확장하는 방법을 알아보면서 JUnit 5 extension을 다룬 적이 있다. 구체적으로는 JUnit 4 rule과 JUnit 5 extension에 대해 알아보았고, JUnit 4 rule을 JUnit 5 extension으로 어떻게 전환하는지 살펴봤었다. 그리고 MockitoExtension이나 SpringExtension 같은 유명한 extension에 대해서 따로 강조하여 설명했다. 8장에서는 모의 객체와 MockitoExtension을 사용하여 테스트를 구현했다. 16장에서는 SpringExtension을 사용하여 스프링 콘텍스트를 활용한 테스트를 구현해 볼 것이다. 이번 14장에서는 직접 extension을 차근차근 만들어 보고 JUnit 5에 적절하게 적용해 본다.

14.1 JUnit 5 확장 모델 살펴보기

JUnit 4는 runner와 rule을 사용하여 테스트를 확장할 수 있었다(3장 참고). 반면 JUnit 5 확장 모델은 Extension API라는 단일 개념으로 설명할 수 있다. Extension 자체는 내부에 필드나 메서드가 없는 인터페이스인 **마커 인터페이스**(태그 인터페이스 또는 토큰 인터페이스라고도 한다)일 뿐이다. 마커 인터페이스는 구현 메서드가 따로 없는 인터페이스로, 해당 인터페이스를 구현하는 클래스에 특별한 의미나 기능을 부여하기 위해 사용한다. 대표적인 사례로는 Serializable 또는 Cloneable 인터페이스가 있다. Serializable 인터페이스에는 구현 메서드가 없지만, 해당 인터페이스를 구현하는 클래스는 직렬화 속성을 갖는다는 것을 나타낼 수 있다.

JUnit 5 extension으로 테스트 클래스나 테스트 메서드의 동작을 확장할 수 있으며 이러한 extension을 다른 테스트에서도 재사용할 수 있다. JUnit 5 extension은 특정 이벤트를 감시하다가 이벤트가 발생하면 테스트를 작동하게 할 수도 있다. 이러한 이벤트를 **확장 지점**(extension point)이라고 하는데, 테스트가 생애 주기를 타는 중에 사전에 정의한 확장 지점에 걸리면 JUnit 엔진은 등록한 extension을 자동으로 호출한다.

확장 지점의 종류는 다음과 같다.

- 조건부 테스트 실행: 특정 조건을 충족했을 때 테스트를 실행하기 위해 사용한다.
- 생애 주기 콜백: 테스트가 생애 주기에 반응하도록 만들어야 할 때 사용한다.
- 파라미터 리졸브: 런타임에서 테스트에 주입할 파라미터를 리졸브하는 시점에 사용한다.
- 예외 처리: 특정 유형의 예외가 발생할 때 수행할 테스트 동작을 정의한다.
- 테스트 인스턴스 후처리: 테스트 인스턴스가 생성된 다음에 실행할 때 사용한다.

이러한 JUnit 5 extension은 주로 프레임워크나 빌드 도구에서 사용한다. 애플리케이션 개발에서도 쓸 수 있지만 프레임워크나 빌드 도구에서 쓰는 정도로 많이 쓰이지는 않는다. JUnit 5 extension을 생성하는 것과 사용하는 데에는 일반적인 원칙이 있다. 이 장에서는 되도록이면 일반적인 애플리케이션 개발에 쓰이는 사례를 제시한다.

14.2 JUnit 5 extension 생성하기

가상 회사인 TDS는 항공편 관리 시스템을 개발하고 있다. TDS의 개발자인 해리는 항공편 관리 시스템 중에서 승객 관련 부분을 맡아 개발하고 테스트한다. 해리가 담당하는 Passenger 클래스와 PassengerTest 클래스는 각각 예제 14.1과 예제 14.2 와 같다.

예제 14.1 Passenger 클래스

```java
public class Passenger {

  private String identifier;           ①
  private String name;

  public Passenger(String identifier, String name) {
    this.identifier = identifier;        ②
    this.name = name;
  }

  public String getIdentifier() {
    return identifier;
  }
                                         ③
  public String getName() {
    return name;
  }

  @Override
  public String toString() {
    return "Passenger " + getName() + " with identifier: " +   ④
        getIdentifier();
  }
}
```

이 예제에서 살펴볼 내용은 다음과 같다.

- Passenger 클래스는 identifier와 name 필드를 가진다(①).
- Passenger 생성자는 identifier와 name 필드에 값을 할당한다(②).
- identifier와 name 필드에 대한 게터 메서드를 만든다(③).
- 승객 정보(이 경우 name과 identifier)를 나타낼 수 있도록 toString 메서드를 재정의한다(④).

예제 14.2 **PassengerTest 클래스**

```java
public class PassengerTest {

  @Test
  void testPassenger() {
    Passenger passenger = new Passenger("123-456-789", "John Smith");
    assertEquals("Passenger John Smith with identifier: 123-456-789",
                 passenger.toString());
  }

}
```

PassengerTest의 testPassenger 테스트는 toString 메서드를 검증한다.

이때 해리가 콘텍스트에 맞게 테스트를 실행할지 말지 결정하는 로직을 개발한다고 가정하자. 가령 승객 수에 따라 원활("low"), 보통("regular"), 혼잡("peak")으로 구분된 세 가지 콘텍스트가 있다. 그리고 원활과 보통 콘텍스트에서만 테스트가 실행되어야 한다고 하자. 혼잡 콘텍스트에서는 테스트를 실행하면 안 된다. 시스템이 과부하되도록 만들 필요는 없기 때문이다.

즉, 해리의 작업은 혼잡 콘텍스트에는 테스트를 실행하지 않고 원활과 보통 콘텍스트에서만 테스트를 실행하는 JUnit 5 extension을 만드는 것이다. 그런 다음 해리는 JUnit 5 extension을 사용해서 테스트를 확장한다. 그렇다면 ExecutionCondition 인터페이스를 구현하는 방식으로 테스트를 확장할 수 있다. 해리는 Execution Condition 인터페이스를 구현하고 evaluateExecutionCondition 메서드를 재정의하는 ExecutionContextExtension 클래스를 만든다. 이 메서드는 현재 콘텍스트가 원활("low")이나 보통("regular")인지 확인한 다음, 원활이나 보통이 아니라면 테스트를 수행하지 못하게 막는다(즉, 조건부 테스트 실행을 확장한다).

예제 14.3 **ExecutionContextExtension 클래스**

```java
public class ExecutionContextExtension implements ExecutionCondition {   ①

  @Override
  public ConditionEvaluationResult                                           ┐
      evaluateExecutionCondition(ExtensionContext context) {                 ┘②
    Properties properties = new Properties();
    String executionContext = "";

    try {                                                                    ┐
      properties.load(ExecutionContextExtension.class.getClassLoader()       │③
                  .getResourceAsStream("context.properties"));               │
      executionContext = properties.getProperty("context");                  ┘
```

```
        if (!"regular".equalsIgnoreCase(executionContext) &&
            !"low".equalsIgnoreCase(executionContext)) {              ④
          return ConditionEvaluationResult.disabled(
              "Test disabled outside regular and low contexts");
        }
      } catch (IOException e) {
        throw new RuntimeException(e);
      }
      return ConditionEvaluationResult.enabled("Test enabled on the " +
                                               executionContext +       ⑤
                                               " context");
    }
}
```

이 예제에서 살펴볼 내용은 다음과 같다.

- ExecutionCondition 인터페이스를 구현하여 조건부 테스트 실행 extension을 만든다(①).
- evaluateExecutionCondition 메서드를 재정의하여 테스트를 활성화할지 말지 결정하는 ConditionEvaluationResult 객체를 반환한다(②).
- Properties 객체를 만들어 context.properties 파일에서 설정 값을 읽어 온다. 물론 context 속성 값은 따로 설정해 둔 것이다(③).
- context 설정 값이 "regular"나 "low"가 아니라면 반환한 ConditionEvaluation Result는 테스트가 비활성화되도록 한다(④).
- 반대로 정상적인 상황이라면 반환한 ConditionEvaluationResult는 테스트가 실행될 수 있도록 한다(⑤).

이때 콘텍스트는 src/main/resources 경로에 있는 context.properties 파일에 정의되어 있다.

context=regular

앞서도 말했듯 비즈니스 로직은 콘텍스트가 보통("regular")일 때는 테스트가 실행되어야 한다.

이제 PassengerTest에 다음과 같은 애노테이션을 추가하면 테스트를 확장할 수 있다.

```
@ExtendWith({ExecutionContextExtension.class})
public class PassengerTest {
[...]
```

테스트가 현재 보통("regular") 콘텍스트에서 실행되므로 테스트는 정상적으로 실행이 될 것이다. 다만 사용량이 많은 시점에는 콘텍스트가 혼잡으로 설정될 것이다 (context=peak). 혼잡 콘텍스트에서 테스트를 실행하면 그림 14.1과 같이 비활성화되고, 테스트가 실행되지 못하는 이유를 확인할 수 있다.

그림 14.1 ExecutionContextExtension 클래스 확장 시 context.properties 파일의
콘텍스트가 context=peak로 설정되었을 때 PassengerTest를 수행한 결과

참고로 JVM이 테스트 조건부 실행의 효과를 우회하게 만들 수 있다. 조건부 실행 자체를 비활성화하려면 junit.jupiter.conditions.deactivate 설정을 변경하면 된다. [Run]-[Edit Configuation]을 클릭하여 junit.jupiter.conditions.deactivate=*을 설정한다. 그러면 테스트 실행과 관련한 모든 조건을 비활성화할 수 있다(그림 14.2). 이렇게 하면 테스트가 어떤 조건에도 영향을 받지 않으므로 결국 모든 테스트가 실행될 것이다.

14.3 확장 지점을 사용하여 JUnit 5 테스트 구현하기

해리는 승객 관련 부분 비즈니스 로직을 구현하고 테스트한다. 물론 승객 정보가 데이터베이스에 영속되는 것까지 확인해야 한다. 이번 절에서는 JUnit 5 extension을 사용해 해리가 어떻게 테스트를 실행하는지 확인해 보자.

14.3.1 승객 정보를 데이터베이스에 영속시키기

해리의 이번 작업은 승객 정보를 테스트 데이터베이스에 영속시키는 것이다. 물론 테스트 묶음이 실행되기 전에는 데이터베이스가 전부 초기화되어 있어야 하며 데

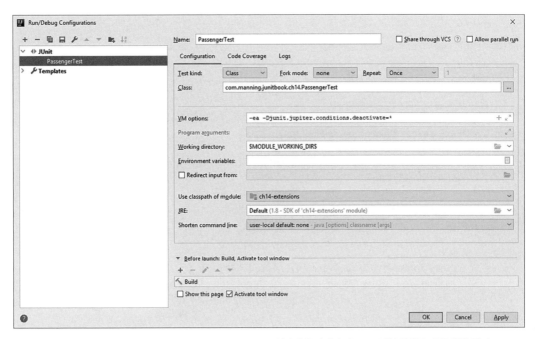

그림 14.2 junit.jupiter.conditions.deactivate 설정 값을 바꿔서 테스트 조건부 실행을 비활성화한 결과

이터베이스 커넥션을 항상 갖고 있어야 한다. 그리고 테스트 묶음을 전부 실행한 다음에는 데이터베이스 커넥션을 반납해야 한다. 테스트를 실행하기 전에 데이터 베이스를 알려진 상태(일정한 상태)로 만들어 적절히 테스트할 수 있는 상황이 되었는지도 확인해야 한다. 그래서 해리는 H2 데이터베이스, JDBC, JUnit 5 extension을 사용하고자 한다.

H2는 자바로 개발된 관계형 데이터베이스로 인메모리(in-memory) 데이터베이스로 많이 사용된다. H2는 테스트 목적으로 자바 애플리케이션에 내장되는 경우가 많다. JDBC는 클라이언트가 데이터에 접근할 수 있게 해 주는 자바 API이며, 자바 SE(Java SE) 플랫폼의 일부분이다.

해리는 pom.xml 파일에 H2 의존성을 추가한다. 다음 예제를 보자.

예제 14.4 pom.xml 파일에 추가한 H2 의존성

```
<dependency>
  <groupId>com.h2database</groupId>
  <artifactId>h2</artifactId>
  <version>1.4.199</version>
</dependency>
```

해리는 데이터베이스 커넥션을 관리하기 위해 ConnectionManager 클래스를 구현한다.

예제 14.5 ConnectionManager 클래스

```java
public class ConnectionManager {

  private static Connection connection;

  public static Connection getConnection() {        ①
    return connection;
  }

  public static Connection openConnection() {

    try {
      Class.forName("org.h2.Driver"); // H2 드라이버   ②
      connection = DriverManager.getConnection("jdbc:h2:~/passenger",
                                               "sa", // 아이디          ③
                                               ""    // 비밀번호
      );
      return connection;
    } catch (ClassNotFoundException | SQLException e) {
      throw new RuntimeException(e);
    }
  }

  public static void closeConnection() {
    if (null != connection) {
      try {
        connection.close();   ④
      } catch (SQLException e) {
        throw new RuntimeException(e);
      }
    }
  }

}
```

이 예제에서 살펴볼 내용은 다음과 같다.

- java.sql.Connection 타입의 필드와 게터 메서드를 선언한다(①).
- openConnection 메서드는 H2 데이터베이스 드라이버인 org.h2.Driver 클래스를 로드한다(②). 그리고 jdbc:h2:~/passenger URL을 사용하여 DB 커넥션을 만든다. 이때의 아이디와 비밀번호는 각각 "sa"와 ""다(③). 일반적으로 사용자 아이

디나 비밀번호를 소스 코드에 평문으로 저장하지는 않는다. 그러나 이 경우에는 데이터베이스 커넥션이 인메모리 환경에서만 쓰이고, 테스트가 실행된 이후에는 삭제되므로 큰 문제가 없다.

- closeConnection 메서드는 이전에 얻었던 커넥션을 반납한다(④).

다음으로 해리는 데이터베이스 테이블을 관리하기 위한 TablesManager 클래스를 구현한다.

예제 14.6 TablesManager 클래스

```java
public class TablesManager {

  public static void createTable(Connection connection) {
    String sql =
        "CREATE TABLE IF NOT EXISTS PASSENGERS (ID VARCHAR(50), " +    ①
        "NAME VARCHAR(50));";

    executeStatement(connection, sql);
  }

  public static void dropTable(Connection connection) {
    String sql = "DROP TABLE IF EXISTS PASSENGERS;";                  ②

    executeStatement(connection, sql);
  }

  private static void executeStatement(Connection connection,
                                       String sql) {
    try (PreparedStatement statement = connection.prepareStatement(sql)) {
      statement.executeUpdate();                                      ③
    } catch (SQLException e) {
      throw new RuntimeException(e);
    }
  }

}
```

이 예제에서 살펴볼 내용은 다음과 같다.

- createTable 메서드는 데이터베이스에서 PASSENGERS 테이블을 생성한다. PASSENGERS 테이블은 VARCHAR(50) 타입인 ID와 NAME 컬럼 두 개로 구성된다(①).
- dropTable 메서드는 데이터베이스에서 PASSENGERS 테이블을 드롭한다(②).

- executeStatement 메서드는 데이터베이스에 대해 SQL을 실행하는 역할을 한다 (③).

데이터베이스에 대한 쿼리 실행을 구현하기 위해 해리는 PassengerDao 인터페이스 (예제 14.7)와 PassengerDaoImpl 클래스(예제 14.8)를 구현한다. DAO(data access object, 데이터 접근 객체)는 영속성 계층의 세부 사항을 노출하지 않은 채 데이터 베이스에 대한 인터페이스를 제공하고, 애플리케이션 호출을 특정 데이터베이스 작업으로 연결하는 역할을 한다. 따라서 해리는 DAO를 사용하여 데이터베이스에 접근하고 쿼리를 실행할 수 있다.

예제 14.7 PassengerDao 인터페이스

```
public interface PassengerDao {
  public void insert(Passenger passenger);        ①
  public void update(String id, String name);     ②
  public void delete(Passenger passenger);        ③
  public Passenger getById(String id);            ④
}
```

다음 예제 14.8은 ①insert, ②update, ③delete, ④getById 메서드를 통해 데이터베 이스에 적용할 작업을 구현한 것이다.

예제 14.8 PassengerDaoImpl 클래스

```
public class PassengerDaoImpl implements PassengerDao {

  private Connection connection;

  public PassengerDaoImpl(Connection connection) {    ①
    this.connection = connection;
  }

  @Override
  public void insert(Passenger passenger) throws PassengerExistsException {
    String sql = "INSERT INTO PASSENGERS (ID, NAME) VALUES (?, ?)";   ②

    try (PreparedStatement statement = connection.prepareStatement(sql)) {
      statement.setString(1, passenger.getIdentifier());     ③
      statement.setString(2, passenger.getName());
      statement.executeUpdate();    ④
    } catch (SQLException e) {
      throw new RuntimeException(e);
    }
  }
```

```java
@Override
public void update(String id, String name) {
  String sql = "UPDATE PASSENGERS SET NAME = ? WHERE ID = ?";   ⑤

  try (PreparedStatement statement = connection.prepareStatement(sql)) {
    statement.setString(1, name);      ⑥
    statement.setString(2, id);
    statement.executeUpdate();   ⑦
  } catch (SQLException e) {
    throw new RuntimeException(e);
  }
}

@Override
public void delete(Passenger passenger) {
  String sql = "DELETE FROM PASSENGERS WHERE ID = ?";   ⑧

  try (PreparedStatement statement = connection.prepareStatement(sql)) {
    statement.setString(1, passenger.getIdentifier());   ⑨
    statement.executeUpdate();                            ⑩
  } catch (SQLException e) {
    throw new RuntimeException(e);
  }
}

@Override
public Passenger getById(String id) {
  String sql = "SELECT * FROM PASSENGERS WHERE ID = ?";   ⑪
  Passenger passenger = null;

  try (PreparedStatement statement = connection.prepareStatement(sql)) {
    statement.setString(1, id);                      ⑫
    ResultSet resultSet = statement.executeQuery();   ⑬

    if (resultSet.next()) {
      passenger = new Passenger(resultSet.getString(1),   ⑭
               resultSet.getString(2));
    }

  } catch (SQLException e) {
    throw new RuntimeException(e);
  }

  return passenger;   ⑮
}
}
```

이 예제에서 살펴볼 내용은 다음과 같다.

- 인스턴스 필드로 Connection 타입의 필드를 선언하고 생성자에서 초기화한다(①).
- insert 메서드는 삽입 SQL 문을 선언하고(②), ID와 NAME 파라미터를 passenger에서 가져온 identifier와 name 값으로 매핑한다(③). 그리고 쿼리를 실행한다(④).
- update 메서드는 수정 SQL 문을 선언하고(⑤), ID와 NAME 파라미터를 passenger에서 가져온 identifier와 name 값으로 매핑한다(⑥). 그리고 쿼리를 실행한다(⑦).
- delete 메서드는 삭제 SQL 문을 선언하고(⑧), ID 파라미터를 passenger의 identifier로 매핑한다(⑨). 그리고 쿼리를 실행한다(⑩).
- getById 메서드는 조회 SQL 문을 선언하고(⑪), ID 파라미터를 passenger의 identifier로 매핑한다(⑫). 쿼리를 실행하고(⑬), 데이터베이스에서 가져온 값들로 새로운 Passenger 객체를 생성한다(⑭). 그런 다음 새로 만들어진 객체를 반환한다(⑮).

이제 해리는 아래 내용을 실행하기 위한 JUnit 5 extension을 구현한다.

1. 전체 테스트 묶음을 실행하기 전에 데이터베이스를 초기화하고 데이터베이스 커넥션을 얻는다.
2. 테스트 묶음이 종료되었을 때 데이터베이스 커넥션을 반납한다.
3. 테스트를 실행하기 전에 데이터베이스가 알려진 상태인지 확인해서 개발자가 테스트를 정확하게 실행할 수 있는지 확인 가능하게 한다.

요구 사항을 보면 테스트의 생애 주기에 따라 해리가 생애 주기 콜백을 구현하는 것은 당연하다. 테스트 생애 주기와 관련한 extension을 구현하기 위해 해리는 다음 인터페이스를 구현한다.

- BeforeEachCallback과 AfterEachCallback은 각 테스트 메서드가 실행되기 전후에 각각 실행된다.
- BeforeAllCallback과 AfterAllCallback은 모든 테스트 메서드가 실행되기 전후에 한 번 실행된다.

해리는 다음 예제에 제시된 DatabaseOperationsExtension 클래스를 구현한다.

예제 14.9 DatabaseOperationsExtension 클래스

```
public class DatabaseOperationsExtension implements
  BeforeAllCallback, AfterAllCallback, BeforeEachCallback,          ①
  AfterEachCallback {

  private Connection connection;        ②
  private Savepoint savepoint;

  @Override
  public void beforeAll(ExtensionContext context) {
    connection = ConnectionManager.openConnection();
    TablesManager.dropTable(connection);          ③
    TablesManager.createTable(connection);
  }

  @Override
  public void afterAll(ExtensionContext context) {
    ConnectionManager.closeConnection();   ④
  }

  @Override
  public void beforeEach(ExtensionContext context) throws SQLException {
    connection.setAutoCommit(false);                          ⑤
    savepoint = connection.setSavepoint("savepoint");   ⑥
  }

  @Override
  public void afterEach(ExtensionContext context) throws SQLException {
    connection.rollback(savepoint);   ⑦
  }

}
```

이 예제에서 살펴볼 내용은 다음과 같다.

- DatabaseOperationsExtension 클래스는 네 가지 생애 주기 인터페이스(BeforeAll
  Callback, AfterAllCallback, BeforeEachCallback, AfterEachCallback)를 구현한
  다(①).
- DatabaseOperationsExtension 클래스에 데이터베이스 커넥션을 얻기 위한 필드
  인 connection과 테스트 실행 전 데이터베이스의 상태를 기록하고, 테스트 후 롤
  백하기 위한 필드인 savepoint를 선언한다(②).

- BeforeAllCallback 인터페이스로부터 재정의한 beforeAll 메서드는 전체 테스트 묶음이 실행되기 전에 한 번 실행된다. 데이터베이스 커넥션을 얻고 기존 테이블을 드롭한 다음, 새로 생성한다(③).

- 반면 AfterAllCallback 인터페이스로부터 재정의한 afterAll 메서드는 전체 테스트 묶음이 실행된 다음에 한 번 실행된다. 데이터베이스 커넥션을 반납한다(④).

- BeforeEachCallback 인터페이스에서 재정의한 beforeEach 메서드는 각 테스트가 실행되기 전에 실행된다. 이는 자동 커밋 모드를 비활성화하는데, 테스트 때문에 변경된 데이터가 커밋되는 것을 막아 준다(⑤). 그다음 beforeEach 메서드는 테스트 실행 전에 데이터베이스의 상태를 저장한다. 그러므로 테스트가 수행된 다음 개발자는 데이터베이스의 상태를 롤백할 수 있다(⑥).

- AfterEachCallback 인터페이스에서 재정의한 afterEach 메서드는 각 테스트가 수행된 다음 실행된다. 테스트가 실행되기 전으로 데이터베이스의 상태를 롤백한다(⑦).

해리는 PassengerTest 클래스를 수정하고 신규 데이터베이스 기능을 검증하기 위해 새로운 테스트를 추가한다.

예제 14.10 **수정한 PassengerTest 클래스**

```
@ExtendWith({ExecutionContextExtension.class,
            DatabaseOperationsExtension.class})      ①
public class PassengerTest {

  private PassengerDao passengerDao;

  public PassengerTest(PassengerDao passengerDao) {
    this.passengerDao = passengerDao;   ②
  }

  @Test
  void testPassenger() {
    Passenger passenger = new Passenger("123-456-789", "John Smith");
    assertEquals("Passenger John Smith with identifier: 123-456-789",
                passenger.toString());
  }

  @Test
  void testInsertPassenger() {
    Passenger passenger = new Passenger("123-456-789", "John Smith");   ③
    passengerDao.insert(passenger);                                      ④
```

```
    assertEquals("John Smith",
            passengerDao.getById("123-456-789").getName());    ⑤
  }

  @Test
  void testUpdatePassenger() {
    Passenger passenger = new Passenger("123-456-789", "John Smith");    ⑥
    passengerDao.insert(passenger);                                       ⑦
    passengerDao.update("123-456-789", "Michael Smith");                  ⑧
    assertEquals("Michael Smith",
            passengerDao.getById("123-456-789").getName());    ⑨
  }

  @Test
  void testDeletePassenger() {
    Passenger passenger = new Passenger("123-456-789", "John Smith");    ⑩
    passengerDao.insert(passenger);                                       ⑪
    passengerDao.delete(passenger);                                       ⑫
    assertNull(passengerDao.getById("123-456-789"));                      ⑬
  }
}
```

이 예제에서 살펴볼 내용은 다음과 같다.

- DatabaseOperationsExtension을 이용해 테스트를 확장한다(①).

- PassengerTest 클래스의 생성자에서는 PassengerDao 타입 객체를 파라미터로 사용한다(②). PassengerDao는 데이터베이스 테스트를 실행하는 데 사용한다.

- testInsertPassenger 테스트는 승객 객체를 생성하고(③), PassengerDao를 사용하여 데이터베이스에 승객 데이터를 삽입한다(④). 그리고 데이터베이스에 승객 데이터가 존재하는지 검증한다(⑤).

- testUpdatePassenger 테스트는 승객 객체를 생성하고(⑥), passengerDao를 사용하여 데이터베이스에 승객 데이터를 삽입한다(⑦).그리고 승객 정보를 업데이트 한다(⑧). 마지막으로 데이터베이스에 승객 정보가 업데이트되었는지 검증한다 (⑨).

- testDeletePassenger 테스트는 승객 객체를 생성하고(⑩), PassengerDao를 사용하여 데이터베이스에 승객 데이터를 삽입하고(⑪) 데이터를 다시 삭제한다(⑫). 그리고 데이터베이스에 승객 데이터가 삭제되었는지 검증한다(⑬).

이렇게 수정한 테스트를 실행하면 그림 14.3과 같은 결과를 볼 수 있다.

그림 14.3 DatabaseOperationsExtension을 확장한 PassengerTest 수행 결과

결과는 실패했고 에러 메시지는 다음과 같다.

```
org.junit.jupiter.api.extension.ParameterResolutionException:
No ParameterResolver registered for parameter
    [com.manning.junitbook.ch14.jdbc.PassengerDao arg0]
in constructor
```

이 메시지는 PassengerTest 클래스의 생성자가 PassengerDao 타입의 파라미터를 받지만, 해당 파라미터를 리졸브하는 ParameterResolver가 없기 때문에 발생한다. 이 문제를 해결하기 위해서는 해리가 ParameterResolver 인터페이스를 구현해야 한다.

예제 14.11 DataAccessObjectParameterResolver 클래스

```
public class DataAccessObjectParameterResolver implements      ①
    ParameterResolver {

  @Override
  public boolean supportsParameter(ParameterContext parameterContext,
                                   ExtensionContext extensionContext)
      throws ParameterResolutionException {
    return parameterContext.getParameter()
      .getType()                                                     ②
      .equals(PassengerDao.class);
  }

  @Override
  public Object resolveParameter(ParameterContext parameterContext,
                                 ExtensionContext extensionContext)
      throws ParameterResolutionException {
    return new PassengerDaoImpl(ConnectionManager.getConnection());  ③
  }

}
```

이 예제에서 살펴볼 내용은 다음과 같다.

- DataAccessObjectParameterResolver는 ParameterResolver 인터페이스를 구현한다(①). ParameterResolver 인터페이스는 테스트가 필요로 하는 파라미터를 리졸브할 때 사용한다.
- supportsParameter 메서드는 테스트가 필요로 하는 파라미터가 PassengerDao 타입일 경우 true를 반환한다. PassengerDao는 PassengerTest 클래스 생성자에서 주입하지 못했던 파라미터였다(②). 이렇게 해서 파라미터 리졸버는 Passenger Dao 객체를 지원할 수 있다.
- resolveParameter 메서드는 초기화된 PassengerDaoImpl 객체를 반환한다. 이때 PassengerDaoImpl 객체는 ConnectionManager에서 가져온 커넥션을 파라미터로 사용하여 생성된다(③). connection은 런타임에서 테스트 생성자에 주입될 것이다.

마지막으로 해리는 PassengerTest 클래스를 DatabaseAccessObjectParameterResolver로 확장하여 파라미터 리졸버를 사용할 수 있게 한다. PassengerTest 클래스의 첫 번째 줄에서 확인할 수 있다.

예제 14.12 확장한 PassengerTest 클래스

```
@ExtendWith({ExecutionContextExtension.class,
             DatabaseOperationsExtension.class,
             DataAccessObjectParameterResolver.class})
public class PassengerTest {
[...]
```

PassengerTest를 실행한 결과는 그림 14.4와 같다. 모든 테스트에 완료 표시가 됐다! 데이터베이스와의 상호작용이 올바르게 작동한다는 것을 알 수 있다. 이렇게 해리는 생애 주기 콜백과 파라미터 리졸브 extension을 활용하여 데이터베이스 관련 기능도 성공적으로 테스트할 수 있었다.

그림 14.4 DatabaseOperationsExtension과 DataAccessObjectParameterResolver를
확장한 다음 PassengerTest를 실행한 결과

14.3.2 승객의 고유성 검증하기

다음으로 해리는 동일한 승객이 두 번 이상 중복되어 저장되지 않도록 하는 기능을 추가한다. 이런 요구 사항을 구현하기 위해 해리는 먼저 사용자 정의 예외를 만들고, 예외 처리 extension을 구현하고자 한다. 해리는 일반적인 SQLException을 사용하는 것보다 사용자 정의 예외를 사용하는 것이 오류를 명확하게 표현할 수 있다고 생각했기 때문에 예외를 새로 정의했다. 먼저 사용자 정의 예외를 구현한다.

예제 14.13 PassengerExistsException 클래스

```java
public class PassengerExistsException extends Exception {
  private Passenger passenger;   ①

  public PassengerExistsException(Passenger passenger, String message) {
    super(message);                ②
    this.passenger = passenger;   ③
  }
}
```

이 예제에서 살펴볼 내용은 다음과 같다.

* 승객 객체를 예외 클래스의 필드로 정의한다(①).
* 생성자에서는 부모 클래스의 생성자를 호출한 다음, 부모 클래스의 생성자에 message를 넘겨주고(②), passenger(③)를 설정한다.

그 다음 해리는 PassengerDao 인터페이스와 PassengerDaoImpl 클래스가 insert 메서드에서 PassengerExistsException 예외를 던질 수 있게 수정한다.

예제 14.14 수정한 PassengerDaoImpl 클래스의 insert 메서드

```java
@Override
public void insert(Passenger passenger) throws PassengerExistsException {
  String sql = "INSERT INTO PASSENGERS (ID, NAME) VALUES (?, ?)";

  if (null != getById(passenger.getIdentifier())) {
    throw new PassengerExistsException(passenger, passenger.toString());   ①
  }

  try (PreparedStatement statement = connection.prepareStatement(sql)) {
    statement.setString(1, passenger.getIdentifier());
    statement.setString(2, passenger.getName());
    statement.executeUpdate();
  } catch (SQLException e) {
```

```
    throw new RuntimeException(e);
  }
}
```

PassengerDaoImpl의 insert 메서드는 데이터베이스에 승객이 이미 존재하는지 사전에 확인한다. 이미 승객이 존재한다면 PassengerExistsException 예외를 던진다 (①).

해리는 동일한 승객을 두 번 반복해서 삽입하는 시나리오에 대한 테스트를 만들 것이다. 이 테스트에서는 예외가 발생할 것이 예상되므로 먼저 예외 처리 extension을 구현하여 예외를 로그로 남겨 보도록 한다.

예제 14.15 LogPassengerExistsExceptionExtension 클래스

```
[...]
public class LogPassengerExistsExceptionExtension implements    ┐ ①
    TestExecutionExceptionHandler {                              ┘
  private Logger logger = Logger.getLogger(this.getClass().getName());    ②

  @Override
  public void handleTestExecutionException(ExtensionContext context,    ┐ ③
      Throwable throwable) throws Throwable {                           ┘
    if (throwable instanceof PassengerExistsException) {           ┐
      logger.severe("Passenger exists:" + throwable.getMessage());  │ ④
      return;                                                       │
    }                                                              ┘
    throw throwable;    ⑤
  }
}
```

이 예제에서 살펴볼 내용은 다음과 같다.

- LogPassengerExistsExceptionExtension 클래스는 TestExecutionExceptionHandler 인터페이스를 구현한다(①).
- 클래스의 로거를 선언하고(②), TestExecutionExceptionHandler 인터페이스를 구현하여 예외가 발생했을 때 그 예외를 처리하는 handleTestExecutionException 메서드를 재정의한다(③).
- 발생한 예외의 타입이 PassengerExistsException이라면 로그를 남기고 끝낸다 (④). 그렇지 않다면 예외를 다시 던져서 다른 곳에서 처리될 수 있게 한다(⑤).

PassengerTest 클래스에 확장을 추가 등록한다.

예제 14.16 **수정한 PassengerTest 클래스**

```
@ExtendWith({ExecutionContextExtension.class,
            DatabaseOperationsExtension.class,
            DatabaseAccessObjectParameterResolver.class,
            LogPassengerExistsExceptionExtension.class})
public class PassengerTest {
[...]
```

PassengerTest를 수행한 결과는 그림 14.5와 같다. 모든 테스트에 완료 표시가 됐다! 이번에는 LogPassengerExistsExceptionExtension 확장을 사용하여 Passenger ExistsException 예외를 캐치했고 로그로 남긴 것을 확인할 수 있다. 결과적으로 모든 테스트가 성공적으로 수행되었다. 표 14.1은 JUnit 5에서 제공하는 확장 지점과 인터페이스를 정리한 것이다.

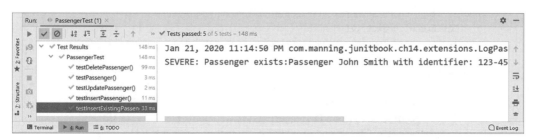

그림 14.5 LogPassengerExistsExceptionExtension을 확장한 PassengerTest 실행 결과

15장은 프레젠테이션 계층에 관한 테스트를 다룬다. 애플리케이션의 GUI에서 버그를 찾는 데 집중한다.

정리

14장에서는 다음 내용을 다루었다.

확장 지점	구현해야 하는 인터페이스
조건부 테스트 실행	ExecutionCondition
생애 주기 콜백	BeforeAllCallback, AfterAllCallback, BeforeEachCallback, AfterEachCallback
파라미터 리졸브	ParameterResolver
예외 처리	TestExecutionExceptionHandler
테스트 인스턴스 후처리	TestInstancePostProcessor

표 14.1 JUnit 5에서 제공하는 확장 지점과 인터페이스

- JUnit 5 확장 모델을 소개했다. 그리고 사용 가능한 확장 지점에 대해서도 알아보았다. 확장 지점으로는 조건부 테스트 실행, 생애 주기 콜백, 파라미터 리졸브, 예외 처리, 테스트 인스턴스 후처리 등이 있었다.
- JUnit 5 extension을 활용해 애플리케이션을 개발했다. 조건부 테스트 실행을 위한 콘텍스트 확장, 생애 주기 콜백을 위한 데이터베이스 세팅 확장, 파라미터 리졸브를 위한 리졸버 확장, 예외 처리를 위한 로깅 확장 등이었다.
- JUnit 5 extension을 사용하여 개발 시나리오에 필요한 JUnit 5 테스트를 구현했다.

15장

프레젠테이션 계층 테스트

> 디버깅이 버그를 제거하는 과정이라면
> 프로그래밍은 분명히 버그를 만들어 내는 과정이다.
> — 에츠허르 데이크스트라(Edsger Dijkstra)

프레젠테이션 계층 테스트는 간단히 말해서 애플리케이션의 GUI에서 버그를 찾는 작업이다. GUI에서 오류를 찾는 작업은 다른 애플리케이션 계층에서 오류를 찾는 일만큼이나 중요한 작업이다. 나쁜 사용자 경험은 사용자로 하여금 해당 사이트 이용을 꺼리게 만들어 결국 사용자를 잃게 만든다. 또한 유저 인터페이스의 버그 때문에 애플리케이션의 다른 부분이 오작동할 수도 있다.

사용자와 상호작용한다는 GUI의 속성 때문에 GUI 테스트에는 독특한 과제가 있으며, 이를 위한 고유한 도구와 기술이 필요하다. 이 장에서는 웹 애플리케이션의 유저 인터페이스를 테스트하는 데 집중하며, 특히 프로그래밍 방식으로 GUI를 명확하게 단언할 수 있는 내용을 다룬다. 글꼴, 색상, 레이아웃 같은 요소는 다루지 않는다.

웹 사이트와의 상호작용을 테스트한다는 것은 지속성 관점에서 어려운 일일 수 있다. 시간이 지나면서 웹 사이트 콘텐츠가 변경될 수 있고, 인터넷 연결에 문제가 발생할 수도 있다. 이런 일들이 일어나면 테스트는 일시적으로 혹은 영구적으로 실패할 수도 있다. 그래서 이 장에 제시하는 테스트는 웬만하면 UI가 변경되지 않을 사이트를 대상으로 하여 테스트가 되도록 오래 유효하게끔 설계했다.

15장에서는 다음 내용을 테스트한다.

- (맞춤법을 포함하여) 웹 페이지의 콘텐츠를 세부적인 수준까지 검증한다.
- 애플리케이션 구조 또는 내비게이션(예를 들어 링크를 클릭해서 예상되는 페이지로 이동하는지 확인)을 검증한다.
- 유저 스토리를 인수 테스트로 검증한다.[1]

유저 스토리(user story)는 소프트웨어의 기능을 자연어로 설명한 것을 말한다. **인수 테스트**(acceptance test)는 기능 명세의 요구 사항을 충족했는지를 확인하기 위해 수행하는 테스트다. 15장에서는 웹 애플리케이션이 특정 브라우저나 OS에서 제대로 동작하는지도 검증한다.

15.1 테스트 프레임워크 선택하기

JUnit 5에서 프레젠테이션 계층 테스트를 수행하기 위한 두 가지 오픈 소스 도구인 HtmlUnit과 Selenium을 알아보자. HtmlUnit은 **헤드리스 브라우저**(headless browser)를 사용하는 테스트 프레임워크로, 자바로 만들어졌으므로 JUnit 5 테스트와 동일한 가상 머신에서 실행할 수 있다. 헤드리스 브라우저란 GUI를 제공하지 않는 브라우저다. 즉 브라우저 창이나 유저 인터페이스 없이 프로그램으로 브라우저를 조작하는 방식을 말한다. 애플리케이션이 OS나 자바스크립트(JavaScript), DOM, CSS 같은 브라우저별 구현과 독립적일 때 HtmlUnit을 사용한다.

반면 Selenium은 다양한 웹 브라우저를 프로그래밍 방식으로 실제로 구동하며 JUnit 5 테스트 실행 결과를 보여 준다. 특정 브라우저 버전이나 OS를 검증하고자 할 때 Selenium을 사용한다. 애플리케이션이 자바스크립트, DOM, CSS 등 브라우저에 특화된 구현을 사용하거나 이에 의존하는 경우에도 Selenium을 사용할 수 있다. 먼저 HtmlUnit부터 알아본다.

---

[1] 익스트림 프로그래밍의 인수 테스트에 관해 알고 싶다면 *http://www.extremeprogramming.org/rules functionaltests.html*을 참고하기 바란다.

15.2 HtmlUnit 살펴보기

HtmlUnit[2]은 헤드리스 브라우저를 사용하는 테스트 프레임워크이며, 자바로 만들어진 오픈 소스다. HtmlUnit은 사용자가 브라우저 기반 웹 애플리케이션을 프로그래밍 방식으로 테스트할 수 있게 해 준다. 그러나 HtmlUnit과 JUnit 5를 사용한 테스트는 유저 인터페이스를 시각적으로 보여 주지는 않는다. 참고로 앞으로 '웹 브라우저를 사용한 테스트'라고 언급할 때는 실제로 특정 웹 브라우저를 에뮬레이션하여 테스트하는 것을 말한다.

15.2.1 HtmlUnit 실전 예제

먼저 HtmlUnit과 JUnit 5를 사용한 `ManagedWebClient` 클래스를 살펴보자.

예제 15.1 `ManagedWebClient` 클래스

```
[...]
import com.gargoylesoftware.htmlunit.WebClient;

public abstract class ManagedWebClient {

  protected WebClient webClient;   ①

  @BeforeEach
  public void setUp() {              ②
    webClient = new WebClient();
  }

  @AfterEach
  public void tearDown() {           ③
    webClient.close();
  }
}
```

이 예제에서 살펴볼 내용은 다음과 같다.

- protected 접근 제어자를 붙인 WebClient 타입 필드를 선언했다. 이렇게 하면 자식 클래스에서 해당 필드를 상속할 수 있다(①). com.gargoylesoftware.htmlunit. WebClient 클래스는 HtmlUnit 테스트의 주요 시작점이다.
- 각 테스트가 실행되기 전에 WebClient 객체를 초기화한다(②). WebClient 객체는 웹 브라우저를 시뮬레이션하고 테스트를 실행하기 위해 사용한다.

---

2 *http://htmlunit.sourceforge.net*

- WebClient 객체를 이용한 테스트가 끝나면 시뮬레이션한 브라우저를 닫는다(③).

예제 15.2를 살펴보자. 참고로 예제 15.2를 실행하려면 인터넷에 연결되어 있어야 한다. HtmlUnit 웹 사이트에 접근한 다음에 테스트를 할 것이다. 또한 Javadoc으로 이동하여 AboutURLConnection 클래스가 맨 위에 표시되는지 확인한다.

예제 15.2 첫 번째 HtmlUnit 예제

```
[...]
public class HtmlUnitPageTest extends ManagedWebClient {

  @Test
  public void homePage() throws IOException {
    HtmlPage page = webClient.getPage("http://htmlunit.sourceforge.net");    ┐
    assertEquals("HtmlUnit – Welcome to HtmlUnit", page.getTitleText());    ┘ ①

    String pageAsXml = page.asXml();                                        ┐
    assertTrue(pageAsXml.contains("<div class=\"container-fluid\">"));      ┘ ②

    String pageAsText = page.asText();                                      ┐
    assertTrue(pageAsText.contains("Support for the HTTP and HTTPS          │ ③
                          protocols"));                                     ┘
  }

  @Test
  public void testClassNav() throws IOException {
    HtmlPage mainPage = webClient.getPage(                                  ┐
        "http://htmlunit.sourceforge.net/apidocs/index.html");             ┘ ④
    HtmlPage packagePage = (HtmlPage)                                       ┐
        mainPage.getFrameByName("packageFrame").getEnclosedPage();         ┘ ⑤
    HtmlListItem htmlListItem = (HtmlListItem)                              ┐
        packagePage.getElementsByTagName("li").item(0);                    ┘ ⑥
    assertEquals("AboutURLConnection", htmlListItem.getTextContent());     ⑦
  }
}
```

이 예제에서 살펴볼 내용은 다음과 같다.

- 첫 번째 테스트에서는 HtmlUnit 홈페이지에 접속하여 홈페이지의 타이틀이 예상과 일치하는지 검증한다(①).
- HtmlUnit 홈페이지를 XML로 가져와서 특정 태그가 포함되어 있는지 검증한다(②).
- HtmlUnit 홈페이지를 텍스트로 가져와서 특정 문자열이 포함되어 있는지 검증한다(③).
- 두 번째 테스트에서는 HtmlUnit API 문서 URL로 접속한다(④).

- packageFrame 안에서 페이지를 가져온다(⑤).
- 가져온 페이지 안에서 "li" 태그가 붙은 첫 번째 요소를 찾는다(⑥).
- 가져온 요소의 텍스트가 "AboutURLConnection"인지 검증한다(⑦).

이 예제에서는 웹 페이지 가져오기, HTML 객체 모델 탐색하기, 결과 검증하기 같은 기본적인 사항을 다루었다. 다음 절에서 조금 더 자세히 알아보자.

15.3 HtmlUnit 테스트 작성하기

HtmlUnit 테스트 작성은 웹 브라우저를 사용하는 사용자의 행동을 시뮬레이션하는 것과 같다. 예를 들면 웹 페이지를 불러온다, 데이터를 입력한다, 텍스트를 읽는다, 버튼을 클릭하고 링크를 클릭한다 등과 같을 것이다. 즉, 우리는 브라우저를 사람 손으로 일일이 조작하는 대신, 에뮬레이션된 브라우저를 프로그래밍 방식으로 제어하는 것이다. 이렇게 하면 각 단계마다 HTML 모델 객체를 쿼리하고 그 값이 예상한 바와 일치하는지 확인할 수 있다. 프레임워크가 문제를 감지하면 예외를 던지므로 오류를 확인할 필요가 없어져 테스트가 간결해진다.

15.3.1 HTML 단언문

앞서 JUnit 5에는 오류 조건을 감지했을 때 테스트가 적절하게 실패할 수 있게 하는 Assertions 클래스가 있다는 것을 알아보았다. 사실 단언문은 단위 테스트의 핵심적인 요소다. HtmlUnit은 JUnit 5와 연계가 가능하지만 WebAssert라는 비슷한 개념의 클래스를 제공한다. WebAssert 클래스에서는 assertTitleEquals, assertTextPresent, notNull 같은 HTML에 관한 표준적인 단언문을 제공한다.

15.3.2 특정한 웹 브라우저 테스트하기

HtmlUnit 2.50 버전 이후부터는 표 15.1에 제시된 브라우저를 지원한다.

웹 브라우저와 버전	HtmlUnit BrowserVersion 상수
엣지(최신 버전)	BrowserVersion.EDGE
파이어폭스(최신 버전)	BrowserVersion.FIREFOX
파이어폭스 7.8	BrowserVersion.FIREFOX_78
크롬(최신 버전)	BrowserVersion.CHROME
현 시점 가장 잘 지원되는 브라우저	BrowserVersion.BEST_SUPPORTED

표 15.1 HtmlUnit이 지원하는 브라우저 버전

브라우저 버전을 특정하지 않았을 때 WebClient는 디폴트로 BrowserVersion.BEST_ SUPPORTED를 에뮬레이션한다. 집필 시점 현재에는 구글 크롬이다(이는 바뀔 수 있다). 특정한 버전의 브라우저를 에뮬레이션하려면 WebClient를 생성할 때 Browser Version 상수를 따로 지정하면 된다. 예를 들어 파이어폭스 7.8을 에뮬레이션하려면 다음과 같이 작성한다.

```
WebClient webClient = new WebClient(BrowserVersion.FIREFOX_78);
```

15.3.3 여러 브라우저 테스트하기

TDS는 많은 고객을 상대한다. 고객은 당연히 각자 선호하는 브라우저를 사용하여 웹 애플리케이션에 접근할 것이다. 따라서 TDS 개발자는 다양한 브라우저 버전을 대상으로 애플리케이션을 테스트해야 한다. 개발자 존은 다양한 브라우저 환경에서 애플리케이션이 잘 작동하는지 테스트하는 역할을 맡았다. 존은 HtmlUnit이 지원하는 모든 브라우저를 테스트하는 테스트 매트릭스를 정의한다.

예제 15.3은 JUnit 5의 파라미터를 사용한 테스트로, 동일한 테스트를 여러 브라우저에서 실행할 수 있게 했다. 여기서는 파라미터로 파이어폭스 7.8, 마이크로소프트 엣지, 크롬 90, 현 시점 가장 잘 지원되는 브라우저(집필 당시 크롬 90이지만 이는 바뀔 수 있다)를 사용한다.

예제 15.3 HtmlUnit이 지원하는 모든 브라우저에 대한 테스트

```
[...]
public class JavadocPageAllBrowserTest {

    private static Collection<BrowserVersion[]> getBrowserVersions() {
        return Arrays.asList(new BrowserVersion[][]{
            {BrowserVersion.FIREFOX_78},
            {BrowserVersion.EDGE},
            {BrowserVersion.CHROME},
            {BrowserVersion.BEST_SUPPORTED}});      ①
    }

    @ParameterizedTest                              ②
    @MethodSource("getBrowserVersions")             ③
    public void testClassNav(BrowserVersion browserVersion)
            throws IOException {                     ④
        WebClient webClient = new WebClient(browserVersion);    ⑤
```

```
    HtmlPage mainPage = (HtmlPage) webClient
        .getPage("http://htmlunit.sourceforge.net/apidocs/index.html");    ⑥
    WebAssert.notNull("Missing main page", mainPage);    ⑦
    HtmlPage packagePage = (HtmlPage) mainPage
        .getFrameByName("packageFrame").getEnclosedPage();    ⑧
    WebAssert.notNull("Missing package page", packagePage);    ⑨
    HtmlListItem htmlListItem = (HtmlListItem) packagePage
        .getElementsByTagName("li").item(0);    ⑩
    assertEquals("AboutURLConnection", htmlListItem.getTextContent());
  }
}
```

이 예제에서 살펴볼 내용은 다음과 같다.

- getBrowserVersions 메서드를 private static으로 선언하고, 이 메서드에서 Html
  Unit이 지원 가능한 웹 브라우저 정보의 리스트를 반환한다(①).
- BrowserVersion 객체를 파라미터로 받는 testClassNav 테스트를 작성했다(④).
  @ParameterizedTest 애노테이션이 달려 있으므로 파라미터를 사용한 테스트임
  을 알 수 있다(②). @MethodSource("getBrowserVersions") 애노테이션에 나타난
  대로 BrowserVersion 객체가 getBrowserVersion 메서드를 통해 파라미터로 주
  입될 것이다(③).
- 테스트에서는 주입된 BrowserVersion 객체를 사용하여 WebClient 객체를 생성
  한다(⑤). 그런 다음 인터넷 페이지에 접근하며(⑥), 페이지가 존재하는지 검증
  한다(⑦).
- 이전에 접근한 mainPage에서 packageFrame이라는 이름의 프레임을 찾는다(⑧).
  그리고 프레임이 존재하는지 검증한다(⑨).
- packageFrame 안에서 모든 HtmlUnit 클래스의 리스트를 찾고 리스트의 첫 번째
  데이터가 AboutURLConnection인지 검증한다(⑩).

15.3.4 독립 실행형 GUI 테스트 생성하기

외부 페이지는 사전 고지 없이 변경될 수 있으므로 실제로 URL을 입력해서 테스트
하는 방법이 그리 좋지만은 않을 수 있다. 테스트가 웹 사이트에 심히 의존적이 되
어, 웹 사이트를 약간만 바꾸더라도 테스트 결과가 달라질 수 있기 때문이다. 이번
절에서는 테스트 코드에 HTML을 내장해 실행하는 방법을 알아본다.

이 방법을 진행하려면 웹 클라이언트에서 모의 HTTP 연결을 사용해야 한다(8장

참고). 예제 15.4를 보면 모의 HTTP 연결을 사용하는 JUnit 5 테스트를 만드는 것을 볼 수 있다(모의 HTTP 연결은 com.gargoylesoftware.htmlunit.MockWebConnection의 인스턴스를 사용한다). 이렇게 하면 JUnit 5 테스트에서 어떤 URL 값을 사용하든지 디폴트로 설정한 페이지를 가져올 수 있다. 이번에는 사전 고지 없이 변경될 수 있는 실제 화면의 URL을 쓰지 말고 모의 HTTP 연결을 사용하는 웹 클라이언트에서 맺은 HTML 응답의 제목을 테스트해 보기로 한다.

예제 15.4 독립 실행형 테스트 구성하기

```
[...]

public class InLineHtmlFixtureTest extends ManagedWebClient {

  @Test
  public void testInLineHtmlFixture() throws IOException {
    final String expectedTitle = "Hello 1!";          ①
    String html = "<html><head><title>" +
                  expectedTitle + "</title></head></html>";   ②
    MockWebConnection connection = new MockWebConnection();   ③
    connection.setDefaultResponse(html);                 ④
    webClient.setWebConnection(connection);              ⑤
    HtmlPage page = webClient.getPage("http://page");    ⑥
    WebAssert.assertTitleEquals(page, expectedTitle);    ⑦
  }

}
```

이 예제에서 살펴볼 내용은 다음과 같다.

- 예상되는 HTML 페이지 제목(①)과, 예상되는 HTML 페이지 응답(②)을 미리 생성한다.
- MockWebConnection 객체를 만들고(③), 모의 HTTP 연결을 위한 디폴트 응답 HTML 페이지를 설정한다(④). 그 다음 웹 클라이언트에 모의 HTTP 연결을 설정한다(⑤).
- 웹 클라이언트에서 임시 페이지를 호출한다(⑥). 사전에 설정한 HTML 응답을 반환하므로 어떤 URL을 사용해도 상관없다.
- 페이지의 <title> 태그 값이 예상한 바와 같은지 검증한다(⑦).

만약 여러 페이지로 구성된 애플리케이션을 테스트하고 싶다면 각 페이지에 Mock

WebConnection.setResponse 메서드를 호출하면 된다. 예제 15.5는 모의 HTTP 연결에서 웹 페이지 세 개를 설정한다. 사전 고지 없이 변경될 수 있는 실제 URL의 페이지를 사용하지 않고, 모의 HTTP 연결을 활용해 웹 클라이언트에서 맺은 HTML 응답의 제목 테스트가 이 작업의 목적이라는 것을 다시 강조한다.

예제 15.5 여러 페이지를 테스트하기

```
@Test
public void testInLineHtmlFixtures() throws IOException {
    final URL page1Url = new URL("http://Page1/");
    final URL page2Url = new URL("http://Page2/");        ①
    final URL page3Url = new URL("http://Page3/");

    MockWebConnection connection = new MockWebConnection();    ②
    connection.setResponse(page1Url,
        "<html><head><title>Hello 1!</title></head></html>");
    connection.setResponse(page2Url,
        "<html><head><title>Hello 2!</title></head></html>");    ③
    connection.setResponse(page3Url,
        "<html><head><title>Hello 3!</title></head></html>");
    webClient.setWebConnection(connection);    ④

    HtmlPage page1 = webClient.getPage(page1Url);
    WebAssert.assertTitleEquals(page1, "Hello 1!");

    HtmlPage page2 = webClient.getPage(page2Url);        ⑤
    WebAssert.assertTitleEquals(page2, "Hello 2!");

    HtmlPage page3 = webClient.getPage(page3Url);
    WebAssert.assertTitleEquals(page3, "Hello 3!");
}
```

이 예제에서 살펴볼 내용은 다음과 같다.

- 세 개의 URL 객체를 만들고(①), 각 URL에 맞는 응답을 반환하는 MockWebConnection 객체를 만든다(②). 그리고 각 URL마다 그에 맞는 HTML 응답을 설정한다 (③).
- 웹 클라이언트에 모의 HTTP 연결을 설정한다(④).
- 앞서 만들어 두었던 URL을 사용하여 HTML 응답을 가져온 후 각 응답의 제목을 검증한다(⑤).

> 반드시 URL의 맨 끝을 /로 끝내야 한다. 맨 끝에 /를 쓰지 않으면 모의 HTTP 연결은 해당 URL
> 을 찾을 수가 없다. 만약 /를 작성하지 않았다면 "No response specified that can handle
> URL"이라는 메시지와 함께 java.lang.IllegalStateException 예외가 발생할 것이다.

15.3.5 HTML 폼 테스트하기

HtmlPage API는 HTML 폼을 가져오는 데에도 사용할 수 있다. 가령 List<Html
Form>를 반환하는 getForms 메서드를 사용하여 HTML 폼 리스트를 가져올 수 있다.
그리고 getFormByName 메서드를 사용하여 특정 이름을 가진 첫 번째 HtmlForm을 가
져올 수도 있다. 오버로딩된 HtmlForm.getInput 메서드 중 하나를 호출하여 HTML
입력을 가져올 수 있고, 사용자 입력을 setValueAttribute 메서드를 이용해 변경할
수도 있다.

이번 예제는 HTML 폼을 제출하는 HtmlUnit 메커니즘에 초점을 맞추고 있다. 먼
저 입력 필드와 제출 버튼을 갖고 있는 HTML 폼을 만든다. 여기에는 자바스크립트
로 입력 내용의 유효성을 검사하는 함수가 포함되어 있다.

예제 15.6 **formtest.html 페이지**

```html
<!DOCTYPE html>
<html lang="en">
  <head>
  <meta charset="utf-8" />
  <script>
    function validate_form(form) {
      if (form.in_text.value == "") {
        alert("Please enter a value.");
        form.in_text.focus();
        return false;
      }
    }
  </script>
  <title>Form Test</title>
  </head>
  <body>
  <form
    name="validated_form"
    action="submit.html"
    onsubmit="return validate_form(this);"
    method="post"
  >
    Value:
    <input type="text" name="in_text" id="in_text" size="30" />
```

```
      <input type="submit" value="Submit" id="submit" name="submit" />
    </form>
    </body>
</html>
```

HTML 폼의 모양은 그림 15.1과 같다. 아무 입력 없이 [Submit] 버튼을 누르면 경고 창이 나타난다.

그림 15.1 입력 필드와 제출 버튼이 있는 예제 HTML 폼.
아무 입력 없이 [Submit] 버튼을 클릭하면 경고창이 나타난다.

다음 예제는 HTML 폼에 대한 통상적인 사용자 작업을 테스트한다.

예제 15.7 **HTML 폼 테스트**

```
[...]
public class FormTest extends ManagedWebClient {

  @Test
  public void testForm() throws IOException {
    HtmlPage page = webClient.getPage("file:src/main/webapp/   ┐ ①
                                      formtest.html");         ┘
    HtmlForm form = page.getFormByName("validated_form");   ②
    HtmlTextInput input = form.getInputByName("in_text");   ③
    input.setValueAttribute("typing...");                   ④
    HtmlSubmitInput submitButton = form.getInputByName("submit");  ┐ ⑤
    HtmlPage resultPage = submitButton.click();                    ┘
    WebAssert.assertTitleEquals(resultPage, "Result");   ⑥
  }

}
```

이 예제에서 살펴볼 내용은 다음과 같다.

- 부모 클래스인 ManagedWebClient에서 상속받은 변수인 webClient를 사용하여 예제 15.6의 HTML 페이지를 가져온다(①). 그리고 HtmlPage 객체로부터 폼 태

그에 대한 참조를 얻는다(②).

- 폼에서 이름이 in_text인 <input> 텍스트 필드를 가져온다(③). 사람이 직접 타이핑을 하는 것처럼 "typing..."을 입력하고(④), submit이라는 이름을 가진 제출 버튼을 가져와서 클릭한다(⑤).
- 클릭한 결과로 다른 페이지가 반환되면 결과를 반환한 페이지 제목이 "Result"가 맞는지 검증한다(⑥).

프레임워크가 어떤 단계에서든 객체를 찾지 못하면 API에서 예외가 발생하고 테스트는 자동으로 실패한다. 그러면 개발자는 테스트에 집중할 수 있으며, 페이지나 폼이 예상과 다를 경우 프레임워크가 알아서 테스트를 실패시키므로 테스트 결과를 일일이 검증할 필요가 없다.

15.3.6 자바스크립트 테스트하기

HtmlUnit은 자바스크립트 함수도 테스트할 수 있다. 예를 들어 Document.write()를 통해 HTML을 생성하더라도 getPage 메서드를 호출하고, 요소를 찾아 클릭하고, 결과를 확인하는 일반적인 패턴을 따르기 때문이다.

다음 문장으로 웹 클라이언트에서 자바스크립트를 지원하게 하거나 지원하지 않도록 만들 수 있다. 다음 명령을 테스트에 작성하면 된다.

```
webClient.getOptions().setJavaScriptEnabled(true);
```

또는

```
webClient.getOptions().setJavaScriptEnabled(false);
```

참고로 HtmlUnit은 기본적으로 자바스크립트 지원을 활성화해 놓았다. 또한 다음 문장으로 스크립트가 종료되기 전에 얼마나 오래 실행될 수 있는지 그 시간을 설정할 수 있다.

```
webClient.setJavaScriptTimeout(timeout);
```

자바스크립트 경고나 확인을 처리하기 위해 콜백 루틴을 추가할 수 있다. 이에 대해서 살펴보자.

자바스크립트로 경고 테스트하기

테스트로 어떤 자바스크립트 경고(alert)가 발생했는지 알 수 있다. 이번에는 예제 15.7의 HTML 폼 테스트를 재사용할 것인데, 여기에는 빈 입력 값이 들어왔을 때 경고를 보내는 자바스크립트 유효성 검사 코드가 포함되어 있다.

예제 15.8의 테스트는 HTML 폼을 로드하고 오류 조건을 만족했을 때 경고가 발생하는지 검증한다. 테스트에서는 페이지가 로드된 다음 발생한 경고를 수집하고 결과를 확인할 수 있는 경고 핸들러를 사용한다. CollectingAlertHandler 객체에 나중에 검사를 할 수 있도록 경고 메시지를 저장해 둔다.

예제 15.8 예상되는 경고 단언하기

```
[...]
public class FormTest extends ManagedWebClient {
[...]

  @Test
  public void testFormAlert() throws IOException {
    CollectingAlertHandler alertHandler = new CollectingAlertHandler();  ①
    webClient.setAlertHandler(alertHandler);                             ②

    HtmlPage page = webClient.getPage("file:src/main/webapp/
                                      formtest.html");              ③
    HtmlForm form = page.getFormByName("validated_form");          ④
    HtmlSubmitInput submitButton = form.getInputByName("submit");  ⑤
    HtmlPage resultPage = submitButton.click();                    ⑥
    WebAssert.assertTitleEquals(resultPage, page.getTitleText());  ⑦
    WebAssert.assertTextPresent(resultPage, page.asText());        ⑧

    List<String> collectedAlerts = alertHandler.getCollectedAlerts();  ⑨
    List<String> expectedAlerts = Collections.singletonList(
                                  "Please enter a value.");        ⑩
    assertEquals(expectedAlerts, collectedAlerts);  ⑪
  }

}
```

이 예제에서 살펴볼 내용은 다음과 같다.

- 경고 핸들러인 CollectingAlertHandler 객체를 생성했다(①). 경고 핸들러는 ManagedWebClient 클래스에서 상속받은 webClient에 설정했다(②).
- HTML 폼 페이지(③), HTML 폼 요소(④), submit 버튼(⑤)을 가져오고, 별다른

입력 없이 submit 버튼을 클릭한다(⑥). Html 폼을 제출하면서 경고 메시지를 발생시키도록 한다.

- 버튼을 클릭한 결과를 resultPage에 저장한다. 경고 메시지가 발생했고 페이지가 바뀌지 않았으므로, 이 객체를 사용하면 현재 페이지와 이전 페이지의 제목을 비교하여 페이지가 변경되지 않았는지 검증할 수 있다(⑦). 또한 현재 페이지와 이전 페이지를 비교하여 페이지가 변경되지 않았는지 검증한다(⑧).

- 발생한 경고 메시지 리스트를 가져온다(⑨). 예상되는 경고 메시지 리스트를 만들고(⑩), 예상 결과와 실제 결과를 비교한다(⑪).

그리고 예제 15.7을 개선해서 정상적인 입력을 넣었을 때는 자바스크립트 경고가 발생하지 않는 것을 검증해 보자.

예제 15.9 자바스크립트 경고가 발생하지 않는 경우 검증하기

```
[...]
public class FormTest extends ManagedWebClient {
[...]

  @Test
  public void testFormNoAlert() throws IOException {
    CollectingAlertHandler alertHandler = new CollectingAlertHandler();    ①
    webClient.setAlertHandler(alertHandler);
    HtmlPage page = webClient.getPage("file:src/main/webapp/formtest.html");
    HtmlForm form = page.getFormByName("validated_form");
    HtmlTextInput input = form.getInputByName("in_text");
    input.setValueAttribute("typing...");    ②
    HtmlSubmitInput submitButton = form.getInputByName("submit");
    HtmlPage resultPage = submitButton.click();
    WebAssert.assertTitleEquals(resultPage, "Result");
    assertTrue(alertHandler.getCollectedAlerts().isEmpty(),    ③
            "No alerts expected");
  }

}
```

이 예제에서 살펴볼 내용은 다음과 같다.

- CollectingAlertHandler 객체를 새로 생성했다. 그리고 webClient에 경고 핸들러 객체를 설정했다(①).
- 사용자가 값을 입력하는 것처럼 "typing..."을 입력하도록 시뮬레이션한다(②).
- 테스트가 끝날 때 경고 핸들러의 메시지 리스트가 비어 있는지 검증한다(③).

경고 동작을 특정하려면 사용자 정의 경고 핸들러를 구현해야 한다. 가령 경고 핸들러를 다음과 같이 설정하면 자바스크립트 경고가 발생했을 때 테스트가 실패한다.

예제 15.10 사용자 정의한 경고 핸들러 구현하기

```
webClient.setAlertHandler((page, message) -> fail("JavaScript alert: " +
                                                   message));
```

이렇게 람다식을 사용하여 자체적으로 경고 핸들러를 구현할 수 있다. 만약 경고가 발생했으면 "JavaScript alert: "과 함께 메시지를 출력하고 테스트가 실패한다. 이런 식으로 경고 외에도 webClient의 setConfirmHandler 메서드를 이용하여 컨펌 핸들러를 사용자 정의할 수 있다. 이번에는 자바스크립트의 컨펌을 테스트해 보자.

예제 15.11 컨펌 메시지를 검증하기

```
[...]
public class WindowConfirmTest extends ManagedWebClient {

  @Test
  public void testWindowConfirm() throws FailingHttpStatusCodeException,
      IOException {
    String html = "<html><head><title>Hello</title></head>
                   <body onload='confirm(\"Confirm Message\")'>      ①
                   </body></html>";
    URL testUrl = new URL("http://Page1/");                          ②
    MockWebConnection mockConnection = new MockWebConnection();      ③
    final List<String> confirmMessages = new ArrayList<>();          ④
    // 테스트 셋업
    webClient.setConfirmHandler((page, message) -> {
      confirmMessages.add(message);                                  ⑤
      return true;
    });
    mockConnection.setResponse(testUrl, html);      ⑥
    webClient.setWebConnection(mockConnection);      ⑦
    // 테스트 진행
    HtmlPage firstPage = webClient.getPage(testUrl);      ⑧
    WebAssert.assertTitleEquals(firstPage, "Hello");      ⑨
    assertArrayEquals(new String[]{"Confirm Message"},
                      confirmMessages.toArray());           ⑩
  }

}
```

이 예제에서 살펴볼 내용은 다음과 같다.

- 컨펌 메시지를 포함하는 HTML 페이지를 만든다(①). 그리고 URL 객체를 만든다(②).
- MockWebConnection 객체를 만들고(③), 비어 있는 리스트를 만들어 confirmMessages를 초기화한다(④).
- webClient에 람다식으로 사용자 정의한 컨펌 핸들러를 설정했다. 이 핸들러는 컨펌 창이 떴을 경우 컨펌 메시지를 리스트에 추가한다(⑤). testUrl에 접속할 때 나타날 HTML 페이지를 지정한다(⑥). 그리고 웹 클라이언트에 모의 HTTP 연결을 설정한다(⑦).
- 페이지 정보를 가져온 다음(⑧), 제목이 "Hello"가 맞는지 검증하며(⑨), 컨펌 메시지가 "Confirm Message"가 맞는지 String 배열을 검증한다(⑩).

이번에는 이전 코드를 수정하여 에뮬레이션한 웹 사이트의 자바스크립트에 함수를 추가해 보자.

예제 15.12 컨펌 메시지 검증하기

```
public class WindowConfirmTest extends ManagedWebClient {

  @Test
  public void testWindowConfirmAndAlert() throws
          FailingHttpStatusCodeException, IOException {
    String html = "<html><head><title>Hello</title>
                    <script>function go(){
                      alert(confirm('Confirm Message'))      ①
                    }</script>\n" +
                    "</head><body onload='go()'></body></html>";
    URL testUrl = new URL("http://Page1/");
    MockWebConnection mockConnection = new MockWebConnection();
    final List<String> confirmMessages = new ArrayList<>();

    // 테스트 셋업
    webClient.setAlertHandler(new CollectingAlertHandler());   ②
    webClient.setConfirmHandler((page, message) -> {
      confirmMessages.add(message);
      return true;
    });
    mockConnection.setResponse(testUrl, html);
    webClient.setWebConnection(mockConnection);

    // 테스트 진행
    HtmlPage firstPage = webClient.getPage(testUrl);
```

```
    WebAssert.assertTitleEquals(firstPage, "Hello");
    assertArrayEquals(new String[]{"Confirm Message"},           ③
                    confirmMessages.toArray());
    assertArrayEquals(new String[]{"true"}, ((CollectingAlertHandler)
                    webClient.getAlertHandler())                 ④
                    .getCollectedAlerts().toArray());
  }

}
```

이 예제에서 살펴볼 내용은 다음과 같다.

- 자바스크립트 함수로 컨펌 메시지를 띄우는 HTML 페이지를 생성한다(①).
- `webClient`에 경고 핸들러를 설정한다(②). `CollectingAlertHandler`는 경고 메시지를 수집하는 경고 핸들러다.
- 컨펌 메시지를 검증한 다음(③) 수집한 경고 메시지를 검증한다(④).

> 💡 이 절의 일부 HtmlUnit 테스트를 실행하면 경고가 나타날 것이다. 테스트에 문제가 있는 것이 아니라 접속한 웹 페이지의 CSS에 문제가 있으니 안심하기 바란다.

15.4 Selenium 살펴보기

Selenium[3]은 웹 애플리케이션을 테스트하기 위한 오픈 소스 프레임워크다. Selenium의 최대 강점은 특정 OS 위에서 실제 브라우저를 자동화하여 테스트를 수행할 수 있다는 것이다. 테스트와 동일한 VM에서 브라우저를 에뮬레이션하는 HtmlUnit과는 다른 점이다. 또한 Selenium은 자바와 JUnit 5는 물론이고 여러 프로그래밍 언어를 지원한다.

Selenium 웹 드라이버는 테스트를 작성할 때 사용하는 핵심적인 인터페이스다. Selenium 웹 드라이버는 W3C의 권장 사항이며 크롬, 파이어폭스, 엣지를 비롯한 여러 최신 브라우저에서 구현한 스펙이다. Selenium 웹 드라이버는 각 브라우저의 기본 자동화 지원을 사용하여 브라우저를 직접 호출한다. 브라우저마다 직접 호출하는 방식 및 지원 기능에는 약간씩 차이가 있을 수 있다. 브라우저마다 작업을 수행하는 로직이 다르기 때문이다. 그림 15.2는 Selenium의 웹 드라이버 아키텍처를 보여 준다.

---

3 *https://seleniumhq.org*

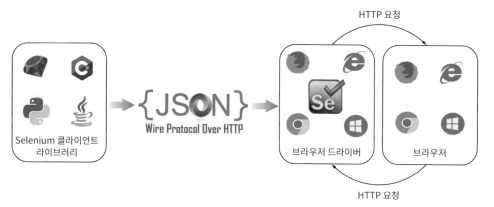

그림 15.2 Selenium 웹 드라이버 아키텍처. Selenium 클라이언트
라이브러리, 브라우저 드라이버, 브라우저, HTTP 통신을 포함한다.

Selenium 웹 드라이버는 다음 네 가지 요소로 구성되어 있다.

- Selenium 클라이언트 라이브러리: Selenium은 자바 외에도 PHP, 파이썬, 루비 (Ruby) 같은 프로그래밍 언어를 위한 여러 가지 라이브러리를 지원한다.
- HTTP에서 사용하는 JSON 와이어 프로토콜: JSON(JavaScript object notation)은 웹 서버와 클라이언트 간 데이터 전송에 사용한다. 웹 드라이버(FirefoxDriver, ChromeDriver, EdgeDriver 등)는 자체적인 HTTP 서버를 가지고 있는데, JSON 은 REST API 데이터를 HTTP 서버로 전송하는 데 사용하는 와이어 프로토콜을 말한다.
- 브라우저 드라이버: 브라우저마다 별도의 브라우저 드라이버가 있다. 브라우저 드라이버는 브라우저 기능의 내부 로직을 드러내지 않고 해당 브라우저와 통신 한다. 브라우저 드라이버가 요청을 받으면 해당 요청이 브라우저에서 실행되고 응답은 HTTP 형태로 돌려 보낸다.
- 브라우저: Selenium은 파이어폭스, 크롬, 엣지, 사파리(Safari) 같은 여러 브라우 저를 지원한다.

15.5 Selenium으로 테스트 작성하기

이번 절에서는 Selenium으로 테스트를 작성하는 방법을 알아본다. 둘 이상의 브라 우저를 테스트하는 방법과 객체 모델을 탐색하는 방법을 알아보고 JUnit 5 테스트 예제를 살펴보기로 한다. 자바로 Selenium 프로젝트를 만들기 위해 가장 먼저 해야 할 일은 프로젝트에 Maven 의존성을 추가하는 것이다.

예제 15.13 pom.xml 파일에 추가한 Selenium 의존성

```
<dependency>
  <groupId>org.seleniumhq.selenium</groupId>
  <artifactId>selenium-java</artifactId>
  <version>3.141.59</version>
</dependency>
```

Selenium은 버전 3부터 표 15.2의 브라우저를 지원한다.

브라우저	브라우저 드라이버 클래스 이름
구글 크롬	ChromeDriver
사파리	SafariDriver
오페라(Opera)	OperaDriver
파이어폭스	FirefoxDriver
엣지	EdgeDriver

표 15.2 Selenium이 지원하는 브라우저

특정 브라우저를 테스트하기 위해서는 해당 브라우저에 맞는 Selenium 드라이버를 다운로드한 다음 OS 경로에 Selenium 드라이버가 위치한 경로를 추가해야 한다. 각 드라이버는 Selenium 다운로드 페이지에서(*https://selenium.dev/downloads*)에서 다운로드 받는 링크 경로를 알 수 있다. 해당 웹 페이지 하단에 있는 'Platforms Supported by Selenium'에서 브라우저별 링크를 찾아보자(페이지 구성은 시간이 지남에 따라 바뀔 수 있다).

여기서는 현재 가장 많이 사용되는 세 브라우저인 구글 크롬, 마이크로소프트 엣지, 모질라 파이어폭스를 사용할 것이다. 그림 15.3처럼 Selenium 드라이버를 다운로드하여 전용 폴더에 복사한다.

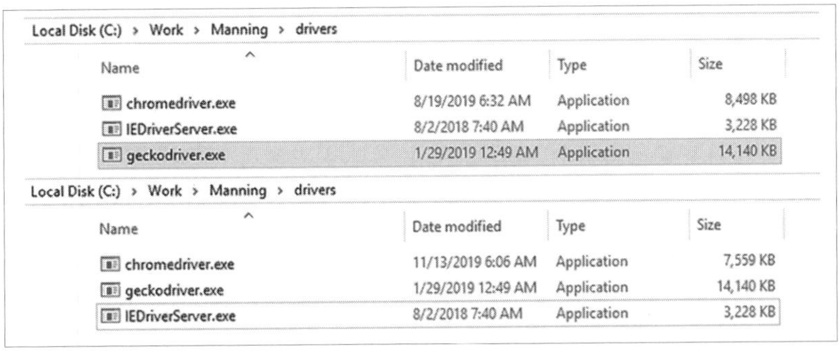

그림 15.3 Selenium 드라이버가 들어 있는 폴더

컴퓨터에 설치된 브라우저와 정확히 일치하는 버전의 드라이버를 사용해야 한다. 예를 들어 PC에 설치된 구글 크롬의 버전이 79이면 드라이버 버전도 79여야 한다. 드라이버를 77, 78, 80처럼 다른 버전으로 사용하면 동작하지 않는다.

환경 변수에 Selenium 드라이버가 있는 폴더를 추가해야 한다. 윈도우에서는 [내 PC]-[속성]-[고급 시스템 설정]-[환경 변수]-[경로]-[편집]을 선택하여 이 작업을 수행할 수 있다(그림 15.4) 다른 OS에서의 작업 수행은 Selenium 공식 문서를 참고하기 바란다.

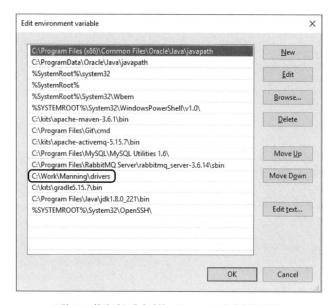

그림 15.4 환경 변수에 추가한 Selenium 드라이버 폴더 경로

이제 환경 설정을 마치고 Selenium 테스트를 작성할 준비가 되었다.

15.5.1 특정한 웹 브라우저 테스트하기

처음에는 특정한 브라우저에서만 테스트를 사용한다고 가정한다. 매닝 홈페이지와 구글 홈페이지에 접속하여 제목이 예상 결과와 같은지 확인해 볼 것이다. 예제 15.14와 예제 15.15는 JUnit 5 애노테이션이 달린 메서드를 가지고 두 테스트 클래스에서 각각 크롬과 파이어폭스를 사용한다.

예제 15.14 **크롬으로 매닝 홈페이지와 구글 홈페이지에 접속하기**

```java
[...]
public class ChromeSeleniumTest {

  private WebDriver driver;  ①

  @BeforeEach
  void setUp() {
    driver = new ChromeDriver();  ②
  }

  @Test
  void testChromeManning() {
    driver.get("https://www.manning.com/");
    assertThat(driver.getTitle(), is("Manning"));  ③
  }

  @Test
  void testChromeGoogle() {
    driver.get("https://www.google.com");
    assertThat(driver.getTitle(), is("Google"));  ④
  }

  @AfterEach
  void tearDown() {
    driver.quit();  ⑤
  }
}
```

예제 15.15 **파이어폭스로 매닝 홈페이지와 구글 홈페이지에 접속하기**

```java
[...]
public class FirefoxSeleniumTest {

  private WebDriver driver;  ①′

  @BeforeEach
  void setUp() {
    driver = new FirefoxDriver();  ②′
  }

  @Test
  void testFirefoxManning() {
    driver.get("https://www.manning.com/");
    assertThat(driver.getTitle(), is("Manning"));  ③′
  }

  @Test
```

```
  void testFirefoxGoogle() {
    driver.get("https://www.google.com");
    assertThat(driver.getTitle(), is("Google"));  ]④′
  }

  @AfterEach
  void tearDown() {
    driver.quit();  ⑤′
  }
}
```

이 예제에서 살펴보아야 할 내용은 다음과 같다.

- 웹 드라이버를 선언한다(①과 ①′). 그리고 ChromeDriver(②)와 FirefoxDriver (②)′를 초기화한다.
- 첫 번째 테스트에서는 매닝 홈페이지에 접근하여 페이지 제목이 'Manning'인지 검증한다(③와 ③′). 여기서는 Hamcrest 매처인 is를 사용하여 가독성을 높였다 (2장 참고).
- 두 번째 테스트에서는 구글 홈페이지에 접속하여 홈페이지 제목이 'Google'인지 검증한다(④와 ④′). 여기서도 Hamcrest 매처를 사용했다.
- JUnit 5 테스트를 실행한 후에는 웹 드라이버의 quit 메서드를 호출하여 열려 있는 브라우저 창을 모두 닫는다. 드라이버 인스턴스는 가비지 컬렉션이 가능한 상태가 되므로 자동으로 메모리에서 제거된다(⑤와 ⑤′).

테스트를 실행하면 각각 크롬과 파이어폭스가 열리고 매닝 홈페이지와 구글 홈페이지에 접속하여 제목을 확인한다.

15.5.2 웹 브라우저를 사용한 내비게이션 테스트

이번 테스트에서는 영문 위키백과(Wikipedia) 웹 사이트에 접속하여 웹 페이지에서 특정 요소를 찾아 클릭해 본다. 여기서는 파이어폭스를 사용한다.

예제 15.16 파이어폭스로 웹 페이지에서 요소 찾기

```
[...]
public class WikipediaAccessTest {

  private RemoteWebDriver driver;  ①

  @BeforeEach
```

```
void setUp() {
  driver = new FirefoxDriver();   ②
}

@Test
void testWikipediaAccess() {
  driver.get("https://en.wikipedia.org/");
  assertThat(driver.getTitle(), is("Wikipedia,        ③
          the free encyclopedia"));

  WebElement contents = driver.findElementByLinkText("Talk");   ④
  assertTrue(contents.isDisplayed());

  contents.click();
  assertThat(driver.getTitle(), is("Talk:Main Page - Wikipedia"));   ⑤
}

@AfterEach
void tearDown() {
  driver.quit();   ⑥
}
}
```

이 예제에서 살펴볼 내용은 다음과 같다.

- RemoteWebDriver 타입의 웹 드라이버를 선언한다(①). RemoteWebDriver는 Web
  Driver 인터페이스를 구현한 클래스이며 FirefoxDriver, ChromeDriver, Edge
  Driver 같은 클래스가 상속할 수 있다. RemoteWebDriver가 있어야 웹 페이지로
  부터 특정 요소를 찾는 메서드를 호출할 수 있으므로 WebDriver를 상속한 Remote
  WebDriver가 필요하다.
- 웹 드라이버를 FirefoxDriver로 초기화한다(②).
- 영문 위키백과 홈페이지에 접속하여 페이지 제목이 'Wikipedia, the free ency-
  clopedia'인지 검증한다(③).
- Talk 요소를 찾아 지금 화면에 나타나고 있는지 확인한다(④).
- Talk 요소를 클릭한 다음 새로 나타난 페이지의 제목이 'Talk:Main Page - Wiki-
  pedia'인지 검증한다(⑤).
- 테스트를 실행한 후에는 웹 드라이버의 quit 메서드를 호출하여 지금 열려 있는
  브라우저 창을 모두 닫는다. 드라이버 인스턴스는 가비지 컬렉션이 가능한 상태
  가 되므로 자동으로 메모리에서 제거된다(⑥).

이 예제에서는 파이어폭스 드라이버 외에도 ChromeDriver나 EdgeDriver 같은 웹 드라이버를 사용하기 쉽다. 연습 삼아 다른 웹 드라이버를 사용하여 예제를 구동해 보기 바란다.

15.3.3 여러 브라우저로 테스트하기

새로운 JUnit 5 기능의 장점도 확인하고 Selenium 테스트를 연습해 보기 위해 여러 브라우저에서 동일한 테스트를 실행해 보자. 이번 예제에서도 매닝 홈페이지와 구글 홈페이지에 접속하는데, 여러 브라우저를 사용하기 위해 JUnit 5의 파라미터를 사용한 테스트를 해 보자.

예제 15.17 여러 브라우저로 매닝 홈페이지와 구글 홈페이지에 접속하기

```
[...]
public class MultiBrowserSeleniumTest {

  private WebDriver driver;   ①

  public static Collection<WebDriver> getBrowserVersions() {
    return Arrays.asList(new WebDriver[]{new FirefoxDriver(),
                         new ChromeDriver(),                     ②
                         new EdgeDriver()});
  }

  @ParameterizedTest
  @MethodSource("getBrowserVersions")                            ③
  void testManningAccess(WebDriver driver) {
    this.driver = driver;
    driver.get("https://www.manning.com/");                      ④
    assertThat(driver.getTitle(), is("Manning"));
  }

  @ParameterizedTest
  @MethodSource("getBrowserVersions")                            ③
  void testGoogleAccess(WebDriver driver) {
    this.driver = driver;
    driver.get("https://www.google.com");                        ⑤
    assertThat(driver.getTitle(), is("Google"));
  }

  @AfterEach
  void tearDown() {
    driver.quit();   ⑥
  }

}
```

이 예제에서 살펴볼 내용은 다음과 같다.

- 테스트 실행 중에 초기화할 WebDriver 필드를 선언했다(①).
- 테스트의 파라미터로 주입하기 위한 소스 메서드인 getBrowserVersions를 선언했다(②). getBrowserVersions 메서드는 파라미터를 사용한 테스트에 하나씩 주입할 웹 드라이버 리스트(FirefoxDriver, ChromeDriver, EdgeDriver)를 반환한다.
- 파라미터를 사용한 테스트를 정의한다(③). getBrowserVersions 메서드가 파라미터를 제공한다. 곧 getBrowserVersions 메서드가 반환한 컬렉션의 사이즈만큼 테스트가 반복적으로 실행된다는 의미이며, 테스트가 실행될 때마다 다른 브라우저를 사용하게 된다는 뜻이다.
- 첫 번째 테스트에서는 멤버 변수에 웹 드라이버에 대한 참조를 저장하고 매닝 홈페이지에 접속하여 페이지 제목이 'Manning'인지 검증한다(④). 여기서는 Hamcrest 매처인 is를 사용하여 가독성을 높였다(2장 참고). 테스트는 getBrowserVersions 메서드가 제공하는 웹 드라이버 각각에 대해 총 세 번 동작한다. 테스트를 실행한 후에는 웹 드라이버의 quit 메서드를 호출하여 지금 열려 있는 브라우저 창을 닫는다.
- 두 번째 테스트에서는 멤버 변수에 웹 드라이버에 대한 참조를 저장하고 구글 홈페이지에 접속하여 페이지 제목이 'Google'인지 검증한다(⑤). 이번에도 테스트는 총 세 번 동작하는데, getBrowserVersions 메서드가 제공하는 웹 드라이버 각각에 대해 테스트를 수행하기 때문이다. 여기서도 Hamcrest 매처를 사용했다.
- 테스트를 실행한 후에는 웹 드라이버의 quit 메서드를 호출한다(⑥).

테스트를 실행하면 각 테스트에 대해 파이어폭스, 크롬, 엣지 브라우저가 열리고, 매닝 홈페이지, 구글 홈페이지에 접속하여 페이지 제목을 검증한다. 두 테스트가 각각 세 브라우저를 통해 수행되므로 총 여섯 번의 테스트가 수행된다.

15.5.4 여러 브라우저로 구글 검색과 내비게이션 테스트하기

이번에는 검색 엔진에서 가져온 링크를 클릭하고 해당 웹 페이지로 이동하여 구글 검색을 테스트해 보자. 예제에서는 구글에서 'en.wikipedia.org'를 검색하고 첫 번째 결과로 이동한 다음, 다시 그 안에 있는 요소로 이동한다.

예제 15.18 **구글을 이용해서 위키백과 웹 사이트 탐색하기**

```
public class GoogleSearchTest {

  private RemoteWebDriver driver;   ①

  public static Collection<RemoteWebDriver> getBrowserVersions() {
    return Arrays.asList(new RemoteWebDriver[]{new FirefoxDriver(),
                          new ChromeDriver(),                          ②
                          new EdgeDriver()});
  }

  @ParameterizedTest
  @MethodSource("getBrowserVersions")        ③
  void testGoogleSearch(RemoteWebDriver driver) {
    this.driver = driver;
    driver.get("http://www.google.com");
    WebElement element = driver.findElement(By.name("q"));      ④
    element.sendKeys("en.wikipedia.org");
    driver.findElement(By.name("q")).sendKeys(Keys.ENTER);      ⑤

    WebElement myDynamicElement = (new WebDriverWait(driver, 10))
        .until(ExpectedConditions                                      ⑥
            .presenceOfElementLocated(By.id("result-stats")));

    List<WebElement> findElements =
        driver.findElements(By.xpath("//*[@id='rso']//a/h3"));        ⑦

    findElements.get(0).click();

    assertEquals("https://en.wikipedia.org/wiki/Main_Page",
                 driver.getCurrentUrl());                              ⑧
    assertThat(driver.getTitle(),
               is("Wikipedia, the free encyclopedia"));

    WebElement contents = driver.findElementByLinkText("Talk");       ⑨
    assertTrue(contents.isDisplayed());

    contents.click();
    assertThat(driver.getTitle(), is("Talk:Main Page - Wikipedia"));  ⑩
  }

  @AfterEach
  void tearDown() {
    driver.quit();   ⑪
  }
}
```

이 예제에서 살펴볼 내용은 다음과 같다.

- 테스트 실행 중에 초기화할 웹 드라이버인 RemoteWebDriver 타입의 멤버 변수를 선언한다(①).
- 테스트의 파라미터로 주입하기 위한 소스 메서드인 getBrowserVersions를 선언했다(②). getBrowserVersions 메서드는 RemoteWebDriver 리스트(FirefoxDriver, ChromeDriver, EdgeDriver)를 반환하며 파라미터를 사용한 테스트에 하나씩 주입할 것이다. 웹 페이지로부터 특정 요소를 찾는 메서드를 호출하려면 WebDriver 인터페이스를 상속한 RemoteWebDriver가 필요하다.
- JUnit 5 파라미터를 사용한 테스트를 정의한다. getBrowserVersions 메서드가 파라미터를 제공한다(③). 즉 테스트는 getBrowserVersions에서 반환한 컬렉션 사이즈만큼 반복해서 수행된다.
- *http://www.google.com*에 접속하여 이름이 q인 HTML 요소를 찾는다(④). 이름이 q인 HTML 요소는 검색할 텍스트를 입력해야 하는 <input> 박스의 이름이다. 참고로 원하는 요소를 마우스 오른쪽 버튼으로 클릭하여 브라우저에 따라 [Inspect] 또는 [Inspect Element]를 선택해서 해당 HTML 요소를 가져올 수 있다. 결과는 그림 15.5에 나와 있다.
- 구글 검색을 위해 'en.wikipedia.org'라는 텍스트를 입력하고 Enter 키를 누른다 (⑤).
- 구글 검색 결과가 표시될 때까지 기다리지만 대기 시간은 10초를 넘지 않아야 한다(⑥).
- XPath를 사용하여 구글 검색에서 반환한 모든 요소를 가져온다(⑦). 참고로 XPath는 XML에서 요소를 찾기 위한 쿼리 언어다. XPath를 지금 다 알 필요는 없으며 여기서는 //*[@id ='rso']//a/h3 XPath가 구글 검색에서 반환한 모든 요소의 리스트를 가져온다는 것만 알면 된다. Selenium에서 XPath를 사용한 작업에 대한 자세한 내용은 *www.guru99.com/xpath-selenium.html*을 참고하기 바란다.
- 가져온 요소 리스트에서 첫 번째 HTML 요소를 클릭하고 새로 접속한 페이지의 URL을 확인하고 제목이 'Wikipedia, the free encyclopedia'인지 확인한다(⑧).
- 새로 방문한 페이지에서 Talk 텍스트가 있는 요소를 찾아 화면에 뿌려졌는지 확인한다(⑨). 그런 다음 이 요소를 클릭하고 새로 접속한 페이지의 제목이 'Talk: Main Page - Wikipedia'인지 확인한다(⑩).

- 테스트를 실행한 후에는 웹 드라이버의 quit 메서드를 호출하여 지금 열려 있는 브라우저 창을 닫는다. 드라이버 인스턴스는 가비지 컬렉션이 가능한 상태가 되므로 자동으로 메모리에서 제거된다(⑪).

그림 15.5 파이어폭스를 사용하여 구글 홈페이지에서 <input> 박스의 이름을 검증한 결과

이 테스트를 실행하면 파이어폭스, 크롬, 엣지 브라우저가 열린다. 세 브라우저를 가지고 한 번씩 테스트를 실행했으므로 총 세 번 테스트가 수행되었다.

15.5.5 웹 사이트 인증 테스트하기

TDS의 많은 사용자들은 인증이 필요한 웹 사이트를 이용하여 애플리케이션과 상호작용한다. 이러한 인증은 사용자 증명과 접근 권한 제공에 사용하므로 애플리케이션에서 매우 중요하다. 그래서 TDS의 개발자인 존은 성공 시나리오와 실패 시나리오 두 가지 테스트를 모두 작성하여 인증을 테스트하고자 한다. 존은 애플리케이션과의 상호작용을 시각적으로 살펴보기 위해 Selenium을 쓰기로 한다.

존은 Heroku라는 웹 사이트(*https://the-internet.herokuapp.com*)를 사용하는데, 이곳에서는 HTML 폼 인증을 비롯해 자동으로 테스트할 수 있는 많은 기능을 제공한다. 예제 15.19의 클래스는 해당 웹 사이트의 홈페이지에서 상호작용한 결과를 나타낸다(그림 15.6).

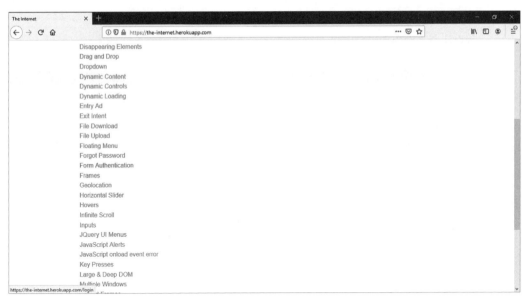

그림 15.6 *https://the-internet.herokuapp.com* 홈페이지

예제 15.19 테스트할 웹 사이트의 홈페이지를 설명하는 클래스

```
[...]
public class Homepage {

  private WebDriver webDriver;    ①

  public Homepage(WebDriver webDriver) {
    this.webDriver = webDriver;    ②
  }

  public LoginPage openFormAuthentication() {
    webDriver.get("https://the-internet.herokuapp.com/");          ③
    webDriver.findElement(By.cssSelector("[href=\"/login\"]")).click();    ④
    return new LoginPage(webDriver);                               ⑤
  }
}
```

이 예제에서 살펴볼 내용은 다음과 같다.

- Homepage 클래스에는 애플리케이션과 상호작용하는 데 사용하는 WebDriver 멤버 변수를 private으로 선언했다(①). 이는 클래스의 생성자에서 초기화된다(②).
- openFormAuthentication 메서드에서는 *https://the-internet.herokuapp.com*에 접속한다(③). login 하이퍼링크(href)가 있는 곳을 찾아 해당 요소를 클릭한다(④). 웹 드라이버를 가지고 새로운 LoginPage 객체를 만들어 반환한다(⑤).

예제 15.20의 클래스는 로그인 페이지(*https://the-internet.herokuapp.com/login*)와
관련한 상호작용을 나타낸다(그림 15.7).

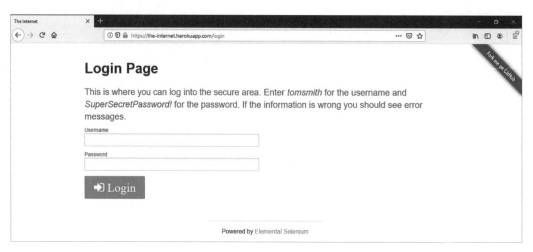

그림 15.7 *https://the-internet.herokuapp.com/login* 경로의 로그인 페이지

예제 15.20 테스트할 웹 사이트의 로그인 페이지를 설명하는 클래스

```
[...]
public class LoginPage {

  private WebDriver webDriver;    ①

  public LoginPage(WebDriver webDriver) {
    this.webDriver = webDriver;    ②
  }

  public LoginPage loginWith(String username, String password) {
    webDriver.findElement(By.id("username")).sendKeys(username);
    webDriver.findElement(By.id("password")).sendKeys(password);    ③
    webDriver.findElement(By.cssSelector("#login button")).click();    ④

    return this;    ⑤
  }

  public void thenLoginSuccessful() {
    assertTrue(webDriver
        .findElement(By.cssSelector("#flash.success"))
        .isDisplayed());
    assertTrue(webDriver
        .findElement(By.cssSelector("[href=\"/logout\"]"))
        .isDisplayed());
  }
```
⑥

```
  public void thenLoginUnsuccessful() {
    assertTrue(webDriver.findElement(By.id("username"))
      .isDisplayed());
    assertTrue(webDriver.findElement(By.id("password"))
      .isDisplayed());
  }
}
```

이 예제에서 살펴볼 내용은 다음과 같다.

- LoginPage 클래스에는 애플리케이션과 상호작용하는 데 사용하는 WebDriver 멤버 변수를 private으로 선언했다(①). 이는 클래스의 생성자에서 초기화된다(②).

- loginWith 메서드는 아이디가 username, password인 요소를 찾고, 파라미터로 가져온 사용자명과 비밀번호를 매핑한다(③). 그다음 CSS 선택자(selector)로 로그인 버튼을 찾아 로그인 버튼을 클릭한다(④). loginWith 메서드는 this 키워드로 동일한 객체를 반환하는데, thenLoginSuccessful 메서드와 thenLoginUnsuccessful 메서드를 실행해야 하기 때문이다(⑤).

- 로그인에 성공하면 CSS 선택자인 #flash.success(그림 15.8 속 음영 처리된 막대 부분)와 하이퍼링크(href)가 적용된 logout(그림 15.8 속 로그아웃 버튼)이 페이지에 출력되는지 검증한다(⑥). 참고로 원하는 요소를 마우스 오른쪽 버튼으로 클릭하여 [Inspect] 또는 [Inspect Element]를 선택하여(메뉴 이름은 브라우저에 따라 다르다) 해당 HTML 요소를 가져올 수도 있다.

- 로그인에 실패하면 username, password라는 아이디를 가진 요소가 그대로 있는지 확인하여 로그인에 실패했는지 검증한다(⑦). 이는 로그인 시도가 실패한 후에는 동일한 페이지에 머무르게 된다는 원리에 착안한 것이다(그림 15.9).

Aa CSS 선택자

웹 페이지 내에서 HTML 요소를 식별하는 표현식으로, 웹 페이지에서 특정 요소를 선택하는 데 자주 사용한다. CSS 선택자는 선택하려는 요소의 유형을 나타내는 부분과 선택하려는 요소의 값을 나타내는 부분의 합으로 이루어진다. 여기서는 #login button 선택자를 이용해 웹 페이지에서 로그인 요소를 찾아낼 수 있다는 것만 알면 된다. CSS 선택자에 관한 자세한 내용은 *https://www.w3schools.com/cssref/css_selectors.asp*를 참고하기 바란다.[4]

---

4 (옮긴이) 이 책에서는 CSS를 구체적으로 다루지 않는다. 추가로 학습하고 싶다면 《CSS 완벽 가이드》(웹액츄얼리코리아, 2021)를 참고하기 바란다.

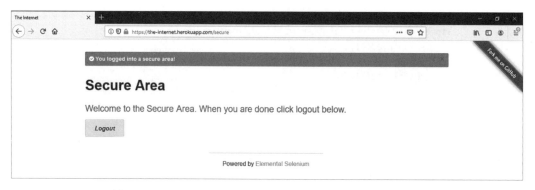

그림 15.8 *https://the-internet.herokuapp.com/secure*에 성공적으로 로그인한 결과

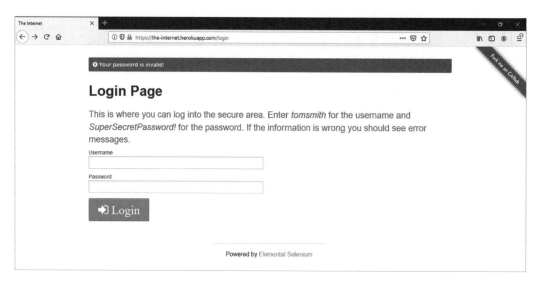

그림 15.9 *https://the-internet.herokuapp.com/secure*에 로그인하지 못한 결과

존은 예제 15.21과 같이 Homepage, LoginPage 클래스를 사용하여 성공적으로 로그인했는지를 테스트한다. 톰 스미스는 항공편 관리 시스템의 웹 인터페이스에 접속하는 테스터라고 하자. 로그인을 허용하는 자격 증명은 사용자명이 tomsmith이고 비밀번호가 SuperSecretPassword!다. 존은 톰과 함께 작업한다(보안 침해의 소지가 있으므로 테스트에서는 절대로 실제 자격 증명을 사용해서는 안 된다). 존은 올바른 자격 증명을 사용해 로그인에 성공한 테스트와 잘못된 자격 증명을 사용해 로그인에 실패한 테스트를 만든다.

예제 15.21 로그인에 성공하는 테스트와 로그인에 실패하는 테스트

```
[...]
public class LoginTest {

  private Homepage homepage;          ┐ ①
  private WebDriver webDriver;        ┘

  public static Collection<WebDriver> getBrowserVersions() {  ┐
    return Arrays.asList(new WebDriver[]{new FirefoxDriver(),  │ ②
                         new ChromeDriver(),                   │
                         new EdgeDriver()});                   ┘
  }

  @ParameterizedTest                                           ┐
  @MethodSource("getBrowserVersions")                          │ ③
  public void loginWithValidCredentials(WebDriver webDriver) { ┘
    this.webDriver = webDriver;                      ┐ ④
    homepage = new Homepage(webDriver);              ┘
    homepage.openFormAuthentication()                ┐
        .loginWith("tomsmith", "SuperSecretPassword!")  │ ⑤
        .thenLoginSuccessful();                      ┘
  }

  @ParameterizedTest                                             ┐
  @MethodSource("getBrowserVersions")                            │ ③
  public void loginWithInvalidCredentials(WebDriver webDriver) { ┘
    this.webDriver = webDriver;                      ┐ ④
    homepage = new Homepage(webDriver);              ┘
    homepage.openFormAuthentication()                ┐
        .loginWith("tomsmith", "SuperSecretPassword")   │ ⑥
        .thenLoginUnsuccessful();                    ┘
  }

  @AfterEach
  void tearDown() {
    webDriver.quit();   ⑦
  }
}
```

이 예제에서 살펴볼 내용은 다음과 같다.

- 테스트 실행 중에 초기화할 Homepage 타입의 멤버 변수와 WebDriver 타입의 멤버 변수를 선언한다(①).
- 테스트의 파라미터로 주입하기 위한 소스 메서드인 getBrowserVersions를 만든다(②). getBrowserVersions 메서드는 WebDrivers 리스트(FirefoxDriver, Chrome

Driver, EdgeDriver)를 반환하며 파라미터를 사용한 테스트에 하나씩 주입할 것이다.

- JUnit 5 파라미터를 사용한 테스트를 정의한다. 각 테스트는 getBrowserVersions 메서드에서 파라미터를 제공한다(③). 즉 테스트는 getBrowserVersions 메서드에서 반환한 컬렉션 사이즈만큼 반복해서 수행된다.

- 각 테스트에서는 파라미터로 받은 웹 드라이버를 멤버 변수에 할당하여 테스트에서 웹 드라이버에 대한 참조를 유지한다. 그리고 Homepage 멤버 변수를 초기화한다(④).

- 첫 번째 테스트에서는 인증 폼을 연 다음 유효한 사용자명과 비밀번호로 로그인에 성공하는지 확인한다(⑤).

- 두 번째 테스트에서는 인증 폼을 연 다음 유효하지 않은 사용자명과 비밀번호로 로그인에 실패하는지 확인한다(⑥).

- 각 테스트를 실행한 후에는 웹 드라이버의 quit 메서드를 실행시켜 열려 있는 브라우저를 닫는다. 이렇게 하면 드라이버 인스턴스는 가비지 컬렉터가 수집 가능한 상태가 된다(⑦).

이렇게 존은 로그인 성공과 실패라는 두 가지 시나리오를 구현했다. 사실 존은 이보다 더 많은 작업을 했는데, Homepage와 LoginPage 클래스를 이용하여 프로젝트에 참여하는 다른 개발자들이 사용할 수 있는 기본적인 테스트 라이브러리를 만든 것이다. 예제 15.21에서는 테스트 메서드를 차례로 호출해 볼 수 있었으며 테스트 시나리오는 누구나 쉽게 이해할 수 있었다. 앞으로 TDS에서 Selenium을 활용한 테스트 개발 속도가 정말 빨라질 것이다!

15.6 HtmlUnit과 Selenium

HtmlUnit과 Selenium의 공통점과 차이점을 정리해 보자. 둘 다 무료이며 오픈 소스 기반이다. 집필 당시 버전(HtmlUnit 2.50, Selenium 3.141.59)을 실행하려면 둘 다 자바 8 이상이 필요하다. 한편 HtmlUnit은 웹 브라우저를 헤드리스로 에뮬레이션하는데, Selenium은 실제 웹 브라우저를 구동한다.

HtmlUnit은 헤드리스로 에뮬레이션하므로 테스트 실행이 아무래도 더 빠르다. 또한 자체적인 단언문 메서드를 가지고 있다.

Selenium은 API가 더 간단하고, OS에서 제공하는 네이티브 브라우저를 구동하므로 테스트 동작이 실제 사용자와의 상호작용에 더 부합한다. 또한 Selenium은 자바 외에도 여러 언어를 지원하며, 실제 브라우저를 실행함으로써 다양한 테스트 시나리오를 시각적으로도 검증해 볼 수 있었다. 이런 이유로 실무에서 인증 기능을 테스트할 때 Selenium을 자주 사용한다.

보통 애플리케이션이 OS나 브라우저별 특징 혹은 구현과 크게 상관이 없을 때는 HtmlUnit을 사용한다. 반면 특정 브라우저 환경이나 OS에서 검증을 해야 하는 경우, 특히 애플리케이션이 브라우저별 구현을 활용하거나 이에 의존할 때는 Selenium을 사용한다.

16장에서는 오늘날 가장 인기 있는 자바 프레임워크 중 하나인 스프링을 사용하여 애플리케이션을 빌드하고 테스트해 보자.

정리

15장에서는 다음 내용을 다루었다.

- 프레젠테이션 계층 테스트를 알아보았다.
- 오픈 소스 헤드리스 브라우저 도구인 HtmlUnit을 사용했다.
- 프로그래밍 방식으로 다양한 브라우저를 실제 구동하는 오픈 소스 도구인 Selenium을 사용했다.
- HTML 테스트(assertTitleEquals, assertTextPresent, notNull 등)에 HTML 단언문을 사용했다. HtmlUnit을 사용하여 웹 브라우저의 여러 기능을 테스트하고 독립 실행형 테스트도 만들어 보았다.
- HtmlUnit을 사용하여 자바스크립트로 개발한 폼, 웹 탐색, 프레임, 웹 사이트를 테스트했다.
- Selenium으로 실제 웹 브라우저에서 검색하고, 링크를 선택하고, 탐색하는 작업을 테스트했다.
- Selenium을 사용하여 웹 사이트에서 인증 시나리오를 검증하고 테스트했다.

16장

스프링 애플리케이션 테스트

> ☑ **16장에서 다루는 내용**
>
> - 의존성 주입 살펴보기
> - 스프링 애플리케이션 빌드, 테스트하기
> - JUnit 5 Jupiter에 SpringExtension 사용하기
> - JUnit 5를 사용해 스프링 애플리케이션 테스트하기

'의존성 주입'이란 말은 5센트짜리 개념을 위한 25달러짜리 용어다.

— 제임스 쇼어(James Shore)

자바 애플리케이션 개발을 위한 오픈 소스 프레임워크인 스프링은 가볍고 유연하며 범용적이다. 스프링은 특정 계층에만 적용되는 프레임워크가 아니며 자바 애플리케이션의 어느 계층에서든 사용 가능하다. 16장에서는 스프링의 기본에 중점을 둔다. 즉, 의존성 주입(또는 제어의 역전이라고도 한다) 패턴과 JUnit 5를 사용하여 스프링 애플리케이션을 테스트하는 방법을 알아보자.

16.1 스프링 프레임워크 살펴보기

라이브러리란 코드를 재사용할 수 있게 해 주는 클래스 또는 함수의 모음이다. 개발자는 라이브러리를 통해 다른 개발자가 만든 코드를 사용할 수 있다. 대부분의 라이브러리는 특정한 분야 전용으로 쓰인다. 예를 들어 컴퓨터 그래픽 관련 라이브러리들은 3차원 공간을 빠르게 구상하여 컴퓨터 화면에 표시하는 데 사용된다.

소프트웨어 **프레임워크**는 일반적인 기능은 재사용할 수 있도록 하고, 특정한 기능은 사용자가 코드를 통해 선택적으로 구현 가능하도록 하는 추상 구조를 말한다. 개발자는 프레임워크를 활용해 개별적인 소프트웨어를 만들 수 있다. 프레임워크는 개발자로 하여금 특정한 패러다임을 따르게 함으로써 소프트웨어 애플리케이션을 개발하는 것을 지원한다. 라이브러리와 프레임워크의 주요한 차이점은 바로 제어의 역전에 있다. 라이브러리에서는 메서드를 호출하면 사용자가 해당 메서드를 직접 제어할 수 있다. 그러나 프레임워크를 사용하면 제어가 역전된다. 즉, 프레임워크가 사용자의 코드를 호출하는 것이다(그림 16.1). 개발자는 프레임워크에서 제공하는 패러다임을 따라야 하고 그에 맞추어 코드를 작성해야 한다. 프레임워크가 스켈레톤을 정의했다면 개발자는 기능을 추가하여 스켈레톤에 살을 붙인다. 개발자의 코드는 프레임워크가 제어하며 프레임워크가 개발자의 코드를 호출한다. 그럼 개발자는 설계보다 비즈니스 로직을 구현하는 데 집중할 수 있다.

로드 존슨은 2003년에 저서 《expert one-on-one J2EE 설계와 개발》(정보문화사, 2004)에서 스프링을 처음으로 제시하였다. 스프링의 저변에 깔린 기본 발상은 엔터프라이즈 애플리케이션 설계에 관한 전통적인 접근 방식을 단순화하자는 것이다.

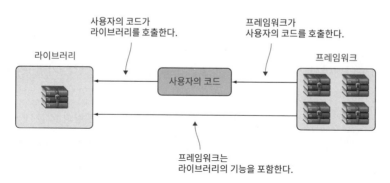

그림 16.1 사용자의 코드가 라이브러리를 호출한다. 반대로 프레임워크는 사용자의 코드를 호출한다.

스프링 프레임워크는 자바 애플리케이션 개발을 위한 종합적인 환경을 제공한다. 스프링은 개발자가 애플리케이션을 개발하는 데 집중할 수 있도록 환경을 구성해 주고 자바 일반 객체(plain old Java object; POJO)를 가지고 애플리케이션을 개발할 수 있게 해 준다.

16.2 의존성 주입 살펴보기

일반적인 자바 애플리케이션은 애플리케이션을 구성하기 위해 협력하는 객체로 이루어져 있다. 즉, 애플리케이션을 구성하는 객체들은 서로 의존성을 가지게 된다. 이때 애플리케이션 구성은 개발자나 아키텍트의 몫이 된다. 그리고 클래스와 객체를 구성하기 위해 (팩터리, 빌더, 프록시, 데코레이터 등) 여러 가지 디자인 패턴을 적용할 수 있는데, 패턴을 적용하는 부담은 결국 개발자에게 돌아간다.

스프링에는 여러 디자인 패턴이 구현되어 있다. 그중에서도 의존성 주입(또는 제어의 역전) 패턴은 서로 다른 컴포넌트를 조합하여 제대로 동작하는 하나의 애플리케이션을 구성하도록 해준다.

먼저 개발자가 코드 수준에서 의존성을 관리해야 했던 기존 방식부터 살펴보자. 참고로 첫 번째 예제는 ch16-traditional 폴더에서 찾을 수 있다. 가상 회사인 TDS에서 개발한 항공편 관리 시스템에서는 각 승객이 국가 정보를 가지고 있다. 그림 16.2를 보면 Passenger 객체는 Country 객체에 의존한다. 예제 16.1과 예제 16.2를 보면 개발자가 직접적으로 의존성을 관리하는 걸 볼 수 있다.

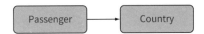

그림 16.2 승객에겐 국가 정보가 있다. Passenger 객체가 Country 객체에 의존한다.

예제 16.1 **Country 클래스**

```
[...]
public class Country {
  private String name;        ①
  private String codeName;    ②

  public Country(String name, String codeName) {  ┐
    this.name = name;                              │ ③
    this.codeName = codeName;                      │
  }                                                ┘

  public String getName() {    ┐
    return name;               │ ①
  }                            ┘

  public String getCodeName() {  ┐
    return codeName;             │ ②
  }                              ┘
}
```

이 예제에서 살펴볼 내용은 다음과 같다.

- Country 클래스에 name 필드와 게터 메서드를 만든다(①). 그리고 codeName 필드와 게터 메서드를 만든다(②).
- name 필드와 codeName 필드를 초기화하는 생성자를 만든다(③).

예제 16.2 Passenger 클래스

```
public class Passenger {
  private String name;      ①
  private Country country;  ②

  public Passenger(String name) {
    this.name = name;                              ③
    this.country = new Country("USA", "US");
  }

  public String getName() {
    return name;                    ①
  }

  public Country getCountry() {
    return country;                 ②
  }

}
```

이 예제에서 살펴볼 내용은 다음과 같다.

- Passenger 클래스에 name 필드와 게터 메서드를 만든다(①). 그리고 예제 16.1의 Country 클래스를 사용할 country 필드와 게터 메서드를 만든다(②).
- name 필드와 country 필드를 초기화하는 생성자를 만든다(③). 국가 정보는 Passenger 클래스의 생성자에서 초기화한다. 즉 국가와 승객 간에는 밀접한 결합이 존재한다.

개발자가 직접 객체의 의존성을 관리하면 보통 그림 16.3과 같은 상황에 처한다. 이러한 접근 방식에는 몇 가지 단점이 있다.

- 클래스 A가 클래스 B에 직접적으로 의존한다.
- A와 B를 별도로 분리해서 테스트하는 것이 어렵다.
- A에 의해 객체 B의 수명이 결정될 수 있다. 객체 A에서 객체 B를 사용하고 있으

므로 다른 곳에서 클래스 B를 재사용할 수 있음에도 사용하지 못할 수 있다.

• B를 다른 구현으로 대체할 수 없다.

그림 16.3 객체 A와 B 간의 직접적인 의존 관계(Passenger 클래스와 Country 클래스의 관계)

이러한 단점들은 의존성 주입이라는 새로운 접근 방식을 유도하게 된다.

의존성 주입을 적용하면 각 객체들은 컨테이너에 의해 관리되고, 컨테이너가 다른 객체를 만들 때 의존성을 주입하게 된다. 이는 '제어가 역전된다'는 점에서 개발자가 의존성을 직접 관리하던 기존의 접근 방식과는 본질적으로 구분된다. 마틴 파울러가 의존성 주입(dependency injection)이라는 단어를 제안한 이유는 이러한 이름이 상황의 본질을 잘 반영했기 때문이다(*https://www.martinfowler.com/articles/injection.html* 참고). 의존성 주입의 기본적인 발상은 애플리케이션 컴포넌트 간의 직접적인 의존성을 제거하고 클래스를 인스턴스화할 수 있는 권한을 전부 컨테이너에 위임하는 것이다.

이전 예제를 새로운 방식으로 접근해 보자. 객체 간의 직접적인 의존성을 제거하는 방향으로 Passenger 클래스를 수정한다. 예제 소스는 ch16-spring-junit4 폴더에서 찾을 수 있다.

예제 16.3 Country 클래스와의 밀접한 결합을 제거한 Passenger 클래스

```
public class Passenger {
  private String name;
  private Country country;

  public Passenger(String name) {
    this.name = name;              ①
  }

  public String getName() {
    return name;
  }

  public void setName(String name) {
    this.name = name;
  }

  public Country getCountry() {
    return country;
  }
}
```

```
    public void setCountry(Country country) {
        this.country = country;                    ②
    }
}
```

Passenger 클래스의 생성자를 수정한 것이 주목된다. Passenger 객체는 의존하고 있는 Country 객체를 더는 직접 생성하지 않는다(①). 이제 국가 정보는 setCountry 메서드를 이용해 설정할 수 있다(②). 그림 16.4처럼 두 객체 간의 직접적인 의존성이 제거되었다.

그림 16.4 직접적인 의존 관계가 없는 Passenger 클래스와 Country 클래스

한편 XML은 스프링 애플리케이션을 구성하는 전통적인 방법으로 여전히 자주 사용된다. XML은 다른 의존성을 건드릴 염려가 적다. 코드가 프레임워크에서 사용되고 있다는 사실을 인식하지 못할뿐더러 외부 의존성과도 엮이지 않는다. 또한 구성이 변경된다고 하더라도 XML 파일만 바꾸면 되므로 코드를 다시 컴파일할 필요도 없다. 이는 기술적인 배경 지식이 부족한 테스터에게 상대적으로 유용하다.

이 장에서는 스프링을 구성하는 방법을 알아보기 위해 XML을 사용한다. 적어도 처음에는 XML이 상대적으로 이해하고 따라하기 쉽다. 의존성 관리는 컨테이너에 위임하는데, 그 방법과 구성 정보는 예제 16.4의 application-context.xml 파일에 작성되어 있다. 참고로 스프링 프레임워크는 application-context.xml 파일을 가지고 빈(bean)과 의존성을 생성하고 관리한다.

 스프링 컨테이너가 다루는 객체는 일반적으로 빈이라고 부른다. 스프링 프레임워크 공식 문서에 따르면 빈은 제어의 역전이 적용되어 있는 스프링 컨테이너에 의해 관리되며 애플리케이션의 핵심을 이루는 객체다.

예제 16.4 application-context.xml 설정 파일

```xml
<bean id="passenger" class="com.manning.junitbook.spring.Passenger">    ①
    <constructor-arg name="name" value="John Smith"/>                   ②
    <property name="country" ref="country"/>                           ③
</bean>                                                                 ④

<bean id="country" class="com.manning.junitbook.spring.Country">       ⑤
    <constructor-arg name="name" value="USA"/>                      ⑥
    <constructor-arg name="codeName" value="US"/>
</bean>    ⑦
```

이 예제에서 살펴볼 내용은 다음과 같다.

- com.manning.junitbook.spring.Passenger 클래스의 passenger 빈을 선언한다 (①). 생성자에서 name을 나타내는 파라미터로 "John Smith"를 전달하여 승객 정보를 초기화한다(②). 세터 메서드인 setCountry에 country 빈에 관한 참조를 전달하여 국가 정보를 설정한다(③). 그런 다음 빈 정의 태그를 닫는다(④).
- com.manning.junitbook.spring.Country 클래스의 country 빈을 선언한다(⑤). 생성자의 파라미터로 "USA"와 "US"를 전달하여 국가 정보를 초기화한다(⑥). 그런 다음 빈 정의 태그를 닫는다(⑦).

다음과 같은 코드로 컨테이너가 생성한 빈에 접근할 수 있다.

예제 16.5 application-context.xml 파일에 선언된 빈에 접근하는 방법

```
ClassPathXmlApplicationContext context =
  new ClassPathXmlApplicationContext(            ①
      "classpath:application-context.xml");
Passenger passenger = (Passenger) context.getBean("passenger");   ②
Country country = (Country) context.getBean("country");           ③
```

이 예제에서 살펴볼 내용은 다음과 같다.

- ClassPathXmlApplicationContext 타입의 context 변수를 선언한다. 그리고 클래스패스의 application-context.xml 파일을 가리키도록 초기화한다(①). ClassPathXmlApplicationContext 클래스는 스프링 프레임워크에서 제공하는 애플리케이션 콘텍스트 구현체 중 하나다. 참고로 뒤에서 Maven pom.xml 파일에 스프링 프레임워크와 관련한 의존성을 추가하는 방법을 알아본다.
- 애플리케이션 콘텍스트에서 passenger 빈을 가져온 다음(②), country 빈을 가져온다(③). 이렇게 애플리케이션에서 passenger와 country 변수를 사용할 수 있다.

스프링 컨테이너에 빈을 등록하면 다음과 같은 장점이 있다.

- 어떤 타입의 객체라도 컨테이너에 요청하면 컨테이너가 알아서 해당 객체를 반환해 준다.
- Passenger 객체와 Country 객체는 서로 독립적이게 되며 다른 외부 라이브러리에도 의존하지 않는다. 이 객체들은 완벽히 자바 일반 객체가 된다.

- application-context.xml 파일에 시스템에서 필요한 객체 간의 의존성을 문서화할 수 있다.
- 컨테이너가 객체의 생애 주기를 제어할 수 있다.
- 클래스와 컴포넌트를 재사용하는 것이 쉽다.
- 코드가 더 깔끔해진다(클래스는 보조 객체를 만들 필요가 없다).
- 단위 테스트가 더욱 단순해진다. 클래스는 단순해지고 다른 의존성으로 인해 어수선해지지 않는다.
- 시스템에서 객체 간의 의존성을 변경하는 것이 매우 쉬워진다. application-context.xml 파일만 변경하면 된다. 자바 파일을 다시 컴파일할 필요가 없다. 오히려 구현이 바뀔 수 있는 모든 객체를 의존성 주입(제어의 역전) 컨테이너에 넣어두는 것이 권장된다.

이렇게 모든 의존성을 코드로 관리하던 기존 방식에서 애플리케이션을 구성하는 객체가 서로에 대해 아무것도 몰라도 되는 의존성 주입 방식으로 한 걸음 더 나아갈 수 있다(그림 16.5).

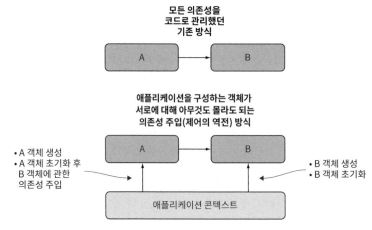

그림 16.5 의존성을 코드로 관리하던 기존 방식에서 의존성 주입(제어의 역전) 방식으로 전환

일반적으로 스프링 컨테이너의 작업은 그림 16.6과 같이 나타낼 수 있다. 컨테이너를 인스턴스화하고 구동할 때 비즈니스 클래스가 컨테이너 구성 관련 메타데이터와 결합한다(combined). 결과적으로 애플리케이션을 완전히 구성한 상태로 만들 수 있으며 즉시 실행 가능한 애플리케이션을 얻을 수 있다.

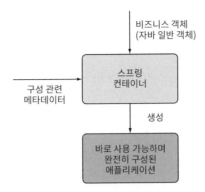

그림 16.6 스프링 컨테이너의 기능은 자바 일반 객체와 구성 관련 메타데이터를 결합하여 이루어진다.

16.3 스프링 애플리케이션 사용 및 테스트

스프링의 장점을 알고 있는 TDS는 항공편 관리 시스템을 비롯한 회사의 여러 프로젝트에 스프링을 사용해 왔다. TDS는 JUnit 5를 도입하기 전부터 스프링을 사용했을 것이므로 먼저 스프링을 어떻게 도입했는지부터 살펴보자.

16.3.1 스프링 콘텍스트를 프로그래밍 방식으로 만들기

TDS 개발자 에이다는 몇 년 전 항공편 관리 시스템을 스프링 4.x로 처음 이전하고 JUnit 4를 사용하여 테스트하는 업무를 맡았다. 독자 여러분은 실무에서 스프링 4 또는 JUnit 4를 사용한 애플리케이션 작업을 맡을 수도 있고, 기존 레거시를 스프링 5 또는 JUnit 5로 전환하는 작업을 맡게 될 수도 있으므로, 에이다의 작업 수행 과정을 따라가 보는 것은 매우 유용할 것이다. 따라서 스프링 4와 JUnit 4 애플리케이션이 어떻게 구성되었는지 자세히 알아볼 필요가 있다.

　에이다가 스프링 4와 JUnit 4를 사용하기 위해 가장 먼저 한 일은 Maven pom.xml 설정 파일에 스프링 관련 의존성을 추가하는 것이었다.

예제 16.6 pom.xml 파일에 추가한 스프링 4와 JUnit 4 의존성

```
<dependency>
  <groupId>org.springframework</groupId>
  <artifactId>spring-context</artifactId>    ①
  <version>4.2.5.RELEASE</version>
</dependency>
```

```
<dependency>
  <groupId>org.springframework</groupId>
  <artifactId>spring-test</artifactId>        ②
  <version>4.2.5.RELEASE</version>
</dependency>

<dependency>
  <groupId>junit</groupId>
  <artifactId>junit</artifactId>              ③
  <version>4.12</version>
</dependency>
```

이 예제에서 살펴볼 내용은 다음과 같다.

- spring-context 의존성을 추가했다(①). 이는 애플리케이션 콘텍스트를 불러오는 데 필요한 ClassPathXmlApplicationContext 클래스나 나중에 사용할 @Autowired 애노테이션을 위해 필요하다.
- spring-test 의존성을 추가했다(②). 이는 SpringJUnit4ClassRunner runner를 사용하기 위해 필요하다(사용법은 이후에 설명한다).
- 마지막으로 JUnit 4.12 버전의 의존성을 추가했다(③). TDS는 JUnit 5가 나오기 전부터 항공편 관리 시스템에 JUnit을 사용하였으므로 JUnit 4 의존성을 사용한다고 가정한다.

에이다가 처음으로 작성한 테스트는 스프링 컨테이너에서 승객을 조회한 다음 정확성을 검증하는 것이다.

예제 16.7 스프링 애플리케이션을 위한 첫 번째 단위 테스트(JUnit 4)

```
[...]
public class SimpleAppTest {   ①

  private static final String APPLICATION_CONTEXT_XML_FILE_NAME =    ②
      "classpath:application-context.xml";

  private ClassPathXmlApplicationContext context;   ③

  private Passenger expectedPassenger;   ④

  @Before
  public void setUp() {
    context = new ClassPathXmlApplicationContext(    ⑤
        APPLICATION_CONTEXT_XML_FILE_NAME);
    expectedPassenger = getExpectedPassenger();   ⑥
  }
```

```
@Test
public void testInitPassenger() {
  Passenger passenger = (Passenger) context.getBean("passenger");   ⑦
  assertEquals(expectedPassenger, passenger);                        ⑧
}

}
```

이 예제에서 살펴볼 내용은 다음과 같다.

- **SimpleAppTest** 클래스를 만들었다(①). 클래스패스의 application-context.xml 파일에 접근할 문자열 상수를 정의하였고(②), **ClassPathXmlApplicationContext** 타입의 스프링 콘텍스트 변수인 **context**(③)와, 승객 객체를 나타내는 변수인 **expectedPassenger**를 선언했다(④). **expectedPassenger**는 스프링 콘텍스트에서 가져온 빈과 비교하기 위해 사용한다.
- 테스트를 실행하기 전 **@Before** 메서드에서 application-context.xml 파일에 기반한 스프링 콘텍스트를 만들고(⑤), 프로그래밍 방식으로 **expectedPassenger** 객체를 생성한다(⑥).
- **passenger** 빈을 콘텍스트로부터 가져온 다음(⑦), 프로그래밍 방식으로 만든 것과 비교한다(⑧). 스프링 콘텍스트로부터 **passenger** 빈을 구성하는 방법은 예제 16.4에서 다뤘다.

컨테이너에서 가져온 승객 객체와 프로그래밍 방식으로 가져온 승객 객체가 동등한지 비교하기 위하여 에이다는 Passenger와 Country 클래스에서 equals 메서드(①)와 hashCode 메서드(②)를 재정의한다(예제 16.8과 예제 16.9). 먼저 Passenger 클래스를 보자.

예제 16.8 Passenger 클래스에서 재정의한 equals 메서드와 hashCode 메서드

```
public class Passenger {
  [...]
  @Override
  public boolean equals(Object o) {
    if (this == o)
      return true;
    if (o == null || getClass() != o.getClass())
      return false;                                          ①
    Passenger passenger = (Passenger) o;
    return name.equals(passenger.name) &&
        Objects.equals(country, passenger.country);
  }
```

```
  @Override
  public int hashCode() {
    return Objects.hash(name, country);  ┐ ②
  }                                      ┘
}
```

예제 16.8에서 에이다는 name과 country 필드를 사용하여 Passenger 클래스의
equals 메서드(①)와 hashCode 메서드(②)를 재정의한다. 이번에는 Country 클래스
를 보자.

예제 16.9 Country 클래스에서 재정의한 **equals** 메서드와 **hashCode** 메서드

```
public class Country {
  [...]
  @Override
  public boolean equals(Object o) {
    if (this == o)
      return true;
    if (o == null || getClass() != o.getClass())
      return false;

    Country country = (Country) o;

    if (codeName != null ?
        !codeName.equals(country.codeName) :        ①
          country.codeName != null)
      return false;
    if (name != null ? !name.equals(country.name) :
        country.name != null)
      return false;

    return true;
  }

  @Override
  public int hashCode() {
    int result = 0;
    result = 31 * result + (name != null ? name.hashCode() : 0);
    result = 31 * result + (codeName != null ?          ②
                           codeName.hashCode() : 0);
    return result;
  }
}
```

위 예제에서 에이다는 name과 codeName 필드를 사용하여 Country 클래스의 equals
메서드(①)와 hashCode 메서드(②)를 재정의한다.

예상 승객 객체는 PassengerUtil 클래스의 getExpectedPassenger 메서드를 프로그래밍 방식으로 구성한다.

예제 16.10 **PassengerUtil 클래스**

```java
public class PassengerUtil {

  public static Passenger getExpectedPassenger() {
    Passenger passenger = new Passenger("John Smith");   ①

    Country country = new Country("USA", "US");   ②
    passenger.setCountry(country);                ③

    return passenger;   ④
  }
}
```

먼저 getExpectedPassenger 메서드에서 "John Smith"로 만든 승객 변수인 passenger(①)와, "USA", "US"로 만든 국가 변수인 country(②)를 생성한 다음 승객의 국가를 country로 설정한다(③). 메서드의 마지막에서 승객 정보를 반환한다(④).

그림 16.7처럼 SimpleAppTest를 실행하면 테스트가 성공하는 것을 알 수 있다. 에이다는 스프링 컨테이너에서 추출한 빈이 프로그래밍 방식으로 구현한 빈과 동등하다는 것을 확인했다.

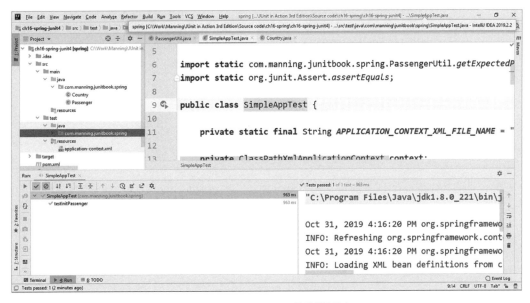

그림 16.7 SimpleAppTest를 실행한 결과

16.3.2 스프링에서 테스트 콘텍스트 프레임워크 사용하기

테스트 콘텍스트 프레임워크[1]는 JUnit 3.x, JUnit 4.x, TestNg 등 사용 중인 테스트 프레임워크에 관계없이 단위 테스트와 통합 테스트를 지원한다. 테스트 콘텍스트 프레임워크는 설정보다 관습 원칙이 적용되어 있어 기본적으로는 관습적으로 사용할 만한 기능을 제공하되, 추가 설정을 재정의할 수 있게 만들어 두었다. JUnit 4.5 이후의 버전은 테스트 콘텍스트 프레임워크가 사용자 정의 runner도 지원한다.

에이다는 테스트 콘텍스트 프레임워크의 기능을 사용하기 위해 `SimpleAppTest`를 리팩터링하기로 했다.

예제 16.11 리팩터링한 SpringAppTest 클래스(JUnit 4)

```
[...]
@RunWith(SpringJUnit4ClassRunner.class)                        ①
@ContextConfiguration("classpath:application-context.xml")     ②
public class SpringAppTest {

  @Autowired
  private Passenger passenger;          ③
  private Passenger expectedPassenger;

  @Before
  public void setUp() {
    expectedPassenger = getExpectedPassenger();
  }

  @Test
  public void testInitPassenger() {
    assertEquals(expectedPassenger, passenger);
    System.out.println(passenger);
  }

}
```

이 예제에서 살펴볼 내용은 다음과 같다.

- `SpringJUnit4ClassRunner`를 활용하여 테스트를 실행한다(①). 또한 테스트 클래스에 `@ContextConfiguration` 애노테이션을 달아 클래스패스의 application-con

---

[1] (옮긴이) 스프링은 테스트에서 사용할 애플리케이션 콘텍스트를 관리하고 테스트에서 사용할 수 있도록 하는 테스트 콘텍스트 프레임워크를 제공한다. 출처: 《토비의 스프링 3.1 Vol.2》(에이콘출판, 2012) 711쪽

text.xml 파일에서 콘텍스트를 구성하도록 만들었다(②). @ContextConfigura
tion은 스프링 프레임워크에서 제공하는 spring-test 의존성에 속하며, 콘텍스
트를 프로그래밍 방식으로 구성했던 것을 대체할 수 있다(그림 16.7). @Context
Configuration 애노테이션으로 클래스패스의 application-context.xml 파일에서
콘텍스트를 생성하고 사전에 정의한 빈을 테스트에 주입할 수 있었다.

- Passenger 타입의 빈을 선언하고 @Autowired 애노테이션을 추가한다(③). 이렇
게 하면 스프링이 컨테이너에서 미리 선언한 passenger 필드에 동일한 타입의
빈을 찾아 주입할 수 있다. 물론 이를 위해서는 컨테이너에 Passenger 타입의 단
일한(single) 빈이 있어야 한다. 그렇지 않으면 모호성이 생겨 테스트가 실패하
고 UnsatisfiedDependencyException이 발생한다.

SpringAppTest는 SimpleAppTest보다 간단하다. 에이다는 @RunWith와 @ContextCon
figuration을 사용하여 테스트에서 스프링 콘텍스트를 자동으로 초기화하였으며,
더 짧고 간결하게 테스트를 작성할 수 있었다.

SimpleAppTest와 SpringAppTest를 실행하면 그림 16.8과 같이 성공하는 것을 알
수 있다. 에이다는 스프링 컨테이너에서 가져온 빈이 프로그래밍 방식으로 구현한
빈과 동등하다는 것을 확인했다.

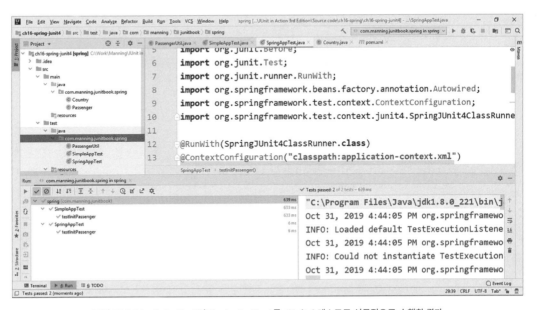

그림 16.8 SimpleAppTest와 SpringAppTest를 JUnit 4 테스트로 성공적으로 수행한 결과

16.4 JUnit 5 Jupiter에 SpringExtension 사용하기

스프링 5에 도입한 SpringExtension은 JUnit 5 Jupiter로 만든 테스트에 스프링 테스트 콘텍스트를 통합할 수 있게 한다. SpringExtension은 JUnit Jupiter의 @Extend With 애노테이션과 함께 사용한다.

스프링 기반의 항공편 관리 시스템을 테스트하는 작업을 계속하면서, 에이다는 4장에서 설명한 단계에 따라 시스템을 JUnit 4에서 JUnit 5로 전환한다. 일단 애플리케이션 테스트를 JUnit 5로 전환한 다음, 신규 기능을 애플리케이션에 추가하고자 한다. 이번 예제는 ch16-spring-junit5 폴더에서 찾을 수 있다.

에이다는 가장 먼저 Maven pom.xml 파일의 스프링 4와 JUnit 4 의존성을 스프링 5 의존성과 JUnit 5 의존성으로 대체한다.

예제 16.12 pom.xml 파일에 수정한 스프링 5와 JUnit 5 의존성

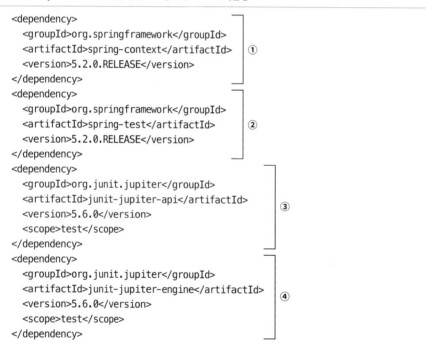

```
<dependency>
    <groupId>org.springframework</groupId>
    <artifactId>spring-context</artifactId>      ①
    <version>5.2.0.RELEASE</version>
</dependency>
<dependency>
    <groupId>org.springframework</groupId>
    <artifactId>spring-test</artifactId>         ②
    <version>5.2.0.RELEASE</version>
</dependency>
<dependency>
    <groupId>org.junit.jupiter</groupId>
    <artifactId>junit-jupiter-api</artifactId>
    <version>5.6.0</version>                      ③
    <scope>test</scope>
</dependency>
<dependency>
    <groupId>org.junit.jupiter</groupId>
    <artifactId>junit-jupiter-engine</artifactId>
    <version>5.6.0</version>                      ④
    <scope>test</scope>
</dependency>
```

이 예제에서 살펴볼 내용은 다음과 같다.

- spring-context(①)와 spring-test(②) 의존성을 추가한다(둘 다 5.2.0.RELEASE 버전을 사용한다). @Autowired 애노테이션을 사용하기 위해서는 spring-context

가 필요하고, SpringExtension 클래스와 @ContextConfiguration 애노테이션을 사용하려면 spring-test가 필요하다. 결국 이전에 사용하던 스프링 4.2.5.RELEASE 버전의 의존성을 새로운 버전인 5.2.0.RELEASE 버전의 의존성으로 대체한 것이다.

- JUnit 5로 애플리케이션을 테스트하는 데 필요한 junit-jupiter-api(③)와 junit-jupiter-engine(④) 의존성을 추가한다. 이는 4장에서 JUnit 4를 JUnit 5로 전환하는 과정에서 본 것처럼 JUnit 4.12 버전을 대체하기 위함이다.

이제 에이다는 스프링 4와 JUnit 4를 각각 스프링 5와 JUnit 5로 전환하기 시작한다.

예제 16.13 **JUnit 4에서 JUnit 5로 전환한 SpringAppTest 클래스**

```
[...]
@ExtendWith(SpringExtension.class)                           ①
@ContextConfiguration("classpath:application-context.xml")   ②
public class SpringAppTest {

  @Autowired               ┐
  private Passenger passenger;  ┘ ③
  private Passenger expectedPassenger;

  @BeforeEach   ④
  public void setUp() {
    expectedPassenger = getExpectedPassenger();
  }

  @Test
  public void testInitPassenger() {
    assertEquals(expectedPassenger, passenger);
    System.out.println(passenger);
  }

}
```

이 예제에서 살펴볼 내용은 다음과 같다.

- @ExtendWith(SpringExtension.class)을 활용하여 테스트를 확장한다(①). 또한 테스트 클래스에 @ContextConfiguration 애노테이션을 달아 클래스패스의 application-context.xml 파일에서 콘텍스트를 구성하도록 만들었다(②). 이러한 애노테이션들은 spring-test 의존성(버전 **5.2.0.RELEASE**)에 속하는데, 이들은 JUnit 4 runner가 수행할 역할을 대체한다. 정리하면 @ContextConfiguration 애노테

이션을 사용하여 클래스패스의 application-context.xml 파일로부터 콘텍스트를
생성하고 정의한 빈을 테스트에 주입하는 것이다. JUnit 5 확장에 대한 자세한
내용은 14장을 참고하기 바란다.

- Passenger 타입의 필드에 @Autowired 애노테이션을 추가한다(③). 이렇게 하면
  스프링이 컨테이너에서 미리 선언한 passenger 필드에 동일한 타입의 빈을 찾아
  주입할 수 있다. 물론 컨테이너에 Passenger 타입의 단일한 빈이 있어야 한다.
  그렇지 않으면 모호성이 생겨 테스트가 실패하고 UnsatisfiedDependencyExcep
  tion이 발생한다.

- JUnit 4 @Before 애노테이션을 JUnit 5 @BeforeEach 애노테이션으로 바꾸었다
  (④). 이는 단순히 스프링 애플리케이션에 국한된 것은 아니고 JUnit 4에서 JUnit
  5로 전환하는 데에 일반적으로 적용 가능하다(4장 참고).

JUnit 5 SpringAppTest를 실행한 결과는 그림 16.9와 같이 성공적이다. 에이다는 스
프링 4와 JUnit 4를 사용한 작업물을 스프링 5와 JUnit 5로 올바르게 전환한 것을 확
인했다. 이제는 항공편 관리 시스템에 신규 기능을 추가해 보자.

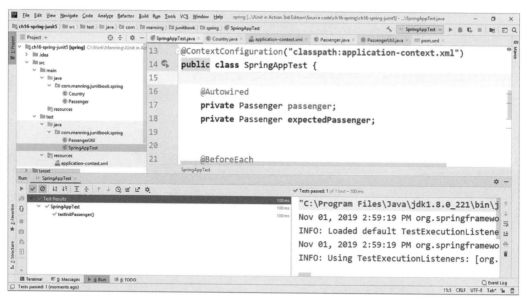

그림 16.9 스프링 5와 JUnit 5로 SpringAppTest를 성공적으로 수행한 결과

16.5 신규 기능 추가하고 JUnit 5로 테스트하기

에이다는 스프링 5 기반의 항공편 관리 시스템에 신규 기능을 추가하고 JUnit 5로 테스트를 실행할 것이다. 여기서는 앞서 설명한 내용에 더해 스프링 프레임워크의 필수 기능에 대해 알아보자. 가령 애노테이션을 통한 빈 생성, 필수 인터페이스 구현 클래스, 스프링 5에서 정의한 이벤트나 리스너를 통한 관찰자 패턴 구현 등이 있다.

 스프링을 사용하는 부담을 줄이기 위해 처음은 XML 기반 구성으로 시작했다. 그러나 스프링의 세계는 매우 방대하므로 이 책에서는 JUnit 5를 활용해 스프링 애플리케이션을 테스트하는 내용과 관련해서만 다룬다. XML 이외의 방법으로 스프링 애플리케이션을 구성하는 데 관심이 있다면 《스프링 인 액션》(제이펍, 2020)을 읽어 보길 바란다.

에이다는 항공편 관리 시스템의 관리자 기능을 사용해 승객 등록을 추적하고자 한다. 고객은 항공편 관리 시스템에 새로운 승객이 등록될 때마다 관리자가 확인을 해야 한다고 새 요구 사항을 제시했다. 이 기능은 그림 16.10의 관찰자 패턴(observer pattern)을 따를 것으로 예상되는데, 이는 곧 자세히 다룰 것이다. 이번 예제는 ch16-spring-junit5-new-feature 폴더에서 찾을 수 있다.

> **Aa 관찰자 패턴**
> 관찰 대상인 객체에 의존하는 관찰자(옵저버 또는 리스너라고도 한다)의 목록을 등록해 놓고 관리하는 디자인 패턴이다. 관찰 대상 객체의 상태가 변경되면 목록에 등록되어 있는 관찰자에게 이벤트를 발행한다.

관찰자는 관찰 대상 객체에 등록(attach)할 수 있다. 한번 등록되면 관찰자는 관심 있는 이벤트에 관한 알림을 받을 수 있다. 이벤트는 관찰 대상인 객체가 발행하고, 결과적으로 관찰자는 상태를 업데이트하게 된다.

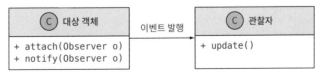

그림 16.10 대상 객체가 관찰자에게 이벤트를 발행하는 모습

에이다는 시스템에 다음과 같이 관찰자 패턴을 적용한다.

- 승객 등록 관리자가 관찰 대상 객체가 된다. 승객 등록 관리자에서 이벤트가 발생하면 해당 이벤트를 구독하는 관찰자들이 알 수 있다.
- 승객 등록이 승객 등록 관리자에서 발행할 수 있는 이벤트다. 승객 등록 이벤트가 발생하면 관심 갖고 있는 관찰자에게 전달된다.
- 승객 등록 리스너는 관찰자로서 승객 등록 이벤트를 전달받고, 이벤트를 읽어서 승객을 시스템에 설정하고 메시지를 출력한다.

구체적인 등록 프로세스는 그림 16.11에 나와 있다. 에이다는 등록 상태를 구체적으로 알 수 있도록 Passenger 클래스를 수정한다.

그림 16.11 승객 등록 관리자가 관찰자에게 승객 등록 이벤트를 발행하는 모습

예제 16.14 수정한 Passenger 클래스

```java
public class Passenger {
  [...]
  private boolean isRegistered;

  [...]
  public boolean isRegistered() {
    return isRegistered;
  }                                                              ①

  public void setIsRegistered(boolean isRegistered) {
    this.isRegistered = isRegistered;
  }

  @Override
  public String toString() {
    return passenger;
        "name='" + name + '\'' +
        ", country=" + country +
        ", registered=" + isRegistered + '}';   ②
  }

  @Override
  public boolean equals(Object o) {
```

```
    if (this == o)
      return true;
    if (o == null || getClass() != o.getClass())
      return false;
    Passenger passenger = (Passenger) o;
    return isRegistered == passenger.isRegistered &&    ③
        Objects.equals(name, passenger.name) &&
        Objects.equals(country, passenger.country);
  }

  @Override
  public int hashCode() {
    return Objects.hash(name, country, isRegistered);    ④
  }

}
```

이 예제에서 살펴볼 내용은 다음과 같다.

- Passenger 클래스에 isRegistered 필드와 게터, 세터 메서드를 추가했다(①).
- 새로 추가한 isRegistered 필드 정보를 반영해서 toString(②), equals(③), hash Code(④) 메서드를 수정한다.

이제 에이다는 application-context.xml 파일(예제 16.15)을 수정한다. 참고로 XML 은 변경하기 쉽고 코드를 다시 컴파일할 필요가 없으므로 테스트 목적의 데이터 빈 을 XML 설정 파일에 등록하는 것이 권장된다. 코드를 건드리지 않고도 다양한 환 경에서 여러 구성을 갖출 수 있다.

예제 16.15 수정한 application-context.xml 파일

```
<bean id="passenger"
  class="com.manning.junitbook.spring.Passenger">
  <constructor-arg name="name" value="John Smith" />
  <property name="country" ref="country" />
  <property name="isRegistered" value="false" />    ①
</bean>
[...]
<context:component-scan base-package="com.manning.junitbook.spring" />    ②
```

이 예제에서 살펴볼 내용은 다음과 같다.

- passenger 빈을 초기화하는 부분에 isRegistered 필드를 추가한다(①).
- 스프링이 com.manning.junitbook.spring 패키지를 스캔하여 컴포넌트를 찾게

한다(②). XML에 정의된 빈 외에 지정된 base-package의 범위에 따라 다른 빈도
스캔할 수 있다.

에이다는 PassengerRegistrationEvent 클래스를 구현하여 승객이 등록되었을 때
발생하는 사용자 정의 이벤트를 정의한다.

예제 16.16 PassengerRegistrationEvent 클래스

```java
public class PassengerRegistrationEvent extends ApplicationEvent {   ①

  private Passenger passenger;   ②

  public PassengerRegistrationEvent(Passenger passenger) {
    super(passenger);
    this.passenger = passenger;          ③
  }

  public Passenger getPassenger() {
    return passenger;
  }
                                              ②
  public void setPassenger(Passenger passenger) {
    this.passenger = passenger;
  }
}
```

이 예제에서 살펴볼 내용은 다음과 같다.

- ApplicationEvent를 상속하는 PassengerRegistrationEvent 클래스를 정의한다
  (①). ApplicationEvent는 모든 애플리케이션 이벤트가 상속해야 하는 스프링 추
  상 클래스다.
- Passenger 객체에 대한 참조를 갖기 위해 인스턴스 변수를 선언하고, 게터와 세
  터 메서드를 만들었다(②).
- PassengerRegistrationEvent 생성자에서 부모 클래스인 ApplicationEvent 클래
  스의 생성자를 호출한 다음, 파라미터로 전달받은 passenger를 이벤트에 할당했
  다(③).

앞서 언급했듯이 스프링 빈을 만드는 방법은 다양하다. 그중에서 XML 파일에 스프
링 빈을 등록하는 방법은 환경에 따라 변경되어야 하는 데이터 빈을 만드는 데 적
합하다. 이번에는 애노테이션을 사용해 데이터 빈이 아닌 기능 빈을 만들어 보자.

기능 빈은 일반적으로 자주 변경되지 않으므로 설정 파일에 등록하는 것보다는 애노테이션을 사용해 만드는 것이 권장된다.

에이다는 이벤트 발행자로 사용할 RegistrationManager 클래스를 만든다.

예제 16.17 RegistrationManager 클래스

```
package com.manning.junitbook.spring;
[...]
@Service                                                              ①
public class RegistrationManager implements ApplicationContextAware {  ②
  private ApplicationContext applicationContext;

  public ApplicationContext getApplicationContext() {                  ③
    return applicationContext;
  }

  @Override
  public void setApplicationContext(ApplicationContext
      applicationContext) throws BeansException {                      ④
    this.applicationContext = applicationContext;
  }

}
```

이 예제에서 살펴볼 내용은 다음과 같다.

- RegistrationManager 클래스에 @Service 애노테이션을 달았다(①). 그러면 스프링은 RegistrationManager 타입의 빈을 자동으로 생성한다. application-context. xml 파일에 base-package="com.manning.junitbook.spring"으로 component-scan 지시자를 작성한 것을 다시 떠올려 보자. 스프링은 해당 패키지에서 @Component 애노테이션이 붙은 모든 빈을 훑기 시작할 것이다(@Service 애노테이션 안에 @Component 애노테이션이 들어 있다).

- RegistrationManager 클래스는 ApplicationContextAware 인터페이스를 구현한다(②). 그 결과 RegistrationManager는 이벤트를 발행할 때 사용할 애플리케이션 콘텍스트에 대한 참조를 가질 수 있다.

- RegistrationManager 클래스에 애플리케이션 콘텍스트에 대한 인스턴스 필드와 게터 메서드를 추가한다(③).

- ApplicationContextAware에서 상속한 setApplicationContext 메서드는 스프링이 제공해 주는 파라미터를 가지고 applicationContext 필드를 초기화한다(④).

이제 에이다는 승객 등록 이벤트의 관찰자 역할을 수행하기 위한 PassengerRegist rationListener 클래스를 만든다.

예제 16.18 PassengerRegistrationListener 클래스

```
package com.manning.junitbook.spring;
[...]
@Service  ①
public class PassengerRegistrationListener {
  @EventListener
  public void confirmRegistration(PassengerRegistrationEvent         ⟩②
                                  passengerRegistrationEvent) {
    passengerRegistrationEvent.getPassenger().setIsRegistered(true);
    System.out.println("Confirming the registration
                        for the passenger: "                        ③
                        + passengerRegistrationEvent.getPassenger());
  }
}
```

이 예제에서 살펴볼 내용은 다음과 같다.

- PassengerRegistrationListener 클래스에 @Service 애노테이션을 달았다(①). 그러면 스프링은 PassengerRegistrationListener 타입의 빈을 자동으로 생성한다. application-context.xml 파일에 base-package="com.manning.junitbook.spring" 으로 component-scan 지시자를 작성한 것을 생각해 보자. 스프링은 해당 패키지에서 @Component 애노테이션이 붙은 모든 빈을 훑기 시작할 것이다.
- confirmRegistration 메서드는 PassengerRegistrationEvent를 이벤트 파라미터로 읽고 있으며 여기에는 @EventListener 애노테이션이 달려 있다(②). 따라서 스프링은 이 메서드를 PassengerRegistrationEvent 타입 이벤트의 리스너(관찰자)로 등록한다. PassengerRegistrationEvent 타입의 이벤트가 발행될 때마다 해당 리스너 메서드가 실행될 것이다.
- 이 메서드에서 승객 등록 이벤트가 수신되면 에이다는 승객을 시스템에 등록하고 메시지를 출력하여 등록을 확인한다(③).

마지막으로 에이다는 RegistrationTest 클래스를 만들어 자신이 구현한 코드의 동작을 검증해 보고자 한다.

예제 16.19 RegistrationTest 클래스

```
[...]
@ExtendWith(SpringExtension.class)                        ①
@ContextConfiguration("classpath:application-context.xml")  ②
public class RegistrationTest {

  @Autowired
  private Passenger passenger;
                                                          ③
  @Autowired
  private RegistrationManager registrationManager;

  @Test
  public void testPersonRegistration() {
    registrationManager.getApplicationContext()
        .publishEvent(new PassengerRegistrationEvent(passenger));  ④
    System.out.println("After registering:");
    System.out.println(passenger);
    assertTrue(passenger.isRegistered());  ⑤
  }

}
```

이 예제에서 살펴볼 내용은 다음과 같다.

- @ExtendWith(SpringExtension.class)을 활용하여 테스트를 확장한다(①). 또한 테스트 클래스에 @ContextConfiguration 애노테이션을 달아 클래스패스의 application-context.xml 파일에서 콘텍스트를 구성하도록 만들었다(②). 이 애노테이션을 통해 클래스패스의 application-context.xml 파일에서 콘텍스트를 생성하고 정의한 빈을 테스트에 주입할 수 있게 된다.

- Passenger, RegistrationManager 타입의 필드를 선언하고 @Autowired 애노테이션을 달아 놓는다(③). 이렇게 하면 스프링은 자동으로 컨테이너를 검색하여 Passenger와 RegistrationManager 타입의 빈을 찾아 해당 필드에 주입한다. 물론 이를 위해 컨테이너에 해당 타입의 단일한 빈이 있어야 한다. 그렇지 않으면 모호성이 생겨 테스트가 실패하고 UnsatisfiedDependencyException이 발생한다. 여기서 승객 정보는 데이터에 해당하므로 Passenger 빈은 application-context.xml 파일에 등록한다. 반면 승객을 등록하는 행위는 기능에 해당하므로 RegistrationManager 클래스에 @Service 애노테이션을 달아 스프링이 자동으로 RegistrationManager 타입의 빈을 등록하게 했다.

- 테스트 메서드에서는 registrationManager 필드로 애플리케이션 콘텍스트에 대한 참조를 가져온 다음 PassengerRegistrationEvent 타입의 이벤트를 발행한다 (④). 그 다음 승객의 등록 상태가 실제로 변경되었는지를 검증해 본다(⑤).

결과는 그림 16.12와 같다. RegistrationTest는 성공적으로 수행되었다. 이렇게 에이다는 JUnit 5와 Spring 5의 기능을 사용하여 승객 등록 기능을 구현하고 테스트했다.

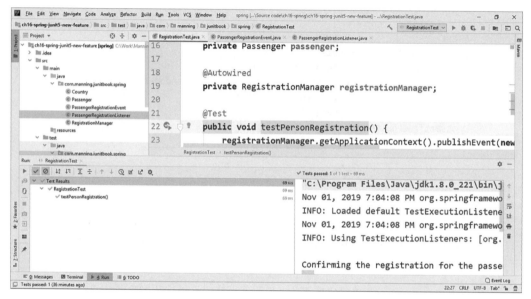

그림 16.12 스프링과 JUnit 5를 활용해 승객 등록 기능을 성공적으로 테스트한 결과

다음 장에서는 스프링 프레임워크의 주요 프로젝트 중 하나인 스프링 부트를 사용하여 소프트웨어를 빌드하고 테스트한다. 참고로 스프링 부트에서는 지금까지 스프링 애플리케이션을 구성하는 데 사용한 보일러플레이트(boilerplate) 설정이 필요하지 않다.

정리

16장에서는 다음 내용을 다루었다.

- 자바 웹 애플리케이션을 만드는 데 자주 사용하는 프레임워크인 스프링에 대해 알아보았다. 스프링이 가볍고, 유연하다는 것도 확인했다.

- 스프링의 핵심이라고 할 수 있는 의존성 주입(제어의 역전) 패턴을 알아보았다. 스프링 객체들은 스프링 컨테이너에 제공되고, 스프링 컨테이너가 다른 객체를 생성할 때 직접 의존성을 주입했다.
- 스프링 애플리케이션을 구성하는 데 사용되며 스프링 컨테이너가 관리하는 객체인 빈에 대해 알아보았다.
- 프로그래밍 방식으로 스프링 콘텍스트를 생성하거나 스프링 테스트 콘텍스트 프레임워크를 사용하여 스프링 애플리케이션을 구성하고 테스트했다.
- JUnit Jupiter의 **SpringExtension**을 사용하여 스프링 애플리케이션에서 JUnit 5 테스트를 만들었다.
- 애노테이션으로 생성한 빈을 사용하여 스프링 애플리케이션에서 새로운 기능을 개발했다. 스프링 5에서 정의한 이벤트와 리스너를 사용하여 기초적인 관찰자 패턴을 구현하였으며 JUnit 5를 활용해 애플리케이션을 테스트했다.

17장

스프링 부트 애플리케이션 테스트

> **☑ 17장에서 다루는 내용**
> - 스프링 이니셜라이저(Initializr)를 이용해 스프링 프로젝트 만들기
> - JUnit 5로 테스트한 스프링 애플리케이션을 스프링 부트로 전환하기
> - 스프링 부트에서 테스트 전용 구성 구현하기
> - JUnit 5로 스프링 부트 애플리케이션 테스트하기

스프링 부트를 사용하는 것은
스프링 개발자들과 페어 프로그래밍하는 것과 같다.

— 익명

스프링 부트(Spring Boot)는 설정보다 관습 원칙이 적용된 스프링 솔루션이다. 스프링 부트는 개발자가 즉시 구동 가능한 스프링 애플리케이션을 만들 수 있게 해준다. 스프링 부트는 스프링을 사용하는 데 큰 부담이었던 초기 구성 과정을 혁신적으로 줄여 낸 스프링 프레임워크의 확장판이다. 스프링 부트 애플리케이션은 사전에 프로젝트가 거의 다 구성되어 있으며 외부 라이브러리에 대한 의존성을 제공해 주므로, 개발자는 그저 주어진 것을 활용하기만 하면 된다. 스프링 부트 애플리케이션은 대부분 초기 구성을 위한 의존성을 거의 다 갖추고 있다.

> **Aa 설정보다 관습**
>
> 프레임워크를 사용하는 개발자가 일일이 수행해야 하는 구성 작업을 최소화하기 위해 채택한 소프트웨어 설계 원칙. 설정보다 관습을 따르면 개발자는 애플리케이션에서 특별하게 사용해야 하는 비표준 설정만 재정의해서 사용하면 된다.

17.1 스프링 부트 살펴보기

애플리케이션을 실행하기 위해 너무 많은 설정이 필요하다는 점은 스프링의 단점으로 꾸준히 제기되었다. 설정 작업은 시간을 많이 잡아 먹을뿐더러, 스프링 입문자에게는 약간의 부담으로 작용했다.

스프링 부트는 스프링 프레임워크의 확장으로 만들어졌다. 스프링 부트는 애플리케이션을 신속하게 생성하는 데 도움을 주고, 설정보다 관습을 지향한 접근 방식으로 개발자를 편하게 해 준다. 대부분의 스프링 부트 애플리케이션은 설정할 때 추가적인 작업이 그다지 필요하지 않으며, 개발자로 하여금 인프라나 설정 작업보다는 비즈니스 로직에 집중할 수 있게 만들어 준다. 스프링 부트를 사용함으로써 개발자는 비즈니스 로직이 어떻게 흘러가야 하는지에 집중하고, 더 나아가 애플리케이션이 동작하는 방식에만 집중하면 된다.

17장에서 살펴볼 스프링 부트 기능은 다음과 같다.

- 단독으로 실행 가능한 스프링 애플리케이션 만들기
- 스프링 프로젝트를 가능한 한 자동으로 구성하기
- war 파일을 배포하지 않고 Tomcat이나 Jetty 같은 내장 웹 서버로 애플리케이션 구동하기
- 사전에 설정한 Maven POM(project object model, 프로젝트 객체 모델) 파일 사용하기

17.2 스프링 이니셜라이저로 프로젝트 만들기

설정보다 관습 원칙을 따르는 스프링 부트는 애플리케이션을 신속하게 만드는 데 도움을 주고 개발자의 업무 부담을 줄여 준다. 여기서는 스프링 이니셜라이저로 스프링을 구동하기 위한 최소한의 설정만을 가지고 스프링 부트 프로젝트를 만들어 보자. 자, *https://start.spring.io* 경로로 접근한 다음, 웹 페이지에서 새로운 프로젝트를 만들기 위한 설정 정보를 입력해 보자. 스프링 부트는 스프링 애플리케이션을 만들기 위한 스켈레톤을 제공한다. 우리는 스프링 부트가 만들어 놓은 스켈레톤에 16장에서 구현한 항공편 관리 시스템의 비즈니스 로직을 옮길 것이다.

Maven을 빌드 도구로 선택하고, 그림 17.1처럼 Group 항목에 이름으로 `com.manning.junitbook`을 적고 Artifact 항목에는 `spring-boot`를 적는다. 집필 당시 사용한 스프링 부트 버전은 2.2.2다. 여러분은 이후의 버전을 볼 수도 있다. 애플리케이션 예제 파일은 소스 코드 폴더의 ch17-spring-boot-initializr에 있다.

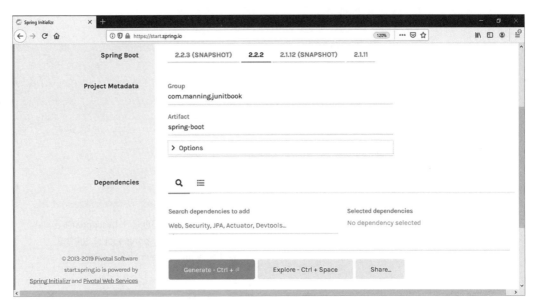

그림 17.1 스프링 이니셜라이저를 사용하여 스프링 부트 프로젝트를 만든 모습. Maven을 빌드 도구로 사용하고, Group에는 'com.manning.junitbook'을, Artifact에는 'spring-boot'를 입력했다.

그림 17.2에는 새로 생성된 프로젝트에 관한 추가 설정 정보가 있다. Description 항목에는 'Demo Project for Spring Boot'를 적고, Packaging 항목은 War가 아닌 Jar를 선택한다. 추가할 의존성을 선택하는 화면에서는 Web, Security, JPA, Actuator, Devtools를 선택한다. 우리의 첫 번째 목표는 16장의 스프링 애플리케이션을 스프링 부트로 전환하는 것이므로 지금은 아무것도 추가할 필요가 없다. 만약 추가할 내용이 생긴다면 클릭 몇 번만으로 Maven의 pom.xml 파일에서 필요한 의존성을 얼마든지 추가할 수 있다.

스프링 이니셜라이저에서 [Explore - Ctrl + Space] 버튼을 눌러 탐색하기를 실행하면 생성될 항목에 대한 세부 정보(프로젝트 구조와 Maven pom.xml 파일의 내용)를 확인할 수 있다(그림 17.3). [Download the ZIP] 링크를 클릭하거나 그림 17.2의 [Generate - Ctrl + ↵] 버튼을 클릭하면 프로젝트가 포함된 아카이브 파일을 내려받을 수 있다.

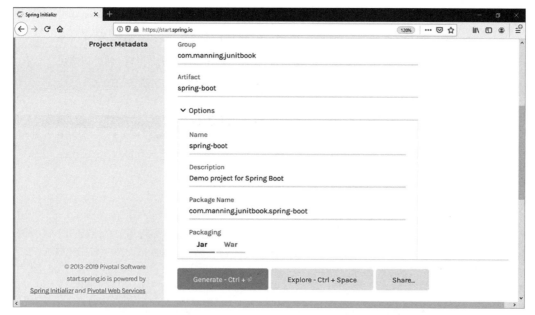

그림 17.2 스프링 이니셜라이저를 사용해서 새로운 스프링 부트 프로젝트를 만들 때 사용한 옵션. Description에는 'Demo project for Spring Boot'를, Package Name에는 'com.manning.junitbook.spring-boot'를 입력했고, Packaging 항목에 Jar를 선택했다. 의존성은 Web, Security, JPA, Actuator, Devtools를 선택했다.

그림 17.3 스프링 이니셜라이저에서 [Explore - Ctrl + Space] 버튼을 눌러 확인한 프로젝트의 구조와 Maven pom.xml 파일(spring-boot-starter 의존성이 포함된 모습)

생성된 프로젝트를 열어 보면 Maven pom.xml 파일, Application 클래스의 main 메서드, ApplicationTests 클래스의 테스트, application.properties 설정 파일(지금은 비어 있지만 나중에 사용한다) 등이 포함된 프로젝트 구조를 볼 수 있다. 이제 몇 번의 선택과 클릭만으로 스프링 애플리케이션을 만들 수 있게 되었다. 우리가 해야 할 일은 초기 테스트가 잘되는지 실행한 다음(그림 17.4), 16장에서 만든 스프링 애플리케이션을 스프링 부트로 전환하는 것이다.

이번에는 다른 방법으로 스프링을 구성하는 연습을 해 볼 것이다. 16장에서 서술하였듯 XML은 여전히 스프링 빈을 구성하는 데 전통적으로 많이 사용하는 방식이다. 그러나 최근에는 개발자들이 애노테이션을 활용하여 스프링을 구성하는 경향이 있다. 두 가지 방법 중 테스트 목적으로는 XML을 사용해 보자. XML을 사용하면 비교적 간섭이 적다는 특징이 있다. XML을 사용하면 코드를 다시 컴파일할 필요 없이 데이터 빈의 구성을 빠르게 변경할 수 있으므로 테스트 목적으로는 유용하다.

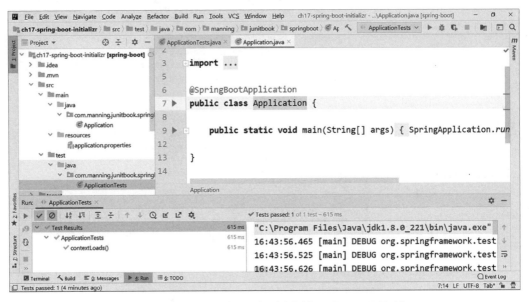

그림 17.4 새로 만든 스프링 부트 애플리케이션을 IntelliJ IDEA로 연 다음
기본으로 제공되는 테스트를 성공적으로 실행한 모습

17.3 스프링 애플리케이션을 스프링 부트로 전환하기

앞서 개발한 스프링 애플리케이션의 비즈니스 로직을 스프링 부트로 옮기는 작업을 해 보자. 스프링 애플리케이션 예제는 ch17-springboot-initializr-old-feature 폴더에서 찾을 수 있다. 체계적으로 소스 코드를 마이그레이션하기 위하여 다음 작업을 수행한다.

1. 스프링 부트 애플리케이션에 com.manning.junitbook.springboot.model 패키지와 com.manning.junitbook.springboot.registration 패키지를 만든다. model 패키지에는 Passenger와 Country 같은 모델 클래스를 만들고, registration 패키지에는 PassengerRegistrationEvent, PassengerRegistrationListener, RegistrationManager 같은 승객 등록과 관련한 클래스를 만든다. 패키지 구조는 그림 17.5에서 볼 수 있다.

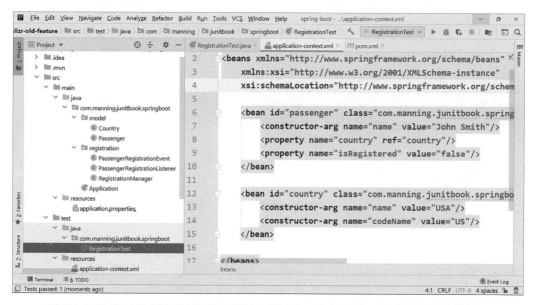

그림 17.5 스프링 부트 애플리케이션에 패키지와 파일을 추가한 모습. 다섯 개의 클래스가 두 패키지 안에 들어가 있다.

2. application-context.xml 파일에는 컴포넌트 스캔을 위한 `<context:component -scan base-package="..." />` 문장이 더는 필요하지 않다. 테스트마다 스프링 애노테이션을 사용하여 이에 상응하는 작업을 수행할 것이다. 수정한 application-context.xml 파일은 예제 17.1과 같다.

3. RegistrationTest에 애노테이션을 사용해서 application-context.xml 파일에 적었던 `<context:component-scan base-package="..." />` 지시자를 대체한다 (예제 17.2).

4. 이때 RegistrationTest 클래스의 내용은 그대로 유지한다. SpringAppTest 클래스는 단지 승객 한 명의 행동만 테스트할 것이기 때문이다. 그리고 스프링 부트에서 처음 제공한 ApplicationTests 클래스의 구조와 일치하도록 RegistrationTest의 위치를 조정한다.

예제 17.1 **application-context.xml 파일**

```xml
<bean id="passenger"
      class="com.manning.junitbook.springboot.model.Passenger">
  <constructor-arg name="name" value="John Smith"/>
  <property name="country" ref="country"/>
  <property name="isRegistered" value="false"/>
</bean>

<bean id="country" class="com.manning.junitbook.springboot.model.Country">
  <constructor-arg name="name" value="USA"/>
  <constructor-arg name="codeName" value="US"/>
</bean>
```

수정한 application-context.xml 파일을 보면 passenger과 country 빈은 그대로지만 기존에 있던 <context:component-scan base-package="..." /> 지시자는 삭제한 것을 알 수 있다. 테스트마다 스프링 애노테이션을 사용하여 이에 상응하는 작업을 수행할 것이다.

예제 17.2 **새로 작성한 스프링 부트 RegistrationTest**

```java
@SpringBootTest                                            ①
@EnableAutoConfiguration                                   ②
@ImportResource("classpath:application-context.xml")       ③
class RegistrationTest {

  [...]

  @Autowired                                           ┐
  private RegistrationManager registrationManager;     ┘④

  [...]
}
```

이 예제에서 살펴볼 내용은 다음과 같다.

- 스프링 부트가 생성한 테스트에 @SpringBootTest 애노테이션을 추가한다(①). @SpringBootTest 애노테이션은 @EnableAutoConfiguration과 함께 현재 테스트 클래스 패키지와 그 서브 패키지에서 스프링 빈을 검색한다(②). 이렇게 하면 RegistrationManager 빈을 스프링이 알아서 찾은 다음 오토와이어할 수 있다(④).
- XML 설정에는 여전히 데이터 빈이 존재한다. 이럴 때는 @ImportResource 애노테이션을 사용하여 설정 파일로부터 빈을 가져온다(③).

• RegistrationTest 클래스의 나머지 테스트 로직은 16장에서 만들었던 스프링 테스트와 같다.

테스트는 성공적으로 수행되었다(그림 17.6).

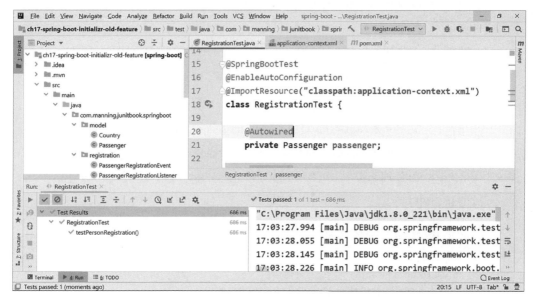

그림 17.6 RegistrationTest를 성공적으로 수행한 결과.
테스트 로직을 스프링 부트로 옮긴 다음에도 승객 등록 기능은 잘 동작한다.

17.4 스프링 부트에서 테스트 전용 구성 구현하기

지금까지 스프링 부트 애플리케이션을 한번 사용해 보았다. 그러나 비즈니스 로직은 기존에 있던 스프링 애플리케이션에서 가져온 것이었다. 그리고 여전히 일부 스프링 빈은 XML 파일에 들어 있다. 앞서 말했듯이 XML은 전통적인 스프링 빈 구성 방식이다. XML 파일로 구성한 빈들은 외부 의존성이 필요하지 않으며 소스 코드를 다시 컴파일할 필요가 없어 바꾸기도 쉽다. country 빈과 passenger 빈은 테스트를 위해 만들어 놓은 데이터 빈이므로, XML에 저장해 두는 것이 프로그래밍 스킬이 부족한 테스터들에게는 상대적으로 편리할 수 있다. 참고로 이번 예제는 ch17-spring-boot-beans 폴더에서 확인할 수 있다.

우리는 스프링과 스프링 부트와 관련된 방대한 내용 중에서 애플리케이션 테스트를 위한 부분만 집중해서 살펴보고 있다. 스프링에 관한 종합적인 이해가 필요하다면 《스프링 인 액션》(제이펍, 2020)과 《스프링 부트 코딩 공작소》(길벗, 2016)을 추천한다.[1]

가상 회사 TDS의 개발자는 스프링 애플리케이션 로직을 스프링 부트로 옮겼으므로 프로젝트를 구성하는 것도 스프링 부트의 정신에 맞게 진행해 보고자 한다. 또한 더 많은 비즈니스 로직도 추가할 것이다. 이런 작업은 마이크가 담당하고 있는데, 가장 먼저 시작한 것은 스프링 부트에서 테스트 전용 구성을 구현하는 것이다.

마이크는 application-context.xml 파일에 기록해 둔 기존의 빈을 스프링 부트의 @TestConfiguration 애노테이션으로 대체한다. @TestConfiguration 애노테이션은 빈을 정의하거나 테스트에 적용하기 위한 사용자 정의 구성에 사용할 수 있다. 스프링 부트에서 @TestConfiguration 애노테이션이 달린 클래스에 만들어 놓은 빈은 테스트를 실행하는 클래스에서 해당 빈을 사용할 것을 명시해야 한다. 기존에 application-context.xml에 등록했던 데이터 빈은 이제 @TestConfiguration 애노테이션이 달린 TestBeans 클래스에 등록하고, RegistrationManager와 PassengerRegistrationListener 같은 기능 빈은 @Service 애노테이션을 사용하여 등록한다.

마이크는 application-context.xml 파일 대신 다음과 같은 테스트 전용 구성 클래스를 적용했다.

예제 17.3 TestBeans 클래스

```
[...]
@TestConfiguration
public class TestBeans {          ①

  @Bean   ②
  Passenger createPassenger() {
    Passenger passenger = new Passenger("John Smith");
    passenger.setCountry(createCountry());        ③
    passenger.setIsRegistered(false);
    return passenger;
  }
```

---

1 (옮긴이) 스프링의 최신 경향에 관해 더 알고 싶은 독자에게는 《스프링 부트 핵심 가이드》(위키북스, 2022), 《스프링 부트로 개발하는 MSA 컴포넌트》(길벗, 2022), 《클라우드 네이티브 스프링 인 액션》(제이펍, 2024)을 추천한다.

```
  @Bean  ④
  Country createCountry() {
    Country country = new Country("USA", "US");     ⑤
    return country;
  }
}
```

이 예제에서 살펴볼 내용은 다음과 같다.

- TestBeans 클래스를 선언한다. @TestConfiguration 애노테이션을 사용하여 기존에 application-context.xml 파일에 등록했던 데이터 빈을 TestBeans로 옮긴다(①). 기존에는 application-context.xml 파일에 데이터 빈을 등록했다면, 이제는 테스트 전용 구성을 위해 TestBeans 클래스에 등록하는 것이다.
- createPassenger 메서드를 작성한 후(③), 거기에 @Bean 애노테이션을 추가한다(②). 이렇게 하면 테스트에 주입할 Passenger 타입의 빈을 만들 수 있다.
- createCountry 메서드를 작성한 후(⑤), @Bean 애노테이션을 추가했다(④). 역시 테스트에 주입할 Country 타입의 빈을 생성하기 위함이다.

마이크는 테스트에 사용할 빈을 생성하고 설정하는 데 application-context.xml을 쓰는 대신 @TestConfiguration 애노테이션을 사용하기 위해 테스트 코드를 조금 수정했다.

예제 17.4 수정한 RegistrationTest 클래스

```
@SpringBootTest
@Import(TestBeans.class)  ①
class RegistrationTest {

  @Autowired
  private Passenger passenger;

  @Autowired
  private RegistrationManager registrationManager;

  @Test
  void testPersonRegistration() {
    registrationManager.getApplicationContext()
      .publishEvent(new PassengerRegistrationEvent(passenger));
    System.out.println("After registering:");
    System.out.println(passenger);
```

```
      assertTrue(passenger.isRegistered());
    }

}
```

예제 17.4는 앞선 예제 17.2에서 `@EnableAutoConfiguration`, `@ImportResource`로 application-context.xml 파일에서 빈을 가져오던 방식을 `@Import(TestBeans.class)` 애노테이션으로 바꾸었다(①). 이 방법으로 마이크는 TestBeans에 만들어 놓은 빈을 테스트 클래스에 등록할 수 있었다.

`@TestConfiguration` 애노테이션을 사용하는 방식은 스프링 부트의 정신에 더 적합할 뿐만 아니라 애노테이션 두 개를 한 개로 간소화할 수 있다. 그리고 자바 오류를 사전에 방지할 수 있으며, 설정이 잘못되었을 경우 문제가 있다고 컴파일 타임에 오류 메시지를 띄울 것이기 때문에, 자바 기반으로 정의된 빈은 타입에 안전(type-safe)하다. 게다가 IDE를 사용하면 검색이나 탐색 기능이 XML보다 훨씬 간편하므로 효과적으로 작업할 수 있다. 자바 코드로 빈을 작업하면 IDE가 리팩터링, 코드 자동 완성, 코드에서 참조 찾기 등을 도와준다.

그림 17.7과 같이 새로운 방식으로 만든 테스트가 성공적으로 수행되었다. application-context.xml 설정 파일을 더는 사용하지 않는다는 점을 다시 한번 강조한다.

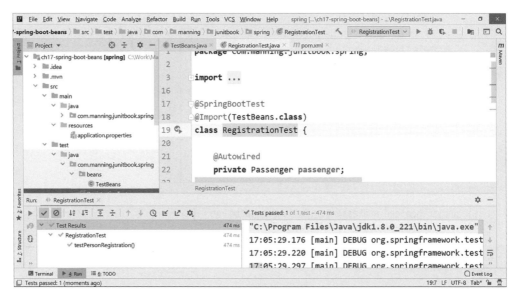

그림 17.7 RegistrationTest를 성공적으로 수행한 결과. 스프링 부트에 대한
테스트 전용 구성을 구현한 후에도 승객 등록 기능이 정상적으로 작동하는 것을 알 수 있다.

17.5 스프링 부트 애플리케이션에 신규 기능 추가하고 테스트하기

마이크는 기존 기능을 성공적으로 마이그레이션했으니 이제 신규 기능을 추가하고 테스트하고자 한다. 항공편 관리 시스템은 항공편을 생성하고 설정할 수 있어야 하고, 항공편에서 승객을 추가하고 삭제할 수 있어야 한다. 마이크는 데이터를 모델링하기 위해 새로운 Flight 클래스를 만든다. 한편 마이크는 승객 정보도 관리하고자 한다. 항공편에 승객이 등록되었는지 검증하고, 항공편에 들어 있는 승객 정보가 등록 확인을 받았는지도 검증하려고 한다. 먼저 마이크는 Flight 클래스를 만든다. 참고로 이 예제들은 ch17-spring-boot-new-feature 폴더에 있다.

예제 17.5 **Flight 클래스**

```
[...]
public class Flight {

  private String flightNumber;
  private int seats;                                            ①
  private Set<Passenger> passengers = new HashSet<>();

  public Flight(String flightNumber, int seats) {
    this.flightNumber = flightNumber;                           ②
    this.seats = seats;
  }

  public String getFlightNumber() {
    return flightNumber;
  }

  public int getSeats() {
    return seats;                                               ③
  }

  public Set<Passenger> getPassengers() {
    return Collections.unmodifiableSet(passengers);
  }

  public boolean addPassenger(Passenger passenger) {
    if (passengers.size() >= seats) {
      throw new RuntimeException("항공편의 좌석 수보다
                                 더 많은 승객을 추가할 수 없습니다");   ④
    }
    return passengers.add(passenger);
  }
```

```
public boolean removePassenger(Passenger passenger) {
    return passengers.remove(passenger);                    ⑤
}

@Override
public String toString() {  ⑥
    return "Flight " + getFlightNumber();
}

}
```

이 예제에서 살펴볼 내용은 다음과 같다.

- Flight 클래스를 정의하기 위해 flightNumber, seats, passengers 세 가지 필드를 선언한다(①).
- flightNumber와 seats를 파라미터로 갖는 생성자를 만든다(②).
- 또한 세 가지 필드의 게터 메서드를 추가한다(③). passengers 필드의 게터 메서드는 수정할 수 없는 승객 정보 리스트를 반환한다. 게터 메서드로부터 반환한 승객 정보를 변경할 수 없도록 하기 위함이다.
- addPassenger 메서드는 항공편에 승객을 추가한다. 승객 수와 좌석 수를 비교하여 항공편이 초과 예약되지 않도록 했다(④).
- removePassenger 메서드는 항공편에서 승객을 삭제한다(⑤).
- 항공편명을 고려하여 toString 메서드를 재정의한다(⑥).

마이크는 승객 리스트에 사용할 CSV 파일을 확인한다. CSV 파일에 저장된 승객 정보는 이름과 국가 코드로 이루어져 있다. 승객은 총 20명이다.

예제 17.6 flights_information.csv 파일

```
John Smith; UK
Jane Underwood; AU
James Perkins; US
Mary Calderon; US
Noah Graves; UK
Jake Chavez; AU
Oliver Aguilar; US
Emma McCann; AU
Margaret Knight; US
Amelia Curry; UK
Jack Vaughn; US
Liam Lewis; AU
Olivia Reyes; US
Samantha Poole; AU
```

```
Patricia Jordan; UK
Robert Sherman; US
Mason Burton; AU
Harry Christensen; UK
Jennifer Mills; US
Sophia Graham; UK
```

이제 마이크는 FlightBuilder 클래스를 구현한다. FlightBuilder 클래스는 CSV 파
일을 구문 분석한 다음, 분석한 정보를 바탕으로 항공편에 승객 정보를 채워 넣는
다. 결과적으로 이 정보는 입력 스트림을 사용하여 외부 CSV 파일에서 애플리케이
션 메모리로 들어가는 것이다.

예제 17.7 **FlightBuilder 클래스**

```
[...]
@TestConfiguration
public class FlightBuilder {   ①

  private static Map<String, Country> countriesMap = new HashMap<>();   ②

  static {
    countriesMap.put("AU", new Country("Australia", "AU"));
    countriesMap.put("US", new Country("USA", "US"));          ③
    countriesMap.put("UK", new Country("United Kingdom", "UK"));
  }

  @Bean
  Flight buildFlightFromCsv() throws IOException {        ④
    Flight flight = new Flight("AA1234", 20);   ⑤
    try (BufferedReader reader = new BufferedReader(
      new FileReader("src/test/resources/flights_information.csv"))) {   ⑥
      String line = null;   ⑦
      do {
        line = reader.readLine();
        if (line != null) {
          String[] passengerString =
              line.toString().split(";");                    ⑨
          Passenger passenger =
              new Passenger(passengerString[0].trim());       ⑩
          passenger.setCountry(
              countriesMap.get(passengerString[1].trim()));   ⑪
          passenger.setIsRegistered(false);   ⑫
          flight.addPassenger(passenger);    ⑬
        }
      } while (line != null);
  }
```
⑧ (bracket on left covering do-while block)

```
    return flight;   ⑭
  }
}
```

이 예제에서 살펴볼 내용은 다음과 같다.

- FlightBuilder 클래스를 만들어 CSV 파일을 구문 분석한 후 항공편을 생성한다.
  이 클래스에는 앞에서 설명하였던 @TestConfiguration 애노테이션이 붙어 있으
  므로(①), 여기서 테스트에 필요한 Flight 타입의 빈을 정의한 것이다.
- 키를 국가 코드로 하고, 값을 국가 객체로 받는 맵인 countriesMap을 인스턴스
  변수로 선언한다(②). 그리고 세 개의 국가 정보를 추가한다(③).
- buildFlightFromCsv 메서드 위에 @Bean 애노테이션을 추가한다(④). 이렇게 테
  스트에 사용할 Flight 타입 빈을 생성하고 구성할 수 있다.
- 항공편 객체를 생성한 다음(⑤) CSV 파일을 구문 분석하기 시작한다(⑥).
- 지역변수 line을 null로 초기화한 다음(⑦), CSV 파일을 한 줄씩 읽어 들인다
  (⑧).
- 각 라인은 ; 구분자로 구분할 수 있다(⑨). 각 라인을 ; 구분자로 토크나이징한
  다음, 첫 번째 토큰(승객 이름)을 Passenger 생성자에 파라미터로 전달해 승객
  객체를 생성한다(⑩). 그다음 두 번째 토큰(국가 코드)을 이용하여 countriesMap
  에서 국가 코드에 대응하는 국가 객체를 가져온다. 가져온 국가 객체로 승객의
  국가를 설정한다(⑪).
- 맨 처음에는 setIsRegistered(false)로 설정하여 승객을 미등록 상태로 설정하
  였고(⑫), 항공편에 승객 객체를 추가했다(⑬). 마지막으로 완성된 항공편 정보
  를 반환한다(⑭).

이번에는 FlightTest 클래스를 구현한다. FlightTest 클래스는 항공편에 추가된
모든 승객을 등록하고(정확하게는 등록 이벤트를 발행하고) 등록이 완료되었는지
검증한다.

예제 17.8 FlightTest 클래스

```
[...]

@SpringBootTest
@Import(FlightBuilder.class)  ┐ ①
public class FlightTest {     ┘
```

```
@Autowired
private Flight flight;                              ]②

@Autowired
private RegistrationManager registrationManager;   ]③

@Test
void testFlightPassengersRegistration() {          ]④
  for (Passenger passenger : flight.getPassengers()) {  ⑤
    assertFalse(passenger.isRegistered());              ⑥
    registrationManager.getApplicationContext().
      publishEvent(new PassengerRegistrationEvent(passenger));  ]⑦
  }

  System.out.println("모든 승객이 등록되었는지 확인");

  for (Passenger passenger : flight.getPassengers()) {
    assertTrue(passenger.isRegistered());          ]⑧
  }
}
}
```

이 예제에서 살펴볼 내용은 다음과 같다.

- FlightTest 테스트에 @SpringBootTest 애노테이션을 추가한다. 그리고 Flight Builder 클래스로부터 Flight 타입의 빈을 가져왔다(①). @SpringBootTest는 현재 패키지와 그 이하 모든 패키지에서 스프링 빈을 찾는다는 것을 기억하자. 그런 식으로 RegistrationManager 빈을 찾고 오토와이어할 수 있었다(③).
- FlightBuilder 클래스에서 가져온 Flight 빈을 오토와이어한다(②).
- testFlightPassengersRegistration 메서드에 @Test 애노테이션을 추가한다(④). 테스트는 먼저 주입된 Flight 빈에서 모든 승객을 조회한다(⑤). 그리고 assertFalse(passenger.isRegistered(false)) 문장으로 모든 승객이 등록되지 않았는지부터 먼저 검증한다(⑥). 그다음 registrationManager 필드에서 애플리케이션 콘텍스트를 꺼내어 PassengerRegistrationEvent 이벤트를 발행한다(⑦).
- 마지막으로 주입된 Flight 빈의 승객 정보를 순회하여 이번에는 모든 승객이 등록되었는지를 확인한다(⑧).

FlightTest는 그림 17.8과 같이 성공적으로 수행되었다.

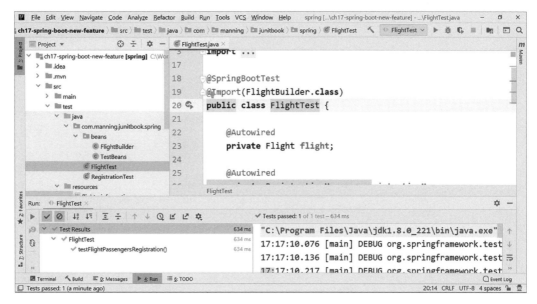

그림 17.8 FlightTest를 성공적으로 수행한 모습. 항공편에서 모든 승객이 등록되었는지를 확인했다.

다음 장에서는 스프링 부트를 활용하여 RESTful 애플리케이션을 구축하고 테스트해 본다.

정리

17장에서는 다음 내용을 다루었다.

- 설정보다 관습 원칙을 적용하여 스프링 애플리케이션을 빠르게 생성할 수 있는 스프링 부트를 알아보았다.
- 스프링 이니셜라이저를 사용하여 스프링 부트 애플리케이션을 생성하면 스프링 부트 프로젝트 구조를 갖춘 웹 애플리케이션을 클릭 몇 번만으로 쉽게 만들 수 있었다.
- 이전에 JUnit 5로 테스트했던 스프링 애플리케이션의 비즈니스 로직을 스프링 부트로 옮겼다.
- @TestConfiguration 애노테이션과 자바 기반의 빈을 사용하여 테스트 전용 구성을 구현하고 설정보다 관습 원칙을 따르는 이점도 알아보았다.
- 항공편 생성과 설정, 승객 추가와 삭제를 위한 새로운 기능을 스프링 부트에서 개발하였고 JUnit 5로 테스트했다.

18장

REST API 테스트하기

☑ **18장에서 다루는 내용**
- 하나 이상의 엔티티를 처리하기 위한 RESTful API 생성하기
- RESTful API 테스트하기

> 자, 이렇게 이야기해 보죠. 당신의 API가 HTTP 동사를 재해석하거나,
> HTTP 상태 코드에 새로운 의미를 부여하거나,
> 자신만의 상태 코드를 만든다면 RESTful한 것이 아닙니다.
> — 조지 리스(George Reese), 《The REST API Design Handbook》(2012)

REST(representational state transfer)란 웹 서비스를 구현하기 위한 소프트웨어 아키텍처 스타일을 말한다. REST를 만족하기 위해서는 많은 조건을 따라야 한다. 미국의 컴퓨터 과학자 로이 필딩(Roy Fielding)은 2000년에 작성한 그의 박사 학위 논문에서 REST 원칙을 제시하며 처음으로 REST의 개념을 정의했다(로이 필딩은 HTTP 명세를 정의한 사람들 중 하나이기도 하다). 그리고 REST 아키텍처 스타일을 따르는 웹 서비스를 **RESTful 웹 서비스**라고 한다. RESTful 웹 서비스는 인터넷과 컴퓨터 시스템 간의 상호운용성(interoperability)을 가능하게 만들어 준다. 클라이언트는 RESTful API가 제공하는 무상태 연산(stateless operation)을 사용하여 웹 리소스에 접근할 수 있고 웹 리소스를 조작할 수도 있다. 이번 장에서 RESTful API에 대해 자세히 알아보자.

18.1 REST 애플리케이션 살펴보기

무엇이 API를 RESTful하게 만드는지 알아보기 위해 먼저 클라이언트와 리소스의 개념을 정의해 보자. **클라이언트**란 RESTful API를 사용하는 주체를 말한다. 클라이언트는 사용자가 될 수 있고 소프트웨어가 될 수도 있다. 예를 들어 RESTful API를 활용해서 링크드인(LinkedIn) 웹 사이트와 관련된 작업을 하는 개발자가 있다고 할 때, 이 개발자가 클라이언트가 된다. 클라이언트는 웹 브라우저가 될 수도 있다. 링크드인에 접속했을 때 웹 브라우저가 링크드인의 API를 호출하여 화면에 정보를 뿌려 주는 역할을 수행한다면 이때 클라이언트는 웹 브라우저가 된다.

리소스는 API가 정보를 얻을 수 있는 모든 객체를 말한다. 링크드인 API에서 메시지, 사진, 사용자 정보 등을 가져올 수 있다면 REST 관점에서는 이것들이 리소스다. 물론 각 리소스는 고유한 식별자를 갖고 있으므로 리소스 간 식별이 가능하다.

REST 아키텍처 스타일은 다음과 같은 여섯 가지 요건을 정의한다.

- 클라이언트-서버 관계(client-server): 클라이언트와 서버는 서로 분리되어 있으며 각각 다른 역할을 한다. 보통 클라이언트는 사용자에게 보여지는 부분과 관련되어 있고, 서버는 데이터 저장이나 도메인 모델 로직과 관련된다. 도메인 모델이란 데이터나 행동을 포함하여 도메인을 개념적으로 나타낸 것을 말한다.
- 무상태(stateless): 서버는 클라이언트의 요청과 요청 사이에 클라이언트에 관한 상태 정보를 따로 보관해 두지 않는다. 그러므로 클라이언트의 요청은 해당 요청에 응답하기 위해 필요한 모든 정보를 포함해야 한다. 클라이언트가 자신의 상태 정보를 가지고 있어야 하는 것이다.
- 일관된 인터페이스(uniform interface): 클라이언트와 서버는 일관된 인터페이스 덕분에 서로 독립적이게 되며 느슨하게 결합할 수 있다.
- 계층적 시스템(layered system): 클라이언트는 자신과 상호작용하는 대상이 서버인지, 중개자인지 상관하지 않는다. 그러므로 클라이언트와 서버 사이에는 여러 계층을 동적으로 추가, 제거할 수 있다. 이때 각 계층은 보안, 로드 밸런싱, 캐싱 등의 다양한 기능을 가질 수 있다.
- 캐시 가능성(cacheable): 클라이언트는 응답을 캐시할 수 있으며, 각 응답은 캐시 가능 여부를 정의할 수 있다.
- 주문형 코드(선택 사항): 서버는 클라이언트의 기능을 일시적으로 사용자 정의

하거나 확장할 수 있다. 서버는 자바스크립트로 만든 클라이언트 단의 스크립트나 자바 애플릿같이 클라이언트에서 수행할 수 있는 로직을 전송할 수 있다.

RESTful 웹 애플리케이션은 리소스를 제공할 수 있으며 리소스는 URL로 식별할 수 있는데, 클라이언트는 리소스를 생성(create), 조회(read), 수정(update), 삭제(delete)하는 기능을 수행할 수 있다.

REST 아키텍처 스타일은 특정 프로토콜에 국한되지 않는다. 그러나 현재 가장 많이 사용하는 프로토콜은 HTTP라 할 수 있다. HTTP는 요청(request)과 응답(response)을 기반으로 하는 애플리케이션 계층의 동기식 네트워크 프로토콜이다.

RESTful API를 개발하기 위해서는 몇 가지 규칙을 준수해야 한다. RESTful API는 클라이언트에 정보를 전달하는데, 이때 정보는 접근된 리소스의 상태를 말한다. 예를 들어 링크드인 API를 호출하여 특정 사용자 정보에 접근하면, 링크드인 API는 해당 사용자의 상태(이름, 개인 이력, 직업 경력, 게시글)를 반환한다. REST 규칙을 따라 개발하면 개발팀에 신규 개발자가 들어왔을 때 API를 더 쉽게 이해하고 사용할 수 있다.

상태를 표현할 때는 JSON, XML, HTML 등 다양한 형식을 사용할 수 있다. 클라이언트는 API를 사용할 때 다음 정보를 서버로 전송한다.

- 접근하려는 리소스의 식별자(URL)
- 서버가 해당 리소스에 수행할 연산. 보통 이는 HTTP 동사로 표현되며 HTTP 동사는 GET, POST, PUT, PATCH, DELETE가 자주 사용된다.

예를 들어 링크드인의 REST API를 사용하여 특정 사용자 정보를 가져오려면 사용자를 식별할 수 있는 URL이 있어야 하고 이때 HTTP 동사는 GET을 사용한다.

18.2 엔티티 한 개를 관리하는 RESTful API 만들기

17장의 마지막에서 확인한 것처럼, 가상 회사 TDS에서 개발한 항공편 관리 시스템은 항공편에 승객을 등록하고 그 승객의 등록이 완료되었는지를 테스트할 수 있다. TDS에서 애플리케이션 개발 업무를 맡은 마이크는 새로운 요구 사항을 받았다. 항공편의 승객을 관리하기 위한 REST API를 작성해야 한다.

먼저 마이크는 국가 정보를 관리할 수 있는 REST API를 만든다. 그래서 Maven

pom.xml 파일에 새로운 의존성을 추가한다.

예제 18.1 pom.xml 파일에 추가한 의존성

```
<dependency>
  <groupId>org.springframework.boot</groupId>
  <artifactId>spring-boot-starter-web</artifactId>        ①
</dependency>
<dependency>
  <groupId>org.springframework.boot</groupId>
  <artifactId>spring-boot-starter-data-jpa</artifactId>   ②
</dependency>
<dependency>
  <groupId>com.h2database</groupId>
  <artifactId>h2</artifactId>                              ③
</dependency>
```

이 예제에서 살펴볼 내용은 다음과 같다.

- 스프링 부트를 사용하여 RESTful한 애플리케이션을 만들기 위해 `spring-boot -starter-web` 의존성을 추가한다(①).

- 여기서는 데이터를 영속시키기 위해 스프링과 JPA(Java Persistence API, 자바 퍼시스턴스 API)를 사용한다. 그러므로 `spring-boot-starter-data-jpa` 의존성 을 추가한다(②).

- H2는 자바 애플리케이션에 내장할 목적으로 자주 사용하는 경량급 오픈 소스 데이터베이스다. 여기서는 데이터를 영속시키기 위해 매우 가벼운 데이터베이 스인 H2 의존성을 추가한다(③).

마이크가 만들고 있는 항공편 관리 시스템은 RESTful한 성격을 가지며 승객에 대한 정보를 조회, 생성, 수정, 삭제할 수 있어야 한다. 그래서 마이크는 `FlightBuilder` 클래스를 src/main/test 폴더에서 src/main/java 폴더로 옮긴다. 그리고 시스템이 관리하고 있는 국가 정보를 조회하는 기능을 추가한다.

예제 18.2 `FlightBuilder` 클래스

```
[...]
public class FlightBuilder {

  private Map<String, Country> countriesMap = new HashMap<>();   ①

  public FlightBuilder() throws IOException {   ②
```

```
  try (BufferedReader reader = new BufferedReader(
     new FileReader("src/main/resources/                  ③
                    countries_information.csv"))) {
    String line = null;  ④
    do {
      line = reader.readLine();
      if (line != null) {
        String[] countriesString = line.toString().split(";");  ⑥
        Country country = new Country(countriesString[0].trim(),  ⑦
                                countriesString[1].trim());
        countriesMap.put(countriesString[1].trim(), country);  ⑧
      }
    } while (line != null);
  }
}


@Bean
Map<String, Country> getCountriesMap() {
  return Collections.unmodifiableMap(countriesMap);        ⑨
}


@Bean
public Flight buildFlightFromCsv() throws IOException {  ⑩
  Flight flight = new Flight("AA1234", 20);  ⑪
  try (BufferedReader reader = new BufferedReader(
     new FileReader("src/main/resources/flights_information.csv"))) {  ⑫
    String line = null;  ⑬
    do {
      line = reader.readLine();
      if (line != null) {
        String[] passengerString = line.toString().split(";");  ⑮
        Passenger passenger =
            new Passenger(passengerString[0].trim());  ⑯
        passenger.setCountry(
            countriesMap.get(passengerString[1].trim()));  ⑰
        passenger.setIsRegistered(false);  ⑱
        flight.addPassenger(passenger);  ⑲
      }
    } while (line != null);

  }

  return flight;  ⑳
}
}
```

이 예제에서 살펴볼 내용은 다음과 같다.

- FlightBuilder 클래스에 국가 코드를 키로 갖고 국가 객체를 값으로 갖는 countriesMap 필드를 선언한다(①).
- countriesMap에 국가 정보를 추가하는 FlightBuilder 생성자를 선언한다(②). 여기서는 먼저 contries_information.csv 파일을 읽어 들인다(③).
- line 변수를 null로 초기화한 다음(④) CSV 파일을 구문 분석하여 한 줄씩 읽어 들인다(⑤).
- 각 라인은 ; 구분자를 활용해 구분한다(⑥). 첫 번째 토큰(국가명)과 두 번째 토큰(국가 코드)을 가지고 국가 객체를 생성한다(⑦).
- 토큰 정보를 가지고 만든 국가 객체를 countriesMap에 저장한다(⑧).
- getCountriesMap 메서드 위에 @Bean 애노테이션을 추가한다(⑨). 이렇게 하면 애플리케이션에 주입할 Map 빈을 선언하는 효과가 생긴다.
- buildFlightFromCsv 메서드 위에 @Bean 애노테이션을 추가한다(⑩). 애플리케이션에 주입할 Flight 빈을 선언하기 위해서다.
- 항공편 객체를 생성한 다음(⑪), CSV 파일을 구문 분석한다(⑫).
- line 변수를 null로 초기화한 다음(⑬) CSV 파일을 구문 분석하여 한 줄씩 읽어 들인다(⑭).
- 각 라인은 ; 구분자를 활용해 구분하고(⑮), 첫 번째 토큰(승객 이름)을 Passenger 생성자에 파라미터로 전달해 승객 객체를 생성한다(⑯). 두 번째 토큰(국가 코드)을 이용해 countriesMap에서 국가 코드에 대응하는 국가 객체를 가져오고, 국가 객체로 승객의 국가를 설정한다(⑰).
- 승객을 미등록 처리하고(⑱), 항공편에 승객을 추가한다(⑲). CSV 파일의 모든 행을 구문 분석했다면 완성된 항공편 정보를 반환한다(⑳).

다음은 countriesMap 빈을 만드는 데 사용한 countries_information.csv 파일이다.

예제 18.3 countries_information.csv 파일

```
Australia; AU
USA; US
United Kingdom; UK
```

마이크는 이제 RESTful 애플리케이션을 구동하려 하는데, 포트 간의 충돌을 방지하기 위해 8081 포트를 사용한다. 스프링 부트에서는 다른 사람이 서로 다른 환경에서 동일한 애플리케이션 코드로 작업할 수 있도록 설정 정보를 외부로 빼낼 수 있다. 여기서는 application.properties 파일에 다양한 설정 정보를 보관한다. 8081 포트를 사용하기 위해 마이크는 server.port를 8081로 설정한다.

예제 18.4 application.properties 파일

```
server.port=8081
```

마이크는 Country 클래스를 수정하여 RESTful 애플리케이션의 모델로 만든다(예제 18.5). MVC(model-view-controller) 패턴의 세 가지 구성 요소 중 하나인 모델은 애플리케이션 안에서 사용하는 동적인 자료구조이며 유저 인터페이스와 독립적이다. 모델은 애플리케이션에서 사용하는 데이터를 관리하기 위해 사용한다.

> **Aa MVC 패턴**
>
> 유저 인터페이스를 통해 데이터를 관리하는 소프트웨어 디자인 패턴이다. MVC 패턴은 데이터를 관리하는 모델, 유저 인터페이스인 뷰, 조정자 역할을 하는 컨트롤러 세 부분으로 구성된다. MVC 패턴 안에서 정보의 내부적인 표현은 사용자를 위한 외부적인 표현과 분리되고 시스템의 각 부분은 느슨하게 결합된다.

예제 18.5 수정한 Country 클래스

```
[...]
@Entity   ①
public class Country {

  @Id
  private String codeName;        ┐
  private String name;            ┘②

  // JPA 엔티티는 기본 생성자가 필요하다.
  public Country() {              ┐
  }                               ┘③
  [...]
}
```

이 예제에서 살펴볼 내용은 다음과 같다.

- Country 클래스에 @Entity 애노테이션을 달아 해당 객체가 JPA 엔티티 객체임을 나타낸다(①).
- 엔티티의 식별자라는 것을 나타내기 위해 codeName 필드에 @Id 애노테이션을 추

가한다(②). codeName 필드가 엔티티의 고유성을 보장하는 기본 키(primary key)라는 것을 의미한다.

- Country 클래스에 기본 생성자를 추가했다(③). 참고로 @Entity 애노테이션이 달린 모든 객체에는 반드시 기본 생성자(default constructor)가 필요하다. 영속성 계층에서 기본 생성자를 가지고 객체를 생성한 후 리플렉션을 사용하여 값을 매핑하기 때문이다. 여기서는 기본 생성자를 명시적으로 선언하였으므로 컴파일러가 기본 생성자를 추가로 생성하지 않는다.

다음으로 마이크는 JpaRepository를 상속하는 CountryRepository 인터페이스를 만든다.

예제 18.6 CountryRepository 인터페이스

```
public interface CountryRepository extends JpaRepository<Country, Long> {
}
```

JpaRepository를 상속하는 데에는 두 가지 목적이 있다. 먼저 JpaRepository를 상속하면 CountryRepository에서 Country 엔티티를 대상으로 하는 기본적인 CRUD (create, read, update, delete) 메서드를 사용할 수 있게 된다. 다음으로 JpaRepository를 상속한 클래스는 스프링 빈으로 자동 등록되므로 스프링이 컴포넌트를 스캔한 다음에는 해당 인터페이스를 스프링 빈으로 사용할 수 있다.

Aa CRUD

영속성 계층의 네 가지 기본 기능인 생성, 조회, 수정, 삭제를 말한다. CRUD 개념은 REST API에서만 사용되는 것은 아니고 데이터베이스 애플리케이션이나 유저 인터페이스에서도 비슷하게 사용한다.

이제 마이크는 CountryRepository를 사용하는 컨트롤러를 작성한다. 컨트롤러는 문자 그대로 애플리케이션 로직을 제어하며 데이터가 사용자에게 표시되는 방식인 뷰와 데이터인 모델 사이에서 조정자 역할을 한다.

예제 18.7 CountryController 클래스

```
@RestController
public class CountryController {          ①

    @Autowired
    private CountryRepository repository;  ②
```

```
@GetMapping("/countries")     ┐ ③
List<Country> findAll() {      ┘
  return repository.findAll();   ④
}

}
```

이 예제에서 살펴볼 내용은 다음과 같다.

- CountryController 클래스 위에 @RestController 애노테이션을 추가한다(①).
  @RestController 애노테이션은 RESTful 웹 서비스 생성을 간단하게 만들기 위해
  스프링 4.0부터 도입되었다. @RestController 애노테이션을 사용하면 클래스를
  컨트롤러로 명시할 수 있을뿐더러 굳이 @ResponseBody 애노테이션을 활용해서
  모든 요청 처리 메서드에 반환 타입을 명시할 필요가 없다(스프링 4.0 이전 버전
  에서는 뷰를 가리키지 않기 위해 반환 타입을 명시해야만 했다).
- CountryRepository 타입 필드를 선언하고 오토와이어한다(②). CountryReposi
  tory가 JpaRepository를 상속했기 때문에 스프링은 CountryRepository 타입 빈
  을 스캔한 다음 오토와이어할 수 있다.
- findAll 메서드에 @GetMapping("/countries") 애노테이션을 추가했다(③). 여기
  서 @GetMapping 애노테이션은 /countries URL에 대한 HTTP GET 요청을 findAll
  메서드에 매핑하기 위해 사용한다. 이때 클래스에 @RestController 애노테이션
  이 있으므로 @ResponseBody 애노테이션을 써서 일일이 메서드의 응답 객체 타
  입을 명시할 필요가 없다. 스프링 4.0 이전에는 @RestController가 없었으므로
  @Controller와 @ResponseBody 애노테이션을 같이 사용해야만 했다.
- findAll 메서드는 repository.findAll()을 실행한 결과를 반환한다(④). reposi
  tory.findAll()은 CountryRepository가 JpaRepository를 상속했기 때문에 기본
  적으로 사용할 수 있는 JPA CRUD 메서드 중 하나다. 메서드 이름에서 알 수 있
  듯이 모든 엔티티를 where 조건 없이 반환한다.

이제 마이크는 이전에 스프링 부트로 만들어 놓은 Application 클래스를 수정한다
(17장 참고).

예제 18.8 **수정한 Application 클래스**

```
[...]
@SpringBootApplication
@Import(FlightBuilder.class)   ①
```

```
public class Application {

    @Autowired
    private Map<String, Country> countriesMap;        ②

    public static void main(String[] args) {
        SpringApplication.run(Application.class, args);
    }

    @Bean
    CommandLineRunner configureRepository
            (CountryRepository countryRepository) {      ③
        return args -> {
            for (Country country : countriesMap.values()) {
                countryRepository.save(country);          ④
            }
        };
    }

}
```

이 예제에서 살펴볼 내용은 다음과 같다.

- countriesMap 빈을 가지고 있는 FlightBuilder를 가져오고(①), countriesMap을
  오토와이어한다(②).

- CommandLineRunner 타입의 빈을 생성한다(③). 참고로 CommandLineRunner 인터
  페이스는 문자열 배열을 파라미터로 전달하여 커맨드라인 인자에 접근할 수 있
  도록 해 주는 함수형 인터페이스(한 개의 추상 메서드만을 갖는 인터페이스)다.
  CommandLineRunner 인터페이스는 스프링 부트 애플리케이션이 실행되는 시점에
  실행해야 하는 로직이 있을 때 사용한다. 여기서는 람다식 안에서 countriesMap
  의 모든 국가를 반복문으로 순회하여 countryRepository로 영속시키는 데 사용
  한다(④). CommandLineRunner 인터페이스는 SpringApplication의 run 메서드가
  시작하기 바로 직전에 만들어지고, 람다식 안의 로직을 실행한다.

이제 마이크는 Application을 구동한다. 지금까지 RESTful 애플리케이션은 GET
메서드를 통해서만 /countries 엔드포인트에 접근할 수 있었다. **엔드포인트**(end-
point)란 네트워크 통신에서 클라이언트의 요청이 처리되는 지점을 말하며 여기서
는 cURL(client URL의 약자)을 가지고 /countries 엔드포인트를 테스트한다. cURL은
HTTP를 포함한 다양한 프로토콜을 사용하여 데이터를 전송하는 커맨드라인 도구
를 말한다. cURL을 이용하려면 CLI 도구에서 다음 명령을 실행하면 된다.

```
curl -v localhost:8081/countries
```

애플리케이션이 8081 포트에서 실행 중이고 현재는 /countries 경로만이 유일하게 사용 가능한 엔드포인트다. cURL 명령을 실행한 결과는 그림 18.1과 같다. 국가 정보를 JSON 타입으로 가져올 수 있다.

물론 localhost:8081/countries 경로를 브라우저에 입력해도 동일한 엔드포인트에

```
C:\Work>curl -v localhost:8081/countries
*   Trying ::1...
* TCP_NODELAY set
* Connected to localhost (::1) port 8081 (#0)
> GET /countries HTTP/1.1
> Host: localhost:8081
> User-Agent: curl/7.55.1
> Accept: */*
>
< HTTP/1.1 200
< Content-Type: application/json
< Transfer-Encoding: chunked
< Date: Sun, 15 Dec 2019 12:24:22 GMT
<
[{"codeName":"AU","name":"Australia"},{"codeName":"UK","name":"United Kingdom"},{"codeName":"US","name"
:"USA"}]* Connection #0 to host localhost left intact
C:\Work>
```

그림 18.1 curl -v localhost:8081/countries 명령을 실행하여 가져온 국가 정보

접근할 수 있다. 브라우저로 접근한 결과 역시 그림 18.2처럼 데이터를 JSON 형식으로 가져온다.

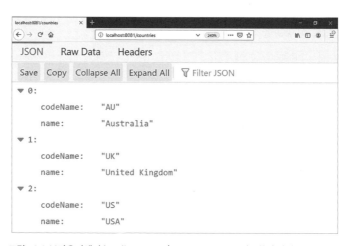

그림 18.2 브라우저에서 localhost:8081/countries URL로 접근하여 가져온 국가 정보

18.3 엔티티 여러 개를 관리하는 RESTful API 만들기

마이크는 Passenger 클래스를 수정하여 RESTful 애플리케이션의 모델을 만든다.

예제 18.9 **수정한 Passenger 클래스**

```
[...]
@Entity  ①
public class Passenger {

  @Id
  @GeneratedValue  ──┐  ②
  private Long id;
  private String name;
  @ManyToOne  ③
  private Country country;
  private boolean isRegistered;

  // JPA 엔티티는 기본 생성자가 필요하다. ─┐
  public Passenger() {                    │ ④
  }                                     ─┘
  [...]
}
```

이 예제에서 살펴볼 내용은 다음과 같다.

- Passenger 클래스에 @Entity 애노테이션을 추가했다. @Entity 애노테이션은 Passenger 클래스가 JPA 엔티티임을 나타낸다(①).
- 식별자를 사용하기 위해 Long 타입의 id를 선언하였고 @Id와 @GeneratedValue 애노테이션을 추가했다(②). 이는 id 필드가 기본 키이고 id 값이 영속성 계층에서 자동으로 생성됨을 의미한다.
- country 필드에 @ManyToOne 애노테이션을 추가했다(③). 이는 승객과 국가 간에 다대일 매핑[1]이 적용됨을 의미한다.
- Passenger 클래스에 기본 생성자를 추가한다(④). 참고로 @Entity 애노테이션이 달린 모든 객체에는 반드시 기본 생성자가 필요하다. 영속성 계층에서 기본 생성자를 가지고 객체를 생성한 후 리플렉션을 사용하여 값을 매핑하기 때문이다.

다음으로 마이크는 JpaRepository를 상속하는 PassengerRepository 인터페이스를 만든다.

---

1 (옮긴이) 이 책에서는 다대일 매핑을 비롯해 다양한 JPA 개념이 사용된다. JPA에 관해 추가적인 학습을 하고 싶다면 《자바 ORM 표준 JPA 프로그래밍》(에이콘출판사, 2015)을 참고하기 바란다.

예제 18.10 **PassengerRepository 인터페이스**

```
public interface PassengerRepository extends JpaRepository<Country, Long> {
}
```

JpaRepository를 상속하는 데에는 두 가지 목적이 있다. 먼저 JpaRepository를 상속하면 PassengerRepository에서 Passenger 엔티티를 대상으로 하는 기본적인 CRUD 메서드를 사용할 수 있다. 다음으로 JpaRepository를 상속한 PassengerRepository가 스프링 빈으로 자동 등록되어 스프링이 컴포넌트를 스캔한 다음에는 해당 인터페이스를 스프링 빈으로 사용할 수 있다.

이제 마이크는 승객을 찾을 수 없을 때 던질 사용자 정의 예외를 작성한다.

예제 18.11 **PassengerNotFoundException 클래스**

```
public class PassengerNotFoundException extends RuntimeException {   ①

  public PassengerNotFoundException(Long id) {
    super("Passenger id not found : " + id);          ②
  }

}
```

이 예제에서 마이크는 RuntimeException을 상속하여 PassengerNotFoundException을 선언하고(①), id를 파라미터로 받는 생성자를 만든다(②).

다음으로 마이크는 PassengerRepository를 사용할 컨트롤러인 PassengerController를 만든다.

예제 18.12 **PassengerController 클래스**

```
[...]
@RestController
public class PassengerController {          ①

  @Autowired
  private PassengerRepository repository;          ②

  @Autowired
  private Map<String, Country> countriesMap;          ③

  @GetMapping("/passengers")
  List<Passenger> findAll() {
    return repository.findAll();          ④
  }
}
```

```
@PostMapping("/passengers")
@ResponseStatus(HttpStatus.CREATED)                              ⑥
Passenger createPassenger(@RequestBody Passenger passenger) {  ⑦    ⑤
  return repository.save(passenger);
}


@GetMapping("/passengers/{id}")
Passenger findPassenger(@PathVariable Long id) {  ⑨
  return repository.findById(id)                                     ⑧
      .orElseThrow(() -> new PassengerNotFoundException(id));
}

@PatchMapping("/passengers/{id}")  ⑩
Passenger patchPassenger(@RequestBody Map<String, String> updates,    ⑪
                         @PathVariable Long id) {

  return repository.findById(id)  ⑫
      .map(passenger -> {
        String name = updates.get("name");
        if (null != name) {                        ⑬
          passenger.setName(name);
        }

        Country country = countriesMap.get(updates.get("country"));
        if (null != country) {                                       ⑭
          passenger.setCountry(country);
        }

        String isRegistered = updates.get("isRegistered");
        if (null != isRegistered) {                                  ⑮
          passenger.setIsRegistered(
              isRegistered.equalsIgnoreCase("true") ? true : false);
        }
        return repository.save(passenger);  ⑯
      })
      .orElseGet(() -> {                            ⑰
        throw new PassengerNotFoundException(id);
      });

}


@DeleteMapping("/passengers/{id}")
void deletePassenger(@PathVariable Long id) {  ⑲    ⑱
  repository.deleteById(id);
}
}
```

이 예제에서 살펴볼 내용은 다음과 같다.

- PassengerController 클래스에 @RestController 애노테이션을 달아 Passenger Controller 클래스가 컨트롤러임을 명시한다(①).

- PassengerRepository 타입 필드를 선언하고 오토와이어한다(②). PassengerRepository가 JpaRepository를 상속했으므로 스프링은 PassengerRepository 타입의 빈을 스캔한 다음 오토와이어할 수 있다. 그리고 countriesMap 필드를 선언하고 오토와이어한다(③).

- findAll 메서드 위에 @GetMapping("/passengers") 애노테이션을 추가한다(④). @GetMapping 애노테이션은 /passengers URL에 대한 HTTP GET 요청을 findAll 메서드에 매핑한다.

- createPassenger 메서드를 만들고 거기에 @PostMapping("/passengers") 애노테이션을 추가한다(⑤). @PostMapping 애노테이션이 달린 createPassenger 메서드는 /passengers URL에 대한 HTTP POST 요청을 처리할 수 있다. 여기서는 @ResponseStatus(HttpStatus.CREATED)를 추가하였는데, 이는 요청이 성공적으로 처리되면 전달할 HTTP 상태 코드를 HttpStatus.CREATED으로 지정한다는 의미다(⑥). 그리고 @RequestBody 애노테이션은 HTTP 요청의 바디를 @RequestBody 애노테이션의 속성 값으로 지정한 HttpRequest 클래스 타입 객체에 자동으로 매핑한다. 즉 사용자의 요청인 HTTP 요청의 바디 값은 자바 객체로 역직렬화된다(⑦).

- ID로 승객을 찾는 findPassenger 메서드를 선언하였고 @GetMapping("/passengers/{id}") 애노테이션을 추가했다(⑧). @GetMapping 애노테이션은 /passengers/{id} URL에 대한 HTTP GET 요청을 findPassenger 메서드에 매핑한다. findPassenger 메서드는 데이터베이스에서 특정 ID를 가진 승객을 조회하여 반환한다. 만약 해당하는 승객이 존재하지 않으면 사용자 정의한 PassengerNotFoundException을 던진다. 참고로 findPassenger 메서드의 id 파라미터에는 @PathVariable 애노테이션이 달려 있으며 이는 URL의 {id} 경로 변수에서 id 값을 가져온다는 뜻이다(⑨).

- patchPassenger 메서드 위에 @PatchMapping("/passengers/{id}") 애노테이션을 추가한다(⑩). @PatchMapping은 /passengers/{id} URL에 대한 HTTP PATCH 요청을 patchPassenger 메서드에 매핑한다. 여기서는 updates 파라미터에 @RequestBody 애노테이션을 추가하고 id 파라미터에 @PathVariable 애노테이션을 추가한

다(⑪). 여기서도 @RequestBody 애노테이션은 HTTP 요청의 바디를 HttpRequest
클래스 타입 객체에 자동으로 매핑한다. 사용자 요청인 HttpRequest 바디 값은
자바 객체로 역직렬화된다. 메서드의 id 파라미터에는 @PathVariable 애노테이
션이 있으며 이는 URL의 {id} 경로 변수에서 id에 대한 값을 가져온다는 뜻이다.

- 파라미터로 넘겨받은 id 값으로 데이터베이스에서 승객 데이터를 조회한다(⑫).
  그 다음 승객 이름(⑬), 국가(⑭), 등록 상태(⑮)를 수정한다. 수정한 승객 정보는
  데이터베이스에 저장된다(⑯).

- 만약 승객이 존재하지 않으면 사용자 정의한 예외인 PassengerNotFoundExcep
  tion을 던진다(⑰).

- deletePassenger 메서드에 @DeleteMapping ("/passengers/{id}") 애노테이션을
  추가한다(⑱). @DeleteMapping 애노테이션은 /passengers/{id} URL에 대한 HTTP
  DELETE 요청을 deletePassenger 메서드에 매핑한다. 해당 메서드는 데이터베이
  스에서 승객을 삭제하는 데 사용한다. 메서드의 id 파라미터에는 @PathVariable
  애노테이션이 달려 있으며 이는 URL의 {id} 경로 변수에서 id 값을 가져온다는
  뜻이다(⑲).

이제 마이크는 Application 클래스를 수정한다.

예제 18.13 수정한 Application 클래스

```
@SpringBootApplication
@Import(FlightBuilder.class)
public class Application {

  @Autowired
  private Flight flight;          ──┐ ①

  @Autowired
  private Map<String, Country> countriesMap;

  public static void main(String[] args) {
    SpringApplication.run(Application.class, args);
  }

  @Bean
  CommandLineRunner configureRepository
      (CountryRepository countryRepository,      ──┐
       PassengerRepository passengerRepository) { ──┘ ②
    return args -> {
      for (Country country : countriesMap.values()) {
```

```
            countryRepository.save(country);
        }

        for (Passenger passenger : flight.getPassengers()) {
            passengerRepository.save(passenger);          ③
        }
    };
  }

}
```

이 예제에서 살펴볼 내용은 다음과 같다.

- FlightBuilder에서 가져온 Flight 타입의 빈을 오토와이어한다(①).
- configureRepository 메서드에서 CommandLineRunner 타입의 빈을 수정했다 (②). 파라미터로 PassengerRepository 인터페이스를 추가했다. 참고로 Command LineRunner 인터페이스는 커맨드라인 인자에 접근해야 할 필요가 있을 때 주로 사용한다. 여기서는 커맨드라인 인자를 직접 사용하지는 않고 flight에 있는 모든 승객을 조회한 후 passengerRepository에 저장하는 역할을 한다(③). Command LineRunner 인터페이스는 SpringApplication의 run 메서드가 구동되기 직전에 실행된다.

항공편의 승객 데이터는 다음 CSV 파일에 저장되어 있다. 승객은 이름과 국가 코드를 사용하여 나타낼 수 있다. 현재 파일에는 총 20명의 승객 데이터가 있다.

예제 18.14 flights_information.csv 파일

```
John Smith; UK
Jane Underwood; AU
James Perkins; US
Mary Calderon; US
Noah Graves; UK
Jake Chavez; AU
Oliver Aguilar; US
Emma McCann; AU
Margaret Knight; US
Amelia Curry; UK
Jack Vaughn; US
Liam Lewis; AU
Olivia Reyes; US
Samantha Poole; AU
Patricia Jordan; UK
Robert Sherman; US
Mason Burton; AU
```

Harry Christensen; UK
Jennifer Mills; US
Sophia Graham; UK

애플리케이션을 구동하면 FlightBuilder 클래스가 CSV 파일을 구문 분석한 후 승객 정보를 바탕으로 항공편 객체를 만든다. 그리고 생성된 항공편 객체를 빈으로 하여 애플리케이션에 주입한다. 애플리케이션은 승객 리스트를 반복문으로 순회한 다음 각 승객 정보를 데이터베이스에 저장한다.

마이크는 Application을 실행한다. 애플리케이션은 REST API로 /passengers 엔드포인트에 대해 접근할 수 있게 한다. 아래와 같은 cURL 명령을 사용하여 REST API 엔드포인트의 신규 기능을 테스트할 수 있다.

```
curl -v localhost:8081/passengers
```

애플리케이션은 포트 8081에서 구동 중이며 /passengers 경로를 엔드포인트로 사용할 수 있다. 그 결과 그림 18.3과 같이 JSON 형식의 승객 데이터를 확인할 수 있다.

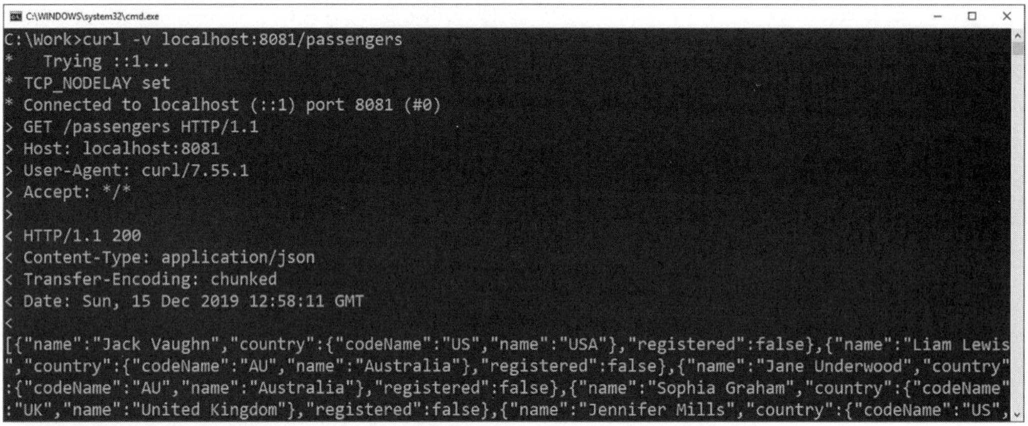

그림 18.3 curl -v localhost:8081/passengers 명령을 실행한 결과

/passengers 경로에 아이디를 추가하여 특정 아이디를 가진 승객을 조회하는 기능을 테스트해 보자. 예를 들어 아이디가 4인 승객 데이터를 조회하려면 다음 명령을 실행한다.

```
curl -v localhost:8081/passengers/4
```

결과는 그림 18.4와 같다. 아이디가 4인 승객 정보를 JSON 형식으로 조회할 수 있다. 이름이 Sophia Graham, 국가 정보가 UK, 등록 상태가 false인 것을 알 수 있다.

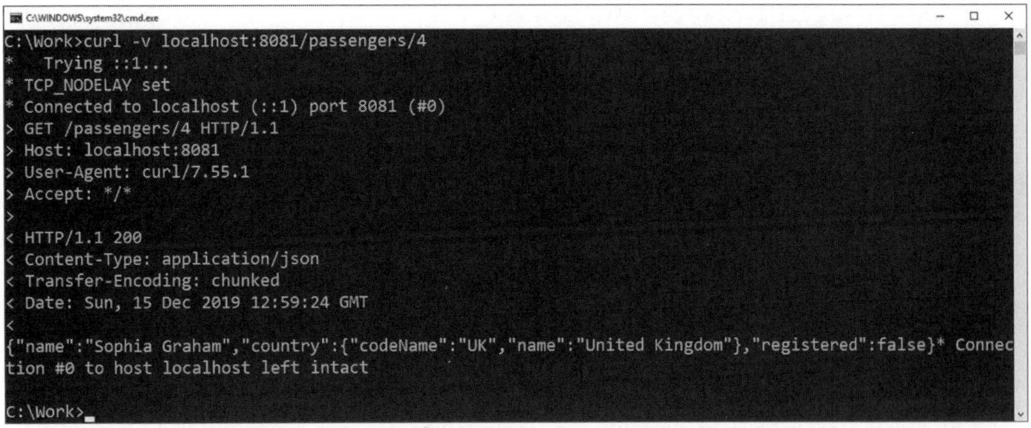

그림 18.4 curl –v localhost:8081/passengers/4 명령을 실행한 결과

이번에는 아이디가 4인 승객의 이름, 국가, 등록 상태를 수정하기 위해 다음 명령을 실행해 보자. 이름이 Sophia Graham에서 Sophia Jones로, 국가정보가 UK에서 AU 로, 등록 상태가 false에서 true로 수정될 것이다.

```
curl -v -X PATCH localhost:8081/passengers/4
-H "Content-type:application/json"
-d "{\"name\":\"Sophia Jones\", \"country\":\"AU\", \"isRegistered\":\"true\"}"
```

결과는 그림 18.5와 같다. ID가 4인 승객의 정보를 수정했다.

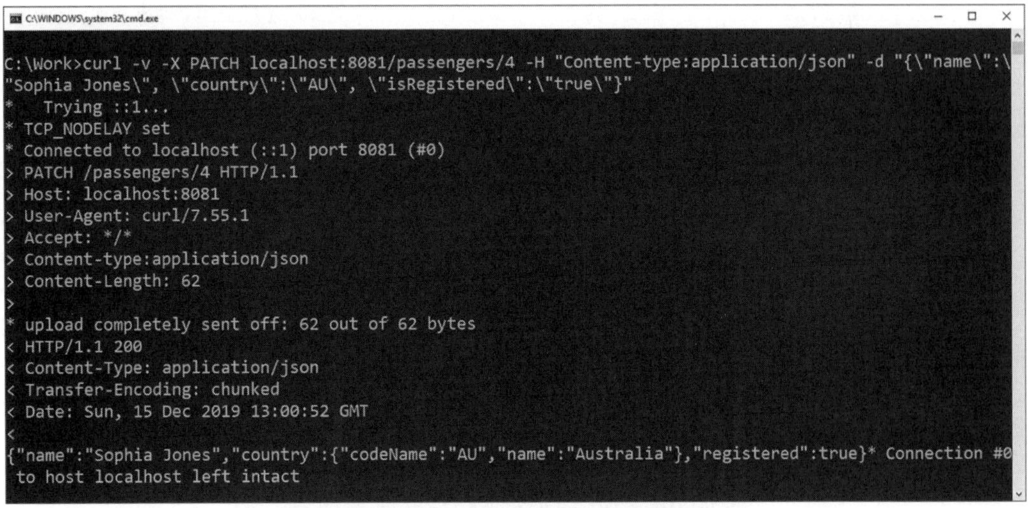

그림 18.5 ID가 4인 승객의 정보를 성공적으로 수정한 결과

ID가 4인 승객 정보를 삭제하려면 다음 명령을 실행한다.

```
curl -v -X DELETE localhost:8081/passengers/4
```

결과는 그림 18.6과 같다.

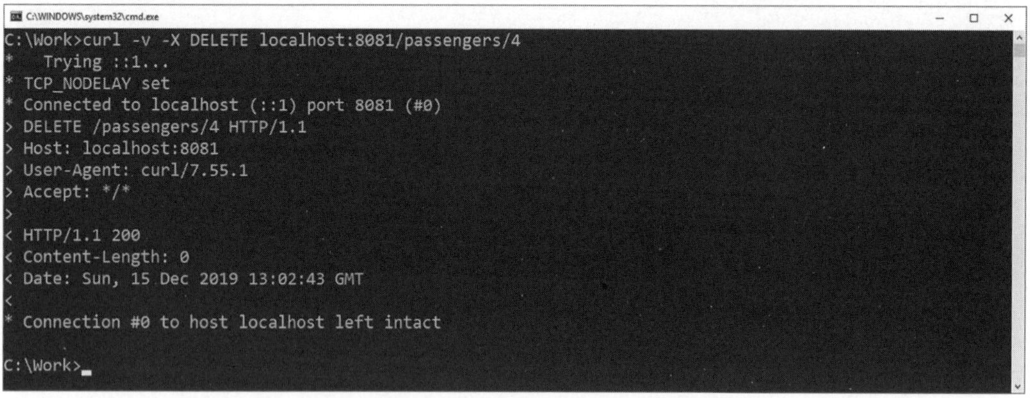

그림 18.6 ID가 4인 승객 정보를 성공적으로 삭제한 결과

새로운 승객 정보를 생성할 수도 있다. 201 응답을 받는 것을 확인할 수 있다.

```
curl -v -X POST localhost:8081/passengers
-H "Content-type:application/json"
-d "{\"name\":\"John Smith\"}"
```

결과는 그림 18.7과 같다.

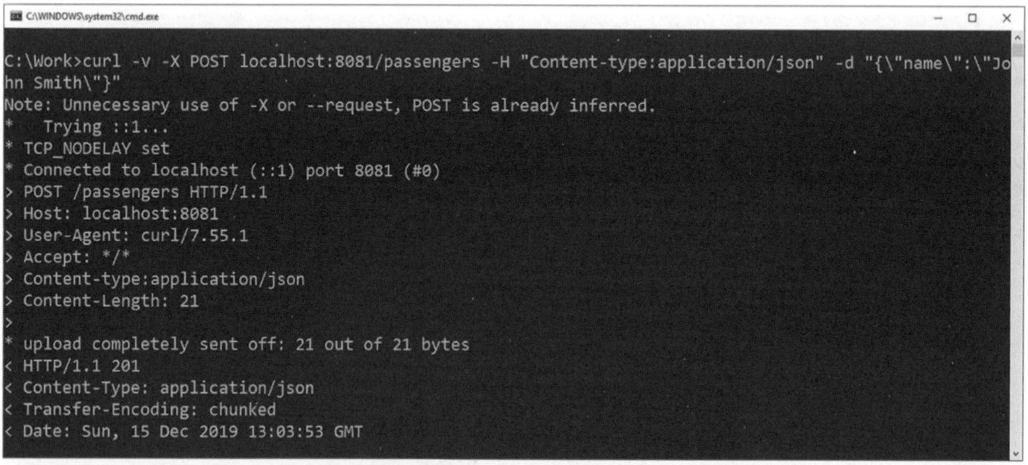

그림 18.7 새로운 승객 John Smith를 성공적으로 생성한 결과

18.4 RESTful API 테스트하기

이제 마이크는 RESTful API의 동작을 자동으로 검증하는 테스트를 작성한다.

예제 18.15 **RestApplicationTest 클래스**

```
[...]
@SpringBootTest                ①
@AutoConfigureMockMvc          ②
@Import(FlightBuilder.class)   ③
public class RestApplicationTest {

    @Autowired
    private MockMvc mvc;           ④

    @Autowired
    private Flight flight;
                                                        ⑤
    @Autowired
    private Map<String, Country> countriesMap;

    @MockBean
    private PassengerRepository passengerRepository;
                                                        ⑥
    @MockBean
    private CountryRepository countryRepository;

    @Test
    void testGetAllCountries() throws Exception {
        when(countryRepository.findAll()).thenReturn(
            new ArrayList<>(countriesMap.values()));     ⑦
        mvc.perform(get("/countries"))   ⑧
            .andExpect(status().isOk())
            .andExpect(content().contentType(MediaType.APPLICATION_JSON))   ⑨
            .andExpect(jsonPath("$", hasSize(3)));

        verify(countryRepository, times(1)).findAll();   ⑩
    }

    @Test
    void testGetAllPassengers() throws Exception {
        when(passengerRepository.findAll()).thenReturn(
            new ArrayList<>(flight.getPassengers()));     ⑪
        mvc.perform(get("/passengers"))
            .andExpect(status().isOk())
            .andExpect(content().contentType(MediaType.APPLICATION_JSON))   ⑫
            .andExpect(jsonPath("$", hasSize(20)));
```

```
        verify(passengerRepository, times(1)).findAll();   ⑬
    }


    @Test
    void testPassengerNotFound() {
      Throwable throwable = assertThrows(NestedServletException.class,  ⎤
          () -> mvc.perform(get("/passengers/30"))                      ⎟ ⑭
                .andExpect(status().isNotFound()));                     ⎦
      assertEquals(PassengerNotFoundException.class,  ⎤
                throwable.getCause().getClass());      ⎦ ⑮
    }


    @Test
    void testPostPassenger() throws Exception {
      Passenger passenger = new Passenger("Peter Michelsen");          ⎤
      passenger.setCountry(countriesMap.get("US"));                    ⎟ ⑯
      passenger.setIsRegistered(false);                                ⎟
      when(passengerRepository.save(passenger)).thenReturn(passenger); ⎦

      mvc.perform(post("/passengers")                                               ⎤
          .content(new ObjectMapper().writeValueAsString(passenger))                ⎟
          .header(HttpHeaders.CONTENT_TYPE, MediaType.APPLICATION_JSON))            ⎟
          .andExpect(status().isCreated())                                          ⎟
          .andExpect(jsonPath("$.name", is("Peter Michelsen")))                     ⎟ ⑰
          .andExpect(jsonPath("$.country.codeName", is("US")))                      ⎟
          .andExpect(jsonPath("$.country.name", is("USA")))                         ⎟
          .andExpect(jsonPath("$.registered", is(Boolean.FALSE)));                  ⎦

      verify(passengerRepository, times(1)).save(passenger);   ⑱

    }


    @Test
    void testPatchPassenger() throws Exception {
      Passenger passenger = new Passenger("Sophia Graham");  ⎤
      passenger.setCountry(countriesMap.get("UK"));          ⎟
      passenger.setIsRegistered(false);                      ⎟ ⑲
      when(passengerRepository.findById(1L))                 ⎟
          .thenReturn(Optional.of(passenger));               ⎦
      when(passengerRepository.save(passenger))   ⎤
          .thenReturn(passenger);                  ⎦ ⑳
      String updates =
          "{\"name\":\"Sophia Jones\", \"country\":\"AU\",
            \"isRegistered\":\"true\"}";

      mvc.perform(patch("/passengers/1")                                    ⎤
          .content(updates)                                                 ⎟
          .header(HttpHeaders.CONTENT_TYPE, MediaType.APPLICATION_JSON))    ⎟ ㉑
          .andExpect(content().contentType(MediaType.APPLICATION_JSON))     ⎟
          .andExpect(status().isOk());                                      ⎦
```

```
    verify(passengerRepository, times(1)).findById(1L);        ┐ ㉒
    verify(passengerRepository, times(1)).save(passenger);     ┘
  }

  @Test
  public void testDeletePassenger() throws Exception {

    mvc.perform(delete("/passengers/4"))  ┐ ㉓
        .andExpect(status().isOk());      ┘

    verify(passengerRepository, times(1)).deleteById(4L);  ㉔
  }
}
```

이 예제에서 살펴볼 내용은 다음과 같다.

- RestApplicationTest 클래스에 @SpringBootTest 애노테이션을 추가한다(①). @SpringBootTest 애노테이션은 테스트 클래스의 현재 패키지와 그 이하 패키지의 모든 스프링 빈을 스캔한다.
- @AutoConfigureMockMvc 애노테이션을 추가했는데(②), 이렇게 하면 MockMvc 객체와 관련한 모든 자동 구성을 활성화할 수 있다.
- Flight 타입 빈과 Map 타입 빈을 사용하기 위해 @Import(FlightBuilder.class) 애노테이션으로 FlightBuilder를 가져온다(③).
- MockMvc 객체를 오토와이어한다(④). MockMvc는 주로 서버 기능을 테스트하기 위해 사용하는데 여기서는 MockMvc를 가지고 REST API를 실행한다.
- flight와 countriesMap 필드를 선언하고 오토와이어한다(⑤). 이 필드들은 FlightBuilder에서 빈으로 구성되어 있던 것을 참조하기 위해 사용한다.
- countryRepository와 passengerRepository 필드를 선언하고 그 위에 @MockBean 애노테이션을 추가한다(⑥). @MockBean은 스프링 애플리케이션 콘텍스트에 모의 객체를 추가하는 데 사용한다. 이렇게 추가한 모의 객체는 스프링 애플리케이션 콘텍스트에서 동일한 타입의 기존 빈을 대체한다. 그리고 테스트 중에 모의 객체가 어떻게 동작해야 하는지를 프로그래밍할 수 있다.
- testGetAllCountries 테스트에서는 findAll 메서드가 실행될 때 countryRepository 빈이 countriesMap에서 값을 반환하도록 모의했다(⑦).
- /countries URL(⑧)에 대하여 HTTP GET 요청을 모사하고, 반환한 HTTP 상태 코드, 예상 콘텐츠 유형, 반환한 JSON 결괏값의 사이즈를 검증한다(⑨). 또한 find

All 메서드가 countryRepository 빈에서 정확히 한 번만 실행되었는지 검증한다
(⑩).

- testGetAllPassengers 테스트에서 findAll 메서드가 실행될 때 passengerRepo
  sitory 빈이 flight 빈에서 승객 정보를 반환하도록 모의했다(⑪).

- /passengers URL에 대하여 HTTP GET 요청을 모사하고, 반환한 HTTP 상태, 예
  상 콘텐츠 유형, 그리고 반환한 JSON 결괏값의 사이즈를 검증한다(⑫). 또한
  findAll 메서드가 PassengerRepository 빈에서 정확히 한 번만 실행되었는지 검
  증한다(⑬).

- testPassengerNotFound 테스트에서는 아이디가 30인 승객 정보를 조회하려
  고 하지만 NestedServletException이 발생하고 반환한 HTTP 상태 코드가 "Not
  Found(404)"인지 검증한다(⑭). 그리고 NestedServletException의 원인이 Passen
  gerNotFoundException인지도 검증한다(⑮).

- testPostPassenger에서는 passenger 객체를 생성하고 적절한 값을 설정한 다음,
  해당 승객 객체를 save할 때 해당 객체를 반환하도록 PassengerRepository 빈을
  미리 모의한다(⑯).

- /passengers URL에 대하여 POST 요청을 보낼 때 적절한 헤더와 함께 요청 객체
  를 JSON 문자열로 변환했는지, 그리고 반환한 콘텐츠가 passenger 객체의 JSON
  결괏값과 "Created(201)" HTTP 상태 코드로 구성되어 있으며, 그 내용이 적절한
  지 검증한다(⑰). Jackson 라이브러리(자바에서 사용하는 표준 JSON 라이브러
  리)로부터 com.fasterxml.jackson.databind.ObjectMapper 타입의 객체를 생성한
  다. ObjectMapper는 자바에서 JSON 데이터와 자바 객체 간의 변환을 지원한다.

- save 메서드가 이전에 정의된 passenger에 대해 정확히 한 번만 실행되었는지
  검증한다(⑱).

- testPatchPassenger 테스트에서 passenger 객체를 생성하고 적절한 값을 설정한
  다음, findById(1L) 메서드가 해당 passenger 객체를 반환하도록 PassengerRepo
  sitory 빈을 미리 모의한다(⑲). 그리고 PassengerRepository에서 save 메서드
  를 실행하면 passenger 데이터를 반환하도록 모의한다(⑳).

- /passengers/1 URL에서 PATCH 요청을 보냈을 때 updates 라는 JSON 문자열을
  HTTP 요청에 추가했다. 그리고 그 결괏값으로 반환한 객체의 콘텐츠 타입과
  HTTP 상태 코드를 검증한다(㉑).

- 논리적 검증 단계에서 모의한 PassengerRepository의 findById, save 메서드가 정확히 한 번만 실행되었는지 검증한다(㉒).
- testDeletePassenger 테스트에서 /passengers/4 URL에 대해 DELETE 요청을 보 냈을 때 반환된 HTTP 상태 코드가 OK(200)인지 검증한다(㉓). 그리고 delete ById(4L) 메서드가 정확히 한 번 실행되었는지 논리적으로 검증한다(㉔).

RestApplicationTest 테스트를 수행한 결과는 그림 18.8과 같다. 실패 없이 성공적 으로 실행되었다.

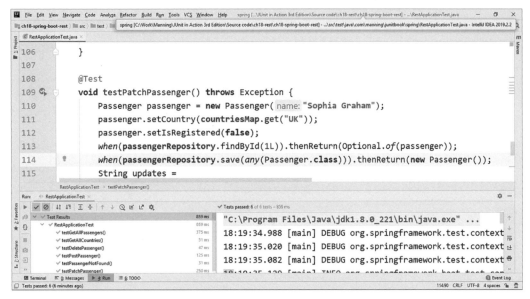

그림 18.8 RestApplicationTest를 성공적으로 수행한 결과.
테스트를 통해 자동으로 RESTful 애플리케이션의 기능을 확인할 수 있었다.

다음 장에서는 데이터베이스 애플리케이션을 테스트한다.

정리

18장에서는 다음 내용을 다루었다.

- REST 아키텍처 스타일과 REST 애플리케이션의 개념에 대해 알아보았다.
- 무엇이 API를 RESTful하게 만드는지, RESTful 아키텍처를 만들기 위해서는 어떤 조건을 따라야 하는지 알아보았다. 조건들이란 클라이언트-서버 관계, 무상태,

일관된 인터페이스, 계층적 시스템, 캐시 가능성, 주문형 코드였다.

- 단일 엔티티(항공편 관리 시스템에서 가져온 국가 정보)를 관리하는 REST API를 만들고, HTTP GET 요청으로 국가 정보를 얻는 작업을 연습했다.

- 여러 가지 엔티티(국가 정보, 승객 정보 등)를 관리하는 REST API를 만들고, HTTP GET, PATCH, DELETE, POST 요청으로 승객 데이터를 조회하고, 아이디를 가지고 승객을 생성, 수정, 삭제했다.

- HTTP GET, PATCH, DELETE, POST 요청으로 스프링 MockMvc 객체를 이용한 테스트를 작성하고 실행하여, 두 개의 관련 엔티티를 관리하는 REST API를 테스트했다.

19장

데이터베이스 애플리케이션 테스트

☑ **19장에서 다루는 내용**

- 데이터베이스 테스트의 문제점 알아보기
- JDBC, 스프링 JDBC, 하이버네이트, 스프링 하이버네이트 애플리케이션을 위한 테스트 구현하기
- 데이터베이스 애플리케이션 구축 방법과 테스트 방법 비교하기

> 의존성은 모든 규모의 소프트웨어 개발에서 핵심적인 문제다.
> 프로그램에서 중복을 제거하면 의존성도 같이 제거할 수 있다.
> — 켄트 벡, 《테스트 주도 개발》(인사이트, 2014)

어떤 엔터프라이즈 프로젝트에서든 영속성 계층(대략적으로 말해서 데이터베이스 접근 계층)이 가장 중요한 부분 가운데 하나라는 사실에는 의심의 여지가 없다. 그러나 이런 막중함에도 불구하고 영속성 계층은 크게 세 가지 이유로 단위 테스트를 수행하기가 까다롭다.

- 단위 테스트는 코드를 격리시켜 실행해야 한다. 그런데 영속성 계층은 거의 반드시 외부 시스템, 즉 데이터베이스와의 상호작용이 필요하다.
- 단위 테스트는 작성과 실행이 쉬워야 한다. 그러나 데이터베이스에 접근하는 코드는 작성하기도, 실행하기도 번거로울 수 있다.
- 단위 테스트는 실행 속도가 빨라야 한다. 반면 데이터베이스에 접근하는 코드들은 상대적으로 느리다.

이런 문제를 **데이터베이스 단위 테스트 시 발생하는 임피던스 불일치**(database unit testing impedance mismatch)고 부른다. 이는 객체 지향 프로그래밍과 관계형 데이터베이스 간 임피던스 불일치와 관련된다(해당 용어는 객체 지향 프로그래밍에서 관계형 데이터베이스에 데이터를 영속시키는 것이 얼마나 어려운지를 설명하는 데 사용한다). 19장에서는 데이터베이스를 단위 테스트할 때 발생하는 임피던스 불일치에 대해 구체적으로 논의하고 대안을 확인한 다음, 데이터베이스 애플리케이션을 테스트할 방법을 알아본다.

19.1 데이터베이스 단위 테스트 시 발생하는 임피던스 불일치

데이터베이스 단위 테스트 시 발생하는 임피던스 불일치 문제의 세 가지 원인을 알아보자.

19.1.1 단위 테스트는 코드를 격리시켜 실행해야 한다

순수주의자의 관점에서 데이터베이스에 접근하는 코드를 포함하는 테스트는 단위 테스트로 간주하기 어렵다. 단위 테스트는 외부와 격리시켜 실행되어야 하는데, 데이터베이스와 관련한 단위 테스트는 테스트가 데이터베이스에 의존해야 하기 때문이다. 그렇다면 데이터베이스 테스트는 뭐라고 정의하면 좋을까? 통합 테스트? 기능 테스트? 단위성이 없는 단위 테스트?

음, 특별한 정의 같은 건 없다! 데이터베이스 테스트는 사용하는 맥락에 따라 다른 범주에 속할 수 있다. 사실 데이터베이스에 접근하는 코드는 통합 테스트와 단위 테스트 모두에 사용할 수 있다.

- 단위 테스트는 데이터베이스와 직접 상호작용하는 데이터 접근 객체를 테스트하는 데도 사용할 수 있다. DAO(data access object, 데이터 접근 객체)는 영속성 계층의 세부 사항을 외부로 노출하지 않은 채 데이터베이스에 대한 인터페이스를 제공하고, 애플리케이션 호출을 특정 데이터베이스 작업으로 연결하는 역할을 한다. 데이터 접근 객체를 테스트한다는 것은 데이터베이스에 대해 적절한 동작을 수행하는 것을 보장하기 위해 꼭 필요하며 이런 테스트는 데이터베이스나 영속성 프레임워크 같은 외부 엔티티에 의존한다. 그럼에도 더 큰 애플리케이션의 구성 요소(building block)이기에 각각의 단위를 훈련하는 역할도 한다.

- 마찬가지로 데이터베이스에 접근할 필요 없이 퍼사드(facade) 등 상위 계층을 테스트할 수 있는 단위 테스트를 작성할 수 있다. 이런 테스트에서는 영속성 계층을 모의 객체나 스텁으로 대체할 수 있다. 건축에서 퍼사드가 하는 역할처럼, 퍼사드 디자인 패턴은 앞쪽에 간단한 인터페이스를 두고 그 아래에 복잡한 코드를 숨긴다.

아직도 해결되지 않은 현실적인 질문이 있다. 기존 데이터베이스에 들어 있는 데이터가 테스트를 방해하는 일은 없을까? 충분히 그럴 수 있다. 그러므로 데이터베이스와 관련한 테스트를 수행하기 전에는 데이터베이스가 알려진 상태(known state)임을 보장하는 것이 중요하다.

19.1.2 단위 테스트는 작성과 구동이 쉬워야 한다

회사, 프로젝트 매니저, 테크니컬 리더가 단위 테스트에 대해 얼마나 긍정적으로 말하는지가 중요하다는 것이 아니다. 단위 테스트를 작성하고 구동하는 작업이 쉽지 않다면 개발자들은 단위 테스트를 작성하지 않을 것이다. 게다가 데이터베이스에 접근하는 코드 작성 작업 역시 쉬운 일이 아니다. SQL을 작성하고, 수많은 try/catch/finally 코드를 작성해야 하며, SQL을 자바로 또는 자바에서 SQL로 변환하는 부담스러운 작업을 해야 한다.

결국 데이터베이스와 관련한 단위 테스트가 제대로 되려면 개발자들의 데이터베이스 부담(database burden)을 줄여야 한다. 우리는 데이터베이스 부담을 줄이기 위해 먼저 순수한 JDBC(Java database connectivity)를 사용하여 개발을 진행한다. 그 후에 애플리케이션에 스프링을 적용하고 마지막으로 ORM(object-relational mapping)과 하이버네이트를 사용하고자 한다.

> **Aa JDBC**
> 클라이언트가 자바로 데이터베이스에 접근하기 위한 표준 API. JDBC는 관계형 데이터베이스의 데이터를 조회하고 변경하는 API를 제공한다.
>
> **Aa ORM**
> 관계형 데이터베이스의 데이터를 객체 지향 프로그래밍의 객체로 변환하거나 반대로 변환하는 프로그래밍 기법

> **Aa 하이버네이트**
>
> 자바 진영의 ORM 프레임워크. 하이버네이트는 객체 지향 도메인 모델을 관계형 데이터베이스 테이블에 매핑할 때 사용한다. 하이버네이트는 객체 지향 도메인 모델과 관계형 데이터베이스 모델 간에 서로 호환되지 않는 문제를 해결하기 위해 데이터베이스에 직접 접근하지 않고 객체를 조작함으로써 데이터를 변경한다.

19.1.3 단위 테스트는 실행 속도가 빨라야 한다

앞의 두 문제를 일단 해결했다고 하자. 그리고 데이터베이스에 접근하는 수백 가지 단위 테스트를 제대로 구동할 수 있으며 개발자가 쉽게 테스트를 만들 수 있는 환경이 구성되었다고 하자. 모든 것이 해결된 것으로 보이지만 개발자가 빌드를 실행할 때 (워크스페이스를 업데이트하거나 소스 코드를 저장소에 업로드하기 전 등, 생각보다 빌드를 많이 하게 된다) 전체 빌드 시간이 10분 정도 걸린다고 해 보자. 여기서 9분 정도가 데이터베이스를 테스트하는 데 소요된다면 어떻게 해야 할까?

이런 문제는 항상 해결된다고 확신할 수 없는 문제다. 그래서 가장 어려운 문제이기도 하다. 일반적으로 데이터베이스 접근 그 자체로 인해 딜레이가 생긴다. 데이터베이스는 다수 이용자의 접근이 가능한 원격 서버이기 때문이다. 이때 데이터베이스를 조금 더 개발자 쪽으로 옮기면 문제를 해결하는 데 도움이 될 수 있다. 현재 애플리케이션이 데이터베이스 교체가 용이한 표준 SQL이나 ORM 프레임워크를 사용한다면, 내장 데이터베이스(embedded database)나 로컬 PC에 설치 가능한 경량급 데이터베이스를 고려해 볼 수 있다.

> **Aa 내장 데이터베이스**
>
> 외부에 데이터베이스 서버를 두는 것이 아니라 애플리케이션에 내장시키는 데이터베이스. 자바 진영의 애플리케이션은 여러 종류의 내장 데이터베이스를 사용할 수 있는데, H2, HSQLDB, 아파치 Derby[1] 등이 자주 쓰인다. 내장 데이터베이스의 기본적인 특징은 언어와는 상관없이 데이터베이스를 애플리케이션에서 직접 관리한다는 점이다. 예를 들어 자바로 만든 HSQLDB와 Derby는 내장 모드 외에도 클라이언트-서버 모드를 지원하고, C로 만든 SQLite가 자바 애플리케이션에 내장될 수도 있다.

---

1 *https://h2database.com, http://hsqldb.org, https://db.apache.org/derby*

다음 절에서는 내장 데이터베이스를 사용한 JDBC 애플리케이션을 테스트하는 방법을 알아본다. 그 다음에 스프링과 하이버네이트를 사용해서 데이터베이스 단위테스트 시 발생하는 임피던스 불일치를 해결할 방법을 알아본다.

19.2 JDBC 애플리케이션 테스트하기

JDBC는 클라이언트가 데이터베이스에 접근하는 방법을 정의한 자바 API다. JDBC는 관계형 데이터베이스의 데이터를 조회하고 변경하는 API를 제공한다. JDBC는 1997년에 JDK(Java Development Kit) 1.1의 일부로 출시되었다가 이후 자바 SE의 일부가 되었다. JDBC는 자바 초기부터 사용된 API 중 하나며 데이터베이스 애플리케이션에 사용하도록 설계되었으므로, 지금도 여전히 많은 프로젝트에서 사용되고, 다른 기술과 함께가 아닌 단독으로 쓰일 수도 있다.

이 장의 예제는 순수한 JDBC 애플리케이션부터 시작한다. 그 다음 스프링과 하이버네이트를 소개하고, 마지막으로 스프링과 하이버네이트를 합쳐서 테스트하며 마무리한다. 이런 과정은 데이터베이스 애플리케이션을 어떻게 테스트할 수 있는지 보여줌과 동시에, 데이터베이스 단위 테스트 시 발생하는 임피던스 불일치를 줄여 나가는 방법을 설명하기 위해서다.

가상 회사인 TDS에서 개발한 항공편 관리 시스템은 이제 데이터베이스에 데이터를 저장한다. TDS의 개발자 켈리가 해야 할 일은 애플리케이션을 분석하여 시스템에 최신 트렌드를 적용하는 것이다. 켈리가 담당한 JDBC 애플리케이션은 승객의 국적을 나타내기 위해 Country 클래스를 가지고 있다.

예제 19.1 Country 클래스

```java
public class Country {

  private String codeName;      ①
  private String name;

  public Country(String name, String codeName) {
    this.name = name;           ②
    this.codeName = codeName;
  }
```

```
    public String getName() {
      return name;
    }

    public void setName(String name) {
      this.name = name;
    }                                           ①

    public String getCodeName() {
      return codeName;
    }

    public void setCodeName(String codeName) {
      this.codeName = codeName;
    }

    @Override
    public String toString() {
      return "Country{" +
          "name='" + name + '\'' +            ③
          ", codeName='" + codeName + '\'' +
          '}';
    }

    @Override
    public boolean equals(Object o) {
      if (this == o) return true;
      if (o == null || getClass() != o.getClass()) return false;
      Country country = (Country) o;
      return Objects.equals(name, country.name) &&
          Objects.equals(codeName, country.codeName);   ④
    }

    @Override
    public int hashCode() {
      return Objects.hash(name, codeName);
    }
}
```

이 예제에서 살펴볼 내용은 다음과 같다.

- Country 클래스는 name 필드, codeName 필드와 게터, 세터 메서드를 가진다(①).
- Country 클래스의 생성자는 name과 codeName 필드를 파라미터로 받아 초기화한다(②).
- toString 메서드를 재정의하여 국가 정보를 표현한다(③).
- name과 codeName 필드를 사용하여 equals와 hashCode 메서드를 재정의한다(④).

현재 애플리케이션은 테스트 목적으로 내장 데이터베이스인 H2를 사용한다. 켈리
는 pom.xml 파일에 JUnit 5 의존성과 H2 의존성을 추가한다.

예제 19.2 pom.xml 파일에 추가한 JUnit 5 의존성과 H2 의존성

```xml
<dependencies>
  <dependency>
    <groupId>org.junit.jupiter</groupId>
    <artifactId>junit-jupiter-api</artifactId>
    <version>5.6.0</version>
    <scope>test</scope>
  </dependency>
  <dependency>
    <groupId>org.junit.jupiter</groupId>
    <artifactId>junit-jupiter-engine</artifactId>
    <version>5.6.0</version>
    <scope>test</scope>
  </dependency>
  <dependency>
    <groupId>com.h2database</groupId>
    <artifactId>h2</artifactId>
    <version>1.4.199</version>
  </dependency>
</dependencies>
```

켈리가 담당한 애플리케이션은 ConnectionManager와 TablesManager 클래스(각각
예제 19.3과 예제 19.4)를 통해 데이터베이스 커넥션을 관리하고 테이블 작업을 관
리한다.

예제 19.3 ConnectionManager 클래스

```java
[...]
public class ConnectionManager {

  private static Connection connection;   ①

  public static Connection openConnection() {

    try {
      Class.forName("org.h2.Driver");   ②
      connection = DriverManager.getConnection("jdbc:h2:~/country",
                                               "sa",
                                               ""
      );                                              ③
      return connection;   ④
```

```
      } catch (ClassNotFoundException | SQLException e) {
        throw new RuntimeException(e);                          ⑤
      }
    }

    public static void closeConnection() {
      if (null != connection) {   ⑥
        try {
          connection.close();   ⑦
        } catch (SQLException e) {
          throw new RuntimeException(e);     ⑧
        }
      }
    }

}
```

이 예제에서 살펴볼 내용은 다음과 같다.

- ConnectionManager 클래스에 Connection 타입의 connection 필드를 선언한다
  (①).
- openConnection 메서드에서는 H2 드라이버를 열고(②), 앞서 선언했던 H2 데이
  터베이스에 접근하기 위한 connection 필드를 초기화한다. JDBC를 사용하기 위
  해 아이디를 "sa", 비밀번호를 ""로 지정한다(③). 성공적으로 커넥션을 얻었다
  면 초기화된 connection을 반환한다(④).
- 적절한 H2 드라이버 클래스를 찾지 못하거나 SQLException이 발생했을 때는
  catch 문에서 예외를 잡은 다음 RuntimeException을 다시 던진다(⑤).
- closeConnection 메서드에서는 connection이 null이 아닌지 확인하고(⑥), try
  문 안에서 connection을 반납한다(⑦). 만약 SQLException이 발생했을 때는
  catch 문에서 예외를 잡은 다음 RuntimeException을 만들어 다시 던진다(⑧).

예제 19.4 TablesManager 클래스

```
[...]
public class TablesManager {

  public static void createTable() {
    String sql = "CREATE TABLE COUNTRY( ID IDENTITY,
                NAME VARCHAR(255), CODE_NAME VARCHAR(255) );";     ①
    executeStatement(sql);   ②
  }
```

```
public static void dropTable() {
  String sql = "DROP TABLE IF EXISTS COUNTRY;";    ③
  executeStatement(sql);                            ④
}

private static void executeStatement(String sql) {
  PreparedStatement statement;    ⑤

  try {
    Connection connection = openConnection();       ⑥
    statement = connection.prepareStatement(sql);   ⑦
    statement.executeUpdate();                      ⑧
    statement.close();                              ⑨
  } catch (SQLException e) {
    throw new RuntimeException(e);    ⑩
  } finally {
    closeConnection();    ⑪
  }
}

}
```

이 예제에서 살펴볼 내용은 다음과 같다.

- createTable 메서드에서는 ID를 기본 키로 잡고, VARCHAR 타입의 NAME과 CODE_
  NAME 컬럼을 가진 COUNTRY 테이블을 생성하는 CREATE TABLE SQL을 선언한다
  (①). 그다음 SQL을 실행한다(②).
- dropTable 메서드에서는 만약 COUNTRY 테이블이 존재한다면 해당 테이블을 삭
  제하는 DROP TABLE SQL을 선언한다(③). 그 다음 SQL을 실행한다(④).
- executeStatement 메서드에서는 PreparedStatement 타입의 변수를 선언한다
  (⑤). 그리고 ConnectionManager 클래스의 openConnection 메서드를 이용하여
  커넥션을 얻고(⑥), statement를 준비하며(⑦), statement를 실행하고(⑧), 커넥
  션을 반납한다(⑨). 이 과정에서 SQLException이 발생한다면 catch 문에서 잡아
  RuntimeException을 다시 던지게 만들었다(⑩). statement가 성공적으로 수행되
  었는지와 상관없이 마지막 부분인 finally 문에서 커넥션을 반납한다(⑪).

예제 애플리케이션에는 DAO 패턴을 구현한 CountryDao 클래스도 있는데, Country
Dao 클래스는 요청을 받아 데이터베이스에 대해 쿼리를 실행하는 추상적인 인터페
이스 역할을 한다.

예제 19.5 **CountryDao 클래스**

```
[...]
public class CountryDao {

  private static final String GET_ALL_COUNTRIES_SQL =          ①
        "select * from country";
  private static final String GET_COUNTRIES_BY_NAME_SQL =      ②
        "select * from country where name like ?";

  public List<Country> getCountryList() {
    List<Country> countryList = new ArrayList<>();  ③

    try {
      Connection connection = openConnection();  ④
      PreparedStatement statement =
          connection.prepareStatement(GET_ALL_COUNTRIES_SQL);  ⑤
      ResultSet resultSet = statement.executeQuery();

      while (resultSet.next()) {
        countryList.add(new Country(resultSet.getString(2),  ⑥
                    resultSet.getString(3)));
      }
      statement.close();  ⑦
    } catch (SQLException e) {                ⑧
      throw new RuntimeException(e);
    } finally {
      closeConnection();  ⑨
    }

    return countryList;  ⑩
  }

  public List<Country> getCountryListStartWith(String name) {
    List<Country> countryList = new ArrayList<>();  ⑪

    try {
      Connection connection = openConnection();  ⑫
      PreparedStatement statement =
          connection.prepareStatement(GET_COUNTRIES_BY_NAME_SQL);  ⑬
      statement.setString(1, name + "%");
      ResultSet resultSet = statement.executeQuery();

      while (resultSet.next()) {
        countryList.add(new Country(resultSet.getString(2),  ⑭
                    resultSet.getString(3)));
      }
      statement.close();  ⑮
```

```
  } catch (SQLException e) {
    throw new RuntimeException(e);        ⑯
  } finally {
    closeConnection();   ⑰
  }

  return countryList;    ⑱
 }

}
```

이 예제에서 살펴볼 내용은 다음과 같다.

- CountryDao 클래스에 두 개의 select 문을 선언했다. 하나는 COUNTRY 테이블의 국가 데이터를 조건 없이 가져오고(①), 다른 하나는 특정한 패턴에 맞는 이름을 가진 국가 데이터만 가져온다(②).
- getCountryList 메서드에서 countryList를 초기화했다(③). 커넥션을 얻고(④), 준비한 statement를 실행했다(⑤).
- 데이터베이스에서 반환한 모든 결과를 resultSet에 담은 후 countryList에 추가했다(⑥). 그리고 statement를 반납한다(⑦). 이 과정에서 SQLException이 발생했을 때는 catch 문에서 예외를 잡은 다음 RuntimeException 예외를 만들어 다시 던진다(⑧). statement가 성공적으로 수행되었는지와는 상관없이 finally 문에서 커넥션을 반납한다(⑨). 메서드 끝에서는 countryList를 반환한다(⑩).
- getCountryListStartWith 메서드에서 countryList를 초기화한다(⑪). 커넥션을 얻고(⑫), 준비한 statement를 실행한다(⑬). 이번에는 이름이 특정한 패턴으로 시작하는 국가 정보를 가져오도록 했다.
- 데이터베이스에서 반환한 모든 결과를 resultSet에 담은 후 countryList에 추가한다(⑭). 그런 뒤 statement를 반납한다(⑮). 이 과정에서 SQLException이 발생했을 때는 catch 문에서 예외를 잡은 다음 RuntimeException 예외를 만들어 다시 던진다(⑯). statement가 성공적으로 수행되었는지와는 상관없이 finally 문에서 커넥션을 반납한다(⑰). 메서드 끝에서는 countryList를 반환한다(⑱).

이제 켈리는 두 가지 테스트를 만들 것이다. 데이터베이스에 데이터를 집어 넣고 데이터가 알려진 상태인지 확인하는 CountriesLoader 클래스(예제 19.6)와, 애플리케이션과 데이터베이스 간 상호작용을 테스트하는 CountriesDatabaseTest 클래스(예제 19.7)를 만들어 테스트한다.

예제 19.6 **CountriesLoader 클래스**

```
[...]
public class CountriesLoader {

  private static final String LOAD_COUNTRIES_SQL =
      "insert into country (name, code_name) values ";          ①

  public static final String[][] COUNTRY_INIT_DATA = {
      { "Australia", "AU" }, { "Canada", "CA" }, { "France", "FR" },
      { "Germany", "DE" }, { "Italy", "IT" }, { "Japan", "JP" },
      { "Romania", "RO" }, { "Russian Federation", "RU" },        ②
      { "Spain", "ES" }, { "Switzerland", "CH" },
      { "United Kingdom", "UK" }, { "United States", "US" } };

  public void loadCountries() {
    for (String[] countryData : COUNTRY_INIT_DATA) {   ③
      String sql = LOAD_COUNTRIES_SQL + "('" + countryData[0] +
          "', '" + countryData[1] + "');";                        ④
      try {
        Connection connection = openConnection();    ⑤
        PreparedStatement statement =
            connection.prepareStatement(sql);
        statement.executeUpdate();                    ⑥
        statement.close();
      } catch (SQLException e) {
        throw new RuntimeException(e);                 ⑦
      } finally {
        closeConnection();    ⑧
      }
    }
  }
}
```

이 예제에서 살펴볼 내용은 다음과 같다.

- CountriesLoader 클래스에서는 COUNTRY 테이블에 데이터를 추가하는 insert 문을 선언한다(①). 그다음 데이터베이스에 삽입할 국가 정보를 초기화했다(②).

- loadCountries 메서드에서는 COUNTRY_INIT_DATA 배열을 반복문으로 순회한 다음(③), 데이터베이스에 삽입할 국가 정보와 관련한 insert 쿼리를 만든다(④).

- 커넥션을 얻고 나서(⑤), statement를 준비하고, 실행하며, statement를 반납한다(⑥). 이 과정에서 SQLException이 발생했을 때는 해당 예외를 캐치한 다음 RuntimeException 예외를 만들어 다시 던진다(⑦). statement가 성공적으로 수행되었는지와는 상관없이 finally 문에서 커넥션을 반납한다(⑧).

예제 19.7 **CountriesDatabaseTest 클래스**

```java
import static
    com.manning.junitbook.databases.CountriesLoader.COUNTRY_INIT_DATA;
[...]

public class CountriesDatabaseTest {                                    ①

  private CountryDao countryDao = new CountryDao();
  private CountriesLoader countriesLoader = new CountriesLoader();

  private List<Country> expectedCountryList = new ArrayList<>();    ②
  private List<Country> expectedCountryListStartsWithA =            ③
                      new ArrayList<>();

  @BeforeEach   ④
  public void setUp() {
    TablesManager.createTable();           ⑤
    initExpectedCountryLists();            ⑥
    countriesLoader.loadCountries();       ⑦
  }

  @Test
  public void testCountryList() {
    List<Country> countryList = countryDao.getCountryList();         ⑧
    assertNotNull(countryList);                                      ⑨
    assertEquals(expectedCountryList.size(), countryList.size());    ⑩
    for (int i = 0; i < expectedCountryList.size(); i++) {           ⑪
      assertEquals(expectedCountryList.get(i), countryList.get(i));
    }
  }

  @Test
  public void testCountryListStartsWithA() {
    List<Country> countryList = countryDao.getCountryListStartWith("A");  ⑫
    assertNotNull(countryList);                                           ⑬
    assertEquals(expectedCountryListStartsWithA.size(),                   ⑭
          countryList.size());
    for (int i = 0; i < expectedCountryListStartsWithA.size(); i++) {     ⑮
      assertEquals(expectedCountryListStartsWithA.get(i),
            countryList.get(i));
    }
  }

  @AfterEach  ⑯
  public void dropDown() {
    TablesManager.dropTable();   ⑰
  }
```

```
  private void initExpectedCountryLists() {
    for (int i = 0; i < COUNTRY_INIT_DATA.length; i++) {   ⑱
      String[] countryInitData = COUNTRY_INIT_DATA[i];
      Country country = new Country(countryInitData[0],      ⑲
                                    countryInitData[1]);
      expectedCountryList.add(country);   ⑳
      if (country.getName().startsWith("A")) {               ㉑
        expectedCountryListStartsWithA.add(country);
      }
    }
  }
}
```

이 예제에서 살펴볼 내용은 다음과 같다.

- 데이터는 CountriesLoader의 COUNTRY_INIT_DATA에서부터 정적으로 가져온다. 그리고 CountryDao와 CountriesLoader 타입의 인스턴스 필드를 초기화한다(①). 전체 국가 리스트(②)와, A로 시작하는 이름을 가진 국가의 리스트를 초기화한다(③). 여기서는 A로 시작하는 국가명만 검색하지만 어떤 글자로든 검색할 수 있다.

- setUp 메서드에 @BeforeEach 애노테이션을 붙여 각 테스트가 수행되기 전에 수행되도록 했다(④). setUp 메서드가 실행될 때 데이터베이스에 비어 있는 COUNTRY 테이블을 만들고(⑤), 전체 국가 리스트와 A로 시작하는 이름을 가진 국가 리스트를 초기화한다(⑥). 그리고 데이터베이스에서 국가 정보를 가져온다(⑦).

- testCountryList 테스트에서 CountryDao 클래스의 getCountryList 메서드를 사용하여 데이터베이스로부터 데이터를 가져와 countryList를 초기화한다(⑧). 다음으로 countryList가 null이 아닌지 검증한다(⑨). 리스트의 사이즈가 정확한지도 검증하고(⑩), 국가 객체가 동등한지도 검증한다(⑪).

- testCountryListStartsWithA 테스트에서 CountryDao 클래스의 getCountryList StartWith 메서드를 사용하여 데이터베이스로부터 A로 시작하는 국가 데이터를 가져와 countryList를 초기화한다(⑫). 다음으로 countryList가 null이 아닌지 검증한다(⑬). 리스트의 사이즈가 정확한지도 검증하고(⑭), 국가 객체가 동등한지도 검증한다(⑮).

- @AfterEach 애노테이션이 붙은 dropDown 메서드는 각 테스트가 끝난 다음에 수행된다(⑯). dropDown 메서드는 COUNTRY 테이블을 드롭한다(⑰).

- initExpectedCountryLists 메서드는 국가 리스트를 초기화한다(⑱). 각 스텝에

서 Country 객체를 만들고(⑲), expectedCountryList에도 추가한다(⑳). 국가명
이 A로 시작하면 expectedCountryListStartsWithA에 추가한다(㉑).

그 결과 그림 19.1과 같이 성공적으로 수행된 것을 확인할 수 있다.

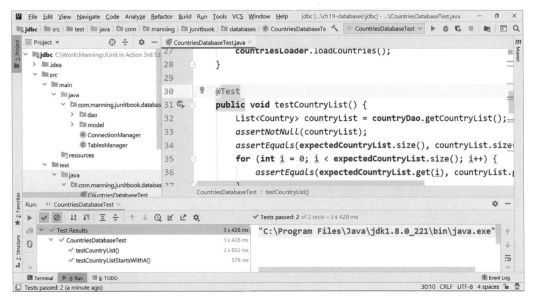

그림 19.1 JDBC 애플리케이션에서 테스트를 성공적으로 수행하여 COUNTRY 테이블과의 상호작용을 확인한 결과

켈리가 처음 맡았을 때의 애플리케이션은 JDBC를 사용하고 있었다. 이제 켈리는
테스트를 조금 개선하고자 한다. 현재 애플리케이션은 온전히 JDBC만 가지고 데이
터베이스에 접근했는데, 반복되는 작업을 위해 켈리는 아래와 같은 지루한 코드를
작성해야 했다.

- 커넥션 객체를 생성하고 얻는 작업
- 쿼리를 만들고 준비하고 실행하는 작업
- 결과를 반복적으로 순회하는 작업
- 각 반복에 대해 수행하는 추가 작업
- 예외를 처리하는 작업
- 커넥션을 반납하는 작업

켈리는 위와 같은 데이터베이스 부담을 줄일 방법을 찾기 위해 테스트를 개선하고
데이터베이스 단위 테스트의 임피던스 불일치를 줄일 수 있는 방법을 찾고자 한다.

19.3 스프링 JDBC 애플리케이션 테스트하기

18장에서 스프링이 무엇인지, 스프링 애플리케이션을 어떻게 테스트해야 하는지 알아보았다. 켈리는 데이터베이스 부담을 줄이고 제어의 역전을 이용해 데이터베이스와 상호작용하는 작업을 수행하기 위해서 항공편 관리 시스템에 스프링을 적용하려 한다.

항공편 관리 시스템의 Country 클래스는 그대로 둘 것이다. 켈리는 시스템을 스프링으로 전환하기 위해 몇 가지를 바꿀 것이다. 먼저 Maven pom.xml 파일에 새로운 의존성을 추가한다.

예제 19.8 pom.xml 파일에 추가한 의존성

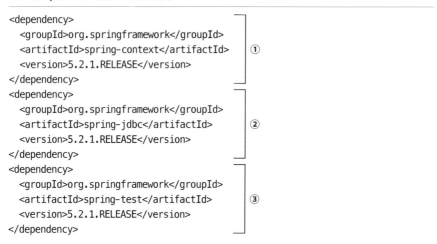

이 예제에서 살펴볼 내용은 다음과 같다.

- spring-context: 제어의 역전이 적용되어 있는 스프링 컨테이너를 사용하기 위한 의존성이다(①).
- spring-jdbc: 데이터베이스에 접근하기 위한 JDBC 의존성이다(②). 여기서 스프링은 커넥션 관리, 쿼리 문 준비, 실행, 예외 처리를 수행한다.
- spring-test: 스프링 관련한 테스트를 작성하기 위해 사용하는 의존성이다. SpringExtension과 @ContextConfiguration 애노테이션을 사용할 수 있다(③).

켈리는 프로젝트의 src/test/resources 폴더에 두 개의 파일을 추가한다. 하나는 데이터베이스 스키마 파일인 db-schema.sql이고(예제 19.9), 다른 하나는 애플리케이션의 스프링 콘텍스트를 구성하는 application-context.xml 파일이다(예제 19.10).

예제 19.9 db-schema.sql 파일

```
create table country( id identity , name varchar (255) ,
                      code_name varchar (255) );
```

켈리는 예제 19.9에서 ID를 기본 키로 하고, VARCHAR 타입의 NAME, CODE_NAME 컬럼을 갖고 있는 COUNTRY 테이블을 생성한다.

예제 19.10 application-context.xml 파일

```
<jdbc:embedded-database id="dataSource" type="H2">
  <jdbc:script location="classpath:db-schema.sql"/>      ①
</jdbc:embedded-database>

<bean id="countryDao"
      class="com.manning.junitbook.databases.dao.CountryDao">
  <property name="dataSource" ref="dataSource"/>          ②
</bean>

<bean id="countriesLoader"
      class="com.manning.junitbook.databases.CountriesLoader">  ③
  <property name="dataSource" ref="dataSource"/>
</bean>
```

이 예제에서는 켈리가 스프링 컨테이너에 빈 세 개를 등록한 것을 알 수 있다.

- dataSource: 임베디드 데이터베이스인 H2를 사용하기 위한 JDBC 빈이다. 예제 19.9의 db-schema.sql 파일을 이용해서(물론 이 파일은 클래스패스에 위치해야 한다) 데이터베이스를 초기화한다(①).
- countryDao: 데이터베이스에 SQL 쿼리를 수행할 수 있는 DAO 빈이다(②). 여기에는 이전에 선언된 dataSource 빈을 참조할 수 있는 dataSource 속성이 있다.
- countriesLoader: 데이터베이스의 콘텐츠를 초기화하고 데이터를 알려진 상태로 가져오는 빈이다(③). 여기에도 dataSource 빈을 참조할 수 있는 dataSource 속성이 있다.

이제 켈리는 CountriesLoader 클래스를 수정한다. CountriesLoader 클래스는 데이터베이스로부터 국가 정보를 삽입하고 데이터베이스를 알려진 상태로 만드는 역할을 한다.

예제 19.11 CountriesLoader 클래스

```java
public class CountriesLoader extends JdbcDaoSupport {  ①

  private static final String LOAD_COUNTRIES_SQL =
      "insert into country (name, code_name) values ";     ②

  public static final String[][] COUNTRY_INIT_DATA = {
    { "Australia", "AU" }, { "Canada", "CA" }, { "France", "FR" },
    { "Germany", "DE" }, { "Italy", "IT" }, { "Japan", "JP" },
    { "Romania", "RO" }, { "Russian Federation", "RU" },      ③
    { "Spain", "ES" }, { "Switzerland", "CH" },
    { "United Kingdom", "UK" }, { "United States", "US" } };

  public void loadCountries() {
    for (String[] countryData : COUNTRY_INIT_DATA) {  ④
      String sql = LOAD_COUNTRIES_SQL + "('" + countryData[0] +
                  "', '" + countryData[1] );      ⑤
      getJdbcTemplate().execute(sql);
    }
  }
}
```

이 예제에서 살펴볼 내용은 다음과 같다.

- CountriesLoader 클래스는 JdbcDaoSupport 클래스를 상속한다(①).
- CountriesLoader 클래스에서는 COUNTRY 테이블에 국가 데이터를 삽입하기 위한 insert 문을 선언한다(②). 그다음 데이터베이스에 삽입할 국가 정보를 선언한다(③).
- loadCountries 메서드에서는 COUNTRY_INIT_DATA의 모든 요소를 반복문으로 순회한다(④). 그다음 각 국가 데이터를 가지고 데이터베이스에 삽입할 insert 문을 작성한 후 데이터베이스에 대해 insert 문을 실행한다(⑤).

이제 스프링 제어의 역전 기법을 적용하여 기존의 지루한 작업을 간단하게 끝낼 수 있다. 커넥션을 얻고, 쿼리문을 준비/실행/반납하고, 예외 처리하고, 커넥션을 반납하는 등 반복적이고 지루한 작업을 수행하지 않아도 된다.

> 📦 **스프링 JDBC 클래스**
>
> JdbcDaoSupport는 데이터베이스 파라미터의 구성과 전송을 쉽게 만들어 주는 스프링 JDBC 클래스다. JdbcDaoSupport를 상속한다면 JdbcDaoSupport가 만들어 주는 JdbcTemplate을 사용

하면 된다.

사실 JdbcTemplate이야말로 org.springframework.jdbc.core 패키지의 핵심 클래스다. Jdbc DaoSupport 클래스의 final 메서드인 getJdbcTemplate를 통해 JdbcTemplate 객체에 접근한 다음, SQL 쿼리를 수행하고, 결과를 반복하며, JDBC 예외도 캐치할 수 있다.

이제 켈리는 스프링을 사용하고 개발자의 데이터베이스 부담을 줄이기 위해 앞서 테스트한 코드를 수정한다. 그 전에 먼저 CountryRowMapper 클래스를 구현한다. CountryRowMapper 클래스는 데이터베이스의 COUNTRY 테이블과 객체 지향 프로그래밍에서의 Country 클래스 간에 매핑을 담당하는 매퍼다.

예제 19.12 CountryRowMapper 클래스

```
[...]
public class CountryRowMapper implements RowMapper<Country> {  ①
  public static final String NAME = "name";
  public static final String CODE_NAME = "code_name";    ②

  @Override
  public Country mapRow(ResultSet resultSet, int i) throws SQLException {
    Country country = new Country(resultSet.getString(NAME),
                                  resultSet.getString(CODE_NAME));    ③
    return country;  ④
  }
}
```

이 예제에서 살펴볼 내용은 다음과 같다.

- CountryRowMapper 클래스는 RowMapper 인터페이스를 구현한다(①). RowMapper 는 데이터베이스에서 가져온 ResultSet를 특정 객체에 매핑해서 반환해 주는 스프링 JDBC 인터페이스다.

- CountryRowMapper 클래스에서 사용할 문자열 상수를 선언한다. 문자열 상수는 테이블의 컬럼에 해당하는 값이다(②). CountryRowMapper 클래스는 데이터베이스의 어떤 컬럼을 객체의 어떤 필드에 매핑할지 정의한다. 재사용도 가능하다. 이제는 JDBC에서 했던 것처럼 더는 쿼리 문의 파라미터를 매번 일일이 매핑할 필요가 없다.

- RowMapper 인터페이스에서 상속한 mapRow 메서드를 재정의한다. 데이터베이스로부터 가져온 ResultSet의 두 가지 문자열을 가지고 Country 객체를 만든다

(③). 그리고 만들어진 Country 객체를 반환한다(④)

켈리는 스프링에서 데이터베이스에 접근하는 역할을 하는 CountryDao 클래스를 수정한다.

예제 19.13 CountryDao 클래스

```
[...]
public class CountryDao extends JdbcDaoSupport {   ①

   private static final String GET_ALL_COUNTRIES_SQL =
       "select * from country";                                    ②
   private static final String GET_COUNTRIES_BY_NAME_SQL =
       "select * from country where name like :name";

   private static final CountryRowMapper COUNTRY_ROW_MAPPER =
       new CountryRowMapper();                                     ③

   public List<Country> getCountryList() {
     List<Country> countryList =
         getJdbcTemplate().query(GET_ALL_COUNTRIES_SQL,
                              COUNTRY_ROW_MAPPER);                  ④
     return countryList;
   }

   public List<Country> getCountryListStartWith(String name) {
     NamedParameterJdbcTemplate namedParameterJdbcTemplate =
         new NamedParameterJdbcTemplate(getDataSource());          ⑤
     SqlParameterSource sqlParameterSource =
         new MapSqlParameterSource("name", name + "%");            ⑥
     return namedParameterJdbcTemplate.query(GET_COUNTRIES_BY_NAME_SQL,
                                   sqlParameterSource,
                                   COUNTRY_ROW_MAPPER);             ⑦
   }

}
```

이 예제에서 살펴볼 내용은 다음과 같다.

- CountryDao 클래스는 JdbcDaoSupport 클래스를 상속한다(①).

- CountryDao 클래스에 두 개의 select 문을 선언한다. 하나는 COUNTRY 테이블의 국가 데이터를 조건 없이 가져오고, 다른 하나는 특정한 이름으로 시작하는 국가 데이터만을 가져온다(②). 두 번째 SQL에서는 이름이 있는 파라미터(named parameter)인 :name을 사용한다.

- 이전에 만들어 놓은 CountryRowMapper 인스턴스를 초기화한다(③).
- getCountryList 메서드는 COUNTRY 테이블을 조회한다. GET_COUNTRIES_SQL을 사용하여 모든 국가 데이터를 반환하고 CountryRowMapper를 사용하여 테이블의 컬럼과 Country 객체의 필드를 매핑했다. 그 결과 Country 객체의 리스트를 손쉽게 반환할 수 있다(④).
- getCountryListStartWith 메서드에서 NamedParameterJdbcTemplate 객체를 생성했다(⑤). 참고로 NamedParameterJdbcTemplate은 이름이 있는 파라미터를 사용할 수 있다. 예전에는 같은 기능을 구현하기 위해 플레이스홀더로 ?를 써야 했다. NamedParameterJdbcTemplate 생성자의 파라미터에 사용하는 getDataSource 메서드는 JdbcDaoSupport에서 상속한 final 메서드다. DAO가 사용할 DataSource 객체를 반환한다.
- SqlParameterSource 객체를 초기화한다(⑥). SqlParameterSource에는 이름이 있는 파라미터의 키와 값을 작성할 수 있으며 그 결과 해당 변수를 NamedParameterJdbcTemplate의 파라미터로 사용할 수 있다.
- 그다음으로 COUNTRY 테이블을 조회한다. GET_COUNTRIES_BY_NAME_SQL을 사용하여 이름이 있는 파라미터를 활용하였고, CountryRowMapper를 사용하여 테이블의 컬럼과 Country 객체의 필드를 매핑했다(⑦).

마지막으로 기존의 CountriesDatabaseTest 테스트를 수정하여 스프링 JDBC를 테스트한다.

예제 19.14 CountriesDatabaseTest 클래스

```
[...]
@ExtendWith(SpringExtension.class)                              ①
@ContextConfiguration("classpath:application-context.xml")   ②
public class CountriesDatabaseTest {

  @Autowired
  private CountryDao countryDao;                    ③

  @Autowired
  private CountriesLoader countriesLoader;          ④

  private List<Country> expectedCountryList = new ArrayList<Country>();   ⑤
  private List<Country> expectedCountryListStartsWithA =          ⑥
      new ArrayList<Country>();
```

```
@BeforeEach  ⑦
public void setUp() {
  initExpectedCountryLists();        ⑧
  countriesLoader.loadCountries();   ⑨
}

@Test
@DirtiesContext  ⑩
public void testCountryList() {
  List<Country> countryList = countryDao.getCountryList();        ⑪
  assertNotNull(countryList);                                      ⑫
  assertEquals(expectedCountryList.size(), countryList.size());   ⑬
  for (int i = 0; i < expectedCountryList.size(); i++) {
    assertEquals(expectedCountryList.get(i), countryList.get(i));  ⑭
  }
}

@Test
@DirtiesContext  ⑩
public void testCountryListStartsWithA() {
  List<Country> countryList = countryDao.getCountryListStartWith("A");  ⑮
  assertNotNull(countryList);                                            ⑯
  assertEquals(expectedCountryListStartsWithA.size(),
               countryList.size());                                     ⑰
  for (int i = 0; i < expectedCountryListStartsWithA.size(); i++) {
    assertEquals(expectedCountryListStartsWithA.get(i),
                 countryList.get(i));                                    ⑱
  }
}

private void initExpectedCountryLists() {
  for (int i = 0; i < CountriesLoader.COUNTRY_INIT_DATA.length; i++) {
    String[] countryInitData = CountriesLoader.COUNTRY_INIT_DATA[i];  ⑲
    Country country = new Country(countryInitData[0],
                                  countryInitData[1]);                ⑳
    expectedCountryList.add(country);                                 ㉑
    if (country.getName().startsWith("A")) {
      expectedCountryListStartsWithA.add(country);                    ㉒
    }
  }
}
}
```

이 예제에서 살펴볼 내용은 다음과 같다.

- 테스트가 SpringExtension을 확장할 수 있게 @ExtendWith(SpringExtension.class) 애노테이션을 추가했다(①). @ExtendWith(SpringExtension.class)은 JUnit Jupiter

테스트에 스프링 테스트 콘텍스트를 통합할 수 있게 해 준다.

- 테스트에 @ContextConfiguration 애노테이션을 추가하여 application-context. xml 파일에서 애플리케이션 콘텍스트를 가져오게 만들었다(②).

- application-context.xml 파일에 선언했던 CountryDao 타입 빈(③)과 Countries Loader 타입 빈(④)을 오토와이어한다.

- 전체 국가의 리스트(⑤)와, A로 시작하는 이름을 가진 리스트를 초기화했다(⑥).

- setUp 메서드에 @BeforeEach 애노테이션을 붙여 각 테스트가 수행되기 전에 수행되도록 했다(⑦). setUp 메서드에서는 전체 국가의 리스트를 초기화한다(⑧). 그리고 데이터베이스로부터 국가 데이터를 조회해 가져온다(⑨). 이제 데이터베이스는 스프링이 초기화하므로 수동으로 초기화할 필요가 없다.

- @DirtiesContext 애노테이션을 테스트 메서드 위에 추가했는데(⑩), @Dirties Context 애노테이션은 테스트가 콘텍스트(여기서는 내장 데이터베이스의 상태)를 변경했을 때 사용한다. 이렇게 하면 테스트마다 새로운 콘텍스트가 제공되므로 데이터베이스 부담이 줄어든다.

- testCountryList 테스트에서는 CountryDao 클래스의 getCountryList 메서드를 사용하여 데이터베이스로부터 모든 국가 정보 리스트를 가져온다(⑪). 다음으로 국가 정보 리스트가 null이 아닌지 검증한다(⑫). 리스트의 사이즈가 정확한지도 검증하고(⑬), 국가 객체가 같은지도 검증한다(⑭).

- testCountryListStartsWithA 테스트에서 CountryDao 클래스의 getCountryList StartWith 메서드를 사용하여 데이터베이스에서 A로 시작하는 국가 정보를 가져온다(⑮). 다음으로 A로 시작하는 국가 정보 리스트가 null이 아닌지 검증한다(⑯). 리스트의 사이즈가 정확한지도 검증하고(⑰), 국가 객체가 동등한지도 검증한다(⑱).

- initExpectedCountryLists 메서드는 먼저 국가 데이터를 초기화한다(⑲). 각 스텝에서 Country 객체를 만들고(⑳), 만들어진 데이터를 expectedCountryList에도 계속 추가한다(㉑). 국가명이 A로 시작하는 경우 expectedCountryListStarts WithA에 추가한다(㉒).

그 결과 그림 19.2와 같이 테스트가 성공적으로 수행된 것을 확인할 수 있다.

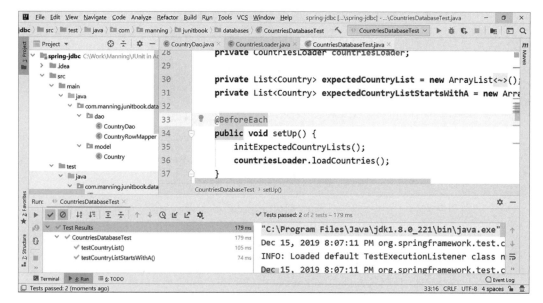

그림 19.2 스프링 JDBC 애플리케이션에서 테스트를 성공적으로
수행하여 COUNTRY 테이블과의 상호작용을 확인한 결과

이렇게 애플리케이션에서 스프링 JDBC를 사용하여 데이터베이스에 접근하고 테스트했다. 스프링 JDBC를 사용하는 방식은 다음과 같은 장점이 있다.

- 지루하고 반복적인 코드를 작성할 필요가 없다.
- 커넥션을 만들거나 얻는 작업을 할 필요가 없다.
- 쿼리문을 준비하고, 실행하고, 예외를 처리하고, 커넥션을 반납하는 작업을 하지 않아도 된다.
- 스프링이 관리하는 애플리케이션 콘텍스트에만 신경 쓰면 된다. 그리고 로(row) 매퍼를 사용하므로 데이터베이스 컬럼과 변수를 매핑할 필요가 없다. 쿼리문을 구체적으로 명시하고 결과를 반복적으로 수행하기만 하면 된다.

스프링은 여러 방법으로 구성할 수 있다. 여기서는 XML 기반의 구성을 사용하였는데, 여러 구성 방법 중 수정이 쉬운 편이기 때문이다. 앞서 소개했듯이 스프링 프레임워크를 구성하는 다른 방법이 궁금하다면 《스프링 인 액션》(제이펍, 2020)을 읽어보길 바란다.

다음 절에서 켈리는 데이터베이스와의 상호작용을 테스트하고 개발자의 데이터베이스 부담을 줄이기 위한 대안인 하이버네이트를 알아본다.

19.4 하이버네이트 애플리케이션 테스트하기

JPA는 관계형 데이터 관리, 클라이언트가 사용할 API, ORM 메타데이터 등에 대한 표준 명세다. 하이버네이트는 JPA를 구현하는 자바 ORM 프레임워크로 현재 가장 많이 사용되는 JPA 구현체다.[2] 참고로 하이버네이트는 JPA가 발표되기 전부터 존재했다. 그래서 하이버네이트는 자체적인 API도 갖고 있으면서 JPA 표준을 벗어난 기능도 일부 제공한다. 우리 예제는 표준 JPA에 맞는 기능을 사용한다.

하이버네이트는 객체 지향 도메인 모델을 관계형 데이터베이스 테이블에 매핑할 수 있게 해 준다. 하이버네이트를 사용하면 데이터베이스에 직접 접근하지 않고도 객체 지향적인 방식으로 데이터를 다룰 수 있으므로, 객체 지향 도메인 모델과 관계형 데이터베이스 모델 간에 호환되지 않는 문제를 해결할 수 있다. 하이버네이트를 사용하면 데이터베이스에 접근하고 테스트하는 데 구체적으로 다음과 같은 장점이 있다.

- 빠른 개발 속도: 하이버네이트를 사용하면 쿼리 수행 결과 컬럼을 객체 필드에 일일이 매핑하는 반복적인 코드를 완전히 없앨 수 있다.
- 데이터베이스 접근의 추상성과 이식성: 하이버네이트가 데이터베이스 벤더에 적합한 SQL을 만들어 내므로 개발자는 데이터베이스 벤더를 변경하더라도 하이버네이트 코드를 변경하지 않아도 된다.
- 캐시 관리: 데이터베이스에서 가져온 엔티티가 일차적으로 메모리에 캐시되므로 데이터베이스에서 데이터를 여러 번 가져올 필요가 없다.
- 보일러플레이트 제공: 하이버네이트는 CRUD 작업을 위한 기본적인 코드를 제공한다.

켈리는 Maven pom.xml 파일에 하이버네이트 의존성을 추가했다.

예제 19.15 pom.xml 파일에 추가한 하이버네이트 의존성

```
<dependency>
  <groupId>org.hibernate</groupId>
  <artifactId>hibernate-core</artifactId>
  <version>5.4.9.Final</version>
</dependency>
```

---

2 (옮긴이) 하이버네이트 관련 서적으로는 이 책의 저자인 커털린 투도세가 *Java Persistence with Spring Data and Hibernate*, Manning, 2023를 출간하였고, 우리말 번역서로는 《자바 퍼시스턴스 프로그래밍 완벽 가이드》(위키북스, 2024)로 출간되었다.

켈리는 Country 클래스에 데이터베이스 엔티티 설정을 위한 애노테이션을 추가하고, 클래스의 필드와 테이블의 컬럼이 서로 매핑할 수 있게 하는 애노테이션을 추가했다.

예제 19.16 **Country 엔티티 클래스**

```
@Entity                                          ①
@Table(name = "COUNTRY")    ②
public class Country {
  @Id                                            ③
  @GeneratedValue(strategy = GenerationType.IDENTITY)   ④
  @Column(name = "ID")                           ⑤
  private int id;

  @Column(name = "NAME")        ⎤
  private String name;          ⎟
                                ⎬ ⑥
  @Column(name = "CODE_NAME")   ⎦
  private String codeName;

  [...]

}
```

이 예제에서 살펴볼 내용은 다음과 같다.

- Country 클래스에 @Entity 애노테이션을 추가하여 해당 클래스가 데이터베이스 테이블에 매핑될 수 있도록 했다(①). 매핑할 데이터베이스 테이블은 @Table 안에 파라미터로 명시했으며 여기서는 COUNTRY 테이블에 매핑된다(②).
- id 필드가 기본 키라는 점을 나타내기 위해 @Id 애노테이션을 추가했으며(③), @GeneratedValue(strategy = GenerationType.IDENTITY)를 사용하여 자동으로 값을 생성해 주기로 했다(④). id 필드에 대응하는 컬럼명은 ID다(⑤).
- name과 codeName 필드에 @Column 애노테이션을 추가해 각 필드에 대응하는 테이블의 컬럼명을 명시했다(⑥).

persistence.xml 파일은 하이버네이트를 사용하기 위해 만드는 설정 파일이다. 켈리는 persistence.xml 파일을 src/test/resources/META-INF 폴더에 추가한다.

예제 19.17 **src/test/resources/META-INF 폴더에 추가한 persistence.xml 파일**

```
<persistence-unit name="manning.hibernate">                        ①
  <provider>org.hibernate.jpa.HibernatePersistenceProvider</provider>   ②
```

```
    <class>com.manning.junitbook.databases.model.Country</class>        ③
    <properties>
      <property name="javax.persistence.jdbc.driver"
                value="org.h2.Driver" />                                 ④
      <property name="javax.persistence.jdbc.url"
                value="jdbc:h2:mem:test;DB_CLOSE_DELAY=-1" />            ⑤
      <property name="javax.persistence.jdbc.user" value="sa" />        
      <property name="javax.persistence.jdbc.password" value="" />       ⑥
      <property name="hibernate.dialect"
                value="org.hibernate.dialect.H2Dialect" />              ⑦
      <property name="hibernate.show_sql" value="true" />                ⑧
      <property name="hibernate.hbm2ddl.auto" value="create" />          ⑨
    </properties>
  </persistence-unit>
```

이 예제에서 살펴볼 내용은 다음과 같다.

- 영속성 단위를 manning.hibernate로 지정한다(①). persistence.xml 파일에는 클래스패스 안에서 고유한 이름을 가진 영속성 단위를 지정할 수 있다.
- <provider> 태그에 영속성 단위에서 사용할 영속성 제공자, 즉 JPA의 엔티티 매니저를 지정한다(②). 엔티티 매니저(EntityManager)는 영속성 객체인 엔티티를 관리하여 새로운 객체를 데이터베이스에 삽입할 수 있게 해 주며, 기존 객체를 조회, 수정, 삭제하게 해 준다. 여기서의 엔티티 매니저는 하이버네이트를 말한다.
- 하이버네이트에서 관리하는 엔티티를 애플리케이션의 Country 클래스로 정의했다(③).
- H2를 사용하므로 JDBC 드라이버를 H2로 지정했다(④).
- H2 데이터베이스의 URL을 지정했다. DB_CLOSE_DELAY=-1로 설정하여 데이터베이스가 항상 열려 있게 하고 가상 머신이 살아 있는 동안에는 콘텐츠가 메모리 내에 유지되도록 설정했다(⑤).
- 데이터베이스에 접근하기 위한 자격 증명인 아이디와 비밀번호를 작성한다(⑥).
- SQL 방언을 H2Dialect로 설정하고(⑦), 생성된 쿼리가 콘솔에 나타나도록 했다(⑧).
- 테스트를 수행할 때마다 데이터베이스 스키마를 초기화하도록 했다(⑨).

이제 켈리는 하이버네이트를 사용하여 데이터베이스 애플리케이션의 기능을 확인하는 테스트를 작성한다.

예제 19.18 **CountriesHibernateTest 파일**

```
[...]
public class CountriesHibernateTest {

    private EntityManagerFactory emf;    ①
    private EntityManager em;            ②

    private List<Country> expectedCountryList =
        new ArrayList<>();                                    ③
    private List<Country> expectedCountryListStartsWithA =
        new ArrayList<>();

    public static final String[][] COUNTRY_INIT_DATA = {
        { "Australia", "AU" }, { "Canada", "CA" }, { "France", "FR" },
        { "Germany", "DE" }, { "Italy", "IT" }, { "Japan", "JP" },
        { "Romania", "RO" }, { "Russian Federation", "RU" },      ④
        { "Spain", "ES" }, { "Switzerland", "CH" },
        { "United Kingdom", "UK" }, { "United States", "US" } };

    @BeforeEach  ⑤
    public void setUp() {
        initExpectedCountryLists();  ⑥

        emf = Persistence.createEntityManagerFactory("manning.hibernate");  ⑦
        em = emf.createEntityManager();

        em.getTransaction().begin();

        for (int i = 0; i < COUNTRY_INIT_DATA.length; i++) {
            String[] countryInitData = COUNTRY_INIT_DATA[i];
            Country country = new Country(countryInitData[0],      ⑨
                                          countryInitData[1]);
⑧          em.persist(country);  ⑩
        }

        em.getTransaction().commit();
    }

    @Test
    public void testCountryList() {
        List<Country> countryList =
            em.createQuery("select c from Country c")       ⑪
            .getResultList();
        assertNotNull(countryList);                                      ⑫
        assertEquals(COUNTRY_INIT_DATA.length, countryList.size());      ⑬
        for (int i = 0; i < expectedCountryList.size(); i++) {
            assertEquals(expectedCountryList.get(i), countryList.get(i));   ⑭
        }
```

```
  }

  @Test
  public void testCountryListStartsWithA() {
    List<Country> countryList =
        em.createQuery("select c from Country c where c.name like 'A%'")    ⑮
          .getResultList();
    assertNotNull(countryList);    ⑯
    assertEquals(expectedCountryListStartsWithA.size(),                      ⑰
                 countryList.size());
    for (int i = 0; i < expectedCountryListStartsWithA.size(); i++) {        ⑱
      assertEquals(expectedCountryListStartsWithA.get(i),
                   countryList.get(i));
    }
  }

  @AfterEach    ⑲
  public void dropDown() {
    em.close();                                                             ⑳
    emf.close();
  }

  private void initExpectedCountryLists() {
    for (int i = 0; i < COUNTRY_INIT_DATA.length; i++) {    ㉑
      String[] countryInitData = COUNTRY_INIT_DATA[i];
      Country country = new Country(countryInitData[0],                     ㉒
                                    countryInitData[1]);
      expectedCountryList.add(country);    ㉓
      if (country.getName().startsWith("A")) {                             ㉔
        expectedCountryListStartsWithA.add(country);
      }
    }
  }
}
```

이 예제에서 살펴볼 내용은 다음과 같다.

- EntityManagerFactory와(①) EntityManager를 선언한다(②). EntityManagerFactory는 데이터베이스에 접근하기 위한 EntityManager를 제공하는 팩터리 역할을 한다. EntityManager는 엔티티를 통해 데이터베이스에 접근할 수 있도록 하는 엔티티 매니저다.

- 전체 국가 리스트 expectedCountryList와 A로 시작하는 국가 리스트 expected CountryListStartsWithA를 초기화한다(③). 그다음 데이터베이스에 삽입할 국가 정보의 초기 데이터인 COUNTRY_INIT_DATA를 선언한다(④).

- setup 메서드에 @BeforeEach 애노테이션을 붙여 각 테스트가 수행되기 전에 수행되도록 했다(⑤). setup 메서드에서 전체 국가 리스트를 초기화하고(⑥), EntityManagerFactory와 EntityManager도 초기화한다(⑦).
- 트랜잭션 내에서(⑧) 각 국가를 순차적으로 생성하고(⑨) 생성된 국가 객체를 데이터베이스에 영속시킨다(⑩).
- testCountryList 테스트에서는 데이터베이스로부터 국가 정보를 가져온다. 그 과정에서 EntityManager를 사용했으며 Country 엔티티를 JPQL select 문을 이용해서 쿼리했다(⑪). 참고로 지금은 SQL이 아니라 JPQL을 사용하고 있다. JPA 스펙인 JPQL(Java persistence query language, 자바 퍼시스턴스 쿼리 언어)은 데이터베이스 벤더에 영향을 받지 않는 객체 지향 쿼리 언어를 말한다. JPQL은 SQL처럼 SELECT * FROM COUNTRY가 아니라 select c from Country c처럼 별칭(alias)을 사용해야 하며, SQL 테이블처럼 COUNTRY가 아니라 클래스처럼 Country로 작성한다는 점에 주의하자. SQL과 달리 JPQL은 대소문자를 구분한다. JPQL로 가져온 리스트가 null이 아닌지 검증하고(⑫), 데이터의 숫자가 맞는지(⑬), 그 내용은 예상했던 바와 동등한지 검증한다(⑭).
- testCountryListStartsWithA 테스트에서는 데이터베이스에서 A로 시작하는 국가 정보를 가져온다. 그 과정에서 EntityManager를 사용하였고 Country 엔티티를 JPQL select 문을 이용해서 쿼리했다(⑮). 다음으로 국가 정보 리스트가 null이 아닌지 검증한다(⑯). 리스트의 사이즈가 정확한지도 검증하고(⑰), 국가 객체가 동등한지도 검증한다(⑱).
- @AfterEach 애노테이션이 붙은 dropDown 메서드는 각 테스트가 끝난 다음에 실행된다(⑲). dropDown 메서드는 EntityManagerFactory와 EntityManager 자원을 반납한다(⑳).
- initExpectedCountryLists 메서드는 국가 정보의 초기 데이터를 가져온다(㉑). Country 객체를 만들고(㉒) 만들어진 데이터를 expectedCountryList에 계속 추가한다(㉓). 국가명이 A로 시작하는 경우 expectedCountryListStartsWithA에 추가한다(㉔).

그 결과는 그림 19.3과 같다. 테스트가 성공적으로 수행되었다.

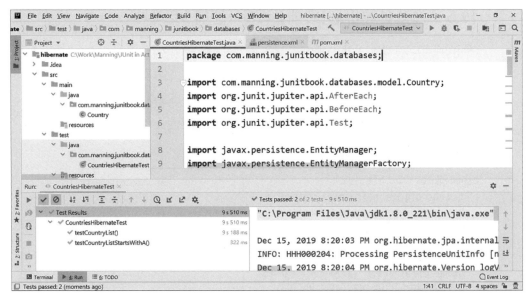

그림 19.3 하이버네이트 애플리케이션에서 테스트를 성공적으로
수행하여 COUNTRY 테이블과의 상호작용을 확인한 결과

이제 애플리케이션은 하이버네이트를 통해 데이터베이스에 접근하고 테스트할 수
있다. 하이버네이트를 사용했을 때는 다음과 같은 장점이 있었다.

- 애플리케이션 단에서 특정 데이터베이스에 맞는 SQL을 작성할 필요가 없다. 다
  른 데이터베이스로 이식할 수 있게 자바와 JPQL로만 작업할 수 있다.
- 쿼리 결과 컬럼을 객체 필드에 일일이 매핑하거나 그 반대로 매핑할 필요가
  없다.
- 하이버네이트는 객체 지향적으로 작성된 소스 코드를 특정 데이터베이스의 SQL
  로 변환하는 방법을 알고 있다. 따라서 데이터베이스를 변경하더라도 기존 코드
  를 수정할 필요가 없다. 단순히 하이버네이트 구성과 데이터베이스 방언만 달라
  진다.

켈리는 데이터베이스와의 상호작용을 테스트하기 위한 또 다른 방법을 고민하고
있다. 스프링과 하이버네이트를 같이 사용하는 것인데, 다음 절에서 알아보자.

19.5 스프링 하이버네이트 애플리케이션 테스트하기

하이버네이트는 객체 지향 도메인 모델을 관계형 데이터베이스 테이블에 매핑할 수 있게 해 준다. 여기에 스프링의 제어의 역전 패턴을 추가로 적용하여 데이터베이스와의 상호작용을 단순화할 수 있다. 하이버네이트와 스프링을 통합하기 위해 켈리는 먼저 pom.xml 파일에 스프링과 하이버네이트 의존성을 추가한다.

예제 19.19 **pom.xml 파일에 추가한 스프링과 하이버네이트 의존성**

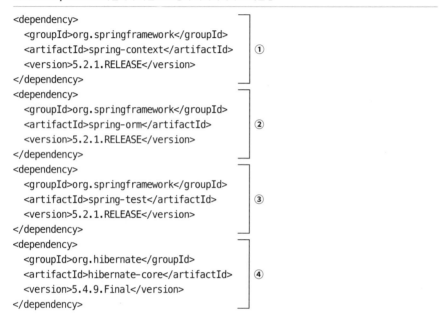

```
<dependency>
  <groupId>org.springframework</groupId>
  <artifactId>spring-context</artifactId>       ①
  <version>5.2.1.RELEASE</version>
</dependency>
<dependency>
  <groupId>org.springframework</groupId>
  <artifactId>spring-orm</artifactId>           ②
  <version>5.2.1.RELEASE</version>
</dependency>
<dependency>
  <groupId>org.springframework</groupId>
  <artifactId>spring-test</artifactId>          ③
  <version>5.2.1.RELEASE</version>
</dependency>
<dependency>
  <groupId>org.hibernate</groupId>
  <artifactId>hibernate-core</artifactId>       ④
  <version>5.4.9.Final</version>
</dependency>
```

이 예제에서 살펴볼 내용은 다음과 같다.

- spring-context: 스프링 제어의 역전 컨테이너를 사용하기 위한 의존성이다(①).
- spring-orm: 스프링에서 ORM 프레임워크로 하이버네이트를 사용하여 데이터베이스에 접근하기 위한 의존성이다. 이제는 스프링이 커넥션 관리, 쿼리문 준비, 실행, 예외 처리를 수행한다(②).
- spring-test: 스프링 관련한 테스트를 작성하기 위해 사용하는 의존성이다. SpringExtension과 @ContextConfiguration 애노테이션을 사용할 수 있다(③).
- hibernate-core: 하이버네이트를 사용해 데이터베이스와 상호작용하기 위한 의존성이다(④).

켈리는 하이버네이트의 표준 구성 파일인 persistence.xml을 수정했다. 데이터베이스 접근 제어가 스프링에 의해 처리되므로 이 파일에는 최소한의 정보만 남게 되고, 대부분의 정보는 application-context.xml로 이동했다.

예제 19.20 persistence.xml 파일

```
<persistence-unit name="manning.hibernate">                                      ①
  <provider>org.hibernate.jpa.HibernatePersistenceProvider</provider>           ②
  <class>com.manning.junitbook.databases.model.Country</class>                  ③
</persistence-unit>
```

이 예제에서 살펴볼 내용은 다음과 같다.

- 영속성 단위를 manning.hibernate로 지정한다(①). persistence.xml 파일에는 클래스패스 안에서 고유한 이름을 가진 영속성 단위를 지정할 수 있다.
- <provider> 태그에 영속성 단위에서 사용할 영속성 제공자, 곧 JPA의 엔티티 매니저를 지정한다(②). 여기서의 엔티티 매니저는 하이버네이트를 말한다.
- 하이버네이트에서 관리할 엔티티를 Country로 명시한다(③).

다음으로 켈리는 애플리케이션 콘텍스트 설정 파일인 application-context.xml에 데이터베이스 관련 설정을 추가한다.

예제 19.21 application-context.xml 파일

```
<tx:annotation-driven transaction-manager="txManager" />   ①

<bean id="dataSource"
      class="org.springframework.jdbc.datasource.            ②
             DriverManagerDataSource">
  <property name="driverClassName" value="org.h2.Driver" />           ③
  <property name="url" value="jdbc:h2:mem:test;DB_CLOSE_DELAY=-1" />   ④
  <property name="username" value="sa" />           ⑤
  <property name="password" value="" />
</bean>

<bean id="entityManagerFactory"
      class="org.springframework.orm.jpa.                     ⑥
             LocalContainerEntityManagerFactoryBean">
  <property name="persistenceUnitName" value="manning.hibernate" />   ⑦
  <property name="dataSource" ref="dataSource" />           ⑧
  <property name="jpaProperties">
    <props>
```

```
      <prop key="hibernate.dialect">org.hibernate.dialect.H2Dialect</prop>   ⑨
      <prop key="hibernate.show_sql">true</prop>                             ⑩
      <prop key="hibernate.hbm2ddl.auto">create</prop>                       ⑪
    </props>
  </property>
</bean>

<bean id="txManager"                                                    ⑫
      class="org.springframework.orm.jpa.JpaTransactionManager">
  <property name="entityManagerFactory" ref="entityManagerFactory" />  ⑬
  <property name="dataSource" ref="dataSource" />                      ⑭
</bean>

<bean class="com.manning.junitbook.databases.CountryService" />  ⑮
```

이 예제에서 살펴볼 내용은 다음과 같다.

- <tx:annotation-driven>은 스프링 콘텍스트가 애노테이션을 활용해서 트랜잭션을 관리할 수 있게 하는 설정이다(①).
- 드라이버를 H2로 지정하여 데이터 소스 접근 방법을 구성한다(②). 현재 사용하는 데이터베이스가 H2이기도 하다(③). H2 데이터베이스의 URL을 지정했다. 또한 DB_CLOSE_DELAY=-1로 설정하여 데이터베이스가 항상 열려 있게 만들고 가상 머신이 살아 있는 동안에는 콘텐츠가 메모리 내에 유지될 수 있게 설정한다(④).
- 데이터베이스에 접근하기 위한 자격 증명인 아이디와 비밀번호를 작성한다(⑤).
- 엔티티 매니저 팩터리 빈을 생성하고 속성을 설정한다(⑥). persistence.xml 파일에 정의한 영속성 단위명(⑦), 앞에서 정의한 데이터 소스(⑧), 생성할 쿼리의 SQL 방언(H2Dialect) 등을 작성한다(⑨). 생성한 SQL 쿼리가 콘솔에 나타날 수 있게 하고(⑩), 테스트를 수행할 때마다 데이터베이스 스키마를 초기화하게 했다(⑪).
- 애노테이션 기반 트랜잭션 구성을 처리하려면 트랜잭션 관리자 빈을 생성해야 한다. 트랜잭션 매니저 빈을 선언하고(⑫), 엔티티 매니저 팩터리(⑬), 데이터 소스(⑭) 속성을 설정한다.
- CountryService 빈을 등록한다(⑮). CountryService 빈에 데이터베이스에 접근하는 로직을 추가할 것이기 때문이다.

이제 켈리는 데이터베이스와 상호작용하는 로직을 가진 CountryService 클래스를 만든다.

예제 19.22 CountryService 클래스

```
[...]
public class CountryService {

  @PersistenceContext
  private EntityManager em;                              ①

  public static final String[][] COUNTRY_INIT_DATA = {
    { "Australia", "AU" }, { "Canada", "CA" }, { "France", "FR" },
    { "Germany", "DE" }, { "Italy", "IT" }, { "Japan", "JP" },
    { "Romania", "RO" }, { "Russian Federation", "RU" },        ②
    { "Spain", "ES" }, { "Switzerland", "CH" },
    { "United Kingdom", "UK" }, { "United States", "US" } };

  @Transactional
  public void init() {
    for (int i = 0; i < COUNTRY_INIT_DATA.length; i++) {
      String[] countryInitData = COUNTRY_INIT_DATA[i];
      Country country = new Country(countryInitData[0],       ④
                                    ountryInitData[1]);
      em.persist(country);
    }
  }

  @Transactional
  public void clear() {
    em.createQuery("delete from Country c").executeUpdate();   ⑤
  }

  public List<Country> getAllCountries() {
    return em.createQuery("select c from Country c").getResultList();   ⑥
  }

  public List<Country> getCountriesStartingWithA() {
    return em.createQuery("select c from Country c where c.name
                           like 'A%'")                         ⑦
        .getResultList();
  }
}
```

이 예제에서 살펴볼 내용은 다음과 같다.

- CountryService 클래스에는 EntityManager 타입의 빈을 선언하고 @Persistence
  Context 애노테이션을 적용했다(①). @PersistenceContext은 스프링 컨테이너로
  부터 persistence.xml을 이용해 생성한 EntityManager 빈을 주입하는 데 사용하

며, EntityManager 빈은 데이터베이스에 접근하는 데 사용한다. 런타임에 엔티티 매니저를 사용하려면 이렇게 @PersistenceContext 애노테이션으로 컴포넌트를 주입해서 쓰면 된다.

- 초기 국가 데이터를 COUNTRY_INIT_DATA로 초기화했다(②).
- init과 clear 메서드에 @Transactional 애노테이션을 추가했다(③). init 메서드가 데이터를 삽입하거나 clear 메서드가 데이터를 삭제할 때 모든 데이터가 원자적으로 삽입되거나 삭제될 수 있도록 하나의 트랜잭션 안에서 실행되어야 하기 때문이다.
- 초기 국가 데이터를 반복문으로 순회하여 Country 객체를 만든 다음 데이터베이스에 영속시킨다(④).
- clear 메서드는 delete JPQL을 사용하여 데이터베이스에서 모든 Country 엔티티를 삭제한다(⑤). 예제 19.18에 서술한 바와 같이 JPQL의 Country는 데이터베이스 테이블명이 아니라 반드시 클래스명과 일치하게 작성해야 한다.
- getAllCountries 메서드는 select JPQL을 사용하여 데이터베이스에서 모든 Country 엔티티를 조회한다(⑥).
- getCountriesStartingWithA 메서드는 select JPQL을 사용하여 데이터베이스에서 A로 시작하는 모든 Country 엔티티를 조회한다(⑦).

마지막으로 켈리는 CountriesHibernateTest 클래스를 수정하여 데이터베이스와 상호작용하는 로직에 이상이 없는지 테스트한다.

예제 19.23 CountriesHibernateTest 클래스

```
[...]
@ExtendWith(SpringExtension.class)                          ①
@ContextConfiguration("classpath:application-context.xml")  ②
public class CountriesHibernateTest {

  @Autowired                                    ┐
  private CountryService countryService;        ┘ ③

  private List<Country> expectedCountryList = new ArrayList<>();  ┐
  private List<Country> expectedCountryListStartsWithA =          │ ④
      new ArrayList<>();                                          ┘

  @BeforeEach   ⑤
  public void setUp() {
```

```
      countryService.init();        ⑥
      initExpectedCountryLists();    ⑦
  }

  @Test
  public void testCountryList() {
      List<Country> countryList = countryService.getAllCountries();   ⑧
      assertNotNull(countryList);                                      ⑨
      assertEquals(COUNTRY_INIT_DATA.length, countryList.size());     ⑩
      for (int i = 0; i < expectedCountryList.size(); i++) {    ⎤
        assertEquals(expectedCountryList.get(i), countryList.get(i)); ⎦ ⑪
      }
  }

  @Test
  public void testCountryListStartsWithA() {
      List<Country> countryList =                              ⎤
          countryService.getCountriesStartingWithA();          ⎦ ⑫
      assertNotNull(countryList);  ⑬
      assertEquals(expectedCountryListStartsWithA.size(),      ⎤
                 countryList.size());                          ⎦ ⑭
      for (int i = 0; i < expectedCountryListStartsWithA.size(); i++) {  ⎤
        assertEquals(expectedCountryListStartsWithA.get(i),              │ ⑮
                 countryList.get(i));                                    ⎦
      }
  }

  @AfterEach  ⑯
  public void dropDown() {
      countryService.clear();  ⑰
  }

  private void initExpectedCountryLists() {
      for (int i = 0; i < COUNTRY_INIT_DATA.length; i++) {  ⑱
        String[] countryInitData = COUNTRY_INIT_DATA[i];        ⎤
        Country country = new Country(countryInitData[0],       │ ⑲
                            countryInitData[1]);                ⎦
        expectedCountryList.add(country);  ⑳
        if (country.getName().startsWith("A")) {            ⎤
          expectedCountryListStartsWithA.add(country);      ⎦ ㉑
        }
      }
  }
}
```

이 예제에서 살펴볼 내용은 다음과 같다.

- 테스트가 SpringExtension 클래스를 확장할 수 있게 @ExtendWith(SpringExtension.class) 애노테이션을 추가했다(①). @ExtendWith(SpringExtension.class)는 JUnit Jupiter 테스트에 스프링 테스트 콘텍스트를 통합할 수 있게 해 준다. 이를 통해 다른 스프링 애노테이션(예를 들어 @ContextConfiguration과 @Transactional)을 사용할 수 있다. 참고로 SpringExtension은 JUnit 5에 추가된 확장이다.

- @ContextConfiguration 애노테이션을 달아 클래스패스의 application-context.xml 파일에서 콘텍스트 설정 값을 가져오도록 만들었다(②).

- CountryService 빈을 선언하고 오토와이어한다. 물론 이 빈은 스프링 컨테이너에 의해 생성되고 주입되었으며 해당 빈은 예제 19.21에서 application-context.xml 파일에 이미 등록되어 있다(③).

- 전체 국가 리스트와 A로 시작하는 국가 리스트를 초기화했다(④).

- setUp 메서드에 @BeforeEach 애노테이션을 붙여 각 테스트가 수행되기 전에 수행되게 했다(⑤). setUp 메서드에서는 countryService.init(); 문장으로 데이터베이스를 초기화하고(⑥), initExpectedCountryLists 메서드로 전체 국가 리스트를 초기화했다(⑦).

- testCountryList 테스트에서 CountryService 빈의 getAllCountries 메서드로 데이터베이스에서 모든 국가 정보를 조회해 온다(⑧). 다음으로 countryList가 null이 아닌지 검증한다(⑨). 리스트의 사이즈가 정확한지(⑩), 국가 객체가 동등한지 검증한다(⑪).

- testCountryListStartsWithA 테스트에서 CountryService 클래스의 getCountriesStartingWithA 메서드로 데이터베이스에서 A로 시작하는 모든 국가 정보를 조회한다(⑫). 그리고 countryList가 null이 아닌지 검증한다(⑬). 리스트의 사이즈가 정확한지(⑭), 국가 객체가 동등한지 검증한다(⑮).

- @AfterEach 애노테이션이 붙은 dropDown 메서드는 각 테스트가 끝난 다음에 수행된다(⑯). dropDown 메서드에서는 countryService.clear(); 문장으로 COUNTRY 테이블의 데이터를 모두 삭제한다(⑰).

- initExpectedCountryLists 메서드는 국가 정보 관련 초기 데이터를 가져온다(⑱). Country 객체를 만들고(⑲) expectedCountryList에 추가한다(⑳). 국가명이 A로 시작하는 경우 expectedCountryListStartsWithA에도 추가한다(㉑).

결과는 그림 19.4와 같다. 테스트는 성공적으로 수행되었다.

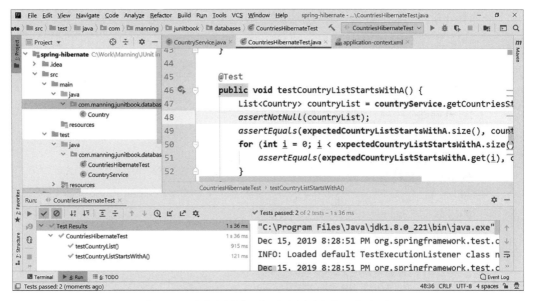

그림 19.4 스프링 하이버네이트 애플리케이션에서 테스트를 성공적으로
수행하여 COUNTRY 테이블과의 상호작용을 확인한 결과

이렇게 애플리케이션에서 스프링 하이버네이트를 통해 데이터베이스에 접근하고 테스트할 수 있었다. 스프링 하이버네이트를 이용하는 방식에는 다음과 같은 장점이 있다.

- 애플리케이션에서 SQL 코드를 작성하지 않아도 된다. 다른 데이터베이스로 이식할 수 있게 자바와 JPQL로만 작업할 수 있다.
- 커넥션을 만들거나, 얻거나, 반납할 필요가 없다.
- 예외를 따로 처리할 필요가 없다.
- 개발자는 스프링이 관리할 애플리케이션 콘텍스트에만 집중하면 되는데, 애플리케이션 콘텍스트에는 데이터 소스, 트랜잭션 관리자, 엔티티 매니저 팩터리 관련 설정이 있다.
- 하이버네이트는 객체를 가지고 수행한 작업을 데이터베이스 벤더별 SQL로 변환하는 방법을 알고 있다. 따라서 데이터베이스를 변경하더라도 기존 코드를 수정할 필요가 없다. 단순히 하이버네이트 구성과 데이터베이스 방언만 달라진다.

19.6 데이터베이스 애플리케이션 테스트 비교하기

지금까지 TDS의 개발자인 켈리가 간단한 JDBC 애플리케이션을 스프링과 하이버네이트로 개발하며 수정해 나가는 과정을 따라 살펴봤다. 애플리케이션이 어떻게 변화했는지 확인했으며, 각 접근 방식이 어떻게 데이터베이스와 통신하고 테스트를 쉽게 만드는지 알 수 있었다. 이 장의 목표는 각 접근 방식을 서로 비교하고 분석하여 개발자의 데이터베이스 부담을 줄이는 방법을 알아보는 것이었다. 표 19.1에 각 접근 방식의 특징을 요약하여 비교해 정리했다.

애플리케이션 유형	특징
JDBC	• 테스트에서 SQL 코드를 작성해야 한다. • 데이터베이스 간 이식성이 없다. • 애플리케이션이 수행하는 작업을 완벽하게 제어할 수 있다. • 데이터베이스와 상호작용하기 위해서는 개발자가 수동으로 작업해야 하는 것이 많다. 　◦ 커넥션을 만들고 얻어야 한다. 　◦ 쿼리문을 작성, 준비, 실행한다. 　◦ 결과를 반복적으로 실행한다. 　◦ 각 반복에 대해 추가 작업을 실행한다. 　◦ 예외 처리한다. 　◦ 커넥션을 반납한다.
스프링 JDBC	• 테스트에서 SQL 코드를 작성해야 한다. • 데이터베이스 간 이식성이 없다. • 스프링이 관리하는 애플리케이션 콘텍스트 설정과 로 매퍼를 관리해야 한다. • 애플리케이션이 데이터베이스에 대해 쿼리를 실행한다. • 데이터베이스와 상호작용하기 위한 데이터베이스 부담이 조금 준다. 　◦ 커넥션을 만들거나, 열거나, 반납할 필요가 없다. 　◦ 쿼리문을 준비하거나 실행할 필요가 없다. 　◦ 예외를 처리하지 않아도 된다.
하이버네이트	• SQL 코드 없이 JPQL로 애플리케이션을 만들 수 있으므로 데이터베이스 간 이식성이 뛰어나다. • 개발자는 자바로만 작업할 수 있다. • 쿼리 결과 컬럼을 객체 필드에 따로 매핑하지 않아도 된다. • 데이터베이스를 바꾸고자 할 때는 하이버네이트 설정과 데이터베이스 방언만 바꾸면 된다. • 자바로 데이터베이스를 구성할 수 있다.
스프링 하이버네이트	• SQL 코드 없이 JPQL로 애플리케이션을 만들 수 있으므로 데이터베이스 간 이식성이 뛰어나다. • 개발자는 자바로만 작업할 수 있다. • 쿼리 결과 컬럼을 객체 필드에 따로 매핑하지 않아도 된다. • 데이터베이스를 바꾸고자 할 때는 하이버네이트 설정과 데이터베이스 방언만 바꾸면 된다. • 데이터베이스 구성은 애플리케이션 콘텍스트의 정보를 기반으로 스프링에서 처리한다.

표 19.1 JDBC, 스프링 JDBC, 하이버네이트, 스프링 하이버네이트를 사용하여 데이터베이스 애플리케이션을 개발하고 테스트한 결과 비교

스프링이나 하이버네이트를 사용하면 데이터베이스 애플리케이션을 개발하고 테스트하는 작업을 단순하게 만들 수 있다는 점에 유의하자. 스프링과 하이버네이트는 현재 가장 많이 사용되는 자바 프레임워크이며 데이터베이스와의 상호작용하기 위한 데이터베이스 부담을 줄이는 것을 포함해 많은 장점을 가지고 있다. 아직 사용하지 않고 있다면 프로젝트에 도입하는 것을 적극 추천한다.

이 장에서는 JUnit 5로 데이터베이스 애플리케이션을 테스트하는 여러 방법을 알아보았다. 예제는 삽입과 조회에 대해서만 다루었다. 수정과 삭제는 다루지 않았지만, 독자 여러분이 충분히 해 볼 수 있으리라 생각한다.

마지막 5부가 시작되는 20장에서는 JUnit 5를 활용하여 애플리케이션을 체계적으로 개발하는 기법을 알아본다. 오늘날 가장 널리 알려진 개발 방법론 중 하나인 TDD에 관해 논의한다.

정리

19장에서는 다음 내용을 다루었다.

- 데이터베이스 단위 테스트 시 발생하는 임피던스 불일치에 관해 알아보았다. 단위 테스트의 중요한 속성 세 가지(단위 테스트는 코드를 격리시켜 실행해야 하고, 단위 테스트는 소스를 작성하고 구동하기 쉬워야 하며, 단위 테스트는 빠르게 실행되어야 한다)와 데이터베이스를 단위 테스트할 때 발생하는 문제점을 알아보았다.
- JDBC 애플리케이션을 테스트해 보았다. SQL을 직접 구현해야 했으므로 지루한 작업이 대단히 많았다. 데이터베이스 커넥션을 얻고, 열고, 반납하는 작업이 필요했으며, 쿼리문을 작성하고, 준비하고, 실행하는 작업이 필요했다. 예외 처리도 필요했다.
- 스프링 JDBC 애플리케이션에 대해 테스트했다. 여전히 SQL 코드를 작성해야 했다. 그러나 스프링이 커넥션을 얻고, 열고, 반납하는 부분을 대신해 줬다. 쿼리문을 작성해야 했지만, 준비하고, 실행하는 것은 대신해 준다. 예외 처리도 할 필요가 없었다.
- 하이버네이트 애플리케이션에 대해 테스트했다. SQL을 작성할 필요가 없었으며 개발자는 오직 자바로만 작업했다. 최소한의 설정을 변경하는 것만으로도 애

플리케이션을 다른 데이터베이스에 간편하게 이식할 수 있었다. 자바로 데이터베이스를 구성할 수 있었다.

- 스프링 하이버네이트 애플리케이션에 대해 테스트했다. 이 경우 SQL을 작성할 필요가 없으며 개발자는 오직 자바로만 작업했다. 최소한의 설정을 변경하는 것만으로도 애플리케이션을 다른 데이터베이스에 간편하게 이식할 수 있었다. 데이터베이스 구성은 스프링에서 관리했는데, 이때 설정 정보는 애플리케이션 콘텍스트의 정보를 기반으로 했다.

제5부

JUnit 5를 사용한 개발 방법론

5부에서는 최신 프로젝트에서 JUnit 5를 사용하는 방법을 알아본다. 20장에서는 오늘날 인기 있는 개발 방법론 중 하나인 TDD를 적용하여 애플리케이션을 개발한다. 테스트가 어떻게 개발을 주도하는지, 그 결과로 어떻게 안정적인 애플리케이션을 만들 수 있는지 살펴본다.

21장에서는 BDD를 적용하여 애플리케이션을 개발한다. 어떻게 하면 비즈니스 요구 사항에 집중하는 애플리케이션을 만들 수 있는지 알아본다. 개발 방식이 올바를 뿐만 아니라 개발 결과까지 올바른 애플리케이션을 만들어 본다.

22장에서는 JUnit 5를 활용하여 테스트 피라미드를 구축한다. 테스트 피라미드의 가장 낮은 수준인 단위 테스트부터 통합 테스트, 시스템 테스트, 인수 테스트같이 점점 높은 수준으로 올라간다.

20장

JUnit 5를 사용한 TDD

☑ **20장에서 다루는 내용**

- TDD로 개발하지 않은 애플리케이션에 TDD 적용하기
- TDD를 실천하며 리팩터링하기
- TDD를 실천하며 새로운 기능 구현하기

> TDD는 적시에, 적확한 문제에 주의를 기울일 수 있게 해 준다.
> 그래서 더욱 깔끔하게 설계하고 미세하게 다듬어 나갈 수 있게 도와준다.
> TDD는 시간이 지날수록 코드에 대한 확신을 얻게 한다.
> — 켄트 벡

20장에서는 TDD(test-driven development, 테스트 주도 개발)에 기초하여 안전하고 유연한 애플리케이션을 만드는 방법을 알아본다. TDD란 (JUnit 5의 기능을 적극 활용하여) 개발 속도를 비약적으로 향상시키고 개발자들을 디버깅 지옥에서 벗어날 수 있게 해 주는 기법이다. 이 장에서는 TDD와 관련된 주요 개념을 정의하고 가상 회사 TDS의 항공편 관리 시스템을 개발할 때 TDD를 실천해 보려 한다. TDS의 개발자가 항공편이나 승객 관리, 그 외 정책 관련 비즈니스 로직을 개발할 것이다. TDD를 실질적으로 어떻게 실천하는지 단계적으로 설명하면서 TDD 실천의 이점에 관해 구체적으로 알아본다.

20.1 TDD의 핵심 개념

TDD란 요구 사항을 테스트로 뽑아 낸 다음, 테스트를 통과하는 프로그램을 개발하는 과정을 되도록 짧게 반복하는 프로그래밍 기법이다.

1. 코드를 작성하기 전에 실패하는 테스트를 작성한다.
2. 테스트를 통과할 수 있는 가장 단순한 코드를 작성한다.

이러한 개발 방법론은 켄트 벡이 창안했다. TDD는 '작동하는 클린 코드'를 추구함으로써 단순한 설계를 유도하고 소프트웨어의 안정성을 제고한다.

　이는 요구 사항을 충족하는지 검증하지 않고도 코드를 추가할 수 있었던 기존의 소프트웨어 개발 방식과 다르다. 통념에 따르면 프로그램 개발이란 코드를 작성한 다음, 실행이 잘되는지 하나씩 따져가며 테스트하는 것을 의미했다. 그래서 관행적인 개발 주기는 다음과 같이 나타낼 수 있었다.

코드를 작성한다, 테스트한다, (반복한다)

그러나 TDD는 개발 주기를 놀랍게 뒤집는다.

테스트한다, 코드를 작성한다, (반복한다)

즉 TDD 안에서 테스트는 설계를 주도하고, 테스트 대상 메서드의 첫 번째 클라이언트가 되는 것이다.

　TDD의 장점은 다음과 같다.

- 분명한 목표를 가지고 코드를 짤 수 있을뿐더러, 애플리케이션이 해야 하는 일만 정확하게 개발할 수 있다.
- 기존의 소스 코드에 버그가 생기는 것은 막아 주면서, 새로운 기능을 빠르게 개발할 수 있다. 테스트는 해야 할 일만 정확하게 하는 코드를 구현하도록 유도하는 힘이 있다.
- 테스트는 애플리케이션의 설계 명세로 기능한다. 개발자는 테스트를 통해 해결해야 하는 과제가 무엇인지 이해할 수 있다.

앞서 TDD는 다음과 같은 개발 주기를 갖는다고 했다.

테스트한다, 코드를 작성한다, (반복한다)

그런데 실제로는 하나가 더 있다.

테스트한다, 코드를 작성한다, 리팩터링한다, (반복한다)

리팩터링은 소스 코드의 외부 동작에는 영향을 주지 않고 내부 구조만을 개선하는 방식으로 소프트웨어를 수정하는 작업이다. 이때 외부 동작에 영향을 주지 않는다는 것을 증명하기 위해서 테스트를 사용할 수 있다.

애플리케이션에 신규 기능을 추가하기 위한 명세를 받았을 때는 소스 코드를 작성하기 전에 먼저 명세부터 이해해야 한다. 이때 개발자가 무엇을 해야 하는지 보여 주는 테스트를 먼저 구현한 다음 어떻게 해야 하는지를 구현한다면 어떨까? 이것이 바로 TDD의 핵심 원칙 중 하나다.

예를 들어 애플리케이션을 개발할 때 최소한 애플리케이션이 무슨 일을 해야 하는지 정도는 알고 시작해야 한다. 그런데 클래스나 메서드가 어떤 일을 하는지 알기 위해서 개발자가 하는 일은 기술 문서를 읽거나 해당 기능을 사용하는 샘플 코드를 찾는 정도로 매우 한정적이다. 그리고 개발자는 대부분 코드로 된 예제를 선호한다. 이때 잘 작성된 단위 테스트는 소스 코드를 직접 호출하는 등 실제 기능에 대한 구체적인 명세 역할을 하는데, 결론적으로 TDD는 애플리케이션 기술 문서를 작성할 때 큰 도움이 된다.

20.2 항공편 관리 시스템

이 책 전체에 걸쳐 살펴보고 있지만, 가상 회사 TDS는 고객을 위한 항공편 관리 시스템을 개발하고 있다. 현재 시스템은 항공편을 생성하고 초기화할 수 있으며 항공편에 승객을 추가하거나 삭제할 수 있다.

이 장에서는 TDS 개발자의 일상 업무를 따라가 보며 논지를 전개한다. 먼저 TDD 방식으로 개발하지 않은 항공편 관리 시스템이 있다고 가정한다. 이 시스템에는 일반 승객, VIP 승객에 대한 회사의 기존 정책이 녹아 있다. 개발자는 먼저 시스템을 분석하고, 이 시스템에 기대되는 행동이 정확하게 구현되어 있는지 확인한다. 즉 기존의 소스 코드를 모두 단위 테스트로 커버해야 한다. 테스트를 마쳐도,

또 다른 작업이 필요하다. 시스템에 대해 처음 이해한 대로 새 기능을 간단하게 추가해 본 다음, 실패하는 테스트 코드를 짜고, 마지막으로 테스트를 통과할 수 있는 코드를 작성하는 것이다. 일반적인 TDD 개발 주기를 항공편 관리 시스템에 적용해 보는 것이다.

개발자 존은 Maven을 사용해 만든 자바 애플리케이션인 항공편 관리 시스템을 개발하는 팀에 합류했다. 항공편 관리 시스템에서 기존 기능, 즉 항공편에 승객을 추가하고 삭제하는 기능과 관련한 정책은 그대로 유지해야 한다. 항공편에는 여러 종류가 있을 수 있는데, 현재는 이코노미와 비즈니스뿐이지만, 고객의 요구 사항에 따라 다른 종류의 항공편이 얼마든지 추가될 수 있다. 그리고 이코노미 항공편은 VIP 승객과 일반 승객 모두 이용 가능하지만, 비즈니스 항공편은 VIP 승객만 이용 가능하다고 가정하자(그림 20.1).

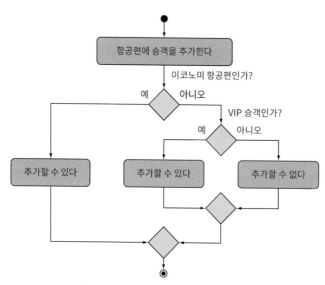

그림 20.1 항공편 이용에 관한 비즈니스 로직. 이코노미 항공편은 VIP 승객과 일반 승객 모두 이용 가능하지만, 비즈니스 항공편은 VIP 승객만 이용할 수 있다.

항공편에는 승객을 삭제하는 로직도 있다. 항공편에서 일반 승객은 삭제할 수 있지만(일반 승객이 예약한 항공편은 취소시킬 수 있지만) VIP 승객은 삭제할 수 없다고 가정하자. 그림 20.2의 다이어그램에서처럼 초기 비즈니스 로직은 승객 종류에 따라 처리 경로가 달라진다.

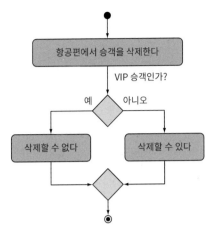

그림 20.2 항공편 삭제에 관한 비즈니스 로직. 항공편에서 일반 승객만 삭제할 수 있다.

항공편 관리 시스템의 초기 설계를 살펴보자(그림 20.3). Flight 클래스에는 flight Type 필드가 있다. flightType 필드는 addPassenger 메서드와 removePassenger 메서드가 승객 유형별로 어떻게 달리 동작하는지 분기시키는 역할을 한다. 개발자는 비즈니스적으로 의사 결정된 내용을 코드 단계에서 두 메서드에 적용한다.

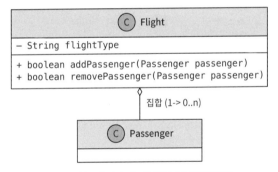

그림 20.3 항공편 관리 시스템의 클래스 다이어그램.
항공편 타입은 Flight 클래스의 flightType 필드로 정의한다.

다음 예제는 Passenger 클래스를 구현한 것이다.

예제 20.1 Passenger 클래스

```java
public class Passenger {

    private String name;    ①
    private boolean vip;     ②
```

```
    public Passenger(String name, boolean vip) {
      this.name = name;                              ③
      this.vip = vip;
    }

    public String getName() {
      return name;                                   ④
    }

    public boolean isVip() {
      return vip;                                    ⑤
    }

}
```

이 예제에서 살펴볼 내용은 다음과 같다.

- Passenger 클래스는 name 필드(①)와 게터 메서드를 가지고 있다(④).

- Passenger 클래스는 vip 필드(②)와 게터 메서드를 가지고 있다(⑤).

- Passenger 클래스의 생성자는 name과 vip를 파라미터로 받아 값을 초기화한다
  (③).

이번에는 Flight 클래스 예제를 살펴보자.

예제 20.2 Flight 클래스

```
public class Flight {

  private String id;                                         ①
  private List<Passenger> passengers = new ArrayList<>();    ②
  private String flightType;                                 ③

  public Flight(String id, String flightType) {
    this.id = id;                                            ④
    this.flightType = flightType;
  }

  public String getId() {
    return id;                                               ⑤
  }

  public List<Passenger> getPassengersList() {
    return Collections.unmodifiableList(passengers);         ⑥
  }
```

```java
public String getFlightType() {
    return flightType;                          ⑦
}

public boolean addPassenger(Passenger passenger) {
    switch (flightType) {  ⑧
      case "Economy":
        return passengers.add(passenger);       ⑨
      case "Business":
        if (passenger.isVip()) {
            return passengers.add(passenger);   ⑩
        }
        return false;
      default:
        throw new RuntimeException("Unknown type: " + flightType);  ⑪
    }

}

public boolean removePassenger(Passenger passenger) {
    switch (flightType) {  ⑫
      case "Economy":
        if (!passenger.isVip()) {
            return passengers.remove(passenger);  ⑬
        }
        return false;
      case "Business":
        return false;                           ⑭
      default:
        throw new RuntimeException("Unknown type: " + flightType);  ⑮
    }
}

}
```

이 예제에서 살펴볼 내용은 다음과 같다.

- Flight 클래스는 id(①)와 게터 메서드(⑤), passengers(②)와 게터 메서드(⑥), flightType(③)과 게터 메서드(⑦)를 가지고 있다.
- Flight 클래스의 생성자는 id와 flightType을 파라미터로 받아 값을 초기화한다 (④).
- addPassenger 메서드는 switch 문에서 항공편 유형을 확인하는데(⑧), 이코노미 항공편에는 어떤 승객이든 추가할 수 있다(⑨). 비즈니스 항공편에는 VIP 승객만 항공편에 추가할 수 있다(⑩). 만약에 항공편이 이코노미도 비즈니스도 아니

라면 addPassenger 메서드에서 처리할 수 없으므로 RuntimeException을 던진다
(⑪).

- removePassenger 메서드 또한 switch 문에서 항공편 유형을 확인한다(⑫). 이코
노미 항공편에서는 일반 승객만 삭제가 가능하다(⑬). 비즈니스 항공편에서는
삭제가 불가하다(⑭). 만약 항공편이 이코노미도 비즈니스도 아니라면 remove
Passenger 메서드에서 처리할 수 없으므로 RuntimeException을 던진다(⑮).

이 로직에는 아직까지 테스트 코드가 없다. 맨 처음 이 로직을 구현한 개발자는 단
순히 로직을 돌려 보고 기대한 결과와 직접 비교하는 것으로 테스트를 갈음했을 것
이다. 예를 들자면 아래와 같이 Airport 클래스를 만들어 그 안에 클라이언트 역할
을 수행할 main 메서드를 만들고, 여러 항공편과 승객의 경우의 수를 만들어 테스
트를 했을 것이다.

예제 20.3 Airport 클래스에서 테스트 역할을 하는 main 메서드

```java
public class Airport {

  public static void main(String[] args) {
    Flight economyFlight = new Flight("1", "Economy");      ①
    Flight businessFlight = new Flight("2", "Business");

    Passenger james = new Passenger("James", true);          ②
    Passenger mike = new Passenger("Mike", false);

    businessFlight.addPassenger(james);                      ③
    businessFlight.removePassenger(james);
    businessFlight.addPassenger(mike);     ④
    economyFlight.addPassenger(mike);      ⑤

    System.out.println("비즈니스 항공편 승객 리스트:");
    for (Passenger passenger : businessFlight.getPassengersList()) {   ⑥
      System.out.println(passenger.getName());
    }

    System.out.println("이코노미 항공편 승객 리스트:");
    for (Passenger passenger : economyFlight.getPassengersList()) {    ⑦
      System.out.println(passenger.getName());
    }
  }
}
```

이 예제에서 살펴볼 내용은 다음과 같다.

- 이코노미 항공편과 비즈니스 항공편을 각각 한 개씩 생성했다(①). VIP 승객인 james를 생성하고, 일반 승객인 mike를 생성했다(②).
- 비즈니스 항공편에 VIP 승객인 james를 추가했다가 삭제한다(③). 그다음 비즈니스 항공편에 일반 승객인 mike를 추가하고(④), 이코노미 항공편에 mike를 추가한다(⑤).
- 비즈니스 항공편의 승객 리스트를 출력하고(⑥), 이코노미 항공편의 승객 리스트를 출력한다(⑦).

프로그램을 실행한 결과는 그림 20.4와 같다. james는 VIP 승객이므로 비즈니스 항공편에 추가할 수는 있지만 삭제할 수는 없다. 반면 mike는 일반 승객이므로 이코노미 항공편에는 추가할 수 있지만 비즈니스 항공편에는 추가할 수 없다.

그림 20.4 TDD로 개발하지 않은 항공편 관리 시스템을 테스트한 결과.
비즈니스 항공편에는 VIP 승객인 james가 있고, 이코노미 항공편에는 mike가 있다.

지금까지는 시스템이 사전에 의사 결정한 비즈니스 로직에 맞게 동작했다. 시스템이 만족스럽게 작동하긴 하지만 존은 조금 더 발전시키고자 한다. 존은 비즈니스 로직을 쉽고 안정적이게 구현하면서도 신뢰할 수 있는 시스템을 구축하기 위해 TDD를 실천해 보고자 한다.

20.3 항공편 관리 시스템을 TDD로 개발하기 위한 사전 준비

항공편 관리 시스템을 TDD로 개발하기 위해 존은 먼저 JUnit 5 테스트로 기본 비즈니스 로직을 커버하는 것부터 시작한다. 존은 pom.xml 파일에 JUnit 5 의존성인 junit-jupiter-api와 junit-jupiter-engine을 추가한다.

예제 20.4 pom.xml 파일에 추가한 JUnit 5 의존성
```
<dependencies>
  <dependency>
```

```
    <groupId>org.junit.jupiter</groupId>
    <artifactId>junit-jupiter-api</artifactId>
    <version>5.6.0</version>
    <scope>test</scope>
  </dependency>
  <dependency>
    <groupId>org.junit.jupiter</groupId>
    <artifactId>junit-jupiter-engine</artifactId>
    <version>5.6.0</version>
    <scope>test</scope>
  </dependency>
</dependencies>
```

그림 20.1과 그림 20.2의 비즈니스 로직을 분석한 다음, 존은 승객 유형과 항공편 유형에 따라 추가 기능과 삭제 기능을 테스트해야 한다는 점을 이해했다. 항공편과 승객에는 각각 두 가지 유형이 있으므로 테스트를 해야 하는 경우의 수는 총 네 가지다. 존은 모든 경우의 수를 따져서 항공편에 승객을 추가하고 삭제하는 작업을 테스트해야 한다.

존은 먼저 이코노미 항공편에 대한 로직을 검증하기 위해 JUnit 5의 중첩 테스트를 사용하려고 한다. 이코노미 항공편과 비즈니스 항공편이 각각 유형 분류가 되어 있으므로 테스트를 그룹으로 묶을 수 있는 것처럼 보이기 때문이다.

예제 20.5 이코노미 항공편의 비즈니스 로직 테스트

```java
public class AirportTest {

  @DisplayName("Given 이코노미 항공편에서")
  @Nested                                                    ①
  class EconomyFlightTest {

    private Flight economyFlight;

    @BeforeEach                                              ②
    void setUp() {
      economyFlight = new Flight("1", "Economy");
    }

    @Test
    @DisplayName("이코노미 항공편과 일반 승객에 관한 테스트")
    public void testEconomyFlightRegularPassenger() {
      Passenger mike = new Passenger("Mike", false);   ③

      assertEquals("1", economyFlight.getId());    ④
```

```
        assertEquals(true, economyFlight.addPassenger(mike));
        assertEquals(1, economyFlight.getPassengersList().size());      ⑤
        assertEquals("Mike",
                 economyFlight.getPassengersList().get(0).getName());


        assertEquals(true, economyFlight.removePassenger(mike));        ⑥
        assertEquals(0, economyFlight.getPassengersList().size());
    }


    @Test
    @DisplayName("이코노미 항공편과 VIP 승객에 관한 테스트")
    public void testEconomyFlightVipPassenger() {
        Passenger james = new Passenger("James", true);   ⑦

        assertEquals("1", economyFlight.getId());   ⑧
        assertEquals(true, economyFlight.addPassenger(james));
        assertEquals(1, economyFlight.getPassengersList().size());      ⑨
        assertEquals("James",
                 economyFlight.getPassengersList().get(0).getName());


        assertEquals(false, economyFlight.removePassenger(james));      ⑩
        assertEquals(1, economyFlight.getPassengersList().size());
    }
  }


}
```

이 예제에서 살펴볼 내용은 다음과 같다.

- 중첩 테스트 클래스 EconomyFlightTest를 선언하고 @DisplayName 애노테이션에 "Given 이코노미 항공편에서"라는 레이블을 작성한다(①).
- setUp 메서드에서는 @BeforeEach 애노테이션을 달아 각 테스트를 수행하기 전에 이코노미 항공편을 매번 새로 생성한다(②).
- 이코노미 항공편에 일반 승객을 추가, 삭제하기 위해 일반 승객인 mike를 생성한다(③). 그리고 이코노미 항공편의 아이디가 "1"인지 검증한다(④). mike를 추가할 수 있는지 확인하고, 추가했다면 항공편에 mike가 추가된 것을 검증한다(⑤). 항공편에서 mike를 삭제할 수 있는지 확인하고, 만약 삭제했다면 항공편에 더는 mike가 없는지를 검증한다(⑥).
- 이번에는 이코노미 항공편에 VIP 승객을 추가, 삭제하기 위해 VIP 승객인 james를 생성한다(⑦). 그리고 이코노미 항공편의 아이디가 "1"인지 검증한다(⑧). james를 추가할 수 있는지 확인하고, 추가했다면 항공편에 james가 추가된 것을

검증한다(⑨). 항공편에서 james를 삭제할 수 없는지 확인하고, 삭제하지 못했다면 항공편에 james가 삭제되지 않고 여전히 남아 있는지를 검증한다(⑩).

이번에는 비즈니스 항공편에서 로직을 테스트한다.

예제 20.6 비즈니스 항공편의 비즈니스 로직 테스트

```
public class AirportTest {
[...]

  @DisplayName("Given 비즈니스 항공편에서")            ─┐
  @Nested                                              ├ ①
  class BusinessFlightTest {                          ─┘
    private Flight businessFlight;                    ─┐
                                                       │
    @BeforeEach                                        │
    void setUp() {                                     ├ ②
      businessFlight = new Flight("2", "Business");    │
    }                                                 ─┘

    @Test
    @DisplayName("비즈니스 항공편과 일반 승객에 관한 테스트")
    public void testBusinessFlightRegularPassenger() {
      Passenger mike = new Passenger("Mike", false);   ③

      assertEquals(false, businessFlight.addPassenger(mike));       ─┐
      assertEquals(0, businessFlight.getPassengersList().size());   ─┘ ④
      assertEquals(false, businessFlight.removePassenger(mike));    ─┐
      assertEquals(0, businessFlight.getPassengersList().size());   ─┘ ⑤

    }

    @Test
    @DisplayName("비즈니스 항공편과 VIP 승객에 관한 테스트")
    public void testBusinessFlightVipPassenger() {
      Passenger james = new Passenger("James", true);   ⑥

      assertEquals(true, businessFlight.addPassenger(james));       ─┐
      assertEquals(1, businessFlight.getPassengersList().size());   ─┘ ⑦
      assertEquals(false, businessFlight.removePassenger(james));   ─┐
      assertEquals(1, businessFlight.getPassengersList().size());   ─┘ ⑧

    }
  }

}
```

이 예제에서 살펴볼 내용은 다음과 같다.

- 중첩 테스트 클래스 BusinessFlightTest를 선언하고 @DisplayName 애노테이션에 "Given 비즈니스 항공편에서"라는 레이블을 작성한다(①).
- setUp 메서드에 @BeforeEach 애노테이션을 달아 각 테스트를 수행하기 전에 비즈니스 항공편을 생성한다(②).
- 비즈니스 항공편에 일반 승객을 추가, 삭제하기 위해 일반 승객인 mike를 생성한다(③). mike를 비즈니스 항공편에 추가할 수 없는지 검증한다(④). mike를 비즈니스 항공편에서 삭제하는 것도 불가능한지 검증한다(⑤).
- 이번에는 비즈니스 항공편에 VIP 승객을 추가, 삭제하기 위해 VIP 승객인 james를 생성한다(⑥). james를 비즈니스 항공편에 추가할 수 있는지, james가 비즈니스 항공편 승객 리스트에 포함되었는지 검증한다(⑦). 그리고 james를 비즈니스 항공편에서 삭제할 수 없는지, james가 리스트에 여전히 포함되어 있는지 검증한다(⑧).

IntelliJ IDEA를 사용하여 테스트 커버리지를 확인해 보면 그림 20.5와 같은 결과를 얻을 수 있다. 테스트 커버리지의 주요 개념과 IntelliJ IDEA를 활용해 테스트 커버리지를 확인하는 방법에 관해서는 6장을 참고하기 바란다.

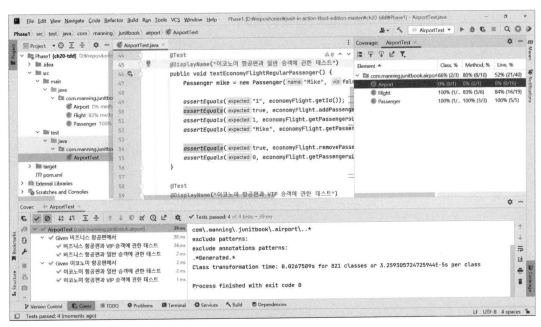

그림 20.5 IntelliJ IDEA를 사용하여 이코노미 항공편과 비즈니스 항공편에 대한테스트 커버리지를 확인한 결과. Airport 클래스는 테스트 커버리지가 0%다. 자체적인 main 메서드가 있으므로 테스트되지 않았기 때문이다. Flight 클래스의 커버리지도 100%가 나오지 않는다.

존은 비즈니스 로직에서 실현될 수 있는 모든 시나리오에 대한 테스트를 작성하여 애플리케이션의 기능(그림 20.1, 그림 20.2)을 성공적으로 검증했다. 누군가는 이렇게 테스트를 만들지 않은 애플리케이션에서 실제로 TDD를 실천해 보고 싶을 수 있다. 이를 위해서는 반드시 먼저 시스템의 기존 코드에 대한 테스트를 만들어야 한다.

존의 작업에서 살펴볼 것이 하나 더 있다. Passenger 클래스와 Flight 클래스의 클라이언트 역할을 했던 Airport 클래스는 테스트가 되지 않았다. 테스트가 클라이언트 역할을 하므로 Airport 클래스는 필요가 없어진 것이다. 게다가 코드 커버리지도 100%를 달성하지 못했다. 테스트 코드가 실행되는 동안 getFlightType 메서드는 한 번도 사용되지 않았으며, 항공편이 이코노미도 비즈니스도 아닌 경우 (switch 문에서 default 절에 해당할 때)는 커버되지 않는다. 이는 존이 불필요한 소스 코드를 정리하기 위해 리팩터링을 해야 한다는 점을 시사한다. 이때 존은 소스 코드를 자신 있게 리팩터링할 수 있다. 시스템이 테스트로 커버되고 있기 때문이다! 앞에서 이야기했듯이 TDD를 실천하면 시간이 지날수록 코드를 수정할 때 확신이 생긴다.

20.4 항공편 관리 시스템 리팩터링하기

존은 불필요한 소스 코드가 flightType 필드와 관련한다는 것을 알고 있다. 사실 switch 문에서 default 절에 해당하는 경우는 절대로 일어나지 않는다. 항공편의 종류는 이코노미 혹은 비즈니스로 의사 결정되어 있으므로 이는 자명하다. 그러나 default 절을 삭제하면 소스가 컴파일되지 않는다. 존은 소스 코드를 수정해서 switch 문의 default 절을 없애고, 다형성을 활용해 switch가 사용된 분기문을 개선하고자 한다.

리팩터링의 핵심은 절차적인 스타일의 분기문 대신 **다형성**(polymorphism)을 적용해 설계를 바꾸는 것이다. 다형성은 하나의 객체가 여러 가지 IS-A 관계를 가질 수 있다는 의미로, 다형성을 적절하게 활용하면 컴파일 타임이 아니라 런타임에서 적절한 타입에 맞는 메서드를 호출할 수 있다(6장 참고).

여기에는 **개방-폐쇄의 원칙**(open-closed principle)이 적용되어 있다(그림 20.6). 생각해 보면 그림 20.6에서 왼쪽에 제시된 설계에서는 새로운 항공편 유형이 추가될 때마다 소스 코드를 수정해야 한다. 항공편 유형이 추가될 때마다 분기문이 늘어날 것이다. 또한 `flightType`에 반드시 의존할 수밖에 없고, 실행될 일이 없는 `default` 절을 반드시 가지고 있어야 하는 문제가 있다.

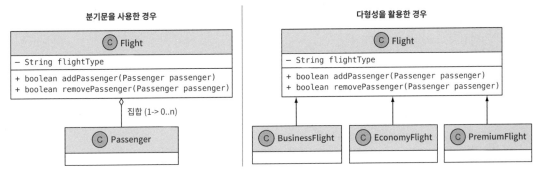

그림 20.6 항공편 관리 시스템의 복잡한 분기문을 다형성을 활용해서 리팩터링한 결과. flightType을 없애는 대신 클래스 계층을 나누었다.

그림 20.6 오른쪽에 제시된 설계를 따라 다형성을 활용해서 길게 늘어질 수 있는 분기문을 리팩터링하면, 예제 20.2의 `flightType`과 `switch` 문의 `default` 절은 더는 필요가 없다. 새로운 항공편 종류를 추가하기도 쉽다. 예를 들어 `PremiumFlight`(프리미엄 항공편) 같은 새 항공편 유형을 추가하고자 할 때 기본 클래스인 `Flight`를 상속해서 행동을 정의하면 된다. 개방-폐쇄의 원칙에 따르면, 이러한 설계는 확장에는 열려 있으면서(새 클래스를 추가하기는 쉽고) 수정에는 닫혀 있다(기존에 정의한 `Flight` 클래스는 수정이 되어서는 안 된다).

물론 존은 자문할 수 있다. 외부 동작에 영향을 주지 않게끔 리팩터링을 아주 잘하고 있다는 것을 어떻게 알 수 있을까? 답은 테스트가 알려 준다. 테스트를 통과한다는 것은 기존 기능이 변경되지 않았음을 보장해 주기 때문이다. TDD의 강점은 여기에서 발휘된다.

리팩터링은 `Flight` 클래스(예제 20.7)를 유지한 상태에서 각 조건별로 `Flight` 클래스를 상속한 별도의 클래스를 정의하는 방식으로 진행한다. 존은 `addPassenger`와 `removePassenger`를 추상 메서드로 변경하고 구체적인 구현은 하위 클래스에 위임한다. `flightType` 필드는 더는 필요하지 않으므로 삭제한다.

예제 20.7 다형성 설계의 기초가 되는 추상 클래스 `Flight`

```
public abstract class Flight {  ①

    private String id;
```

```
    List<Passenger> passengers = new ArrayList<>();  ②

    public Flight(String id) {
      this.id = id;
    }

    public String getId() {
      return id;
    }

    public List<Passenger> getPassengers() {
      return Collections.unmodifiableList(passengers);
    }

    public abstract boolean addPassenger(Passenger passenger);  ┐
                                                                 ├③
    public abstract boolean removePassenger(Passenger passenger);  ┘

}
```

이 예제에서 살펴볼 내용은 다음과 같다.

- Flight 클래스를 추상 클래스로 선언하여 다형성 설계의 기초로 사용한다(①).
- passengers는 default(package-private)로 선언하여 같은 패키지에 속한 하위 클래스들이 직접 상속할 수 있게 한다(②).
- addPassenger와 removePassenger 메서드를 추상 메서드로 선언하고 구체적인 구현을 하위 클래스에 위임한다(③).

이번에는 이코노미 항공편을 나타내기 위해 추상 클래스 Flight를 상속한 Economy Flight를 만들고 addPassenger와 removePassenger 메서드를 구현한다.

예제 20.8 추상 클래스 Flight를 상속한 EconomyFlight

```
public class EconomyFlight extends Flight {  ①

    public EconomyFlight(String id) {  ┐
      super(id);                        ├②
    }                                   ┘

    @Override
    public boolean addPassenger(Passenger passenger) {  ┐
      return passengers.add(passenger);                  ├③
    }                                                     ┘
```

```
  @Override
  public boolean removePassenger(Passenger passenger) {
    if (!passenger.isVip()) {
      return passengers.remove(passenger);
    }
    return false;
  }
```
④

```
}
```

이 예제에서 살펴볼 내용은 다음과 같다.

- 추상 클래스 Flight를 상속한 EconomyFlight를 선언하고(①) 부모 클래스의 생성자를 호출하는 생성자를 선언한다(②).
- addPassenger 메서드에 비즈니스 로직을 구현한다. 이코노미 항공편에는 아무 제한 없이 승객을 추가할 수 있다(③).
- removePassenger 메서드에 비즈니스 로직을 구현한다. 이코노미 항공편에는 VIP 승객이 아닐 때만 항공편에서 승객을 삭제할 수 있다(④).

다음으로 존은 비즈니스 항공편을 나타내기 위해 추상 클래스 Flight를 상속한 BusinessFlight를 만들고 addPassenger와 removePassenger 메서드를 구현한다.

예제 20.9 추상 클래스 Flight를 상속한 BusinessFlight

```
public class BusinessFlight extends Flight {   ①

  public BusinessFlight(String id) {
    super(id);
  }
```
②

```
  @Override
  public boolean addPassenger(Passenger passenger) {
    if (passenger.isVip()) {
      return passengers.add(passenger);
    }
    return false;
  }
```
③

```
  @Override
  public boolean removePassenger(Passenger passenger) {
    return false;
  }
```
④

```
}
```

이 예제에서 살펴볼 내용은 다음과 같다.

- 추상 클래스 Flight를 상속한 BusinessFlight를 선언하고(①), 부모 클래스의 생성자를 호출하는 생성자를 선언한다(②).
- addPassenger 메서드에 비즈니스 로직을 구현한다. VIP 승객만 비즈니스 항공편에 추가할 수 있다(③).
- removePassenger 메서드에도 비즈니스 로직을 구현한다. 비즈니스 항공편에서는 승객을 삭제할 수 없다(④).

이렇게 분기문을 다형성으로 바꾸도록 리팩터링하면 분기 처리 때문에 소스 코드가 어수선해지는 것을 막고 메서드를 더욱 간명하게 작성할 수 있다. 게다가 일어날 일이 없는 default 절에 굳이 예외를 던질 필요가 없어진다. API를 리팩터링한 내용은 테스트에도 확산되어야 한다. 테스트의 변경 내역은 다음 예제에서 확인할 수 있다.

예제 20.10 AirportTest 테스트를 리팩터링한 결과

```java
public class AirportTest {

  @DisplayName("Given 이코노미 항공편에서")
  @Nested
  class EconomyFlightTest {

    private Flight economyFlight;

    @BeforeEach
    void setUp() {
      economyFlight = new EconomyFlight("1");   ①
    }
    [...]

  }

  @DisplayName("Given 비즈니스 항공편에서")
  @Nested
  class BusinessFlightTest {
    private Flight businessFlight;

    @BeforeEach
    void setUp() {
      businessFlight = new BusinessFlight("2");   ②
    }
```

```
        [...]
    }

}
```

예제 20.5와 예제 20.6에서 Flight 객체를 생성했다면, 예제 20.10에서는 Economy
Flight 객체(①)와 BusinessFlight 객체(②)를 생성하는 것으로 바뀌었다. 그리고
Passenger와 Flight 클래스의 클라이언트 역할을 했던 Airport 클래스를 삭제했다.
Airport 클래스는 다양한 종류의 항공편과 승객을 생성하고 구동하는 main 메서드
에 모든 로직을 작성했었다. 정식으로 테스트를 만들었기 때문에 Airport 클래스는
이제 필요하지 않다.

　테스트를 수행하면 코드 커버리지가 100%가 나온다(그림 20.7). TDD를 실천하
며 시스템을 리팩터링하는 것은 코드의 품질을 제고함과 동시에 코드 커버리지를
높이는 데에도 효과적이다.

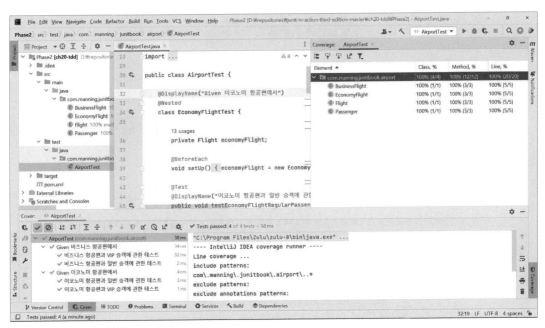

그림 20.7 항공편 관리 시스템을 리팩터링하고 이코노미 항공편과
비즈니스 항공편을 테스트한 결과. 코드 커버리지는 100%를 달성했다.

존은 테스트를 활용하여 항공편 관리 시스템을 리팩터링하고, 소스 코드의 품질을
제고했으며, 코드 커버리지를 100%로 만들 수 있었다. 이제는 TDD로 신규 기능을
추가해 보자!

20.5 TDD로 신규 기능 추가하기

시스템의 기존 로직에 TDD를 적용하고 리팩터링을 마친 뒤, 존은 시스템을 고도화하려는 고객의 요구 사항을 구현하려고 한다.

20.5.1 프리미엄 항공편 추가하기

존이 구현해야 하는 첫 번째 신규 기능은 새로운 항공편 유형인 프리미엄 항공편에 관한 비즈니스 로직이다. 프리미엄 항공편에는 VIP 승객만 추가할 수 있다. VIP 승객이 아니면 항공편에 추가할 수 없다(그림 20.8). 반면 승객 삭제가 불가능했던 비즈니스 항공편과 달리 프리미엄 항공편에서는 승객 삭제가 가능하다고 하자(그림 20.9 참고). 물론 모두가 중요한 고객이지만, 회사에도 나름의 사정이 있을 것이므로 중요한 고객이라도 항공편에서 삭제할 수 있다고 하자.

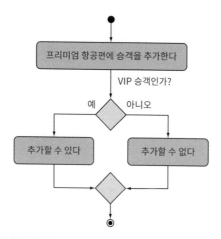

그림 20.8 프리미엄 항공편에 승객을 추가하는 비즈니스 로직. VIP 승객만 프리미엄 항공편에 추가할 수 있다.

그림 20.9 프리미엄 항공편에 승객을 삭제하는 비즈니스 로직.
프리미엄 항공편에서는 어떤 승객이든 삭제할 수 있다.

존은 신규 기능이 이전에 추가한 기능과 비슷하다는 것을 알고 있다. 이번에는 TDD의 이점은 더 많이 취하고, 더 많은 리팩터링(즉 테스트)을 해 보려고 한다. 사실 이는 돈 로버츠(Don Roberts)가 말한 3의 법칙(Rule of three)을 따른 것이다. 프로그래밍에서의 3의 법칙이 궁금하다면 위키백과 문서[1]를 참고하기 바란다.

> 어떤 작업을 처음 할 때는 그냥 한다. 두 번째에는 반복 작업에 왠지 모르게 움찔하겠지만 같은 작업을 그대로 할 것이다. 세 번째 작업에 이르러서야 비로소 리팩터링을 한다.
>
> 즉, 스트라이크 세 번이면 리팩터링을 하는 것이다.

존은 프리미엄 항공편을 어떻게 구현해야 할지에 대한 요구 사항을 전달받은 다음, JUnit 5 @Nested 애노테이션을 사용하여 기존 테스트를 좀 더 그룹화하고, 앞서 개발한 것과 비슷한 방식으로 프리미엄 항공편에 대한 요구 사항을 구현해야 한다고 생각했다. 다음은 프리미엄 항공편에 대한 작업을 수행하기 전에 먼저 기존의 테스트를 리팩터링한 AirportTest 클래스다.

예제 20.11 기존의 테스트를 리팩터링한 AirportTest 클래스

```java
public class AirportTest {

  @DisplayName("Given 이코노미 항공편에서")
  @Nested
  class EconomyFlightTest {

    private Flight economyFlight;
    private Passenger mike;            ①
    private Passenger james;

    @BeforeEach
    void setUp() {
      economyFlight = new EconomyFlight("1");
      mike = new Passenger("Mike", false);    ②
      james = new Passenger("James", true);
    }
```

---

1 *https://en.wikipedia.org/wiki/Rule_of_ three_(computer_programming)*

```
        @Nested
        @DisplayName("When 일반 승객은")
        class RegularPassenger {

          @Test
          @DisplayName(
              "Then 이코노미 항공편에서 추가가 가능하고 삭제도 가능하다")   ④
          public void testEconomyFlightRegularPassenger() {
            assertAll(
              "일반 승객은 이코노미 항공편에서 추가가 가능하고 삭제도 가능한지 검증",
              () -> assertEquals("1", economyFlight.getId()),
   ③          () -> assertEquals(true,
                  economyFlight.addPassenger(mike)),
              () -> assertEquals(1,                                    ⑤
                  economyFlight.getPassengersList().size()),
              () -> assertEquals("Mike",
                  economyFlight.getPassengersList().get(0).getName()),
              () -> assertEquals(true,
                  economyFlight.removePassenger(mike)),
              () -> assertEquals(0,
                  economyFlight.getPassengersList().size()));
          }
        }


        @Nested
        @DisplayName("When VIP 승객은")
        class VipPassenger {
          @Test
          @DisplayName(
              "Then 이코노미 항공편에서 추가가 가능하지만 삭제는 불가능하다")   ④
          public void testEconomyFlightVipPassenger() {
            assertAll(
              "VIP 승객은 이코노미 항공편에서 추가가 가능하지만 삭제는 불가능한지 검증",
              () -> assertEquals("1", economyFlight.getId()),
              () -> assertEquals(true, economyFlight.addPassenger(james)),
              () -> assertEquals(1,
                  economyFlight.getPassengersList().size()),
              () -> assertEquals("James",                              ⑤
                  economyFlight.getPassengersList().get(0).getName()),
              () -> assertEquals(false,
                  economyFlight.removePassenger(james)),
              () -> assertEquals(1,
                  economyFlight.getPassengersList().size()));

          }
        }
      }

      @DisplayName("Given 비즈니스 항공편에서")
      @Nested
```

```java
class BusinessFlightTest {
  private Flight businessFlight;
  private Passenger mike;              ①
  private Passenger james;

  @BeforeEach
  void setUp() {
    businessFlight = new BusinessFlight("2");
    mike = new Passenger("Mike", false);       ②
    james = new Passenger("James", true);
  }

  @Nested
  @DisplayName("When 일반 승객은")
  class RegularPassenger {

    @Test
    @DisplayName("Then 비즈니스 항공편에서 추가가 불가능하고 삭제도 불가능하다")   ④
    public void testBusinessFlightRegularPassenger() {
      assertAll(
        "일반 승객은 비즈니스 항공편에서 추가가 불가능하고 삭제도 불가능한지 검증",
        () -> assertEquals(false,
            businessFlight.addPassenger(mike)),
        () -> assertEquals(0,
            businessFlight.getPassengersList().size()),           ⑤
        () -> assertEquals(false,
            businessFlight.removePassenger(mike)),
        () -> assertEquals(0,
            businessFlight.getPassengersList().size()));
    }
  }

  @Nested
  @DisplayName("When VIP 승객은")
  class VipPassenger {

    @Test
    @DisplayName("Then 비즈니스 항공편에서 추가가 가능하지만 삭제는 불가능하다")   ④
    public void testBusinessFlightVipPassenger() {
      assertAll(
        "VIP 승객은 비즈니스 항공편에서 추가가 가능하지만 삭제는 불가능한지 검증",
        () -> assertEquals(true, businessFlight.addPassenger(james)),
        () -> assertEquals(1,
            businessFlight.getPassengersList().size()),              ⑤
        () -> assertEquals(false, businessFlight.removePassenger(james)),
        () -> assertEquals(1, businessFlight.getPassengersList().size()));
    }
  }
}
```

③

이 예제에서 살펴볼 내용은 다음과 같다.

- 기존에 있던 중첩 테스트인 EconomyFlightTest와 BusinessFlightTest 외에 테스트를 하나 더 추가할 것이므로 프리미엄 항공편과 관련된 모든 테스트에서 필드를 재사용하기 위해 flight 필드와 passenger 필드를 각 중첩 테스트 안에서 선언하는 것으로 수정한다(①). 테스트의 레이블이 Given으로 시작한다는 점에 주의한다. 그리고 테스트를 실행하기 전에 두 필드를 초기화한다(②).
- 여러 승객 유형을 테스트하기 위해 중첩 테스트 안에 다시 중첩 테스트를 만든다. JUnit 5 @DisplayName 애노테이션을 사용하여 더 명확하고 이해하기 쉽게 클래스에 레이블을 작성한다(③). 테스트의 레이블이 When으로 시작한다는 점에 주의한다.
- 테스트마다 @DisplayName 애노테이션을 활용해 레이블을 작성한다(④). 테스트의 레이블이 Then으로 시작한다는 점에 주의한다.
- JUnit 5에서 제공하는 assertAll 메서드를 사용해 결괏값 검증 로직을 리팩터링했다. 이전의 단언문을 하나로 묶을 수 있어 유려하게 읽힌다(⑤).

존은 이렇게 기존 테스트를 리팩터링하여 TDD를 더 쉽게 적용할 수 있도록 했다. 프리미엄 항공편 테스트를 위한 비즈니스 로직도 테스트할 수 있었다. 지금 테스트를 한다면 소스 코드의 작동 방식과 비즈니스 로직을 더 쉽게 이해할 수 있을 것

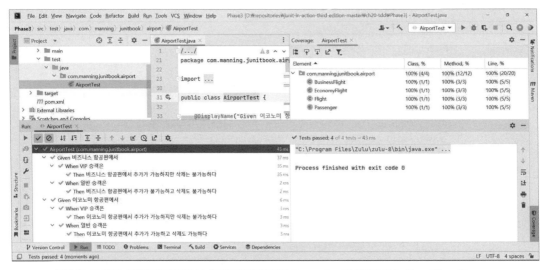

그림 20.10 이코노미 항공편과 비즈니스 항공편을 리팩터링한 AirportTest를 실행한 모습. Given-When-Then 구조로 되어 있어 개발자는 테스트가 어떻게 작동하는지 리팩터링 전보다 쉽게 이해할 수 있다.

이다(그림 20.10). 앞으로 이 프로젝트에 참여하는 신규 개발자는 이러한 테스트가 기술 문서의 일부로 매우 유용하다는 것을 느끼게 될 것이다!

이제 존은 PremiumFlight 클래스와 관련된 비즈니스 로직을 구현한다. Premium Flight 클래스는 Flight 클래스를 상속한다. 그리고 addPassenger와 removePassenger 메서드를 재정의한다. 지금은 이 메서드가 (마치 스텁처럼) 아무 비즈니스 로직 없이 단순히 false를 반환한다. addPassenger, removePassenger 메서드의 비즈니스 로직은 테스트를 만든 다음에 작성할 것이다. TDD를 실천한다는 것은 먼저 테스트를 작성한 다음에 테스트를 통과하는 소스 코드를 짜는 것이기 때문이다.

예제 20.12 PremiumFlight 클래스의 초기 구현

```java
public class PremiumFlight extends Flight {   ①

  public PremiumFlight(String id) {
    super(id);                            ②
  }

  @Override
  public boolean addPassenger(Passenger passenger) {
    return false;                                       ③
  }

  @Override
  public boolean removePassenger(Passenger passenger) {
    return false;                                        ④
  }

}
```

이 예제에서 살펴볼 내용은 다음과 같다.

- Flight 클래스를 상속한 PremiumFlight를 선언하고(①), 부모 클래스의 생성자를 호출하는 방식으로 생성자를 구현한다(②).
- addPassenger(③)와 removePassenger(④) 메서드를 마치 스텁처럼 별다른 비즈니스 로직 없이 단순히 false를 반환하도록 구현한다.

존은 이제 그림 20.8과 그림 20.9에서 본 것처럼 프리미엄 항공편에 대한 테스트를 구현한다.

예제 20.13 **PremiumFlight** 클래스에 대한 테스트

```java
public class AirportTest {
  [...]

  @DisplayName("Given 프리미엄 항공편에서")        ┐
  @Nested                                      ├ ①
  class PremiumFlightTest {                     ┘
    private Flight premiumFlight;              ┐
    private Passenger mike;                    ├ ②
    private Passenger james;                   ┘

    @BeforeEach
    void setUp() {
      premiumFlight = new PremiumFlight("3");      ┐
      mike = new Passenger("Mike", false);         ├ ③
      james = new Passenger("James", true);        ┘
    }

    @Nested                               ┐
    @DisplayName("When 일반 승객은")        ├ ④
    class RegularPassenger {              ┘

      @Test
      @DisplayName("Then 프리미엄 항공편에서 추가가 불가능하고 삭제도 불가능하다")   ┐ ⑤
      public void testPremiumFlightRegularPassenger() {                     ┘
        assertAll(
          "일반 승객은 프리미엄 항공편에서 추가가 불가능하고 삭제도 불가능한지 검증",   ┐ ⑥
          () -> assertEquals(false,
              premiumFlight.addPassenger(mike)),                    ┐
          () -> assertEquals(0,                                     ├ ⑦
              premiumFlight.getPassengersList().size()),            ┘
          () -> assertEquals(false,
              premiumFlight.removePassenger(mike)),                 ┐
          () -> assertEquals(0,                                     ├ ⑧
              premiumFlight.getPassengersList().size()));           ┘
      }
    }

    @Nested                               ┐
    @DisplayName("When VIP 승객은")        ├ ⑨
    class VipPassenger {                  ┘

      @Test
      @DisplayName("Then 프리미엄 항공편에서 추가가 가능하고 삭제도 가능하다")   ┐ ⑩
      public void testPremiumFlightVipPassenger() {                       ┘
        assertAll(
          "VIP 승객은 프리미엄 항공편에서 추가가 가능하고 삭제도 가능한지 검증",   ┐ ⑪
```

```
            () -> assertEquals(true,
                premiumFlight.addPassenger(james)),          ⑫
            () -> assertEquals(1,
                premiumFlight.getPassengersList().size()),
            () -> assertEquals(true,
                premiumFlight.removePassenger(james)),        ⑬
            () -> assertEquals(0,
                premiumFlight.getPassengersList().size()));
        }
      }
    }
}
```

이 예제에서 살펴볼 내용은 다음과 같다.

- 중첩 테스트 PremiumFlightTest를 선언한다(①). 여기에는 프리미엄 항공편인 premiumFlight와 일반 승객인 mike, VIP 승객인 james가 선언되어 있는데(②), 항공편과 승객 객체는 @BeforeEach 애노테이션 메서드에서 매번 새로 생성한다 (③). 참고로 레이블은 Given으로 시작한다.

- PremiumFlightTest의 하위에 다시 두 개의 중첩 테스트 RegularPassenger(④)와 VipPassenger(⑨)를 만든다. @DisplayName 안에 When으로 시작하는 레이블을 작성했다.

- 중첩 테스트인 RegularPassenger(⑤)와 VipPassenger(⑩)에 대해 각각 테스트를 작성한다. @DisplayName 안에 Then으로 시작하는 레이블을 작성한다.

- 프리미엄 항공편과 일반 승객을 테스트하는 부분에서는 assertAll 메서드를 사용하여 결괏값을 일괄적으로 검증한다(⑥). 프리미엄 항공편에 일반 승객을 추가할 수 없고, 승객을 추가한 다음에도 승객 리스트의 사이즈가 0인지 검증한다 (⑦). 프리미엄 항공편에 일반 승객을 삭제할 수 없고, 일반 승객을 삭제한 다음에도 승객 리스트의 사이즈가 0인지 검증한다(⑧).

- 프리미엄 항공편과 VIP 승객을 테스트하면서 assertAll 메서드를 사용한다(⑪). 프리미엄 항공편에 VIP 승객을 추가할 수 있고 승객 리스트의 사이즈가 증가하는지 검증한다(⑫). 프리미엄 항공편에서 VIP 승객을 삭제할 수 있고 승객 리스트의 사이즈가 감소하는지 검증한다(⑬).

존은 테스트를 실행한다. TDD를 실천하는 중이므로 아직 소스 코드를 제대로 작성하지 않은 상태에서 테스트부터 먼저 만들었다는 것을 다시 한번 떠올리기 바란다. 테스트 결과는 그림 20.11과 같다.

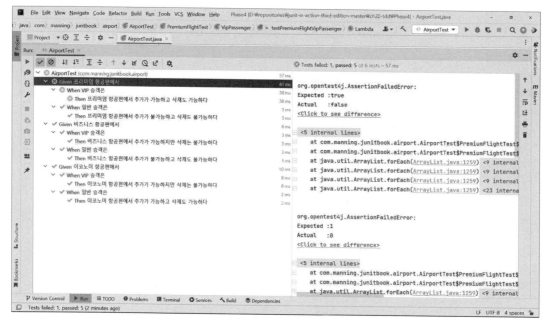

그림 20.11 소스 코드를 제대로 작성하지 않은 상태에서 테스트를 실행했을 때 일부 테스트 코드가
실패하는 모습. 실패했던 테스트를 통과하기 위해 어떤 작업을 해야 하는지 생각해 보자.

사실 일부 테스트 코드가 실패했다는 점은 큰 문제가 되지 않는다. 오히려 이미 알고 있었던 것이다. TDD를 실천한다는 것은 문자 그대로 테스트가 개발을 주도한다는 것을 의미하므로 개발자는 먼저 실패하는 테스트를 만든 다음에 테스트를 통과할 수 있는 소스 코드를 작성하는 것이 옳다. 그런데 여기에 놀라운 사실이 있다. 아무것도 하지 않았는데도 프리미엄 항공편에서 일반 승객에 대한 테스트에 이미 테스트 통과 표시가 떴다! 이는 즉 비즈니스 로직(단순히 false를 반환하는 add Passenger와 removePassenger 메서드)으로도 충분하다는 뜻이다. 존은 VIP 승객에 관한 비즈니스 로직에만 집중하면 된다. 이쯤에서 켄트 벡의 명언을 다시 새길 필요가 있다. "TDD는 적시에, 적확한 문제에 주의를 기울일 수 있게 해 준다. 그래서 더욱 깔끔하게 설계하고 미세하게 다듬어 나갈 수 있게 도와준다. TDD는 시간이 지날수록 코드에 대한 확신을 얻게 한다."

존은 PremiumFlight 클래스로 돌아가서 VIP 승객에 관한 비즈니스 로직에 집중한다. 테스트 주도 아래, 존은 문제를 직시할 수 있었다.

예제 20.14 비즈니스 로직을 작성한 PremiumFlight 클래스

```java
public class PremiumFlight extends Flight {

  public PremiumFlight(String id) {
    super(id);
  }

  @Override
  public boolean addPassenger(Passenger passenger) {
    if (passenger.isVip()) {
      return passengers.add(passenger);        ①
    }
    return false;
  }

  @Override
  public boolean removePassenger(Passenger passenger) {
    if (passenger.isVip()) {
      return passengers.remove(passenger);      ②
    }
    return false;
  }

}
```

이 예제에서 살펴볼 내용은 다음과 같다.

- VIP 승객인 경우에만 프리미엄 항공편에 승객을 추가할 수 있다(①).
- VIP 승객인 경우에만 프리미엄 항공편에서 승객을 삭제할 수 있다(②).

테스트를 실행한 결과는 그림 20.12에서 확인할 수 있다. 결과적으로 모든 것이 순조로이 진행되었다. 물론 테스트가 개발자로 하여금 테스트를 통과하는 코드를 작성하도록 주도한 것이다. 코드 커버리지도 100%를 달성했다.

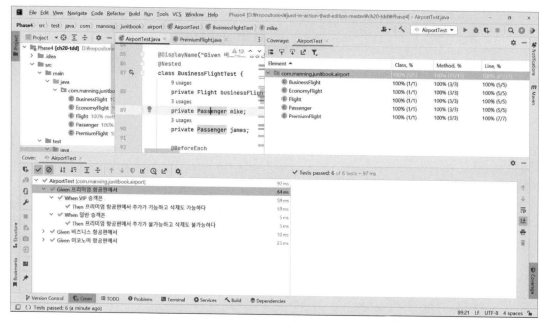

그림 20.12 PremiumFlight에 관한 비즈니스 로직을 작성한 다음 전체 테스트 묶음(이코노미,
비즈니스, 프리미엄 항공편)을 실행한 결과. 코드 커버리지는 100%를 달성했다.

20.5.2 승객 중복 추가를 방지하는 기능 추가하기

앞의 로직을 잘 살펴보면 고의나 실수를 막론하고 동일한 승객이 항공편에 두 번
이상 추가될 수 있다. 이는 좌석 관리에 문제를 일으킬 수 있는 위험 요인이므로 사
전에 반드시 막아야 한다. 존은 항공편에 승객을 추가할 때마다 해당 승객이 항공
편에 이미 추가되어 있는지를 검사하여 중복 추가를 방지하는 로직을 TDD로 구현
하려 한다.

존은 먼저 기능을 검증하는 테스트부터 작성한 다음, 새로운 기능을 구현한다.
존은 아래 예제와 같이 동일한 승객을 항공편에 추가하기 위해 여러 번의 시도를
반복하는 테스트를 작성한다. 참고로 예제는 이코노미 항공편에 일반 승객이 반복
적으로 추가되는 경우만 설명하는데, 다른 경우도 별반 다르지 않다.

예제 20.15 이코노미 항공편에 일반 승객을 중복으로 추가하는 로직을 검증하는 테스트

```
public class AirportTest {

  @DisplayName("Given 이코노미 항공편에서")
```

```
@Nested
class EconomyFlightTest {

  private Flight economyFlight;
  private Passenger mike;
  private Passenger james;

  @BeforeEach
  void setUp() {
    economyFlight = new EconomyFlight("1");
    mike = new Passenger("Mike", false);
    james = new Passenger("James", true);
  }

  @Nested
  @DisplayName("When 일반 승객은")
  class RegularPassenger {
    [...]
    @DisplayName("Then 이코노미 항공편에 일반 승객을 중복해서 추가할 수 없다")
    @RepeatedTest(5)                                                        ①
    public void testEconomyFlightRegularPassengerAddedOnlyOnce(
        RepetitionInfo repetitionInfo) {  ②
      for (int i = 0; i < repetitionInfo.getCurrentRepetition(); i++) {
        economyFlight.addPassenger(mike);                                   ③
      }
      assertAll(
        "이코노미 항공편에 일반 승객을 중복해서 추가할 수 없는지 검증",          ④
        () -> assertEquals(1, economyFlight.getPassengersList().size()),  ⑤
        () -> assertTrue(economyFlight.getPassengersList()
                        .contains(mike)),                                  ⑥
        () -> assertTrue(economyFlight.getPassengersList()
                        .get(0).getName().equals("Mike")));                ⑦
    }
  }
}
}
```

이 예제에서 살펴볼 내용은 다음과 같다.

- @RepeatedTest(5)를 활용해 테스트를 다섯 번 반복한다(①). 반복 테스트는 Repe
titionInfo 객체를 사용할 수 있다(②).
- 테스트가 실행될 때마다 RepetitionInfo 객체에 지정한 횟수만큼 승객을 추가
한다(③).

- assertAll 메서드에서 결괏값을 검증한다(④). 승객 리스트의 사이즈가 1인지(⑤), 리스트에 mike가 포함되어 있는지(⑥), 승객의 이름이 Mike인지 검증한다(⑦).

테스트를 실행해 보면 알겠지만 당연히 실패한다. 승객을 두 번 이상 추가하지 못하게 하는 비즈니스 로직을 아직 구현하지 않았기 때문이다(그림 20.13).

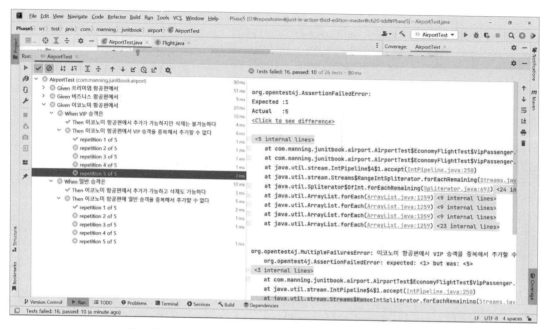

그림 20.13 비즈니스 로직을 구현하기 전에 승객을 항공편에 한 번만 추가할 수 있는지 여부를 검증하는 테스트를 실행한 모습. 테스트가 실패한 것을 알 수 있다.

존은 항공편에 등록된 승객의 중복을 없애기 위해 승객 리스트 타입을 Set으로 수정한다. 이번에는 테스트 전체적으로 영향을 미칠 수 있는 리팩터링을 진행한다. Flight 클래스는 다음과 같이 수정한다.

예제 20.16 승객 리스트를 Set으로 수정한 Flight 클래스

```java
public abstract class Flight {

    [...]
    Set<Passenger> passengers = new HashSet<>();    ①
    [...]

    public Set<Passenger> getPassengersSet() {       ②
        return Collections.unmodifiableSet(passengers);   ③
```

```
    }

    [...]
}
```

존은 passengers 필드를 Set으로 수정했다(①). 메서드 이름도 getPassengersSet으로 수정했고(②), 변경 불가능한 Set 객체를 반환하는 것으로 로직도 수정했다(③).

그다음 존은 승객을 항공편에 한 번만 추가할 수 있는지 검증하는 새로운 테스트를 만든다.

예제 20.17 승객을 항공편에 한 번만 추가할 수 있는지 검증하는 테스트

```
@DisplayName("Then 이코노미 항공편에 일반 승객을 중복해서 추가할 수 없다")
@RepeatedTest(5)
public void testEconomyFlightRegularPassengerAddedOnlyOnce(
    RepetitionInfo repetitionInfo) {
  for (int i = 0; i < repetitionInfo.getCurrentRepetition(); i++) {
    economyFlight.addPassenger(mike);
  }
  assertAll(
    "이코노미 항공편에 일반 승객을 중복해서 추가할 수 없는지 검증",
    () -> assertEquals(1, economyFlight.getPassengersSet().size()),        ①
    () -> assertTrue(economyFlight.getPassengersSet().contains(mike)),     ②
    () -> assertTrue(new ArrayList<>(economyFlight.getPassengersSet())     ③
                      .get(0).getName().equals("Mike")));
}
```

예제 20.17에서는 승객 집합의 크기가 1인지 검증했다(①). 승객 집합에 mike가 포함되어 있는지 검증하고(②), 승객의 이름이 Mike인지 검증했다(③). 참고로 Set에는 요소의 순서가 없으므로 첫 번째(인덱스로는 0번째) 데이터를 가져오려면 리스트로 재구성해야 한다.

테스트는 성공적으로 수행되었다. 코드 커버리지도 100%를 달성했다(그림 20.14). 존은 TDD를 실천하면서 신규 기능을 구현했다!

다음 장에서는 최근 들어 자주 사용하는 또 다른 소프트웨어 개발 방법론인 BDD를 알아본다.

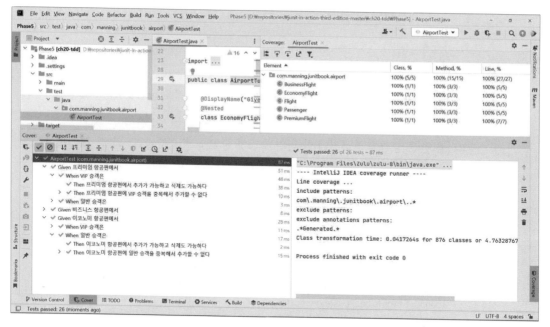

그림 20.14 승객이 항공편에 한 번만 추가될 수 있는지 검증하기 위해
비즈니스 로직을 구현한 후 전체 테스트 묶음을 성공적으로 수행한 결과

정리

20장에서는 다음 내용을 다루었다.

- TDD에 대한 개념을 정의했다. TDD를 실천하면 테스트가 기존 소스 코드에 버그가 생기는 것을 막아 주고, 잘 작성된 기술 문서의 역할도 수행하여 안정적인 시스템을 구현하는 것을 도와준다.
- 기존 비즈니스 로직을 포함하는 JUnit 5 중첩 테스트를 추가하여 TDD로 개발하지 않은 시스템의 기존 비즈니스 로직을 JUnit 5의 중첩 테스트로 다루었다.
- TDD 원칙에 따라 개발한 애플리케이션에서, 테스트 주도로 분기문을 다형성으로 대체하는 리팩터링을 수행하고 코드 품질을 개선했다.
- 테스트를 만든 다음 테스트를 통과하는 비즈니스 로직을 구현함으로써 신규 기능을 TDD로 구현했다.

21장

J U n i t   I N   A C T I O N   T h i r d   E d i t i o n

JUnit 5를 사용한 BDD

☑ **21장에서 다루는 내용**

- BDD의 이점과 과제 알아보기
- TDD로 개발한 애플리케이션을 BDD로 전환하기
- Cucumber(큐컴버)와 JUnit 5를 이용해 BDD로 애플리케이션 개발하기
- JBehave와 JUnit 5를 이용해 BDD로 애플리케이션 개발하기

> 어떤 사람들은 BDD를 '올바른 TDD'라고 한다.
> TDD가 '옳게' 개발하는 방법에 관한 것이라면,
> BDD는 '옳은 것'을 개발하는 방법에 관한 것이다.
> – 밀러드 엘링즈워스(Millard Ellingsworth)

20장에서 논의한 것처럼 TDD는 단위 테스트를 사용하여 코드를 검증하는 놀라운 방법론이다. TDD의 이점은 명확하다. 그러나 TDD의 개발 주기는 개발자가 애플리케이션의 비즈니스 목표에 관한 전체적인 그림을 놓칠 수 있게 한다. 참고로 TDD는 다음과 같은 개발 주기를 따른다.

테스트한다, 코드를 작성한다, 리팩터링한다, (반복한다)

프로젝트가 더 커지고 복잡해지고 단위 테스트의 수가 늘어나면 테스트를 이해하고 유지하기가 더 어려워질 것이다. 또한 테스트와 소스 코드 간에 밀접하게 결합되어 버릴 수도 있다. 테스트의 단위(클래스 또는 메서드)에만 초점을 둔다면 비즈니스 목표는 쉽게 간과될 수 있다.

이를 해결하기 위해 TDD를 기반으로 한 BDD(behavior-driven development, 행위 주도 개발)이라는 새로운 기법이 대두되었다. BDD는 테스트보다는 기능 자체에 중점을 두고 기능이 예상대로 동작하는지 확인한다.

21.1 BDD 살펴보기

행위 주도 개발의 개념은 댄 노스가 2000년대 중반에 창안했다. BDD란 비즈니스 요구 사항과 목표를 소프트웨어의 동작과 기능으로 변환하는 개발 방법론을 말한다. BDD를 실천한다면 애플리케이션이 어떻게 동작해야 하는지 구체적인 사례를 가지고 여러 팀 간에 원활하게 소통할 수 있으며, 이해관계자 간의 협력을 장려함으로써 의미 있는 소프트웨어를 만들 수 있게 된다. TDD가 제대로 동작하는 소프트웨어를 만드는 데 도움이 된다면, BDD는 비즈니스적 가치를 제공하는 소프트웨어를 만드는 데 도움이 된다. 우리는 BDD를 실천함으로써 실제로 조직에 필요한 기능이 무엇인지 정확하게 이해할 수 있고 그 기능에 집중하여 개발할 수 있다. 또한 사용자가 요구하는 것을 넘어서 사용자가 실제로 필요로 하는 것이 무엇인지도 이해할 수 있게 된다.

 BDD는 매우 방대한 주제다. 이 장에서는 BDD 전체를 다루지 않고 JUnit 5를 사용해서 BDD를 실천하는 방법, BDD로 기능을 효과적으로 개발하는 방법에만 중점을 둔다. BDD에 관해 종합적인 학습을 하고 싶다면 《BDD in Action》(Manning, 2023)을 읽어보길 바란다. 현재 이 책은 2판까지 출간되었다.

때로는 사람들 사이의 의사소통에서 문제와 오해가 발생할 수 있다. 보통 의사소통은 다음과 같은 흐름으로 진행된다.

1. 고객이 비즈니스 분석가에게 기능에 대해 이해한 바를 말한다.
2. 비즈니스 분석가는 소프트웨어가 어떻게 동작해야 하는지 설명하면서 개발자에게 요구 사항을 전달한다.
3. 개발자는 요구 사항에 따라 코드를 작성하고 신규 기능을 구현하기 위한 단위 테스트를 작성한다.
4. 테스터는 요구 사항을 기반으로 테스트 케이스를 만들고 신규 기능이 동작하는지 검증한다.

그런데 이 과정에서 중요한 정보가 잘못되었거나, 왜곡되었거나, 심지어는 누락될수 있다. 그 결과 기능은 고객이 처음에 생각했던 것과 완전히 달라질 수도 있다.이제 신규 기능을 추가하고자 할 때 상황이 어떻게 진행되는지를 살펴보자.

21.1.1 신규 기능 추가하기

비즈니스 분석가는 비즈니스 목표를 달성하는 소프트웨어 기능을 만들기 위해 고객과 소통한다. 이러한 기능은 '여행자가 목적지까지 가는 가장 짧은 방법을 알려주기'나 '여행자가 목적지까지 가는 가장 저렴한 방법을 알려 주기'와 같은 일반적인 요구 사항으로 표현될 수 있다.

이런 기능은 **스토리**로 만들어진다. 스토리는 '출발지와 목적지 간에 최소환승 경로 찾기' 또는 '출발지와 목적지 간에 최단 경로 찾기' 등으로 표현할 수 있다.

스토리는 구체적인 사례를 가지고 정의할 수 있다. 이러한 사례는 스토리의 **인수기준**(acceptance criteria)이 된다. 인수 기준은 Given, When, Then 키워드를 사용해BDD 스타일로 표현할 수 있다.

예를 들어 다음과 같은 인수 기준을 제시할 수 있다.

```
Given 어떤 회사에서 운항하는 항공편을 대상으로
When 5월 15일부터 5월 20일까지 부쿠레슈티에서 뉴욕으로 가는 가장 빠른 항공편을 찾고자 할 때
Then 부쿠레슈티-프랑크푸르트-뉴욕을 잇는 경로가 최단 경로이며 소요 시간은...
```

21.1.2 요구 사항 분석에서 인수 기준까지

항공편 관리 시스템의 일반적인 비즈니스 목표라면 '전반적으로 질 좋은 항공 서비스를 제공하여 매출을 늘리는 것' 정도가 될 수 있을 것이다. 그러나 이런 목표는 너무 범용적이므로 여기서는 다음과 같이 요구 사항을 구체화할 수 있다.

- 항공편을 선택할 수 있는 대화형 애플리케이션을 제공한다.
- 항공편을 변경할 수 있는 대화형 애플리케이션을 제공한다.
- 출발지와 목적지 사이의 최단 경로를 찾아주는 대화형 애플리케이션을 제공한다.

고객을 만족시키기 위해서는 요구 사항을 분석해서 만든 기능이 고객의 비즈니스목표를 달성하거나 비즈니스적 가치를 제공해야 한다. 이때 초기 요구 사항은 더욱

자세하게 설명해야 하는데, 다음과 같이 표현할 수 있을 것이다.

승객으로서
주어진 시간 내에 해당 목적지로 갈 수 있는 항공편을 알고 싶다.
그래서 적절한 항공편을 선택할 수 있어야 한다.

또는

승객으로서
처음에 선택한 항공편을 다른 항공편으로 바꾸고 싶다.
그래서 변경된 일정에 대응할 수 있어야 한다.

'적절한 항공편을 선택할 수 있어야 한다'와 같은 기능은 한 번에 구현하기에는 너무 클 수 있으므로 잘게 나누는 것이 좋다. 기능을 구현해 나가는 과정에서 주요 이정표를 통과하며 피드백을 받을 수도 있기 때문이다.

자, 앞서 제시한 기능을 다음과 같이 작은 스토리로 나눠 보자.

(존재한다면) 적절한 직항편을 찾는다.
적절한 경유지가 있는 대체 항공편을 찾는다.
적절한 편도 항공편을 찾는다.
적절한 왕복 항공편을 찾는다.

일반적으로는 특정 사례를 활용해 인수 기준을 정한다. 인수 기준은 이해관계자가 애플리케이션이 예상대로 작동한다는 데 동의할 수 있는 기준을 나타낸다.

BDD에서는 인수 기준을 Given, When, Then 키워드를 이용하여 정의한다.

Given <주어진 상황에서>
When <특정 사건이 일어났을 때>
Then <기대하는 결과>

다음은 인수 기준의 구체적인 사례이다.

Given 특정 회사에서 운항하는 항공편을 대상으로
When 다음 주 수요일에 부쿠레슈티에서 런던으로 여행을 갈 때
Then 가능한 항공편은 10:35분 출발과 16:20분 출발 2개가 있다

21.1.3 BDD의 이점과 과제

BDD 접근 방식의 이점은 다음과 같다.

- 사용자 요구 충족: 사용자는 구현에 신경을 덜 쓰고 애플리케이션의 기능에 더 집중할 수 있다. BDD를 실천한다는 것은 본질적인 요구 사항을 해결하는 데 가까워진다는 말과 같다.
- 명확성 제공: 시나리오는 소프트웨어가 수행해야 하는 작업을 명확히 한다. 시나리오는 기술에 친숙한 사람과 기술에 친숙하지 못한 사람 모두 이해할 수 있는 간단한 언어로 기술한다. 시나리오는 분할하거나 다른 시나리오를 추가하는 방식으로 모호성을 없앨 수 있다.
- 변경 대응: 시나리오는 소프트웨어 문서의 일부다. 애플리케이션과 함께 발전하는 살아 있는 문서인 것이다. 또한 새 변경 사항을 확인하는 데에도 도움이 된다. 자동화된 인수 테스트는 변경이 생겼을 때 시스템이 회귀하는 것을 막는다.
- 자동화 지원: 시나리오의 단계가 이미 정의되어 있으므로 시나리오를 자동화된 테스트로 변환할 수 있다.
- 비즈니스 가치에 집중: BDD는 프로젝트에 쓸데없는 기능이 추가되는 것을 막는다. 기능의 우선순위를 정하는 데에도 사용할 수 있다.
- 비용 절감: 기능의 중요도에 따라 우선순위를 정하고 불필요한 기능을 만들지 않는다면 리소스가 낭비되는 일도 없을뿐더러 꼭 필요한 작업에만 리소스를 집중할 수 있다.

BDD에는 과제도 있다. BDD는 많은 참여, 강력한 협업, 상호작용, 직접적인 의사소통, 지속적인 피드백 등을 필요로 한다. 이는 몇몇 사람에게는 부담이 될 수도 있고, 인력이 세계 각지에 분산된 오늘날의 글로벌 환경에서는 외국어 능력이나 시차 관리가 필요할 수도 있다.

21.2 Cucumber와 JUnit 5를 사용하여 BDD 실천하기

20장에서 TDS의 개발자 존은 TDD를 실천하면서 항공편 관리 시스템이 이코노미, 비즈니스, 프리미엄 세 가지 항공편을 관리할 수 있게 개발했다. 게다가 승객이 항공편에 한 번만 추가될 수 있다는 요구 사항도 구현했다. 애플리케이션의 기능은 테스트를 통해 빠르게 검증할 수 있었다(그림 21.1).

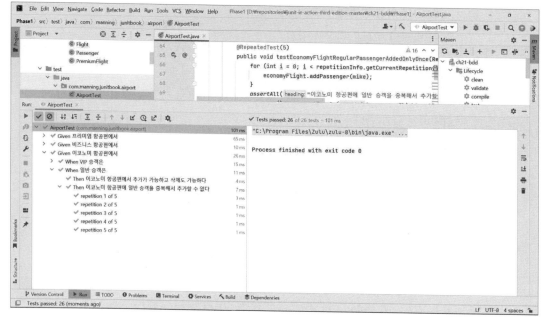

그림 21.1 TDD로 개발한 항공편 관리 시스템의 테스트를 성공적으로 수행한 결과.
테스트를 실행하면 애노테이션에 기록했던 내용이 시나리오로 표현된 것을 알 수 있다.

사실 존은 실제적인 사례를 가지고 BDD가 무엇인지 체험해 본 것이다. Given, When, Then 키워드를 사용하여 테스트를 표현했고, 애플리케이션이 어떻게 동작하는지 쉽게 이해할 수 있었다. 이제는 Cucumber를 사용하여 애플리케이션을 BDD로 전환하고 더 많은 신규 기능을 추가해 보자.

21.2.1 Cucumber 살펴보기

Cucumber[1]는 BDD 테스트 프레임워크다. Cucumber는 Gherkin(걸킨)이라는 언어를 사용하여 시나리오를 일반적인 자연어로 기술한다. Cucumber는 이해관계자들이 읽고 이해하기 쉬울뿐더러 자동화를 가능하게 해 준다.

Cucumber의 주요 특징은 다음과 같다.

- 시나리오나 구체적인 예시를 사용하여 요구 사항을 기술한다.
- 시나리오는 Cucumber가 실행할 일련의 스텝(step)[2]으로 정의할 수 있다.

---

1 *https://cucumber.io*
2 (옮긴이) 시나리오를 묘사하는 데 사용하는 스텝은 Gherkin으로 쓰인 시나리오를 실제 자바 코드로 변환하는 일을 한다. 스텝은 자바 메서드에 대응되는 고유한 의미를 가지고 있으므로, 여기서는 단계로 번역하지 않고 스텝이라고 음차했다.

- Cucumber는 시나리오에 해당하는 코드를 실행하고, 소프트웨어가 이러한 요구 사항을 잘 따르는지 검증한다. 그 다음 각 시나리오의 성공 또는 실패를 기술한 리포트를 생성한다.

Gherkin의 주요 특징은 다음과 같다.

- Gherkin은 Cucumber가 일반적인 자연어 텍스트를 이해할 수 있도록 하는 간단한 문법 규칙을 정의한다.
- Gherkin은 시스템의 동작을 문서화한다. 이때 시나리오를 통해 현재 작동하고 있는 명세를 제공하므로, 요구 사항은 항상 최신 상태를 유지하게 된다.

Cucumber는 기술에 이해도가 높은 사람과 이해도가 높지 않은 사람 모두 인수 테스트를 쉽게 읽고, 쓰고, 이해할 수 있게 해 준다. Cucumber를 사용하면 인수 테스트는 프로젝트 이해관계자 간의 의사소통 도구가 될 수 있다.

Cucumber로 만든 인수 테스트의 사례를 보자.

Given 이코노미 항공편에서
When 일반 승객은
Then 이코노미 항공편에 추가가 가능하고 삭제도 가능하다

시나리오를 기술하기 위해 사용한 Given, When, Then 키워드에 주목하기 바란다. 이 키워드들은 JUnit 5와 관련된 이전 작업에서도 사용했다. 그러나 이제는 Given, When, Then을 단순히 레이블 작성에만 사용하지 않는다. Cucumber는 Given, When, Then으로 시작하는 문장을 해석하여 @Given, @When, @Then 애노테이션이 달린 메서드를 자동으로 생성할 수 있다.

인수 테스트는 Cucumber 기능 파일로 정의한다. **기능 파일**(feature file)은 Cucumber 테스트의 진입점 역할을 한다. 기능 파일에서는 Gherkin으로 테스트를 기술한다. 기능 파일에는 하나 이상의 시나리오가 포함될 수 있다.

이제 존은 프로젝트에서 Cucumber를 사용하여 작업을 시작하고자 한다. 프로세스는 다음과 같다. 먼저 Maven pom.xml 파일에 Cucumber 의존성을 추가한다. Cucumber에 기능을 만들고 Cucumber로 테스트 스켈레톤을 만든다. 그리고 나서 기존 JUnit 5 테스트의 내용을 Cucumber가 생성한 테스트 스켈레톤으로 옮긴다.

예제 21.1 pom.xml 파일에 추가한 Cucumber 의존성

```xml
<dependency>
  <groupId>info.cukes</groupId>
  <artifactId>cucumber-java</artifactId>
  <version>1.2.5</version>
  <scope>test</scope>
</dependency>
<dependency>
  <groupId>info.cukes</groupId>
  <artifactId>cucumber-junit</artifactId>
  <version>1.2.5</version>
  <scope>test</scope>
</dependency>
```

이 예제에서 존은 두 가지 Cucumber 의존성인 cucumber-java, cucumber-junit을 추가했다.

21.2.2 TDD로 만든 기능 Cucumber로 옮기기

이제 존은 Cucumber 기능 파일을 만든다. 존은 Maven 표준 폴더 구조를 따라 src/test/resources 폴더에 기능 파일을 추가한다. src/test/resources/features 폴더를 생성하고 그 안에 passengers_policy.feature 파일을 생성한다(그림 21.2).

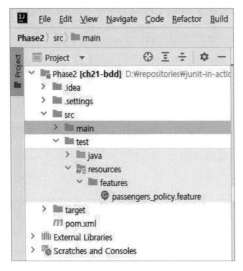

그림 21.2 새 Cucumber passengers_policy.feature 파일을
Maven 관습에 따라 src/test/resources/features 폴더에 생성한 모습

존은 애플리케이션이 수행해야 하는 작업에 관한 간단한 설명과 함께 **승객 정책**이라는 기능을 추가한다. 그다음 Gherkin 구문을 따라 시나리오를 작성한다.

예제 21.2 **passengers_policy.feature 파일**

Feature: 승객 정책
    회사는 승객 유형과 항공편 유형에 따라
    승객을 추가하거나 삭제하는 정책을 결정한다

    Scenario: 이코노미 항공편에서 일반 승객에 관한 정책
    Given 이코노미 항공편에서
    When 일반 승객은
    Then 이코노미 항공편에서 추가가 가능하고 삭제도 가능하다
    And 이코노미 항공편에 일반 승객을 중복해서 추가할 수 없다

    Scenario: 이코노미 항공편에서 VIP 승객에 관한 정책
    Given 이코노미 항공편에서
    When VIP 승객은
    Then 이코노미 항공편에서 추가가 가능하지만 삭제는 불가능하다
    And 이코노미 항공편에 VIP 승객을 중복해서 추가할 수 없다

    Scenario: 비즈니스 항공편에서 일반 승객에 관한 정책
    Given 비즈니스 항공편에서
    When 일반 승객은
    Then 비즈니스 항공편에서 추가가 불가능하고 삭제도 불가능하다

    Scenario: 비즈니스 항공편에서 VIP 승객에 관한 정책
    Given 비즈니스 항공편에서
    When VIP 승객은
    Then 비즈니스 항공편에서 추가가 가능하지만 삭제는 불가능하다
    And 비즈니스 항공편에 VIP 승객을 중복해서 추가할 수 없다

    Scenario: 프리미엄 항공편에서 일반 승객에 관한 정책
    Given 프리미엄 항공편에서
    When 일반 승객은
    Then 프리미엄 항공편에서 추가가 불가능하고 삭제도 불가능하다

    Scenario: 프리미엄 항공편에서 VIP 승객에 관한 정책
    Given 프리미엄 항공편에서
    When VIP 승객은
    Then 프리미엄 항공편에서 추가가 가능하고 삭제도 가능하다
    And 프리미엄 항공편에 VIP 승객을 중복해서 추가할 수 없다

기능 파일에서 Feature, Scenario, Given, When, Then, And 키워드가 굵게 표시된 것을 볼 수 있다. 기능 파일을 마우스 오른쪽 버튼으로 클릭해 보자. 직접 실행할 수 있도록 옵션이 나타난다(그림 21.3).

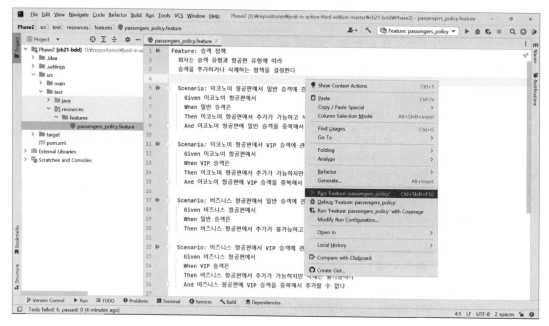

그림 21.3 passengers_policy.feature 파일을 마우스 오른쪽 버튼으로 클릭하여 실행할 수 있다.

기능 파일을 실행하기 위해서는 사전에 두 가지 준비가 필요하다. 첫째, 적절한 플러그인을 설치해야 한다. 만약 IntelliJ IDEA를 쓰고 있다면 [File]-[Settings]-[Plugins]로 들어가서 Cucumber for Java 플러그인과 Gherkin 플러그인을 설치한다(그림 21.4, 그림 21.5).

그림 21.4 [File]-[Settings]-[Plugins] 메뉴에서 Cucumber for Java 플러그인을 설치하는 모습

그림 21.5 [File]-[Settings]-[Plugins] 메뉴에서 Gherkin 플러그인을 설치하는 모습

둘째, 기능 파일이 실행되는 환경을 구성해야 한다. [Run]-[Edit Configuration]으로 이동하여 다음 옵션을 입력한다(그림 21.6).

- Main class: `cucumber.api.cli.Main`
- Glue(현재 스텝 정의가 저장되는 패키지 경로): `com.manning.junitbook.airport`
- Feature or folder path: 새로 추가한 src/test/resources/features 폴더
- Working directory: 프로젝트 폴더

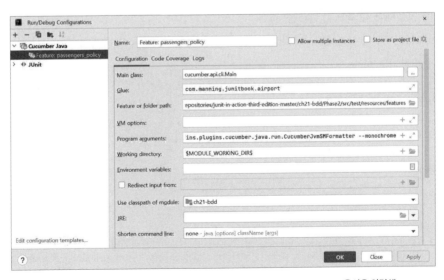

그림 21.6 Main class, Glue, Feature or folder path, Working directory 옵션을 입력해
기능 파일이 실행되는 환경을 구성한 모습

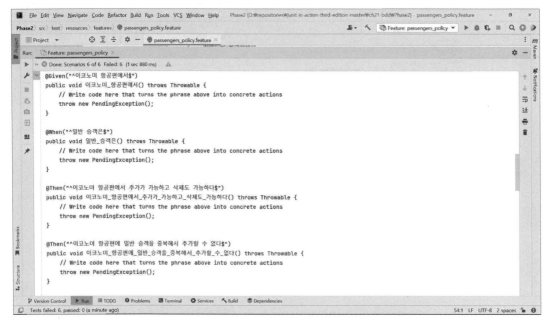# JUnit IN ACTION

기능 파일을 실행해 보자. Cucumber 테스트 스켈레톤이 만들어진다(그림 21.7).[3]

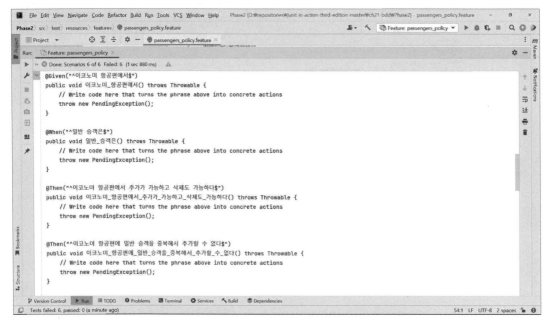

그림 21.7 기능 파일을 실행하여 승객 정책 기능의 테스트 스켈레톤을 생성한 모습.
시나리오를 검증하기 위한 테스트 메서드가 적절한 애노테이션과 함께 만들어진 것을 볼 수 있다.

존은 src/test/java 폴더에 새로운 자바 클래스를 생성하기 위해 com.manning.junit book.airport 패키지를 만든다. 새로 생성할 클래스의 이름은 PassengersPolicy이며 처음에는 테스트 스켈레톤(예제 21.3)을 포함한다. 테스트는 passengers_policy. feature 파일에 기술한 시나리오를 따라 실행된다. 예를 들어 다음과 같은 스텝을 실행한다고 하자.

Given 이코노미 항공편에서

그러면 프로그램은 @Given 애노테이션이 달린 메서드를 실행할 것이다.

@Given("^이코노미 항공편에서$")

---

3 (옮긴이) 독자의 편의를 위하여 Cucumber 기능 파일과 JBehave의 스토리 파일을 한글로 번역했다. 테스트 스켈레톤도 그에 맞춰 한글로 작성했다. 만들어진 예제를 실행하는 것은 문제가 없지만, 기능 파일과 스토리 파일을 테스트 스켈레톤으로 변환할 경우 예제와 완벽히 같지 않으니 예제를 따라하는 독자가 있다면 참고하기 바란다.

예제 21.3 PassengersPolicy 클래스

```java
public class PassengersPolicy {

  @Given("^이코노미 항공편에서$")    ①
  public void 이코노미_항공편에서() throws Throwable {
    throw new PendingException();                    ②
  }

  @When("^일반 승객은$")    ③
  public void 일반_승객은() throws Throwable {
    throw new PendingException();                    ④
  }

  @Then("^이코노미 항공편에서 추가가 가능하고 삭제도 가능하다$")    ⑤
  public void 이코노미_항공편에서_추가가_가능하고_삭제도_가능하다()
      throws Throwable {
    throw new PendingException();          ⑥
  }
  [...]

}
```

이 예제에서 살펴볼 내용은 다음과 같다.

- Cucumber 플러그인은 @Given("^이코노미 항공편에서$") 애노테이션이 달린 메서드를 생성한다. 즉, 이 메서드는 시나리오에서 Given **이코노미 항공편에서** 스텝이 실행될 때 실행된다(①).
- Cucumber 플러그인은 시나리오에서 Given **이코노미 항공편에서** 스텝에 해당하는 메서드 스텁을 만든다. 개발자는 여기에 테스트를 구현하면 된다(②).
- Cucumber 플러그인은 @When("^일반 승객은$") 애노테이션이 달린 메서드를 생성한다. 즉, 이 메서드는 시나리오에서 When **일반 승객은** 스텝이 실행될 때 실행된다(③).
- Cucumber 플러그인은 시나리오에서 When **일반 승객은** 스텝에 해당하는 메서드 스텁을 생성한다(④).
- Cucumber 플러그인은 @Then("^이코노미 항공편에서 추가가 가능하고 삭제도 가능하다$") 애노테이션이 달린 메서드를 생성한다. 즉, 이 메서드는 시나리오에서 Then **이코노미 항공편에서 추가가 가능하고 삭제도 가능하다** 스텝이 실행될 때 실행된다(⑤).
- Cucumber 플러그인은 시나리오에서 Then **이코노미 항공편에서 추가가 가능하고 삭제도 가능하다** 스텝에 해당하는 메서드 스텁을 생성한다(⑥).
- 다른 메서드도 비슷한 방식으로 구현한다. 이렇게 이코노미 항공편에서 일반 승객에 관한 정책의 Given, When, Then 스텝을 다뤄 보았다.

존은 사전에 정의된 스텝의 비즈니스 로직을 예제 21.4의 테스트로 변환했다.

예제 21.4 사전에 정의된 스텝의 비즈니스 로직을 구현한 테스트

```java
public class PassengersPolicy {
  private Flight economyFlight;           ①
  private Passenger mike;
  [...]

  @Given("^이코노미 항공편에서$")
  public void 이코노미_항공편에서() throws Throwable {   ②
    economyFlight = new EconomyFlight("1");   ③
  }

  @When("^일반 승객은$")
  public void 일반_승객은() throws Throwable {   ④
    mike = new Passenger("Mike", false);   ⑤
  }

  @Then("^이코노미 항공편에서 추가가 가능하고 삭제도 가능하다$")
  public void 이코노미_항공편에서_추가가_가능하고_삭제도_가능하다()   ⑥
      throws Throwable {
    assertAll("이코노미 항공편에서 일반 승객에 대한 결괏값 검증",
      () -> assertEquals("1", economyFlight.getId()),
      () -> assertEquals(true, economyFlight.addPassenger(mike)),
      () -> assertEquals(1, economyFlight.getPassengersSet().size()),   ⑦
      () -> assertTrue(economyFlight.getPassengersSet().contains(mike)),
      () -> assertEquals(true, economyFlight.removePassenger(mike)),
      () -> assertEquals(0, economyFlight.getPassengersSet().size()));
  }
  [...]
}
```

이 예제에서 살펴볼 내용은 다음과 같다.

- PassengersPolicy 클래스에 이코노미 항공편인 economyFlight, 일반 승객인 mike를 선언한다(①).
- 이코노미 항공편 economyFlight를 생성하여(③), 비즈니스 로직 Given **이코노미 항공편에서** 스텝에 대응하는 메서드를 구현한다(②).
- 일반 승객 mike를 생성하여(⑤), 비즈니스 로직 When **일반 승객은** 스텝에 대응하는 메서드를 구현한다(④).
- 모든 단언문을 한 번에 검증하는 JUnit 5 assertAll 메서드를 사용하여 소스 코드가 유려하게 읽히도록 만들고(⑦), 비즈니스 로직 Then **이코노미 항공편에서 추가가 가능하고 삭제도 가능하다** 스텝에 대응하는 메서드를 구현한다(⑥).

- 다른 메서드도 비슷한 방식으로 구현한다. 이렇게 이코노미 항공편에서 일반 승객에 관한 정책의 Given, When, Then 스텝을 다뤄 보았다.

존이 Cucumber 테스트를 실행하기 위해서는 특별한 클래스가 필요하다. 클래스 이름은 무엇이든지 상관없다. 여기서는 CucumberTest라는 이름을 가진 클래스를 만들었다.

예제 21.5 CucumberTest 클래스

```
// JUnit으로 Cucumber 테스트를 실행하기 위한 진입점 역할을 하는 클래스
@RunWith(Cucumber.class)              ①
@CucumberOptions(                     ②
  plugin = { "pretty" },              ③
  features = "classpath:features")    ④
public class CucumberTest {  // CucumberTest 클래스는 비워 두고,
                             스텝 정의는 별도의 클래스에서 구현
}
```

이 예제에서 살펴볼 내용은 다음과 같다.

- CucumberTest 클래스에 @RunWith(Cucumber.class) 애노테이션을 추가했다(①). JUnit 테스트 클래스를 실행하듯 CucumberTest 클래스를 실행해 보자. 동일한 패키지에 있는 기능 파일들이 전부 실행될 것이다. 참고로 21장을 집필하던 시점에는 Cucumber에 관한 JUnit 5 extension이 없으므로 JUnit 4 runner를 사용했다.
- @CucumberOptions(②) 애노테이션은 Cucumber 실행 결과 리포트를 보기 좋게 출력하기 위한 플러그인 옵션 값을 지정할 수 있다(③). 여기서는 "pretty"를 사용하여 Gherkin 소스를 컬러로 표시했다(그림 21.8). 이번에는 "pretty"를 사용했지만 "html", "json" 등 다른 옵션이 많이 있다. 그리고 features 속성에 Cucumber가 프로젝트 폴더에서 찾아야 할 기능 파일의 위치를 지정했다(④). 클래스패스로부터 기능 파일을 찾기 시작하는데, 중요한 점은 Maven이 src/test/resources 폴더를 클래스패스로 인식하므로 결국 src/test/resources/features 경로에 있는 기능 파일을 찾게 된다.

테스트를 실행해 보자. Cucumber로 옮기기 전에 있었던 테스트가 Cucumber로 옮기고 나서도 문제없이 유지되고 있음을 확인할 수 있다.

그 외에도 테스트를 Cucumber로 옮기면 또 다른 이점이 있다. Cucumber를 사

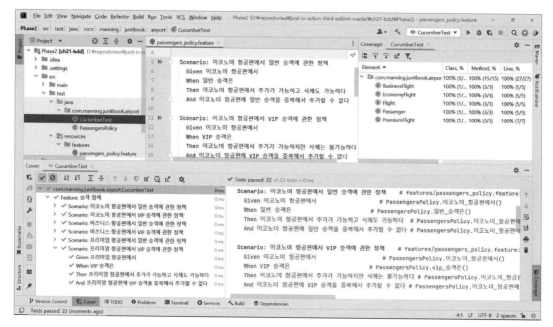

그림 21.8 CucumberTest를 실행한 결과. Gherkin 소스가 컬러로 표시되고,
테스트는 초록색으로 표시되며 코드 커버리지도 100%를 달성했다.

용하지 않은 AirportTest 클래스(207번째 줄)와 Cucumber를 사용한 Passengers
Policy 클래스(157번째 줄)를 비교해 보자. 줄 수만 놓고 보면 Cucumber를 사용한
테스트 코드는 사용하지 않은 테스트의 약 75%에 불과하지만 테스트 커버리지는
둘 다 동일하게 100%이다. 어떻게 이런 효율을 낼 수 있었을까?

AirportTest 파일에는 세 가지 계층의 일곱 가지 클래스가 포함되어 있다. 제
일 위에 AirportTest 클래스가 있고 그 아래에는 EconomyFlightTest, Business
FlightTest 클래스가 있다. 각 항공편 테스트 클래스마다 RegularPassenger 클래스
와 VipPassenger 클래스가 있었다. 이제 코드 중복이 있었다는 것을 알겠는가? 사
실 JUnit 5만 사용 가능할 때는 테스트의 계층을 나누는 것만이 대안이었다. 반면
Cucumber를 사용하면 각 스텝은 정확히 한 번씩만 구현하면 된다. 즉, 여러 시나
리오에서 동일한 스텝을 재사용하여 코드 중복을 줄일 수 있었다.

21.2.3 Cucumber를 활용하여 신규 기능 추가하기

존은 승객에게 제공하는 보너스 포인트와 관련한 추가 기능 명세를 받았다. 보너스
포인트를 계산하기 위해서는 각 승객이 이동한 거리를 고려해야 한다. 보너스 포인

트는 승객이 이동한 모든 항공편의 마일리지를 합산해서 계산하며, 승객의 유형에 따라 계산식이 달라진다. VIP 승객의 경우 10, 일반 승객의 경우 20으로 마일리지를 나눈 값이 보너스 포인트가 된다(그림 21.9).

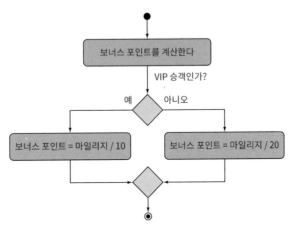

그림 21.9 보너스 포인트에 관한 비즈니스 로직. VIP 승객의 경우 10, 일반 승객은 20으로 마일리지를 나눈 값이 보너스 포인트가 된다.

존은 BDD를 실천하며 시나리오를 정의하고, 테스트를 만들고, 소스 코드를 구현하고자 한다. 존은 보너스 포인트와 관련한 시나리오를 정의하고(예제 21.6), 시나리오를 기술하는 Cucumber 테스트를 생성한다. 물론 만들어진 테스트는 맨 처음에 실패할 것이다. 보너스 포인트와 관련한 비즈니스 로직을 구현한 다음에 테스트를 실행하면 테스트가 통과될 것이다.

예제 21.6 **bonus_policy.feature 파일**

```
Feature: 보너스 포인트 정책
    회사는 승객 유형과 마일리지에 따라 보너스 포인트를 계산하는 정책을 결정한다.

    Scenario Outline: 일반 승객에 대한 보너스 포인트 정책   ①
    Given 마일리지와 일반 승객이 있는 상황에서
    When 일반 승객이 가지고 있는 마일리지가
    <mileage1>과 <mileage2>와 <mileage3>일 때        ②
    Then 일반 승객의 보너스 포인트는 <points>가 된다

    Examples:
    | mileage1 | mileage2 | mileage3| points |
    |     349  |     319  |    623  |    64  |
    |     312  |     356  |    135  |    40  |   ③
    |     223  |     786  |    503  |    75  |
    |     482  |      98  |    591  |    58  |
    |     128  |     176  |    304  |    30  |
```

```
Scenario Outline: VIP 승객에 대한 보너스 포인트 정책  ①
Given 마일리지와 VIP 승객이 있는 상황에서
When VIP 승객이 가지고 있는 마일리지가
<mileage1>과 <mileage2>와 <mileage3>일 때       ②
Then VIP 승객의 보너스 포인트는 <points>가 된다
```

```
Examples:
  | mileage1 | mileage2 | mileage3| points |
  |     349  |     319  |    623  |    129 |
  |     312  |     356  |    135  |     80 |
  |     223  |     786  |    503  |    151 |      ③
  |     482  |      98  |    591  |    117 |
  |     128  |     176  |    304  |     60 |
```

이 예제에서 살펴볼 내용은 다음과 같다.

- Cucumber의 Scenario Outline을 적용했다(①). Scenario Outline을 사용하면 스텝을 정의할 때 값을 굳이 하드코딩할 필요가 없다.
- 각 스텝에서는 값을 하드코딩하지 않고 Examples와 <mileage1>, <mileage2>, <mileage3>, <points> 등의 파라미터를 사용한다(②).
- 입력 값은 Scenario Outline의 Examples에 따로 정의해 둔다(③). 첫 번째 표의 1행은 세 개의 마일리지 값(349, 319, 623)을 나타낸다. 세 숫자를 모두 더한 다음 (일반 승객의 경우) 20으로 나눈 값인 64가 보너스 포인트가 된다. Examples 를 사용하면 JUnit 5의 파라미터를 사용한 테스트를 대체할 수 있다. 값이 시나리오에 기록되어 있으므로 누구든지 쉽게 이해할 수 있다.

기능 파일이 실행되는 환경을 설정하려면 [Run]-[Edit Configuration]을 클릭한 후 아래와 같이 입력한다(그림 21.10).

- Main class: cucumber.api.cli.Main
- Glue: com.manning.junitbook.airport
- Feature or folder path: src/test/resources/features/bonus_policy.feature
- Working directory: 프로젝트 폴더

기능 파일을 실행하면 Cucumber 테스트 스켈레톤을 만들 수 있다(그림 21.11).

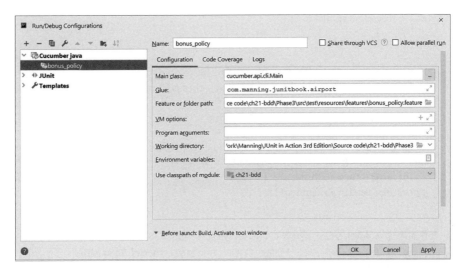

그림 21.10 Main class, Glue, Feature or folder path, Working directory
옵션을 입력해 보너스 포인트 정책이 실행되는 환경을 설정한 모습

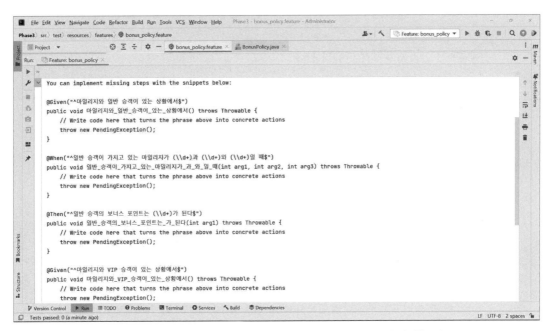

그림 21.11 기능 파일을 실행하여 보너스 포인트 정책 기능의 스켈레톤을 생성한 모습

이번에는 src/test/java 폴더에 com.manning.junitbook.airport 패키지를 만들고 새
로운 자바 클래스를 생성한다. 이 클래스의 이름은 BonusPolicy이며 처음에는 테스
트 스켈레톤만 있다(예제 21.7). 이 테스트를 실행하면 bonus_policy.feature 파일
에 기술된 시나리오를 따르게 된다.

예제 21.7 초기 BonusPolicy 클래스

```java
public class BonusPolicy {

  @Given("^마일리지와 일반 승객이 있는 상황에서$")   ①
  public void 마일리지와_일반_승객이_있는_상황에서() throws Throwable {
    throw new PendingException();
  }                                                        ②

  @When("^일반 승객이 가지고 있는 마일리지가 (\\d+)과 (\\d+)와 (\\d+)일 때$")   ③
  public void 일반_승객이_가지고_있는_마일리지가_과_와_일_때(int arg1, int arg2,
      int arg3) throws Throwable {
    throw new PendingException();                          ④
  }

  @Then("^일반 승객의 보너스 포인트는 (\\d+)가 된다$")   ⑤
  public void 일반_승객의_보너스_포인트는_가_된다(int arg1) throws Throwable {
    throw new PendingException();                          ⑥
  }
  [...]

}
```

이 예제에서 살펴볼 내용은 다음과 같다.

- Cucumber 플러그인은 @Given("^마일리지와 일반 승객이 있는 상황에서$")라는 애노테
  이션이 달린 메서드를 생성한다. 이 메서드는 시나리오에서 Given 마일리지와 일반
  승객이 있는 상황에서 스텝이 실행될 때 실행된다(①).

- Cucumber 플러그인은 시나리오에서 Given 마일리지와 일반 승객이 있는 상황에서 스
  텝에 해당하는 메서드 스텁을 생성한다(②).

- Cucumber 플러그인은 @When("^일반 승객이 가지고 있는 마일리지가 (\\d+)과 (\\d+)와
  (\\d+)일 때$") 애노테이션이 달린 메서드를 생성한다. 이 메서드는 시나리오에
  서 When 일반 승객이 가지고 있는 마일리지가 <mileage1>과 <mileage2>와 <mileage3>
  일 때 스텝이 실행될 때 실행된다(③).

- Cucumber 플러그인은 시나리오에서 When 일반 승객이 가지고 있는 마일리지가 <mile
  age1>과 <mileage2>와 <mileage3>일 때 스텝에 해당하는 메서드 스텁을 생성한다
  (④). 이 메서드에서는 세 가지 마일리지(mileage1, mileage2, mileage3)에 대응
  하는 세 가지 파라미터가 있다.

- Cucumber 플러그인은 @Then("^일반 승객의 보너스 포인트는 (\\d+)가 된다$") 애노테
  이션이 달린 메서드를 생성한다. 이 메서드는 시나리오에서 Then 일반 승객의 보너

스 포인트는 <points>가 **된다** 단계가 실행될 때 실행된다(⑤).

- Cucumber 플러그인은 시나리오에서 Then **일반 승객의 보너스 포인트는 <points>가 된다** 스텝에 해당하는 메서드 스텁을 생성한다(⑥). 이 메서드에서는 points에 대응하는 파라미터가 있다.
- 다른 메서드도 비슷한 방식으로 구현한다. 이렇게 일반 승객에 대한 보너스 포인트 정책의 Given, When, Then 스텝을 다뤄 보았다.

존은 Mileage 클래스를 생성하여 필드와 메서드를 선언했지만 아직 구현을 하지는 않았다. 존은 Mileage 클래스를 사용한 테스트가 처음에 실패하게 만든 다음 Mileage 클래스를 구현하고 테스트를 통과시킬 것이다.

예제 21.8 비즈니스 로직을 구현하지 않은 Mileage 클래스

```java
public class Mileage {

    public static final int VIP_FACTOR = 10;        ① 
    public static final int REGULAR_FACTOR = 20;

    private Map<Passenger, Integer> passengersMileageMap = new HashMap<>();   ②
    private Map<Passenger, Integer> passengersPointsMap = new HashMap<>();

    public void addMileage(Passenger passenger, int miles) {   ③

    }

    public void calculateGivenPoints() {   ④

    }

}
```

이 예제에서 살펴볼 내용은 다음과 같다.

- 보너스 포인트를 계산하기 위해 승객의 유형에 맞게 마일리지를 나눌 지수로 VIP_FACTOR, REGULAR_FACTOR를 선언한다(①).
- 승객을 키로 사용하고 해당 승객에 대한 마일리지를 값으로 사용하는 맵인 passengersMileageMap과, 승객을 키로 사용하고 포인트를 값으로 사용하는 맵인 passengersPointsMap을 선언한다(②).
- 승객의 마일리지로 passengersMileageMap을 채우는 addMileage 메서드를 선언한다(③). addMileage 메서드는 현재 아무 일도 하지 않는다. 단지 테스트에서

사용할 수 있도록 선언만 해 둔 상태다.

- passengersPointsMap에 각 승객이 가진 보너스 포인트를 채우는 calculateGiven
  Points 메서드를 선언한다(④). calculateGivenPoints 역시 테스트에서 사용하
  기 위해 작성하였고 아직은 아무 로직도 없다.

이제 존은 이 기능의 비즈니스 로직을 따르기 위해 BonusPolicy 클래스에서 테스트
를 작성한다.

예제 21.9 비즈니스 로직을 구현한 BonusPolicy

```
public class BonusPolicy {
  private Passenger mike;          ①
  private Mileage mileage;
  [...]

  @Given("^마일리지와 일반 승객이 있는 상황에서$")   ②
  public void 마일리지와_일반_승객이_있는_상황에서() throws Throwable {
    mike = new Passenger("Mike", false);    ③
    mileage = new Mileage();
  }

  @When("^일반 승객이 가지고 있는 마일리지가 (\\d+)과 (\\d+)와 (\\d+)일 때$")   ④
  public void 일반_승객이_가지고_있는_마일리지가_과_와_일_때(int mileage1, int mileage2,
      int mileage3) throws Throwable {
    mileage.addMileage(mike, mileage1);
    mileage.addMileage(mike, mileage2);    ⑤
    mileage.addMileage(mike, mileage3);
  }

  @Then("^일반 승객의 보너스 포인트는 (\\d+)가 된다$")   ⑥
  public void 일반_승객의_보너스_포인트는_가_된다(int points) throws Throwable {
    mileage.calculateGivenPoints();   ⑦
    assertEquals(points,
            mileage.getPassengersPointsMap().get(mike).intValue());   ⑧
  }
  [...]

}
```

이 예제에서 살펴볼 내용은 다음과 같다.

- BonusPolicy 클래스에 마일리지 객체인 mileage와 승객 객체인 mike를 선언했다
  (①).

- 테스트에 사용할 일반 승객과 마일리지 객체를 생성하여(③), 비즈니스 로직 **Given 마일리지와 일반 승객이 있는 상황에서** 스텝에 대응하는 메서드를 작성한다(②).

- 파라미터로 전달한 마일리지를 mike에게 추가하여(⑤), 비즈니스 로직 **When 일반 승객이 가지고 있는 마일리지가 <mileage1>과 <mileage2>와 <mileage3>일 때** 스텝에 대응하는 메서드를 작성한다(④).

- 주어진 승객의 포인트를 계산하고(⑦), 계산한 값이 예상한 값과 같은지를 검증하여(⑧), 비즈니스 로직 **Then 일반 승객의 보너스 포인트는 <points>가 된다** 스텝에 대응하는 메서드를 작성한다(⑥).

- 다른 메서드도 비슷한 방식으로 구현한다. 이렇게 일반 승객에 대한 보너스 포인트 정책의 Given, When, Then 스텝을 다뤄 보았다.

테스트를 실행해 보자. 비즈니스 로직을 아직 구현하지 않았기 때문에 테스트는 실패할 수밖에 없다(addMileage 메서드와 calculateGivenPoints 메서드를 구현하지 않았다). 구체적으로는 예제 21.9의 ⑧에서 NullPointerException이 발생한다. mileage의 passengersPointsMap이 null인데다가 Mileage 클래스도 아직 구현하지 않았기 때문이다. 존은 이제 Mileage 클래스에서 두 가지 비즈니스 로직(addMileage 와 calculateGivenPoints 메서드)을 구현한다.

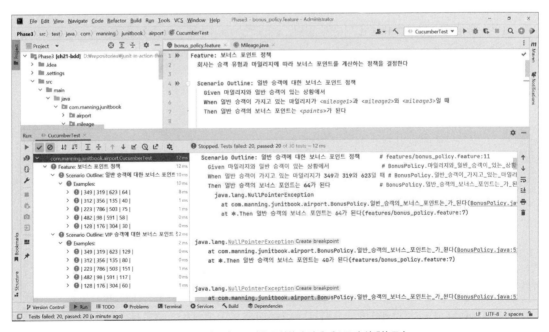

그림 21.12 비즈니스 로직을 구현하기 전에 테스트가 실패한 모습

예제 21.10 Mileage 클래스에서 비즈니스 로직 구현하기

```
[...]
public class Mileage {
  [...]
  public void addMileage(Passenger passenger, int miles) {
    if (passengersMileageMap.containsKey(passenger)) {  ①
      passengersMileageMap.put(passenger,
          passengersMileageMap.get(passenger) + miles);  ②
    } else {
      passengersMileageMap.put(passenger, miles);  ③
    }

  }

  public void calculateGivenPoints() {
    for (Passenger passenger : passengersMileageMap.keySet()) {  ④
      if (passenger.isVip()) {
        passengersPointsMap.put(passenger,
            passengersMileageMap.get(passenger) / VIP_FACTOR);  ⑤
      } else {
        passengersPointsMap.put(passenger,
            passengersMileageMap.get(passenger) / REGULAR_FACTOR);  ⑥
      }
    }
  }
}
```

이 예제에서 살펴볼 내용은 다음과 같다.

- addMileage 메서드에서 승객 정보가 이미 passengersMileageMap에 포함되어 있
  는지 확인한다(①). 승객 정보를 이미 갖고 있는 경우 해당 승객의 마일리지를
  추가한다(②). 그렇지 않으면 해당 승객을 키로, 마일리지를 값으로 하는 새로운
  엔트리를 만들어 맵에 집어 넣는다(③).
- calculateGivenPoints 메서드는 모든 승객을 대상으로 보너스 포인트를 계산한
  다. for 문으로 승객 집합을 반복하되(④), VIP 승객은 마일리지를 VIP 지수로 나
  누어 보너스 포인트를 계산한다(⑤). 일반 승객은 마일리지를 일반 지수로 나누
  어 보너스 포인트를 계산한다(⑥).

이제 CucumberTest를 이용한 보너스 포인트 테스트를 수행해 보자. 초록색 완료 표
시를 확인할 수 있을 것이다. 결과는 그림 21.13과 같다. 이렇게 존은 Cucumber를
사용하여 BDD를 실천하면서 보너스 포인트 기능을 성공적으로 구현했다.

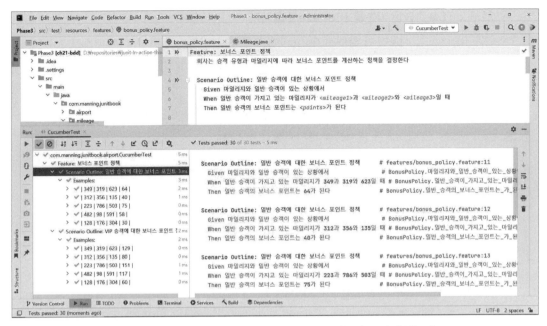

그림 21.13 비즈니스 로직을 구현하고 나서 보너스 포인트 테스트가 성공한 모습

21.3 JBehave와 JUnit 5를 사용하여 BDD 실천하기

BDD 프레임워크는 여러 가지가 있다. 이번 절에서는 Cucumber 외에도 자바 개발자에게 인기 있는 프레임워크인 JBehave에 대해 알아본다.

21.3.1 JBehave 살펴보기

JBehave는 프로젝트와 관련된 모든 사람이 이해할 수 있는 일반적인 자연어로 스토리를 작성할 수 있는 BDD 프레임워크다. JBehave는 스토리 파일을 가지고 원하는 행동을 나타내는 시나리오를 정의할 수 있다.

다른 BDD 프레임워크와 마찬가지로 JBehave 역시 고유한 용어를 가지고 있다.

- 스토리: 하나 이상의 시나리오를 포함하며 자동으로 실행할 수 있는 비즈니스 동작을 나타낸다.
- 시나리오: 애플리케이션과 상호작용하는 실제 상황을 말한다.
- 스텝: 전통적인 BDD 개념어인 Given, When, Then을 사용하여 정의한다.

21.3.2 TDD로 만든 기능을 JBehave로 옮기기

존은 JBehave를 사용하여 앞에서 Cucumber로 구현한 것과 동일한 기능과 테스트를 구현하려고 한다. 이렇게 하면 Cucumber와 JBehave 두 개의 BDD 프레임워크를 비교하여 어떤 프레임워크가 조금 더 유용한지 알아볼 수도 있다.

존은 pom.xml 파일에 JBehave 의존성을 추가한다. 그다음 JBehave 스토리를 만들고 테스트 스켈레톤을 생성하며 메서드를 구현한다.

예제 21.11 pom.xml 파일에 추가한 JBehave 의존성

```
<dependency>
  <groupId>org.jbehave</groupId>
  <artifactId>jbehave-core</artifactId>
  <version>4.1</version>
</dependency>
```

다음으로 존은 IntelliJ IDEA에서 JBehave를 개발하기 위한 플러그인을 설치한다. IntelliJ IDEA에서 [File]-[Settings]-[Plugins]-[Browse Repositories]로 이동하여 JBehave를 입력하고 JBehave Step Generator와 JBehave Support 플러그인을 설치한다(그림 21.14).

그림 21.14 [File]-[Settings]-[Plugins] 메뉴에서 JBehave Step Generator와 JBehave Support 플러그인을 설치한다.

이제 존은 JBehave 스토리 파일을 만들고자 한다. 프로젝트가 Maven 표준 폴더 구조를 따르므로 src/test/resources 폴더에 스토리 파일을 만든다. src/test/resources

폴더 아래 com/manning/junitbook/airport 폴더를 만들고 passengers_policy_story.
story 파일을 만든다. src/test/java 폴더 아래 com.manning.junitbook.airport 패키
지를 만들고 PassengersPolicy 클래스를 만든다(그림 21.15).

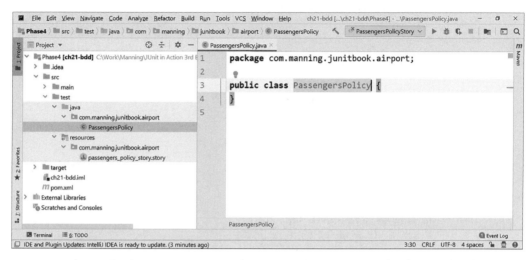

그림 21.15 새로 만든 PassengersPolicy 클래스. PassengersPolicy 클래스는 src/test/resources/com/
manning/junitbook/airport 폴더에 있는 passengers_policy_story.story 파일에 대응한다.

스토리 파일은 해당 스토리에 대한 메타 정보를 나타내는 Meta, 무엇을 의도하는지
알려 주는 Narrative, 시나리오를 알려 주는 Scenario로 구성되어 있다.

예제 21.12 passengers_policy_story.story 파일
```
Meta: 승객 정책
        회사는 승객 유형과 항공편 유형에 따라 항공편에 승객을 추가하거나 삭제하는 정책을 결정한다


Narrative:
회사는
승객과 항공편을 관리해야 한다
회사의 승객 관리 정책은 다음과 같다


Scenario: 이코노미 항공편에서 일반 승객에 관한 정책
Given 이코노미 항공편에서
When 일반 승객은
Then 이코노미 항공편에서 추가가 가능하고 삭제도 가능하다
And 이코노미 항공편에 일반 승객을 중복해서 추가할 수 없다


Scenario: 이코노미 항공편에서 VIP 승객에 관한 정책
Given 이코노미 항공편에서
When VIP 승객은
Then 이코노미 항공편에서 추가가 가능하지만 삭제는 불가능하다
And 이코노미 항공편에 VIP 승객을 중복해서 추가할 수 없다
```

Scenario: 비즈니스 항공편에서 일반 승객에 관한 정책
Given 비즈니스 항공편에서
When 일반 승객은
Then 비즈니스 항공편에서 추가가 불가능하고 삭제도 불가능하다

Scenario: 비즈니스 항공편에서 VIP 승객에 관한 정책
Given 비즈니스 항공편에서
When VIP 승객은
Then 비즈니스 항공편에서 추가가 가능하지만 삭제는 불가능하다
And 비즈니스 항공편에 VIP 승객을 중복해서 추가할 수 없다

Scenario: 프리미엄 항공편에서 일반 승객에 관한 정책
Given 프리미엄 항공편에서
When 일반 승객은
Then 프리미엄 항공편에서 추가가 불가능하고 삭제도 불가능하다

Scenario: 프리미엄 항공편에서 VIP 승객에 관한 정책
Given 프리미엄 항공편에서
When VIP 승객은
Then 프리미엄 항공편에서 추가가 가능하고 삭제도 가능하다
And 프리미엄 항공편에 VIP 승객을 중복해서 추가할 수 없다

각 스텝을 자바 파일로 생성하기 위해 존은 아직 생성되지 않은 테스트 스텝(빨간 색 밑줄이 그어진 부분)에 커서를 놓고 Alt + Enter 키를 누른다(그림 21.16).

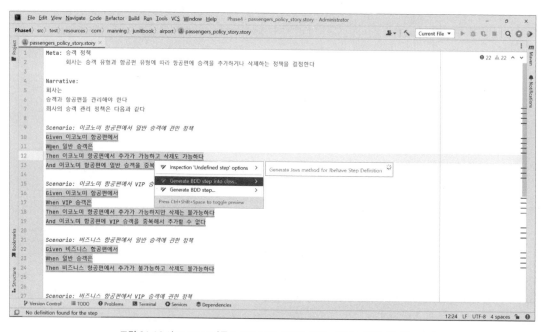

그림 21.16 Alt + Enter 키를 누르고 BDD 스텝을 원하는 클래스 안에 생성하는 모습

존은 PassengersPolicy 클래스에 passengers_policy_story.story 스토리 파일의
모든 스텝을 스켈레톤으로 만들어 생성한다(그림 21.17). 이렇게 만든 테스트 스켈
레톤 안에 테스트 로직을 작성할 것이다.

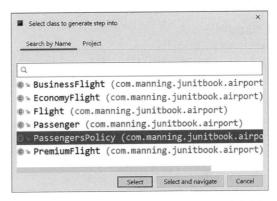

그림 21.17 passengers_policy_story.story 스토리 파일의
스텝을 생성할 클래스로 PassengersPolicy를 선택한 모습

JBehave로 만든 PassengersPolicy 클래스의 테스트 스켈레톤은 다음과 같다.

예제 21.13 **PassengersPolicy 클래스의 테스트 스켈레톤**

```
[...]
public class PassengersPolicy {
  @Given("이코노미 항공편에서")
  public void given이코노미항공편에서() {

  }

  @When("일반 승객은")
  public void when일반승객은() {

  }

  @Then("이코노미 항공편에서 추가가 가능하고 삭제도 가능하다")
  public void then이코노미항공편에서추가가가능하고삭제도가능하다() {

  }
  [...]
}
```

존은 이제 비즈니스 로직에 따라 테스트를 구현한다. 각 스텝을 표현한 메서드에
로직을 구현한다.

예제 21.14 PassengersPolicy에서 구현한 테스트

```java
public class PassengersPolicy {
  private Flight economyFlight;                   ①
  private Passenger mike;
  [...]

  @Given("이코노미 항공편에서")   ②
  public void given이코노미항공편에서() {
    economyFlight = new EconomyFlight("1");   ③
  }

  @When("일반 승객은")   ④
  public void when일반승객은() {
    mike = new Passenger("Mike", false);   ⑤
  }

  @Then("이코노미 항공편에서 추가가 가능하고 삭제도 가능하다")   ⑥
  public void then이코노미항공편에서추가가가능하고삭제도가능하다() {
    assertAll("이코노미 항공편에서 일반 승객에 대한 결괏값 검증",
      () -> assertEquals("1", economyFlight.getId()),
      () -> assertEquals(true, economyFlight.addPassenger(mike)),
      () -> assertEquals(1, economyFlight.getPassengersSet().size()),
      () -> assertEquals("Mike", new ArrayList<>(         ⑦
          economyFlight.getPassengersSet()).get(0).getName()),
      () -> assertEquals(true, economyFlight.removePassenger(mike)),
      () -> assertEquals(0, economyFlight.getPassengersSet().size()));
  }

  [...]

}
```

이 예제에서 살펴볼 내용은 다음과 같다.

- PassengersPolicy 클래스에 이코노미 항공편인 economyFlight, 일반 승객인 mike 를 선언한다(①).

- 이코노미 항공편 economyFlight를 생성하여(③), 비즈니스 로직 Given **이코노미 항 공편에서** 스텝에 대응하는 메서드를 구현한다(②).

- 일반 승객 mike를 생성하여(⑤), 비즈니스 로직 When **일반 승객은** 스텝에 대응하는 메서드를 구현한다(④).

- 모든 단언문을 한 번에 검증하는 JUnit 5 assertAll 메서드를 사용하여 소스 코 드가 유려하게 읽히도록 만들고(⑦), 비즈니스 로직 Then **이코노미 항공편에서 추가가 가능하고 삭제도 가능하다** 스텝에 대응하는 메서드를 구현한다(⑥).

- 다른 메서드도 비슷한 방식으로 구현한다. 이렇게 이코노미 항공편에서 일반 승객에 관한 정책의 Given, When, Then 스텝을 다뤄 보았다.

존이 JBehave로 만든 테스트를 실행하기 위해서는 별도의 테스트 구성 클래스가 필요하다. 여기서는 PassengersPolicyStory라는 이름을 가진 클래스를 만들었다.

예제 21.15 PassengersPolicyStory 클래스

```
[...]
public class PassengersPolicyStory extends JUnitStory {   ①

  @Override
  public Configuration configuration() {                         ②
    return new MostUsefulConfiguration().useStoryReporterBuilder(   ③
        new StoryReporterBuilder().withDefaultFormats()        ④
            .withFormats(Format.CONSOLE));
  }

  @Override
  public InjectableStepsFactory stepsFactory() {   ⑤
    return new InstanceStepsFactory(configuration(),
                                new PassengersPolicy());   ⑥
  }
}
```

이 예제에서 살펴볼 내용은 다음과 같다.

- JUnitStory 클래스를 상속하는 PassengersPolicyStory 클래스를 선언한다(①). JBehave 스토리 클래스는 반드시 JUnitStory를 상속해야 한다.
- configuration 메서드를 재정의하고(②), 사용자 입장에서 가장 친숙한 방식으로 리포트가 출력되게 설정한 다음(③), 리포트가 콘솔에 나타나도록 했다(④).
- stepsFactory 메서드를 재정의하고(⑤), 스텝 인스턴스를 PassengersPolicy 객체로 명시했다(⑥).

테스트를 실행한 결과는 그림 21.18과 같다. 테스트는 성공하였고 코드 커버리지는 100%를 달성했다. 참고로 JBehave의 리포트는 Cucumber처럼 예쁘게 나오지는 않는다.

BDD 이전의 AirportTest 클래스가 207줄이었다면, JBehave로 만든 Passengers Policy 클래스가 157줄(Cucumber로 만든 것과 비슷한 수준이다)로 줄어든 것을 볼 수 있다. 테스트 코드는 BDD 전과 비교했을 때 75%에 불과하지만 코드 커버리

지는 100%로 동일하다. 이런 효율성을 만들어 내는 지점은 어디일까? 앞서 설명
했듯이 AirportTest 파일에는 세 가지 계층의 일곱 가지 클래스가 포함되어 있다.
제일 위에 AirportTest 클래스가 있고 그 아래에는 EconomyFlightTest, Business
FlightTest 클래스가 있다. 각 항공편 테스트 클래스 아래에는 RegularPassenger
클래스와 VipPassenger 클래스가 중복해서 존재했었다. 이제 코드 중복이 눈에 들
어오기 시작할 것이다. 사실 JUnit 5만 사용할 때는 테스트의 계층을 나누는 것이
거의 유일한 대안이었다.

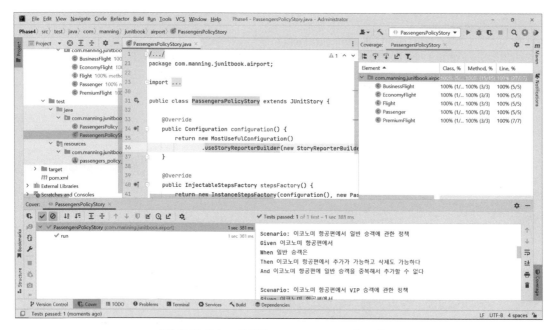

그림 21.18 JBehave로 만든 PassengersPolicy 테스트를
성공적으로 수행하였고 코드 커버리지를 100% 달성한 모습

21.3.3 JBehave를 활용하여 신규 기능 추가하기

존은 JBehave를 사용하여 승객의 보너스 포인트와 관련한 기능을 추가 구현한다.
존은 bonus_policy_story.story 파일에 보너스 포인트를 제공하기 위한 시나리오를
기술하고 그 내용을 바탕으로 JBehave 테스트를 만들 것이다. 맨 처음 테스트를 실
행하면 물론 실패할 것이다.

예제 21.16 **bonus_policy_story.story 파일**

```
Meta: 보너스 포인트 정책
    회사는 승객 유형과 마일리지에 따라 보너스 포인트를 계산하는 정책을 결정한다

Narrative:
회사는
보너스 포인트를 관리하고자 한다
회사의 보너스 포인트 관리 정책은 다음과 같다

Scenario: 일반 승객에 대한 보너스 포인트 정책   ①
Given 마일리지와 일반 승객이 있는 상황에서
When 일반 승객이 가지고 있는 마일리지가 <mileage1>과 <mileage2>와 <mileage3>일 때  ⎤
Then 일반 승객의 보너스 포인트는 <points>가 된다                                      ⎦②

Examples:
| mileage1 | mileage2 | mileage3| points |
|     349  |     319  |     623 |     64 |  ⎤
|     312  |     356  |     135 |     40 |  |
|     223  |     786  |     503 |     75 |  ├③
|     482  |      98  |     591 |     58 |  |
|     128  |     176  |     304 |     30 |  ⎦

Scenario: VIP 승객에 대한 보너스 포인트 정책   ①
Given 마일리지와 VIP 승객이 있는 상황에서
When VIP 승객이 가지고 있는 마일리지가 <mileage1>과 <mileage2>와 <mileage3>일 때  ⎤
Then VIP 승객의 보너스 포인트는 <points>가 된다                                     ⎦②

Examples:
| mileage1 | mileage2 | mileage3| points |
|     349  |     319  |     623 |    129 |  ⎤
|     312  |     356  |     135 |     80 |  |
|     223  |     786  |     503 |    151 |  ├③
|     482  |      98  |     591 |    117 |  |
|     128  |     176  |     304 |     60 |  ⎦
```

이 예제에서 살펴볼 내용은 다음과 같다.

- Given, When, Then 키워드를 사용하여 보너스 포인트 정책에 대한 Scenario를 만든다(①).

- JBehave에서도 Examples를 사용하고 하드코딩할 값을 파라미터로 대체했다. 스텝에서는 하드코딩한 값 대신 <mileage1>, <mileage2>, <mileage3>, <points>를 파라미터로 사용하는 것을 볼 수 있다(②).

- 입력 값은 Scenario 끝에 있는 Examples 표에 정의되어 있다(③). 첫 번째 표의

1행은 세 개의 마일리지 값(349, 319, 623)을 나타낸다. 세 값을 모두 더한 다음 (일반 승객의 경우) 20으로 나눈 값인 64가 보너스 포인트가 된다. Examples를 사용하면 JUnit 5의 파라미터를 사용한 테스트를 대체할 수 있다. 값이 시나리오에 기록되어 있으므로 누구든지 쉽게 이해할 수 있다.

존은 src/test/java 폴더에 com.manning.junitbook.airport 패키지를 만들고 Bonus Policy 클래스를 생성했다(그림 21.19).

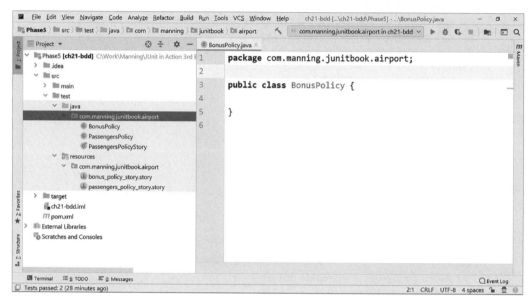

그림 21.19 새로 추가한 BonusPolicy 클래스의 모습. BonusPolicy 클래스는 src/test/resources/com/manning/junitbook/airport 폴더의 스토리 파일에 대응한다.

자바 파일에 스텝을 생성하기 위해 존은 아직 생성되지 않은 스텝에 커서를 올려 놓은 다음 Alt + Enter 키를 누른다(그림 21.20). 존은 BonusPolicy 클래스에 모든 스텝을 생성한다(그림 21.21). 테스트 스켈레톤이 채워진 BonusPolicy 클래스는 예제 21.17에서 확인할 수 있다.

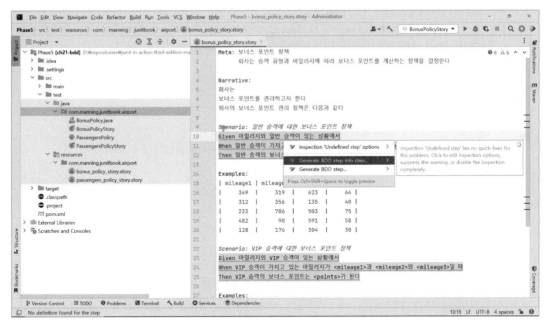

그림 21.20 Alt + Enter 키를 눌러 클래스에서 BDD 스텝을 생성한 모습

그림 21.21 스토리의 스텝을 생성할 클래스로 BonusPolicy 클래스를 선택한 모습

예제 21.17 JBehave로 만든 BonusPolicy 클래스의 테스트 스켈레톤

```java
public class BonusPolicy {

    @Given("마일리지와 일반 승객이 있는 상황에서")    ①
    public void given마일리지와일반승객이있는상황에서() {
    }
```

```
@When("일반 승객이 가지고 있는 마일리지가
        <mileage1>과 <mileage2>와 <mileage3>일 때")        ②
public void when일반승객이가지고있는마일리지가mileage1과mileage2와mileage3일때(
    @Named("mileage1") int mileage1,
    @Named("mileage2") int mileage2,
    @Named("mileage3") int mileage3) {
}

@Then("일반 승객의 보너스 포인트는 <points>가 된다")    ③
public void then일반승객의보너스포인트는points가된다(@Named("points") int points) {
}
[...]

}
```

이 예제에서 살펴볼 내용은 다음과 같다.

- JBehave 플러그인은 @Given("마일리지와 일반 승객이 있는 상황에서") 애노테이션이 달린 메서드를 생성한다. 이 메서드는 시나리오에서 Given 마일리지와 일반 승객이 있는 상황에서 스텝이 실행될 때 실행된다(①).
- JBehave 플러그인은 @When("일반 승객이 가지고 있는 마일리지가 <mileage1>과 <mileage2>와 <mileage3>일 때") 애노테이션이 달린 메서드를 생성한다. 이 메서드는 시나리오에서 When 일반 승객이 가지고 있는 마일리지가 <mileage1>과 <mileage2>와 <mileage3>일 때 스텝이 실행될 때 실행된다(②).
- JBehave 플러그인은 @Then("일반 승객의 보너스 포인트는 <points>가 된다") 애노테이션이 달린 메서드를 생성한다. 이 메서드는 시나리오에서 Then 일반 승객의 보너스 포인트는 <points>가 된다 스텝이 실행될 때 실행된다(③).
- 다른 메서드도 비슷한 방식으로 구현한다. 이렇게 일반 승객에 대한 보너스 정책의 Given, When, Then 스텝을 다룰 수 있었다.

존은 Mileage 클래스를 생성하여 필드와 메서드를 선언했지만 아직 구현을 하지는 않았다. 존은 Mileage 클래스를 사용한 테스트가 처음에 실패하게 만든 다음 Mileage 클래스를 구현하고 테스트를 통과시키고자 한다.

예제 21.18 아직 비즈니스 로직을 구현하지 않은 Mileage 클래스

```
public class Mileage {

    public static final int VIP_FACTOR = 10;
    public static final int REGULAR_FACTOR = 20;    ①
```

```
private Map<Passenger, Integer> passengersMileageMap = new HashMap<>();
private Map<Passenger, Integer> passengersPointsMap = new HashMap<>();    ②

public void addMileage(Passenger passenger, int miles) {    ③

}

public void calculateGivenPoints() {    ④

}
}
```

이 예제에서 살펴볼 내용은 다음과 같다.

- 보너스 포인트를 계산하기 위해 승객의 유형에 따라 마일리지를 나눌 지수로 VIP_FACTOR, REGULAR_FACTOR를 선언한다(①).
- 승객을 키로 사용하고 해당 승객에 대한 마일리지를 값으로 사용하는 맵인 passengersMileageMap과, 승객을 키로 사용하고 포인트를 값으로 사용하는 맵인 passengersPointsMap을 선언한다(②).
- 승객의 마일리지로 passengersMileageMap을 채우는 addMileage 메서드를 선언한다(③). addMileage 메서드는 현재 아무 일도 하지 않는다. 단지 테스트에서 사용할 수 있도록 선언만 해 둔 상태다.
- 승객의 보너스 포인트로 passengersPointsMap을 채우는 calculateGivenPoints 메서드를 선언한다(④). calculateGivenPoints 메서드 역시 아무 일도 하지 않는다. 테스트를 통과시키기 위한 로직은 나중에 작성한다.

이제 존은 기능의 비즈니스 로직을 따라가기 위해 BonusPolicy 클래스에 테스트를 구현한다.

예제 21.19 BonusPolicy 클래스의 비즈니스 로직

```
[...]

public class BonusPolicy {
  private Passenger mike;
  private Mileage mileage;    ①
  [...]

  @Given("마일리지와 일반 승객이 있는 상황에서")    ②
  public void given마일리지와일반승객이있는상황에서() {
```

```
    mike = new Passenger("Mike", false);          ③
    mileage = new Mileage();
}

@When("일반 승객이 가지고 있는 마일리지가              ④
    <mileage1>과 <mileage2>와 <mileage3>일 때")
public void when일반승객이가지고있는마일리지가mileage1과mileage2와mileage3일때(
    @Named("mileage1") int mileage1, @Named("mileage2") int mileage2,
    @Named("mileage3") int mileage3) {
    mileage.addMileage(mike, mileage1);
    mileage.addMileage(mike, mileage2);          ⑤
    mileage.addMileage(mike, mileage3);
}

@Then("일반 승객의 보너스 포인트는 <points>가 된다")   ⑥
public void then일반승객의보너스포인트는points가된다(
    @Named("points") int points) {
    mileage.calculateGivenPoints();    ⑦
    assertEquals(points,
            mileage.getPassengersPointsMap().get(mike).intValue());   ⑧
}
[...]

}
```

이 예제에서 살펴볼 내용은 다음과 같다.

- BonusPolicy 클래스에 마일리지 객체인 mileage와 승객 객체인 mike를 선언했다 (①).
- 테스트에 사용할 일반 승객과 마일리지 객체를 생성하여(③), 비즈니스 로직 Given 마일리지와 일반 승객이 있는 상황에서 스텝에 대응하는 메서드를 작성한다(②).
- 파라미터로 전달한 마일리지를 mike에게 추가하여(⑤), 비즈니스 로직 When 일반 승객이 가지고 있는 마일리지가 <mileage1>과 <mileage2>와 <mileage3>일 때 스텝에 대응하는 메서드를 작성한다(④).
- 비즈니스 로직 Then 일반 승객의 보너스 포인트는 <points>가 된다 스텝에 대응하는 메서드를 작성하기 위해(⑥) 승객의 포인트를 계산하고(⑦), 계산한 값이 예상한 값과 같은지를 검증한다(⑧).
- 다른 메서드도 비슷한 방식으로 구현한다. 이렇게 일반 승객에 대한 보너스 포인트 정책의 Given, When, Then 스텝을 다뤄 보았다.

존이 테스트를 실행하기 위해서는 테스트 구성 클래스가 필요하다. 여기서는 구성 클래스를 BonusPolicyStory로 만들었다.

예제 21.20 BonusPolicyStory 클래스

```
[...]

public class BonusPolicyStory extends JUnitStory {  ①

  @Override
  public Configuration configuration() {  ②
    return new MostUsefulConfiguration()  ③
        .useStoryReporterBuilder(new StoryReporterBuilder()
            .withDefaultFormats()                              ④
            .withFormats(Format.CONSOLE));
  }

  @Override
  public InjectableStepsFactory stepsFactory() {                        ⑤
    return new InstanceStepsFactory(configuration(), new BonusPolicy());  ⑥
  }
}
```

이 예제에서 살펴볼 내용은 다음과 같다.

- JUnitStory을 상속하는 BonusPolicyStory 클래스를 선언한다(①).
- configuration 메서드를 재정의하고(②), 사용자 입장에서 가장 친숙한 방식으로 리포트가 출력되게 설정한 다음(③), 리포트가 콘솔에 나타나도록 했다(④).
- stepsFactory 메서드를 재정의하고(⑤), 스텝 인스턴스를 BonusPolicy 객체로 지정한다(⑥).

지금 보너스 포인트 테스트를 실행하면 아직 비즈니스 로직을 구현하지 않았기 때문에(addMileage 메서드와 calculateGivenPoints 메서드가 비어 있다) 실패한다 (그림 21.22).

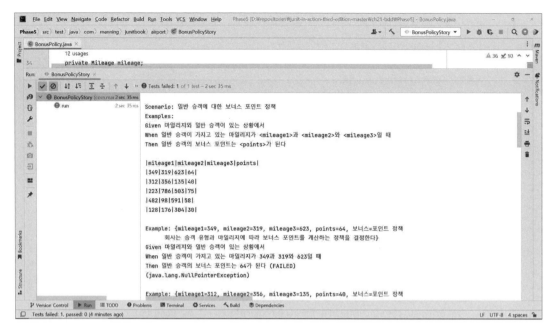

그림 21.22 비즈니스 로직이 구현되지 않아 JBehave 보너스 포인트 테스트가 실패한 모습

존은 Mileage 클래스의 비즈니스 로직(addMileage와 calculateGivenPoints)을 구현한다.

예제 21.21 비즈니스 로직을 구현한 Mileage 클래스

```
[...]
public class Mileage {

  [...]
  public void addMileage(Passenger passenger, int miles) {
    if (passengersMileageMap.containsKey(passenger)) {   ①
      passengersMileageMap.put(passenger,
          passengersMileageMap.get(passenger) + miles);   ②
    } else {
      passengersMileageMap.put(passenger, miles);   ③
    }

  }

    public void calculateGivenPoints() {
      for (Passenger passenger : passengersMileageMap.keySet()) {   ④
        if (passenger.isVip()) {
          passengersPointsMap.put(passenger,
              passengersMileageMap.get(passenger) / VIP_FACTOR);   ⑤
```

```
        } else {
          passengersPointsMap.put(passenger,
              passengersMileageMap.get(passenger) / REGULAR_FACTOR);    ⑥
        }
      }
    }
  }
```

이 예제에서 살펴볼 내용은 다음과 같다.

- addMileage 메서드에서 승객 정보가 이미 passengersMileageMap에 포함되어 있는지 확인한다(①). 승객 정보를 이미 갖고 있는 경우 해당 승객의 마일리지를 추가한다(②). 그렇지 않으면 해당 승객을 키로, 마일리지를 값으로 하는 새로운 엔트리를 만들어 맵에 집어 넣는다(③).
- calculateGivenPoints 메서드는 승객 집합을 조회한 다음(④), 승객이 VIP인 경우 마일리지를 VIP 지수로 나누어 보너스 포인트를 계산한다(⑤). 일반 승객은 마일리지를 일반 지수로 나누어 보너스 포인트를 계산한다(⑥).

결과는 그림 21.23과 같다. 보너스 포인트 테스트를 성공적으로 수행했다. 존은 JUnit 5와 JBehave를 가지고 보너스 기능을 BDD로 구현하는 데 성공했다.

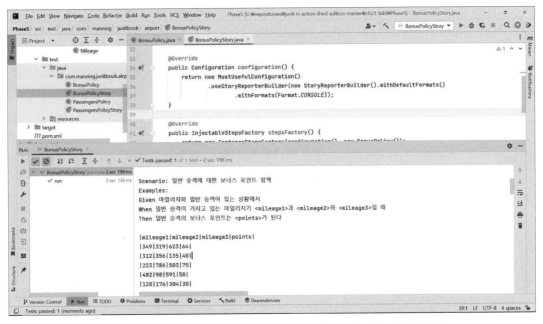

그림 21.23 비즈니스 로직을 구현한 다음 JBehave 보너스 포인트 테스트가 성공한 모습

21.4 Cucumber와 JBehave 비교하기

Cucumber와 JBehave는 BDD를 실천하기 위한 테스트 프레임워크다. Cucumber 와 JBehave 모두 앞에서 강조하였던 BDD 원칙을 기반으로 한다.

Cucumber는 기능 파일, JBehave는 스토리 파일을 가지고 테스트를 만든다. 참고로 기능이란 특정 프로젝트 이해관계자들의 관점으로 표현된 스토리의 모음이라고 이해할 수 있다. Cucumber와 JBehave 모두 동일한 BDD 키워드(Given, When, Then)를 사용했다. 그러나 Cucumber에서는 Scenario Outline이라고 했고 JBehave 에서는 Examples를 활용한 Scenario라고 하는 등 약간의 용어적 차이는 있었다.

IntelliJ IDEA는 Cucumber나 JBehave를 가리지 않고 자바 코드의 스텝 생성부터 코드 커버리지 확인까지 플러그인을 사용하여 모두 테스트해 볼 수 있었다. 사실 Cucumber 플러그인이 조금 더 훌륭한 리포트를 주기는 한다. Cucumber 플러그인을 사용하면 전체 구조를 한눈에 볼 수 있고, 모든 내용을 화면에서는 컬러로 확인할 수도 있었다. 기능 파일을 가지고 직접 테스트를 해 볼 수 있으므로 개발에 익숙하지 않은 사용자도 따라하기 쉬웠다.

JBehave는 성숙기에 들어선 지 오래된 도구이고, Cucumber는 최근 들어 인기가 매우 높아졌다. 예를 들어 이 책을 쓰는 시점에서 Cucumber 깃허브 저장소에는 지난 7일 동안 수십 개의 커밋 이력이 생겼지만 JBehave 깃허브 저장소에는 단 한 개의 커밋만 발생했다. 그리고 Cucumber 커뮤니티가 JBehave보다 좀 더 활동적이다. Cucumber는 블로그나 포럼의 문서가 자주 업데이트되고 있어 문제가 발생했을 때 개발자가 더 쉽게 해결할 수 있었다. 한편 우리가 자바만을 가지고 테스트했기 때문에 강조되지 않은 사실이 있다. JBehave와 달리 Cucumber는 다양한 프로그래밍 언어를 지원한다는 것이다. 코드 줄 수를 기준으로 했을 때 BDD 이전과 비교하여 Cucumber와 JBehave는 좋은 개선을 이루었다. 초기 테스트 코드 줄 수와 비교했을 때 소스 코드를 비슷한 비율로 줄여 내는 것을 볼 수 있었다.

어떤 도구를 선택할지는 개발자의 경험이나 선호도(또는 팀 구성원들의 선호도)에 따르면 된다. 이 책에서는 독자 스스로 Cucumber와 JBehave 중에 하나를 선택할 수 있도록 예제를 제시했을 뿐이다.

다음 장에서는 낮은 수준에서 높은 수준으로 테스트 피라미드 전략을 구축하고 JUnit 5로 작업해 볼 것이다.

정리

21장에서는 다음 내용을 다루었다.

- 정말 중요한 기능에 집중하게 해 주고 이해관계자 간의 협력을 장려하는 소프트웨어 개발 방법론인 BDD를 실천해 보았다.
- BDD의 이점을 알아보았다. 사용자의 요구 사항을 명확하게 다루고, 자동화를 지원하며, 비즈니스적인 가치에 더욱 집중할 수 있고, 비용 절감의 효과가 있었다.
- BDD의 과제에 대해서도 알아보았다. 더 많은 참여와 협업이 강조되었으며, 상호작용이나 직접적인 의사소통, 지속적인 피드백이 필요하다는 것이 과제로 제시되었다.
- TDD로 개발한 애플리케이션을 BDD로 전환했다.
- Cucumber를 이용해 기능 파일을 만들고, 테스트 스켈레톤을 만들었다. 테스트를 작성하고 코드를 구현하여 비즈니스 로직을 만들었다.
- JBehave를 이용해 스토리 파일을 만들고, 테스트 스켈레톤을 만들었다. 테스트를 작성하고 코드를 구현하여 비즈니스 로직을 만들었다.
- BDD 철학, 사용의 편의성, 코드 줄 수 관점에서 Cucumber와 JBehave를 비교했다.

22장

JUnit 5로 테스트 피라미드 전략 구현하기

☑ **22장에서 다루는 내용**

- 격리된 컴포넌트에 대한 단위 테스트 만들기
- 여러 단위를 아우르는 통합 테스트 만들기
- 전체 소프트웨어를 위한 시스템 테스트 만들기
- 소프트웨어가 비즈니스 요구 사항을 충족하는지 확인하는 인수 테스트 만들기

> 테스트 피라미드는 여러 종류의 자동화된 테스트로
> 균형 잡힌 포트폴리오를 구성하는 사고 과정이다.
> 핵심은 GUI로 실행하는 고수준 브로드스택 테스트보다
> 저수준 단위 테스트를 더 많이 사용하는 것이다.
> — 마틴 파울러

소프트웨어 테스트를 만드는 데에는 여러 목적이 있다. 테스트를 통해 애플리케이션과 상호작용할 수 있고 애플리케이션이 어떻게 동작하는지를 이해할 수 있다. 또한 테스트를 통해 기대치를 충족하는 소프트웨어를 만들 수 있다. 테스트는 코드 품질의 척도로 기능하며 회귀를 방지한다. 따라서 소프트웨어 테스트 과정을 효과적이고 체계적으로 구성하는 것은 매우 중요하다.

22.1 소프트웨어 테스트 수준

여러 수준의 소프트웨어 테스트는 그림 22.1과 같은 피라미드로 나타낼 수 있다. 22장에서 설명할 테스트를 저수준부터 고수준으로 나열하자면 다음과 같다.

- 단위 테스트: 단위 테스트는 테스트 피라미드의 기초를 이룬다. 개별 단위를 이루는 메서드나 클래스 각각을 격리해 테스트하고, 테스트 대상이 예상한 대로 작동하는지 확인한다.
- 통합 테스트: 개별적으로 검증한 소프트웨어 구성 요소를 더 큰 덩어리로 합쳐서 테스트한다.
- 시스템 테스트: 시스템이 명세를 잘 따르고 있는지 평가하기 위해 전체 시스템에서 테스트를 수행한다. 시스템 테스트는 설계나 코드에 대한 지식이 필요하지 않으며 전체 시스템의 기능에 중점을 둔다.
- 인수 테스트: 인수 테스트는 시나리오와 테스트 케이스를 사용하여 애플리케이션이 최종 사용자의 기대를 충족하는지를 검증한다.

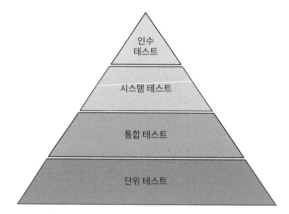

그림 22.1 테스트 피라미드의 모습. 피라미드의 맨 아래에는 간단한 단위 테스트가 기초를 이루고, 위로 올라갈수록 단위가 복잡해지며 종류가 적어진다.

테스트 피라미드의 각 단계는 작고 단순한 단위부터 크고 복잡한 단위에 이르기까지의 계층 구조를 보여 주며, 개발이 진행되면서 테스트의 양상이 어떻게 바뀌는지를 보여 준다. 저수준 테스트는 개별 컴포넌트를 대상으로 한다. 세부 사항에 집중하고 넓은 범위에 관해서는 관심을 갖지 않는다. 고수준 테스트는 추상적이다. 시스템의 전반적인 목표와 기능을 검증하고 GUI와 사용자가 어떻게 상호작용하는지 혹은 시스템이 전체적으로 어떻게 동작하는지에 더 관심을 갖는다.

소프트웨어를 테스트할 때 주로 검증해야 할 대상은 아래와 같다.

- 비즈니스 로직: 프로그램이 실세계의 비즈니스 규칙과 절차를 이해하고 해석한 결과를 말한다.

- 잘못된 입력: 예를 들어 항공편 관리 시스템에서는 항공편을 예약할 때 음수를 입력할 수 없다.
- 경곗값 조건: 최댓값 또는 최솟값과 같은 도메인의 극단 값을 말한다. 경곗값 조건으로 승객이 0명 또는 만석인 항공편을 테스트할 수 있다.
- 예상치 못한 조건: 프로그램에서 정상적인 비즈니스 로직을 따르지 않는 조건을 말한다. 예를 들어 항공편은 일단 이륙한 순간부터는 출발지를 변경할 수 없다.
- 불변성: 프로그램 실행 중에 값이 변경되지 않아야 한다. 예를 들어 승객의 식별자는 프로그램 실행 중에 변경이 되지 않는다.
- 회귀: 시스템 업그레이드나 패치 후에 기존에는 없었던 버그가 생기면 안 된다.

이제 밑바닥부터 하나씩 테스트 피라미드의 테스트들을 구현해 보자.

22.2 단위 테스트: 독립적으로 작동하는 기본 컴포넌트

이 장에서는 가상 회사 TDS의 개발자 토마스가 항공편 관리 시스템을 위한 테스트 피라미드 전략을 구축한다. 토마스가 맡은 시스템은 크게 두 가지 클래스 Passenger(예제 22.1)와 Flight(예제 22.2)로 구성된다.

예제 22.1 **Passenger 클래스**

```java
public class Passenger {

  private String identifier;
  private String name;                    ①
  private String countryCode;
  private String ssnRegex =
    "^(?!000|666)[0-8][0-9]{2}-(?!00)[0-9]{2}-(?!0000)[0-9]{4}$";    ②
  private String nonUsIdentifierRegex =
    "^(?!000|666)[9][0-9]{2}-(?!00)[0-9]{2}-(?!0000)[0-9]{4}$";    ③
  private Pattern pattern;   ④

  public Passenger(String identifier, String name, String countryCode) {   ⑤
    pattern = countryCode.equals("US") ? Pattern.compile(ssnRegex)
        : Pattern.compile(nonUsIdentifierRegex);    ⑥
    Matcher matcher = pattern.matcher(identifier);
    if (!matcher.matches()) {                                              ⑦
      throw new RuntimeException("승객 식별자가 적절하지 않습니다");
    }

    if (!Arrays.asList(Locale.getISOCountries()).contains(countryCode)) {   ⑧
      throw new RuntimeException("국가 코드가 적절하지 않습니다");
    }
```

```
      this.identifier = identifier;    ⎤
      this.name = name;                ⎥ ⑨
      this.countryCode = countryCode;  ⎦
    }

    public String getIdentifier() {    ⎤
      return identifier;               ⎥ ⑩
    }                                  ⎦

    public void setIdentifier(String identifier) {                    ⎤
      Matcher matcher = pattern.matcher(identifier);                  ⎥
      if (!matcher.matches()) {                                       ⎥
        throw new RuntimeException("승객 식별자가 적절하지 않습니다");      ⎥ ⑪
      }                                                               ⎥
                                                                      ⎥
      this.identifier = identifier;                                   ⎦
    }

    public String getName() {          ⎤
      return name;                     ⎥
    }                                  ⎥
                                       ⎥
    public void setName(String name) { ⎥ ⑩
      this.name = name;                ⎥
    }                                  ⎥
                                       ⎥
    public String getCountryCode() {   ⎥
      return countryCode;              ⎥
    }                                  ⎦

    public void setCountryCode(String countryCode) {                             ⎤
      if (!Arrays.asList(Locale.getISOCountries()).contains(countryCode)) {      ⎥
        throw new RuntimeException("국가 코드가 적절하지 않습니다");                   ⎥
      }                                                                          ⎥ ⑫
                                                                                 ⎥
      this.countryCode = countryCode;                                            ⎦
    }

    @Override
    public String toString() {                                          ⎤
      return "Passenger " + getName() + " with identifier: " +          ⎥ ⑬
          getIdentifier() + " from " + getCountryCode();                ⎦
    }
}
```

이 예제에서 살펴볼 내용은 다음과 같다.

- Passenger 클래스에 인스턴스 변수 identifier, name, countryCode를 선언한다(①).

- 승객이 미국인이라면 식별자는 SSN(Social Security number, 사회 보장 번호)로 한다. ssnRegex는 SSN을 표현하는 정규식을 말한다. SSN의 처음 세 자리에는 000, 666, 900~999는 쓸 수 없다(②).
- 승객이 미국인이 아닐 땐 SSN과 비슷한 규칙으로 식별자를 생성한다. nonUsIdentifierRegex는 미국인이 아닌 승객의 식별자를 표현하는 정규식인데, 처음 숫자는 9가 되어야 한다(③). identifier가 규칙을 따르는지 확인하는 패턴 객체 pattern을 선언한다(④).
- Passenger 클래스의 생성자(⑤)에서 pattern을 생성하고(⑥), identifier가 정규식에 매치되는지 확인한 다음(⑦), 국가 코드가 유효한지 확인한다(⑧). 그다음 승객 객체를 생성한다(⑨).
- 각 인스턴스 필드에 대한 게터, 세터 메서드를 선언했다(⑩). 식별자를 설정할 경우 사전에 정의한 패턴과 매치되는지 확인하며(⑪), 국가 코드를 설정할 경우 국가 코드가 유효한지 확인한다(⑫).
- 승객의 이름, 식별자, 국가 코드를 포함하도록 toString 메서드를 재정의한다(⑬).

예제 22.2 Flight 클래스

```java
public class Flight {

    private String flightNumber;
    private int seats;
    private int passengers;
    private String origin;                    ①
    private String destination;
    private boolean flying;
    private boolean takenOff;
    private boolean landed;

    private String flightNumberRegex = "^[A-Z]{2}\\d{3,4}$";        ②
    private Pattern pattern = Pattern.compile(flightNumberRegex);   ③

    public Flight(String flightNumber, int seats) {
      Matcher matcher = pattern.matcher(flightNumber);
      if (!matcher.matches()) {                                     ④
        throw new RuntimeException("항공편명이 적절하지 않습니다");
      }
      this.flightNumber = flightNumber;
      this.seats = seats;
      this.passengers = 0;
      this.flying = false;                     ⑤
      this.takenOff = false;
      this.landed = false;
    }
```

```
public String getFlightNumber() {
  return flightNumber;
}                                          ⑥

public int getSeats() {
  return seats;
}

public void setSeats(int seats) {
  if (passengers > seats) {
    throw new RuntimeException("현재 승객 수보다 적은 좌석을
                               설정할 수 없습니다");      ⑦
  }

  this.seats = seats;
}

public int getPassengers() {
  return passengers;
}                                          ⑥

public String getOrigin() {
  return origin;
}

public void setOrigin(String origin) {
  if (takenOff) {
    throw new RuntimeException("이륙한 후에는
                               출발지를 바꿀 수 없습니다");   ⑧
  }

  this.origin = origin;
}

public String getDestination() {
  return destination;                      ⑥
}

public void setDestination(String destination) {
  if (landed) {
    throw new RuntimeException("착륙한 후에는
                               목적지를 바꿀 수 없습니다");   ⑨
  }
  this.destination = destination;
}
```

```java
  public boolean isFlying() {
    return flying;
  }

  public boolean isTakenOff() {              ⑥
    return takenOff;
  }

  public boolean isLanded() {
    return landed;
  }

  @Override
  public String toString() {
    return "Flight " + getFlightNumber() + " from " + getOrigin() +      ⑩
        " to " + getDestination();
  }

  public void addPassenger() {
    if (passengers >= seats) {
      throw new RuntimeException("좌석이 부족합니다");      ⑪
    }
    passengers++;
  }

  public void takeOff() {
    System.out.println(this + " is taking off");
    flying = true;                                          ⑫
    takenOff = true;
  }

  public void land() {
    System.out.println(this + " is landing");
    flying = false;                                         ⑬
    landed = true;
  }

}
```

이 예제에서 살펴볼 내용은 다음과 같다.

- Flight 클래스에서 인스턴스 변수를 선언한다(①).
- 항공편명이 정규식을 따라야 한다. 항공편명은 영문 대문자 2자리로 이루어진 항공사 코드와 3~4자리 숫자로 구성된다(②). 그리고 항공편명이 정규식에 매치되는지 확인하는 pattern을 선언한다(③).
- 생성자에서 항공편명이 정규식에 매치되는지 확인한 다음(④), 인스턴스 변수를 초기화한다(⑤).

- 인스턴스 변수에 대한 게터 메서드와 세터 메서드를 만들고(⑥), 좌석보다 승객이 많지는 않은지 검증한다(⑦). 한번 이륙한 후에는 출발지를 변경할 수 없으며(⑧), 착륙한 후에는 목적지를 변경할 수 없는지 검증한다(⑨).
- toString 메서드를 재정의하여 항공편명, 출발지, 목적지를 표시한다(⑩).
- 비행기에 승객을 추가할 때는 좌석이 충분한지 확인한다(⑪).
- 비행기가 이륙하면 메시지를 출력하고 비행기의 상태를 변경한다(⑫). 비행기가 착륙했을 때도 메시지를 출력하고 비행기의 상태를 변경한다(⑬).

Passenger 클래스의 기능은 PassengerTest 클래스에서 검증할 수 있다.

예제 22.3 **PassengerTest 클래스**

```java
public class PassengerTest {

  @Test
  public void testPassengerCreation() {
    Passenger passenger = new Passenger("123-45-6789", "John Smith", "US");     ①
    assertNotNull(passenger);
  }

  @Test
  public void testNonUsPassengerCreation() {
    Passenger passenger = new Passenger("900-45-6789", "John Smith", "GB");     ②
    assertNotNull(passenger);
  }

  @Test
  public void testCreatePassengerWithInvalidSsn() {
    assertThrows(RuntimeException.class, () -> {
      Passenger passenger = new Passenger("123-456-789", "John Smith", "US");
    });
    assertThrows(RuntimeException.class, () -> {                                ③
      Passenger passenger = new Passenger("900-45-6789", "John Smith", "US");
    });
  }

  @Test
  public void testCreatePassengerWithInvalidNonUsIdentifier() {
    assertThrows(RuntimeException.class, () -> {
      Passenger passenger = new Passenger("900-456-789", "John Smith", "GB");
    });
    assertThrows(RuntimeException.class, () -> {                                ④
      Passenger passenger = new Passenger("123-45-6789", "John Smith", "GB");
    });
  }
```

```
@Test
public void testCreatePassengerWithInvalidCountryCode() {
  assertThrows(RuntimeException.class, () -> {
    Passenger passenger = new Passenger("900-45-6789", "John Smith", "GJ");
  });
}
```
⑤

```
@Test
public void testSetInvalidSsn() {
  assertThrows(RuntimeException.class, () -> {
    Passenger passenger = new Passenger("123-45-6789", "John Smith", "US");
    passenger.setIdentifier("123-456-789");
  });
}
```
⑥

```
@Test
public void testSetValidSsn() {
  Passenger passenger = new Passenger("123-45-6789", "John Smith", "US");
  passenger.setIdentifier("123-98-7654");
  assertEquals("123-98-7654", passenger.getIdentifier());
}
```
⑦

```
@Test
public void testSetValidNonUsIdentifier() {
  Passenger passenger = new Passenger("900-45-6789", "John Smith", "GB");
  passenger.setIdentifier("900-98-7654");
  assertEquals("900-98-7654", passenger.getIdentifier());
}
```
⑧

```
@Test
public void testSetInvalidCountryCode() {
  assertThrows(RuntimeException.class, () -> {
    Passenger passenger = new Passenger("123-45-6789", "John Smith", "US");
    passenger.setCountryCode("GJ");
  });
}
```
⑨

```
@Test
public void testSetValidCountryCode() {
  Passenger passenger = new Passenger("123-45-6789", "John Smith", "US");
  passenger.setCountryCode("GB");
  assertEquals("GB", passenger.getCountryCode());
}
```
⑩

```
  @Test
  public void testPassengerToString() {
    Passenger passenger = new Passenger("123-45-6789", "John Smith", "US");
    passenger.setName("John Brown");
    assertEquals("Passenger John Brown with identifier:                    ⑪
              123-45-6789 from US", passenger.toString());
  }

}
```

이 예제에서 살펴볼 내용은 다음과 같다.

- 미국인 승객 객체(①)와 미국인이 아닌 승객 객체(②)가 올바른 식별자를 사용하여 생성되었는지 검증한다.
- 미국인 승객 객체(③)와 미국인이 아닌 승객 객체(④)를 생성할 때 잘못된 식별자를 사용할 수 없는지 검증한다.
- 국가 코드(⑤)와 SSN(⑥)이 유효하지 않다면 예외를 던지는지 검증한다.
- 미국인 승객 객체에 대해 유효한 SSN을 설정할 수 있고(⑦), 미국인이 아닌 승객 객체에 대해 유효한 식별자를 설정할 수 있는지 검증한다(⑧).
- 잘못된 국가 코드를 설정했을 때 예외를 던지는지 검증하고(⑨), 유효한 국가 코드를 설정할 수 있는지 검증한다(⑩).
- toString 메서드가 기대한 대로 동작하는지 검증한다(⑪).

Flight 클래스의 기능은 FlightTest 클래스에서 확인해 볼 수 있다.

예제 22.4 FlightTest 클래스

```
public class FlightTest {

  @Test
  public void testFlightCreation() {
    Flight flight = new Flight("AA123", 100);      ①
    assertNotNull(flight);
  }

  @Test
  public void testInvalidFlightNumber() {
    assertThrows(RuntimeException.class, () -> {
      Flight flight = new Flight("AA12", 100);
    });
                                                   ②
    assertThrows(RuntimeException.class, () -> {
      Flight flight = new Flight("AA12345", 100);
    });
  }
```

```
@Test
public void testValidFlightNumber() {
  Flight flight = new Flight("AA345", 100);
  assertNotNull(flight);                          ③
  flight = new Flight("AA3456", 100);
  assertNotNull(flight);
}

@Test
public void testAddPassengers() {
  Flight flight = new Flight("AA1234", 50);
  flight.setOrigin("London");
  flight.setDestination("Bucharest");
  for (int i = 0; i < flight.getSeats(); i++) {
    flight.addPassenger();
  }                                               ④
  assertEquals(50, flight.getPassengers());
  assertThrows(RuntimeException.class, () -> {
    flight.addPassenger();
  });
}

@Test
public void testSetInvalidSeats() {
  Flight flight = new Flight("AA1234", 50);
  flight.setOrigin("London");
  flight.setDestination("Bucharest");
  for (int i = 0; i < flight.getSeats(); i++) {
    flight.addPassenger();
  }                                               ⑤
  assertEquals(50, flight.getPassengers());
  assertThrows(RuntimeException.class, () -> {
    flight.setSeats(49);
  });
}

@Test
public void testSetValidSeats() {
  Flight flight = new Flight("AA1234", 50);
  flight.setOrigin("London");
  flight.setDestination("Bucharest");
  for (int i = 0; i < flight.getSeats(); i++) {
    flight.addPassenger();
  }                                               ⑥
  assertEquals(50, flight.getPassengers());
  flight.setSeats(52);
  assertEquals(52, flight.getSeats());
}
```

```
@Test
public void testChangeOrigin() {
  Flight flight = new Flight("AA1234", 50);
  flight.setOrigin("London");
  flight.setDestination("Bucharest");
  flight.takeOff();
  assertEquals(true, flight.isFlying());            ⑦
  assertEquals(true, flight.isTakenOff());
  assertEquals(false, flight.isLanded());
  assertThrows(RuntimeException.class, () -> {
    flight.setOrigin("Manchester");
  });
}

@Test
public void testChangeDestination() {
  Flight flight = new Flight("AA1234", 50);
  flight.setOrigin("London");
  flight.setDestination("Bucharest");
  flight.takeOff();                                 ⑧
  flight.land();
  assertThrows(RuntimeException.class, () -> {
    flight.setDestination("Sibiu");
  });
}

@Test
public void testLand() {
  Flight flight = new Flight("AA1234", 50);
  flight.setOrigin("London");
  flight.setDestination("Bucharest");               ⑨
  flight.takeOff();
  assertEquals(true, flight.isTakenOff());
  assertEquals(false, flight.isLanded());
  flight.land();
  assertEquals(true, flight.isTakenOff());
  assertEquals(true, flight.isLanded());            ⑩
  assertEquals(false, flight.isFlying());
 }
}
```

이 예제에서 살펴볼 내용은 다음과 같다.

- 항공편이 정상적으로 생성되는지 검증한다(①).
- 항공편명의 숫자를 2자리, 5자리 등으로 유효하지 않게 설정했을 때 예외를 던
  지는지 검증하고(②), 3자리, 4자리 등으로 유효하게 설정했을 때 항공편이 정상

적으로 생성되는지 검증한다(③).

- 좌석 수 내에서만 승객을 추가할 수 있는지 검증한다(④).
- 좌석 수를 현재 승객 수보다 적게 설정할 수 없는지 검증하고(⑤), 좌석 수를 현재 승객 수보다 크게 설정하는 것은 가능한지 검증한다(⑥).
- 비행기가 이륙한 다음에는 출발지를 변경할 수 없는지 검증하고(⑦), 비행기가 착륙한 다음에는 도착지를 변경할 수 없는지 검증한다(⑧).
- 비행기가 이륙한 후에 상태를 변경하는지(⑨), 착륙한 후에 상태를 변경하는지 검증한다(⑩).

Passenger, Flight 클래스에 대한 단위 테스트 결과는 그림 22.2와 같다. 테스트는 성공적으로 수행됐으며 코드 커버리지는 100%를 달성했다.

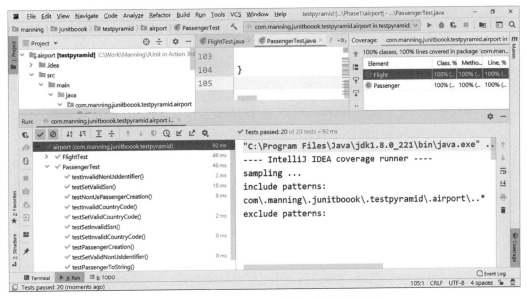

그림 22.2 Passenger, Flight 클래스에 대한 단위 테스트를
성공적으로 수행했으며 코드 커버리지는 100%를 달성한 모습

토마스는 Passenger, Flight 클래스로 이루어진 애플리케이션을 성공적으로 개발했으며 각 클래스가 제대로 동작하는지 검증할 수 있었다. JUnit 5 테스트를 사용하여 확인한 내용은 다음과 같다.

- 승객 식별자 정보와 국가 코드에 대한 제약
- 항공편명에 대한 제약(영문 두 글자로 시작하고 그 뒤에 3~4자리의 숫자가 오는지)
- 잘못된 입력 값(예를 들어 좌석 수가 음수인 항공편)
- 경곗값 조건(좌석 수보다 더 많은 승객을 추가할 수는 없다)

이제 토마스는 두 클래스의 기능을 통합하여 테스트할 것이다.

22.3 통합 테스트: 단위 간의 협력

통합 테스트는 문자 그대로 여러 단위를 통합해서 단위 간의 상호작용을 검증한다. 개별 단위에 문제가 없다고 해서 여럿이 함께 동작했을 때도 문제가 없다는 것을 보장하지는 않기 때문이다.

토마스는 Passenger 클래스와 Flight 클래스가 어떻게 협력하는지 살펴보기로 한다. 두 클래스는 서로 다른 단위를 나타내며, 서로 협력하기 위해서는 적절한 인터페이스(여기서는 API)를 노출해야 한다. 그러나 인터페이스를 만들다 보면 메서드가 누락될 수도 있고, 적절한 타입의 파라미터를 받지 못하는 등 협력을 방해하는 결함이 있을 수 있다.

토마스가 현재 인터페이스를 분석해 보니 항공편에 승객이 반드시 추가되거나 삭제되어야 한다는 것을 발견했다. 그런데 현재는 그가 승객 객체는 관리하지 않고 승객 수만 수정하는 것을 알게 되었다. 즉, 현재 인터페이스에는 addPassenger 메서드나 removePassenger 메서드가 누락된 것이다. 결국 Flight 클래스는 Passenger 클래스와 밀접하게 통합되어야 하고 Flight 클래스 안에서 사용할 승객 집합도 관리가 잘돼야 한다. Flight 클래스의 변경점은 다음 예제에서 확인할 수 있다.

예제 22.5 **수정한 Flight 클래스**

```
public class Flight {

  Set<Passenger> passengers = new HashSet<>();   ①
  [...]

  public boolean addPassenger(Passenger passenger) {   ②
    if(passengers.size() >= seats) {
      throw new RuntimeException("좌석이 부족합니다");   ③
    }
```

```
      return passengers.add(passenger);    ④
   }

   public boolean removePassenger(Passenger passenger) {
      return passengers.remove(passenger);              ⑤
   }

   public int getPassengersNumber() {
      return passengers.size();              ⑥
   }
   [...]
}
```

이 예제에서 살펴볼 내용은 다음과 같다.

- 수정한 Flight 클래스에서는 passengers 승객 집합을 나타내기 위한 필드를 선 언한다(①). 기존에 승객 수만 관리하기 위해 int 형으로 선언했던 passenger 필 드를 집합으로 바꾸었으므로 this.passengers=0 같은 초기화는 삭제했다.
- 승객 집합에 승객을 추가하는 addPassenger 메서드를 추가하고(②), 충분한 좌석 이 있는지 확인한 다음(③), 승객 집합에 승객을 추가한다(④).
- 승객 집합에서 승객을 삭제하는 removePassenger 메서드를 추가하고(⑤), 승객 집합의 크기를 반환하는 getPassengersNumber 메서드를 추가한다(⑥).

토마스는 통합 테스트를 수행하기 위해 Arquillian을 사용한다. Arquillian은 JUnit 과 잘 호환되며, 자바 컨테이너 테스트를 실행할 수 있는 테스트 프레임워크다. Arquillian은 이미 9장에서 소개했었다. 여기서는 통합 테스트의 맥락에서 Arquil- ian을 다시 한번 사용해 보자.

현재 Arquillian에는 JUnit 5 extension이 없다. 하지만 Arquillian은 매우 인기 있 는 도구이고, JUnit 4까지는 자주 사용되었다. Arquillian을 사용하면 컨테이너, 배 포, 프레임워크 초기화 등을 관리하는 부담을 줄일 수 있다.

Arquillian은 자바 EE 애플리케이션을 테스트하는 데 사용한다. 물론 이 예제에 서 Arquillian을 사용하는 것은 제어의 역전에 대한 이해와 자바 EE 표준인 CDI(콘 텍스트와 의존성 주입)에 대한 기본 지식이 있음을 전제로 한다. 일단은 프로젝트 에서 Arquillian을 빠르게 적용해 볼 수 있도록 핵심적인 개념을 간략히 설명한다.

ShrinkWrap은 Arquillian에서 사용하는 외부 의존성이다. 개발자는 ShrinkWrap 을 사용해 간단하게 아카이브를 만들 수 있다. TDS 개발자는 ShrinkWrap API를 사용하여 테스트 중에 Arquillian으로 배포할 jar, war, ear 파일을 직접 만들 수 있다. 아카이브 파일은 애플리케이션을 실행하는 데 필요한 모든 클래스를 포함한다. ShrinkWrap은 테스트 대상인 자바 컨테이너에 업로드할 디스크립터와 디플로이먼트를 정의하는 데 도움이 된다.

토마스는 항공편에 탑승한 50명의 승객을 식별자, 이름, 국가 코드로 나열해 CSV 파일에 저장했다. 승객 리스트는 다음과 같다.

예제 22.6 flights_information.csv 파일

```
123-45-6789; John Smith; US
900-45-6789; Jane Underwood; GB
123-45-6790; James Perkins; US
900-45-6790; Mary Calderon; GB
123-45-6791; Noah Graves; US
900-45-6791; Jake Chavez; GB
123-45-6792; Oliver Aguilar; US
900-45-6792; Emma Mccann; GB
123-45-6793; Margaret Knight; US
900-45-6793; Amelia Curry; GB
123-45-6794; Jack Vaughn; US
900-45-6794; Liam Lewis; GB
123-45-6795; Olivia Reyes; US
900-45-6795; Samantha Poole; GB
123-45-6796; Patricia Jordan; US
900-45-6796; Robert Sherman; GB
123-45-6797; Mason Burton; US
900-45-6797; Harry Christensen; GB
123-45-6798; Jennifer Mills; US
900-45-6798; Sophia Graham; GB
123-45-6799; Bethany King; US
900-45-6799; Isla Taylor; GB
123-45-6800; Jacob Tucker; US
900-45-6800; Michael Jenkins; GB
123-45-6801; Emily Johnson; US
900-45-6801; Elizabeth Berry; GB
123-45-6802; Isabella Carpenter; US
900-45-6802; William Fields; GB
123-45-6803; Charlie Lord; US
900-45-6803; Joanne Castaneda; GB
123-45-6804; Ava Daniel; US
900-45-6804; Linda Wise; GB
123-45-6805; Thomas French; US
900-45-6805; Joe Wyatt; GB
123-45-6806; David Byrne; US
900-45-6806; Megan Austin; GB
```

```
123-45-6807; Mia Ward; US
900-45-6807; Barbara Mac; GB
123-45-6808; George Burns; US
900-45-6808; Richard Moody; GB
123-45-6809; Victoria Montgomery; US
900-45-6809; Susan Todd; GB
123-45-6810; Joseph Parker; US
900-45-6810; Alexander Alexander; GB
123-45-6811; Jessica Pacheco; US
900-45-6811; William Schneider; GB
123-45-6812; Damian Reid; US
900-45-6812; Daniel Hart; GB
123-45-6813; Thomas Wright; US
900-45-6813; Charles Bradley; GB
```

예제 22.7은 FlightBuilderUtil 클래스를 사용하여 CSV 파일을 구문 분석하고 항
공편에 승객 정보를 채워 넣는다. 여기서 FlightBuilderUtil 클래스는 외부 파일의
정보를 애플리케이션의 메모리로 가져오는 역할을 한다.

예제 22.7 **FlightBuilderUtil 클래스**

```
public class FlightBuilderUtil {

  public static Flight buildFlightFromCsv() throws IOException {
    Flight flight = new Flight("AA1234", 50);
    flight.setOrigin("London");                                    ①
    flight.setDestination("Bucharest");
    try (BufferedReader reader = new BufferedReader(
        new FileReader("src/test/resources/flights_information.csv"))) {   ②
      String line = null;
      do {
        line = reader.readLine();   ③
        if (line != null) {
          String[] passengerString = line.toString().split(";");   ④
          Passenger passenger =
              new Passenger(passengerString[0].trim(),
                            passengerString[1].trim(),             ⑤
                            passengerString[2].trim());
          flight.addPassenger(passenger);   ⑥
        }
      } while (line != null);

    }

    return flight;   ⑦
  }
}
```

이 예제에서 살펴볼 내용은 다음과 같다.

- 항공편 객체를 생성하고 출발지를 런던으로, 목적지를 부쿠레슈티로 설정한다(①).
- CSV 파일을 열어 한 줄씩 구문 분석한다(②).
- 파일을 한 줄씩 읽어 들인 다음(③), ;를 구분자로 사용하여 문장을 String 배열에 담는다(④). String 배열의 정보를 기반으로 승객 객체를 만들고(⑤), 승객 객체를 항공편에 추가한다(⑥).
- 파일에서 읽어 들인 승객 정보를 모두 채워 넣은 다음에는 완성된 항공편 정보를 반환한다(⑦).

지금까지 항공편 관리 기능과 승객 관리 기능을 개발하는 동안에 구현한 모든 클래스는 순수한 자바 클래스였다. 여기에는 프레임워크도 특별한 기술도 사용하지도 않았다. 전술하였듯 Arquillian은 자바 컨테이너에 대해 테스트를 실행하므로 Arquillian을 사용하려면 자바 EE와 CDI와 관련한 기초적인 이해가 필요하다. Arquillian은 컨테이너와 애플리케이션 시작을 추상화한 다음, 애플리케이션을 대상 런타임(이 경우에는 애플리케이션 서버)에 배포하여 테스트를 실행할 수 있다.

다음 예제는 Arquillian을 사용하기 위해 pom.xml 파일에 추가해야 하는 의존성을 보여 준다.

예제 22.8 Arquillian을 사용하기 위해 추가해야 하는 의존성

```xml
<dependencyManagement>
  <dependencies>
    <dependency>
      <groupId>org.jboss.arquillian</groupId>       ─┐
      <artifactId>arquillian-bom</artifactId>        ─┘ ①
      <version>1.4.0.Final</version>
      <scope>import</scope>
      <type>pom</type>
    </dependency>
  </dependencies>
</dependencyManagement>
<dependencies>
  <dependency>
    <groupId>org.jboss.spec</groupId>               ─┐
    <artifactId>jboss-javaee-7.0</artifactId>        ─┘ ②
    <version>1.0.3.Final</version>
    <type>pom</type>
    <scope>provided</scope>
  </dependency>
```

```
<dependency>
    <groupId>org.junit.vintage</groupId>
    <artifactId>junit-vintage-engine</artifactId>          ③
    <version>5.4.2</version>
    <scope>test</scope>
</dependency>
<dependency>
    <groupId>org.jboss.arquillian.junit</groupId>
    <artifactId>arquillian-junit-container</artifactId>    ④
    <scope>test</scope>
</dependency>
<dependency>
    <groupId>org.jboss.arquillian.container</groupId>
    <artifactId>arquillian-weld-ee-embedded-1.1</artifactId>  ⑤
    <version>1.0.0.CR9</version>
    <scope>test</scope>
</dependency>
<dependency>
    <groupId>org.jboss.weld</groupId>
    <artifactId>weld-core</artifactId>                     ⑥
    <version>2.3.5.Final</version>
    <scope>test</scope>
</dependency>
</dependencies>
```

이 예제에서 살펴볼 내용은 다음과 같다.

- Arquillian API 의존성을 추가했다(①).
- 자바 EE 7.0 스펙의 API 의존성을 추가했다(②).
- JUnit Vintage Engine 의존성을 추가했다(③). 전술하였듯 현재까지는 Arquillian 이 JUnit 5와 통합되지 않았다. Arquillian에는 관련된 JUnit 5 extension이 아직 없기 때문에 JUnit 4 의존성과 애노테이션을 사용하기 위해 JUnit Vintage가 필 요하다.
- Arquillian과 JUnit을 통합하기 위한 의존성을 추가했다(④).
- 컨테이너 어댑터(컨테이너와 통신하기 위한 라이브러리) 의존성을 추가했다(⑤ 와 ⑥). 컨테이너에 대해 테스트를 실행하려면 해당 컨테이너에 맞는 의존성을 가지고 있어야 한다. 이 요구 사항은 Arquillian의 강점 중 하나를 보여 주는데, Arquillian은 단위 테스트로부터 컨테이너를 추상화하므로 컨테이너를 활용한 테스트를 구현하는 특정한 도구와 밀접하게 결합되지 않는다.

이번에 제시한 Arquillian 테스트는 기존 단위 테스트에 몇 가지 추가가 된 정도로 단순해 보일 것이다. FlightWithPassengersTest라는 이름에서 두 클래스 간의 통합 테스트를 목표로 한다는 것을 보여 준다.

예제 22.9 **FlightWithPassengersTest 클래스**

[...]

```
@RunWith(Arquillian.class)    ①
public class FlightWithPassengersTest {

  @Deployment
  public static JavaArchive createDeployment() {
    return ShrinkWrap.create(JavaArchive.class)
        .addClasses(Passenger.class, Flight.class)
        .addAsManifestResource(EmptyAsset.INSTANCE, "beans.xml");    ②
  }

  @Inject
  Flight flight;    ③

  @Test(expected = RuntimeException.class)
  public void testNumberOfSeatsCannotBeExceeded() throws IOException {    ④
    assertEquals(50, flight.getPassengersNumber());
    flight.addPassenger(new Passenger("124-56-7890",
                           "Michael Johnson", "US"));
  }

  @Test
  public void testAddRemovePassengers() throws IOException {    ⑤
    flight.setSeats(51);
    Passenger additionalPassenger =
        new Passenger("124-56-7890", "Michael Johnson", "US");
    flight.addPassenger(additionalPassenger);
    assertEquals(51, flight.getPassengersNumber());
    flight.removePassenger(additionalPassenger);
    assertEquals(50, flight.getPassengersNumber());
    assertEquals(51, flight.getSeats());
  }
}
```

이 예제에서 알 수 있듯이 Arquillian을 활용한 테스트에는 세 가지가 필요하다.

• 첫 번째로 @RunWith(Arquillian.class) 애노테이션을 추가해야 한다(①). @RunWith (Arquillian.class)를 추가해야 JUnit이 Arquillian을 테스트 runner로 사용할 수

있고 Arquillian으로 컨테이너를 구동할 수 있다.

- 두 번째로 @Deployment 애노테이션이 달린 정적 메서드(배포 메서드)가 필요하다(②). 배포 메서드에서는 ShrinkWrap 아카이브를 반환한다. 테스트 아카이브는 테스트가 필요한 리소스와 클래스를 격리하기 위해 사용한다. 이때 테스트 아카이브는 ShrinkWrap을 사용하여 정의한다. 참고로 마이크로배포 전략을 사용하면 테스트하려는 클래스에 정확히 집중할 수 있다. 결과적으로 테스트는 매우 간단하고 관리하기 쉬워지는데, 현재는 컨테이너에 Passenger와 Flight 클래스가 포함되어 있다. 한편, Flight 객체는 CDI 애노테이션인 @Inject를 사용하여 주입할 수 있다(③). @Inject 애노테이션으로 주입 지점을 정의할 수 있다. 여기서는 @Inject가 필드 주입 방식으로 Flight 객체를 오토와이어한다.

- 세 번째로 @Test 애노테이션이 붙은 하나 이상의 테스트 메서드(④와 ⑤)가 필요하다. Arquillian은 @Deployment 애노테이션이 붙은 public 정적 메서드에서 테스트 아카이브를 찾는다. 그다음 @Test 애노테이션이 붙은 메서드가 컨테이너 환경 내에서 수행된다.

ShrinkWrap 아카이브가 서버에 배포되면 실제 아카이브가 되는 것이다. 컨테이너는 아카이브가 ShrinkWrap에 의해 패키징되었다는 사실을 알지 못하기 때문이다.

이제 프로젝트에서 Arquillian을 사용할 수 있는 환경이 만들어졌으므로 이제는 통합 테스트를 실행할 수 있다. 그러나 지금 테스트를 실행하면 오류가 발생한다 (그림 22.3).

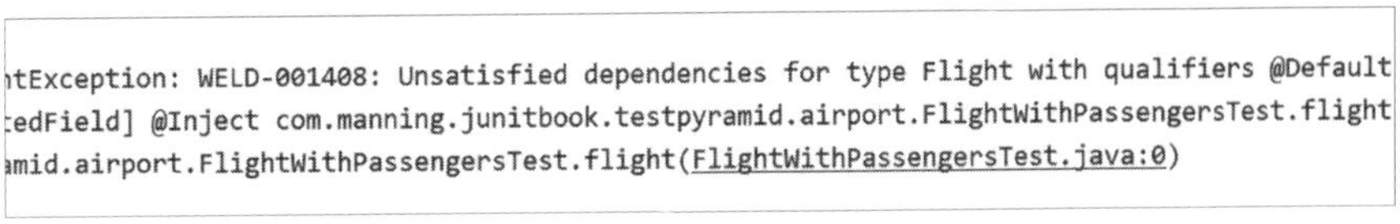

```
tException: WELD-001408: Unsatisfied dependencies for type Flight with qualifiers @Default
edField] @Inject com.manning.junitbook.testpyramid.airport.FlightWithPassengersTest.flight
amid.airport.FlightWithPassengersTest.flight(FlightWithPassengersTest.java:0)
```

그림 22.3 FlightWithPassengersTest 테스트를 실행한 결과.
Flight 객체에 대한 의존성이 없으므로 테스트가 실패한다.

Unsatisfied dependencies for type Flight with qualifiers @Default 오류가 발생하는 것을 볼 수 있다. 이는 컨테이너가 CDI 애노테이션인 @Inject를 통해 의존성을 주입하려고 했지만 그러지 못했다는 것을 의미한다. 그 이유는 무엇 때문일까? 토마스는 무엇을 놓친 것일까? 이는 Flight 클래스에 파라미터가 있는 생성자만 있을 뿐, 컨테이너에서 사용할 기본 생성자를 선언하지 않았기 때문에 생긴 문제다. 구동할 당시의 컨테이너는 Flight 객체에 어떤 파라미터를 전달해야 할지 모르기 때문에 파라미터가 있는 생성자를 호출할 수 없어 이런 문제가 생겼다.

그러면 어떻게 해결할 수 있을까? 자바 EE는 사용자 정의 초기화가 필요한 객체를 주입할 수 있도록 설계된 생산자 메서드(producer method)를 제공한다. 다음 예제로 문제를 해결할 수 있다.

예제 22.10 FlightProducer 클래스

```
[...]
public class FlightProducer {

  @Produces
  public Flight createFlight() throws IOException {
    return FlightBuilderUtil.buildFlightFromCsv();
  }
}
```

이 예제에서 토마스는 FlightProducer 클래스가 createFlight 메서드 안에서 FlightBuilderUtil.buildFlightFromCsv() 문장으로 적절한 항공편 객체를 반환하도록 만들었다. 이렇게 생산자 메서드를 사용하여 사용자 정의한 객체를 주입할 수 있다. 이 경우 CSV 파일에 기반해 만든 항공편 정보를 주입하게 된다. create Flight 메서드에 자바 EE 애노테이션인 @Produces을 추가하였는데, 이렇게 하면 컨테이너는 자동으로 이 메서드를 호출하여 완성한 항공편 객체를 생성한다. 그 결과 FlightWithPassengersTest 클래스에서 @Inject 애노테이션이 붙은 Flight 필드에 주입할 수 있게 된다.

이제 토마스는 FlightProducer 클래스를 ShrinkWrap 아카이브에 추가하면 된다.

예제 22.11 수정한 FlightWithPassengersTest의 배포 메서드

```
  @Deployment
  public static JavaArchive createDeployment() {
    return ShrinkWrap.create(JavaArchive.class)
        .addClasses(Passenger.class, Flight.class, FlightProducer.class)
        .addAsManifestResource(EmptyAsset.INSTANCE, "beans.xml");
  }
```

이제 테스트를 실행하면 초록색 완료 표시가 된 결과와 코드 커버리지가 100%를 나타내는 것을 볼 수 있다. 컨테이너는 올바르게 구성된 항공편을 주입했다(그림

22.4). 토마스는 테스트 피라미드의 통합 계층을 성공적으로 구현한 것이다. 이제 다음 단계인 시스템 테스트로 넘어가 보자.

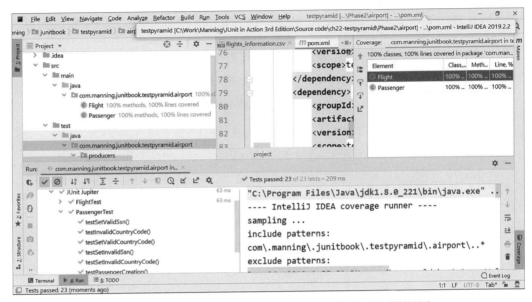

그림 22.4 FlightWithPassengersTest에서 성공적으로 통합 테스트를 실행한 결과.
Arquillian을 사용한 이후에도 코드 커버리지는 100%를 달성했다.

22.4 시스템 테스트: 전체 소프트웨어 살펴보기

시스템 테스트는 말 그대로 전체 시스템을 테스트하여 명세를 준수했는지를 평가하고 통합된 단위 간에 오류가 있는지를 검증한다. 여기서는 8장에서 익힌 모의 객체 개념을 적용해 보자. 모의 객체는 복잡한 실제 객체의 동작을 모사할 수 있으므로 실제 객체를 테스트하는 것이 실용적이지 않거나 불가능한 경우에 유용했다. 테스트 시점에는 의존 컴포넌트를 아직 사용하지 못할 수 있기 때문이다(그림 22.5). 예를 들어 항공편 관리 시스템은 외부 조건을 측정하는 장치(예컨대 온도나 습도)에 의존할 수 있다. 이러한 장치들이 제공하는 결과는 굉장히 임의적일 뿐만 아니라, 테스트의 결과에 영향을 미칠 수도 있다. 이는 우리가 특정 시점의 특정 기상 상황을 예측할 수 없는 것과 같다.

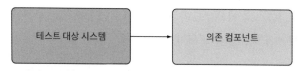

그림 22.5 개발 초기에는 테스트 대상 시스템은 의존 컴포넌트를 필요로 하지만, 사용하지 못할 수 있다.

프로그램을 개발할 때 테스트 목표를 달성하기 위해 복잡한 실제 객체의 동작을 모사하는 모의 객체를 만들어야 할 수도 있다. 모의 객체를 사용하는 일반적인 사례로는 지금 당장 사용할 수 없는 외부 또는 내부 서비스와의 통신을 들 수 있다. 이러한 종류의 서비스는 당장 사용하기 어렵거나 다른 개발팀이 유지 보수하는 중일 수 있다. 이런 점들이 타 서비스와의 통신을 어렵게 또는 느리게 만드는 요인이다. 테스트 더블은 바로 이런 상황에서 유용하다. 테스트 더블을 사용하면 다른 서비스가 가용한 상태가 되도록 굳이 기다릴 필요가 없다. 이렇게 모의 객체는 외부 서비스를 정확하게 대체하고자 할 때 사용할 수 있다. 물론 의존 컴포넌트가 예상되는 동작이나 우리가 사용할 API의 명세를 잘 지키는 등 계약을 잘 따르는 것이 중요하다.

의존 컴포넌트가 다른 팀에서 병렬적으로 개발된다면 소비자 주도 계약 방식을 적용하는 것이 좋을 것이다. 이는 공급자는 소비자가 예상한 대로 API를 구현해야 함을 의미한다.

22.4.1 모의 외부 의존성을 사용한 테스트

우리의 항공편 관리 시스템은 현재 통합 테스트까지 성공했다. 이제 토마스는 승객이 이동한 거리에 따라 보너스 포인트를 제공하는 신규 기능을 추가할 것이다. 보너스 포인트 정책은 간단하다. 10km를 여행할 때마다 포인트 1점을 받는 것이다.

보너스 포인트 정책은 DistancesManager 클래스를 제공한 다른 팀으로 외부화된다. 토마스는 인터페이스가 소비자와 공급자 간의 계약(contract)을 형성한다는 것을 알고 있다. 즉 애플리케이션은 소비자 주도 계약을 따른다.

토마스는 DistancesManager API가 다음 메서드를 제공한다는 것을 알고 있다.

- getPassengersDistancesMap 메서드는 승객을 키로, 이동 거리를 값으로 갖는 맵을 반환한다.
- getPassengersPointsMap 메서드는 승객을 키로, 보너스 포인트를 값으로 갖는 맵을 반환한다.

- addDistance 메서드는 승객의 이동 거리를 추가한다.
- calculateGivenPoints 메서드는 승객의 보너스 포인트를 계산한다.

토마스는 아직 구체적인 구현을 모르는 상태이므로 더미로 로직을 구현하여 클래스의 동작을 모의한다.

예제 22.12 **DistancesManager 클래스의 로직을 더미로 구현한 결과**

```java
public class DistancesManager {

  public Map<Passenger, Integer> getPassengersDistancesMap() {
    return null;
  }

  public Map<Passenger, Integer> getPassengersPointsMap() {
    return null;
  }

  public void addDistance(Passenger passenger, int distance) {
  }

  public void calculateGivenPoints() {
  }

}
```

토마스는 한 개의 CSV 파일로 된 항공편 정보를 가지고 있지만 이는 충분하지 않다. 로직이 정확하게 동작하는지 테스트하기 위해서는 복수의 항공편에 등록된 승객 정보를 만들 필요가 있다. 이번에는 CSV 파일 두 개를 추가할 것인데, 두 개의 다른 항공편에 123-45-6790이라는 SSN을 갖고 James Perkins라는 이름을 가진 승객이 중복해 들어 있도록 데이터를 구성한다(다음 예제는 승객 예제의 일부다).

예제 22.13 **flights_information2.csv, flights_information3.csv 파일**

```
123-45-6789; John Smith; US
900-45-6789; Jane Underwood; GB
123-45-6790; James Perkins; US
[...]
123-45-6790; James Perkins; US
900-45-6790; Mary Calderon; GB
123-45-6792; Oliver Aguilar; US
[...]
```

Flight 클래스에는 이동한 거리를 나타내는 distance 필드와 게터 메서드, 세터 메서드를 추가했다.

예제 22.14 수정한 Flight 클래스

```java
public class Flight {

  [...]
  private int distance;

  [...]
  public int getDistance() {
    return distance;
  }

  public void setDistance(int distance) {
    this.distance = distance;
  }
  [...]

}
```

이번에는 같은 승객이 여러 항공편에 있는지 확인하기 위해 Passenger 클래스에 equals 메서드와 hashCode 메서드를 재정의한다. 이를 통해 여러 항공편에 포함된 승객이 동일한 식별자를 갖고 있을 때 승객의 동등성을 확인할 수 있다.

예제 22.15 Passenger 클래스에서 재정의한 equals 메서드와 hashCode 메서드

```java
public class Passenger {

  [...]
  @Override
  public boolean equals(Object o) {
    if (this == o)
      return true;
    if (o == null || getClass() != o.getClass())
      return false;
    Passenger passenger = (Passenger) o;
    return Objects.equals(identifier, passenger.identifier);
  }

  @Override
  public int hashCode() {
    return Objects.hash(identifier);
  }

}
```

토마스는 항공편을 식별하기 위해 항공편명을 파라미터로 사용하는 @FlightNumber 애노테이션을 만들었다.

예제 22.16 **@FlightNumber 애노테이션**

```
[...]
@Qualifier                          ①
@Retention(RUNTIME)                 ②
@Target({ FIELD, METHOD })          ③
public @interface FlightNumber {    ①
  String number();                  ④
}
```

이 예제에서 살펴볼 내용은 다음과 같다.

- @FlightNumber 애노테이션을 만든다(①). @Retention(RUNTIME)을 적용해 애노테이션이 런타임에도 남아 있게 했다(②).
- @FlightNumber 애노테이션은 필드와 메서드에 적용할 수 있고(③), 이 애노테이션을 사용할 때는 number 파라미터를 지정해야 한다(④).

FlightProducer 클래스에서 토마스는 "AA1234"를 항공편의 식별자로 사용할 파라미터로 사용하고 createFlight 메서드에 @FlightNumber 애노테이션을 추가한다.

예제 22.17 **수정한 FlightProducer 클래스**

```
[...]
public class FlightProducer {

  @Produces
  @FlightNumber(number = "AA1234")
  public Flight createFlight() throws IOException {
    return FlightBuilderUtil.buildFlightFromCsv("AA1234", 50,
          "src/test/resources/flights_information.csv");
  }
}
```

토마스는 FlightWithPassengersTest 클래스를 수정하여 주입된 항공편에 애노테이션을 달고 DistancesManager에 대한 테스트를 작성한다.

예제 22.18 **수정한 FlightWithPassengersTest 클래스**

```
[...]
@RunWith(Arquillian.class)
public class FlightWithPassengersTest {
  [...]
```

```
@Inject
@FlightNumber(number = "AA1234")   ①
Flight flight;

@Mock
DistancesManager distancesManager;        ②

@Rule
public MockitoRule mockitoRule = MockitoJUnit.rule();        ③

private static Map<Passenger, Integer> passengersPointsMap =
    new HashMap<>();        ④

@BeforeClass
public static void setUp() {
  passengersPointsMap.put(new Passenger("900-45-6809",
                          "Susan Todd", "GB"), 210);
  passengersPointsMap.put(new Passenger("900-45-6797",
                          "Harry Christensen", "GB"), 420);        ⑤
  passengersPointsMap.put(new Passenger("123-45-6799",
                          "Bethany King", "US"), 630);
}

[...]

@Test
public void testFlightsDistances() {        ⑥
  when(distancesManager.getPassengersPointsMap()).
    thenReturn(passengersPointsMap);        ⑦

  assertEquals(210, distancesManager.getPassengersPointsMap()
      .get(new Passenger("900-45-6809", "Susan Todd", "GB"))
      .longValue());
  assertEquals(420, distancesManager.getPassengersPointsMap()
      .get(new Passenger("900-45-6797", "Harry Christensen", "GB"))        ⑧
      .longValue());
  assertEquals(630, distancesManager.getPassengersPointsMap()
      .get(new Passenger("123-45-6799", "Bethany King", "US"))
      .longValue());
  }

}
```

이 예제에서 살펴볼 내용은 다음과 같다.

- FlightWithPassengersTest에서는 flight 필드에 @FlightNumber 애노테이션을
  달아 의존성 주입된 항공편에 식별자를 추가한다(①).

- DistancesManager 객체를 모의하기 위해 @Mock 애노테이션을 추가한다(②).
- @Mock 애노테이션이 달린 모의 객체를 초기화하는 데 필요한 MockitoRule 객체에 @Rule 애노테이션을 추가한다(③). 현재 Arquillian은 JUnit 5와 호환되지 않으므로 JUnit 4 rule을 사용했다.
- 승객의 보너스 포인트를 관리하기 위해 passengersPointsMap을 선언하고(④) 예상하는 값을 넣는다(⑤).
- 테스트 testFlightsDistances를 작성한다(⑥). distancesManager.getPassengersPointsMap()을 실행할 때 passengersPointsMap을 반환하도록 모의한다(⑦). 그리고 보너스 포인트가 예상한 값인지 검증한다(⑧).

지금까지는 일부 데이터만 집어 넣은 다음 데이터가 올바르게 들어갔는지만 확인한다. 그러나 토마스는 테스트 스켈레톤을 생성하고 공급자 쪽으로부터 새로운 기능을 기대한다.

22.4.2 부분적으로 구현한 외부 의존성을 사용한 테스트

토마스는 공급자로부터 DistancesManager 클래스가 일부 구현되었다고 연락을 받았다.

예제 22.19 **일부 구현된 DistancesManager 클래스**

```java
public class DistancesManager {

  private static final int DISTANCE_FACTOR = 10;   ①

  private Map<Passenger, Integer> passengersDistancesMap =
      new HashMap<>();
  private Map<Passenger, Integer> passengersPointsMap =
      new HashMap<>();

  public Map<Passenger, Integer> getPassengersDistancesMap() {     ②
    return Collections.unmodifiableMap(passengersDistancesMap);
  }

  public Map<Passenger, Integer> getPassengersPointsMap() {
    return Collections.unmodifiableMap(passengersPointsMap);
  }

  public void addDistance(Passenger passenger, int distance) {   ③
  }
```

```
    public void calculateGivenPoints() {
      for (Passenger passenger : getPassengersDistancesMap().keySet()) {
        passengersPointsMap.put(passenger,
            getPassengersDistancesMap().get(passenger)/ DISTANCE_FACTOR);
      }
    }
  }
}
```
④

이 예제에서 살펴볼 내용은 다음과 같다.

- 보너스 포인트를 계산하기 위한 지수인 `DISTANCE_FACTOR`를 정의한다(①).
- `passengersDistancesMap`, `passengersPointsMap`을 선언하고 게터 메서드를 추가한다(②).
- `addDistance` 메서드는 아직 구현되지 않았다(③). `calculateGivenPoints` 메서드는 승객 정보를 `passengersDistancesMap`에서 반복문으로 순회한 다음 승객 정보를 바탕으로 얻은 거리를 `DISTANCE_FACTOR`로 나누어 `passengersPointsMap`에 추가한다(④).

실제 애플리케이션에서는 완전히 구현된 패키지 또는 클래스를 사용할 수 있을 것이다. 남은 부분은 여전히 개발 중이겠지만, 합의된 계약을 따르는 것에는 변함이 없다. 조금 더 단순하게 생각해 보자. 예제 상황에 대해서 현재 네 가지 메서드가 있는데 그중에 하나만 구현이 안 되었다고 하자. 중요한 점은 여전히 API 계약이 존중된다는 것이다.

이런 변경이 소비자 쪽의 테스트를 어떻게 바꿀 것인가? 토마스는 거리를 기준으로 보너스를 계산하는 방법을 알고 있다. 그러므로 `passengersPointsMap`이 아니라 `passengersDistancesMap`을 사용하여 계산할 것이다. `FlightWithPassengersTest`에 대한 변경 내역은 아래 예제에서 확인할 수 있다.

예제 22.20 **수정한 FlightWithPassengersTest 클래스**

```
[...]
@RunWith(Arquillian.class)
public class FlightWithPassengersTest {
  [...]
  @Spy
  DistancesManager distancesManager;
                                              ①

  private static Map<Passenger, Integer> passengersDistancesMap =
      new HashMap<>();
                                              ②
```

```
@BeforeClass
public static void setUp() {
  passengersDistancesMap.put(new Passenger("900-45-6809",
                                  "Susan Todd", "GB"), 2100);
  passengersDistancesMap.put(new Passenger("900-45-6797",
                                  "Harry Christensen", "GB"), 4200);
  passengersDistancesMap.put(new Passenger("123-45-6799",
                                  "Bethany King", "US"), 6300);
}
[...]

@Test
public void testFlightsDistances() {
  when(distancesManager.getPassengersDistancesMap())
      .thenReturn(passengersDistancesMap);

  distancesManager.calculateGivenPoints();  ⑤

  assertEquals(210, distancesManager.getPassengersPointsMap()
      .get(new Passenger("900-45-6809", "Susan Todd", "GB"))
      .longValue());
  assertEquals(420, distancesManager.getPassengersPointsMap()
      .get(new Passenger("900-45-6797", "Harry Christensen", "GB"))
      .longValue());
  assertEquals(630, distancesManager.getPassengersPointsMap()
      .get(new Passenger("123-45-6799", "Bethany King", "US"))
      .longValue());
}

}
```

③ ④ ⑥

이 예제에서 살펴볼 내용은 다음과 같다.

- DistancesManager 객체에는 @Spy 애노테이션이 추가되었다(①). 이전에는 @Mock 애노테이션을 사용하여 distancesManager를 모의하고 있었다. @Spy를 쓰면 @Mock 과 달리 모의할 메서드만 모의하고 나머지 기능은 그대로 유지할 수 있다.

- passengersDistancesMap을 초기화하고(②), 테스트를 실행하기 전에 샘플 데이 터를 채워 넣는다(③).

- testFlightsDistances에서 distancesManager.getPassengersDistancesMap()을 실행할 때 distancesManager가 passengersDistancesMap을 반환하도록 모의한다 (④). 이미 구현된 calculateGivenPoints를 호출한 다음(⑤), 계산 후에 보너스 포인트가 예상과 같은지 검증한다(⑥).

이번에는 테스트를 성공적으로 통과했다(그림 22.6). 하지만 여전히 코드 커버리지는 100%가 아니다. DistancesManager에서 아직 개발이 미진한 부분이 있기 때문이다.

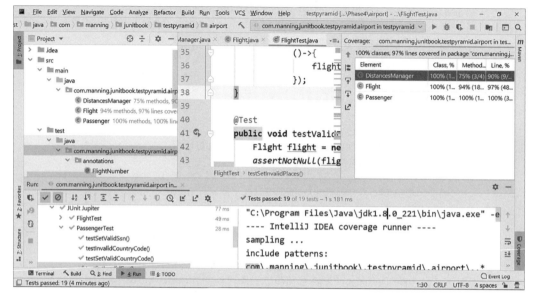

그림 22.6 PassengerTest, FlightTest, FlightWithPassengersTest가 DistancesManager의 부분적인 구현으로도 성공적으로 실행되는 모습. 아직 모든 기능이 개발된 것은 아니므로 코드 커버리지는 100%가 아니다.

22.4.3 완전히 구현한 외부 의존성을 사용한 테스트

이제 소비자 측에서 외부 의존성을 온전히 사용할 수 있게 되었다. 토마스는 공급자 측에서 실제적으로 제공한 기능을 테스트한다. DistancesManager 클래스는 addDistance 메서드까지 전부 구현이 완료되었다.

예제 22.21 DistancesManager 클래스를 완성한 결과

```java
public class DistancesManager {
  private static final int DISTANCE_FACTOR = 10;
  [...]
  public void addDistance(Passenger passenger, int distance) {
    if (passengersDistancesMap.containsKey(passenger)) {    ①
      passengersDistancesMap.put(passenger,
          passengersDistancesMap.get(passenger) + distance);    ②
    } else {
      passengersDistancesMap.put(passenger, distance);    ③
    }
  }
}
```

이 예제에서 살펴볼 내용은 다음과 같다.

- addDistance 메서드에서 passengersDistancesMap에 이미 승객이 포함되어 있는지 확인한다(①).
- 해당 승객이 이미 존재한다면 기존에 승객이 가지고 있던 거리 정보에 distance를 추가한다(②). 해당 승객이 존재하지 않는다면 승객 객체를 키로 사용하고 거리를 값으로 사용하는 맵에 새로운 엔트리를 추가한다(③).

토마스는 각 항공편에 대한 실제 승객 집합을 사용하고 승객 정보를 기반으로 passengersDistancesMap을 채울 것이므로 Flight 클래스에 getPassengers 메서드를 추가한다.

예제 22.22 Flight 클래스를 수정한 결과

```
public class Flight {
  [...]
  private Set<Passenger> passengers = new HashSet<Passenger>();   ①

  public Set<Passenger> getPassengers() {
    return Collections.unmodifiableSet(passengers);             ②
  }
  [...]
}
```

이 예제에서 토마스는 passengers를 private으로 선언하고(①), 게터 메서드를 사용해 접근할 수 있게 만든다(②).

이제 이전에 모의 객체로 동작을 메꾸었던 테스트로 돌아가서, 실제 동작하는 로직을 사용하도록 변경해 보자. 이제 Mockito 의존성은 더는 필요가 없으므로 pom.xml 파일에서 삭제한다. 또한 테스트를 실행하기 전에 passengersDistancesMap을 초기화한다. FlightWithPassengersTest에 대한 변경점은 아래 예제에서 확인할 수 있다.

예제 22.23 수정한 FlightWithPassengersTest 클래스

```
[...]
@RunWith(Arquillian.class)
public class FlightWithPassengersTest {
  @Deployment
  public static JavaArchive createDeployment() {
    return ShrinkWrap.create(JavaArchive.class)
        .addClasses(Passenger.class, Flight.class,
```

```
                    FlightProducer.class, DistancesManager.class)  ①
        .addAsManifestResource(EmptyAsset.INSTANCE, "beans.xml");
}

@Inject
@FlightNumber(number = "AA1234")
Flight flight;

@Inject
@FlightNumber(number = "AA1235")        ②
Flight flight2;

@Inject
@FlightNumber(number = "AA1236")
Flight flight3;

@Inject
DistancesManager distancesManager;      ③

[...]

@Test
public void testFlightsDistances() {

  for (Passenger passenger : flight.getPassengers()) {
    distancesManager.addDistance(passenger, flight.getDistance());
  }

  for (Passenger passenger : flight2.getPassengers()) {
    distancesManager.addDistance(passenger, flight2.getDistance());   ④
  }

  for (Passenger passenger : flight3.getPassengers()) {
    distancesManager.addDistance(passenger, flight3.getDistance());
  }

  distancesManager.calculateGivenPoints();  ⑤

  assertEquals(210, distancesManager.getPassengersPointsMap()
      .get(new Passenger("900-45-6809", "Susan Todd", "GB"))
      .longValue());
  assertEquals(420, distancesManager.getPassengersPointsMap()
      .get(new Passenger("900-45-6797", "Harry Christensen", "GB"))   ⑥
      .longValue());
  assertEquals(630, distancesManager.getPassengersPointsMap()
      .get(new Passenger("123-45-6799", "Bethany King", "US"))
      .longValue());
}

}
```

이 예제에서 살펴볼 내용은 다음과 같다.

- `DistancesManager` 클래스를 테스트에 주입하기 위해 ShrinkWrap 아카이브에 `DistancesManager.class`를 추가 등록한다(①).
- 테스트에 항공편 정보 세 개를 주입하고 `@FlightNumber` 애노테이션을 달아 항공편 정보를 구분했다. 각 애노테이션마다 서로 다른 항공편임을 나타낼 수 있도록 항공편명이 다른 것을 알 수 있다(②). 또한 `DistancesManager` 타입 필드를 주입한다(③).
- 세 개 항공편의 모든 승객을 반복문으로 순회한 다음, 승객이 여행한 거리를 `distancesManager`에 추가하도록 `testFlightsDistances` 테스트를 변경한다(④). 이동 거리를 기반으로 보너스 포인트를 계산하고(⑤), 보너스 포인트가 예상 결과와 동등한지 검증한다(⑥).

테스트를 수행하면 초록색 완료 표시가 되는 것을 볼 수 있다. 코드 커버리지는 100%를 달성했다(그림 22.7).

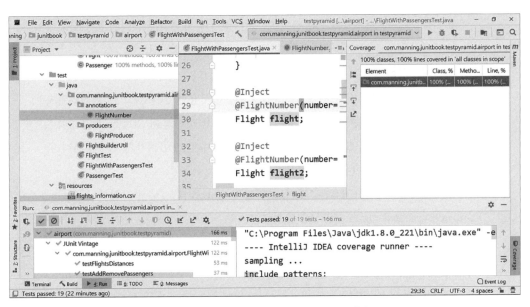

그림 22.7 PassengerTest, FlightTest, FlightWithPassengersTest에서 DistancesManager 클래스를 구현하여 테스트가 성공적으로 수행되었고 코드 커버리지가 100%를 달성했다.

토마스는 소비자 주도계약을 사용하여 성공적으로 시스템 전체를 테스트했다. 외부 기능을 모의 구현했지만 결국에는 실제 사용으로 전환할 수 있었다. 이제 테스트 피라미드 전략의 마지막 단계인 인수 테스트를 작업해 보자.

22.5 인수 테스트: 비즈니스 요구 사항 준수하기

인수 테스트는 시스템이 비즈니스 요구 사항을 준수하고 있는지 검증한다. 시스템 테스트가 완료되면 인수 테스트를 실행하여 소프트웨어가 최종적으로 잘 준비되었는지, 최종 사용자의 요구를 만족하는지 확인한다.

21장에서 우리는 소프트웨어에 비즈니스 가치를 부여하는 기능을 알아보았다. 그리고 고객, 비즈니스 분석가, 개발자, 테스터 사이에 발생할 수 있는 커뮤니케이션 문제에 대해 논의했다. 인수 기준은 차후 자동화되어 시나리오로 표현될 수 있다는 점도 살펴보았다. 주요 키워드는 Given, When, Then을 사용했었다.

```
Given <주어진 상황에서>
When <특정 사건이 일어났을 때>
Then <기대하는 결과>
```

토마스는 애플리케이션에 신규 기능을 추가하고자 한다. 신규 기능은 항공편에 승객을 추가하거나 삭제하는 것이다. 회사는 좌석 수와 승객 유형을 고려하여 승객 추가 및 삭제 정책을 정의했다. 제약된 상황에서 일반 승객은 한 항공편에서 삭제하고 다른 항공편에 추가가 가능한 반면, VIP 승객은 항공편에 추가는 가능하지만 삭제는 불가능하다고 하자.

이는 시스템이 최종 사용자를 만족시키기 위해 따라야 하는 비즈니스 로직이다. 인수 테스트를 수행하기 위해 토마스는 21장에서 사용한 인수 테스트 프레임워크인 Cucumber를 사용한다. Cucumber는 Gherkin을 사용하여 일반적인 자연어로 시나리오를 기술한다. Cucumber는 이해관계자들이 읽고 이해하기 쉬울뿐더러 자동화를 가능하게 해 준다.

Cucumber로 작업하기 위해 토마스는 먼저 Maven pom.xml 파일에 cucumber -java와 cucumber-junit 의존성을 추가한다.

예제 22.24 pom.xml 파일에 추가한 Cucumber 의존성

```xml
<dependency>
  <groupId>info.cukes</groupId>
  <artifactId>cucumber-java</artifactId>
  <version>1.2.5</version>
  <scope>test</scope>
</dependency>
<dependency>
  <groupId>info.cukes</groupId>
  <artifactId>cucumber-junit</artifactId>
```

```
  <version>1.2.5</version>
  <scope>test</scope>
</dependency>
```

토마스는 20장과 21장에서처럼 TDD와 BDD를 실천하여 신규 기능을 구현한다. 먼저 Cucumber로 인수 테스트를 작성한다. 그다음 자바로 된 테스트 스켈레톤을 만든다. 테스트 로직을 작성한 다음, 기능을 구현하는 코드를 작성하는 순으로 개발할 것이다.

승객 유형은 일반 승객과 VIP 승객이 있다고 이해한다. 먼저 Passenger 클래스에 boolean 타입의 vip 필드와 게터, 세터 메서드를 추가한다.

예제 22.25 수정한 Passenger 클래스

```java
public class Passenger {

  [...]
  private boolean vip;

  [...]
  public boolean isVip() {
    return vip;
  }
  public void setVip(boolean vip) {
    this.vip = vip;
  }
  [...]
}
```

다음으로 인수 기준을 정의하는 시나리오를 작성하기 위해 토마스는 src/test/resources/features 폴더에 passengers_policy.feature 파일을 만든다. 아래 시나리오의 Examples에 보면 앞선 시스템 테스트에 사용한 CSV 항공편 파일 세 개를 여기서 재사용하는 것을 알 수 있다. 토마스가 정의한 시나리오는 다음 예제에 나와 있으며 자연어로 읽을 수 있다. Cucumber의 기능을 복습하려면 21장을 참고하기 바란다.

예제 22.26 passengers_policy.feature 파일

```
Feature: 승객 정책
  회사는 승객 유형에 따른 승객 관리 정책을 결정한다

Scenario Outline: 일반 승객과 관련한 정책
  Given 항공편명이 "<flightNumber>"이고 좌석 수가 <seats>인 항공편과
        "<file>"에 정의되어 있는 승객 정보가 있는 상황에서
```

When 일반 승객은
Then 항공편에서 삭제할 수 있다
And 다른 항공편에 추가할 수 있다

Examples:
```
|flightNumber | seats | file                        |
|  AA1234     | 50    | flights_information.csv     |
|  AA1235     | 50    | flights_information2.csv    |
|  AA1236     | 50    | flights_information3.csv    |
```

Scenario Outline: VIP 승객과 관련한 정책
  Given 항공편명이 "<flightNumber>"이고 좌석 수가 <seats> 인 항공편과
        "<file>"에 정의되어 있는 승객 정보가 있는 상황에서
  When VIP 승객은
  Then 항공편에서 삭제할 수 없다

Examples:
```
|flightNumber | seats | file                        |
|  AA1234     | 50    | flights_information.csv     |
|  AA1235     | 50    | flights_information2.csv    |
|  AA1236     | 50    | flights_information3.csv    |
```

토마스는 테스트 스켈레톤을 만들고자 하는데, 그 전에 먼저 [File]-[Settings]-[Plugins] 메뉴에서 Cucumber와 Gherkin 플러그인이 설치되었는지 확인한다(그림 22.8, 그림 22.9).

그림 22.8 [File]-[Settings]-[Plugins] 메뉴에서 Cucumber for Java 플러그인을 설치하기

그림 22.9 [File]-[Settings]-[Plugins] 메뉴에서 Gherkin 플러그인 설치하기

이제 [Run]-[Edit Configuration]을 클릭한 다음 실행 환경을 구성한다(그림 22.10).

- Main class: `cucumber.api.cli.Main`
- Glue(현재 스텝 정의가 저장되는 패키지 경로): `com.manning.junitbook.test`
  `pyramid.airport`
- Feature or folder path: 새로 생성된 파일 경로인 src/test/resources/features/
  passengers_policy.feature
- Working directory: 프로젝트 폴더

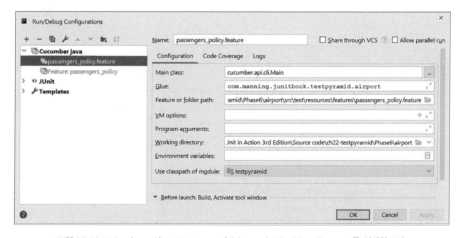

그림 22.10 Main class, Glue, Feature or folder path, Working directory를 설정한 모습

이렇게 실행 환경을 구성한 다음 토마스는 기능 파일을 마우스 오른쪽 버튼으로 클릭하여 실행한다(그림 22.11). 승객 정책에 관해 자바로 작성된 테스트 스켈레톤을 얻을 수 있다(그림 22.12).

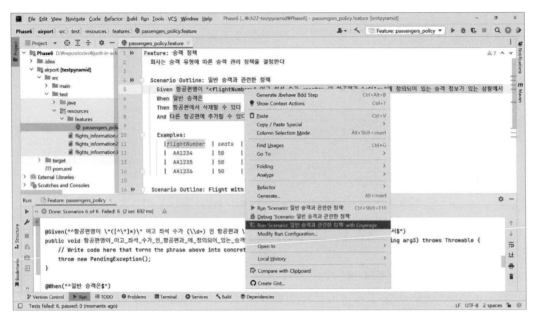

그림 22.11 passengers_policy.feature 파일을 마우스 오른쪽 버튼으로 클릭하여 실행한 결과

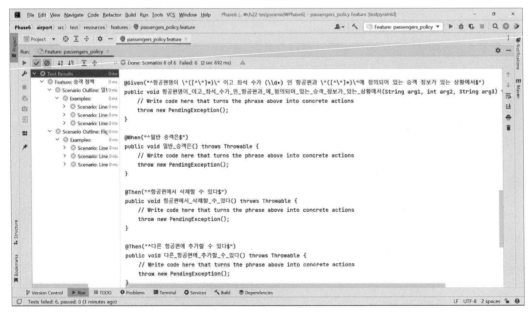

그림 22.12 기능 파일을 실행하여 승객 정책에 관한 테스트 스켈레톤을 생성한 모습

이제 토마스는 테스트의 스켈레톤을 갖고 있는 PassengersPolicy 파일을 만든다.

예제 22.27 PassengersPolicy 테스트의 스켈레톤

```
[...]

public class PassengersPolicy {

  @Given("^항공편명이 \"([^\"]*)\"이고 좌석 수가 (\\d+)인 항공편과 \"([^\"]*)\"에
        정의되어 있는 승객 정보가 있는 상황에서$")
  public void 항공편명이_이고_좌석_수가_인_항공편과_에_정의되어_있는_승객_정보가_있는_
      상황에서(String arg1, int arg2, String arg3) throws Throwable {
    throw new PendingException();

  }

  @When("^일반 승객은$")
  public void 일반_승객은() throws Throwable {
    throw new PendingException();
  }

  @Then("^항공편에서 삭제할 수 있다$")
  public void 항공편에서_삭제할_수_있다() throws Throwable {
    throw new PendingException();
  }

  @Then("^다른 항공편에 추가할 수 있다$")
  public void 다른_항공편에_추가할_수_있다() throws Throwable {
    throw new PendingException();
  }

  @When("^VIP 승객은$")
  public void vip_승객은() throws Throwable {
    throw new PendingException();
  }

  @Then("^항공편에서 삭제할 수 없다$")
  public void 항공편에서_삭제할_수_없다() throws Throwable {
    throw new PendingException();
  }
}
```

Cucumber 테스트를 실행하려면 토마스에게 특별한 클래스가 필요하다. 클래스 이름은 무엇이든 상관없다. 여기서는 CucumberTest라는 이름을 가진 클래스를 만들었다.

예제 22.28 CucumberTest 클래스

```
[...]
@RunWith(Cucumber.class)                    ①
@CucumberOptions(                           ②
    plugin = {"pretty"},                    ③
    features = "classpath:features")        ④
public class CucumberTest {

}
```

이 예제에서 살펴볼 내용은 다음과 같다.

- CucumberTest 클래스에 @RunWith(Cucumber.class) 애노테이션을 추가했다(①). JUnit 테스트 클래스처럼 Cucumber를 실행하면 클래스패스 아래 feature 패키지에 있는 모든 기능 파일이 실행될 것이다. 집필할 당시에는 Cucumber 관련 JUnit 5 extension이 없었으므로 JUnit 4 runner를 사용했다.

- @CucumberOptions(②) 애노테이션에는 Cucumber 실행 결과 리포트를 보기 좋게 출력하기 위한 플러그인 옵션 값을 지정할 수 있다(③). "pretty"를 사용하면 Gherkin 소스를 컬러로 표현할 수 있다. 그리고 features 속성을 추가하여 Cucumber가 프로젝트 폴더 구조에서 기능 파일을 찾도록 해 주었다(④). 클래스패스부터 기능 파일을 찾기 시작하는데, Maven이 src/test/resources 폴더를 클래스패스로 인식하므로 결국 src/test/resources/features 경로에 있는 기능 파일을 찾게 된다.

다음으로 토마스는 PassengersPolicy 클래스에서 기능을 검증하는 테스트를 작성한다.

예제 22.29 PassengersPolicy 테스트 클래스

```
public class PassengersPolicy {

    private Flight flight;   ①
    private List<Passenger> regularPassengers = new ArrayList<>();  ⎤
    private List<Passenger> vipPassengers = new ArrayList<>();      ⎦ ②
    private Flight anotherFlight = new Flight("AA7890", 48);   ③

    @Given("^항공편명이 \"([^\"]*)\"이고 좌석 수가 (\\d+) 인 항공편과 \"([^\"]*)\"에
            정의되어 있는 승객 정보가 있는 상황에서$")
```

```java
public void 항공편명이_이고_좌석_수가_인_항공편과_에_정의되어_있는_승객_정보가_있는_상황에서(
    String flightNumber, int seats, String fileName) throws Throwable {
    flight = FlightBuilderUtil.buildFlightFromCsv(flightNumber,
            seats, "src/test/resources/" + fileName);              ④
}

@When("^일반 승객은$")
public void 일반_승객은() {
    for (Passenger passenger : flight.getPassengers()) {
        if (!passenger.isVip()) {                                  ⑤
            regularPassengers.add(passenger);
        }
    }
}

@Then("^항공편에서 삭제할 수 있다$")
public void 항공편에서_삭제할_수_있다() {
    for (Passenger passenger : regularPassengers) {
        assertTrue(flight.removePassenger(passenger));             ⑥
    }
}

@Then("^다른 항공편에 추가할 수 있다$")
public void 다른_항공편에_추가할_수_있다() {
    for (Passenger passenger : regularPassengers) {
        assertTrue(anotherFlight.addPassenger(passenger));         ⑦
    }
}

@When("^VIP 승객은$")
public void vip_승객은() {
    for (Passenger passenger : flight.getPassengers()) {
        if (passenger.isVip()) {                                   ⑧
            vipPassengers.add(passenger);
        }
    }
}

@Then("^항공편에서 삭제할 수 없다$")
public void 항공편에서_삭제할_수_없다() {
    for (Passenger passenger : vipPassengers) {
        assertFalse(flight.removePassenger(passenger));            ⑨
    }
}
}
```

이 예제에서 살펴볼 내용은 다음과 같다.

- 여기서는 첫 번째 항공편(①), 일반 승객과 VIP 승객 리스트(②), 두 번째 항공편 (③)을 각각 flight, regularPassengers와 vipPassengers, anotherFlight 필드로 정의했다.

- Given 항공편명이 "<flightNumber>"이고 좌석 수가 <seats>인 항공편과 "<file>"에 정의되어 있는 승객 정보가 있는 상황에서 레이블이 지정된 스텝은 CSV 파일로부터 항공편을 초기화한다(④).

- 모든 승객 리스트를 조회하고, 일반 승객을 리스트에 추가한 다음(⑤), 항공편에서 승객을 삭제할 수 있는지 검증하고(⑥), 다른 항공편에 추가한다(⑦).

- 이번에는 리스트에 VIP 승객을 추가한다(⑧). 그리고 항공편에서 VIP 승객을 삭제할 수 없는지 검증한다(⑨).

CucumberTest를 실행한 결과는 그림 22.13과 같다.

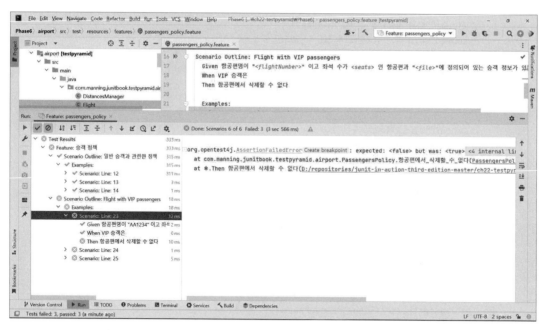

그림 22.13 PassengersPolicy 테스트를 수행하면 VIP 승객에 관련한 테스트가 실패한다.

VIP 승객에 관한 테스트만 실패하므로 토마스는 VIP 승객에 관한 코드만 수정하면 된다는 것을 알게 되었다. 토마스는 Flight 클래스에서 removePassenger 메서드를 수정했다.

예제 22.30 **removePassenger 메서드를 수정한 Flight 클래스**

```java
public class Flight {

  [...]
  public boolean removePassenger(Passenger passenger) {
    if (passenger.isVip()) {
      return false;
    }
    return passengers.remove(passenger);
  }
}
```
① (옆의 if~return false 블록을 가리킴)

예제 22.30에서 토마스는 VIP 승객은 항공편에서 삭제할 수 없다는 조건을 추가했다(①). CucumberTest를 실행한 결과는 그림 22.14와 같다. 모든 테스트가 성공적으로 수행되었다.

코드 커버리지를 확인하기 위해 토마스는 테스트 피라미드를 구성하는 모든 테스트를 실행했다. 모든 테스트를 수행했을 때, 코드 커버리지는 물론 100%가 나온다(그림 22.15). 단위 테스트, 통합 테스트, 시스템 테스트, 인수 테스트를 포함하여 항공편 관리 시스템을 위한 테스트 피라미드를 성공적으로 구현한 것이다.

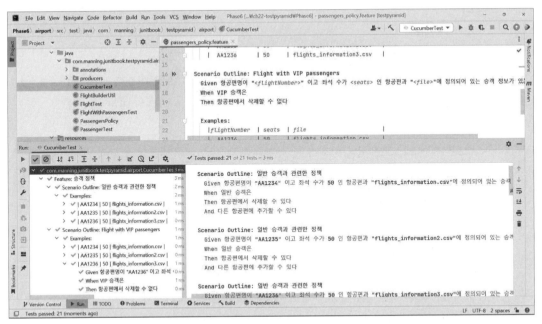

그림 22.14 비즈니스 로직을 작성한 후 새로 추가한 PassengersPolicy 테스트를 성공적으로 수행한 모습

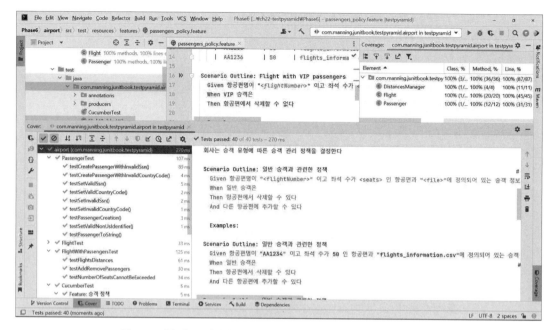

그림 22.15 전체 테스트 피라미드를 실행한 후 코드 커버리지 100%를 달성한 모습

정리

22장에서는 다음 내용을 다루었다.

- 소프트웨어 테스트 네 가지(단위 테스트, 통합 테스트, 시스템 테스트, 인수 테스트)와 간단한 테스트부터 시작하여 더 복잡한 테스트를 만들어 가는 테스트 피라미드의 개념을 정리했다.
- 소프트웨어 테스트에서 검증해야 할 사항들을 알아보았다. 비즈니스 로직, 잘못된 입력, 경곗값 조건, 예상치 못한 조건, 불변성, 회귀가 있었다.
- 단위 테스트를 개발하였고, 테스트 값 제약, 잘못된 입력, 경곗값 조건 등을 테스트했다.
- Arquillian 프레임워크를 사용하여 두 클래스 간의 통합을 확인하기 위한 통합 테스트를 개발하였고, 두 클래스가 상호작용하는지를 검증했다.
- 소비자 주도 계약을 활용하여 시스템 테스트를 개발하였고, 그 과정에서 처음에는 외부 기능을 모의한 것부터 시작하여 점차적으로 실제 구현을 사용하는 것으로 전환했다.
- JUnit 5와 Cucumber를 사용하여 신규 기능에 대한 인수 테스트를 개발했다.

부록 A

Maven

Maven은 소스 코드를 빌드하는 환경으로 이해할 수 있다. 공식 웹 사이트는 *https://maven.apache.org*다. Maven의 동작 방식을 깊이 있게 이해하고 싶다면 Maven의 이면에 있는 핵심 원칙을 아는 것이 좋다. Maven은 프로젝트 초창기부터 소프트웨어 아키텍처에 대한 몇 가지 기본 원칙을 만들었다. 이 기본 원칙은 Maven을 활용하여 개발 과정을 단순하게 하고 개발자가 빌드 시스템을 쉽게 구현하는 것을 목표로 했다. Maven의 토대가 된 발상 중 하나는 빌드 시스템이 가능한 한 단순해야 한다는 것이다. 소프트웨어 개발자는 빌드 시스템을 구현하는 데 많은 시간을 허비해서는 안 된다. 빌드 시스템을 설계하고 구현하는 데 소중한 시간을 낭비하기보다는 처음부터 프로젝트를 새로 만들고 다시 시작하는 게 쉬울 수 있기 때문이다. 부록 A에서는 Maven의 핵심 원칙을 자세히 설명하고, 개발자 관점에서 이 원칙들이 어떤 의미를 갖는지 설명한다.

A.1 설정보다 관습

설정보다 관습(convention over configuration)은 개발자가 일일이 만들어야 하는 설정의 수를 줄이는 것을 목표로 하는 소프트웨어 설계 원칙을 말한다(개발자가 엄격하게 따라야 하는 관습의 수를 늘리자는 것이 아니다). 이 원칙을 따르면 매번 프로젝트에서 수행해야 하는 지루한 설정 작업은 최소화하고 더 중요한 부분에 집중할 수 있다.

설정보다 관습은 Maven 프로젝트의 가장 강력한 원칙 중 하나다. 설정보다 관습을 애플리케이션에 적용한 사례로는 빌드 과정에서의 폴더 구조를 들 수 있다. Maven을 사용하면 필요한 모든 디렉터리가 사전에 정의된다. 예를 들어 src/main/java는 프로젝트에서 자바 코드가 있는 위치이고, src/test/java는 테스트 코드가 있는 위치, target은 빌드 관련 폴더 위치다.

훌륭해 보이지만, 프로젝트의 유연성을 잃을 수도 있을 것 같아 보인다. 소스 코드를 src/main/java가 아닌 다른 폴더에 저장하려면 어떻게 해야 할까? Maven은 사용자 설정도 쉽다. Maven은 관습을 제시하지만 언제든지 관습을 재정의하는 게 가능하며 사용자 설정을 적용할 수도 있다.

A.2 강력한 의존성 관리

Maven에 적용된 두 번째 핵심 원칙은 강력한 의존성 관리다. Maven 프로젝트가 시작되던 시기에는 Ant가 사실상 자바 프로젝트를 위한 유일한 빌드 시스템이었다. Ant를 사용하면 프로젝트의 의존성을 나누어야만 했다. 각 프로젝트는 필요한 의존성을 직접 처리해야 했으며 동일한 프로젝트의 의존성이 여러 위치에 분산될 수 있었다. 동일한 의존성은 다른 프로젝트에서 사용될 수 있지만 각 프로젝트마다 다른 위치에 있으므로 결국 리소스가 중복되는 현상이 생긴다.

Maven은 인터넷상에 모든 종류의 아티팩트(의존성)가 저장되는 공간인 **중앙 저장소**(central repository) 개념을 적용했다. Maven은 프로젝트의 빌드 디스크립터를 읽어 들인 다음 필요한 아티팩트 버전을 다운로드하고 애플리케이션의 클래스패스에 아티팩트를 포함시켜 해결한다. 이런 식으로 빌드 디스크립터의 <dependencies> 섹션에서 필요한 의존성을 한 번만 작성하면 된다. 예를 들자면 다음과 같다.

```
<dependencies>
    <dependency>
        <groupId>org.junit.jupiter</groupId>
        <artifactId>junit-jupiter-api</artifactId>
        <version>5.6.0</version>
        <scope>test</scope>
    </dependency>
    <dependency>
        <groupId>org.jmock</groupId>
        <artifactId>jmock-junit5</artifactId>
```

```
        <version>2.12.0</version>
    </dependency>
</dependencies>
```

이제 다른 컴퓨터에서도 소프트웨어를 자유롭게 빌드할 수 있다. 의존성을 프로젝트와 묶어서 다닐 필요가 없어진 것이다.

 Maven은 로컬 저장소라는 개념도 적용했다. Maven 중앙 저장소에서 다운받은 아티팩트를 하드디스크에(UNIX에서는 ~/.m2/repository/, Windows에서는 C:\User\〈사용자명〉\.m2\repository\) 보관한다. 프로젝트를 한번 빌드한 후에는 로컬 저장소에 만들어 놓은 아티팩트가 나중에 다른 프로젝트에서 사용할 수 있게 된다. 깔끔하지 않은가?

 개발자는 접근 권한만 있으면 Maven이 관리하는 프로젝트에 참여할 수 있다. Maven은 중앙 저장소에서 필요한 의존성을 다운로드하고 로컬 저장소로 가져온다. 로컬에서 이런 의존성들은 동일한 개발자가 작업할 법한 다른 프로젝트에서도 사용될 수 있다.

A.3 Maven 빌드 생애 주기

Maven에 적용된 또다른 강력한 원칙은 빌드 생애 주기다. Maven 프로젝트는 특정 아티팩트를 빌드, 테스트, 배포하는 프로세스를 정의한다는 발상을 기반으로 구축되었다. Maven 프로젝트는 하나의 아티팩트만 생성할 수 있다. 이런 방식으로 우리는 Maven을 사용하여 프로젝트 아티팩트를 빌드하거나 프로젝트의 폴더 구조를 정리하거나 프로젝트 문서를 생성할 수 있다. 다음은 기본적으로 제공되는 Maven의 세 가지 생애 주기다.

- default: 프로젝트 아티팩트를 생성하기 위해 사용한다.
- clean: 프로젝트를 정리할 때 사용한다.
- site: 프로젝트 문서를 만들 때 사용한다.

각 생애 주기는 여러 단계로 구성된다. 특정 주기를 탐색하기 위해 빌드는 다음 단계를 따른다(그림 A.1).

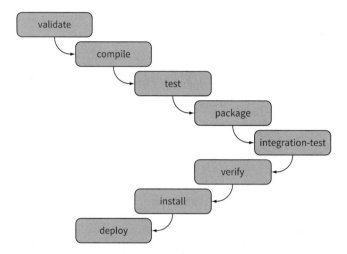

그림 A.1 검증에서 배포까지 Maven의 기본 생애 주기

다음은 Maven의 기본 생애 주기를 나열한 것이다.

1. validate: 프로젝트가 모두 잘 만들어져 있는지, 필요한 모든 정보를 사용할 수 있는지 검증한다.

2. compile: 프로젝트의 소스 코드를 컴파일한다.

3. test: 적절한 단위 테스트 프레임워크(이 책에서는 JUnit 5)를 사용하여 컴파일 된 소스 코드를 테스트한다. 테스트에서는 코드를 패키징하거나 배포할 필요 는 없다.

4. package: 컴파일된 코드를 jar 파일처럼 배포 가능한 형식으로 패키징한다.

5. integration-test: 통합 테스트를 수행할 수 있는 환경에 패키지를 처리하고 배 포한다.

6. verify: 패키지가 유효하고 품질 기준을 만족하는지 검사한다.

7. install: 로컬에서 다른 프로젝트를 위한 의존성으로 사용하기 위해 로컬 저장소 에 패키지를 설치한다.

8. deploy: 통합 환경 또는 릴리스 환경에서 다른 개발자나 프로젝트와 공유할 수 있도록 최종 패키지를 원격 저장소에 복사한다.

이제 다시 Maven이 선호하는 설정보다 관습 원칙으로 돌아가자. 이러한 단계는 앞 서 나열된 순서대로 이미 정의되어 있다. Maven은 이 순서를 철저하게 지킨다. 각 단계는 나열된 대로 순차적으로 실행되어 생애 주기를 완료한다. 예를 들어 명령 프롬프트에서 프로젝트의 홈 디렉터리를 잡고 컴파일 단계를 호출했다고 하자.

```
mvn compile
```

Maven은 먼저 프로젝트의 유효성을 검증한 다음 프로젝트의 소스를 컴파일한다.

마지막으로 모든 단계를 확장을 위한 지점으로 간주하는 게 좋다. 추가할 Maven 플러그인을 각 단계에 붙이고 각 플러그인이 실행되는 순서와 방법을 조율할 수 있다.

A.4 플러그인 기반 아키텍처

마지막으로 Maven의 플러그인 기반 아키텍처에 대해 정리해 보자. 앞서 Maven은 소스 빌드 환경이라고 설명했다. 구체적으로 말하자면 Maven은 플러그인으로 실행되는 소스 빌드 환경이다. Maven 프로젝트의 코어 부분은 매우 작지만, 플러그인 여러 개를 코어에 연결할 수 있도록 아키텍처가 구성되어 있다. 이렇게 Maven은 다양한 플러그인을 실행할 수 있는 환경을 만든다.

Maven 생애 주기의 각 단계마다 여러 플러그인이 연결되어 있으며, Maven은 플러그인이 선언된 순서대로 생애 주기를 통과할 때 플러그인을 호출한다. 다음은 Maven의 핵심 플러그인 중 일부다.

- clean: 프로젝트를 빌드한 후에 정리한다.
- compiler: 자바 소스를 컴파일한다.
- deploy: 빌드한 아티팩트를 원격 저장소에 배포한다.
- install: 빌드한 아티팩트를 로컬 저장소에 설치한다.
- resources: jar 파일에 포함할 자원을 출력 디렉터리에 복사한다.
- site: 현재 프로젝트에 대한 정보를 포함하는 사이트를 만든다.
- surefire: 격리된 클래스 로더에서 JUnit 테스트를 실행한다.
- verifier: 특정 조건의 존재를 확인한다(통합 테스트에 유용하다).

이러한 핵심 Maven 플러그인 외에도 웹 애플리케이션 패키징을 위한 플러그인이나 프로젝트 문서를 생성하기 위한 Javadoc 플러그인 등 다른 Maven 플러그인을 여러 상황에 맞게 사용할 수 있다.

플러그인은 다음 예시와 같이 설정 파일의 <plugins> 섹션에 선언할 수 있다.

```
<build>
    <plugins>
        <plugin>
            <artifactId>maven-surefire-plugin</artifactId>
            <version>2.22.2</version>
        </plugin>
    </plugins>
</build>
```

플러그인을 선언할 때 groupId, artifactId, version 정보를 명시할 수 있다. 이렇게 하면 플러그인이 의존성처럼 보인다. 실제로 플러그인은 의존성과 같은 방식으로 처리된다. 플러그인은 다른 Maven 의존성처럼 로컬 저장소에 다운로드된다. 플러그인을 지정할 때 groupId, version 파라미터는 선택 사항이다. 명시하지 않았다면 Maven은 지정된 artifactId와 org.apache.maven.plugins 또는 org.codehaus.mojo 중 하나의 groupId를 가진 플러그인을 찾는다. version을 명시하지 않았다면 Maven은 사용 가능한 최신 플러그인 버전을 다운로드한다. 자동 업데이트와 재현 불가능한 빌드를 만들어 내지 않으려면 플러그인 버전을 특정하기를 권장한다. 가장 최근에 업데이트된 Maven 플러그인으로 프로젝트를 빌드할 수도 있다. 그러나 이렇게 하면 나중에 다른 개발자가 동일한 구성으로 동일한 빌드를 만들려고 했을 때, Maven 플러그인이 업데이트되어 재현을 못 하는 문제가 생길 수 있다.

A.5 Maven 프로젝트 객체 모델

Maven에는 프로젝트 객체 모델에 관한 디스크립터인 pom.xml(project object model, POM) 파일이 있다. Maven에서는 해야 하는 일을 절차적으로 특정할 필요가 없다. 그 대신 아래 예제와 같이 프로젝트에 대한 일반적인 정보를 선언적으로 지정할 수 있다.

예제 A.1 간단한 Maven pom.xml 파일

```
<project>
    <modelVersion>4.0.0</modelVersion>
    <groupId>com.manning.junitbook</groupId>
    <artifactId>example-pom</artifactId>
    <packaging>jar</packaging>
    <version>1.0-SNAPSHOT</version>
</project>
```

이 코드는 정말 간단하다. 그러나 한 가지 질문이 생길 수 있다. Maven은 어떻게 이 정도 정보로 소스 코드를 빌드할 수 있을까?

답은 pom.xml 파일의 상속 구조에 있다. 간단한 pom.xml은 부모 POM에서 대부분의 기능을 상속한다. 자바에서 모든 클래스가 java.lang.Object 클래스를 상속하듯 Maven은 부모 POM이 각 pom.xml에 Maven 기능을 사용하게 해 준다.

이런 점에서 자바와 Maven이 유사하다. 자바에서 일부 클래스가 다른 클래스의 부모 역할을 하는 것처럼, Maven pom.xml은 상속이 가능하다. 예제 A.1의 pom을 부모로 사용하려면 packaging 값을 pom으로 변경하기만 하면 된다. 부모 또는 집계 프로젝트(멀티 모듈)는 패키징 값으로만 pom을 가질 수 있다. 또한 어떤 모듈이 자식인지를 부모에서 정의해야 한다.

예제 A.2 자식 모듈이 있는 부모 pom.xml

```
<project>
    <modelVersion>4.0.0</modelVersion>
    <groupId>com.manning.junitbook</groupId>
    <artifactId>example-pom</artifactId>
    <packaging>pom</packaging>   ①
    <version>1.0-SNAPSHOT</version>
    <modules>
        <module>example-module</module>   ②
    </modules>
</project>
```

예제 A.2는 예제 A.1을 수정한 것이다. 패키지를 pom 유형으로 선언하고(①), modules 섹션을 추가하여(②), pom이 집계 모듈임을 선언한다. modules 섹션에는 프로젝트 폴더(여기서는 example-module)에 대한 상대 경로를 제공하여 모듈에 있는 모든 하위 모듈을 나열한다. 다음 예제는 하위 pom.xml을 보여 준다.

예제 A.3 부모 pom.xml을 상속하는 자식 pom.xml

```
<project>
    <modelVersion>4.0.0</modelVersion>
    <parent>
        <groupId>com.manning.junitbook</groupId>
        <artifactId>example-pom</artifactId>
        <version>1.0-SNAPSHOT</version>
    </parent>
    <artifactId>example-child</artifactId>
</project>
```

이 pom.xml은 부모 pom.xml 파일에서 선언한 폴더(여기서는 example-module)에 위치해야 한다는 것을 기억하자.

여기서 두 가지 주목할 점이 있다. 첫째, 우리는 다른 pom을 상속하기 때문에 자식 pom에 대해서는 groupId와 version을 지정할 필요가 없다. 둘째, Maven은 groupId와 version 값이 부모와 동일할 것으로 기대한다.

자바에 비유하자면 pom이 부모로부터 상속할 수 있는 객체의 종류를 묻는 것이 합리적으로 보인다. pom이 부모에게서 상속할 수 있는 요소는 다음과 같다.

- 의존성
- 개발자와 기여자 정보
- 플러그인과 그 구성
- 리포트 리스트

부모 pom에 지정된 이러한 각 요소는 자식 pom에 자동으로 지정된다.

A.6 Maven 설치하기

Maven 설치는 크게 세 가지 과정으로 진행하면 된다.

1. *https://maven.apache.org*에서 최신 버전을 다운로드하고 원하는 디렉터리에 압축을 푼다.
2. Maven을 설치한 위치를 지정하는 M2_HOME 환경 변수를 정의한다.
3. 어떤 디렉터리에서든 mvn 명령을 사용할 수 있도록 M2_HOME\bin(UNIX의 경우 M2_HOME/bin)을 PATH 환경 변수에 추가한다.

부록 B

J U n i t   I N   A C T I O N   *T h i r d   E d i t i o n*

Gradle

B.1 Gradle 설치하기

Gradle은 모든 주요 OS에서 실행 가능하며 기본적으로 자바 8 이상에서 동작한다. *https://gradle.org/releases*에서 Gradle 최신 버전을 다운받을 수 있다. 집필 당시 최신 버전은 6.0.1이므로 해당 버전을 사용한다. 이 책의 내용을 익히기 위해서는 바이너리 버전으로도 충분하다. IDE나 Gradle 플러그인을 사용해도 작업을 수행할 수 있지만, 예제에서는 기본적으로 명령 프롬프트로 작업을 수행하므로 Gradle을 다운받아 사용하는 것이 도움이 될 것이다.

예제는 기본적으로 윈도우를 기반으로 작성됐다. 경로, 환경 변수, 명령 프롬프트 같은 개념은 다른 OS에도 존재하니 충분히 응용할 수 있을 것이다. 윈도우가 아닌 OS에서 예제를 실행할 때는 Gradle 공식 문서를 참고하길 바란다.

Gradle을 다운로드한 다음 원하는 위치에서 압축을 푼다. 앞으로 이 위치를 GRADLE_HOME이라고 하겠다. 그런 다음 GRADLE_HOME\bin 폴더를 환경 변수에 추가한다. 윈도우에서 이 작업을 수행하려면 내 PC에서 마우스 오른쪽 버튼을 클릭하고 [속성]-[고급 시스템 설정]을 선택한다. [환경 변수]를 클릭하면 그림 B.1과 같은 창이 나타난다.

여기에서 [시스템 변수]-[PATH]를 선택하고 편집 버튼을 클릭한다. 그러면 그림 B.2와 같은 창이 하나 열리는데, 오른쪽에 있는 [새로 만들기]를 클릭하고 GRADLE_HOME\bin 폴더를 경로에 추가한다. 필자는 C:\kits\gradle6.0.1 폴더에 Gradle의 압축을 풀었으므로 이곳이 GRADLE_HOME이 된다. 환경 변수에 C:\kits\gradle-6.0.1\bin을 추가한다.

결과를 확인하려면 명령 프롬프트를 열고 gradle -version을 입력해 보자. 그림
B.3과 같이 설치된 Gradle의 버전 정보를 알 수 있다.

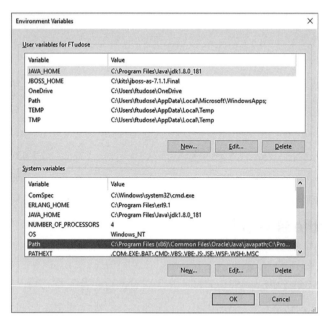

그림 B.1 환경 변수 창

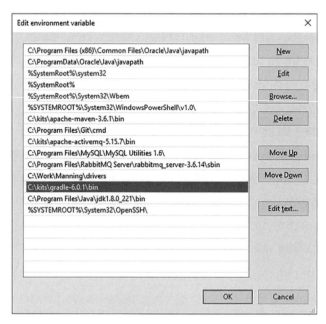

그림 B.2 경로에 GRADLE_HOME\bin 폴더 추가하기

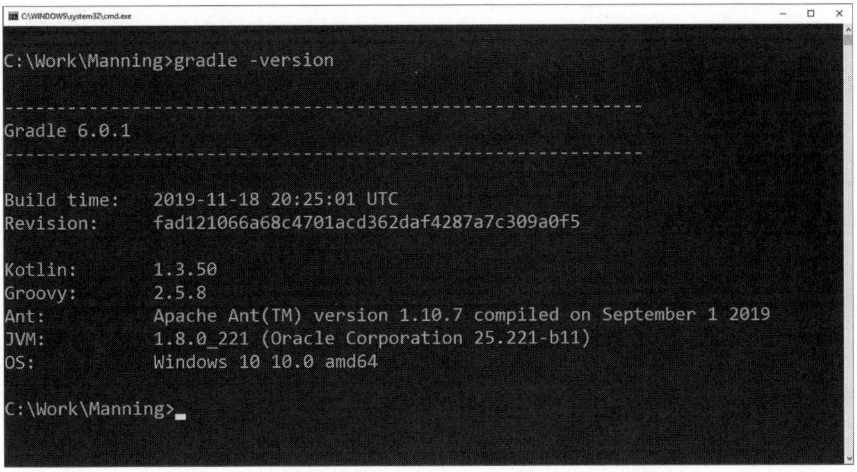

그림 B.3 명령 프롬프트에서 gradle -version 명령을 실행한 결과

B.2 Gradle로 태스크 만들기

Gradle은 프로젝트와 태스크를 처리하기 위해 **빌드 파일**(build file)을 사용한다. 모든 Gradle 빌드 파일은 프로젝트를 하나 이상 담당한다. 또한 프로젝트는 태스크(task) 여러 개로 구성된다. 태스크는 빌드 파일을 이용하여 수행되는 작업 단위다. 태스크는 일부 클래스를 컴파일하거나, jar를 생성하거나, Javadoc을 생성하거나, 저장소에 아카이브를 게시할 수 있다. 태스크를 통해 프로젝트를 빌드하고 테스트하는 데 필요한 작업을 정의하고 실행할 수 있다. Gradle 클로저는 파라미터를 받거나 값을 반환할 수 있는 독립적인 코드 블록을 말한다.

Gradle 빌드 파일의 이름은 기본적으로 build.gradle이다. Gradle은 빌드 프로세스를 기술하기 위해 Groovy를 기반으로 하는 DSL을 사용한다. 예제 B.1은 'JUnit in Action'을 출력하는 클로저를 가진 junit이라는 간단한 태스크를 정의하는 스크립트다. 이 예제의 콘텐츠로 build.gradle 파일을 만들고 포함하는 폴더에서 gradle -q junit 명령을 실행해 보자(q는 quiet의 약자로, 에러를 제외한 로그를 출력하지 않을 수 있다). 그림 B.4와 같은 결과를 볼 수 있다.

예제 B.1 간단한 태스크를 가지고 있는 build.gradle 파일

```
task junit {
    println "JUnit in Action"
}
```

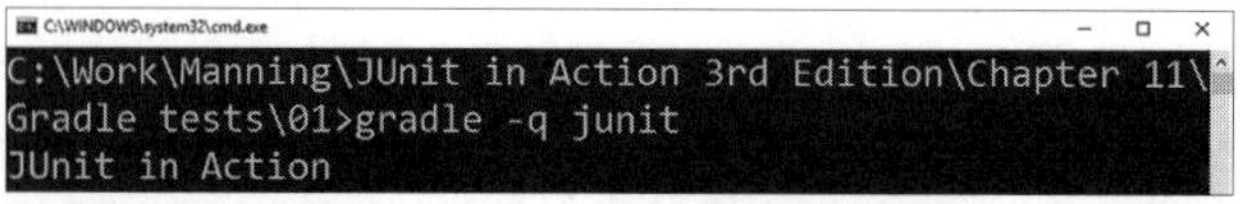

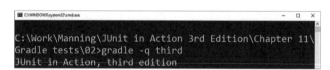

그림 B.4 gradle -q junit 명령을 실행한 결과

태스크는 다른 태스크에 의존할 수 있다. 즉, 의존하고 있는 태스크가 모두 완료되어야 해당 태스크가 진행되게 할 수 있다. 각 태스크는 태스크 이름을 이용해 정의할 수 있다.

예제 B.2를 보자. junit과 third라는 두 가지 태스크가 존재한다. third 태스크는 junit 태스크에 의존한다. 각 태스크는 각자의 클로저를 가지고 있으며, third 태스크는 ', third edition'을 출력하고, junit 태스크는 'JUnit in Action'을 출력한다. 이 내용을 build.gradle 파일에 저장하고 gradle -q third 명령을 실행하면 그림 B.5와 같은 결과를 얻을 수 있다.

예제 B.2 두 개의 의존 태스크가 포함된 build.gradle 파일

```
task junit {
    print "JUnit in Action"    ①
}

task third (dependsOn: 'junit') {
    println ", third edition"   ②
}
```

C:\WINDOWS\system32\cmd.exe

C:\Work\Manning\JUnit in Action 3rd Edition\Chapter 11\
Gradle tests\02>gradle -q third
JUnit in Action, third edition

그림 B.5 gradle -q third 명령을 실행한 모습

이 예제에서 살펴볼 내용은 다음과 같다.

- third 태스크를 수행한다. third 태스크는 junit 태스크에 의존한다. 따라서 junit 태스크의 클로저가 먼저 실행된다(①).
- 그리고 third 태스크의 클로저가 실행된다(②).

태스크를 통해 Gradle은 다양한 작업 단계를 정의할 수 있다. 먼저 구성 단계가 있으며, 여기서 태스크 클로저에 명시된 코드가 실행된다. 구성 블록은 나중에 실행되는 태스크뿐만 아니라 사용 가능한 모든 태스크에 적용된다. 구성 단계 후 실행 단

계에서는 실행되는 태스크의 doFirst나 doLast 클로저의 코드를 실행한다. doFirst 나 doLast 클로저를 build.gradle 파일에 저장하고 build.gradle이 위치한 폴더에서 gradle -q third 명령을 실행하면 그림 B.6과 같은 결과를 얻을 수 있다.

예제 B.3 junit 태스크에 의존하고 있는 third 태스크가 있는 build.gradle 파일

```
task junit {
    print "JUnit "   ①
    doFirst {
        print "Action"   ②
    }
    doLast {
        print ", "   ③
    }
}

task third (dependsOn: 'junit') {
    print "in "   ④

    doFirst {
        print "third "   ⑤
    }
    doLast {
        println "edition"   ⑥
    }

}
```

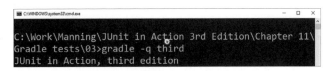

그림 B.6 gradle -q junit 명령으로 여러 단계를 포함하는 태스크를 실행한 결과

이 예제에서 살펴볼 내용은 다음과 같다.

- third 태스크를 수행한다. third 태스크는 junit 태스크에 의존한다. 따라서 먼 저 junit 태스크의 구성 단계가 실행된다(①).
- 그 다음 third 태스크의 구성 단계가 실행된다(④).
- junit 태스크의 doFirst 단계가 실행된다(②).
- junit 태스크의 doLast 단계가 실행된다(③).
- third 태스크의 doFirst 단계가 실행된다(⑤).
- third 태스크의 doLast 단계가 실행된다(⑥).

Gradle은 유향 비순환 그래프(directed acyclic graph, DAG)[1] 개념을 적용하여 작업이 실행되는 순서를 결정한다. 그림 B.7은 예제 B.3의 작업 순서를 표현한 것이다.

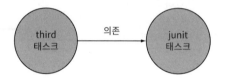

그림 B.7 예제 B.3의 작업 순서를 표현한 유향 비순환 그래프

Gradle은 태스크를 만들고 구성할 수 있는 다양한 방법을 제공한다. 이에 대한 자세한 논의는 책이 다루는 주제를 벗어난다. Gradle의 태스크에 대해 자세한 알고 싶다면 벤저민 무슈코의《Gradle in Action》(Manning, 2014)을 참고하기 바란다(*https:// www.manning.com/books/gradle-in-action*). 여기서는 JUnit 5로 작업하는 데 필요한 Gradle 태스크와 관련한 내용만을 다루었다.

---

1 (옮긴이) 그래프를 이루고 있는 간선에 방향이 있고, 탐색할 때 순환이 존재하지 않는 그래프를 말한다. 유향 비순환 그래프를 이루는 정점은 탐색 순서를 정할 수 있으며 위상 정렬이 가능하다는 특징이 있다. 유향 비순환 그래프에 대해 추가적인 학습을 하고 싶다면 다음 도서를 일독하기 바란다. 《알고리즘 문제 해결 전략》(인사이트, 2012),《알고리즘 트레이닝》(인사이트, 2022)

IDE

이론적으로는 간단한 편집기만으로 자바 프로그램을 개발할 수 있고, 명령 프롬프트를 가지고 프로그램을 컴파일하거나 실행할 수 있다. 그러나 실제로는 너무 귀찮은 일이며 시간도 많이 걸린다. IDE가 없다면 개발자는 아마 코드 작성에 집중하지 못하고 개발 환경을 구축하거나 개발 환경과 관련된 지루한 일만 처리하다가 지칠 것이다.

학습 목적으로 IDE를 사용하지 않고 코드를 작성하는 것에는 물론 장점이 있다. 작은 클래스 한두 개로 구성된 간단한 애플리케이션을 작성하고 명령 프롬프트로 컴파일해 실행해 보는 것은 신입 자바 개발자의 훌륭한 첫걸음이 될 수 있다. 하지만 학습이나 연습 목적이 아니라면 선호하는 IDE를 잘 활용해서 편안하게 작업하고 개발 프로세스의 속도를 크게 높이는 게 좋다.

일반적인 IDE는 소스 코드 편집기, 빌드 자동화 도구, 컴파일러, 디버거를 거의 기본적으로 가지고 있다. **디버거**(debugger)는 주로 단계별 실행을 통해 개발 중인 프로그램을 테스트하고 디버깅하는 데 사용하는 컴퓨터 프로그램을 말한다.

최신 IDE는 다음과 같은 기능을 제공한다.

- 구문 강조
- 코드 자동 완성
- 클래스 찾기
- 소스 코드 내에서 검색 및 변경
- 코드 자동 생성

- 코드 내 잠재적인 문제에 대한 정보 제시
- 소스 버전 관리 도구와의 통합
- 리팩터링(외부적으로 관찰 가능한 동작은 유지하면서 코드의 내부 구조를 변경하는 것) 지원

IDE의 목적은 생산성을 극대화하는 것이다. 소프트웨어 생성, 수정, 컴파일, 배포, 디버깅을 포함하여 대부분의 개발이 IDE에서 이루어진다.

C.1 IntelliJ IDEA 설치하기

IntelliJ IDEA의 공식 웹 사이트는 *https://www.jetbrains.com*이다. *https://www.jetbrains.com/idea/download*에서 Community Edition(커뮤니티용, 아파치 라이선스) 또는 Ultimate(상업용) 두 버전 중 하나를 다운로드할 수 있다. 커뮤니티에서도 JUnit 5를 모두 지원하므로 예제를 구동하는 데에는 무리가 없다.

IntelliJ IDEA를 설치하려면 다운로드한 설치 키트를 실행하면 된다. 참고로 IntelliJ IDEA는 버전 2016.2부터 JUnit 5 테스트 실행을 지원했다. 집필 당시 최신 버전은 2019.2이므로 이 책의 예제는 IntelliJ IDEA 2019.2 버전을 가지고 구동했다. IntelliJ IDEA를 설치하면 JetBrains/IntelliJ IDEA Community Edition 2019.2 폴더가 생성된다. IDE를 시작하는 실행 파일은 JetBrains/IntelliJ IDEA Community Edition 2019.2/bin 폴더에 있다. OS에 따라 idea.exe 파일(32비트 OS용) 또는 idea64.exe 파일(64비트 OS용)을 실행할 수 있다. 그림 C.1은 윈도우 10에서 IntelliJ IDEA를 설치한 모습이다.

Name	Date modified	Type	Size
append.bat	7/23/2019 9:15 AM	Windows Batch File	1 KB
appletviewer.policy	7/23/2019 9:15 AM	POLICY File	1 KB
breakgen.dll	7/23/2019 9:15 AM	Application extens...	82 KB
breakgen64.dll	7/23/2019 9:15 AM	Application extens...	93 KB
elevator.exe	7/23/2019 9:15 AM	Application	149 KB
format.bat	7/23/2019 9:15 AM	Windows Batch File	1 KB
fsnotifier.exe	7/23/2019 9:15 AM	Application	97 KB
fsnotifier64.exe	7/23/2019 9:15 AM	Application	111 KB
idea.bat	7/23/2019 9:15 AM	Windows Batch File	5 KB
idea.exe	7/23/2019 9:15 AM	Application	1,276 KB
idea.exe.vmoptions	7/23/2019 9:15 AM	VMOPTIONS File	1 KB
idea.ico	7/23/2019 9:15 AM	Icon	348 KB
idea.properties	7/23/2019 9:15 AM	PROPERTIES File	12 KB
idea.svg	7/23/2019 9:15 AM	SVG Document	3 KB
idea64.exe	7/23/2019 9:15 AM	Application	1,302 KB
idea64.exe.vmoptions	7/23/2019 9:15 AM	VMOPTIONS File	1 KB
IdeaWin32.dll	7/23/2019 9:15 AM	Application extens...	87 KB
IdeaWin64.dll	7/23/2019 9:15 AM	Application extens...	98 KB

Program Files › JetBrains › IntelliJ IDEA Community Edition 2019.2 › bin

그림 C.1 커뮤니티용 IntelliJ IDEA 2019.2를 설치한 모습

C.2 Eclipse 설치하기

Eclipse 공식 웹 사이트는 *https://www.eclipse.org*다. Eclipse는 *https://www.eclipse.org/downloads*에서 다운로드할 수 있다. 설치 키트를 실행하면 설치가 된다. 참고로 자바 개발자용 Eclipse IDE와 엔터프라이즈 자바 개발자용 Eclipse IDE 모두 Eclipse Oxygen.1a(4.7.1a) 릴리스부터 JUnit 5를 지원했다. 집필 당시 최신 버전은 2019-06이므로, 이 책의 예제는 Eclipse 2019-06으로 구동했다. Eclipse를 설치하면 eclipse/jee-2019-06/eclipse 폴더가 생성되고 IDE를 시작할 실행 파일이 이 폴더에 위치한다. 그림 C.2는 윈도우 10에서 Eclipse를 설치한 모습이다.

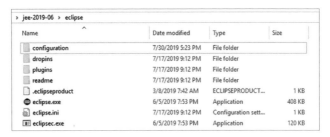

그림 C.2 Eclipse 2019-06을 설치한 모습

C.3 NetBeans 설치하기

NetBeans의 공식 웹 사이트는 *https://netbeans.org*다. *https://netbeans.apache.org/download/index.html*에서 NetBeans를 다운받을 수 있다. zip 파일을 다운로드한 다음에는 압축을 풀어 설치한다. NetBeans는 릴리스 10.0부터 JUnit 5를 지원한다. 집필 당시 최신 버전은 11.1이므로, 예제는 NetBeans 11.1로 실행되었다. NetBeans 아카이브의 압축을 풀면 netbeans 폴더가 생성되고 IDE를 시작할 실행 파일은 netbeans/bin에서 확인할 수 있다. 그림 C.3은 윈도우 10에서 NetBeans를 설치한 모습이다.

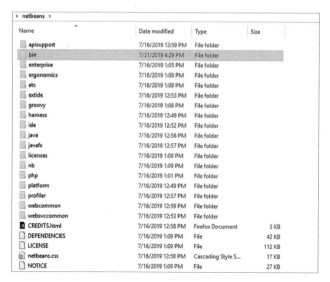

그림 C.3 NetBeans 11.1을 설치한 모습

부록 D

젠킨스

젠킨스는 지속적 통합을 지원하는 오픈 소스 자동화 도구다. 공식 웹 사이트는 *https://jenkins.io*다. 지속적인 빌드를 위한 다른 소프트웨어처럼 젠킨스 역시 소스 제어 시스템에서 소스 코드를 지속적으로 가져온다는 아이디어에 기반한다. 젠킨스에서 소스 코드의 변경 내역을 감지하면 빌드가 시작된다. 젠킨스는 매우 대중적이며 많은 프로젝트에서 사용된다.

참고로 젠킨스를 설치하기 전에 적절한 자바 버전이 설치되어 있는지 확인하기 바란다. 젠킨스는 현재 자바 8, 11, 17, 21 중에서 동작한다. 자바 8 이전 버전은 지원하지 않으며, 자바 9, 10, 12도 지원하지 않는다. 또한 JAVA_HOME 환경 변수를 설정해야 한다.

설치는 간단하다. 젠킨스 웹 사이트에서 최신 버전을 다운로드하면 된다(그림 D.1). 집필 당시 버전은 2.176.2다.

그림 D.1 지속적 통합 도구인 젠킨스는 공식 웹 사이트에서 다운로드할 수 있다.

설치 프로그램으로 윈도우용을 설치할 수 있다. 설치 프로그램을 실행하면 설치 마법사가 시작된다(그림 D.2). 여기서는 윈도우 기본 경로에 설치한다(그림 D.3).

그림 D.2 젠킨스 설치 마법사를 실행한 모습

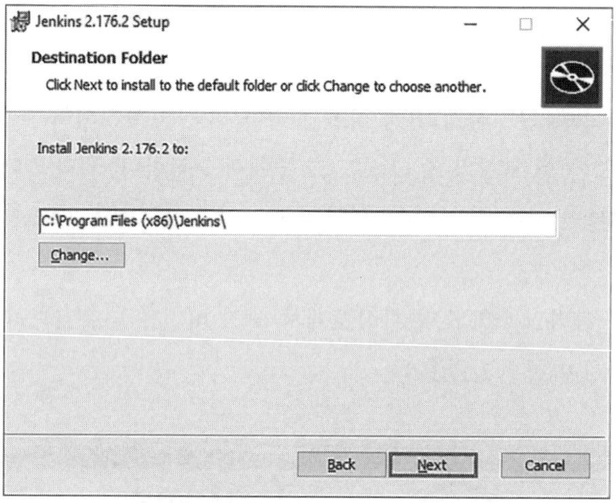

그림 D.3 기본 경로에 젠킨스를 설치하는 모습

설치가 완료되면 윈도우에서 젠킨스 폴더를 만든다. 가장 중요한 것은 jenkins.war 파일이다(그림 D.4).

Program Files (x86) › Jenkins ›			
Name ^	Date modified	Type	Size
users	8/15/2019 5:22 PM	File folder	
war	8/15/2019 5:14 PM	File folder	
workflow-libs	8/15/2019 5:19 PM	File folder	
.lastStarted	8/15/2019 5:15 PM	LASTSTARTED File	0 KB
.owner	8/15/2019 9:26 PM	OWNER File	1 KB
config.xml	8/15/2019 5:23 PM	XML Document	2 KB
hudson.model.UpdateCenter.xml	8/15/2019 5:14 PM	XML Document	1 KB
hudson.plugins.git.GitTool.xml	8/15/2019 5:19 PM	XML Document	1 KB
identity.key.enc	8/15/2019 5:14 PM	Wireshark capture...	2 KB
jenkins.err.log	8/15/2019 8:49 PM	Text Document	157 KB
jenkins.exe	7/17/2019 6:08 AM	Application	363 KB
jenkins.exe.config	4/5/2015 10:05 AM	CONFIG File	1 KB
jenkins.install.InstallUtil.lastExecVersion	8/15/2019 5:23 PM	LASTEXECVERSIO...	1 KB
jenkins.install.UpgradeWizard.state	8/15/2019 5:23 PM	STATE File	1 KB
jenkins.model.JenkinsLocationConfigura...	8/15/2019 5:22 PM	XML Document	1 KB
jenkins.out.log	8/15/2019 5:14 PM	Text Document	1 KB
jenkins.pid	8/15/2019 5:13 PM	PID File	1 KB
jenkins.telemetry.Correlator.xml	8/15/2019 5:14 PM	XML Document	1 KB
jenkins.war	7/17/2019 6:08 AM	WAR File	75,566 KB
jenkins.wrapper.log	8/15/2019 9:57 PM	Text Document	3 KB
jenkins.xml	7/17/2019 6:08 AM	XML Document	3 KB
nodeMonitors.xml	8/15/2019 5:14 PM	XML Document	1 KB
secret.key	8/15/2019 5:14 PM	KEY File	1 KB
secret.key.not-so-secret	8/15/2019 5:14 PM	NOT-SO-SECRET ...	0 KB

그림 D.4 jenkins.war 파일이 있는 젠킨스 폴더

찾아보기